高 斯
——科学的巨人

Carl Friedrich Gauss
Titan of Science

[美] 盖伊·沃尔多·邓宁顿（Guy Waldo Dunnington）著

赵振江 译　朱惠霖 校

上海科学技术出版社

图书在版编目（CIP）数据

高斯：科学的巨人 /（美）邓宁顿
(G. Waldo Dunnington) 著；赵振江译. -- 上海：上海科学技术出版社，2022.9（2025.6重印）
（数学家传记丛书）
书名原文：Carl Friedrich Gauss: Titan of Science
ISBN 978-7-5478-5666-6

Ⅰ．①高… Ⅱ．①邓… ②赵… Ⅲ．①高斯（Gauss, Johann Carl Friedrich 1777-1855）－传记 Ⅳ．①K835.166.11

中国版本图书馆CIP数据核字(2022)第045362号

Authorized translation from English-language edition，Gauss：Titan of Science，© 2004 held by the American Mathematical Society. This edition has been translated and published under license from the American Mathematical Society. ALL RIGHTS RESERVED.

上海市版权局著作权合同登记号 图字：09-2017-768号

封面图片来源：东方IC

高斯——科学的巨人

[美] 盖伊·沃尔多·邓宁顿　著
赵振江　译
朱惠霖　校

上海世纪出版(集团)有限公司
上海科学技术出版社　出版、发行
(上海市闵行区号景路159弄A座9F-10F)
邮政编码 201101　www.sstp.cn
上海盛通时代印刷有限公司印刷
开本 787×1092　1/16　印张 36.25
字数 470千字
2022年9月第1版　2025年6月第3次印刷
ISBN 978-7-5478-5666-6/K·41
定价：148.00元

本书如有缺页、错装或坏损等严重质量问题，请向印刷厂联系调换

维默尔(R. Wimmer)绘制的卡尔·弗里德里希·高斯(Carl Friedrich Gauss)全身像,慕尼黑德意志博物馆(1925年)

纪念

最纯洁的人

卡尔·弗里德里希·高斯

最温和的灵魂

和

最有成就的天才

这部传说

完整梳理

献上

此书

尽管你那更纯洁的灵魂并不需要
暂短的荣耀啊这些个世俗的赏犒，
但至少某种小小酬劳——某种小小的酬劳啊，
我们的时代可献予你更持久的王冠。
因为赞扬归于为他自己的时代而建造的人，
而为时代而建造，须向时代获取回报。

——格兰特·艾伦(Grant Allen)

序　　言

许多作家注意到，一本没有偏颇的传记是不存在的。如果此话属实，那么作者必须承认本书对高斯有一种偏袒。然而，高斯不是一个有争议的人物，因此赞同或反对他的结论是罕见的。在 1925 年，我被没有一部高斯的全面的传记这一事实震惊。像他这样名声的人从来不曾有部详细传记似乎是难以置信的。多方学者已经评论过这个事实。有几位学者计划撰写这样的一部传记，但从来没有实现他们的目的。其中的原因不难发现，因为使一位数学家的生平"可读"是困难的。我希望我至少部分地成功了，但在把这部著作推向公众时我仍带着一些不安。如果我在 1925 年就知道这项工作的量，我可能不会着手此事。

然而这项探索是甜蜜的和值得做的。我已经与高斯"亲密地生活了"几乎 30 年，而且我的研究中有许多快乐和副产品。除了高斯去世时的面模和彼得里（Petri）拍摄的高斯在灵床上的 4 张照片中的 3 张，我已经找到所有我要寻找的东西。如果一个人在莎士比亚或巴赫的研究上花费一生的相当一部分时间是可以接受的，那为何对当代最伟大的数学家、一位其生活展现了如此多迷人方面的人物做相同的事情就被认为是奇怪的呢？

本书几乎完全参考了来自高斯时代的资料，既有手稿又有印行的著作。高斯的书信和著作集一直是本书的一个丰富的信息宝库，此外，他的朋友们和学生们的回忆也是有用的。他的后裔非常善意地允许我使用书信、照片和其他材料。我从我的发现中自由地汲取材料。最接近于高斯传记的一部作品是他的朋友萨托里乌斯(Sartorius,1856)的纪念专著。任何传记作者必须使用它。对于他生活的一些方面,它是唯一的资源。我得益于在我之前涉足这个领域的那些人的学识。

我的目的是让高斯以他生活的时代为衬托,把他作为一个人和一位科学家表现出来。人们常常注意到写一部传记比写一部历史困难。我的目标不仅仅是让读者快乐,而且是对高斯生活和成就的一个完全的记录。

在我的探索过程中最令人高兴的一段时光是我在格丁根天文台他的家中度过的那一年,其中有几个星期我在不伦瑞克,置身于他童年时光的场景中,不禁享受着当地的风味。在手稿和已汇集的纪念品上的工作传递了一种已经消失在印刷著作中的活力。它使得人们能够重构过去。

可能关于高斯的所有事实依据都在本书中了;不大可能有任何新的重要信息会出现,尤其是因为第二次世界大战的巨大破坏。年复一年,笔记堆积起来,但我希望我没有流于虚荣,而且向公众展示了我发现的大多的东西。本书章与章在长度上有相当大的变化,但这在一本传记中是不可避免的;一个小说家则不会被这样一个问题困扰。在一个人的一生中确实存在某些自然的分界点,传记作者不能改变它们。

希望本书附录会被用作参考查阅原始资料的地方。本书的读者会看到在第二十四章和附录Ⅰ中,主要是引证,因为高斯和某些权威说的话似乎是可取的。我做了努力让脚注尽可能少。对像这样的一本著作,在脚注中引用关于已公开书信的参考条目被认为是不可取的。这些参考条目按年份被编排在已发表的通信目录中,任何感兴趣的人都容易找到。已发表的高斯通信目录在本书的参考文献中被完整地列出。

此著中有一个致谢名单,由于本书的编写历经许多年,这势必是一份长长的名单。我相信我没有略掉任何名字应该出现在这里的人,并对不少名字列入其中却没有活着看到这部传记面世的那些人感到遗憾。

高斯家族对这项工作极有帮助。首先应该提到已故的威廉·高斯

序　言

(William T. Gauss)，他来自科罗拉多州的科罗拉多斯普林斯(Colorado Springs)。有许多年他热心收集他能找到的涉及他祖父的生平和成就的所有东西；他非常爽快地如我所愿尽可能多地使用他的收藏品。他对他的先辈的兴趣比高斯的任何其他后裔都更强烈。在这一兴趣上，他的女儿海伦·高斯(Helen W. Gauss)小姐不让乃父；她与我一起细读了本书前面的几章并提出了许多宝贵的建议。密苏里州圣查尔斯(St. Charles)已故的安妮·高斯(Anne D. Gauss)小姐，通过书信提供了许多信息，并且寄来了一些照片；密苏里州圣路易斯(St. Louis)已故的艾达·高斯(Ida H. Gauss)夫人也是如此。德国哈姆林(Hamlin)的卡尔·奥古斯特·阿道夫·高斯(Carl August Adolph Gauss)给我写信，回忆他童年时的祖父，而且补充了许多一手资料的小插曲，如果不是这样，这些信息非常难于(或不可能)得到；他的儿子，巴德基辛根(Bad Kissingen)的卡尔·约瑟夫·高斯(Carl Joseph Gauss)博士，对他父亲的帮助做了适宜的补充。已故的弗吉尼娅·高斯(Virginia Gauss)小姐和她的弟弟尤金(Eugene)，他们住在密苏里州哥伦比亚(Columbia)，非常慷慨地送给了我一套高斯的文集，这是他们父亲的。给予我帮助的其他高斯后裔，有路易斯安那州什里夫波特(Shreveport)的保罗·安南(J. Paul Annan)夫人，爱达荷(Idaho)大学的亨利·高斯(Henry F. Gauss)教授，得克萨斯州阿瑟港(Port Arthur)的菲利普·高斯(Philip W. Gauss)，以及已故的马修·高斯(Matthew J. Gauss)，他住在密苏里州圣查尔斯。

特别感谢格丁根的卡尔·米尔布特(Carl Mirbt)夫人，她允许我使用她祖父瓦格纳(Wagner)在高斯去世前不久与高斯谈话的记录手稿。海德堡已故的伊丽莎白·施特克尔(Elisabeth Stäckel)夫人慷慨地把她丈夫的所有高斯笔记让我自由支配。我欠哈茨山(Harz)地区吕贝兰德(Rübeland)已故的夏洛特·希布(Charlotte Hieb)夫人很大的人情，她送给我呈现高斯在灵床上的银版摄影照片的原版，以及其他一些东西；她是不伦瑞克的高斯博物馆的创建者格奥尔格·希布(Georg Hieb)的遗孀。

格丁根天文台的枢密顾问布鲁诺·迈尔曼(Bruno Meyermann)博士和他

的妻子给了我很多引导和提示，从而促进了这项工作，并且使我在他们家（高斯曾住过的寓所）居住的一年成为最快乐和最值得记忆的一年。我尤其感谢已故的不伦瑞克的图书馆学家海因里希·马克（Heinrich Mack）博士，他是研究高斯的一个主要的权威，他对这项工作非常热心，给我他自己的出版作品，并且指导我观看他掌管的高斯文献汇编。高斯《全集》的编辑们，布赖斯高（Breisgau）地区弗赖堡（Freiburg）的马丁·布伦德尔（Martin Brendel）博士和吉森（Giessen）的已故的路德维希·施莱辛格（Ludwig Schlesinger）博士，以及后者的遗孀，转交给我大量有价值的资料。

其他给予我各种特别帮助的人有不来梅的维茨克（A. Wietzke）博士，不伦瑞克的鲁道夫·博尔希（Rudolf Borch），哈佛大学的海因里希·施奈德（Heinrich Schneider）博士，伊利诺伊大学的已故的米勒（G.A. Miller）博士，格丁根已故的弗里德里希·黑泽曼（Friedrich Hesemann）博士，哈姆林的已故的卡尔·贝尔热（Karl R. Berger）博士，以及吉森的已故的哈拉尔德·格佩特（Harald Geppert）博士。

下面这个名单中的人我也应该感谢，有回答我的具体问题的，给予我他们的出版作品的，或其他帮助的，尽管在程度上比上面提到的那些人要小：格丁根的格茨·冯·泽勒（Götz von Selle）博士，波茨坦的安德烈埃斯·加勒（Andreas Galle）博士，布朗大学的阿希巴尔德（R.C. Archibald）教授，斯德丁（Stettin，什切青的旧称）的玛尔特·阿伦斯（Marthe Ahrens）小姐，美国国会图书馆史密森（Smithson）分馆的布拉施（F.E. Brasch）博士，美因（Main）河畔法兰克福的威廉·洛里（Wilhelm Lorey）博士，科隆大学的克莱门斯·舍费尔（Clemens Schaefer）博士，巴塞尔的奥托·施皮斯（Otto Spiess）博士，柏林的卡尔·梅茨纳（Karl Metzner）博士，德累斯顿的罗尔夫·埃尔布（Rolf Erb）和卢齐厄·诺亚克（Lucie Noack）夫人，波恩已故的埃里克·贝塞尔-哈根（Erich Bessel-Hagen）博士，蒂宾根的霍夫曼（J.E. Hofmann）博士，柏林的希尔德加德·莱迪希（Hildegard Leidig）夫人，（巴伐利亚）高廷（Gauting）的已故的奥古斯特·萨托里乌斯·冯·瓦尔特斯豪森（August Sartorius von Waltershausen）男

序 言

爵,柏林的哈拉尔德·埃尔斯纳·冯·格罗诺(Harald Elsner von Gronow)博士,柏林的金特·赖夏特(Günther Reichardt)博士,苏黎世的已故的阿尔弗雷德·施特恩(Alfred Stern)博士,不伦瑞克的弗里德里希·扎克(Friedrich Sack),柏林-弗里德瑙(Berlin-Friedenau)的耶格(W. Jaeger)博士,波茨坦的鲁登道夫(H. Ludendorff)博士,纽约大学的理查德·库朗(Richard Courant)教授,日内瓦的爱德华·贝伦德(Eduard Berend)博士,格丁根已故的约翰内斯·约阿希姆(Johannes Joachim)博士,柏林-施拉赫滕泽(Berlin-Schlachtensee)的弗里茨·冯·林德瑙(Fritz von Lindenau)少校,最后是数学家默比乌斯(A.F. Möbius,高斯的一个学生)的孙子——美因河畔法兰克福的默比乌斯(M. Möbius)博士,以及恩斯特·舍林(Ernst Schering)的3个儿子:汉诺威的哈拉尔德·舍林(Harald Schering)博士,达姆施塔特的卡尔·舍林(Carl Schering)博士和柏林的瓦尔特·舍林(Walther M. Schering)博士。

来自亚历山大·冯·洪堡基金会和纪念卡尔·舒尔茨(Carl Schurz)基金会的资助使我能在格丁根和不伦瑞克用一年时间从事这项研究。来自德国科学基金会(德国科学临时学会)的一笔特批资助款偿付了修复一些照片的费用。最近来自路易斯安那州立西北学院的一项特许使我用一个夏季完成这一著作成为可能。

特别的感谢自然一定要给予路易斯安那州曼斯菲尔德(Mansfield)的罗斯玛丽·约翰斯顿(Rosemary Johnston)小姐,她承担了整部手稿的繁重的打字任务,并给予路易斯安那州纳基托什(Natchitoches)的文学硕士艾琳·克劳福德·瓦格纳(Irene Crawford Wagner),她编制了本书的索引。

G.沃尔多·邓宁顿
州立西北学院
路易斯安那州纳基托什
1954年12月7日

目 录

序言

邓宁顿《高斯——科学的巨人》介绍 ················ 杰里米·格雷　1
盖伊·沃尔多·邓宁顿 ················ 弗里茨-埃格伯特·多泽　1

第一章　家庭背景介绍 ·· 1
第二章　痴迷的童年 ·· 9
第三章　学生时代 ·· 19
第四章　这位年轻人 ·· 28
第五章　天文学以及婚礼 ·· 44
第六章　进一步的活动 ··· 61
第七章　返回格丁根 ·· 77
第八章　劳作和悲哀 ·· 82
第九章　年轻的教授：发现不断的 10 年，1812—1822 ··············· 91
第十章　大地测量学与丧失亲人：变迁的 10 年，1822—1832
　　　　　　　　　　　　　　　　　　　　　　　　　　　　103
第十一章　与韦伯结盟：艰苦岁月 ································· 127

第十二章　电磁电报机 …………………………………… 134

第十三章　磁学：物理学占主导 ………………………… 139

第十四章　曲面理论，晶体学和光学 …………………… 148

第十五章　萌芽：非欧几何学 …………………………… 157

第十六章　考验与胜利：经历冲突 ……………………… 172

第十七章　干路和支路上的里程碑 ……………………… 187

第十八章　奇迹老人 ……………………………………… 203

第十九章　欧洲数学之王 ………………………………… 227

第二十章　德意志科学界的元老，1832—1855 ………… 242

第二十一章　琐事综述：开阔的视野 …………………… 257

第二十二章　科学的宗教：来自这位哲人和热爱真理者关于
信仰的告白 …………………………………… 274

第二十三章　落日黄昏：脱离尘世 ……………………… 293

第二十四章　终曲 ………………………………………… 306
　　1. 颂扬：埃瓦尔德和萨托里乌斯的演说 …………… 306
　　2. 荣誉殿堂：高斯去世后得到的表彰和尊崇 ……… 312

附录 A　对高斯工作的评价 ……………………………… 317

附录 B　高斯的荣誉、证书和任命 ……………………… 325

附录 C　高斯的遗嘱 ……………………………………… 330

附录 D　高斯的子女 ……………………………………… 335

附录 E　高斯家的家谱 …………………………………… 348

附录 F　高斯生平年表 …………………………………… 371

附录 G　高斯在学习期间从格丁根大学图书馆借的书 … 377

附录 H　高斯教过的课程 ………………………………… 385

附录 I　学说、意见、理论和观点 ……………………… 391

目　录

参考文献 ·· 401
    1. 高斯的出版物 ·· 401
        文集 ·· 410
    2. 关于高斯 ·· 411
        手稿及相关材料 ·· 411
        书 ·· 411
        小册子 ··· 414
        文章 ·· 415
高斯的《数学日记》导引 ······························ 杰里米·格雷 428
高斯的《数学日记》 ·· 445
对高斯的《数学日记》的评注 ························ 杰里米·格雷 466
注释书目 ·· 478
索引 ··· 488

译后记 ·· 507

邓宁顿《高斯——科学的巨人》介绍

杰里米·格雷(Jeremy Gray)

邓宁顿的高斯传记在差不多 50 年前首次出版,而且其广度、深度和精确性仍然是无与伦比的。它是对实质上所有已知资源进行了 30 年劳动后的产物,遗憾的是它停印了如此长的时间。高斯持续值得史学家们的关注——自 1953 年以来至少有其他 5 部传记问世:维辛(Wussing)[1976],赖希(Reich)[1977],比勒(Bühler)[1981],哈勒(Hall)[1970]和沃布斯(Worbs)[1955]写的传记,以及梅(K.O.May)[1972]的一篇广泛的、研究彻底的论文——他们的一些发现在我们的文本中会被提到。但邓宁顿的书仍然是任何试图理解高斯及其工作的核心。这些后来的传记作者之一瓦尔特·考夫曼·比勒(Walter Kaufmann Bühler)正确地称邓宁顿的书是高斯的主要传记中"到目前为止最重要的"(比勒[1981],第 166 页)。

除了完成一部传记的功绩,对此我还要提及,邓宁顿的研究还因他书中的许多附录包含了丰富的信息而值得注意。其中有高斯生平的一个有用的年表和他著作的一个很好的书目。有高斯在大学读过的书单,这对了解他读了什么和何时读的是非常有帮助的。有一个直到 1953 年的他的后裔家族谱系[目前这棵家族树被高斯的后裔苏珊·卡姆布莱斯(Susan Chambless)维护,网址是 http://homepages.rootsweb.com/~schmblss]。有一个长长的关于高斯作品的书目。研究高斯的学者现在可以查阅乌塔·默茨巴赫（Uta Merzbach）在1994年出版的包罗广泛的著作：《卡尔·弗里德里希·高斯：一份书目》（*Carl Friedrich Gauss：a Bibliography*）。这本书列出了高斯所有著作的出版细节，所有他的现存书信的收藏地点，并记录了诸如高斯知道的所有人的名字，无论是他前辈或同时代人，以及他在什么地方提到他们的名字。该书还列出最新的研究高斯著作的清单。要跟上高斯研究的最简单方式是浏览互联网，也许以英国数学史学会的网站开始（http：//www.dcs.warwick.ac.uk/bshm.html），但还应该查阅《高斯协会通报》（*Mitteilungen der Gauss-Gesellschaft*），它包含许多专门论述高斯的文章（它们的主页能在 http：//www.math.uni-hamburg.de/math/ign/gauss/gaussges.html 找到）。本书也增加了一个精选的参考书目，但它不同于邓宁顿和默茨巴赫的书目，它的目标不是完全的，而是仅仅指出近来的文献以作为补充，对此本书的读者可能是欢迎的。

　　按照最新的分析，对一个人的生活和工作的任何描述会因我们在没有能力把握创造性过程而濒于失败。正如小说家留下的著作不是生活的简单记录，而且不能以任何容易的方式（如果有的话）用作文献记录的补充那样，数学家和科学家们并不是简单地回应环境并把它们转变成定理和发现。高斯过的生活大部分可以让任何一个人同样过，没有那么多可炫耀的东西。在许多方面，高斯过着一个能胜任其职的天文学家的生活，与他同时代的一些天文学家没有区别。在他的环境中没有任何东西能说明他那深刻的原创性。邓宁顿正确地确定高斯生活的环境确实把他安排到某些课题而不是其他课题前面。他的天文学工作是一项宏大的德意志事业的一部分，往往资金充足而且有精良的新仪器。在19世纪20年代，他对汉诺威王国的勘测同样确定地见证了他安心置身于实用的工作领域。这两种活动对像高斯这样具有作为计算者的出色才能的人是适适的，不用提他做真正的艰苦工作的能力了。但这些环境不能解释高斯怎样得以发明最小二乘法和重新发现失踪的小行星谷神星，或者发现内蕴曲率的概念及在几何学的研究中开辟一个新的领域。值得赞扬的是，邓宁顿没有在那些证据不可避免缺失的地方苦思冥想。

取而代之的是，邓宁顿在对高斯时代的德意志政治和知识分子处境的描述上付出了大量细致的努力。① 邓宁顿描述了那些认识高斯的人，在他的童年和作为一个年轻人在成长中给予他帮助的人，以及在后来生活中是他朋友的人，并且把他们定位在各种各样的环境中。高斯活动平凡但本质的方面，从设备的细节，其购买和维护，到著名的测量活动和在电报方面的工作，得到了充分的描述。同时，邓宁顿详细地讨论了高斯的科学和数学工作的各个方面。

不过，邓宁顿的这本书在两个重要的方面已变得陈旧。一个现代读者很可能感到他与他的主题太亲近了，而且他不总是能以充分的清晰性解释数学。人们很难对高斯的成就没有深刻甚至过度深刻的印象，但当有些人发现他的个性不那么吸引人，邓宁顿就以高斯最好的朋友自居，原谅并辩解他笔下主人公的所有不足。正如他在该书序言的开始讨人喜爱地承认的，他"必须坦陈本书对高斯有一种偏袒"。高斯个性的诸多方面条目是齐全的：敏感，举止高贵，完全保守，不是实用主义者，慢于做出判断，不喜旅行，精明的投资者，有贵族气质，缜密，鄙视虚假，天性虔诚，不拘守宗教概念，仁慈但严厉，可承受厄运。有些无疑是正确的——高斯不仅为他的家庭留下了许多金钱，而且挽救了格丁根大学的遗孀基金——但除非有人会鄙视"彻头彻尾的保守主义"这一标签或持有不同的宗教观点，这里几乎没有什么是人们不为自己祈求的。形成对照的是，比勒注意到"在高斯成年的早期，他切断了一个男人可能有的大多数'有意义的'社会关系和强烈的情感关系"（比勒，第13页），这可不是一个吸引人的方面，而且梅评论说"那些最佩服高斯和对他最了解的人觉得他冷淡而且沉默寡言"[《科学传记辞典》(Dictionary of Scientific Biography)，第308页]。邓宁顿偏袒的结果是，这本书尽管是在1953年写成的，偏偏在调子上却有着维多利亚时代那种固执己见的奇特风格。虽然读者可能容易允许这

---

① 我感谢门索·福尔克茨(Menso Folkerts)的专家之见：邓宁顿对德意志历史的记述在总体上是高质量的。比勒在他最近的书中大体上支持这种看法。

样,而且也没有试图减轻这种效果,但他或她可能也想知道少了什么。这里出现的事迹的可靠性如何,公正性如何,呈现了一个全面的情况还是一个恭维性的片面看法?

我们怀疑高斯年轻时的轶事是否真实变成不可避免的了。它们只是在他的晚年才被写下,它们源自高斯和他的母亲所喜爱的但也许是不准确的回忆。它们被夸大了,但高斯如此超常的能力使得它们被人们相信。今天,我们发现推翻它们很容易,对这些只是为了迎合天才浪漫典型的故事,我们有本能的抵制。高斯确实是在如此少的帮助下学习阅读和基础算术的吗?比勒在他的高斯传中写道:"这些轶事中的许多既不能被证实,也不是很有趣。"(1981,第5页)。也许它们是童话,即使它们能追溯到高斯本人,正如比勒在一条脚注中承认的。另一方面,梅发现这些著名的故事是可信的。但是,即使证据并不是无可指责的,即使证据有时是不可靠的,现在的问题是,人们认为故事携带的消息与缺乏证明某事属实的证据一样多。

在这本书中从头到尾人们都能感到邓宁顿的偏袒。在天文学家之中高斯是哪种类型的同事?他何时勘测了汉诺威?在格丁根七君子事件中,他的亲密朋友中的两位因为他们拒绝宣誓效忠保守的坎伯兰(Cumberland)公爵,他们何时在格丁根大学的岗位上被解职?对于一个人,不会仅存在一个符合事实的看法,而是存在许多看法,它们往往是矛盾的,邓宁顿的观点是有偏颇的,而且这样也许是不可避免的;传记作者对传主的同情是一个普遍倾向。但事实上,多数传记作者一致认为,正是处在天文学家中时高斯才最为如鱼得水。他感到自己有用,而他们对他的观测技能印象深刻,而且更深刻的是他的计算技能。但他们没有过度敬畏。高斯以与贝塞尔(Bessel)、奥伯斯(Olbers)、舒马赫(Schumacher)及其他人的长期通信和友谊为乐,而在别处这种友谊是被拒绝的。在汉诺威的长时间勘测中,高斯爬山,忍受其他人也不得不忍受的坏天气和无法入眠的夜晚,作为无疑是一个团队的重要成员,他给每个人留下了深刻印象。在格丁根七君子事件中,高斯是慎重的,比圈子中的一些人他更少保守,而且由于他们行动造成的后果,他无论如何没有能力拯救韦伯

(Weber)、埃瓦尔德(Ewald)和其他5个人。在那时,似乎没有一个人期望或想要他做的比他已做的更多或更加不同。邓宁顿笔下的主人公不是一个反面角色。

问题是同样的迷雾笼罩在高斯的科学成就上。在那时没有一个人正在做能相提并论的工作吗？在创造椭圆函数论上阿贝尔真的只走了高斯走过的三分之一路程吗？高斯对非欧几何学确实知道些什么？高斯是统计学中最小二乘的理论和方法的主要创造者吗？邓宁顿没有陷于彻底夸大,但同时代的数学家和科学家们被留在阴影里,除非他们是高斯的密友或同事,而且他们被提及,经常是因为他们的个人观点与他们的工作质量。这不仅失去了一次与那时其他人正在做的最好工作相比较而能更清晰地凸显高斯的工作的机会,而且阻碍了读者评估高斯的影响的可能性。这可能是随后论述高斯的文献大多略去参考邓宁顿的书的原因,不仅在他们没有什么需要补充的情形下如此,而且更有趣的是在他们持异议的情形下亦是如此。

通过谨慎独处而不是在社会上抛头露面,通过他字斟句酌的写作风格,克雷尔(Crelle)把这种风格比之于"稀粥",高斯把他对同时代人的影响减至最小。高斯可以大度,如他对艾森斯坦(Eisenstein)和索菲·热尔曼(Sophie Germain,至少在这个例子中对妇女没有偏见)的赞扬,但他也可以有所保留,如他对非欧几何学的发现者们就是如此。狄利克雷永恒的遗产的一部分无疑是他让高斯的数论能被德意志研究型数学家中的少量但重要的读者理解。结果是数论成为19世纪的主要数学国家①的一个重要关注领域,但这归功于谁,高斯或狄利克雷？这里只是提起这个没有解决的问题。虽然人们有这样的印象,德意志的数学家们仍然被高斯或许他发表的著作所吸引,但法国数学家不是这样,不过这位传记作者假若要讨论这些事情,就不得不大幅度转移焦点。

梅指出高斯的座右铭"少,但成熟(Pauca, sed matura)"往往使得高斯著述

---

① 这里指德意志。——译者注

甚多这一事实被掩盖。他的《全集》有 12 卷，其中有两部内容扎实的书，即使考虑到有大量评论，以及有不少并非为发表而写，仍有许多许多页。《全集》的大部分由天文学工作构成，其中大多与小行星、测量和误差分析有关。这引起了高斯应该首先被认为是数学家或科学家的争论，如果是数学家，他是纯数学家还是应用数学家？这一争论令人愉快但同时没有结果。科学和数学以不同的方式甚至以不同的速度前进。高斯因为在小行星轨道方面的工作而在他的时代被高度赞扬——那时是一个激动人心的课题，但现在已不令人感兴趣了，高斯被赞扬程度之甚，以致近来的一些评论者已发觉这适于解释为何高斯感到烦恼。他关于电报的工作在当时是开创性的，但正如邓宁顿描述的，它没有导致一项伟大的技术进步。他关于理论地图绘制学的工作为他赢得了一个奖项，他的工作奠定了此后在这一学科中起指导作用的理论，但这绝不是他在微分几何学的工作上最深刻的部分。且无论对错，一个人似乎不能赢得"大地测量学家"的名声。另一方面，高斯在几个不同领域所做的（在这里没有被完全描述的）数学，是现代数学的一个稳定的部分，而且被他同时代年轻的佼佼者所赏识。

所以，遗憾的是，邓宁顿对高斯数学工作的描述已变得，或许一直是，有些模糊了。当然，在费利克斯·克莱因的《数学的发展》(*Entwickelung der Mathematik*)①中有一个令人敬佩的描述，而关于高斯数学工作不同方面的几篇长篇文章为高斯《全集》的第 X 卷的第二部分增光添彩，这些文章是德意志史学的经典。在这些文献的引导下，而且根据这样的信念：对任何事情可以给出说明，如果它至少对那些具有恰当背景知识的人是清楚的，我写了一个关于高斯数学工作的附录，集中于邓宁顿本人讨论过的那些课题。我还附上高斯的数学日记的译文和评论，这本日记本身是一份有趣的文件，我希望它会比以其原文最初发表时令更多的读者感兴趣。

---

① 该书的全称是《数学在 19 世纪的发展讲义》(*Vorlesungen über die Entwickelung der Mathematik im XIX Jahrhundert*)。有中译本，《数学在 19 世纪的发展》，齐民友（1930—2021）、李培廉（1932—2016）译，北京：高等教育出版社，2010—2011。——译者注

这本书从头至尾都有一些地方,读者会希望邓宁顿在这些地方改写。我抵挡了重写这本书的诱惑。邓宁顿的《高斯》值得重印。假设这本书没有通过重印的检验,人们会有穿过邓宁顿的坟墓与之合写的想法,尽管存在这样合作成功的例子,我可不希望尝试一次。我相信,与紧张不安地修订它相比,更好的做法是印行一个在这项任务上花了差不多 30 年功夫的人的经深思熟虑的看法,即使其准确度和当前的最高标准可能站在某一边。例如,脚注显著地少。这使确定邓宁顿的信息来源变得困难,如果不是不可能的话。除了用一年时间去做其他人的研究,或从《纽约时报》(New York Times)雇一个事实核查员,此外无事可做。但有些时候,后来的作者们带来的信息以显著的方式改变了邓宁顿呈现的情景。我曾在一篇注解性的书目评论中考虑了这些事情,该文能在本书的末尾找到,我还附加了脚注,在脚注中我提请注意最近出现的一些关于数学和科学工作的有价值的论述。①

足够奇怪的是,对于高斯的记忆在数学家和数学史学家们中比在他的学术弟子群体中要好得多,而且人们对他在数学和统计学上的工作比他在其他方面的工作记忆得更好。至少文献的搜索、网页搜索,以及诸如此类揭示在这些方面上有比在其他方面上更多的学术研究,也许在他生平中的琐碎小事的研究除外。这种认识部分无疑是由于我自身的局限,部分也许是由于数学家们对他们学科的记忆比科学家们对他们学科的记忆更长久。总之,高斯在数论上所做的大部分工作适合今天的大学高年级课程,如果不依旧是研究生院的一个论题的话,但高斯在统计学上的工作已变成许多工具中的一个,天文学家探索遥远星系以获取新的知识(而且小行星更多地威胁我们的生存),大地测量学已经被卫星和计算机所改变。他对电磁理论的持久贡献是位势理论的数学,而不是他成就中内在的物理学或技术。

因此,关于数论、代数学、函数论、微分几何学、拓扑学和非欧几何学的补充材料已被汇集在上面提到的附录里,然而我在邓宁顿的书中增加的评论,更

---

① 这里我非常高兴地感谢由朱利奥·冈萨雷斯·卡比永(Julio Gonzalez Cabillon)维护的与数学史有关的名单中许多成员寄来的稿件,尤其是感谢他以如此专业和愉快的方式完成他的有价值的工作。

新了书中关于天文学、勘测和大地测量学、磁学和电报,以及统计学的内容,它们可以在这个附录后面那篇注释性的关于参考文献的文章中找到,有关内容按论题编排。这些评论应被认为是一份略作注解的文献目录,其中的一些条目我没有作进一步评论。正如上面指出的,在这里我不宣称面面俱到。

盖伊·沃尔多·邓宁顿

弗里茨-埃格伯特·多泽（Fritz-Egbert Dohse）

可能有些奇怪的是，一个美国的德语教授盖伊·沃尔多·邓宁顿（Guy Waldo Dunnington）承担了为古往今来最伟大的数学家之一卡尔·弗里德里希·高斯（Carl Friedrich Gauss）的第一部综合性传记搜集材料的宏大任务。本书的作者在1906年生于密苏里州的鲍灵格林（Bowling Green），尽管他的先祖的踪迹可追溯到英属殖民地时代的弗吉尼亚、马里兰和马萨诸塞。作为一个12岁的少年，他从一位迷人的年轻教师明娜·瓦尔德克·高斯（Minna Waldeck Gauss）小姐那里学习了数学的基本原则，明娜·瓦尔德克·高斯是高斯的第三个儿子欧根（Eugene）的孙女。除了在她的班上讲授数学，她还不时地讲关于她著名的曾祖父的故事。被故事迷住的年轻的沃尔多向他的老师要一本关于这位伟大科学家的书，以便更多地了解他。当高斯小姐回应说既没有英文的也没有德文的长篇高斯传记时，这个男孩宣称有一天他要写一部高斯传。由此开始了他一生对高斯的迷恋。

沃尔多·邓宁顿在密苏里州完成他的小学和中学教育。高中毕业后，他进入在弗吉尼亚州列克星敦（Lexington）的华盛顿与李大学（Washington and Lee University），在这里他得到德语专业的学士和硕士学位，也修了一些数学课程。他又一次被没有高斯的长篇传记这个事实所震惊，此时此地他决定实现他曾向他的小学老师明娜·高斯做出的承诺。在本书的序言中,他描述了他怎样追求这个目标。

在厄巴纳(Urbana)的伊利诺伊大学,他得到了德语专业的博士学位,副修英国语言。他的博士论文是关于高斯最心仪的诗人让·保罗(Jean Paul)的,题目是《让·保罗与卡尔·菲利普·莫里茨的关系》(The Relationship of Jean Paul to Karl Philipp Moritz)。他在多所学院和大学讲授德语文学,有时讲授数学史:最先在圣路易斯,然后在堪萨斯城,后来在威斯康星州的拉克罗斯(La Crosse),并且从1946年到他1969年退休,他在路易斯安那州纳基托什的州立西北学院工作。在第二次世界大战期间,他在美国陆军服役。在1945年秋,他被短期任命为纽伦堡审判的审问者和译员。

邓宁顿博士在外语杂志和数学杂志上用英文和德文发表了许多文章。从1936年到1945年,他担任《国家数学杂志》(National Mathematics Magazine)的副主编,领导一个数学人文和历史的部门,该杂志在1947年变成《数学杂志》(Mathematics Magazine)。1937年,路易斯安那州立大学出版社出版了他关于卡尔·弗里德里希·高斯的专著。他的其他文章出现在诸如《德语课程月刊》(Monatschfte für deutschen Unterricht)、《让·保罗杂志》(Jean Paul Blätter)、《科学月刊》(The Scientific Monthly)、《开放图书》(The Open Book)、《数学作品》(Scripta Mathematica)和《美国数学月刊》(The American Mathematical Monthly)这些杂志上,以及《不列颠百科全书》(Encyclopœdia Britannica)上。在1955年高斯去世100周年之际,他作为特邀发言人,在这位科学天才的墓地做了很受欢迎的纪念发言。他是一个好教师,一个坚持细节的人,一部高斯家族的活字典,一个博览群书的人,谈吐风趣,受到了他许多学生的热爱和尊敬。

邓宁顿博士在1974年去世后,给州立西北学院留下了一批关于高斯的纪念品(包括几封高斯的信),他在1969年退休后在那里担任档案保管员,这些纪念品被一个高斯档案博物馆所收藏。

邓宁顿博士在路德教会作为非神职牧师和长老团的主席很活跃。在邓宁顿曾经热爱的小教堂举行的追思会上,该教堂的牧师回忆了他作为一个人和学者的生平和工作,大量引用了海因里希·埃瓦尔德(Heinrich Ewald)在高斯去世时所作的颂词。邓宁顿博士被埋葬在他的家乡密苏里州鲍灵格林,躺在一块红色花岗岩墓石下,一个头顶着一个球的四面体上刻着:"G. Waldo Dunnington, Ph. D., born January 16, 1906, died April 10, 1974. Professor of German 1928—1969. Biograhper of C. F. Gauss. 'Jetzt kann mein Geist recht freudig rasten, komm, sanfter Tod, und führ mich fort'"。(G.沃尔多·邓宁顿,哲学博士,生于1906年1月16日,死于1974年4月10日。从1928年至1969年任德语教授。C.F.高斯的传记作者。现在我的灵魂可以安息,平静的死亡到来并把我带走。)

自1995年起,邓宁顿-高斯奖(Dunnington - Gauss Award)每年颁给在州立西北大学杰出的数学专业学生。这个奖项的目的是为了向本书作者表示敬意,并让所有在世之人不要忘记"科学巨人"卡尔·弗里德里希·高斯。如果今天英语世界对高斯知之甚多,很大程度上是邓宁顿博士的工作和他对一项崇高事业做奉献的结果。

第一章
家庭背景介绍

从 1813 年到 1832 年,德意志拥有她的三个最伟大的天才:歌德、高斯和瓦格纳。无疑这三个人处在发展的不同阶段。歌德已在衰朽之年,高斯正在名声的巅峰,而瓦格纳还未发达。有人已全面论述过歌德的生平和著作,也有人记述过瓦格纳的生平。一般读者相当了解这两个人的卓越成就,但对在更抽象的思想领域有崇高成就的高斯,我们能说什么呢?科学领域之外的普通读者很少能说出他是谁!老实说在这一点上,我们没有必要为上面的归类道歉。

海因里希·埃瓦尔德(Heinrich Ewald)[①]的一个学生有一次表明他打算把沃尔夫冈·萨托里乌斯·冯·瓦尔特斯豪森(Wolfgang Sartorius von Waltershausen)关于高斯的短篇专论译成英文,但即使这项小的任务也从未被推动到完成。在近些年,尤其是在 1927 年,在德国的许多学者又开始对高斯感兴趣了。[②] 除了简短的杂志文章和百科全书的词条,关于高斯没有出现其他英语文章。本书作者怀有一个念头多年:用英语奉献给读书界一册内容广泛的高斯的生平故事,这本书不需要太专业,然而完整到足以呈现卡尔·弗里德里希·高斯(Carl Friedrich Gauss)作为一个人和科学家的真实情景,并体

[①] 知名的神学家和东方学家,他是高斯的女婿。
[②] 这一年是高斯诞辰 150 周年。——译者注

现他的人生观。

这位伟大思想家的生平没有如同我们能在开普勒或伽利略的生平中发现的悲惨情节、激动的场景和灾难。幸福和悲哀在他的生活中所占的份额,人们同样能在一个普通人的生活中发现。不过,我们冒昧地说,与牛顿的生平相比,他的生平表现出更有趣的特色。

让他出众的是他在超过 50 年的时间里对科学做出的丰富贡献。他工作的领域非专业人士不能接近,即使对于最有天赋的学者也要用极大努力才能企及。因此,他几乎不为大众所知。我们看到他独自一人从一个原创发现大步走向另一个原创发现。

经过搜索教堂记录和账本之后,近来由鲁道夫·博尔希(Rudolf Borch)给出了高斯祖先的准确信息。这个家族的姓 Gauss、Gaus,现在在不伦瑞克(Brunswick)以北远至迈讷(Meine)和卡尔贝拉(Kalberlah)的区域经常能见到,这个姓的变体是 Goss、Goess、Gooss、Goes 和 Goos。在 1500 年到 1600 年之间,从大施维尔佩尔(Gross - Schwülper)到埃森罗德(Essenrode)这个姓经常出现。① 汉泽尔曼(Hänselmann)成功地确定了这一事实:弗尔肯罗德(Völkenrode)的欣里希·戈斯(Hinrich Gooss)是卡尔·弗里德里希的曾祖父。鲁道夫·博尔希在文德堡(Wendeburg)查到了这位欣里希·戈斯的父亲(他大约生于 1600 年,而且可能是从汉诺威迁来的),有一位汉斯·"高斯"(Hans "Gauss")在 1630 年至 1660 年间生活在这里。所以这个姓的形式已经改变了。这位汉斯·高斯有两个儿子和几个女儿,儿子取名海内克(Heineke)和亨里克(Henrick)或海因里希。后者通过婚姻得到了弗尔肯罗德的一个小农场。

欣里希·戈斯结婚 3 次,有 12 个孩子,每次婚姻生育 4 个孩子。第三次婚姻生的 3 个儿子取名恩格尔(Engel)或恩格尔克(Engelke)、于尔根(Jürgen)和安德烈埃斯(Andreas)。恩格尔·戈斯(Engel Goos)有一个儿子取名海因里希·恩格尔(Heinrich Engel),他在 1843 年去世,享年 94 岁。海因里希·

---

① 这个姓在符腾堡(Württemberg)也很常见,在这里它可能与汉诺威的一支没有关系。

恩格尔知道自己与卡尔·弗里德里希的关系，曾到格丁根（Göttingen）天文台去看高斯。于尔根·（戈斯）高斯［Jürgen（Goos）Gauss］有一个儿子格布哈德·迪特里希（Gebhard Dietrich）是卡尔·弗里德里希的父亲。现在不知道海因里希·恩格尔·戈斯的一个儿子的下落和安德烈埃斯·戈斯的下落。欣里希·戈斯的小农场归他第二次婚姻生的一个儿子所有，这个儿子也叫欣里希，而且由于他的一个女儿的婚姻，该农场归姓格雷梅尔（Gremmel）的家族所有。

在距不伦瑞克西北方向步行约一个半小时路程的弗尔肯罗德，上面提到的欣里希·戈斯与欣里希·韦尔特曼（Hinrich Wehrtmann）的遗孀安娜·格罗弗（Anna Grove）联姻。这里教堂的记录回溯到 1649 年，但戈斯（Goss）的姓在这条记载之前没有出现。新娘是弗尔肯罗德的居民而且是一个小农场的拥有者。她与第一个丈夫没有子嗣；第二次婚姻一直持续到她 12 年后去世，她生了两个女儿。欣里希·戈斯在 1695 年成为鳏夫。1696 年 7 月 16 日，他与伊尔莎·格尔曼斯（Ilse Geermanns）结婚，她为他生了 1 个儿子和 3 个女儿，但 9 年后去世。1705 年 11 月 24 日，他与卡塔琳妮·吕特克（Katharine Lütke）结婚，在接下来的 12 年，她为他生了 3 个儿子和 1 个女儿。

欣里希在 1726 年 10 月 25 日去世后，他的第一个妻子在 1690 年生的小儿子接手了农场，这个儿子与他同名。年长 6 岁的汉斯（Hans），不适合或者自己没有愿望承担他作为长子的责任。按照当时农民的习惯，他给他弟弟在农场做帮手，在 1739 年单身去世。欣里希活得比他长，直到 1772 年去世，留下了 4 个女儿，其中的一个与康拉德·格雷梅尔（Konrad Gremmel）结婚。她继承了这个农场。

汉斯和欣里希的同父异母弟弟亨利（Henry），1700 年由他父亲的第二次婚姻所生，在 1724 年过早去世。关于第三次婚姻中的兄弟们，恩格尔的两个弟弟于尔根和安德烈埃斯不得不在陌生的城镇中讨生活。安德烈埃斯消失得无影无踪，他的下落至今未知。不过，于尔根的踪迹把我们引向不伦瑞克。

在《新市民登记册》里的一份协议表明于尔根在 1739 年 1 月 23 日递交了

一些文件，由于这一步骤他在不伦瑞克立足了。他和来自雷滕(Rethen)的卡塔琳妮·玛格达莱妮·埃格林斯(Katharine Magdalene Eggelings)在弗尔肯罗德结婚。雷滕是汉诺威的一个乡村，离弗尔肯罗德有几小时的路程，婚后他很快就离开了这里。雷滕这里的人可能属于他们的亲属，因为来自雷滕的那些人后来有许多在施洗时把恩格尔·戈斯(Engel Gooss)作为教父。但也有一个来自雷滕的安东·戈斯(Anton Gooss)，他在1709年娶了他的第二任妻子，她来自弗尔肯罗德。由于这个原因，汉泽尔曼假定雷滕是老欣里希·戈斯的老家，尽管其教堂记录直到1692年才开始。

于尔根·戈斯(Jürgen Gooss)在不伦瑞克市政厅登记为散工，那里有一条记录是关于他的，他被称为泥水匠和街头屠夫。在那时这两项工作在平原地区属于家庭服务。对于一个在城镇中靠双手讨生活的乡村工人，这两项工作是密切相关的；甚至二者被一个人承担是自然的。这两项工作能在一年中依照时间而变换，当泥水匠的工作停下，街头屠夫的工作就开始了。那时，不伦瑞克的城镇居民自己动手屠宰甚至比后来更普遍，屠夫行会成员挣的薪水很可观。

1739年10月29日，于尔根·戈斯入籍。在这年，一个叫彼得·霍耶(Peter Hoyer)的人，他是于尔根·戈斯得到市民身份时的证人，把他位于里特布伦嫩(Ritterbrunnen)的房子卖给了于尔根·戈斯——现在名字写作于尔根·高斯(Jürgen Gaus)，"于是，购买者以每年限定在米迦勒节不用提醒将向他支付5塔勒(thalers)10格罗申(groschen)这种方式，如此执行下去，只要他彼得·霍耶继续正常且平安地活着。但在他去世后，购买者将单独地拥有这所房子且可继承。"

这所房子位于里特布伦嫩的10号，一处只有两个窗户宽度的狭窄建筑物，正如它两个世纪后那样。人们称它"姜饼片"。这对已婚的夫妻在这里兴旺了14年；他们的3个儿子和1个女儿在这所房子里出生。于尔根根本没有为它付出太多；当这所房子在1735年被出售时，卖了217塔勒。

于尔根·高斯又买了另一栋房子，文登格拉本(Wendengraben)1550号，后来的威廉大街(Wilhelmstrasse)30号。900塔勒的价钱他差了500塔勒,该市市长维尔默丁(Wilmerding)拿房子作抵押给他贷款。为了能用现金支付其余的款项,于尔根不得不把那所旧房子的收益100塔勒挪过来。因此,他自己14年劳作的成果仅有85塔勒。在他余生的21年里,尽其努力这项抵押贷款仅减少了200塔勒。

肺结核于1774年7月5日结束了于尔根辛苦的一生,而他的妻子已于4月3日先于他死于一种"胆汁热",享年仅59岁。前面提到的那个女儿在孩童时夭折。他的长子格布哈德·迪特里希生于1744年2月13日,曾在业务上帮助他的父亲,并在1768年4月28日与多罗特娅·埃梅伦齐娅·瓦内克(Dorothea Emerenzia Warnecke)结婚。她的姓也被写作佐勒里希(Sollerich)或佐利舍尔(Sollicher)。她带给丈夫150塔勒的嫁妆,并于1769年1月14日给他生了一个儿子约翰·格奥尔格·海因里希(Johann Georg Heinrich)。1775年4月27日,格布哈德·迪特里希与他弟弟彼得·海因里希(Peter Heinrich)和约翰·弗朗茨·海因里希(Johann Franz Heinrich)关于他们父亲的不动产订立了这样的协议:这所房屋以800塔勒归于他,包括要给市长维尔默丁的400塔勒抵押贷款和要给他妻子(娘家姓佐利舍尔)的150塔勒。

格布哈德·迪特里希能用自己的钱财支付他弟弟们的份额,但他得从市长维尔默丁那里借125塔勒以补充不足的款项。消除在他分得的财产上的债务是他不停地追求的目标,并且这一目标在25年后达到了。当他在1800年6月5日以1700金塔勒出售他的房屋时,没有人声明反对,除了在他第一次婚姻生的儿子对他母亲遗产的继承和他第二任妻子带来的财产上。

卡尔·弗里德里希·高斯知道他的两个叔父的存在,但认为他们先于他父亲去世。不可能确定关于彼得·海因里希的任何事实。纽约布鲁克林(Brooklyn)已故的埃米尔·高斯(Emil Gaus)先生和西奥多·高斯(Theodore Gaus)先生很有可能属于这个支脉。他们的父亲在1854年从不伦瑞克来到美国。约翰·弗朗茨·海因里希有后代,其中有一个儿子在1798年去世,享年20岁。除此之外,他的家族只能通过女性脉系和他妻子的第二次婚姻延续。

格布哈德·迪特里希的第一任妻子在1775年9月5日因肺病去世,享年30岁。1776年4月25日,他与已故的克里斯托夫·本策(Christoph Benze)的女儿多罗特娅·本策(Dorothea Benze)结婚。克里斯托夫·本策是邻村费尔普克(Velpke)的石匠。他们4月16日的结婚记录说她带给她丈夫的除了一张床和"成品亚麻布料"之外,还有100塔勒作为"真正的"嫁妆。多罗特娅生于1743年6月18日,她没有受过专门的学校教育,不能写,而且几乎不能读。格布哈德·迪特里希在他家中是二当家,他拥有水务工程师傅的头衔,但做各种活计并帮助他的父亲。在他一生中的最后15年,他只做园艺。他还协助不伦瑞克和莱比锡的集市的一位商人。因为他写和算都非常好,被安排到一家大型墓葬保险公司负责记账和收银。格布哈德是一个非常正直、令人尊敬和真正诚实的人;但在家里他相当专横,经常不体谅人而且粗暴无礼,因此高斯纯真的心不能完全自信并信任地贴近他,尽管没有由此引起误解,因为这个儿子很早就完全离开他独立了。

1777年4月30日,卡尔·弗里德里希·高斯出生在威廉大街①的房子里(后来是一座博物馆并且在前门上有一块匾作为标志)。根据他自己讲述的故事,他的母亲没有记住他出生的准确日期。她只记得那天是耶稣升天节前八天的一个星期三。这是他后来给出计算任何一年复活节出现在哪一天的一个公式的直接原因。他的同父异母的哥哥约翰·格奥尔格·海因里希为了学习一门手艺很早离开家,然后按照习俗"闯荡江湖",又在1794年返回不伦瑞克。一种危险的眼疾让他必须放弃他的行当,但他的父亲不能容忍一个游手好闲的人,可对于他从事其他生意太晚了,他不得不成为一名士兵。在这个位置上他还不断帮助他的父亲,他在1806年退役。当格布哈德·迪特里希在1808年去世后,约翰·格奥尔格·海因里希接手了他父亲的业务,他从事这一职业直到1854年8月7日去世。格奥尔格结过两次婚,他的第一任妻子为他生了一个女儿卡罗琳·玛格达莱妮·多萝特(Caroline Magdalene Dorothee)和一

---

① 在1944年10月15日一次空袭中被毁。

个儿子格奥尔格·格布哈德·阿尔伯特(Georg Gebhard Albert)。这个女儿与爱德华·威廉·鲍尔迈斯特(Eduard Wilhelm Bauermeister)结婚。格奥尔格·格布哈德·阿尔伯特有一爿锡器店；当他到格丁根拜访他叔叔时，他已在慕尼黑待了很长时间。他的儿子格奥尔格·克里斯蒂安·阿尔伯特(Georg Christian Albert)也成了锡匠，在不伦瑞克的韦伯大街(Weberstrasse)有他的店；他在1907年去世。格奥尔格·克里斯蒂安·阿尔伯特的两个儿子夭折了，他的女儿阿尔贝蒂娜(Albertine)是伯特格尔(Böttger)夫人，住在不伦瑞克的阿尔特维克林(Altewiekring)41号。她有两个儿子，分别生于1899年和1901年。

高斯的外祖父克里斯多夫·本策是靠近不伦瑞克的小村庄费尔普克的石匠。作为加工砂岩的后果，他患了职业性的肺结核，由于这病他在30岁时去世。他遗下一个女儿多罗特娅和一个年幼的儿子约翰·弗里德里希(Johann Friedrich)。这个儿子从事纺织，没有得到进一步的指导，他不久就掌握了工艺织锦，这从整体上显示出他非凡的智力和精明的头脑。高斯在孩提时对他很有好感，后来他这种感觉加强了，因为他舅舅在关于励志故事的谈话中指导他并认识到他非凡的天赋和才能。他总是对他舅舅1809年12月2日的早逝感到悲哀，并且说："天才在他身上浪费了。"

克里斯多夫·本策的女儿多罗特娅大约在1769年从费尔普克搬到不伦瑞克，并在1776年与格布哈德·迪特里希·高斯结婚。她是一个天生长于理解、有不炫耀的幸福心境而且性格坚强的女人。她伟大的儿子是她唯一的孩子，她的骄傲！她用最深的爱呵护他直到她生命的最后一刻。她拥有良好的健康身体，尽管在最后4年完全失明，她活到97岁的罕有高寿，于1839年4月18日在格丁根天文台他儿子的家中去世，在这里她生活了22年。

本策家族这一支的祖先安德烈埃斯·本策(Andreas Benze)是老欣里希·戈斯的同时代人。他的两个双胞胎儿子在1687年2月4日出生，其中的一个在洗礼时也被取名安德烈埃斯，他去世后留有两个儿子和两个女儿，他们中最年长的克里斯多夫·本策与卡塔琳娜·玛丽·克罗内(Katharina Marie Krone)结婚，他在1748年9月1日去世，这是他婚姻生活的第 7 年。

多罗特娅在与格布哈德·迪特里希结婚之前做过 7 年女仆。从她的儿子我们了解到这并不是一桩非常幸福的婚姻,"主要因为外在的环境也因为这两个人的性格不合"。高斯夸耀他的母亲是"一个非常好的、出色的妇人"。关于他的父亲"在许多方面值得尊敬并且确实被人尊敬,但在他的家中他专制、无理且粗鲁",而且"他从来没有完全自信"。这充分表明了这样的事实:这个孩子在心理亲和力上更像他的母亲而不是他的父亲。多罗特娅有个弟弟克里斯多夫·安德烈埃斯(Christoph Andreas),生于在她父亲去世前几个月的 1748 年 6 月 11 日;对于他我们知道得非常少。

第二章
痴迷的童年

接近生命终点的时候,高斯喜欢讲述他童年早期的许多轶事。这些轶事正确无误地揭示出天才的偶尔闪现。他准确地记住这些轶事并且知道怎样通过他的生动、恰当的讲述方式为它们增加罕有的魅力;在重述它们时毫不走样。

他的记忆回溯到童年的最早期,当时他一度濒临死亡。前面提到的文登格拉本(现在的威廉大街),当时他的父母正住在那里,尽管后来筑了墙,但曾经有一条明渠与奥克尔河(Ocker)相连,在春季时渠水充溢。这个没人看管的小男孩在渠边玩耍并跌落渠中差点溺毙,幸好及时获救,对于未来取得重大科学成就的他而言,仿佛是天意注定。

高斯甚至在非常小的年纪就给出了他心智力的非凡证明。我们得知,在问了家里几个成员字母表上字母的发音后,还未上学的他就能自学阅读了,并还显示出对于数之间关系非常出色的理解,在心算上的技能和正确性也让人难以置信。不久他就吸引了父母的关注,他们的亲密朋友们对此也很感兴趣。

高斯的父亲在夏季经营的是现在我们称为砌砖匠的行业。他习惯在星期六为手下工作的人分发酬劳。遇到一个人工作超时的情况,当然按照比例支付他更多。一次,在这位"老板"完成了对每个人的计算之后要发钱时,这个3

岁的男孩站起来并奶声奶气地说："爸爸,你算错了。"并且说出了一个数作为正确的结果。没人注意他关注着父亲的工作,这次计算又被细心地重复而且令在场所有人惊讶的是,结果正是这个小男孩所说的。后来,高斯常常开玩笑说他在会说话之前就会计算。

1784年,高斯7岁,他进入圣卡塔琳妮(St. Katharine)国民学校(Volksschule)。这里提供基础教育,这所学校由一个名叫比特纳(J.G. Büttner)的人负责。教室低矮而且发霉,地面也不平整。从这个教室的一边人们能看到圣卡塔琳妮教堂的两个既高又窄的哥特式尖顶,从另一边能看到马厩和贫民区后面。在这里比特纳手持教鞭,在200来个小学生中走来走去。教鞭在当时被各阶层的人们公认为是教育方法的最终手段,而且比特纳本人觉得他根据心血来潮和需要而经常使用教鞭是正当的。这所学校似乎有中世纪的做法和风格,在学校里年幼的高斯在前两年没有任何值得记录的事件。

最终他进入算术班,这个班里大多数学生一直待到他们的坚信礼,即直到他们大约15岁时。在算术班发生的一件事情值得注意,因为它对高斯日后的生活有一些影响,而且在晚年他经常以很大的快乐生动地说起这件事。

一次,比特纳在算术班上出了一个练习题:写下从1到100的所有数并把它们加起来。通常,第一个完成练习的小学生把他的石板放在一张大桌子的中间;第二个把他的石板放在这块石板的上面,并如此继续。这个问题刚提出来,高斯就把他的石板放在那张桌子上,并用不伦瑞克口音低声说:"Ligget se"(放这里了)。而其他小学生正在计算,做乘法和加法。比特纳走来走去,摆出他的威严;他向这位机灵的学生投去嘲笑的一瞥并且显出些许轻蔑。不过,他最终发现高斯的石板上只有一个数字,就是答案,而且是正确的。这样这位学生就得向老师解释他怎样得到这个结果。他说:"$100+1=101, 99+2=101, 98+3=101$,等等,100个数中有多少'对',我们就有多少'对'。因此答案是50×101或5050。"高斯平静地坐着,坚信这个问题被正确地解决了,就像后来对任何一项他完成的工作时那样。其他学生的许多答案是错误的,而且马上被教鞭"纠正"。

第二章 痴迷的童年

比特纳认为现在要做的正确事情是从汉堡订购一本更好的算术书①,目的是给这个男孩,因为他的表现让他震惊,而且不久他就面对这一事实:已无更多的东西可教给这个男孩。

费尔普克的亲戚们纷纷摇头,因为根据古老的普遍信念,受到上天喜爱的人物一定会在年轻时死去,预示他的早逝是理所当然的。不伦瑞克的邻居们,他父亲的客户们,以及其他人对他印象深刻。他的才能在他4岁时就已经表现出来。在他家的起居室里挂着一张过时的日历,他大多数时间与他母亲呆在起居室,不久这个小男孩就能读出上面的所有数字。但是当亲戚们被叫来见证这一奇迹时,他表现不佳,不是因为他不能读那些数字,而是因为近视的困扰。

不是比特纳就是约翰·克里斯蒂安·马丁·巴特尔斯(Johann Christian Martin Bartels,1769—1836)②,甚至把这个男孩的父亲叫来,以便谈论他的教育。至于这位父亲的如何得到资金用于让儿子继续学习的问题所得到的回答是:他的儿子会赢得身在高位的保护人的资助。于是这位相当顽固的父亲答应这个男孩不用每晚纺定量的线。据说老高斯在这次谈话后回家把儿子的纺车拿到后院,后来劈了在厨房做引火的木柴。

现在,在晚上的时间高斯读数学书取代了纺线,巴特尔斯也参加进来,他是住在文登格拉本的锡匠海因里希·埃利亚斯·弗里德里希·巴特尔斯(Heinrich Elias Friedrich Bartels)的儿子。巴特尔斯是比特纳的助手,他的职责是为小孩子们削铅笔,并帮助他们在书写中擦掉所有的浮夸之词。不久,在对数学感兴趣的巴特尔斯和这位出色的邻居小孩之间产生了一种亲密的关

---

① 雷默(Remer)的《算术》(*Arithmetica*)或黑梅林(Hemeling)的《算术小书》(*Arithmetisches kleines Rechenbuch*)。

② 巴特尔斯1769年8月12日生于不伦瑞克,在1788年进入卡罗琳学院;他成为瑞士赖谢瑙(Reichenau)的数学教授,后来担任俄国喀山(Kasan)大学的数学教授,最终担任多帕特(Dorpat)大学的数学教授,在这里他依靠一份养老金退休,他于1836年12月19日在多帕特去世。他的女儿与天文学家奥托·施特鲁韦(Otto Struve)结婚。他发表了一些关于函数论的论文(1822),在圣彼得堡科学院的《报告》(*Reports*)上发表了一篇关于空间解析几何学的论文(1831),关于数学分析学的讲义(第一卷,1833)。此外,他把贝利(Bailly)的《天文学史》(*History of Astronomy*)译为德文。

系。教师和学生变成了亲密的朋友，他们一起研究数学，巴特尔斯是如此热心，以致他打算终生献身于这一学科。因此，高斯在11岁时独立掌握了二项式定理的最一般形式并熟悉了无穷级数理论，这为他打开了通向高等分析学之路。

我们甚为感激巴特尔斯把年轻高斯的突出才能上达不伦瑞克的贵人，尤其是告知齐默尔曼（E.A.W. Zimmermann）。[①]

这个男孩具有非凡天赋传到齐默尔曼耳中。一天，齐默尔曼命令巴特尔斯带这个年轻的男孩见他。新闻被他的同学们传开了。圣卡塔琳妮国民学校的新数学教师黑尔维希（Hellwig）教授把高斯的第一份书面作业发还，并在上面批道，这样一位数学家继续出现在他的课堂是多余的。

根据高斯本人的陈述，他离开比特纳的学校是几乎违背了他父亲意愿的。在"老"朋友们的帮助下，他通过自学掌握了古代语言的基本原理，这些朋友中有巴特尔斯，无疑还有后面会提到的语言学家约翰·海因里希·雅各布·迈尔霍夫（Johann Heinrich Jakob Meyerhoff, 1770—1812）。高斯在其他各个方面的表现也远超同龄人。两年之后，圣卡塔琳妮国民学校在康拉德·霍伊辛格（Conrad Heusinger）的主持下开始了新的生活。

不伦瑞克公爵夫人有一次发现年轻的高斯在宫中的庭院里全神贯注地看一本书。起初怀疑的公爵夫人很快在与他的交谈中发现，这个小孩子理解他正在读的东西。她非常震惊，震惊之余她告诉公爵把这个孩子召来。当仆人带着差事到达高斯家，先是被人指引找到他哥哥格奥尔格，但格奥尔格哭泣着不让这个仆人进门。在搞清楚之后，格奥尔格答道这与他那"一无是处的"弟弟有关，这个弟弟总是"埋首书里"。当卡尔成为世界名人而这位勤劳的哥哥

---

① 埃伯哈德·奥古斯特·威廉·齐默尔曼（Eberhard August Wilhelm Zimmermann, 1743—1815）自1766年起是卡罗琳学院的数学、物理学和博物学正教授。在英国、法国和意大利旅行两年之后他在1789年重新开始他的讲课。这发生在巴特尔斯进入卡罗琳学院后不久。1786年，齐默尔曼接受了顾问的头衔并在1796年被皇帝提升为贵族；1802年，他被卡尔·威廉·费迪南德（Carl Wilhelm Ferdinand）公爵任命为私人顾问。作为一位学者和作家，齐默尔曼很受尊敬，在这位公爵家他很有地位。他是一个天性吸引人、可爱、拥有洞察力和非常仁慈的人。

成为普通劳动者后,据说格奥尔格曾说过:"不错,如果我早知道,那么现在我将是一位教授;机会先给了我,但我不想去那座城堡。"格奥尔格·高斯一点也不像这里描述的那样愚蠢。与仆人的这个事件发生后不久,他开始了他的"闯荡江湖"时期。在冬天的晚上,为了节约光和热,格布哈德·迪特里希会让两个孩子早早上床。在卡尔·弗里德里希的阁楼房间里,他会取一个萝卜挖空,搓一根粗棉花做灯芯,用一些脂肪当燃料。在这样获得的微光下,他学习到半夜,直到寒冷和筋疲力尽迫使他上床。

不伦瑞克公爵的周围环境让这位谦虚的、有些羞涩的 14 岁少年高兴,而处世老练的公爵意识到在他面前的是一位非凡的人后,就知道怎样赢得他的爱和怎样使用为了他的进一步教育所必需的资金。年轻的高斯显得有些拘谨,但重要的事情是公爵很快并且清楚地认识到他的才能。高斯离开了,在几个方面有了收获。他从国务大臣格海姆拉特·费龙斯·冯·罗滕克罗伊茨(Geheimrat Feronçe von Rotenkreuz)那里得到了他的第一份对数表。① 在公爵的帮助下,他在 1792 年进入卡罗琳学院。

"为了一位名字是高斯的年轻人从技工哈博特(Harboth)那里购买一个数学[仪器]盒,支付顾问齐默尔曼 5 塔勒。"根据 1791 年 6 月 28 日的一项指令,来自公爵内阁特别账目的这笔支出是揭示公爵对高斯产生兴趣的第一份真凭实据。根据公爵管家的账目,看来每年在 7 月 20 日支付高斯 10 塔勒,而且由于其他的开支齐默尔曼也会有进项。在 1792 年 6 月 12 日,出现了这样的条款:"继续这些支出,只要他进入卡罗琳学院。"名称"学费"不能按照它的字面意义理解(这些费用列在这个字头下),因为高斯有一个"免费的住处",而且根据每月考勤的名单他是"特别免费生"(extra free-pupil)。无疑这位公爵从他自己的私人财富中给了他许多其他资助和重要的支持。

高斯和齐默尔曼之间的友谊持续到后者在 1815 年 7 月 1 日去世。在 1816 年 3 月 16 日的信中,齐默尔曼的儿子这样写他父亲的离世:"我父亲去年

---

① 舒尔策(Schulze),《数学用表汇集》(*Sammlung von Tafeln*)。

在他的主人不伦瑞克公爵的遗体被安葬①的时候去世,他哀愁的感觉是如此无法忍受(正如在他完成了一半的一封信中所透露的),以致他中风了。不幸的是那时我恰恰不在,既没有内科医生,也没有外科医生。当两小时后救护来临时,天哪,已经太晚了。"②

高斯在 1792 年进入卡罗琳学院时,学院正处在它声誉的顶点。汉泽尔曼说卡尔(Karl)公爵据以在 1745 年创办这个机构的计划中有两个观点是重要的。在那时,对那些希望学习不在大学的 4 个学院中讲授的学科的人来说,没有高等学术机构可进。这个新的创造弥补了中学和大学之间的空白。未来的官员、建筑师、工程师、机械师、商人和农夫想寻找一种变得普及的教育的机会,以满足对生活的较高需求,同时掌握专业知识充实自己。卡罗琳学院的课程表中包括古代和现代语言、基督教教义和道德、哲学、通史、教会史和文学史、统计学、民法和教会法、数学、物理学和博物学、解剖学、德意志诗歌和演讲术、绘画和雕塑中美的理论、素描和绘画、音乐、舞蹈、击剑和马术、车工和玻璃抛光中的练习以及其他。但卡罗琳学院真正吸引人的地方是在这些学科中呈现的精神。学院的计划方案并不只是指向纯粹的实用需求;教师教导学生要认识到他们自己是新文化的传承者,是品位与心灵的更自由且更高贵的教育的传承者。察哈里埃(Zachariä)、格特纳(Gärtner)、埃伯特(Ebert)、施密特(K.A.Schmidt)和一帮同事们为卡罗琳学院尽心尽力。这种新文化的时代那时刚在德意志出现。尽管偶有失望,这在如此重大的一项事业中是不可避免的,但这些人会说那个目标不是无意义的,已开始的进程实实在在。

在生活中处于各种地位的出色且能干的人,既有本国人也有外国人,都以他们从不伦瑞克学到的知识而自豪。学院的教师像格勒特(Gellert)、埃内斯

---

① 1815 年 6 月 16 日弗里德里希・威廉(Friedrich Wilhelm)公爵在卡特勒布拉(Quatre Bras)阵亡。

② 海因里希・马克(Heinrich Mack)发表了高斯致齐默尔曼的两封信,这些信的日期是 1797 年 11 月 22 日,1797 年 12 月 24 日。P.齐默尔曼发表了其他 3 封高斯致齐默尔曼的信,日期是 1796 年 10 月 19 日,1796 年 5 月 20 日和 1803 年 11 月 16 日,见格里姆・纳塔利斯(Grimme Natalis)公司的《不伦瑞克月刊》(*Braunschweiger Monatsschrift*,1921)上第 753 页及之后。

蒂(Ernesti)、克斯特纳(Kästner)和海涅(Heyne)公开声明,在这里经过训练的年轻人在知识的全面、勤奋和高尚的道德上是出众的。无论何时且无论何地,只要追求的是常识(bon-sens)和好品位的新文化,卡罗琳学院在这方面被公认为是做得最好的。在18世纪的最后十年,出自这个学院的一些毕业生赢得了一些名声;除了高斯和巴特尔斯,还有伊德(Ide)、伊利格(Illiger)和知名的演说家德勒泽克(Dräseke),后面我们会提到伊德和伊利格。所有这些人都出生于德意志,而且除了伊利格的父亲是商人,其他人的父母都是穷人。

在高斯入学时,学院中大多数著名的教师已经去世。仅有的一位是埃伯特,他于1795年3月15日去世。高斯在埃伯特去世后不久就离开了那里。但出色的继任者们在他们的职位上工作。1777年,约翰·约阿希姆·埃申堡(Johann Joachim Eschenburg,1743—1820)接替察哈里埃的位置,担任哲学和纯文学(belles-lettres)教授;约翰·费迪南德·弗里德里希·恩佩乌斯(Johann Ferdinand Friedrich Emperius)担任希腊语、拉丁语和英语教授,在施密特去世后还担任了宗教指导教授;在1787年之后,奥古斯特·费迪南德·吕德尔(August Ferdinand Lueder)担任历史和统计学教授,这个职位先前由于雷默被招聘到黑尔姆施泰特(Helmstedt)大学而空缺。1810年,吕德尔在格丁根大学成为冯·施勒策(A.L. von Schlözer)的继任者。除了齐默尔曼,在那时教过高斯的教师中这些人较为重要。

1792年2月18日,高斯本人在卡罗琳学院的注册本上签下:462 Johann Friedrich Carl Gauss,来自不伦瑞克。后来,他再也没有使用Johann这个名字,在所有他的作品中人们只看到Carl Friedrich Gauss。在卡罗琳学院,高斯完善了他的古代语言知识并学习了当代语言。在这4年中,他忙于深奥的数学研究和学习。在离开不伦瑞克之前,他加深并拓宽了自己知识储备的基础。

在这段时间,高斯看来悉心研读了牛顿、欧拉和拉格朗日的著作。尤其是,他确实感到他自己被牛顿的伟大精神吸引,他尊敬牛顿并完全掌握了他的方法。在家乡的最后一年中,高斯发现了"最小二乘法",这个方法在观测中引入一种计算，使得不可避免的观测误差对观测结果产生的影响尽可能小，并使得在任何的情况下，最终从这些观测结果得到的值从总体上说偏差最小。在巴塞尔的丹尼尔·于贝(Daniel Huber)似乎得到了相同的方法。阿德里安-马里·勒让德(Adrien - Marie Legendre, 1752—1833)也发现了这个方法，并在1805年发表在他的《论确定轨道的新方法》(*Nouvelles méthodes pour la détermination des orbites*)里，而高斯对这个方法的推导直到1809年才发表。按照当时流行的习惯，一个发现被发表的日期比做出这个发现的日期更重要，因此勒让德得到了发明权。据说美国的阿德兰(Adrain)1808年在《分析学家》(*The Analyst*)上发表的一篇文章也推导出了这个方法，这篇文章论述的是误差的概率定律，这份期刊是由阿德兰在费城出版的。

大约在1750年，天文学上的某些间接观测导致了一些观测方程，随之出现了一个问题，怎样以适当的方式求它们的解。为求解这一问题，意大利的博斯科维克(Boscovich)、德意志的迈尔(Mayer)和兰贝特(Lambert)、法国的拉普拉斯、在俄国的欧拉，以及英国的辛普森(Simpson)，他们都提出了不同的方法，讨论了取算术平均的理由，并努力确定误差律。1757年，辛普森首先说明正的误差和负的误差是同等可能的；1774年，为了讨论观测的误差，拉普拉斯第一个应用了概率的原理。拉普拉斯提出了n个观测方程中找出q个未知量的方法，这个方法强加了残差的代数和为零这一条件，而且当残差都取正号时和为最小。通过引入这些条件，他能把n个方程化为q个方程，从q个方程可确定q个未知量。用这个方法他从子午弧的测量以及摆的观测中导出地球的形状。

勒让德在1805年发表的著作中，提出最小二乘原理作为调整观测结果的一个有益的和便利的方法。他称之为最小二乘法(méthode des moindres quarrés)，并证明算术平均的法则是这个普遍原理的特殊情形，从而导出正规方程法，给出用于确定彗星轨道以及用于地球的一个子午截面形状的例子。尽管勒让德没有证明如此确定的结果是最有可能的或最佳的，他的评论表明他认识到该方法在平衡误差上的优越性。

第二章　痴迷的童年

随后的结果是阿德兰从误差的概率定律证明算术平均法则,并证明在空间中观测点的最有可能的位置是所有给定点的重心。他还用误差的概率定律讨论在测量和航海中的两个实际问题。

1795 年,高斯导出误差的概率定律,并从这一定律完整地发展了最小二乘法。最小二乘法的算法,从正规方程确定权重,结果精确性的研究,用于条件观测结果的相关性方法,以及许多实际应用都属于高斯。在科学上,一个主题中如此大的部分归功于一个人的劳动,这样的分支很少。

这个如此彻底地被确立了的方法在天文学家中迅速传播。在接下来的 50 年中,恩克(Encke)、高斯、哈根(Hagen)、艾沃里(Ivory)和拉普拉斯用严格的分析研究了最小二乘法的理论,同时贝塞尔(Bessel)、格尔林(Gerling)、汉森(Hansen)和皮桑(Puissant)的工作发展了这一理论对天文观测和大地测量的实际应用。在始于 1850 年的这个时期,关于这个主题的文献增加很多。英国的艾里(Airy)和德·摩根(De Morgan)、比利时的利亚格尔(Liagre)和凯特尔(Quetelet)、法国的别内梅(Bienaymé)、意大利的斯基亚帕雷利(Schiaparelli)、丹麦的安德烈(Andrä)、德意志的黑尔默特(Helmert)和约尔丹(Jordan),以及在美国的肖夫内(Chauvenet)和肖特(Schott),他们的著作使该方法的各个分支臻于完美,而且使得科学家们普遍采用它,作为讨论观测结果的唯一合适的方法。

使这个方法能可靠地应对所有例外情况的任务落在了高斯肩上,使用这个方法时,一些条件限制了其实用性的展开,直到他在 19 世纪 20 年代关于这个主题发表了一篇"完美的"补充论文,局面才得以改观。从那时起,没有人再想到这一方法在观测上的进一步应用。

高斯在这个主题上的基本论文是 1821 年发表的《受误差影响最小的组合观测理论》(Theoria combinationis observationum erroribus minimis obnoxiae),[①]也收录在他的《全集》第四卷中。伍德沃德(Woodward)写道:

---

① 这是高斯这篇论文的前一部分(pars prior)发表的日期,后一部分(pars posterior)发表于 1823 年,补充(Supplementum)发表于 1826 年。——译者注

>在约简计划的完善上,以及给出计算结果的确定性上,没有任何其他补充做得如此之多。科学家们普遍使用这个方法的后果就像他们普遍使用米制的后果;这个方法已经提供了操作过程的共同模式、精度的共同度量和共同的术语,因此使这些无价财宝的可利用性增大到一个未曾言说的程度,这些财宝记录在本世纪天文学和大地测量学的编年史上。①

1792年或1793年在卡罗琳学院时,高斯还研究了素数的定律,即素数在自然数序列中出现得愈来愈稀疏的定律。高斯研究欧拉内容丰富的作品,还研究牛顿和拉格朗日作品的呈现形式。牛顿在证明上的严格影响了他,他对拉格朗日关于数论的著作感兴趣。

高斯在卡罗琳学院的第四年过了大半;1795年8月21日,一份由公爵办公室发出的命令吩咐"每年支付158塔勒给一位名叫高斯的学生去格丁根作为资助,并告知他这一点以及在格丁根有'空位'等着他"。他的津贴在1801年被提高到400塔勒,并且在1803年被提高到600塔勒,免费住所除外。

10月11日,这位年轻的科学家离开不伦瑞克。他后来在获得博士学位的时候表明,他选择格丁根(又称乔治·奥古斯塔,the Georgia Augusta)大学是因为这所大学的图书馆收藏了非常丰富的数学文献。公爵没有反对,因此证明他对这位年轻人才能的发展前景有强烈的兴趣。在这时候不伦瑞克的社会上层对高斯谈论很多。人们相信公爵从他自己的口袋中拿出一笔可观的专款增加了高斯的津贴。甚至那时的宫廷占卜师们也为这位年轻人用占星术算了命,这非常适于把他推介给那些听信这种事情的人。

---

① 伍德沃德(R.S. Woodward),应用数学在本世纪的进展(The Century's Progress in Applied Mathematics),《美国数学会会报》(*Bulletin of the American Mathematical Society*),第Ⅵ卷第4期(纽约,1900),第149—150页。

第三章
学 生 时 代

相同的时代见证了三所德意志大学的建立：哈雷(Halle)大学、格丁根大学和埃朗根(Erlangen)大学。格丁根大学由英格兰国王乔治二世创建于1737年，不久就在德意志的大学中领先，并且保持这一地位直到19世纪末。得自乔治二世名字的乔治·奥古斯塔(Georgia Augusta)都赋予了这所大学王家气象。

格丁根大学是在其首任学监格拉赫·阿道夫·冯·明希豪森(Gerlach Adolph von Münchhausen)的主持下，以哈雷大学作为样板组建的，尽管有几个方面与其不同。法学和政治学院比神学院更为凸显，正如在哈雷大学。从一开始该校的办学方针就是教学自由(Lehrfreiheit)。在这所大学神学家们从事历史和批评研究而不是争论。在最初的10年，这所大学的著名人物有建立格丁根大学医学和科学学院的阿尔布雷希特·冯·哈勒尔(Albrecht von Haller)、伟大的语言学家约翰·马蒂亚斯·格斯纳(Johann Matthias Gesner)。格斯纳以前是约翰·塞巴斯蒂安·巴赫在莱比锡圣托马斯(St. Thomas)学校的同事，他在格丁根大学创办德意志第一个语言学讨论班。像格奥尔格·路德维希·伯默尔(Georg Ludwig Böhmer)这样伟大的法学家也在这里工作。约翰·斯特凡·皮特(Johann Stephan Pütter)使格丁根大学成为研究民法的一所优秀的学校。

来自四面八方的德意志青年,尤其是西部和南部的,有地位的人、王子和伯爵们,事实上对一般的修养感兴趣的几乎每一个人,不久就涌进格丁根大学。外国首先是英国很关注格丁根大学。学生们来自北欧。在这所大学任教的有加特雷尔(Gatterer)、阿亨瓦尔(Achenwall)、施勒策、施皮特勒(Spittler),以及后来的黑伦(Heeren),因此在18世纪末,人们几乎可以说有一个格丁根历史学派。这些人产生了非常强大的影响。

　　这就是格斯纳的继任者克里斯蒂安·戈特洛布·海涅(Christian Gottlob Heyne)活动的基础。① 也许除明希豪森外,海涅是对格丁根大学贡献最多的人。海涅是一位纯粹的古典学家。他认为,古代的人文学科和古典文学是培养每个高贵的心灵修炼可以达到真善美的途径。他的讲课不仅学语言的学生参加,而且有各系的学生,尤其是学法律的。此外,他是一个出色的行政管理者。这所大学的命运维系于他,直到18世纪末。正如在七年战争期间霍尔曼(Hollman)使格丁根大学免受因法国占领而产生的强烈冲击,在威斯特伐利亚(Westphalia)时期,海涅知道怎样排除这所大学按照法国模式转变的危险。

　　年轻的高斯进入了这样的环境。他一抵达格丁根,就在戈特马尔街(Gothmarstrasse)11号得到了一个房间。他还在忧虑未来,仍未决定从事语言学或数学。前者能提供一个更安全和到来得更快的前景。所以,有一段时间他是海涅的听众之一,海涅比克斯特纳更吸引他。② 他称克斯特纳是"诗人中的数学家之最,数学家中的诗人之最"。菲斯(N. Fuss)曾评论欧拉《音乐新理论的尝试》(*Tentamen novae theoriae musicae*)的内容"对音乐家几

---

　　① 海涅生于1729年9月25日,死于1812年7月14日。他的传记出现在1813年,作者是历史学家、他的女婿阿诺尔德·黑伦(Arnold Heeren)。一个好的、客观的叙述见弗里德里希·莱奥(Friedrich Leo)的作品(1901)。

　　② 亚伯拉罕·戈特黑尔夫·克斯特纳(Abraham Gotthelf Kästner)1719年9月27日生于莱比锡,他成为莱比锡大学的讲师(1739),以及数学教授(1746)。在1756年他来到格丁根大学担任教授,并于1800年6月30日在这里去世。他的《数学史》(*Geschichte der Mathematik*,4卷,格丁根,1796—1800)是一位杰出作者关于这个主题的第一部著作。他还写过与方程、几何学、流体动力学,以及许多其他分支的有关著作。他的书和论文并不出色,而且他的整个事业是相当一般的。

何学太多,对几何学家音乐太多"。

在同一个时期,来自不伦瑞克的另一个青年追求与高斯相同的目标。这个青年是约翰·约瑟夫·安东·伊德(Johann Joseph Anton Ide),他生于1775年1月26日,是一个工厂检查员的儿子,他父亲在年轻时就去世了,而且使他的家庭陷入窘境。即使在他父亲活着的时候,这个男孩就进了孤儿学校;在检查员延纳(Jenner)的推荐下,他在1788年被共济会地方分会的教学部接受,那时这个教学部由黑尔维希领导,他在伊德身上发现了(正如伊德自己所说的)"对数学科学的一种杰出才能",并鼓励他献身于数学科学研究。但黑尔维希进一步指出,"由于对许多年轻人而言,在这个多彩的世界上通过多种渠道获得帮助正变得容易,甚至对缺乏天赋、勤奋和良好教养的人也是如此,所以对伊德倒很难了。"事实上,伊德进入马丁学院(Martineum)学习,而在黑尔维希成为重组的圣卡塔琳妮国民学校的数学和博物学教师之后,他也来到这个学校。1794年,伊德在卡罗琳学院得到了一个"免费名额",在这里他被齐默尔曼和吕德尔吸引。但数学及其相关的领域属于那样的科学:"很不幸,它们的文化在处于高位的赞助人看来不值得特别的帮助。"很快这两个人的努力落空了。来自费尔特海姆(Veltheim)伯爵的每年25塔勒的资助值得感谢,不过显然不足大用。除了再找不伦瑞克公爵,别无选择。几乎与预期的相反,这一步很有意义。这位公爵答应了必要的资助;在高斯之后的一年半,伊德能在1796年的复活节进入格丁根大学,他在这里持续学习了5年。

伊德属于一个小圈子,高斯在学生时代的社会交往也仅限于这个圈子。在阿诺尔德·威廉·埃申堡(Arnold Wilhelm Eschenburg,生于1778年9月15日)1797年来之前,伊德是高斯在格丁根唯一的旧相识。埃申堡是已提到的那位卡罗琳学院教授的儿子;在这里他和高斯是挚友。埃申堡注册学习法律和金融,1800年完成学业之后,他成了不伦瑞克的律师,一年之后担任初级法院的秘书。1805年,他被任命为公爵的内阁大臣。据说在这一位置时,他对不伦瑞克公爵支持高斯的影响大得几乎难以置信。1861年,身为政府顾问和司库的埃申堡在代特莫尔德(Detmold)去世。

杰出的物理学家格奥尔格·克里斯多夫·利希滕贝格(Georg Christoph Lichtenberg,1744—1799)的讲课似乎给予了高斯很大的鼓舞,因为高斯称他为"格丁根首屈一指的人物"。也应提到卡尔·费利克斯·赛费尔(Carl Felix Seyffer,1762—1822),1789年之后他担任天文学助理教授;高斯与他友好合作,而且在赛费尔移居慕尼黑之后他们保持通信。

1803年,伊德应邀到莫斯科担任数学教授,由于俄罗斯的气候,1806年他在那里去世。海因里希·威廉·布兰德斯(Heinrich Wilhelm Brandes,1777—1834)也属于高斯学生时期的朋友圈子,后来他在布雷斯劳大学和莱比锡大学担任数学教授。还有韦尔特海姆(Wertheim)的约翰·阿尔布雷希特·弗里德里希·艾希霍恩(Johann Albrecht Friedrich Eichhorn,1779—1856),后来他成为律师,1840年到1848年担任普鲁士的宗教部长。高斯经常与约翰·弗里德里希·本岑贝格(Johann Friedrich Benzenberg,1777—1846)联系,后来帮助他完成了著作《关于重力定律、空气阻力和地球旋转的实验》(*Experiments on the Laws of Gravity, the Resistance of the Air, and the Rotation of the Earth*)(汉堡,1804)。

在这个时期,高斯最亲密的朋友显然是沃尔夫冈·鲍耶·冯·博尧(Wolfgang Bolyai von Bolya),一个古老的匈牙利贵族的后裔,这个家族的记载可回溯到13或14世纪的马扎尔(Magyar)时期。鲍耶出生在位于赫曼施塔特(Hermannstadt)以北15英里的博尧庄园,母亲是帕瓦(Pava)的克里斯蒂娜·沃伊瑙(Christine Vajna)。1781年,他父亲卡斯帕(Caspar)让他到位于大埃涅德(Nagy-Enyed)的福音归正学院上学。这个安静、内向的男孩很少参加同学们的游戏,事实上当他参加时也是被迫的。另一方面,他对语言、诗歌和心算有特别的天分。在学院的各种庆典上他被作为神童给大家表演。

在这所学院,鲍耶成为有修养的西蒙·凯梅尼(Simon Kemény)男爵的挚友。在1790年前后,这两个人来到克劳森堡(Klausenburg)并住在著名的神学教授米夏埃尔·绍特马里(Michael Szathmáry)的房子里。有一段时间绍特马里设法让鲍耶专门对神学感兴趣。乔治·梅海什(George Méhes)是那里的数学教师。在克劳森堡,鲍耶的眼睛由于火药爆炸而受伤,火药是他自己制备的,因此有很长一段时间他在阅读时要克服极大的困难。

匈牙利贵族的子弟到德意志大学接受高等教育是那时的风尚。一个年龄较大、有才能的学生充作"导师"。于是,鲍耶陪伴西蒙·凯梅尼男爵在1796年夏天离开匈牙利去耶拿(Jena)。在维也纳,鲍耶因患病而不得不滞留。在这里他参观了一所炮兵学校,他非常神往以致想进入军界。这种热忱是他显著的性格。来自凯梅尼的一封信使他放弃了这个计划并去了耶拿,又从耶拿来格丁根,他是1796年9月到达的。

鲍耶这样写道:

> 我们[他和他的同胞西蒙·凯梅尼男爵]去了格丁根大学,这里克斯特纳和利希滕贝格能招待我们,而且我结识了高斯,那时他是这里的学生。甚至今天我仍是他的朋友,尽管我自己与他相比相差太远。当时他非常谦虚而且没有过多表现:与柏拉图相处三天就能认识到他的伟大,但即使与高斯在一起几年也认识不到他的伟大。真丢脸,我不理解怎样打开这本"没有书名的书"并阅读!我不了解他知道多少,在他明白我的性情之后,他很器重我却不知道我多么无关紧要。对数学的激情(外表上并不明显)和我们在道德上的一致使我们关系亲密,我们经常外出散步,每次几个小时一言不发,各自沉思。

高斯曾说过,鲍耶是唯一知道怎样洞悉他对数学基础看法的人。

在论及那时对欧拉和拉格朗日的研究时,高斯后来写道:"我由于新的热情而精力旺盛,追随他们的脚步,我觉得我推进科学中这一宏大部门的边界的决心更加坚定了。"1796年3月30日,这位19岁的大学生做出了一个发现,最重要的是这一发现决定了他未来的事业。做出发现的那个晚上栩栩如生地留在他的记忆中。在1796年4月的《德意志文学报》(*Allgemeine Literaturzeitung*)上,出现了如下的通告:

> 对几何学的每个初学者都知道,许多正多边形,即正三角形、正

四边形、正五边形、正十五边形，以及它们的边数连续加倍产生的那些多边形，是在几何学上能作图的。

人们在欧几里得时代就已走了那么远，而且，一种普遍的说法是，似乎从那时起基础几何学没有扩展，至少就我所知，在这一方面扩展其界限的尝试没有成功。

因此，以我看来，这一发现值得关注……除了那些正多边形，一些其他正多边形，例如正十七边形，可以几何作图。这一发现其实只是对一种包罗更广的理论的一个特别的附录，这一理论尚未完成，一旦完成就会公之于众。

在格丁根大学学习数学的学生
卡尔·弗里德里希·高斯

有必要指出，这位高斯先生现年 18 岁，他在不伦瑞克致力于哲学和古典文学，以及高等数学，并取得了同样的成功。

1796 年 4 月 18 日
E.A.W.齐默尔曼教授

这是高斯发表的第一篇东西，而且他总是认为这个发现是他最伟大的发现之一。在两千年中没有数学家曾想到这个发现。对于这位发现者，这一领域被证明是一个丰富的领域。他告诉鲍耶，这个正十七边形应装饰他的墓碑。但这一意愿未能被执行，但在不伦瑞克他的纪念碑底座的一侧有一个图案。①

据萨托里乌斯（Sartorius）说，这个家伙在青年时期对几何学不如对代数学感兴趣。哪个方程能比方程 $x^p = 1$ 更接近他呢？这个方程的根与分圆问题

---

① 在这座纪念碑底座的背后是一个 17 角星，因为石匠霍瓦尔特（Howaldt）说，一个正十七边形会被每个人误认为是一个圆。

这使人联想到阿基米德的墓碑，它上面刻着一个球内接于一个圆柱的图形。西塞罗在叙拉古（Syracuse）时，他发现这块墓碑被埋在废墟之下。雅各布·伯努利由于他对对数螺线 $r = a^\theta$ 的研究，指示这条曲线应带着铭文 EADEM MUTATA RESURGO（纵然变化，我仍故我）刻在他的墓碑上，据说去巴塞尔那座修道院的访客仍能看到石刻者为实现他的愿望所做的粗糙努力。

高斯的朋友鲍耶说，他的墓上不应竖立任何墓碑，应种上一棵苹果树，以纪念 3 个苹果：夏娃和帕里斯把地球变成地狱的两个苹果，以及艾萨克·牛顿爵士的那个苹果，这个苹果又把地球提升到天体的阶层。

联系得非常紧密。他的科学日记以 3 月 30 日的这个发现开篇。把圆分为 p 等份依赖方程 $x^p=1$ 的解,这一认识属于科茨(Cotes)和棣莫弗(De Moivre);欧拉在 1748 年首先解释并确立了这一认识。高斯熟悉范德蒙(Vandermonde)后来的相关工作,正如他 1802 年 10 月 12 日致奥伯斯(Olbers)的信所表明的。如果我们设

$$r = \cos\frac{2k\pi}{p} + \sqrt{-1}\sin\frac{2k\pi}{p},$$

$$x^{p-1} + x^{p-2} + \cdots + x + 1 = \frac{x^p - 1}{x - 1} = 0$$

的根被表示为 r 的幂 $r, r^2, r^3, \cdots, r^{p-1}$,这里 k 取值 $0, 1, 2, \cdots, p-1$;按照这种方式,正 p 边形的顶点正好由给出的复量确定。这个正 p 边形内接于一个单位圆。如果选择这个圆的圆心作为原点,并且横坐标通过代表 $x=0$ 的点,则量 $\cos 2k\pi/n$ 和 $\sin 2k\pi/n$ 是相关顶点的笛卡儿坐标。

上面的值表明,如果 p 被设定为一个奇素数,它的一个原根 g 的幂 $1, g, g^2, \cdots, g^{p-2} (\mod p)$,不计顺序地同余于剩余 $1, 2, 3, \cdots, p-1$,这是一种特别的关系,$r, r^g, r^{g^2} \cdots r^{g^{p-2}}$ 按照循环顺序,是上面 r 的相同有理函数(即 g 次幂)。由于这一深刻见解,原初的观点胜利了,而且由此产生了整个高斯分圆方程理论。

当高斯来到格丁根时,维尔特(J. Wildt,1770—1844)正钻研数学;他在 1795 年发表了一篇论文,题为《对关于平行线论题的答复》(Theses quae de lineis parallelis respondent)。高斯与维尔特、克斯特纳没有达到非常亲密的程度,但是与赛费尔保持通信直到后者去世。正是在赛费尔的家,高斯与沃尔夫冈·鲍耶偶然相遇,如后者的儿子约翰(Johann)讲述的。沃尔夫冈坦率地说在这种舒适的环境中他做数学得心应手。之后不久,他外出步行时,在老城的城堡遇到高斯。他们互相走近。谈话中,沃尔夫冈向高斯提到他关于直线的定义,以及证明欧几里得第十一公理的几种方式。[①] 惊奇和高兴的高斯简短

---

① 即欧几里得的第五公设(平行公理)。由于《几何原本》版本的不同,在有些版本里这个公理被列为第十一公理。——译者注

地插嘴说:"你是一个天才,你是我的朋友!"

高斯给鲍耶一件纪念品——一块上面关于发现正十七边形作图的书板;还给了鲍耶一个烟斗。1797年,这两个人从格丁根步行到不伦瑞克访问高斯的父母。当高斯不在屋里时,多罗特娅夫人问鲍耶,高斯是否会有出息。鲍耶答道:"欧洲名列第一的数学家。"她听了泪流满面。

1798年9月28日,高斯返回不伦瑞克,同时鲍耶留在格丁根直到1799年6月5日。从个人角度来看,这个时期他们的信极为有趣。鲍耶以非常感人的词语述说他们最后一次见面:

> 当他一年以前离开时,期望我们再次相见,他写信让我确定时间和(在格丁根之外的)地点。我确定在克劳斯塔尔(Clausthal);我们在同一时间准时出现,都是步行来的。那位天文学教授[赛费尔]和其他人陪伴我步行到下一个村庄,他在奥斯特利茨(Austerlitz)与拿破仑在一起,并在那时成为拿破仑的上校工程师。在离别时我哭得像个孩子;我违背我的意志返回,但最后我克制住自己。从最后告别的山坡上我再次往回看,格丁根在那里历历在目。告别的这个场景永远让我感动。

> 1799年5月25日,星期六,我陪伴他[高斯]登上向着不伦瑞克的小山。彼此最后一次相见的感觉不可描述。甚至一个关于眼泪的词也没有用。未来之书合上了。之后我们伤心欲绝地握手分别,几乎一言未发。区别是,他在名声和光荣之殿的天使引导下返回不伦瑞克;非常无足轻重、然而问心无愧且心平气和的我走向格丁根,尽管我后来被许多无足轻重的人当成献身真理追求者而追逐。

这两个朋友再未见面,后面我们会论及他们关于科学和个人事务的通信。1799年5月23日,星期四,在鲍耶刚刚向伊德描述他与高斯在克劳斯塔尔见面的一幕之后,伊德致信高斯:

第三章 学生时代

如果我推想得不错,那么我们的鲍耶在合适的时间到达[即回到格丁根],他就能多少分享到来复枪大会(rifle meeting)的一些乐趣。(我认为是星期六,国王被引导着围绕那所房子转了三圈,伴着嘈杂的演奏和钟声;然后是放烟火和欢腾的游行。)他极有可能参加了这场活动,但只是作为一个哲学家,在这样的场合他寻找一些材料并用以进行对人类愚蠢行为的观察。这在很大程度上是他的习惯使然,正如我在好些实例中发现的,他很难错过这些俗事中的任何一件,他不是想与其他人一起参与这些事,而是为了他的内心更加安宁。最近有一名躁动的学生跳起来了,对此我们只是偶然的旁观者。我大约10点钟回家,因为这个事件在那天晚上持续到很晚,而且我不能说服他一起走,不是因为他仍然愿意参与这次行动(因为我们两手空空),而是为了能从哲学上更深入地思考这一行为毫无益处,当我与他在一起时他一直在这么做。

不幸的是,没有高斯学生时期的画像保存下来。我们拥有的他的第一张画像(被复制在本书中)是施瓦茨(Schwarz)在1803年画的。

第四章
这位年轻人

当高斯 1798 年 9 月 28 日回到在不伦瑞克的他父母那里,正是夏季学期期末,他的未来仍悬而未决。他希望那位公爵不会取消他的资助。为了让高斯得到一个承诺,齐默尔曼尽其所能。高斯刚到不久,齐默尔曼写信询问公爵是否愿意与他的被保护人谈谈。几个月过去了,没有回音,而且机会也没有出现。高斯本人不可能有能力通过接见来催促这个决定,因为卡尔·威廉·费迪南德(Carl Wilhelm Ferdinand)对这种宽容习惯相当程度的滥用使他苦恼不已,现在公爵除了亲自召见,很少准许人们的接见请求。高斯痛苦地感受他不能就此事与这位公爵面谈的事实。1798 年 9 月 30 日,他写信给鲍耶:

> 亲爱的鲍耶:
>
> 我上星期二到了这里。在我行程的第二天我不得不在雨中行进很长一段时间。这与星期一我半空腹出发和整夜在野外旅行的实情合在一起,尽管不是真正的步行,也使我稍有不适,但我有所恢复。现在可人的家乡空气又完全治愈了我。除了齐默尔曼,我还没有见到别的老朋友。我正计划近几天拜访公爵。对确实关乎我未来命运的事我知之甚少:如果我同时以我自己的感受推断你的感受,那么即使这种计划也不会令你不感兴趣。至于我的公爵,我有理由希望他会

继续他的资助直到我得到一份正式的工作。我已经失去了一个收入非常丰厚的职位。一个俄国使节①正在这里停留;我本来要在数学和天文学上指导他的两个年轻且非常活泼的女儿。但由于我到达得太晚了,一个法国移民已经接手了这一工作。

但另一件非常吸引我的事正等着我。

我经常向你提到冯·斯坦福德(Von Stamford)少将②,他是一个杰出的人、明智的鉴赏家和数学爱好者,渴望与我仔细探究数学的某个特定部分。因为我还没有拜访他,我不知道讨论什么部分以及在何种基础上讨论。我认为这将足以满足我的生计,而且我几乎能支配我的所有时间。这是我现在能写信告诉你的最重要的消息。我未来的房东似乎是一个诚实的好人:我只在晚上看了房间,房间看起来很舒服而且适合我。过大约8天……当我的骑马裤做好后……我计划到黑尔姆施泰特一游。我希望那时我能写信告诉你我的其他情况。那么就等到那个时候吧,再见,我的好鲍耶。

高斯

附言:为了便于你看,我使用了拉丁字体书写,因为你曾告诉我你与其看哥特字体[即草写体]不如看拉丁字体。

我的地址:文登街(Wendenstrasse)的施勒德(Schröder)先生寓所,哲学博士候选人(或什么也不写)查尔斯·弗雷德里克·高斯(Charles Frederic Gauss)。我欢迎来自你的所有音信就不用我说了。

请代我向你那里的我的老熟人问好:伊德、西莫尼斯(Simonis)、艾希霍恩、赛费尔、利希滕贝格、克斯特纳、佩尔松(Persoon)或你见

---

① 这封信提到的这位俄国人是穆拉夫耶夫(Murawjeff)伯爵,驻下萨克森(Nether-Saxony)的使节。

② 弗朗茨·卡尔·冯·斯坦福德(Franz Karl von Stamford,1742—1807)相继在不伦瑞克、普鲁士和荷兰军中担任军官。他著有《不引入无穷小概念介绍微积分基础的一个尝试》(*An Attempt to Present the Fundamentals of the Differential and Integral Calculus, Without Introducing the Idea of Infinitesimals*,柏林,1784)。他在柏林担任大使职位,而高斯的希望又一次没有实现。类似的工作提供导致了其他几次这种类型的失望。

到的任何一个人。

因为你处于和穆尔哈德(Murhard)①一起旅行的危险中,我认为告诉你他在这里的行为是我的责任,他的行为会让你知道与这样一个人一起旅行不会没有危险。如果不是这个原因,在写给你的信中我甚至不会提他的名字,甚至不会在这里提任何关于他的风言风语。

他在不伦瑞克这里雇了一个人,这个人赶自己的马拉着穆尔哈德的马车去黑尔姆施泰特。到了那里,穆尔哈德问他(没有付他钱)是否想在两天后再来赶车把他带回不伦瑞克,如果这样他再来时就会得到双倍的钱。这位车夫答应了。当两天后他再来,穆尔哈德早就走了[顺便提一下:当我在星期一晚上经过诺德海姆(Nordheim)时,穆尔哈德径自进了那家旅店;他显得非常不安并说他刚从黑尔姆施泰特旅行到戈尔萨(Golsar),计划次日去格丁根。他在那里怎样你可能已经知道了。]

他和布吕克曼(Brückmann)秘书②(其父的著名矿物陈列他参观过)一起进入一家外借图书馆并借了几本书。作为惯例,他应留下点东西作为抵押品,他请他的同伴布吕克曼先生证明他的身份。但穆尔哈德没归还这些书,而布吕克曼先生(他并不认识穆尔哈德)不得不为这些书支付罚款。

11月29日,在写给鲍耶的另一封信中出现了如下的看法:

现在我大部分以贷款过活,因为我的财务指望都破灭了……我

---

① 弗里德里希·威廉·奥古斯特·穆尔哈德(Friedrich Wilhelm August Murhard,1769—1853)1796年在格丁根大学获得哲学博士学位,曾担任该校的无薪讲师。他的《数学文献》(*Bibliotheca mathematica*,5卷;莱比锡,1797—1805)是他在文献方面知识广博的明证,该书即使在今天仍有价值。他在1798年离开格丁根长途旅行到小亚细亚。他抄袭了一本书并把此书题献给皇帝,因为关于政府和宗教的闲话在匈牙利被捕,还翻译了拉格朗日的《分析力学》(*Mecanique analytique*)。后来穆尔哈德作为一个政治和新闻作家过着多变且冒险的生活。

② 乌尔班·弗里德里希·贝内迪克特·布吕克曼(Urban Friedrich Benedict Brückmann,1728—1812)是一位解剖学教授和不伦瑞克公爵的私人医生,他拥有一批特别的宝石收藏品。

> 去了黑尔姆施泰特并受到普法夫和此地图书馆管理人的友好接待。普法夫符合我的期望。他无可置疑地显示出天才的迹象,他对一件事情在深究之前不会放过它。承蒙他的盛情我使用他的藏书,我正打算几天之后写信给他索要各种图书。
>
> 向我的所有老熟人致意。但关于我的情况,我告诉你的,你不要向任何人提起。如果有人打听此事,那么你就说你仅知道大体上我有好的前景,尽管不完全确定,这事实上是相当真实的。尽快来看我。
>
> 高斯

不久他的状况就得到了改善,正如他1798年12月30日写给鲍耶的信中的如下片段所表明的:

> 自从我上次给你写信之后,我的状况已经发生了几个可喜的变化。事实上我尚未与公爵本人交谈,但他已表明我将继续得到我在格丁根所享有的资助待遇(这笔资助每年达158塔勒,而且现在足够我的需要)。他还希望我成为一位哲学博士,但对此事我打算搁一下,直到我的著作完成,到那时我希望成为一个没有花费且没有通常可笑行为的人。

大约在1799年12月中旬,为了使用黑尔姆施泰特的图书馆,高斯再次返回这里。他得到了图书馆员布伦斯(Bruns)和数学家约翰·弗里德里希·普法夫(Johann Friedrich Pfaff,1765—1825)的真诚接待。1798年10月高斯在黑尔姆施泰特停留期间已结识了普法夫。他在普法夫家租了一个房间并且自己配备了家具。他的研究是如此刻苦和没有间断,以致在同一栋房子中的其他人只是在晚上的几个小时能看到他。那时他会和普法夫散步"到一处泉源并且到哈普克(Harpke)"。谈论的话题常常与数学有关。在这样的情形下可以相信,高斯给出的远比他从普法夫那里得到的多。

1799年12月16日,高斯写信给鲍耶,在一个简要的引导之后他写道:

不允许我浪费很多篇幅去解释我有些迟复［你的上一封信］的原因。主要原因是直到10月我才确切地知道我还不能如那时打算的去哥达(Gotha)旅行；我渴望能写信给你，但只有当暂时取代哥达的一个地方确定了才行。我现在可以这样做了；这个地方是黑尔姆施泰特，几天之前我到达这里并从此地给你写这封信。现在我按照时间顺序叙述。

你记得当我们上次在克劳斯塔尔见面时，我作为博士头衔的候选人已经寄给黑尔姆施泰特大学哲学系一篇论文。自那以来这件事情已有进展，该系在7月16日授予我这个头衔，并没有以大部分过去惯常的手续让我不胜其烦。我们的好亲王已经接下了它的费用。这篇论文已付印并且在8月印刷完毕。我不知道寄给你这篇论文既安全且方便的途径，但你可能容易通过书店得到它；因此我写下完整的标题。标题是《每个单变量的整有理代数函数都能分解成一次或二次实因子的定理的新证明》(Demonstratio nova theorematis, omnem functionem algebraicam rationalem integram unius variabilis in factores reales primi vel secundi gradus resolvi posse)，署名卡罗洛·弗雷德里科·高斯(Carolo Frederico Gauss)，黑尔姆施泰特的弗莱凯森(C.G.Fleckeisen)承印，1799年。四开本5个对页，铜板印刷。这个标题很明确地表述了这篇论文的主要目的；然而用于这个目的的篇幅仅占整篇论文的大约三分之一，其余的篇幅主要包含这一问题的历史以及对其他数学家［即达朗贝尔、布干维尔(Bougainville)、欧拉、德·丰切内(de Foncenex)、拉格朗日和法国百科全书派……但后者可能不那么讨人喜欢］关于这个主题的著作的批评，以及对如此强烈主导今日数学的浅薄之见的各种评论。

至少就作为你朋友的我最初的企图，这本小册子会使你感兴趣。就我所知，无论何地都没有出现对它的公开评论。直到现在我已经散发的小册子有30本左右，一部分给数学家们，一部分给让我受惠的那些人。到现在为止我缺乏寄一册到法国的机会。就我所知已出现的私下评论仅有柏林的冯·滕佩尔霍夫(von Tempelhoff)将军①的,这对我特别重要而且让我分外高兴,因为他是德意志最好的数学家之一,尤其是因为我的批评伤害了作为一本概要的作者的他。通过第三方我已经知道他如此发表意见:(他本人的话)"高斯是一位无可救药的数学家;他没有让出一分土地;他勇敢善战而且占领了整个战场。"……

因为最近我可能不会很快被一个职位所束缚,而且在不伦瑞克得到的帮助太少,我已决定离开不伦瑞克到黑尔姆施泰特短时停留,不过我可能留在黑尔姆施泰特一直到复活节;你可以把你的信随意寄到这里或不伦瑞克,因为我已安排好,所有给我的寄到那儿的信会立刻转寄到这里。

在这里我正住在普法夫教授家。作为一位杰出的几何学家,同时也是良善之人和我的热情的朋友,我尊敬他;这个人有天真、孩童般的性格,没有任何一种使人名誉败坏而且在学者中普遍存在的强烈情绪。因为我在这里还没待满八天,我不能确定到那时我的心情会怎样;这个地方本身很糟糕,但城郊令人称赞;人们必须在没有舒适生活的条件下劳作;这里的大学生从整体上据说其作风相当粗鲁;我已认识的教授中有着有教养的人。

你写信要我的肖像画;我以后一定寄给你,但由于一些原因不是现在。你还会更喜欢一张以后当我的容貌发生了变化时的画像,因为我希望我现在的容貌在你的记忆中就如同你的容貌在我的记忆中一样新鲜。

这封信恐怕在今年不会送到你那里;在你的下一封信中告诉我你是何时接到此信的;这个12月的最后一天将是我们称之为18世

---

① 格奥尔格·弗里德里希·冯·滕佩尔霍夫(Georg Friedrich von Tempelhoff,1737—1807),在这封信中提到的这个人,是普鲁士的炮兵军官,柏林科学院的成员,在1773年出版了一本代数学教科书。

纪年的最后一天(如果细致的诠释家们现在把这个世纪的结束推迟一年的话)而且对我特别神圣。请注意在我们这里是子夜的时候,对于你子夜已过去了一个小时。在这样节庆的时候我的思绪进入一个更高尚的境界,进入另一个精神世界;这个房间与外界的分隔消失了,我们肮脏的、卑鄙的世界,这个包含万事万物的、对于我们显得如此之大,使我们如此幸福又如此不幸的世界,消失了,我是一个不朽的纯粹灵魂,与所有善良和高贵的人合为一体,这些人为我们的星球增光添彩,而且他们的躯体在空间或时间上与我的躯体是分离的,我享受具有更大喜悦的更高尚的生活,在去世之前这种喜悦被一层不可穿透的面纱遮住,不让我们看见……不要停止爱你一如既往的朋友。

C.F.G.

1797年,高斯发现了拉格朗日定理的一个新证明,而且在这年年底的两封写给齐默尔曼的信表明,他正在撰写《算术研究》(*Disquisiticnes arithmeticae*)。这些信件可能是这一著作的最早报道,此书使高斯置身于古往今来最伟大的数学家之列。该书由出版商基歇尔(Kircher)在不伦瑞克开始印刷,他近来获得了一家印刷厂的所有权,这家厂子作为公共学校系统的附属机构由约阿希姆·海因里希·坎佩(Joachim Heinrich Campe)监管。1799年,基歇尔考虑到可能返回戈尔萨,他把这家印刷厂卖给了坎佩的女婿弗里德里希·维维格(Friedrich Vieweg),基歇尔在戈尔萨也有一家印刷厂,以前属于东克尔(Duncker),是他在1783年通过婚姻得到的。他在戈尔萨完成了《研究》的印刷,尽管这项工作所用的时间比高斯预期的要长得多。尤为令人感兴趣的是迈尔霍夫①在这部书中起的作用——校订拉丁文。

如果考虑到高斯几乎不怀疑自己精通拉丁文,上面所说的足够引人注目。

---

① 约翰·海因里希·雅各布·迈尔霍夫(Johann Heinrich Jakob Meyerhoff,1770—1812)在1794年成为霍尔茨明登(Holzminden)高中的合办者,并且在1802年成为该校的主管。他在古代和现代语言方面基础扎实并受过全面的训练。作为格丁根大学的一名学生,他用拉丁文写的论腓尼基人的博士论文获得了金质奖章。然而他对数学相当外行。

据莫里茨·康托尔(Moritz Cantor)所说,高斯写的是古典拉丁文,因此有这样的说法,假若西塞罗能理解这本书中的数学,他对高斯使用的拉丁文也无可指责,除了高斯有意使用的几种或许习以为常的不正确的表达模式。但这还是拉丁文,它只对读者中的一个狭小的圈子有吸引力和激励作用。对于迈尔霍夫的工作,高斯写道:

> 我当然理解对迈尔霍夫先生这不是一项特别有吸引力的工作,因为他似乎对数学了解不够,只是把它当成阅读。例如他不知道算法(algorithmus)这个单词。我很清楚带虚拟语气的 si(如果)不是纯正的拉丁语;但现代数学家们似乎为他们自己制定了在假设和定义中不变地使用虚拟语气的规则;我想不出一个相反的例子,而且在惠更斯笔下亦是如此,据我看惠更斯写的拉丁语最优雅,所以我有意地模仿他。我连续地发现这些情形中的虚拟式。我随意翻开《著作集》(*Opera*),发现第 156 页,Quodsi fuerit(如果可能是);第 157 页,Si sit, si fiat, si agitetur(如果存在,如果发生,如果被激发);第 158 页,si suspendatur(如果被悬挂);第 188 页及以下有成打的例子。既然在这种例子中,成为一个真正罗马人的愿望不过是语言的纯粹主义(就我个人而言这是不太允许的,因为我很留意在任何情况下不这样),而且这事本身一点也不荒谬,我追随现代的潮流。我希望迈尔霍夫先生不会生我的气。在第 5 页 accedere possunt(都能添加)一句中他不理解的是什么,我一直不能猜出;所以我就保留原状。第 7 页中的段落先前这样写道:Si numeri decadice expressi figurae singulae sine respectu loci quem occupant addantur(如果用十进制表达的数的逐个数字不顾它们出现的位置而被相加),迈尔霍夫先生误解了,因为他可能不知道 figurae 意思就是数;他认为 numeri 是主格复数并认为 figurae 是第三格单数,并且据此向我建议 singulus(逐个)没错;但恰恰是这个理由,一个数学家可能不会错误地解释它,主要因为它没有意义;不过

现在我对这句话的设计已有所不同了。

可能为了齐默尔曼的缘故,高斯对他的拉丁文如此细心,因为作为后者的被保护人,他一定渴望他的第一部著作绝不应当缺少完成的印章。他的先期报告引起了费迪南德公爵的高度期望,以致他承担了出版的费用,当这本书最终在1801年面世时,高斯感激地把它题献给公爵。

对于齐默尔曼以及高斯来说,如果批评者在该书中发现了有充分根据的缺陷,都是非常痛苦的。迈尔霍夫是解除他们这些担心的恰当人选。从在卡罗琳学院的时候齐默尔曼就知道他。迈尔霍夫与巴特尔斯同时进入该学院,而且可能通过巴特尔斯他也与高斯取得了联系。很难确定《研究》的经典形式有多少是由于他的润色。

《算术研究》也许是高斯的主要著作,它包含了许多重要的研究,其中之一以高斯著名的基本定理,或勒让德的二次互反律知名,仅仅是它,塔克(R. Tucker)写道:"就会置高斯于一流数学家之中。"1795年3月,在高斯还不到18岁时,他通过归纳法发现命题:-1是$4n+1$型素数的二次剩余,是$4n+3$型素数的二次非剩余;并做出它的第一个证明,于次年发表。他对此并不满足,又发表了依据不同原理的其他证明,直到证明的数目达到6。他发现的这个命题在其作者看来是一种非同一般的美;而且由于他猜测这个命题与其他更有价值且更普遍的东西相联系,他使用(正如他本人使我们确信)他的心智的全部力量发现它依据的原理,并通过一个严格的证明建立其正确性。他圆满实现了这一目标,感到自己被这类研究完全迷住,以致他发现放弃它们是不可能的。于是他从一个真理走向另一个真理,直到他完成他的著作中即使不是最伟大的,也是最早和最具原创性的大部分,这是在他阅读他的任何一个先行者在科学的这个部门的著作之前,尤其是欧拉和拉格朗日的著作。不过,欧拉在陈述这个定理上占了先机,尽管形式比较复杂。勒让德曾试图证明它,但没有成功。R.塔克评论说,通过归纳来证明的优先权问题在这一情形中是微不足道的;它的任何一个严格的证明显然涉及难以克服的困难。

这些分析学大师们的算术探索的后续研究很难不让高斯面临早熟的年轻人和创造性的天才经常体验到的懊恼,他们发现自己的一些最精妙的思考成果被人占了先。正如众所周知的,高斯做出的最辉煌的成果是二项方程的完全解,以及把虚数置于一个牢固基础之上的一个最意想不到的成就。他是用符号 i 表示 $\sqrt{-1}$ 的第一人,给出它是 +1 和 -1 之间的几何平均的解释。这个约定很快被普遍使用。关于他的二项方程定理,在 1815 年 12 月和 1816 年 1 月,他给出了其他两个不同的证明。尽管在该领域关于这个课题他是第一人,但这些工作没有给他带来什么名声。拉格朗日似乎没有听说过第一个证明;而柯西,他随后的多个证明受到教科书的青睐,在法国他作为第一个发现者而备受称赞。

高斯在黑尔姆施泰特暂住时的成果是多方面的。他的博士论文包含了二项方程的完全解,黑尔姆施泰特大学哲学系据此在 1799 年授予他哲学博士学位。即使是最伟大的学者们的博士论文也很少展现比及格水平更多的东西。但高斯不是如此。方程论的整个基础由这个命题①构成:单变量多项式能分解为这个变量的一次式和二次式的乘积。代数基本定理的存在已久为人知。许多作者曾发表了据称是它的严格证明。在高斯论文的第一部分,这是历史和批评性表述的一个典范,他着手表明所有这些早先的"证明"只是伪证明,是失败的尝试,而他在第二部分给出该定理的一个无可争议的证明,没有缺陷,有作为典范的清晰性。1815 年和 1816 年的证明同样严格。1849 年,在高斯的博士论文发表 50 周年的庆祝会上,他发表了他曾发表过的几乎最后一篇论文,又给出了另一个证明。这本质上是在这篇博士论文中指出的一个想法的详述,而且用改变了的形式给出同样的证明。这些证明中的哪一个被认为是最独特的而且是最优美的,是品味问题。对其中的 4 个证明,先是这个,然后是那个,得到了来自各个作者的高度评价。

高斯把他的《算术研究》献给不伦瑞克公爵,在献词中他用非常感人的

---

① 即代数学基本定理。——译者注

词语感谢这位公爵的明智和慷慨的赞助,这不仅提供了他研究的开销,而且使他不必从事卑微的行当而研究科学。这本著作的作者向我们保证,著作在走向成熟的过程中经历了许多形式上的变化,因为新的想法时不时出现在他的头脑中;但正如众所周知的,在新的真理发现之后的进程很少是最适于清楚地阐释它们的,尤其是当独自追求真理、很少与其他人交流的情况下。高斯用于整数的分类和它们的关系的特别术语,又如此完全地体现在几乎每一个命题的陈述和证明中,以致它们根本不会脱离读者的头脑,使得研究这部著作是如此费力和令人难堪,很少人曾经掌握其内容。该书是19世纪的标准著作之一,事实上从来没有被超越或取代。在这本书中从来没有发现一个错误。尽管高斯这个主题的特性只吸引少数读者,尽管他严格的简洁使这些主题的困难性超过了它们必须达到的程度,然而欧几里得的年轻读者们可能以一种对于牛顿、拉格朗日或者欧拉来说完全不可能的方式被引领着接触到高斯,以理解他的天才的风格。

勒让德在相同的主题上写了很多而且很成功,在他的《数论》(*Théorie des nombres*,1808)的第二版中他做出了一个重要发现,高斯的这本书不仅包含了这一发现的特别研究的情形,而且还包含最可着重赞扬的情形。甚至勒让德也抱怨把高斯阐述的形式改成他自己的形式极为困难。在晚得多的一个时期,那时高斯已建立了许多其他几乎是同等不可置疑的不朽业绩,《当代传记》(*Biographie des contemporains*)的作者们关于他的一则注记引用了法兰西学会一个委员会的一篇报告摘要,提及他在1810年的情况,报告中说:"对他们来说,给出这部著作中的一个想法是不可能的,因为其中的任何东西都是新的,即使其语言也超越了我们的理解力。"然后,这些传记作者们着手贬称该书充斥着稚气,把这部被译成两种语言的书的成功作为"欺骗行为有时甚至扩展到数学领域中"这一臆测的根据。相当有趣的是,我们在12年后的该书上读到:"这样说就够了,他的著作普遍被最杰出的数学家们所推崇·它们受欢迎是因为它们毫无错误,而不是清晰,是通过它们的精确和风格的优雅。"

《研究》的另一个部分涉及整数的同余理论,或者说当整数除以同一个整数时,给出相同余数的所有整数之间存在的关系。当高斯正忙于这本书时,一个新的问题产生了:该书篇幅比原计划长得多,因此公爵应许的资金将不够抵偿出版的费用。他决定以第七部分结束全书,把第八部分放在一边,而且也在许多地方做了缩短。即使如此,该书的出版经历了一个长期的间断,直到有一天公爵过问此事并了解到其困难。这就够了。公爵补充了所需的资金,在1801年的夏季,位于莱比锡的格哈德·弗莱舍尔(Gerhard Fleischer)出版社印出了该书的最后一些印张。这部书的销量比原来希望的大,但其作者几乎没有收益,因为巴黎的那位书商破产了,而印出的大多数书委托他发行。高斯不是一个老想着倒霉的人。

日期为7月的该书献词如下:

> 最仁慈的亲王,您允许我用您高贵的名字为这部著作增光是我最高的喜悦,我把这部著作献给您以达成忠诚之爱的神圣义务。因为如果您的仁慈没有为我打开通向科学的通路,如果您的不间断的恩惠没有鼓励我的研究直到今日,我就永远也不会完全致力于我天性爱好的数学科学。沉思的结果,其中的一些确已呈现在这卷书中……我能承担它们,继续进行下去数年并发表它们,这一事实我唯有归于您的善意,这种善意使我没有其他顾虑,让我能致力于这一著作。您的宽宏大量扫除了延迟出版的一切障碍。

他还提到这位公爵对所有科学的一致性的理解,以及他的明智的洞见,这种看法不拒绝支持在日常生活中少有应用而且被批评为抽象的那些科学。这不是奉承之言,没有人比高斯更深信这一表达的真实性了。

在返回不伦瑞克之后,公爵在给予高斯一份年金上长时间拖延,这种情况由于他的国库接近破产的事实得以解释,他父亲在花钱上大手大脚使国库空虚。人们众口纷纭批评这种赠赏是不切实际的和不当的。但最后公爵较好的判断力解决了这个问题,年轻的高斯至少暂时免去了财务担忧。

现在人们容易明白各种情况是怎么使这部著作的出版被推迟4年的。前

6部分的一些素材与许多世纪前的丢番图(Diophantus)有关。一些旧定理的出现是由于这一事实：高斯不能利用柏林科学院和圣彼得堡科学院的出版物。有两件事情是突出的：二次型理论和高斯首先引进的名称"行列式"。他说："数学是科学的皇后,而数论是数学的皇后。"如果这是真的,人们可以继续称《研究》是数论的大宪章。高斯在1817年和1831年发表了论四次剩余的论文。在他去世之后,处理高次剩余的《研究》第八部分被发现并被出版。

在《研究》出版后不久,被拿破仑称为数学科学中高耸的金字塔的拉格朗日致信这位年轻的学者："你的《研究》一举把你提升到一流的数学家之列,而且我视最后一部分的内容[分圆方程的理论]是最优美的分析学发现,它是经过了很长时间才做出的。"

拉普拉斯,著名的《天体力学》(*Mécanique céleste*)的作者,巴黎科学院的每一个人拜倒在他令人钦佩的伟大面前,据说他曾欢呼："不伦瑞克公爵在他的国家发现的远甚于一颗行星：一个人类身体中的一种超然精神！"这只是在这位年轻的不伦瑞克数学家做出他的第一个重要的天文学贡献之后。几年之后,拉普拉斯提议征服者拿破仑特别考虑大学城格丁根,因为"他的时代首屈一指的数学家居住于此"。

高斯本人对《研究》的意见在他的晚年才说出,不无有趣："《研究》属于历史,在新的版本中(我并非没有心思,但我现在没有闲暇),除了印刷错误,我不会做任何改动；我只是会附上第八部分,这一部分当时实质上已完成,在那时没有问世是为了不增加印刷该书的费用。"高斯致信鲍耶,说他希望出版许多补充的东西作为它的第二卷。事实上,这些研究后来在格丁根皇家学会的会报和格丁根大学的期刊上发表。高斯作品的完整清单,不包括长篇著作,包含124篇论文。关于纯代数学性质的主题,高斯奉献的论文如此之少是异常的：除了在《克雷尔杂志》(*Crelle's Journal*,1828)上的一篇相当不重要的论笛卡儿符号法则的论文,他仅有的几篇代数学论文都与他的博士论文有关。

《研究》出版后不久就售罄了；艾森斯坦(Eisenstein),这位非常年轻就去世的杰出数学家,无法拥有一册初版的书。由于此书稀缺,高斯的学生们有把这本著作从头到尾手抄一遍的勇气。正如某些牧师随身带着他们的祈祷书外出走动，19世纪如此多的伟大数学家总与一册抄自原版、被反复阅读的《研究》相伴。然而，它现在仍是带七道封印的一部书。

拉格朗日定理的一个完全严格而且简单的证明，是高斯在1797年发现的，不巧从未发表。高斯把它寄给普法夫，他转寄给兴登堡（Hindenburg）；兴登堡不久去世，而这份手稿再未出现。高斯从未发表这一证明，现存它的一个抄本，因为他后来发现拉普拉斯曾用过一个类似的方法。这个定理是这样的："如果 p 和 q 是正的奇素数，p 相对于 q 和 q 相对于 p 有相同的二次特征；除非 p 和 q 都是 $4n+3$ 型的，在这种情形下，这两个特征总是相反，而不是相等。"勒让德对此证明的不成功尝试发表在1784年巴黎科学院的《学术记录》（Memoirs）上。高斯不满足于自己曾经对这一困难的征服；在《研究》的第五部分他一次又一次返回到这个问题，并在这一部分基于完全不同但也许不那么初等的原理得到了另一个证明。在1875年，克罗内克（Kronecker）表明欧拉是这个定律的真正发现者，他的叙述早于勒让德。

高斯正确地称这个定理是二次剩余的基本定理，因为它不仅构成数论的真正内核，而且在数论的后面部分有根本的意义。① 他不会预见到科学家们会为它提供40个证明！他确实说过创立证明必须**出自概念**（ex notionibus）而不是**出自观察**（ex notationibus）。狄利克雷（Dirichlet）成功地把高斯的8种情形约化为2种。高斯说一个小的要点让他奋斗了一年。

对他自己做得如此完整的一个定理，他会感到一种个人依恋，而且他习惯

---

① 基本定理的8个高斯证明的编年史，按照它们发表的时间以及如高斯做过的计数，是
证明Ⅰ（《研究》，第135节及以下几节；《全集》，第1卷，第104页）；1801；
证明Ⅱ（《研究》，第262节；《全集》，第1卷，第292页）；1801；
证明Ⅲ（格丁根皇家学会；《全集》，第2卷，第1页）；1808；
证明Ⅳ（格丁根皇家学会；《全集》，第2卷，第9页）；1811；
证明Ⅴ和Ⅵ（格丁根皇家学会；《全集》，第2卷，第47页）；1818；
证明Ⅶ和Ⅷ（去世后发表；《全集》，第2卷，第234页）；1863。
证明Ⅰ的日期是1796年4月8日，而证明Ⅱ的日期是1796年6月7日。证明Ⅶ和Ⅷ（真正完全的一个证明）的日期最晚是1796年9月2日。证明Ⅳ的日期是1801年5月15日；其余证明在1805年之后做出，但每个发现的精确日期并不确定。

于称之为高等算术中的"珍宝",是不足为奇的。怎么强调这个定理对算术后来发展的影响的重要性也不过分,高斯发现的它的证明无疑被认为(高斯本人也是如此)是他最伟大的科学成就之一。第五部分("这些神奇的书页")充满了这样的主题,这些主题中的每一个都是后来数学家们长长系列重要研究的起点。奇怪的是,只是在这一部分顺便提及的美妙研究,到 63 年后他的著作全集的第二卷中才首次见到光明。在雅可比(Jacobi)的时代到来前,第四和第五部分中的深刻研究几乎被完全忽视了。关于分圆理论和方程理论的第七部分被以极大的热情接受了。

非常值得注意的是一个段落(第 335 节),在这里他观察到他的方法的原则能用于除圆函数之外的其他许多函数,尤其是用于依赖积分

$$\int \frac{\mathrm{d}x}{\sqrt{1-x^4}}$$

的超越函数,而且这个积分对双纽线有同等的重要性,正如三角函数对于圆。从他的日记我们知道在 1797 年 3 月 19 日,他研究了用于等分双纽线的方程,而且在 3 月 21 日建立了这样的事实:这条曲线能用尺规几何地分为 5 等分。这个几乎是漫不经心的评论(正如雅可比观察到的)表明高斯在 1801 年之前已经考察了椭圆函数的类型和性质,而且已经发现了它们的基本性质:双周期性。从 1800 年 5 月 6 日到 6 月 3 日,他系统地表达了这个领域的一般概念。对此高斯什么也没有发表;他超前于他的时代。在 19 世纪 20 年代,阿贝尔(Abel)和雅可比发现了双周期函数或者说椭圆函数。高斯在 1800 年掌握的椭圆模函数只是在近来才得到全面发展。

在一项天文学研究的过程中,高斯得到一些椭圆积分,他能通过一个变换对它们求值,该变换被包括在雅可比的一系列变换中。据说这位杰出的分析学家由于知道这一事实而不由自主地(在他自己的发现完成之后)寻求与那位伟大的数学家面谈,就这样那位伟大数学家竟可说是过早闯入了雅可比自己领域的最深处之一。雅可比把他的各种定理提交给高斯审查,正如他们接连

表现出来的,他们满足于对方的相应性格,满足于由高斯手稿储存所产生的思想含意。这种交流以高斯在储备中还有更多内容这一暗示结束。对发现的这样一种预感完全改变了这门艰深的分析学分支的面貌,这种预感不构成对雅可比权利的侵犯,他不可否认地通过发表在先获得这种权利。这个故事广为流传。这故事被高斯关于超椭圆函数的论文证实,它们发表在高斯《全集》的第三卷中。

《研究》原来是要包括第八部分的,起初计划的是同余的一个完整理论,但后来高斯似乎打算以分圆理论的一个更完整的讨论继续这一著作。在他的文稿中发现了关于这些主题中每一个的手书草稿;它们中的第一个尤为令人感兴趣,由于它以一个观点处理同余的一般理论,这个观点与后来埃瓦里斯特·伽罗瓦(Evariste Galois),塞雷(Serret)和里夏德·戴德金(Richard Dedekind)所采用的观点密切相关。看来这个草稿属于1797年和1798年。

欧拉以与丢番图问题、幂剩余理论和二元二次型有关的许多结果丰富了数论;拉格朗日通过他发现二次型的约简和解二次不定方程的真正原理,至少曾给出这些结果中某一些以一种一般理论的特征。勒让德带着他自己的很多附加物,在他的《数论论文》(*Essai sur la théorie des nombres*,1799)中曾努力把这门科学的尽可能多的分散片段安排为一个系统的整体。但《研究》已在出版之中,而且在《论文》对其他人是新的东西,高斯已经知晓。

在高斯对泽贝尔(L.Seeber)的《著作集》(*Works*,1831)的评论中能发现对正二元和三元二次型算术理论的出色解释。① 关于四次剩余的两篇重要的论文出现在1825年和1831年。在这两篇论文的第二篇中,高斯给出了关于任何两个素数的四次互反律的一个定理,重要性堪比二次互反律:"如果 p_1 和 p_2 是两个本原素数(primary prime number),那么 p_1 相对于 p_2 的四次特征与 p_2 相对于 p_1 的四次特征是相同的。"这个定理本身和它依赖的虚整数的引入在高等算术历史上是值得记忆的,因为它产生了多种多样的研究。

---

① 高斯,《全集》,II,188。

第五章
天文学以及婚礼

1801年元旦,约瑟夫·皮亚齐(Joseph Piazzi,1746—1826)在巴勒莫(Palermo)发现谷神星(Ferdinandea),这一发现直到5月还没有通过德文报纸为人所知,关于它的第一个合理的精确报道出现在6月号的《关于地球和天文科学进展的通信月刊》(*Monatliche Correspondenz zur Beförderung der Erd- und Himmelskunde*)上。该刊的编辑是弗朗茨·格扎维埃·冯·察赫(Franz Xavier G.von Zach,1754—1832)男爵,他是陆军中校及靠近哥达的塞贝格(Seeberg)天文台台长。这份杂志是新的重要的地理学和天文学报告的收集中心。皮亚齐曾在1月24日迅速致信柏林天文台台长波得(Bode)、米兰的奥里亚尼(Oriani)和巴黎的拉朗德(Lalande),报告他曾发现一颗非常小的彗星但没有彗尾和包层。拉朗德在2月告知冯·察赫这一情况,但没有精确指出它在天空中的位置,因此冯·察赫在等待进一步的信息。皮亚齐致奥里亚尼和波得的信直到4月才到达目的地;致波得的信在路上走了71天。同时,皮亚齐只能追踪这个目标到2月11日。皮亚齐在信中只给出了1月1日和23日的两个观测位置,精确到分,并且仅仅注意到从1月10日到11日目标从退行运动转入正常运动;在致奥里亚尼的信中他补充说,他怀疑这是一颗行星,但在致波得和拉朗德的信中,他只说一颗彗星。

波得和奥里亚尼都立刻把新的报告送给冯·察赫,冯·察赫迅速在6

月份的《通信月刊》上发表了一篇详尽的文章"关于一颗长期被假设存在的、现在可能已被发现的、位于火星和木星之间的、我们太阳系的新的大行星"。波得把这一发现报告普鲁士皇家科学院,并且负责在几种报纸上发表这一发现。

冯·察赫做了一次"与天文学有关的短途旅行,到了策勒(Celle)、不来梅和利林塔尔(Lilienthal)"。关于这次旅行,他在 1800—1801 年的《通信月刊》上发表了一篇详细的日记。旅行期间冯·察赫与他在利林塔尔见到的其他 5 位天文学家[施勒德、哈丁(Harding)、奥伯斯,另两位可能是恩德(von Ende)和吉尔德迈斯特(Gildemeister)]一起决定建立一个"散布在整个欧洲的 24 位实用天文学家的专门学会",这个学会计划通过同时校正星表研究这颗位于火星和木星之间的可疑行星。皮亚齐也在这 24 位天文学家之中,但还没有收到加入这个学会的邀请。波得和奥里亚尼坚信这个新目标是在火星和木星之间运动的一颗行星,甚至冯·察赫也同意这个观点,这一观点指引他们超越了对圆形轨道肤浅的计算。所以,波得尝试了一次更精确一些的圆形轨道计算,这个轨道表现出与 1770 年的那颗彗星的轨道显著相似;半长轴是显示两个轨道相似性的仅有的参数。他也质疑这两个对象也许不是同一个;所以,对这颗新行星的本性不断地产生了怀疑。在后面的一封信中,皮亚齐只是把它说成是彗星;甚至巴黎的天文学家们也表现出对这一发现的轻视。

在此期间,波得曾致信皮亚齐,要求得到他的一个准确观测记录,但没有得到满意的答复。关于行星发现这一主题,在波得、冯·察赫、奥伯斯(他从报纸上得知此事),以及在巴黎的布尔克哈特(Burckhardt)之间进行了广泛通信。恰好在这个时候,拉朗德到达巴黎,并且收到了皮亚齐的一封信,信中提供的观测结果更精确,但带有不准提前公开这些观测结果的要求。不过,拉朗德以相同的条件让布尔克哈特分享了这些观测结果,而且布尔克哈特对德意志的天文学家们亦是如此。

在这些更精确观测结果的基础上,布尔克哈特计算出一个椭圆轨道;他用一条抛物线表示观测数据的尝试失败了。轨道对应的参数出现在《通信月刊》7月号上，冯·察赫在这一期登载了所有月刊中"关于一颗新的大行星的连续报道"。

在皮亚齐把带有几处更正的从1月1日到2月11日的完整观测结果寄给波得、拉朗德和奥里亚尼之后，这份观测最终发表在《通信月刊》9月号上，因此也到了高斯手中。

在《通信月刊》10月号上，冯·察赫记录道，从8月中直到9月底，几乎所有的天文学家在这颗行星再次从太阳光线中浮现出来时试图找到它，但劳而无功；在此期间，坏天气也常常出现。布尔克哈特计算的椭圆轨道不可靠，与其说因为轨道被观测到的部分太小（在那时这被天文学家们认为是主要的困难），不如说因为在近日点区域它偏离了一个任意的吸引力。从观测确定一个完全未知的行星轨道，这种问题以前仅出现在天王星的情形。对于天王星，通过参照波得发现的弗拉姆斯蒂德（Flamsteed, 1690）和托比亚斯·迈尔（Tobias Mayer, 1756）更早的观测结果，能更精确地计算一个圆形轨道。奥伯斯也开始计算椭圆轨道，但成功的希望微茫，因为他认为圆轨道的前期计算是基本的。他给出的一条轨道的参数如下：

> 如果这颗新行星在1月1日之前经过其远日点，那么其以太阳为中心的速度总是增加的，而且其以地球为中心的距离在8月和9月必定比按圆轨道假设的距离大。但是，如果它在2月经过其近日点，那么它后来的日心速度减小，而且它的地心距离在8月和9月必定比按照圆轨道假设得到的距离小。因为现在不知道得到的是这两种情况中的哪一种，圆轨道的假设不会偏离真相太远，把出自这一假设的这些情形作为基础，并保持对两种可能的情形不偏不倚，在未来寻找这颗行星时，可能更为保险。

就像布尔克哈特那样，奥伯斯错误地假设在这颗行星被发现时离近日点或远日点不远，而高斯后来表明它差不多在二者的中间。

皮亚齐写了一篇简短的论文,其中他仔细地通报了对该行星的首次发现及之后的观测。他还把他自己对一个圆轨道的计算和奥里亚尼寄给他的那些计算,以及由其他天文学家计算的一些轨道包括在这篇论文中,还附加了他观测的修正清单。在《通信月刊》的 11 月号上,冯·察赫对"可能近来不能进入或不易进入德意志书店"的这项工作给出了详尽的评论。针对该刊 9 月号上曾发表的观测结果,他印出修正过的观测结果,其中包括对 2 月 11 日赤经的一项约 15 分的修正。

奥伯斯提议以前期的计算为基础,重新发现在一个圆轨道上运行的这颗行星,相对于这个提议,冯·察赫"为了对想搜索这颗星的所有天文学家和这一学科的爱好者提供一点服务",计算了一份 11 月和 12 月的星历表。

在这期间,高斯在不伦瑞克收到了《通信月刊》,他悄悄地致力于这个问题;对于这颗新行星的兴趣让他暂时把纯数学研究和月球理论放到一边。在他的日记中,第 119 款和第 120 款表明他在 1801 年(9 月和 10 月)正在构思方法。他关于谷神星的最早记录是在 1801 年 11 月的前半月,但缺乏清晰性。

人们可以看到,高斯一旦开始这项工作,他就创造了确定轨道的新的实用方法。他没有把自己局限于通过实验得出的某种假设,而是系统地寻找一条轨道,这条轨道尽可能好地符合观测:如果皮亚齐的观测只包含 41 天,那么一定有一条椭圆轨道符合它们,这轨道接近于为重新发现这颗行星而预测的位置。所以,这件事就是寻找不受各种任意假设约束的一条椭圆轨道。在他 1801 年 11 月的手册的前面几页上,我们发现这个问题已被完全解决,尽管在形式的完全性上比不上《运动的理论》(*Theoria motus*)。在一份简要的手稿"应用于确定两颗新行星轨道的方法总结"中,高斯汇集了他最早的方法,并在 1802 年 8 月 6 日把这份手稿寄给奥伯斯;1805 年 11 月它被返还给高斯。《运动的理论》出版后不久,冯·林德瑙(von Lindenau)得到了这篇手稿,这大概是在他一次访问高斯的时候。他还得到高斯允许发表在 1809 年 9 月的《通信月刊》上。

从 3 个给定的位置确定一个天体的轨道几乎是一个不可能的任务;一个

精确解不能得到，原因是观测到的位置以及它们与要确定的轨道参数之间的关系非常复杂。这个问题的解是近似给出的，因此提出的方法在数目上可能几乎没有限制；这些方法由较重要或较不重要的因素区分。

不出所料，高斯彻底研究了这些方法应用的领域；但也应理解在他第一次计算轨道的时候他不能完成这项工作，因为现在迫切需要单一情形的快速计算。为了有可能在天空中重新发现这颗新行星，重要的是应尽快且尽可能精确地知道它的轨道。于是，高斯解释道，首次轨道计算依据一个重要的新的基本思想，旧方法的任意性不再适用这个思想。但在这个特别的成就中，人们没有发现《运动的理论》中这个方法的尽善尽美和精致细述。

这首要的基本思想是依照平均观测数据建立该行星离太阳的距离与离地球的距离之间的一个方程，这方程太复杂以致不能在这里给出。关于这个方程，高斯写道："这个式子是整个方法和其主要基础的最重要部分。"他告诉我们他以一种非常奇异的方式想到这个基本的式子。

正如高斯在手稿"总结"的第 2 节解释的，从 3 次观测结果初次计算一个天体的完全未知的轨道，建立在两个不同问题的解决上：第一，无论以何种方法找到一个近似轨道；第二，修正这个轨道使它尽可能"满足"观测结果。

如果轨道是近似已知的，那么第一个问题就消失了。

他确定谷神星轨道的较早计算（就保存的而言）的日期是 1801 年 11 月。在对轨道的进一步修正中，高斯给他发现的参数系统编号。

12 月，冯·察赫和其他许多人按照高斯的星历表搜寻谷神星，但因最不适宜的天气而没有成功。不过，1802 年 2 月，冯·察赫终于能在他的《通信月刊》上宣布幸运地重新发现了这颗行星。他已在 1802 年 1 月 17 日的一封信中通知高斯。在 12 月 31 日晚到 1 月 1 日，冯·察赫弄清楚了他观察到的一颗可疑的星星确实是谷神星。在 1 月 1 日，奥伯斯也发现了一颗小行星，它的位置与高斯的星历表完全吻合。高斯似乎是通过报纸首先听说奥伯斯重新发现了谷神星。为了得到奥伯斯的观测结果，在 1 月 18 日，高斯写信给他，从这封信开始的通信显示了高斯在谷神星轨道的新修正上是何等的忙碌。这场通信促成了高斯和奥伯斯之间终身的亲密友谊。①

　　小行星谷神星的发现把高斯作为最高地位的理论天文学家介绍给世人。他能在一小时内计算一颗彗星的轨道,对这项任务使用老办法的欧拉要用去三整天。由于这种不间断的用眼,欧拉晚年一只眼睛失去了视力。高斯说:"无疑,如果我想要以这种方式连续计算三天,我可能也会失明。"行星天王星早于谷神星二十年被发现,那是在接近冲时;冲是一个关键位置,这个位置立

---

① 1758 年 10 月 11 日,海因里希·威廉·马蒂亚斯·奥伯斯(Heinrich Wilhelm Matthias Olbers)生于威悉(Weser)河畔靠近不来梅的村庄阿尔贝根(Arbergen),他父亲是这里的牧师。他从 1777 年到 1780 年在格丁根大学学习医学,同时他参加克斯特纳的数学讲座。1770 年,他看护一个生病的同学。在病床边,他想出了计算彗星轨道的一个方法,在对这个主题的处理上,他的方法是划时代的,现在仍被广泛使用。这个重要发现被冯·察赫男爵以《论计算彗星轨道的最近和最方便的方法》(*Ueber die leichteste und bequemste Methode die Bahn eines Cometen zu berechnen*)(魏玛,1797)为题发表。该书附有 87 条轨道,在第二版(1847)中由恩克增加到 178 条,在第三版(1864 和 1894)中被加勒(Galle)增加到 242 条。

差不多在 1781 年年底,奥伯斯作为内科医生定居不来梅。1785 年 6 月,他与多萝特·伊丽莎白·克内(Dorothee Elisabeth Köhne)结婚,新娘在一年内去世,在离世前的 14 天,她生了一个女儿多丽丝(Doris)。后来,多丽丝与律师克里斯蒂安·福克(Christian Focke)博士结婚,并在 1818 年去世。多丽丝生育了 6 个孩子,奥伯斯通过这个女儿在他的有生之年有了 7 个曾外孙辈的孩子。1789 年,奥伯斯与安娜·阿尔德海德·吕尔森(Anna Adelheid Lürssen,生于 1765 年)结婚,他们育有一子格奥尔格·海因里希·奥伯斯(Georg Heinrich Olbers),他生于 1790 年 8 月 11 日,比父亲活得久,他父亲于 1840 年 3 月 2 日去世。1820 年 1 月 23 日,安娜·吕尔森·奥伯斯(Anna Lürssen Olbers)去世。

奥伯斯在不来梅积极行医 40 年,他在 1823 年 1 月 1 日退休。据说他睡觉从来没有超过 4 小时,每晚的大部分时间被他用于天文学研究。他的住所的上部被改造成天文台。他特别注意彗星,为了纪念他的发现,1815 年 3 月 6 日出现的彗星(周期为 74 年)以他的名字命名。

他关于小行星起源于一颗原始大行星分裂的大胆假设(《通信月刊》,Ⅵ,88),尽管后来被人们抛弃,但哈丁发现婚神星和他本人发现灶神星支持了这个假设,因为它们正好在鲸鱼座和室女座区域,是这个假设的行星其碎片应该处于的位置。受不来梅市民们的委托,他出席了 1811 年 6 月 9 日罗马王的洗礼,在 1812 年到 1813 年是巴黎立法机关(*corps législatif*)的成员,他还是许多学术团体的成员。他获得了来自许多国家政府的荣誉,为了纪念他,不来梅树立了一座纪念碑。1828 年,从不来梅起航的最大的船(到那时为止)被命名为奥伯斯,它载有 1 000 个德意志移民去巴西。这艘船在 1837 年失事沉没。

他在 16 个孩子中排行第八。他父亲 1760 年成为不来梅主教座堂的牧师,1772 年去世。奥伯斯在不来梅中学上学,在 14 岁时他就显示了对天文学的偏好。19 岁时,他观测了 1777 年的日食。在格丁根大学,他计算了 1779 年出现的彗星的轨道。他 1780 年的博士论文的标题是《论眼睛内部的变化》(*De oculi mutationibus internis*)。1781 年,他旅行到维也纳,在这里他获准进入马克西米利安·黑尔(Maximilian Hell)领导下的天文台,他在 1781 年 8 月 17 日第一次看到在这一年被赫歇尔发现的天王星,甚至早于维也纳的天文学家们。

他在不来梅的家位于桑德街(Sandstrasse)16 号。他诊所的规模很大,在晚上 10 点就离开,去他的私人天文台。1850 年,为了纪念他,在城墙步行道上竖起了一座纪念碑。

刻给出其轨道参数的一个好的近似。谷神星的一个不动的距角,尽管由此没有得到丰富的结果,但足以确定正如波得的奇妙定律所要求的位于火星和木星之间的这样一个位置。当开普勒试图完善他对宇宙的系列推测之一时(这些推测引导他发现了他的定律),他曾发现缺少一颗行星。不过,根据 3 个地心经度和纬度——或在那些纬度逐渐消失或者很小的情形中根据 4 个经度和 2 个纬度——完全确定一个行星轨道的参数仍然是一个新问题,已被解决的仅是彗星在抛物线轨道上运动的情形。牛顿(由于它的第一个解法我们感谢他),把它说成是极为困难的问题(problema omnium longe difficillimum)。

高斯用一篇论文专门给出一个非常出色的命题的优美证明。这个命题断言,一颗行星受到另一颗行星的干扰,其轨道参数所经历的长期变化,等同于假设把施加干扰的行星的质量按以下方式分布在一个与其椭圆轨道重合的椭圆环上而导致的长期变化:此环上任意两个质量相等的部分,对应于轨道上行星以相同时间经过的两个部分。

与《研究》的出版形成明显对比,谷神星的重新发现是一个惊人的成就。正是皮亚齐的发现给了高斯令人印象深刻地显示他出色的数学才能优于所有同时代人的机会。这项特别的工作在以财政的方式显著改进他的个人事务上也有作用,并且使他建立自己的小家庭成为可能。不伦瑞克没有天文台,在其境内很可能也没有一架(名副其实的)望远镜。这位没有外在帮助和天文仪器的年轻的、鲜为人知的学者,拥有如此深远的内在洞察力和如此奇迹般敏锐的数学天才,以致他能通过在他书桌上的计算给失踪的小行星如此精确地定位,使得如今配备望远镜的人重新追踪和发现的工作不会再失败。

奥伯斯对谷神星的进一步观测导致 1802 年他在谷神星的近邻发现了第二颗行星,作为发现者享有的特权,他把它命名为智神星。[①] 在 1804 年,第三颗小行星被路德维希·哈丁(Ludwig Harding)发现,他把它命名为婚神星。

---

① 最开始发现的几颗小行星是根据希腊-罗马神话中天神的名字命名的,以谷物女神 Ceres、智慧女神 Pallas、天后 Juno、司火女神 Vesta 命名的小行星中文分别译为谷神星、智神星、婚神星和灶神星。——译者注

高斯计算谷神星轨道的一个自然后果是，现在这些新天体的所有计算都移交给他了。在这方面他没有对手。高斯对奥伯斯发现的小行星智神星倾注了特别的关心和工作，对其运动和摄动做了仔细的研究和计算，结果他称这颗小行星是他的心爱之物。

1801年对高斯确实是划时代的。后来他回忆，作为科学真理的来源，如此多的发现和重要想法纷至沓来，以致他不能控制它们。其中的许多占据了他余生的时间，其他一些则消失在别的事情的压力下。在那时出现的拉格朗日和拉普拉斯的著作给了他在天体力学领域进行研究的材料。他清楚地认识到，这些人怎样通过牛顿的创造性思想达到他们的发现，而且他对牛顿的钦佩到达新的高度。他宣称："牛顿永远是所有大师中的大师！"他越深入到数学中，越是完全被说服数学的真实意义在于对实际生活和自然科学的应用。这样我们就解释了他向理论及实用天文学的转向。他在卡罗琳学院曾使用"天文仪器"，但我们不知道它们是什么。在那里他可能在观测上进行了首次实践。

一则轶事说高斯在与齐默尔曼的交谈中，他的注意力首次被引向谷神星。在谷神星的重新发现上，皮亚齐比别的任何人都更高兴："我不客气地把我的赞美和感谢给予高斯先生，他使我们避免了非常多的辛苦工作，没有他，也许就不会成功地证实我的发现！（Faites, je vous en prie, mes compliments et mes remerciments à M. Gauss, qui nous a épargné beaucoup de peine et de travail, et sans lequel peut-etre il ne m'aurait pas réussi de vérifier ma decouverte!）"波得、施勒德、梅尚（Mechain）、马斯基林（Maskelyne）和其他人做了类似的表达。高斯的兴奋无以言表。他知道这一成就的全部价值，并且发现专家们对此予以强调是很自然的。不过他谦虚地置身幕后，说如若没有牛顿的《原理》，他就不能建立新的方法。他说在这整个事件中最好的事情就是证实牛顿的万有引力假设。

1801年1月31日，圣彼得堡科学院选举高斯为通讯院士，这是他得到的第一个公开认可。他很快得到来自其他许多学术团体的荣誉。俄国国务部长尼古拉斯·冯·富斯（Nikolaus von Fuss，1755—1826）正式写信给他，宣布他的当选，他们持续的通信不久发展成一种温暖的友谊。这导致随后俄国政府试图邀请高斯到圣彼得堡天文台任职。部分地也是由于对《研究》的高度赞赏。冯·富斯的最后一封信，日期是1824年3月24日，宣布高斯被提名为圣彼得堡科学院的外籍院士。1826年1月24日，71岁的冯·富斯在圣彼得堡去世，他的逝世让高斯深感悲痛。

1801年夏季，齐默尔曼接到来自圣彼得堡的邀请。这是非常有吸引力的，因为这意味着与他在卡罗琳学院的三重教授身份相比，他有更多的闲暇从事著述活动。不伦瑞克公爵比这个邀请出价更高，他把齐默尔曼的头衔提升为枢密院执政官，并免去他以前职位要承担的所有责任。于是，齐默尔曼留在了不伦瑞克。不过，要填补他在卡罗琳学院空出的两个教席并不容易，因为把数学和博物学放到一个人手上需要小心。黑尔维希对这一继任有着首要的"发言权"，甚至他也强烈要求这些学科每个要任命一人，他推荐了两个非常合适的人。霍尔曼斯埃格（Hollmannsegg）伯爵刚结束在葡萄牙四年的旅行返回，他几个星期前就决定，只要黑尔维希活着，他就住在这里，以便与黑尔维希合作整理他带回国的丰富博物收藏品，而且他希望从对他开放的来源完善整理。黑尔维希早先的一个学生约翰·卡尔·威廉·伊利格（Johann Carl Wilhelm Illiger）参与了这项工作。他曾写了一部得到赏识的著作《博物学术语》（*Naturhistorische Terminologie*），为此基尔（Kiel）大学哲学系授予他荣誉哲学博士学位。他经济上得到不伦瑞克公爵的帮助，私下正在不伦瑞克教学。1801年11月14日，黑尔维希在一份"备忘录"中写道："没有经过太多困难，不伦瑞克的这个联盟已经建立了一个委员会，就博物学的不同分支，征召使他们满意的来自德意志、法国、意大利以及北方的研究人员。"所以，为了科学的利益，也是为了这个国家的利益，把伊利格留在不伦瑞克似乎是非常可取的，而且为了这个目的，在齐默尔曼退出时，最好的时机出现了。黑尔维希希望看到伊利格担任博物学教授。对数学教授他推荐的不是别人而正是伊德。

伊德是另一位被不伦瑞克公爵保护的人，他也不负厚望。1800年，他以著作《根据拉普拉斯先生的自由处理，我们太阳系的天体及它们的椭圆形状的理论》(*Theorie der Weltkörper unseres Sonnensystems und ihrer elliptischen Figur, nach Herrn Laplace frei bearbeitet*)成名;1801年,他的《纯粹和实用固体力学体系》(*System der reinen und angewandten Mechanik fester Körper*)出版。1801年9月,他在黑尔姆施泰特大学获得哲学博士学位,在这年冬季学期的开始他参加了格丁根大学的学术讲座。尽管在思想的创造深度上他不能与高斯相比,但人们认为他是一位更合格的教师。黑尔维希写道:"不声不响地忽略我们有才能而且杰出的高斯将是一个错误。但是伊德众所周知的出色教学才能,让我决心倾向于让伊德担任这个职位。"

黑尔维希的计划被彻底否定了。他本人在这两个学科成为齐默尔曼的继任者。9年后,伊利格成为他的女婿。1813年,伊利格去世,当时他担任柏林动物博物馆的教授和馆长。

接近1801年年底,为了让高斯留在不伦瑞克,并且作为对他的《研究》的认可,不伦瑞克公爵给予高斯400塔勒的年收入。当齐默尔曼向他宣布时,他叫道:"但我确实不该得到它,我还没有为这个国家做什么。"现在他决定自己出钱买一架六分仪,并为他的国家投入实际应用。

1803年1月25日,不伦瑞克公爵发布如下命令:

> 至于本城拒绝到圣彼得堡任职的高斯博士,除了4考得山毛榉木和8考得冷杉木的额外木材津贴外,增加200塔勒,另允许每年补偿50塔勒,以代替免费住所,直到他能实际上享受到此待遇。此令中所说的增加应予按季分期支付,不削减去年圣诞节的第一次季度付款,此外还有50塔勒的住宿补贴,均从他如今从中支取薪水的那个基金中出账。

于是高斯正式开始为不伦瑞克公爵服务而没有任何确定的正式职责,这个职位适合他的爱好和需要。在这里总是存在建立一座天文台的可能性,正如哥达的恩斯特二世(Ernst II)公爵曾在塞贝格建立天文台,并让冯·察赫负责那样。

由于高斯对不伦瑞克的忠诚阻碍了他接受来自不伦瑞克之外的任何任职邀请,他受到了某种批评。甚至他的父亲对此也表示怀疑,但他的母亲总是护着她的卡尔·弗里德里希。自信,并享受少数朋友的陪伴,使他不太在意他的批评者们。

现在置身于一个过去他所缺乏的环境中,他感到幸福。在1802年12月3日给鲍耶的一封信中,高斯写道:

> 对你家的喜事我是何等的高兴啊!我拥抱你的妻子,她给了我朋友生活中最甜蜜的瑰宝。你写信给我说,让我一定不要被你的做法误导。不幸的是,无论谁结婚,确定无疑的事情是婚姻就像买彩票,空白票很多而中彩的很少。也许上天保佑,有朝一日在我迈出这一步时,我不会抽到一张空白票……总体而言,我与格丁根联系很少。恰在两星期之前,格丁根皇家学会任命我为通讯会员……也许我们称之为生活的梦想对于你是一个甜蜜的梦,这是对我们家中真实生活的一个预先体验。在那儿,懒惰身体的束缚、空间的障碍、世俗激情的折磨、对我们琐碎需要和渴望的嘲弄,不再压抑觉醒的精神。让我们鼓足勇气,没有怨言,承受重担,直到最后,但永远也不要忘记那更高的目标。当我们大限来临,看到那厚厚的帷幕落下时,我们会喜悦地放下这重担。

1803年6月20日,他又写信给鲍耶:

> 我千百次祝你儿子好运。确实只有成为父亲的人才能在地球上拥有完整的公民权。现在你手中拥有永恒生命持续通向无穷的命运之链的第一环。一个重要且严肃、然而甜蜜的召唤。可能有一天令郎会赞美你给了他幸福!……天文学和纯数学是我心灵的罗盘永远指向的两个磁极。现在我打算去不来梅访问奥伯斯博士,我们的友谊通过书信发展至今,但我没有见过他本人。

高斯的母亲在1776年与格布哈德·迪特里希结婚之前为一位姓里特尔

(Ritter)的制革者工作。弗里德里希·贝伦德(Friedrich Behrend)和格奥尔格·卡尔·里特尔(Georg Karl Ritter)这两个人是卡尔·弗里德里希的教父。孩提时高斯经常在里特尔家。每个圣诞节他在那里得到礼物,其他日子他在这个家庭里自娱自乐。从格丁根返回不伦瑞克之后,他又在里特尔家参加聚会。这个群体来这聚会时的快乐氛围,对休闲时的高斯有很强的吸引力,这种氛围不装腔作势,也不无那时在不伦瑞克中等阶层能见到的较好修养。

1803年,在这个圈子中,他逐渐与克里斯蒂安·恩斯特·奥斯特霍夫(Christian Ernst Osthoff,1742—1804)和约翰娜·玛丽亚·克里斯蒂娜·阿伦霍尔茨(Johanna Maria Christine Ahrenholz,1747—1821)的女儿约翰娜·伊丽莎白·罗西娜·奥斯特霍夫(Johanna Elisabeth Rosina Osthoff)熟识。她的父亲是优秀的制革匠,拥有一座房屋,现在是利奥波德大街(Leopoldstrasse)3号,从他的地位来看,他收入中等。约翰娜生于1780年5月8日(圣马丁节),是他们唯一的孩子,父母的宝贝。她所受的家教与高斯的完全不同,她快乐天性的各方面得到了发展。她不是一个令人眩目的美人,她写的信有时显出她缺乏适当的学校教育。但她快乐,非常善良,幸福得像一个小孩,顽皮可爱,天生聪慧。据说见过她的人都觉得她光彩动人。遗憾的是现在没有她的画像,但据说她唯一的女儿明娜(Minna)长得非常像她。

在日期为1804年6月28日的一封信中,在一段关于博尔斯托夫(Borstorf)地方的苹果、格丁根老朋友们和教授们的行踪的文字之后,推荐了某些数学著作、谴责了一些占星术迷信,以及评述了他如何欣赏匈牙利葡萄酒之后,高斯向鲍耶说到约翰娜:

> 自从上次给你去信之后,我结识了许多新相知,他们中有些人非常有趣。我与奥伯斯在不来梅和利林塔尔度过了一个月,他是我认识的所有人中最可爱的人之一,我又与施勒特尔(Schröter)在哥达度过了4个月。我在这里认识了很多人,结识了不少朋友。不过,最美好的是与一个光辉灿烂的女孩的友情,这样的女孩正是我一直渴望

的终身伴侣。她相貌圣母般地庄重,心态平和,健康,善良且多少有点浪漫的一双眼睛,体型完美(这很有意思),理解清晰,谈话睿智(这也很有意思),但有一个平静、幸福、谦虚而且纯洁的灵魂,不会伤害任何人,这样的灵魂是最好的。打情骂俏式的卖弄风情和激情奔放与她无关。但在我有望看到我能使她得到应有的幸福之前,我不会向这位清秀的可人儿放纵我的感情。单方面的幸福根本不是幸福。

天堂地狱啊!在你描绘的女人形象面前我惊呆了。是哪个阴郁的魔鬼在操纵着你的笔使你写下:

"不要相信任何一个女孩儿,即使她显得像一束亮光一样清纯,她的心像晶莹的泉水一样清澈,水底如纯净的水晶,温柔得像夏天闷热夜晚里一缕柔和的凉风。不要相信。白雪融化后留下的是乌黑泥泞的脏东西。"

我的约翰娜(她的名字与令郎的名字 John 相同)没有这些特征。你描绘的可怕形象永远也不能适用于她。所以,请听取更多的意见吧。我认识她已经一年了。我一见到她就被她娴静的性格打动了,但我总是非常冷静地从远处观察她,只是近来我才接近她。我坚信她心灵卓越,这不是盲目激情的结果,而是最无拘束观察的结果。

但我要停笔了。如果我们变得更亲密,那么在适当的时候你会对她了解更多;况且,如果上天另有安排,我也没兴趣对你描绘她的形象。

经过一年的积极求爱,高斯认识到他最高的世俗愿望是拥有她。1804 年 7 月 12 日,在如下的一封信中他向她敞开了自己的心扉,这封信一定会被归为德语爱情文学中的珍宝:

我最亲爱的朋友,请欣然接受这一事实:在这封信中我就一件重要的事情向你倾诉心曲,对此我直到现在才找到合适的机会。

最后,让我发自内心地说,我倾心于你那沉静的天使般的美德,欣赏你那高贵的气质,这种气质使你的面容真实反映了这些美德。

第五章 天文学以及婚礼

你,亲爱的最谦虚的人儿,与一切浮华离得如此远,以致你没有认识到你自己的价值;你不知道上天对你的赐予是何等慷慨和仁慈。但我内心知道你的价值——啊!超出了我内心所能轻易承受的范围。已有很长时间我的心属于你了。你不会拒绝吧?你能给我你的心吗?亲爱的,你能抓住这伸上的手,并高兴地这样做吗?我的幸福取决于你对这个问题的回答。亲爱的,现在我确实不能给予你富贵或荣耀。不过我也不会误解你美丽的心灵,亲爱的,你一定和我一样不在乎富贵或荣耀。但是,不提我未来的前景,我拥有的已超过我自己单人生活所需,足够两个年轻人开始过一种无忧无虑、和谐幸福的生活。我能奉献给你最好的东西就是一颗充满对你最温暖的爱的真心。

问问你自己,可爱的朋友,这颗心是否完全合你的意,你是否能以同等真诚的感情予以回应,你是否能满意地与我手挽手走向生活之路,请尽快做决定。

亲爱的,我把我心中的愿望用朴实率真的话对你说出。我本可以用完全不同的词。我可以为你画一幅展现你魅力的肖像,尽管它不过反映了事实,你也会当成恭维收下;我可以用烈火般的色彩为你画出我的爱——可以肯定,我只需要充分发挥我的情感——等待我的是一幅祝福的画或哀伤的画,依你接受或拒绝我的愿望而定。但我不想这样做。至少不要误解我无私的爱的纯洁。我不想收买你的决定。此事对你的生活至关重要,你一定不能允许任何无关的问题来影响你。你不要为我的幸福做出牺牲。只有你自己的幸福才能指导你做出决定。是的,最亲爱的,我如此热烈地爱你,以致只有拥有你我才能幸福,假如你同意我的要求。

最亲爱的,我已向你袒露了我的内心;激情澎湃而且在忐忑不安中我正期待着你的决定。全心致意。

你的
C. F. 高斯

3个月过去了,才收到回信。不是约翰娜对他的感情仍不确定。她已经爱他很久了;但是他人格的崇高和围绕着他的名声让她抑制住了她自己卑微的愿望。后来她耳闻的某件事肯定引起了怀疑。嘈杂的谣言广为流传:另一位受过良好教育并且富有的年轻女士已与高斯订婚。现在不知道这个说法是如何产生的。

有许多天高斯想知道为何约翰娜还在犹豫。一种非常与众不同的良心上的内疚也引起了他的注意。一个传得沸沸扬扬的消息说拿破仑将要把汉诺威的南部卖给黑森(Hesse)的选帝侯,这包括格丁根。如果这件事情发生,他有很大的可能被格丁根大学召去。此外,在不伦瑞克事情发生了一个转变,使得他在这里的未来变得看起来很不确定,尽管他靠着不伦瑞克公爵的慷慨资助。在这种状况下,未来命运未卜,他怀疑他是否有权把约翰娜的命运没有退路地与他自己的命运连在一起。

尽管如此,这两个人在1804年11月22日订婚,三天之后他写信给鲍耶:

你要在实用天文学上多少投入一些。根据我的想法,它是我们在世上能拥有的最甜美的享受,仅次于心灵的欢乐和在纯数学中对真理的沉思。

然而为何我有点推迟复信。第二个甚至是更重要的理由是,在我能告诉你我自己的一些事情前我不想寄出此信。最亲爱的鲍耶,现在我能了。那位天使成为我的未婚妻已经三天了,人世间对她来说太俗了。我现在幸福过剩。你希望我为你素描的画是一幅好画。这幅画不精确,体现太少。她基本的特征是一颗平静虔诚的心灵,丝毫没有怨恨或乖戾。啊,她比我好多了。我只有一个顾忌。不是害怕得到否定回答。不,她一直对我很好,尽管我知道我的缺点;事实上,如果一个人与大多数年轻男子更熟一点,领教了他们的轻浮和无情,这个人会不得不鼓起新的勇气并获得更多自信。但在我看来,她虔诚的心灵对于世俗的爱来说太难以接近,以致她不能接受我最有

第五章 天文学以及婚礼

耐心的爱,以致她或许不能回应,以致她不能让我真正幸福。但是上帝让我何等高兴,因为现在天上之爱的热力消融了她心中的冰层,这时她圣洁地依偎在我的怀里,她的眼睛脉脉含情,她的手温暖、柔软,她精致的嘴带着处女的、羞涩的纯洁,说出的无不是爱。我面前的生活像永恒的春天,闪烁着新的色彩;对于我们无与伦比的诗人让·保罗(Jean Paul)的优美诗句,直到现在我才完全清楚理解:

"如两个被赐福的人在上帝面前,彼此直视眼睛,洞察心房;他们默默无语,凝视对方;他们抬起眼睛,透过喜悦的泪滴看了清爽;他们又把眼睛低垂,用眼睑把泪滴擦光。"

啊,我从来没有希望这种赐福;我不英俊,也不勇敢,除了一颗充满挚爱的坦诚的心,我无所提供;我曾经对我能找到爱感到绝望。

"天上的神灵啊!我过去有一颗能忍受痛苦的心;现在,请你给我一颗能享幸福的心,"我很想与卢梭的圣·普吕(St. Preux)一起高呼。

好伙伴,你并没有完全幸福,这对我有多大影响啊。你高贵的灵魂应该得到完全的幸福。也许那些看来正在把不协调带进你生命音乐会的不和谐音似乎就是如此,也许不久它们就会分解为纯谐音,这种谐音出自一种永恒的、天上的和谐。

为了以一种真正冷静的心境就你的科学交流写信给你,写这封信时我有意中断了几天,但我怎么能冷静呢!每新的一天给予我的幸福以新的保证,给予我这位善良纯洁的人儿有多爱我的新证明。如果有什么事情能把我的幸福增加,那就是我发现是她先爱上我。我们第一次相识发生在1803年夏天,前后只有几个星期的时间(因为之后不久我去了哥达),直到本年4月才重新开始交往。即使一开始她就给我留下了非常美好的印象,在那时我还是打消了对婚姻的任何慎重思考,一方面因为只有几次见她的机会,另一方面是因为其他一些条件。所以,我常常努力回忆我第一次见到她的日子,但结果是徒劳的。她能告诉我这一天以及接下来我见她的每一天的情景,对我这是多么令人快乐的意外啊。亲爱的鲍耶,当你的朋友在 7 月 27 日和 11 月 22 日庆祝了他最幸福的日子时,请你永远想着他。在其中后一个日子,她在上帝面前成为我的人,当她在世人面前将成为我的人时,其他重要的条件一定要确定下来。这些不久就会决定。等我们的计划成熟时我会立刻让你知道。

1805 年 10 月 9 日,高斯和约翰娜在圣卡塔琳妮教堂结婚。那时他们把新房安置在里特尔的房子里,那是高斯单身时住的地方,现在这里是施泰因路(Steinweg)22 号。

第六章
进一步的活动

因为高斯的所有主要作品,他是威廉·奥斯特瓦尔德(Wilhelm Ostwald)称为经典作家(Klassiker)的那类学者和研究者的一位著名代表。[①] 在《研究》出版的时代,鉴于它的难以理解,人们可以充分想象在 3 年后,当高斯收到来自巴黎的某一位几何学家的信时他的惊喜。他致信奥伯斯:"近来我因收到来自巴黎的年轻几何学家勒布朗(Le Blanc)的一封信而喜悦,他自己热情地熟悉了高等算术,他给出的证据表明他深入理解了我的《研究》。"这些认可和赞扬的词语值得注意,因为高斯在这种事情上是保守的。假如高斯略微知道这位为他的著作提供补充的"年轻几何学家勒布朗"是一位女士,那么来自这位通信者的这封及后来的信将会给他带来更大的喜悦。

在 1806 年的深秋,当时不伦瑞克在法国的统治之下,显然高斯打算离开这座城市,但最后他决定留下。11 月 27 日,一个叫尚特尔(Chantel)的法国军官进入高斯和他妻子所在的房间。他的将军佩尔内蒂(Pernety)正围攻布雷斯劳(Breslau),忙于安营扎寨。尚特尔是受巴黎的索菲·热尔曼(Sophie Germain) "小姐"之托问候高斯的健康,并问是否要给他提供必要的保护。在这之后,

---

[①] 威廉·奥斯特瓦尔德(Wilhelm Ostwald,1853—1932)是德国化学家,1909 年获得诺贝尔化学奖。1889 年,他开始以"精密科学经典作家丛书"(*Klassiker der exakten Wissenschaften*)为名,重印科学史上的重要文献,这一系列出版至今。——译者注

尚特尔向他的将军报告："他似乎对我有点困惑。"当然，高斯被这个访客弄得不知所措并感到震惊，因为他既不认识佩尔内蒂将军，也不认识巴黎的索菲·热尔曼[①]"小姐"。他向这位军官说明，在整个巴黎他只认识一位女士，即著名天文学家拉朗德的夫人。当这位军官进一步问他是否想给在巴黎的索菲·热尔曼写一封信并让他转发时，高斯不知道回答是或者不是。在这种情境下，他只能对这位军官和他的将军向他表示的善意关注表示感谢。

直到三个月后，高斯通过德农（Denon）才知道索菲·热尔曼是谁。她感到是适宜告诉他自己的底细了。高斯写信给奥伯斯："这位勒布朗只是一位年轻的女士索菲·热尔曼的化名，确实让你与我一样惊奇。"鲍耶在他写给高斯的一封信中用这样的话开玩笑："你有一次在给我的信中写到巴黎的索菲；假如我是你的妻子，我就会不太高兴。给我来信对她多写一些。"

高斯在黑尔姆施泰特逗留的成果之一是著名的复活节公式。根据他本人的说法，他母亲说不出他出生的准确日期，她只知道那是一个星期三，耶稣升

[①] 索菲·热尔曼生于1776年4月1日，是一个富裕的巴黎家庭的女儿。当法国大革命爆发时，她刚13岁，在那些日子里她经常到她父亲的书房避难。一天她碰到了蒙蒂克拉（Montucla）的《数学史》(*History of Mathematics*)。在这本书中，她读到阿基米德之死。这则故事给她留下了深刻的印象。为了研究牛顿和欧拉的著作，她在没有教师指导的情况下学习拉丁语。在巴黎综合理工学院开办后，她用勒布朗的假名把她自己的数学论文混在该校男生的那些论文中，发现这位勒布朗的工作如此值得赞扬的那位教授不是别人，正是拉格朗日，当他弄明白了作者是谁，他就担任了她在研究上的导师。于是她成为这座城市的名人，伟大的学者们在她父亲的家中访问她。1799年，勒让德的《数论》(*Theory of Numbers*)出版，而当高斯的著作在差不多三年后出版时，作为她研究这两部著作的一个结果，她准备把她自己在这个学科上的研究成果提交给他。她又用了这个假名，因为在那时一个有学问的妇女很难被认真对待。当不伦瑞克被法国人占领时，她担心在那里的这位年轻数学家的安全，"勒布朗"被放在一边，并且她向佩尔内蒂将军求助，他是她家的一位朋友。

索菲·热尔曼最重要的成就是在数论领域。无疑，她是以曲面理论和数学物理学中的一个问题得到了最大的荣誉，对于这个问题，巴黎科学院遵照拿破仑的命令设立了一个奖项。要求寻找弹性曲面的一个数学理论，以解释奇洛德尼（Chladni）在实验物理学中的一个结果。索菲·热尔曼获得了该奖。她的论文现在只有历史价值。1831年6月27日，她死于癌症，享年55岁。1837年，在格丁根大学百年庆典上，高斯对有了荣誉学位的设置而索菲·热尔曼没有活着极为遗憾。他说："她向世人证明，即使在科学的最严格和最抽象的领域，一位女性也能完成有价值的事情，由于这个原因本来非常应该获得一个荣誉学位。"

第六章 进一步的活动

天节的前8天。① 这引发了他对这个公式的探求。他关于这个主题的第一篇文章由冯·察赫发表在《通信月刊》Ⅱ(1800年8月)第121页上。在这篇文章中,复活节日期的循环计算被化为纯粹的分析过程。这个方法的简单性极为引人注目。

这个方法本来只用于儒略历和格里高利历,但不久被推广到犹太历的逾越节。1801年4月1日,高斯在他的日记中对这一推广作了笔记。这个推广由冯·察赫发表在《通信月刊》(1802年5月5日)第435页上。对高斯的犹太历逾越节规则的第一个证明由舍瓦利耶·奇萨·格雷西(Chevalier Cisa Gresy)在《天文学通信》(*Correspondance astronomique*)Ⅰ(1818)第556页上给出。

相关计算过程被设计得能避免复活节和逾越节发生在相同的时间。② 但是没有循环计算能精确地反映月球的运行,因为这是不可能的。这种事件会在几个世纪里出现,在19世纪它出现在1805年和1825年,在20世纪,它出现在1903,1923,1927,1954和1981年。最后一次将发生在7485年。

下面是高斯计算复活节日期的原初方法:

在儒略历中: $m=15$ $n=6$

在格里高利历中:

从1700年到1799年: $m=23$ $n=3$

从1800年到1899年: $m=23$ $n=4$

年份除以19,并称余数为 a

年份除以4,并称余数为 b

年份除以7,并称余数为 c

---

① 耶稣升天节在复活节之后的40天,复活节在每年春分之后教会满月后的第一个星期天。根据高斯的公式,可以算出1777年的复活节是3月27日,因此这一年的耶稣升天节是5月7日,可以确定高斯的生日是4月30日。——译者注

② 斯洛尼姆斯基(Ch. Z. Slonimsky)在《克雷尔杂志》(*Crelle's Journal*)第28卷(1844)第179页上给出了后面公式的扩展,以便对犹太历中的任意一年给出所需要的信息。汉布格尔(M. Hamburger)在《克雷尔杂志》第116卷(1896)第90页上给出了第一个彻底的证明。

$(19a+m)$ 除以 30，并称余数为 d

$(2a+4c+6d+n)$ 除以 7，并称余数为 e

于是，复活节星期天是 3 月 $(22+d+e)$ 日。1734 年和 1886 年的复活节是 4 月 25 日这一事实逃过了高斯、冯·察赫和德朗布尔(Delambre)的注意。1807 年（9 月 12 日），高斯关于这个方法的第二篇论文发表在《不伦瑞克杂志》(*Braunschweigisches Magazin*)上。1816 年，他发表了一个修正，使他的方法能用于 4 200 年之后；那时在格丁根的蒂特尔(P. Tittel)博士让他意识到这样做的必要性。

高斯在天文学领域的第一项主要工作是他提出了一个月球理论，在以笔记形式的论文中被发现，并且印在他的《全集》的第 Ⅶ 卷(1906)第 633 页及以后。按照日记的第 120 款记录["我们探讨了月球的运动理论"(Theoriam motus Lunae aggressi sumus)]，这篇论文的写作日期是 1802 年。

1788 年前，一直是用迈尔的月星距改正表计算航海天文历星历表。同时，英国经度局的梅森(Mason)被委托进一步修正。所以 1789 年以后，梅森的表代替了原来迈尔的表。由于需要进一步的修正，巴黎科学院在 1798 设立了征奖问题："确定月球轨道远地点的平均距离的历元和升交点的历元，数据从大量最好的、最可靠的月球观测数据中选择，无论新旧，至少要 500 项。"

比格(Bürg)使用了 3 000 多项观测数据，通过与迈尔的月星距改正表比较，设法完成了这个任务，并且在 1800 年获得这个奖项[布瓦尔(Bouvard)也获了奖，他也完成了一篇论文]。比格继续他关于月球运动的研究，大约在这个时候拉普拉斯也开始构想他的月球理论。1800 年，巴黎科学院为满足如下条件的成果设立了一个新的奖项：

(1) 通过对大量优良观测数据的比较，最精确地确定月球视差系数值，给出比基于以前所用的月星距改正表的那些关于这个天体的长度、宽度和视差更精确而且更完整的公式。

(2) 从这些公式以适宜的便利且可靠的计算来制定月星距改正表。

这个奖项在奖金的分配上没有特定的时间限制。

也许从这里能发现导致高斯接手完成月星距改正表的动机。他导出关于逆短辐矢径向量的、关于平均长度（或时间）的和关于宽度正切的微分方程作为基本方程，并以真正的长度作为独立变量。所以，他的基本方程与克莱罗（Clairaut）、达朗贝尔的那些方程，以及后来拉普拉斯、普拉纳（Plana）和其他人建立的方程类似，但不与欧拉的那些方程类似。

积分计算通过逼近进行，在这个过程中按偏心率和切线斜率的幂渐近展开。高斯按月球的平均运动与地球的平均运动之比的幂展开积分因子。这种结果给出的形式本质上与普拉纳后来理论（1832）的结果相符。高斯把第一次逼近的结果与托比亚斯·迈尔的值相比较。其间他很快再次放弃了整个工作，仅完成了宽度的摄动。在写给舒马赫（Schumacher）的日期为 1842 年 1 月 23 日的一封信中，他解释了这次突然的中断："在 1801 年的夏季，我刚为自己设立了对月球进行类似工作的任务。但我才开始预备性的理论工作（对此在我的《运动的理论》的序言中略微提到），皮亚齐观测到谷神星的新闻就把我引向一个完全不同的方向。"

拉普拉斯和比格关于这些研究进展的详尽报告发表在《通信月刊》上（1800—1802），这可能是高斯后来没有重拾他自己工作的原因。1802 年，拉普拉斯的结果出现在他的《天体力学》(*Mécanique céleste*)的第Ⅲ卷中；比格在 1803 年获得了那个新的奖项，虽然他的月星距改正表的付印被推迟到 1806 年。1803 年，高斯从《天体力学》第Ⅲ卷中抄录了拉普拉斯的研究结果并加了几则注记，这些注记似乎与梅森的表和那时已知的比格的研究结果有关。

公爵曾计划在不伦瑞克为高斯建立一座天文台，如果没有法国大革命的动荡性后果和拿破仑制造的麻烦，这个计划就被执行了，在这些事件中，卡尔·威廉·费迪南德公爵不是一个冷漠的旁观者。

在高斯的指导下重新发现谷神星后不久，应用他的行星计算方法的又一个可喜的机会来了，使他在专家中的形象更加高大。

1802 年 3 月 28 日，奥伯斯在观测室女座时看到一颗星，大约是七等星，但在星图或星表中找不到它。他希望他发现了一颗新的行星。为了确定无疑，他取出一张星图并标出这个天体在天空中的精确位置。第二天,他非常激动地等待夜幕降临,急切想查明这是否是一颗恒星。3月29日的夜空对观测极为有利。他精确地重复了测量并确信这个新天体就是一颗行星。它已离开了原来的位置,并显示在赤经上前进了10分,赤纬上的差是19分。在发表这个发现之前,他在4月3日观测了这颗星,那天天气非常适宜,他更强烈地相信他正在与一颗新的行星打交道,为此他很高兴。

然后,奥伯斯给在塞贝格的冯·察赫写信。这封信在4月4日上午到达,冯·察赫通过自己的观测,当天就确信他朋友发现的正确性。奥伯斯继续对这个新天体进行观测并把数据寄给他年轻的朋友高斯,请求他计算这个天体的轨道。4月18日,高斯解决了这个问题,据说实际的计算只用了3个小时。以前人们惊奇欧拉用3个星期完成同样的一项功绩,而别人需要几个月。高斯的工作以既精确又快速而高人一等。这一引人关注的事实揭示了这个天体的轨道(像谷神星的)位于火星和木星之间,而且这两颗小行星有相同的运行周期。这颗新行星呈现了一种奇特性;当火星和木星保持在黄道附近而且不越出黄道带,这个新天体则超过老界限不少。

作为发现者有命名权的奥伯斯把这个小行星命名为智神星,并且表达了还有其他小行星有待发现的信念。约翰·赫歇尔被感触得这样指责奥伯斯的希望:"这可以作为梦的一个标本,像其他思索者那样,天文学家偶然而且无害地沉溺在这种梦中。"现在已知的小行星已超过1 000颗,而且至少前50颗是由于奥伯斯的推测"连接的轨道其节点会在室女座和双鱼座"而被发现的。

那个时候,有些人不如约翰·赫歇尔那样训练有素,他们对科学活动表现出轻视和嘲讽。例如,冯·察赫于1801年4月说他收到来自地球的一个遥远角落的一封信,有人在信中对天文学家多方面的努力开玩笑,而且给出了一个善意的建议,说现在是忍住想建造空气城堡这个念头的时候了。关于这个既琐碎又没有意义的说法,冯·察赫写道:

  在这里我们忍不住从我们高斯博士的一封信中引用非常出色的

一段话，这段表明了这位值得尊敬的学者的高贵品质和态度。高斯写道："很难理解体面人物和科学上的领导者怎么能暴露成这种样子。对于我来说，我只把这样的事件看作检验我是为自己，还是为有关的主题而工作。"这就是出名带来的负担，随着时间的推移，高斯将会经历得更多，因为他刚步入他的著述生涯。但有着他这种类型的头脑，有这样一种意识，并且只是为科学努力工作，这些负担从来不会压迫他，它们既不会随着他的年纪使他走样，也不会使他的生活痛苦。所以，我们劝告他要毫不动摇地坚持并恪守《道德-政治-数学演算》中的那些高尚箴言，我们也要牢记并回想这些箴言，并通过这首诗回想我们总是精力充沛、快乐且可敬的前辈和老师：

道德-政治-数学演算的结果

资深天文学家、公民拉朗德作

地球表面有十亿居民。

关于这十亿人，

有坏人，疯人，蠢人，何其之多，

但我们不能治愈他们，

我们必须怜悯他们，并为他们服务。

高斯在他的笔记本上以"谷神星或刻瑞斯·费迪南多的圣物"（Cereri Ferdinandeae Sacrum）为题从《通信月刊》上抄录上面的诗句，这表明高斯很幽默地记住那些感到自己足够聪明或机智得可嘲笑他科学成就的人。这个笔记本包含他对谷神星轨道的计算结果以及与其他人观测结果的比较。

1804年，奥伯斯写信给高斯："从你上封信的几行话来看，我几乎可以肯定你受到一颗美丽星星的善良吸引，她那不可抗拒的力（简言之）不久会影响你，使你习惯的单身状态转变为婚姻。"这显然是指高斯未来的妻子。后面我们会看到这些小行星与高斯家庭生活之间的奇特联系。

1802年6月22日，高斯第一次到不来梅访问，在这里他待了3个星期，与奥伯斯在一起。他们访问了约翰·希罗尼穆斯·施勒特尔(Johann Hieronymus Schröter,1745.8.31—1816.8.29),施勒特尔从1764年到1768年就读格丁根大学,他还是赫歇尔家族的一位亲密朋友。尽管在学生时期非常贫困,施勒特尔于1782年在利林塔尔建立了一座私人天文台。1800年4月,劳恩堡(Lauenburg)的卡尔·路德维希·哈丁(Carl Ludwig Harding,1765.9.29—1834.8.31)来到利林塔尔。他学过神学,现在担任施勒特尔10岁的儿子的教师兼这座天文台的天文学家。1804年9月1日,他发现了小行星婚神星。1802年在不来梅的这次访问,高斯结识了哈丁。我们拥有的唯一一张高斯年轻时的画像,是那时在不来梅的一位姓施瓦茨的肖像画家画的。这张画像是蜡笔素描,仍保存在奥伯斯家族。1803年8月21日,奥伯斯在给高斯的信中写到这幅画:"首先,为了你的肖像这一无比珍贵的礼物,我表示最热烈、最衷心的感激,这幅肖像是我们的施瓦茨给我带来的,非常吸引我。这幅画好得令人惊奇,所有看过这幅画的人同认识你的人一样印象深刻。施瓦茨超水平发挥,没有忽略你容貌的任何特征。"作为回报,高斯于1805年收到了奥伯斯的肖像,这幅画像同样成功,而且是同一位艺术家所为。高斯终生无比珍视这件礼物,在他去世时这幅画像传给了他的医生威廉·鲍姆(Wilhelm Baum)博士,然后又传给了恩斯特·舍林(Enrst Schering)教授,按照后者的要求,1897年这幅画像归格丁根天文台所有。

1802年11月8日,高斯用他劣质的仪器[用鲍曼(Baumann)制的两英尺无色差透镜]观察了水星凌日。在1804年9月哈丁发现婚神星后,他用阿霍特(Ahort)制的一架反射望远镜观察了这颗小行星。

1803年8月26日,高斯在布罗肯山(Brocken)见到冯·察赫,在那里曾用粉末信号以确定经度。在9月的第一个星期,这两个人去了哥达,高斯想在这里完善自己的实用天文学。12月7日,他返回不伦瑞克,之前还与冯·察赫在塞贝格天文台度过了一些时间。次年他与朋友奥伯斯在巴德雷堡(Bad Rehburg,靠近汉诺威)快乐重逢;后者曾在1804年7月6日写信给他:"我打算在8月1日去巴德雷堡,将在那里停留14天。你只要一天就能从不伦瑞克来到雷堡。在这个时候,如果你的非凡天才能说服你来这个浪漫吸引人的地方让其再次焕发活力,我会是多么满足和高兴啊。"对于高斯来说,这三次短途旅行永留他青年时期最幸福的记忆中,尤其是因为那些年月结束了他一生中一个丰富的时代。

后来高斯的大部分时间被用于智神星(1802 年 4 月)、婚神星(1804 年 9 月)和灶神星(1807 年 3 月)的轨道的修正和计算。高斯仅用了 10 个小时就第一次计算出了灶神星的轨道。

直到 1805 年他才开始展开对谷神星的摄动研究。最终他厌倦了机械式的计算,正如他在 1805 年 5 月 10 日写给奥伯斯的信中所表明的:"我再次放弃了,我曾根据一些方法以开始计算谷神星的摄动。看到我前面那些死板的机械式计算(总起来太多了),就把我打发了。"

奥伯斯向高斯提到他认识一位姓贝塞尔(Bessel)[①]的年轻人,此人在库伦坎普(Kuhlenkamp)公司的办公室当办事员,在空余时间和夜晚,他醉心研究天文学并显示出才能。高斯第一次在不来梅逗留期间没有见到这位年轻人。当他们后来相遇时,高斯给贝塞尔留下了深刻的印象并且给了他新的灵感。持续 42 年的莫逆之交就这样开始。贝塞尔勤奋研究高斯赠给他的一册

---

① 贝塞尔是卡尔·弗里德里希·贝塞尔(Karl Friedrich Bessel)之子,卡尔在格丁根大学学习法律并担任各种公职,在 1829 年或 1830 年去世。母亲夏洛特·施拉德尔(Charlotte Schrader)是一个牧师的女儿,娘家在邻近明登(Minden)的豪斯贝格(Hausberge)。她在 1814 年去世。弗朗茨(通常写成弗里德里希)·威廉·贝塞尔[Franz(Friedrich) Wilhelm Bessel]在 9 个孩子中排行第二,1784 年 7 月 21 日,他生于明登。他进入明登的中学并在 14 岁的时候离开,"因为他不喜欢拉丁语"。在经过一些私人训练之后,从 1799 年 1 月 1 日到 1806 年 3 月 19 日,他受雇于在不来梅的库伦坎普父子(A.G. Kuhlenkamp and Sons)公司作办事员。由于他打算坐商船出海,他学习航海术,因此被引向天文学。1804 年,他的第一篇著作"关于哈里奥特和托尔波利观测的 1607 年彗星的计算"(Computation of Harriot's and Torporley's Observations of the Comet of 1607)发表在冯·察赫的《通信月刊》上。1806 年,他接替哈丁的位置担任利林塔尔天文台的巡视员,该天文台位于沃佩(Worpe)河畔,靠近不来梅。在这里他写了一些有价值的论文,尤其是"1769 年彗星的真椭圆运动的研究"(Investigation of the True Elliptic Motion of the Comet of 1769)。他留在这里直到 1810 年 3 月 27 日。在 1810 年的复活节,他移居柯尼斯堡(Königsberg),担任天文学正教授并负责一座新天文台的建立。他妹妹奥古斯塔·多罗特娅·阿马莉(Augusta Dorothea Amalie)陪伴他。1812 年,贝塞尔与约翰娜·哈根(Johanna Hagen)结婚,她父亲是柯尼斯堡大学一位知名的化学教授。她生于 1794 年 3 月 20 日,并且大约在 1885 年去世。他们有一个儿子卡尔·威廉(Karl Wilhelm,1814.6.16—1840.10.26)和 3 个女儿。

《研究》。这部书从不离他左右并被磨损得非常严重,以致不得不重新装订。贝塞尔总是把高斯看作一位导师,而后者以其天赋把贝塞尔看作最伟大的天文学家之一。他说:"没有人像贝塞尔那样把上天的性质变成他的精神财产;在仪器的实际使用中,没有人比贝塞尔更有观测上的才能;从整体上,奥伯斯为天文学做出了伟大的、非常伟大的贡献,但他最伟大的贡献在于这一事实:他在贝塞尔的天文学才能刚萌芽时就正确地予以认识,并为科学争取和培养了贝塞尔的才能。"

那时所有的德意志天文学家们聚集在奥伯斯周围。他是整个这门科学的主导者。利希滕贝格说到他:"如果每个人在工作中完成的,就是奥伯斯在消遣中所做的事,那该多好!"利特罗(Littrow)用这样的话描述他的活动:"观测结果和发现从奥伯斯的天文台即从他的起居室发布,其中的每一项都甚至会使这座最伟大的天文台永垂不朽。"

1806年8月21日,正如他会说的,高斯得到了完全的世界公民权利,因为在这一天他的妻子约翰娜给这位幸福的父亲生了一个儿子。丰收女神刻瑞斯(Ceres)也曾给了他丰收。她首先使他有可能建立一个自己的家庭。这对年轻人的婚姻其第一个成果与发现谷神星的历史相联系。女神刻瑞斯为高斯带来了家运,为了纪念这一幸福,8月24日,这个婴儿在圣卡塔琳妮教堂洗礼时,他用谷神星发现者皮亚齐的名字约瑟夫为新生的婴儿命名。当时,高斯本人毫不怀疑这是一条小链条上的第一个环节,在往后的岁月这链条上会增加各种各样更多环节,天文学史的这一阶段通过这链条直接与他的家庭交织在一起。约瑟夫长期受到他父亲的宠爱。这位年轻的父亲给鲍耶寄去了这样的情况报道:"在这个小家伙身上明显能看到各种才能的发展,所有认识他的人都把他当宝贝。我应当说,在他身上几乎看不到几何学家的迹象,他太野,太爱玩耍。"

在1804年的年初,哈丁告知高斯有一个10英尺的望远镜镜面出售,售价30皮斯托尔。他推介了这镜面的优越性。不伦瑞克公爵听说这事就下命令为他打算建立的天文台购买这件仪器。镜面在4月的下半个月到达,高斯立刻被任命参加安装。光学零部件从哥达的施勒德那里订购,机械部分从沃尔芬比特尔(Wolfenbüttel)的鲁德洛夫(Rudloff)那里订购。

但朝向实现高斯渴望目标的第一步随后却带来了一系列的烦恼和失望,从而注定让他在不伦瑞克居留的最后时刻遭受折磨。两个制造商严重地考验了他的耐心:施勒德直到次年8月才提供他订单上的货物,鲁德洛夫几乎一年以后才完成。鲁德洛夫索价750塔勒。公爵刚慷慨地排除这一忧虑,高斯就发现仪器不具有期望的性能,不能完成应该做的事。高斯确信仪器必须再经一名技工之手重新加工,决定先把此事搁一搁。1807年9月,在哈丁访问高斯时,高斯才发现了困难所在,并认识到镜面可以出色正如当初所述。

哈丁把镜面带到利林塔尔重新抛光。不久他报告说修复非常成功,而且在德意志几乎没有像它这样的镜面,这个镜面将为任何一家天文台增光添彩。高斯为购买镜面这一正确举措而高兴。

当高斯和他的家庭在不伦瑞克过着平静生活的时候,政治的地平线在不祥地骚动。拿破仑的势力在德意志西部牢固确立,尽管都害怕最坏的事情发生,但普鲁士和奥地利之间没有达成防御协议。这些险恶的局势使普鲁士把注意力转向作为同盟国的俄国。于是在1806年1月30日,柏林的朝廷委托不伦瑞克公爵带着一个外交使团去圣彼得堡。这似乎毫无用处。在那里许多人向他询问年轻的高斯,想说服他放弃声明并允许高斯接受圣彼得堡的第二次召唤。公爵在3月24日返回不伦瑞克,他把高斯的薪水提高到600塔勒。这个消息在高斯的生日4月30日通报给他。在5月的一天,高斯拜见了公爵,感谢他的仁慈。这是他们最后一次相见,这场友谊横跨了14年,带给高斯莫大的机会。在接下来的几个月,政治风暴使得公爵无法惦记他的这位被保护者。

耶拿(Jena)战役之后,一个实施惩罚的法庭建立起来,许多最高级别的军官被判处长期或终身监禁,许多人被火绳枪处决。有这样的军官群体,对抗拿破仑的胜利从一开始就被排除了。当普鲁士被完全孤立时开始了这场战争。本来国王弗里德里希·威廉三世能不止一次在有利时机解救他的部队,但在像豪格维茨

(Haugwitz)和卢凯西尼(Lucchesini)这样的外交官影响下[冯·施泰因(vom Stein)男爵称这些外交官为傻瓜和无赖],他一再拖延,直到撤退无望。这位国王对奥地利见死不救,现在他遭到了报复。期待的俄国援军是充饥的画饼,而法国军队有 200 000 名可靠的士兵。普鲁士军总司令、不伦瑞克的卡尔·威廉·费迪南德公爵麾下仅有 57 000 人,他们之中有许多新兵、外国人和来自多国的流浪者,以及只是靠军棍才纠合在一起的废物;许多来自新获得的南普鲁士的波兰人从要塞开小差,战场上逃走的更多。装备残缺,极重型枪射击效果很差,军需严重缺乏。许多团级指挥官动用了他们自己的经费。有一些炮兵连从来没有训练过,从来没有操作过装卸炮架。没有人知道大路、小路和桥。结果一次疯狂的骚乱造成他们向自己人开火。普鲁士军总参谋长冯·马森巴赫(von Massenbach)上校说话口齿不清,是个不称职的军事指挥者,就像奥地利将军马克(Mack)一样,他连续在指挥、判别方向等一系列问题上犯错。马森巴赫是普鲁士军第二路军司令霍恩洛厄-英格尔芬根(Hohenlohe-Ingelfingen)亲王的军需主任,这位亲王麾下有 23 000 人,因为嫉妒公爵,他接受了马森巴赫的诡计,与上级命令违抗。因此,这两支部队不可能执行任何精心计划的、系统的联合行动。吕歇尔(Rüchel)将军带领的 27 000 人没有按时到达战场。于是布吕歇尔(Blücher)后来报告说:"绝不会有一支预备部队比我们在奥尔施泰特(Auerstedt)的更为怠惰。"

这些事实解释了 1806 年 10 月 14 日普鲁士军队兵败如山倒的灾难,它的领导者不伦瑞克公爵卡尔·威廉·费迪南德为此应受最小的责难。他 71 岁,但绝没有被宣扬的那样愚蠢和脆弱。一个目击者给出了公爵最后日子的如下描述:

> 一支从不停歇的敌军的快速运动和进展,使普鲁士军队的前进变得越来越必要。现在每一刻都很可贵,司令部每天都从爱尔福特(Erfurt)向布兰肯海因(Blankenhayn)前进,再从那里出发在 10 月 12 日到达魏玛,并在同一天到了决定命运的奥尔施泰特。公爵在当

第六章　进一步的活动

地贵族的院子里设立他的司令部,普鲁士国王在相邻的另一所房子建立了他的行宫,他们在这里等待能光荣地拯救、但也有可能是瓦解一个伟大国家的事件。这是一场伟大的、惊心动魄的厮杀!——一场战斗,一大群男人,规模之大,类似情形在几个世纪里不曾见过。这位公爵总是精神振奋和忙碌不停,几乎从不离开围绕着他的那群军官。陆军元帅冯·默伦多夫(von Möllendorf)、冯·克莱斯特(von Kleist)上校和冯·沙恩霍斯特(von Scharnhorst)上校以及副官们在他身边直到深夜。他们讨论对面敌人的位置、下一步的行动、战役的终止和第二天的希望。公爵庄重严肃,沉思良久,自制但仍健谈。陪伴在他周围的人表情严峻,思虑重重。这是一个重要的、可怕的夜晚。未来和它的种种可能性使人们勇气受挫、希望减小,恐惧增加。他们面对的是这样一位将军,人们钦佩他的天才有好几年了,他在战争中的高度才能得到了全世界公认。"10月14日,"在战前那天夜里公爵说,"有好几次对我是不利的日子,"并且指出了这一说法的历史原因。然而,在这场战役之前的几天,公爵确实不在状态,心神不宁,多疑,情绪受严重影响。可能是大胆的普鲁士亲王路德维希(Ludwig)之死对他打击甚重,给整个普鲁士军队也带来了沮丧。[10月10日,路易斯·费迪南德(Louis Ferdinand)亲王在靠近萨尔费尔德(Saalfeld)的一场小规模战斗中阵亡,因为他不愿意逃跑或投降。]甚至在这场战役之前,许多阵地已经失去,征服者们通过进军获得了明显优势。普鲁士军队的英雄精神曾在七年战争中让它永垂不朽,但现在看来已雄风不再;甚至将军们带着一种胆怯但强烈的诚意质疑他们上午的胜利,而普鲁士的防御战术引起了反对和猜疑。简言之,公爵本人感到了严重的不祥之兆。

差不多在10月13日子夜,战役开始之前,被不断的军事请求弄得筋疲力尽的公爵开始就寝。这时他斜靠在他的睡椅上,在这动荡的几天他都是这样,他穿着带有腰带、佩剑和马刺的全套制服。同样着装的还有在附近房间中随时准备开拔的全体随从们。时钟刚敲过3点,隔壁房间里军官们的声音把他弄醒了。到4点,他精力充沛,做好准备迎接这一天的大事。

4点半,国王大驾光临公爵的司令部,又举行了一次战事会议,现在是最后一次了。国王反复建议撤退,但6点后不久,在早晨的第一缕微光中,公爵匆忙下令在战场上发起进攻。秋天的浓雾拖延了普鲁士军队的行动,先头部队的一部分扑向敌军并付出了沉重代价。直到9点阳光才开始透过浓雾。现在双方的战斗规模全面展开也更有决定性。法国皇帝的军队已在品尝胜利滋味,他们顶着几个方向的枪林弹雨迅速向前推进。普鲁士军队的几个团仍很勇敢,其他的团在这场难以置信的战斗中只是充数。在关键时刻,一切取决于一种强有力和决定性的行动的时候,一颗滑膛枪子弹使公爵失明,当时他正在给来自汉施泰因(Hanstein)的掷弹兵营下命令。这颗子弹从右眼上方进入,击碎了鼻骨,并把左眼从眼眶中挤了出来。他的制服染上了鲜血。在这种难以言说的悲惨状况下,这位受伤的将军在地上躺了几分钟,想被迫在这里结束自己的生命,直到几个普鲁士军官匆匆赶来,把他扶上一位军官的马匹,因为他自己的马跑了。一个滑膛枪手也上了马支撑公爵的背,同时另外两个人在两侧行走以防止他摇摆。他被带回奥尔施泰特,他的人民以深深的悲伤看着他归来。他对一个跟随他的来复枪兵悲哀地说:"我是一个可怜的盲人,让我休息!"在奥尔施泰特,公爵失明的双眼已经非常肿胀了,被蒙上了绷带。在整个行程中,一个姓弗尔克尔(Völker)的能干的军医遵照国王的命令全程随侍他。

他得知敌人正放过他的领地,这对他是个安慰。他希望他儿子弗里德里希·威廉(Friedrich Wilhelm)心中会燃起复仇之火,这一希望后来实现了。这位"黑公爵"是"解放战争"的著名人物之一,1815年6月16日,他倒在卡特勒布拉（Quatre Bras）的战场上。

一个代表团被派出去见当时在哈雷（Halle）的拿破仑，请求宽容公爵并允许他在他自己的人民中平静离世。这个代表团被恶意嘲讽并被粗暴对待。他们听到公爵被最剧烈的斥责诋毁，拿破仑本人则讥讽公爵在这场战争中的行为。法国军队不久就向不伦瑞克进军，到那时他们将是法国的臣民。

保护公爵免受在敌人手中遭受耻辱性监禁的安排已经做出。计划是帮他逃往英国。高斯也曾打算逃走。他经常带着感人的悲伤讲述下面的故事。那时他住在施泰因路 22 号，正好对着那座宫堡的大门。10 月 25 日的上午，他从自家的窗户向外望，看到两匹马拉着一辆长长的大马车离开宫堡的院子。大门开了，马车向文登托尔（Wendenthor）驶去，它行驶得如此之慢，毫无生气，以致有人认为它载着一具尸体。受伤而且垂死的公爵在马车里，逃往阿尔托纳（Altona），这样他至少能在自由的状态下死去。在悲伤的沉默中，高斯目送他的保护人兼朋友离开，内心备受打击。他好像被毁灭了。一副严肃的表情出现在他的脸上。他平静而且一言不发，忍受着这一巨大的悲痛，没有发出抱怨的声音。这种严肃和安静在所有的人民中蔓延。尽管高斯说得很少，但这一事实引起了他很多的思绪和情感。深切的悲伤控制了他，伴随着对德意志土地入侵者的痛恨，他也憎恨其中他挚爱的国君的敌人。不久使他痛恨拿破仑的个人原因也产生了。

经过几天的旅程，马车载着垂死的公爵到达阿尔托纳。旅程不能再继续了——公爵的状况变得如此糟糕，以致采取护理措施只是让他平静地死去。1806 年 11 月 10 日，他在奥滕森（Ottensen）的一间小小的茅舍中去世，"从他父辈的领地上被逐出，并被他傲慢的仇敌们追击和戏弄。"他的长眠之地离一棵菩提树不远，这棵树荫庇着德意志诗人克洛普施托克（Klopstock）的墓。关于高斯和这位公爵之间的关系，冯·察赫在 1803 年 1 月 27 日给前者写信："你要保证他的英名甚至写在天上。"

在这年冬天，高斯和他的小家庭留在不伦瑞克，同时德意志从莱茵河到尼曼河（Niemen）都被征服了。高斯不受许多市民的待见，并且由于他不受约束的地位而被嫉妒，但是随着公爵的去世，环境完全改变了。因此，与还在利林塔尔的望远镜镜面有关的每次风波都使高斯心烦。

  有一段时间，马丁学院的副校长奥古斯特·海因里希·克里斯蒂安·赫尔普克（August Heinrich Christian Gelpke）博士一直在讲授天文学课程。他是一个很好笑的人，后来一些年，当他的听众坚持不懈地问他一个开玩笑的问题——3位最伟大的天文学家都是谁时，他说了开普勒和拉普拉斯；他的谦虚不让他说出第三人。1807年10月10日，正是这个人给临时政府成员之一的枢密顾问冯·沃尔夫拉特（von Wolffradt）写信，要求在他的讲课中使用10英尺的牛顿式望远镜："我听说高斯博士拥有的那架[望远镜]只是他从已故的公爵大人那里借的一件物品，而且他不久将离开这里去格丁根……我拥有了这架仪器，我将努力使自己对该机构越来越有用，因此我也越来越不负阁下您的关照和垂青。"

  在同一天，卡罗琳学院的校委会批准如此使用这架望远镜，并指示高斯交出望远镜。校委会被委托关注这架仪器既恰当又安全的安装。高斯解释说他本人对这件事并不感兴趣，并且准备服从指令，但觉得不得不反对预期的用途。他的意见是，应把这架仪器转交给黑尔姆施泰特大学的普法夫使用，偶尔可作他用，这架仪器太精良贵重，不能让新手使用。我们必须记得这架望远镜仍在利林塔尔修理。高斯的建议没有被沃尔夫拉特接受，因此高斯带着一些不满离开了不伦瑞克。

第七章
返回格丁根

  1807年7月9日,高斯接到去格丁根任职的邀请,当时他正在拜访奥伯斯,他是在仔细咨询这位老朋友之后才接受了邀请的。他从不来梅返回,途中他访问了汉诺威的一个官员恩斯特·布兰德斯(Ernst Brandes,1758—1810),并结识了汉诺威王国的内阁秘书雷贝格(A.W.Rehberg)。这个国家已被敌人占领,但有些官员仍忠于汉诺威政府。高斯到达格丁根的时间恰是旧政府完全瓦解,而由法国人建立的新威斯特伐利亚(Westphalia)政府尚未组成的时候。在这种混乱的情况下,从未给他进行过正式的就职宣誓仪式。他被汉诺威政府聘用,但是这一遗漏从没有减弱他对国家或格丁根大学的忠诚。

  他们一家到达格丁根的最佳描述出现在高斯的妻子写给她在不伦瑞克的闺蜜多罗特娅·米勒·克佩(Dorothea Müller Köppe,1780—1857)的一封信中。这封信的日期是1807年12月6日,他们在11月21日到达:

> 终于有时间可让我与我亲爱的人们一起娱乐了。噢,我多么渴望得到你的消息!我们都安然无恙地到达这里。这一旅程对我来说非常艰难,因为只要旅行持续着我就不舒服。我一下马车,就像一条鱼一样快乐。多亏哈丁教授的仁厚之心,我们所有的个人物品已经从行李中整理出来,那天下午三点左右我们到达时,他们用一间

温暖的房间和一杯茶迎接我们。不过正如可想象的,这样带"大包小包"的旅行是最可怕和累人的,但既然我还是以良好的状态到达这里,出于好玩,我希望你曾经看到这场混乱。在这里的前五天是收拾不完的干草稻草,现在我终于安置停当——对我们的寓所,我们很满意。要说有什么缺陷,它是全连通的。我们的起居室尚可忍耐;过道小而脏,一间通风的厨房烟雾缭绕,房东们年老而冷漠。除此之外几个优点并不很适合让我愉快地住在这里。前八天,除了哈丁,我一个人都没见,因为在星期五之前出去拜访是不可能的,假如在一小时空隙时间我们走访 50 或 60 户不同的人家,肯定既无法与人交谈也无法认识人。啊,可笑的人们!一星期之前的今天尽管天气不好,我们还是开始以一种更合理的方式(全心全意)每天拜访一家或两家,每家都很礼貌地接待我们,事实上有几户人家非常真诚(自信地说,在这里高斯似乎很受尊敬),现在每天有各种各样的人来拜访我们,他们之中许多人很有趣。尽管我还没进入上流社会,但这里的人在我看来值得信赖;我还没能与任何人建立亲密的朋友关系。[这里略去几行,内容是因失去不伦瑞克的朋友们而悲伤,以及询问咖啡和糖的价格。]我们都好,我的约瑟夫正在成长为一名出色的小伙。自从我们离开不伦瑞克的前两天他就独自跑来跑去。但这无疑看起来总是非常危险。他让我们高兴,他是我的宠儿。

好了,再见,亲爱的朋友,赶快写信并多写信给你永远的好朋友。

汉兴·高斯(Hanchen Gauss)

旧天文台位于克莱因-帕里斯(Klein - Paris)街[现在的图姆街(Turmstrasse)],在一个古老的城防塔里,汉兴在这封信中提到的这个住处的位置尚未确定。1808 年 4 月,高斯家搬到图姆街和库尔策街(Kurzestrasse)15 号转角的一个大房子里。在格丁根大学上学时,高斯住在戈特马尔街 11 号和盖斯马尔街(Geismarstrasse)沃尔鲍姆(Volbaum)家。现在不知道他搬到新天文台之前

第七章 返回格丁根

的最后住址。这个时期他们的许多家信频频提到那时他们仅有的孩子约瑟夫。

高斯刚在格丁根安顿好，作为天文台台长还分文未入，拿破仑下令以强制借贷的形式为新建立的威斯特伐利亚王国作战争捐款。格丁根大学的负担非常沉重，高斯的份额被定为 2 000 法郎。一天，他收到奥伯斯的一封信，信中附有这个数额的款项，但他觉得不应该接受，就把钱退回不来梅。不久，高斯收到拉普拉斯的一封信，信中说他在巴黎已经直接为他支付了 2 000 法郎。后来，高斯用他自己的资金连同利息归还了这位法国数学家。他收到了来自美因(Main)河畔法兰克福的 1 000 弗罗林的匿名馈赠，①几年后他了解到这是首席选帝侯(the prince primate)、法兰克福大公卡尔·特奥多尔·安东·马利亚·冯·达尔贝格(Karl Theodor Anton Maria von Dalberg，1744—1817)男爵的馈赠。高斯把这笔款项作为一种公共资金而保存，是对他工作而不是对私人友谊的一种奉献。

在日期为 1807 年 12 月 24 日的信中，约翰娜夫人感谢她母亲寄给小约瑟夫的香肠和圣诞礼物，他病了。由于这个原因以及一套小桌椅尚未备齐，他庆祝圣诞的活动推迟了一星期。约瑟夫学会走路已有一段时间，他认识每一个人，但还不会说话。接下来是讨论佣人问题。

1808 年 1 月 6 日，约翰娜又写信给多罗特娅·克佩，表达了她非常思念家乡不伦瑞克，恳求多罗特娅不要向她的母亲透露约瑟夫曾经病得有多严重。她提到与格丁根大学的神学和东方语言教授托马斯·克里斯蒂安·蒂克森(Thomas Christian Tychsen，1758—1834)家交了朋友，尤其吸引她的是这位教授家的 14 岁双胞胎女儿采齐莉(Cäcilie)和阿德尔海德(Adelheid)；也提到与历史教授阿诺尔德·赫尔曼·路德维希·黑伦(Arnold Hermann Ludwig Heeren，1770—1842)家交朋友，还与医学教授弗里德里希·施特罗迈尔(Friedrich Stromeyer，1776—1835)的妻子交朋友。她提到一次茶舞会和一次音乐会，但她本人由于怀孕缺席这些活动和其他社会事项。她顺便提到高斯的天文观测，说他通常在凌晨一点才上床休息。

---

① 通过贝特曼(Bethmann)银行寄来。

1808年2月29日,高斯写信给他的双亲,说他的妻子约翰娜在当天早上6点生下女儿,不如约瑟夫优雅和漂亮,但发育得很好,强壮,健康。约瑟夫半岁前穿的衣服她刚好合身,但约翰娜织的帽子都太小了。他对孩子每4年才有一个生日感到遗憾。为她取名为威廉明妮(Wilhelmine),是为了向奥伯斯表示敬意,他已答应做孩子的教父。在这个家里,她总被叫做明娜,渐渐地越长越像她的妈妈。这个孩子被描述为可爱、聪明、好心、单纯、坦率和快乐。洪堡(Humboldt)在写给她父亲的信中说她美丽。

　　在明娜出生后,这位年轻的母亲重病了3个星期。在描述这个孩子时,她认可了孩子父亲的看法,对于一个女婴来说她太胖而且太大了。

　　1808年4月11日,约翰娜的母亲从不伦瑞克来信,说高斯的父亲格布哈德在4月6日星期三得了重病,他放弃了康复的所有希望而且立下了遗嘱。她还提到因为大水,她访问格丁根的计划推迟了。

　　然后另一封信到了,日期为1808年4月14日,信中说那天上午11点半高斯的父亲在埃吉丁街(Aegidienstrasse)5号他的家中去世。

　　在后来写给多罗特娅·克佩的信中,约翰娜描述了她和高斯在格丁根参加的一些盛大集会。但在她的信中她似乎总表现出一丝乡愁。她跳舞,但高斯无法说服她去打牌,因为她说,她宁可把那些时间专门用在孩子们身上。

　　在1808年到1809年的冬季学期,舒马赫[①]到格丁根在高斯的指导下研究

---

　　① 海因里希·克里斯蒂安·舒马赫(Heinrich Christian Schumacher)是安德烈埃斯·安东·弗里德里希·舒马赫(Andreas Anthon Friedrich Schumacher)的儿子,1780年9月3日生于荷尔斯泰因(Holstein)的布拉姆施泰特(Bramstedt)。1813年,他与克里斯蒂娜·玛尔达莱妮·冯·朔恩(Christine Magdalene von Schoon)结婚。从1817年开始,他指导了荷尔斯泰因的三角测量,以及后来在丹麦的一次全面的大地测量(在他去世后完成)。为了这次测量,在阿尔托纳建立了一座天文台,舒马赫长期住在这里,主要从事星历表(11个部分,1822—1832)和杂志《天文学通报》(*Astronomische Nachrichten*)的出版,他编辑了31卷《天文学通报》。1850年12月28日他在阿尔托纳去世。

　　他的侄子克里斯蒂安·安德烈埃斯·舒马赫(Christian Andreas Schumacher,1810—1854)从1833年到1838年协助丹麦的大地测量,之后(1844—1845)改进了普尔科瓦(Pulkowa)天文台。

　　H.C.舒马赫的儿子里夏德(Richard,1827—1902)从1844年到1850年在阿尔托纳天文台担任他的助理。1859年,他成为圣地亚哥(Santiago)天文台台长卡洛斯·吉耶莫·默芽塔(Carlos Guillermo Moesta,1825—1884)的助理,1864年,他涉足了智利的大地测量。1869年他返回德意志,1873年他在阿尔托纳被任命为助理天文学家,然后是在基尔任助理天文学家。

天文学。对于他们在一起的交谈他做了记录,称之为"高斯语录"(Gaussiana)。这些笔记对后来的学者们非常有用。高斯和舒马赫之间的亲密友谊一直继续到后者在 1850 年去世。他们的通信集在 1860 年到 1865 年出版,满满 6 卷。在涉及高斯的科学著作时,我们将不断有机会提到舒马赫。

亚历山大·冯·洪堡(Alexander von Humboldt)结束他在美洲的长途旅行于 1804 年回到巴黎后,在科学界听到对高斯的高度赞扬。他们在 1807 年开始了首次的书信交往。他和他哥哥威廉(Wilhelm)早于高斯在格丁根大学学习,但这三人成了终身的朋友,他们保持通信直到高斯去世。高斯的另一个朋友是约翰·格奥尔格·雷普佐尔德(Johann Georg Repsold),1770 年 9 月 19 日生于威悉河畔的弗雷门(Wremen)。他是汉堡的消防主管,在一个旧的炮楼中用他自己制造的仪器装备了一个天文台。雷普佐尔德是高斯和舒马赫长久的朋友。1809 年 6 月,他到格丁根拜访了高斯。他与高斯的通信大多涉及为格丁根天文台购买他制的子午环。雷普佐尔德在 1830 年他仍然活跃时去世,而他的儿子们把他的工场发展成一家知名的天文仪器制造厂。

第八章
劳作和悲哀

现在高斯准备好出版他的第二部主要著作，为此奥伯斯介绍他与当时德意志最知名的出版家、汉堡和哥达的弗里德里希·克里斯多夫·佩尔特斯(Friedrich Christoph Perthes, 1772—1843)接洽。佩尔特斯曾写信给奥伯斯，说他在约翰·米勒(Johann Müller)的《通史》(*Universal History*)上已用尽了他可得到的资金；不过，后来他乐于为高斯的这部著作签下出版合同。了解此书作者因为这部著作收获了什么，是令人感兴趣的，它原来是用德语写的，但在佩尔特斯的要求下，该书以拉丁文出版，标题是《天体在围绕太阳的圆锥曲线上运动的理论》(*Theoria motus corporum coelestium in sectionibus conicis solem ambientium*)。①

弗洛里安·卡乔里(Florian Cajori)把《运动的理论》描述为"……天文学的一部经典之作，它引入了曲线三角测量的原理，包含一些问题的讨论，它们起源于在任何情况下根据对行星和彗星所做的观测确定它们的运动。其中可

---

① 卡尔·哈泽(Carl Haase, 1817.12—1877.3.23)在1864年把这本拉丁文原著译为德文，书名是《天体在围绕太阳的圆锥曲线上运动的理论》(*Theorie der Bewegung der Himmelskörper, welche in Kegelschnitten die Sonne umlaufen*)，并于1865年在汉诺威出版。英译本1857年由海军少将查尔斯·亨利·戴维斯(Charles Henry Davis)在波士顿出版，他1842年在美国海岸测绘局任助理，后来任美国海军天文台负责人。

以发现球面三角学中的 4 个公式,现在它们通常被称为'高斯的相似式'。"①

谷神星的发现提示高斯创造性的头脑去计算各种在圆锥曲线上按开普勒定律运转的一个物体运动的优美方法。在《运动的理论》中,作者给出了一些公式和过程的一个完整系统,用以计算在圆锥曲线上运转的一个物体的运动,然后说明从行星或彗星的三个观测到的位置确定该物体轨道的一个普遍方法。这部著作以阐释最小二乘法结束。这本书非常显著地展示了高斯严格的修订体系的效果,体现在对方法和公式的巧妙改编和简化,以及对情况的仔细估量方面,在这些情况下这些方法和公式能最方便地得到使用。我们发现书中不回避困难,当可以使用精确的确定方法时,就不仅仅依赖近似方法。他的目标是在每个例子中得到的结果与所依据的观察有同等的准确度。

有些伟大的著作,它们的出现在其所涉及的科学史上构成了划时代的大事,《运动的理论》将永远被列入这些著作中。这部书中详细过程的原创性和完整性,至少与作者表述它们所用的简洁和优雅的形式同样引人注目。事实上,它可以被认为是一部教科书,19 世纪德意志天文学及其代表人物贝塞尔、汉森(Hansen)、施特鲁韦(Struve)、恩克(Encke)和格尔林(Gerling)的那些强大、精炼的研究方法,主要由此书衍生而来。一个不可思议的事实是,这一不朽著作序言的日期恰好比开普勒同等知名的著作《论火星》(*De Stella Martis*)的序言晚两个世纪(1609 年 3 月 28 日,1809 年 3 月 28 日)。人们发现了《运动的理论》中计算的几处错误,但是这些错误近来在高斯《全集》的权威版本中都被纠正(第 Ⅶ 卷,1906)。当然,这整部著作是以牛顿的万有引力定律作为基础的。过了 40 年,《运动的理论》中的方法才成为所有天文学家的共同财产。在那时,新天体的频繁发现迫使他们掌握书中的方法。

---

① 对于这些公式的发现者,这里有些混乱。似乎是德朗布尔在 1807 年发现这些公式,但直到 1809 年才发表在《天文历书》(*Connaissance des temps*)的第 443 页上。这些公式独立地被高斯发现,而且经常被称为"高斯方程"。能从几何学上证明这两个方程组。几何学证明起初是由德朗布尔给出的。这个证明在 1869 年被克罗夫顿(Crofton)教授重新发现,并且发表在伦敦数学会的《会报》(*Proceedings*)第 Ⅱ 卷上。[见凯西(Casey)的《三角学》(*Trigonometry*),第 41 页。]莱比锡的卡尔·布兰登·莫尔魏德(Carl Brandon Mollweide,1774—1825)在 1809 年之前也发表了这些公式。

  高斯计划出版的许多关于天文学的基本著作中,他奉献给他同时代人的只有《运动的理论》。这部书专门处理椭圆和双曲线的运动,就它根据观测数据确定轨道而言。这导致一个猜想:他可能想到他的朋友奥伯斯已经成功地解决了确定抛物线轨道问题,他推迟了在这个问题上的进一步研究。在《运动的理论》中,他用于确定双曲线轨道的方法类似于确定椭圆轨道的那些方法。但在《运动的理论》中他仅给出一个数值例子:从两个矢径、它们的夹角和它们之间的时间计算要素。在日期为1806年1月3日的一封信中,他向奥伯斯指出,对于一个特定的情形,后者的确定抛物线轨道的方法不能适用。后来,在1813年,他发现这个方法的一个修正,而且最终在1815年他紧张地为抛物线轨道问题忙碌。他不仅给出了兰贝特方程一个不同的形式,而且发现了一系列其他重要的关系。1871年,他的学生克林克尔菲斯(Klinkerfues)在一本教科书中给出了圆形轨道的确定方法(高斯认为其特征是容易和简单)。在《运动的理论》的175—186节给出的修正中,高斯使用了最小二乘法。

  《运动的理论》的出版在学者中引起了对其作者的认可和钦佩。已经对高斯有强烈兴趣的首席选帝侯达尔贝格送给他一枚金质奖章;另一枚是伦敦皇家学会送的。萨托里乌斯告诉我们,高斯成为所有学术性团体的成员,"从北极圈到回归线,从塔霍(Tajo)河到乌拉尔(Ural)河,包括美国的学会"。①

  1810年,高斯收到了来自法兰西学院②的一项新的荣誉:由拉朗德先生设立的奖章,奖励最优秀的著作或最令人好奇的天文学观测(*la médaille fondée par Monsieur Lalande, pour le meilleur ouvrage ou l'observation astronomique la plus curieuse*)。这笔奖金他从未允许支付,因为他不想接受任何来自法国的钱。这笔钱的一部分被索菲·热尔曼和学院秘书德朗布尔用来购买一座摆钟,它被送给高斯,在高斯余生中他的房间用的一直是这座

---

 ① 见附录B。
 ② 法兰西学院(L'Institut de France)成立于1795年10月25日,是法国别具一格的学术机构。——译者注

摆钟。

1809年9月2日,高斯写信给他在不伦瑞克的朋友卡尔·克佩(Karl Köppe,1772—1837),说他接到了多帕特(Dorpat)大学的任职邀请,但他拒绝了,原因是那里的气候,不稳定的、混乱的形势。在这时莱比锡大学也做出了邀请高斯任职的努力。

1809年9月10日,高斯第三次成为父亲。为了向发现婚神星的哈丁表示敬意,他给这个孩子取名路德维希(Ludwig),但在这个家庭他总是被称作路易斯(Louis);这位父亲的口头禅是可怜的小路易斯(der arme kleine Louis)。9月20日,奥伯斯送来了他的祝贺:"但愿在未来,上天会让路德维希在思想上和心灵上与他的父亲一样。"奥伯斯表达的愿望都落空了。1810年3月1日,只有5个月大的路易斯突然死去。他被埋在格丁根圣奥尔本斯(St. Albans)公墓的家庭墓地。不过,在这之前这位伟大的学者经历了更重的折磨。

1808年,约翰娜夫人在生明娜时难产并让她非常痛苦。路易斯出生的一个后果是她在1809年10月11日去世。这位极度悲伤的丈夫写信给奥伯斯:"昨晚8点钟我合上了这位天使的双眼,5年来我在这双眼睛里发现了一个天堂。"10月14日,约翰娜被埋在格丁根圣奥尔本斯公墓的家庭墓地。事后,高斯很快到不来梅去见奥伯斯,到阿尔托纳见舒马赫,返回时经过不伦瑞克,见了那里的几个老朋友。

1927年,德国哈姆林(Hamlin)的卡尔·奥古斯特·高斯(Carl August Gauss)从他祖父的文稿中发现了他哀叹亡妻的一篇文章。纸上有真正的泪痕,文字占了两页半稿纸。其中的内容分为两部分,第二部分的日期是10月25日(不来梅)。与第二部分相比,第一部分所用的笔更粗糙,墨水更黑;第一部分的书写地未知。这篇优美的悼文表明高斯是德语大师,应当指出下面的译文未能完全达意:

> 挚爱的人儿,你看到我的眼泪了吗?既然我称你为我的人,你就只知道我的痛苦,你对幸福的需求只是看到我幸福!幸运的日子!

我这个可怜的傻子居然把这样的幸福看作永恒的,盲目地认为你——噢,从降生为人现在重新回归的天使——注定要我在一生中承受琐碎的负担。我怎么能配得上你呢?你不需要尘世的生活来使自己更美好。你来到世间只是为了给我们树立一个榜样。噢,我是一个幸运的人,在他的黑暗道路上,那个无法测度的神秘力量让你出现,让你的爱,最温柔、最纯洁的爱照亮这条道路。我胆敢认为我自己与你是平等的吗?亲爱的人,你自己不知道你是怎样的独一无二。以一个天使的谦和,你容忍我的缺点。噢,如果允许离世者能四处徘徊,虽然我们看不见,但仍然靠近我们这些处在生命黑暗之中的可怜人,请不要离弃我。你的爱会转瞬即逝吗?你会从这个可怜人那里把你的爱带走吗?这可是他的至善。噢,你这个最好的人儿,仍然贴近我的灵魂吧。让你心灵中幸福的宁静传递给我,这种宁静帮助你承受了与你亲爱的人们的离别之苦;请帮助我越来越配得上你!噢,对于我们爱的宝贵承诺来说,谁能取代你的位置,你的母爱,你的培养,只有你能使我为这些承诺活得有力量而且高贵,使我不在悲伤中沉沦。

　　10月25日。——孤独。在这里,我偷偷摸摸地在这里周围快乐的人们中间四处走动。如果在一些时候他们使我忘记了我的悲伤,那么返回的是加倍的悲伤。我在你快乐的面孔中毫无价值。我可以对你变得冷酷无情,但你不应该得到如此对待。甚至明亮的天空也使我哀伤。现在,亲爱的,你会离开你的床,你会挽着我的手散步,我抱着我们可爱的孩子,你会为你的恢复和我们的幸福而高兴,这种幸福我们每个人能从对方的眼睛感觉出来。我们梦想过一个更美好的未来。一个嫉妒的恶魔——不,不是一个嫉妒的恶魔,而是那不可测的神秘力量不想让我们的未来如此。噢,受祝福的人,现在你已清楚地看到那些神秘的目的通过破灭我的幸福得以实现。难道你不可以在我凄凉的心中注入几滴安慰和顺从吗?即使你在世的时候你这两者也都很富有。你如此爱我。你如此渴望与我相伴!我不该太悲伤，这几乎就是你的临终话语。噢，我怎样才能摆脱它呢？噢，祈求上帝——他会拒绝你的任何事情？——只是这一件事，你无穷无尽的仁慈可以永远翱翔和飘荡，永远生气勃勃，永远在我面前，帮助我这个尘世的可怜俗子以你为榜样尽力追随。

这是高斯性格的例证：这个时期，德意志如此蒙羞，也充满了他个人的悲哀，他证明自己是他家乡的真正儿子。他捍卫并珍惜他的母语和德意志科学。以拿破仑对数学的迷恋以及拉普拉斯对高斯表达的敬佩，高斯本来可能获得在那时可能得到的最高荣誉、尊崇和物质利益。但他认为他生活的主要目标是完成科学探索。法国人占领了德意志，似乎没有打算离开。由于他们的利益，他们没有忽视新威斯特伐利亚王国的格丁根大学。无疑由于这个原因，使得高斯不再烦恼。

在 19 世纪的开端，实用天文学随着理论天文学发生了革命性变化，但在格丁根收效甚微，直到 1807 年高斯到来。那时新的天文台只有基础设施，虽然曾计划要完成。由于时代动荡和条件困苦，计划的完全实现看来无望。所以高斯在旧天文台工作了些时候，在这里托比亚斯·迈尔曾很活跃，而且对天文学做出了一些值得注意的贡献。旧天文台位于一个古老的石板覆盖的塔里，在中世纪它曾作为保卫内城的防御设施。近来能在图姆街上看到它的部分。

经过长时间的拖延之后，威斯特伐利亚政府在 1810 年拨出 200 000 法郎用于天文台的继续建设，这笔款项将在 5 年期内发放完，直到建筑物完成。经过不同建筑师的设计，结果天文台在一位姓米勒（Müller）的承包商监督下按照陶立克风格建造，本质上是遵照天文学家们的意愿。

1814 年，格丁根天文台的外部建筑已经完成，剩下内部的工程尚待完成。1816 年，两套公寓建成，高斯一家住西翼的公寓，哈丁一家住东翼的公寓。直到 1819 年和 1821 年，新的天文仪器才从慕尼黑送达。那时来自格丁根旧天文台中能用的仪器包括伯德（Bird）的 6 英尺墙四分仪，老托比亚斯·迈尔为了他的恒星表用它进行观测，以及威廉·赫歇尔的 10 英尺反射望远镜，哈丁曾长时间用它观测彗星。从利林塔尔订购的其他仪器,除了向游客显示星空,很少被使用。施勒特尔望远镜的大反射镜需要一个大的支架,原来计划把它安放在西翼和盖斯马尔-兰德街之间;但当新仪器从慕尼黑到达,并需要高斯的全神贯注时,这个计划被遗忘了,现在只有两个 20 英尺焦距的大金属反射镜尚存。1886 年,威廉·舒尔(Wilhelm Schur)发现它们氧化严重,后来让人把它们放在西子午厅的木块上。

1814 年,一台出色的夫琅禾费(Fraunhofer)太阳仪到达格丁根,它的物镜焦距是 1.5 米,口径是 76 毫米。起初高斯对这件仪器非常感兴趣,并用它做了几次观测,但这件仪器与来自柏林、布雷斯劳和哥达的其他类似构造的仪器直到 1874 年 12 月 8 日[在奥克兰(Auckland)岛]以及 1882 年的金星凌日,才派上用场。为了这一目的,雷普佐尔德的那些仪器被改造并被安放在天文台平台上的一个旋转塔中。在这里那台太阳仪在 1886 年之后被经常使用。

新天文台在 1816 年秋完工,高斯搬进他的房间之后,为了视察在慕尼黑订购的新仪器,他到那里旅行了一次。在这些仪器到达格丁根之前,该天文台已经收到雷普佐尔德的子午环。① 这件仪器在所有的子午环中是第二古老的,原来在雷普佐尔德的私人天文台里。这座天文台在汉堡的埃尔布赫厄(施廷特方)[Elbhöhe(Stintfang)],靠近后来的德国海洋天文台的台址。1804 年,它被 H.C.舒马赫用于周极星的观测。当雷普佐尔德由于战争形势被迫放弃他的天文台时,有好几年,天文仪器仍留在他的工场中。在舒马赫的建议下,高斯为格丁根新的天文台购买了这件仪器,雷普佐尔德在之前做了几处改进,包括按照高斯公式制造的一个新的三眼物镜。在观测北极星的头两年,高斯热切地使用这件仪器,后来他给出了确定北极星高度的方法。不过,当两件新仪器——赖兴巴赫(Reichenbach)的子午环和中量仪(来自慕尼黑)——到达后,高斯不再使用雷普佐尔德的子午环了。他把它交给哈丁使用,以让哈丁为其

---

① 哥本哈根的奥劳斯·罗默(Olaus Römer)在 17 世纪建造了一个木制的子午环,但它毁于一次火灾。

星图获得恒星位置,他自己主要用新的子午环。

格丁根天文台位于老城墙的南面,从盖斯马尔门(Geismar-Tor)①步行约5分钟即到,它由一个主建筑构成,从东到西长120英尺,宽45英尺,在其东头和西头有两翼向北伸展,每一翼是教授们家住的二层公寓。这两翼与主建筑一起形成一个向北开放的庭院。向南,天文台呈现出美丽的陶立克式圆柱立面,三扇大的双开门在一个200英尺长40英尺宽的平台上敞开着,平台有一部分用混凝土制成,高于院子6英尺。带花园的公寓在两端与平台相接。这个平台为便携式仪器,也为夫琅禾费太阳仪和小型默茨(Merz)反射望远镜的两个铁质旋转塔提供了空间,而且也能用于教学目的。从平台望出去,由于城市越过老城防御墙限制向外朝地平线发展,美景被缩减,不过从赖兴巴赫的子午环看出去,视野开阔观测自由。往东看,海恩贝格(Hainberg)阻挡了一部分地平线,这座天文台就建在这个小丘的斜坡上。主建筑的中间有一个圆形大厅,它的两个面对面的入口分别朝向庭院和平台。在北边的入口有楼梯通向在大厅上面的圆顶室。从大厅往东或往西就进入了两个同样大小的子午厅:南北长30英尺,东西宽20英尺,高25英尺;然后是在东边和西边的两个厅,一个用作演讲厅,另一个用作图书馆。这些房间有门通向平台和公寓,因此所有的房间彼此相连。处于整个结构中心的圆形大厅在天文台建造时由一个在格丁根制作的旋转圆顶覆盖。直到1888年,才由都柏林的格拉布(Grubb)建了一个直径30英尺的新圆顶。

1811年的大彗星在蓝天上不期而至,让天文学家们又惊又喜。8月22日,在暮色黄昏中高斯第一次看到它。真正的观测只能等到后来才能进行,部分是由于多云的天气,部分是由于从旧天文台北侧看出去视线被建筑物阻挡。但在8月初,当冯·察赫所做的观测结果到达后,高斯根据其中的几个数据计算了这颗彗星的抛物线要素,并计算了它的轨道。这颗彗星的重现证明这些计算是完全正确的,他预测在它穿过太阳的区域后会更加明亮亦被证明无误。

---

① 在1945年拆除。

欧洲人从这颗彗星只是看到上天的惩戒,视之为焚毁莫斯科的前奏和拿破仑统治的一个征兆。

不过,拿破仑的大军不久被埋葬在斯摩棱斯克(Smolensk)和别列津纳(Beresina)河沿岸的雪原中。德意志武装了自己。她的盟友是哥萨克人。德意志人与哥萨克人存在极大同性,不久哥萨克人就来帮助德意志人了。有一个哥萨克军官太天真,在他让高斯允许他参观格丁根天文台后,竟然索取台里唯一的精密计时器作为永久的纪念品,这个计时器是国王热罗姆(Jérôme)赠送的。在拿破仑倒台后,"过去的好日子"重返这个国家,高斯一直受到几位国王和格丁根大学管理层的善待。新的天文台,正如前述,是威斯特伐利亚政府批准建造的,不久就勉强完工了。当这位格丁根天文台台长在1816年秋搬进他的公寓时,天文台就是这种临时状态。

第九章
年轻的教授：
发现不断的 10 年，1812—1822

高斯与约翰娜刚好过了 4 年最幸福的婚姻生活，她是高斯的最爱。这样，高斯在她去世后如此快地结婚使亲戚和朋友们感到奇怪。现在也会遇见这样的事情，尤其是第一任妻子的亲戚们会有这种感受。不过，为何一个丧偶的丈夫会走这一步是容易理解的。一个众所周知的事实是，有过超常幸福的婚姻生活的男人们大多在其妻去世后不久即再婚，因为孤独是不可忍受的。高斯的情形就是如此。情况对他甚至更为恶劣，因为他被剥夺了心灵的宁静与平和，而这对于成功的科学工作是必不可少的。此外，他认识到不得不给他的孩子们——他青春爱情的真正遗产——一位新妈，这一认识主导了他的思想。他们迫切需要一位母亲的关爱和调教。

他的选择落在了明娜·瓦尔德克(Minna Waldeck)身上，她是格丁根大学法学教授约翰·彼得·瓦尔德克(Johann Peter Waldeck, 1751—1851)和妻子夏洛特·奥古斯特·威廉明妮·维内肯(Charlotte Auguste Wilhelmine Wyneken, 1765—1848)的幺女。明娜的全名是弗里德里卡·威廉明妮(Friederica Wilhelmine)，尽管她总是用短的名字。她生于 1788 年 4 月 15 日，尽管比高斯的第一任妻子小 8 岁，但明娜是约翰娜在格丁根最好的朋友。在高斯向她求爱时，她刚好解除了一桩婚约，情绪有些低落。他的求婚没有立刻改变这一状况。对于她这种类型的女孩，很快移情别恋并不容易。她最终接受这一婚姻很大程度上是由于父母的影响。贵族枢密官瓦尔德克和他的妻子非常欢迎高斯成为他们的女婿。

因此,理性在这桩婚姻中起到的作用,在明娜这一方比高斯这一方要大。订婚(1810年4月1日)被弄成一场艰难的考验,但最终证明这是一桩非常幸福的婚姻。对于高斯,迅速赢得明娜全部的爱是轻而易举的。他深深感谢她持家的能力和对他的孩子们的爱护,她视他们如同己出。孩子们反过来爱她——她希望她丈夫和继子女们幸福的一个证明。不过,必须承认明娜没有约翰娜所拥有的那种热情、快乐的天性。高斯给她写信之前先商之于她的双亲。在他们的鼓励下,他在1810年3月27日写信给明娜:

> 伴着怦怦的心跳我在给你写这封我生活幸福所依赖的信。当你接到此信时,你可能已经知道了我的愿望。你,最好的人儿,将会如何接受这一点呢?在一种不利的情况下,我是不是不应该出现在你面前?因为失去我如此钟爱的伴侣不到半年后,我就已经想到一次新的结合。你会认为我见异思迁甚至更糟吗?
>
> 我希望你不会。如果我不自命不凡地认为我在你心中太有地位,以致你不会认为我有任何让我羞愧的动机,我怎有勇气追求你的芳心呢?
>
> 我非常敬重你,因此也不想隐瞒你,我只有一颗被分享的心奉献给你,那位亲爱的已羽化的精灵的形象在我心中永远不会消失。但你是那么的好,如果你知道那位离世者是何等爱你和敬重你,你会理解,在这个重要的时刻,当我问你,你是否能下定决心接受她留下的位置时,我看到她在我面前,栩栩如生,对我的愿望会心地微笑,并且希望我和我们的孩子们快乐和幸福。
>
> 但是,最亲爱的,在你一生最严肃的事情上我不会诱哄你。一位离世者会以真诚的快乐俯视我愿望的实现;我已将此事告知令堂大人(她本人会告诉你让我这样做的原因),令尊大人通过她知道了此事,他们都赞同我的意愿并希望我们都因此幸福;从我认识你的那一

第九章　年轻的教授：发现不断的 10 年,1812—1822

刻起,你就是我亲爱的人,我应该通过此事变得异常幸福。我所提到的一切只是为了恳求你,乞求你,不要再考虑这件事,只考虑你自己的幸福和你自己内心的感受。你应该得到完整纯洁的幸福,你一定不要受任何与我人格无关的次要因素的影响,无论这些因素属于什么类型。让我非常直率地向你坦白,无论我是多么地卑微而且对生活的要求多么易于满足,然而对于我来说,在最容不得他人的、最亲密的家庭关系上不可能有任何居中状态,我必定非常幸福,要么非常不幸福;假若与你结合不会使你完全幸福,那也不会使我幸福。

我可能在某些时候分享过你的美好愿望,问问你自己,我最亲爱的,你是否能给我更多。如果你发现做不到,在说出你的决定时不要迟疑。如果你允许我用一个比"你最热情的朋友"更美丽的称号来称呼自己,我将无法用语言表达我的幸福。

卡尔·弗里德里希·高斯

这次婚姻被载入格丁根圣约翰教堂的记录,日期是 1810 年 8 月 4 日。在这时,高斯希望他的母亲与他一起生活,但她直到 1817 年才这样做。明娜属于一个贵族家庭,她的后裔仍然珍视瓦尔德克家族的饰章。新婚的好福气没有持续多久。才到 1818 年,明娜健康的身体开始变得脆弱。同一年她到皮尔蒙特(Pyrmont)进行水疗。在 1820 年和 1824 年,她试过在巴特埃姆斯(Bad Ems)疗养。这个时期的信件表明她无疑患了肺结核。尽管有短期的改善,但这种疾病几乎不断地恶化。明娜给高斯生了 3 个孩子:(1)彼得·萨穆埃尔·马里乌斯·欧根纽斯(Peter Samuel Marius Eugenius),总被叫做欧根(Eugene),生于 1811 年 7 月 29 日;(2)威廉·奥古斯特·卡尔·马蒂亚斯(Wilhelm August Carl Matthias),总被叫做威廉,生于 1813 年 10 月 23 日;(3)亨丽埃特·威廉明妮·卡罗琳·特蕾泽(Henriette Wilhelmine Caroline Therese),生于 1816 年 6 月 9 日,这个女儿总被叫做特蕾泽。这位数学家的这些孩子们在后面会更全面地进入我们的故事。

明娜实际上变成半病废者,因此她不能获得她应有的社会地位。就社会生活而言,慷慨地给她零花钱也没有什么用处。其中的一些钱她花在收集银器上,她把她的珍稀物品保存在她房间的一个橱柜里。每天下午高斯与明娜和(1817年之后)他母亲喝咖啡,他女儿特蕾泽坐在他身旁。1848年,明娜的母亲去世,她的许多遗物以及一些银器寄给已经移民到美国的欧根和威廉。还包括书信、家庭的纪念品和明娜的一些珠宝。不幸的是,那艘船沉了,所有这些纪念品都丢失了。

汉诺威的乔治五世发给高斯的金质纪念章在后来被欧根融化做成了眼镜框,他还令人遗憾地烧掉了他父亲寄给他的绝大多数信件。威廉常常讲述国王乔治到高斯家的访问。为招待国王,高斯家做了充分的准备。这位数学家的两个儿子穿着黑天鹅绒套装,当国王走来时他们站在门口,在他走的路上撒花。高斯的后代视他的小茶杯和上面刻着 Meinem guten Vater(我的好父亲)的茶托为珍宝。他们还有一个小的带盖的瓷碟子,装饰着精美的描金中国花卉,高斯用它做火柴盒。一件小花点的刺绣品被他们小心地放在一个托盘里,用玻璃盖着,它曾装饰过高斯家的一个枕头。这件绣品上明亮的红、绿和黄的艳丽设计仍然新鲜而且吸引人。

1831年9月12日,明娜去世,享年43岁。关于她的离世后面必须再说一些,无疑对儿子欧根的行为和他突然移民美国的悲伤加速了她的死亡。

1810年4月,高斯到柏林皇家科学院做了一次访问,这是威廉·冯·洪堡(Wilhelm von Humboldt)安排的。与明娜的婚姻加强了高斯与格丁根的关系,而且为他拒绝到柏林的任职邀请影响很大。这一任职邀请在1821年和1824年被重新提出;且一直持续到1826年。不过,一开始高斯确实考虑过接受邀请,因为在柏林他有充分的时间用于研究和观测——那里没有教学工作。不过,他喜欢年轻学者们的陪伴,而且当后来他看到他学生们的大量科学成就时,在某种意义上他感到他的教学得到了很好的回报。学生们的证言驳斥了高斯不是好教师的说法。

1812年1月30日,高斯把他的《关于无穷级数的一般研究》(Disquisitiones

generales circa seriem infinitam)呈送给格丁根皇家学会,这无穷级数是:

$$1+\frac{\alpha\beta}{1\cdot\gamma}x+\frac{\alpha(\alpha+1)\beta(\beta+1)}{1\cdot 2\cdot\gamma(\gamma+1)}x^2+$$
$$+\frac{\alpha(\alpha+1)(\alpha+2)\beta(\beta+1)(\beta+2)}{1\cdot 2\cdot 3\cdot\gamma(\gamma+1)(\gamma+2)}x^3+\cdots$$

这篇论文发表在该学会的《论文集刊》(Commentationes)第Ⅱ卷(1813)上;该文的德文本直到1888年才由海因里希·西蒙(Heinrich Simon)博士翻译出版。拉丁文文本发表在高斯的《全集》(第Ⅲ卷,1866)中,不过,书中还包含他去世之后在他的文稿中发现的续作。这篇论文是重要的,因为它创立了数学文献中的一个部分,在这个部分中,后来像库默尔、魏尔斯特拉斯和黎曼这样的名字熠熠发光。从手稿来看,似乎高斯打算在1811年11月提交这篇论文。高斯就此打开了无穷级数研究的关键时期或现代时期。普法夫称这个级数为"超几何级数",欧拉曾研究过它,但高斯是精通它的第一人。一个无穷级数的收敛性(有效性)第一次被充分地研究。

高斯一生中的这个10年对于他是特别多产的。这个时期他的工作在差不多两打论文中涉及了广泛的学科。其中有许多处理数学物理学中的困难问题,其他涉及理论天文学以及天文学观测,尤其是对小行星和彗星的观测。有几篇论文以近来获得的天文仪器以及与此相关的光学问题为主题。人们还发现有数论和对数方面的论题;他还给出了代数基本定理的第二和第三个证明。

1816年和1817年标志着高斯在理论天文学领域工作的结束。他后来的天文学活动属于观测天文学和球面天文学,同时重点移到相关领域。关于格丁根大学天文台活动的一份相当完整的记录,现在仍能在其图书馆的目录中能找到的观测书籍给出。手稿被冠以标题"格丁根天文台观测日志"。现在在高斯的文稿中它分成两卷和一本小四开的笔记本。其中大多数观察结果按照日期顺序记入。小笔记本涉及的时期只是从1808年1月1日到7月31日,日志的第一卷到1808年11月3日才开始。这本日志记到了1822年4月,尽管有一些间断。此后,高斯在零散的纸上记下他观测的特别记录,大多是关于彗星和行星的;这些零页不完整。

常规的观测者是卡尔·路德维希·哈丁,他在 1805 年被聘为格丁根大学天文学助理教授和天文台的正式观测员,并且在 1812 年晋升为正教授。此外,他教初等天文学和航海术。在上面提到的日志中,对太阳和恒星的观测是他做的。在发表于 1810 年 8 月的一篇文章中,哈丁提到格丁根天文台的仪器配备不适当。为了弥补,威斯特伐利亚的国王为哈丁的天图(celestial atlas)拨款 4 千法郎。人们发现从 1811 年 3 月到 6 月是高斯在做观测,因为那时哈丁在巴黎。高斯经常观测行星、月球、灶神星和谷神星。此外,从 1809 年到 1818 年,许多观测是高斯的 16 个学生做的。

格丁根天文台的主时钟是那种谢尔顿钟(Shelton clock),是英国国王和汉诺威的选帝侯乔治三世的礼物。从 1770 年起它就一直被使用。现在这座钟在东子午厅而且还在走。高斯在 1816 年和 1818 年称赞过这座时钟,但到 1819 年就对它不满意了。

高斯经常喜欢使用六分仪,并花了很多时间确定地上物体的高度和方位。1810 年 10 月,为了精密计时测定经度,他去了趟哥达。在 1808 年到 1812 年这段时间,他在球面天文学领域发表了 5 篇较短的论文。

早期大多数高质量的天文仪器是英国人造的,实际上格丁根天文台的所有仪器是从英国进口的。不过,在斯图加特有一个姓鲍曼(Baumann)的技工,他曾在英国的拉姆斯登(Ramsden)指导下学习很长时间,高斯很快就给了他一个订单。但德意志还有一个仪器制造者,也是拉姆斯登的学生,正逐渐出名。这个人是慕尼黑的炮兵上尉格奥尔格·冯·赖兴巴赫(Georg von Reichenbach,1772—1826)。他正在做德意志所能找到的最好产品,于是高斯开始从他那里购买仪器。结果非常令人高兴,第一件仪器在 1812 年 11 月 26 日到达,在天文日志中明显记载着这很快激起了高斯在观测上的兴趣。他的努力方向是:进行少量但极为精确的观测,而不是积累一大堆观测数据。从这以后,日志中所有的项目几乎都是高斯的笔迹。显然,哈丁的观测结果不再记入本日志。这个

第九章 年轻的教授：发现不断的 10 年，1812—1822

时期高斯的天文学工作表现在他与那个时代名列前茅的观测者贝塞尔的通信中。他们的信件写得很详细，贝塞尔在这些事情上对高斯有重要影响，并且激发了他随后几年在屈光学理论上的兴趣。1814 年 5 月 23 日，格丁根天文台收到慕尼黑的约瑟夫·夫琅禾费（Joseph Fraunhofer，1787—1826）制作的一台精良的消色差太阳仪。这座天文台已经拥有一台旧的太阳仪。

1810 年，格丁根大学为各个部门设立了一项特别基金，天文台被指定为每年 1 750 法郎。当前的支出，包括高斯允许用的房租补贴，花掉了这个数额的大约一半。通过向格丁根大学的董事会申请，高斯得到资金用于建造一个支撑新太阳仪的台架，这台太阳仪在 1815 年 4 月到达。当它装配好后，他尝试测量了金星、火星和土星环的直径，以及 1815 年彗星的直径。1817 年 5 月，他把这台太阳仪返回给夫琅禾费，要求做改进。最终这台太阳仪在 1817 年 11 月被送回，但再也没有被真正使用过。

在 1815 年至 1816 年的冬季，格丁根天文台收到了一批天文仪器，是从利林塔尔天文台的创建者约翰·希罗尼穆斯·施勒特尔购买的，来自他的庄园。购买这些仪器带有约定：只要施勒特尔活着，他就能使用它们。当威斯特伐利亚王国吞并利林塔尔时，施勒特尔想无视这桩买卖，并把仪器运到法国。法国人想要其中的一些仪器，但认识到第二次买卖是非法的。高斯对此事的感觉是如此强烈，他只是口头上表达了意见！

1811 年 11 月 25 日，拉普拉斯致信高斯，说他会尽力而为。但是什么也没有发生，直到 1812 年 12 月 12 日利林塔尔被法国攻占并焚烧。施勒特尔不得不出逃，而且再也没有从这次打击中恢复过来。幸运的是这些仪器幸免于难。在汉诺威王国复辟以后，施勒特尔在去世之前安排把它们运到格丁根。

雷普佐尔德曾造过一个子午环，高斯早在 1810 年就对它感兴趣。最终这个子午环被格丁根天文台购买并于 1818 年 4 月 10 日星期五到达。1818 年，高斯顺便访问了汉堡数学会并成为该会的荣誉会员。雷普佐尔德的孩子们已把他的工场发展为一家知名的天文仪器公司。

高斯计划从赖兴巴赫那里购买第二个子午环。这个计划导致他在 1816

年的复活节假期的巴伐利亚之旅。4月18日,他离开格丁根,外出5个星期。这个时期他写给明娜的信极为有趣。高斯不是一个经常旅行的人,可能这次旅行使他最感愉快。巴伐利亚美丽的阿尔卑斯山引起了高斯强烈的兴趣。有12天是在慕尼黑和贝内迪克特博伊伦(Benediktbeuern)度过的,夫琅禾费的光学工作在贝内迪克特博伊伦进行。陪伴他这次旅行的是他10岁的儿子约瑟夫和他的学生P.蒂特尔博士。在这时离开明娜,高斯有些犹豫,因为再过几个星期女儿特蕾泽就要出生了。

此行的主要目的是结识夫琅禾费和赖兴巴赫,以及夫琅禾费在光学公司的合伙人约瑟夫·冯·乌茨施奈德(Joseph von Utzschneider, 1763—1840),还有赖兴巴赫公司的拥有者特劳戈特·莱布雷希特·埃特尔(Traugott Lebrecht Ertel, 1778—1858),并与他们讨论订购两台制作精良的新子午仪事宜。

高斯的行程经过哥达,在这里他花了几天与他的朋友伯恩哈德·奥古斯特·冯·林德瑙(Bernhard August von Lindenau, 1799—1854)在一起,林德瑙是萨克森的首相兼塞贝格天文台台长。林德瑙把他的四轮马车提供给高斯,因为高斯不满意他的格丁根马车夫驾车缓慢。在贝希特斯加登(Berchtesgaden)他参观了盐矿。贝内迪克特博伊伦离慕尼黑有几小时的车程,高斯发现光学工场设在属于乌茨施奈德的一座旧教堂里。此外,这些人有一个助理,姓利布赫尔(Liebherr),是慕尼黑的一名技工。那时这里的工人们正忙于为华沙、奥芬(Ofen)和都灵造子午仪。

4月26日,高斯从慕尼黑写信给明娜:

> 昨天晚上大约八点我们到达这里,状态良好……现在首先小叙一下这次行程,星期天一早我们离开塞贝格,乘坐林德瑙的马车,马是我们租的,经过图林根(Thuringen)森林的路仍然完全被雪覆盖。在夏季这个地区必定如传奇般那样美丽。这些马把我们带到了迈宁根(Meiningen),为了整夜驶过巴伐利亚的优良公路我们在这里立刻换上驿马,第二天上午我们到达维尔茨堡(Würzburg),我相当疲倦。

第九章 年轻的教授:发现不断的 10 年,1812—1822

> 在这里我们吃了一顿午饭,恢复精神。随着夜晚来临我们继续赶路,再次整夜行驶到第二天,一路来到奥格斯堡(Augsburg),我们在这里过夜。星期四上午我们略作游览,到中午我们又上路了。最后的八英里半走的是优美无比的道路,花了七个半小时。就这样我们在昨天来到了美丽的慕尼黑。
>
> 这次旅程使我筋疲力竭,但休息让一切又正常了,今天我感觉与在格丁根一样好。我们住在一家非常好的旅馆。今天早上赖兴巴赫来看我,他已经知道我到达了。我与他一起度过了这一天的大部分时间,他非常友好地力邀我住在他家,我接受了。明天我们将搬到那里住,蒂特尔也一样……我已经结识了乌茨施奈德,星期二我们将与他一起到他在贝内迪克特博伊伦的庄园,那里靠近蒂罗尔(Tyrol)的边境。赖兴巴赫是一个非常和蔼的人,他的善良使我十分佩服;他的住宅在郊区,位置极为宜人而且带着大富大贵的标志。

第二封信以"赖兴哈尔(Reichenhall),过慕尼黑还有 36 小时的路程,星期天晚上,1816 年 5 月 11 日"开头,并给出了返程的描述:

> 终于我踏上了回家的路。度过在慕尼黑非常快乐的 12 天之后,我把到贝内迪克特博伊伦的行程包括在内,我与赖兴巴赫一起来到这么远的地方,他必须到此地来办些事。在看过此地周围和附近贝希特斯加登的风景,极为令人感兴趣的盐矿和那无比美丽的地方之后,明天我将启程返回格丁根。我们不回慕尼黑,而走较近的路到雷根斯堡(Regensburg)和纽伦堡,然后在几天内到哥达……我在午夜写此信,眼几乎要闭上了,因为今天我们到贝希特斯加登短途旅行,我们不停地在那里的地下盐矿中行走。

这趟考察,高斯还去了慕尼黑天文台和普拉奇杜斯·海因里希(Placidus Heinrich)神父在雷根斯堡的天文台。整个行程持续了刚好 36 天,其中经米尔豪森(Mühlhausen)、哥达、迈宁根和奥格斯堡到慕尼黑的行程需要 8 天。返程需要 16 天，因为高斯绕道经过了赖兴哈尔、兰茨胡特（Landshut）、雷根斯堡和纽伦堡。

1816 年 6 月 5 日，刚好在特蕾泽出生的前四天，高斯把这次旅行的正式报告交给格丁根大学财产管理委员会。在报告中他推荐了要购买的仪器。他的努力终于获得成功，他在 1818 年 11 月收到赖兴巴赫制的中量仪，1819 年 8 月收到子午环。

正如上面提到的，雷普佐尔德的子午环在 1818 年 4 月 10 日送到。第二天雷普佐尔德本人到来，他住在高斯家，直到 19 日晚。在这次拜访期间，谢尔顿钟被清洗和校准。1818 年 5 月 1 日，高斯开始记新的日志，标题是"用雷普佐尔德子午环的观测日志"。这本日志在格丁根天文台直到 1927 年之后才被人注意。从 5 月 1 日到 31 日，高斯观测了 21 天——大多是主要的恒星，有几天是太阳。有时高斯抱怨天气条件，以及这样的事：在某个方向上那毗邻院子里的果树，在另一个方向上树木繁茂的海恩贝格，阻挡了他的视线。他提出了砍掉一些树的建议。1818 年 6 月 1 日，雷普佐尔德在回家旅程中再次拜访高斯，并且对他的这件仪器做了进一步的改进。

高斯制定了一个相当广泛的观测计划，他完成了其中的大部分，但除了偶然对行星的观测，他没有发表他的结果。在格丁根天文台的目录中有高斯的笔记本，题目是"关于用子午环观测的计算和记录"。在这个本子的前面几页上是未完成的 316 颗恒星的列表，主要是周极星。他的观测在时间上几乎没有例外地是从中午或下午的早些时候到深夜，而且每天观测 10 到 15 颗恒星。从 1818 年 9 月底到 10 月底，高斯在吕讷堡（Lüneburg）的圣米夏埃尔（St. Michael）教堂的塔上进行测量，该塔作为与丹麦三角测量的一个连接点。在他返回后直到 1819 年的夏季，他每天观测多达 30 颗恒星，还观察了木星、太阳以及 1819 年的彗星。

1818 年 9 月，赖兴巴赫的中量仪安装完毕，高斯开始全身心地关注它。他停止使用雷普佐尔德的子午环，而且开始越来越多地使用赖兴巴赫的子午环，那是 1819 年 10 月安装的。值得注意的是，高斯很少允许哈丁或他任何一个学生使用这些仪器。根据高斯的学生恩克讲的故事,高斯在操作赖兴巴赫的子午环时戴着手套。高斯在观测时,允许恩克和另一个学生尼古拉(Nicolai)做记录。高斯用了一个城镇技工,他有一个喜庆的名字菲利普·伦普夫(Philipp Rumpf)。

从1819年到1822年,在高斯的建议下,为了确定经度差,尼古拉在曼海姆(Mannheim),佐尔德纳(Soldner)在慕尼黑,恩克在塞贝格,观测月球和几颗伴月星的赤经。尽管高斯在1820年7月退出,这项观测仍继续了许多年。

1820年5月1日,他得到一座利布赫尔时钟(Liebherr clock),这种时钟曾经非常急需,有他曾从雷普佐尔德那里借了一座时钟的事实为证。即使利布赫尔时钟不久也由于走得快而引起了麻烦,而伦普夫有几个月不在天文台!幸运的是苏塞克斯(Sussex)公爵在1826年赠送给天文台一座哈迪时钟(Hardy clock)。

1819年8月,高斯由于他的老朋友奥伯斯四天半的来访而感到高兴。在那时他尤其生哈丁的岳父海德尔巴赫(Heidelbach)的气,此人拥有的果园恰好在天文台的南面。这位业主不允许砍倒果树,而且拒绝对妨碍观测作赔偿。1819年6月,高斯在劳恩堡安装一个拉姆斯登的地平纬仪。

人们不该设想在这个时期高斯的工作局限于实用天文学。他考虑幻方、二次剩余和通过逼近确定积分的新方法(1814年),该法以用于同一目的的牛顿法为基础。有一篇论文颇为有趣,它专门证明了行星理论中一个非常重要的命题:一颗行星的轨道要素由于另一颗行星的扰动所经历的长期变化,与把扰动行星的质量以下述方式分布在与其轨道重合的一个椭圆环上的效果是一样的:方式是该环上的相等质量对应于以相等的时间经过的轨道部分。

在最后一项研究的过程中,高斯得到了一些椭圆积分,他通过一个变换计算它们,这个变换包含在由于杰出的德意志犹太数学家C.G.J.雅可比(1804—1851)的名字而不朽的级数之一中。稍晚些时候,高斯写信给舒马赫(1828年),说他超前阿贝尔和雅可比四分之一个世纪,但是他的那个原则——任何东西,除非它是一件完整艺术品(形式和内容),都不能发表——剥夺了他在这些困难理论上的优先权。

在这一章所述及的岁月，高斯阐述了几个关于所谓算术-几何平均的定理。事实上，他早在学生时代就开始研究椭圆积分和双纽线积分。他去世后留下的 1808 年的片段作品表明他 1828 年写给舒马赫的信中的陈述是正确的。用 i 表示 $\sqrt{-1}$ 的用法可追溯到高斯早期的工作（1801 年），但直到 1831 年一篇论文的发表，他才以他的威信把虚数建立在牢固的基础上。名称"复数"和"侧数"（lateral number）归功于高斯，但其他人给出了虚数的几何解释。

一张对数的加法和减法表被不正确地冠以高斯的名字，该表由他制作并在 1812 年发表。不过，他严谨地提到这是莱奥内利（Z. Leonelli）的主意，而且莱奥内利确实在 1802 年发表了这样的一张表。设两个数的对数已知，所谓的高斯对数意在给出它们的和与差的对数。高斯对数的本意是在两个数的本身未知、但它们的对数已知的情况下，方便地求出这两个数的和与差的对数，所以它们经常被称作加法和减法对数。

第十章
大地测量学与丧失亲人：
变迁的 10 年，1822—1832

高斯对大地测量学的兴趣必须回溯到当他发现最小二乘法的 1794 年。在这一年，他发现了一种合乎逻辑地把一些量组合起来的方法，这些量含有随机性误差。对于高斯，最小二乘法立即成为从纯粹数学通向应用数学的桥梁之一。在这两个方向上他设想了他行动的最高理想。在写给奥伯斯的一封信中他这样表达："最严密的几何学家和最完美的天文学家——这两个不同的称号我全心全意地敬重，而且一旦它们结合在一起我将热烈崇拜。"

起初高斯没有认为最小二乘法很重要，他感到它是如此自然，以致一定被许多从事数值计算的人用过。他经常说他愿意打赌：老托比亚斯·迈尔一定在他的计算中使用了这一方法。后来他检查迈尔的文稿发现，如果他打赌，他就会失败。勒让德在发表上领先于高斯，而高斯向他包括鲍耶在内的同学们展示了勒让德的研究。有趣的事是高斯如此年轻就发现了这一方法。不过他没有低估其应用在实践上的重要性。1798 年 6 月，他使这一方法适合于概率计算的原理，而且早在 1802 年他在天文计算中使用了这一方法。勒让德使用的名称是 méthode des moindres carrés（最小二乘法），高斯接受了这一命名，从而表明他没有因为被别人领先而感觉受到伤害。高斯的出版物中涉及这个主题的内容最早出现在《运动的理论》第二卷第三部分。

1821 年 2 月 15 日，高斯向格丁根皇家学会提交了他的论文《与最小可能误差有关的观测值的组合理论,前一部分》(Theoria combinationis observationum erroribus minimis obnoxiae,pars prior),其中给出了最小二乘法与概率计算的他觉得唯一适当的联系。他说他从与拉普拉斯相同的观点出发,但他使用了不同的发展模式。1823年2月2日,他向格丁根皇家学会提交了论文的后一部分。他的《与最小可能误差有关的观测值的组合理论的补充》(Supplementum theoriae combinationis observationum erroribus minimis obnoxiae)在1826年9月16日提交给该学会,是他在大地测量上实际工作的直接结果。[①]

关于高斯在实际的大地测量工作上的初次经历,现在知之甚少。在他的学生时代,除了使用墙象限仪和反射六分仪的几次练习之外,他没有观测的经历。在1797年写的信表明他在观测上确有兴趣,并且认识到他没有受过画图、建筑或技工手艺的训练。在日期为1802年2月21日的一封信中,天文学家冯·察赫根据其自身经验写道,他认为高斯的近视是一个妨碍,而且暗示太阳观测和用六分仪的观测对眼睛有危害。不过,他借给高斯一个六分仪、一座时钟和一架望远镜。高斯有时用这架小望远镜开始练习——主要是消遣,但也是为他未来的职业做准备。从1803年到1805年,他在布罗岑(Broitzen)周围的一块区域开始练习使用六分仪,布罗岑离不伦瑞克5公里远。这时他有有朝一日从事大规模三角测量的想法,拜格尔(Beigle)关于巴伐利亚三角测量的一篇文章吸引了他的注意。

1803年夏季,高斯再次与高等上诉法院的一位姓冯·恩德的顾问联系,后者正在确定不伦瑞克及附近的经度和纬度。1816年在科洛涅(Cologne)去世的冯·恩德在策勒有一座小天文台。1803年8月,冯·察赫在布罗肯山,而且几乎每天发出供确定经度的信号。在不伦瑞克、黑尔姆施泰特和沃尔芬比特尔这项工作移交给高斯和冯·恩德。根据对太阳的观测,高斯用属于哥达公爵的一台精密计时器确定时间。

1803年8月27日,高斯从不伦瑞克来到布罗肯山,见到了在这里的冯·

---

① 伯尔施(Börsch)和西蒙(Simon)编辑了高斯关于最小二乘法论文的德文本(柏林,1887);贝特朗(J.Bertrand)发表了这些论文的法文本(巴黎,1855)。

第十章 大地测量学与丧失亲人：变迁的 10 年，1822—1832

察赫，然后陪伴他到哥达，以与冯·恩德和维也纳的教授比格商议。有 3 个月，高斯是塞贝格天文台的一位忙碌的客人；12 月 7 日，他和冯·察赫返回不伦瑞克，在这里他招待了冯·察赫 10 天。

高斯计算弗里德里希·费迪南德·卡尔·冯·米夫林（Friedrich Ferdinand Carl von Müffling，1775—1851）伯爵所做的观测数据这一事实，证明了他对这项工作是有兴趣的。冯·米夫林（后来在 1821 年担任普鲁士军队的总参谋长）已经参加了威斯特伐利亚的三角测量，这是由勒科克（Lecoq）上校 1797—1802 年为军事目的而进行的。林德瑙现在参与了这项计划。高斯带着他的六分仪参加了这次三角测量，而且他的计算给出了从布罗肯山到弗朗科尼亚（Franconia）的许多位置，他认为这对绘制地图的需求已足够精确。1804 年 8 月，高斯与奥伯斯在雷堡（Rehburg）的温泉停留了几天。这两位朋友测量了汉诺威、布罗肯山和明登之间的某些角，根据它们的已知近似地理位置，高斯计算了巴德雷堡的小丘格奥尔格普拉茨（Georgplatz）的纬度和经度。

从 1803 年到 1805 年，法国上校埃帕伊（Epailly）指挥占领区的测量，他设置的一些三角形，尤其是在汉诺威选帝侯领地南部的那些三角形，后来在高斯为设立一个三角形网络而测量一条子午弧时派上了大用场，尽管它们的构形有一种不利的影响。1805 年，为了从圣安德鲁教堂的塔上做一次观测，埃帕伊来到不伦瑞克，高斯利用这个机会研究了他的工作，而且熟悉了有关仪器。埃帕伊在不伦瑞克生病了。

1807 年 11 月，在格丁根安家之后不久，高斯从哈丁那里得到了一个 10 英寸的特劳顿（Troughton）六分仪。1808 年，他发表了《确定北极星高度的特别方法》(Methodum peculiarem elevationem poli determinandi)。用这一方法，这个六分仪和一座时钟便会给出好的结果；且与他之前发表的一个方法相比，所需要的预备计算比较少。1810 年 8 月，高斯前往明登（Münden）。这一行程的目的之一是找出旅行对精密计时器走动的影响。在这个时候，高斯确定了在威拉河（Werra）和富尔达河（Fulda）之合流处的弗赖塔格斯韦德（Freytagswerder）的纬度及此地与格丁根的经度差。1812 年 2 月 19 日和 20

日，为了确定格丁根的经度，高斯观测了掩星现象。在同一年，他在汉施泰因确定了格丁根、布罗肯山和博因堡（Boineburg）（两个米夫林点）之间的角。

1816年6月8日，舒马赫写信给高斯说，丹麦国王已经为从斯卡恩（Skagen）到劳恩堡的子午弧的测量和从哥本哈根到日德兰半岛（Jutland）西海岸的经度的测量拨了必要的资金。他要求高斯对常用方法做出一项改进，并问他是否有兴趣将测量通过德意志扩展到巴伐利亚的三角测量上去。1816年7月5日，高斯热情回复，并表示希望未来在汉诺威从事这方面的活动，还对主三角形的计算提供了帮助。丹麦已经进行过三角测量，这个事实使高斯看到了对舒马赫来说的一个利好之处，尽管他感到丹麦平坦的地形会导致一个固有的困难。

高斯觉得这样的操作会通过提供附加的经验数据而有助于澄清与地球形状的不规则性相关联的问题。对在这个领域做基本的测定和对天文学中基本常量的测定，他非常感兴趣。他在大地测量学上较早的兴趣可部分地回溯到他的一种为感谢不伦瑞克公爵而做出成就的期望。后来普鲁士国王授权冯·察赫对近期获得的土地进行测量，高斯对此很感兴趣，而且认识到在法国和英国的精密测量结果之后，测量将相对不重要，除非进行大规模的测量。1816年，高斯得到了埃帕伊测量所用三角形网络的一个副本。

在这个时期，高斯考虑了一个征奖问题：把一个给定的曲面投射到另一个给定的曲面上，使得投影在最小的局部上也与原曲面相似。一个特殊情况是第一个曲面是球面，第二个曲面是平面。球极平面投影和墨卡托（Mercator）投影是特解。包括所有特解的一般解将覆盖曲面的各种类型。在格丁根科学皇家学会，高斯每12年只有一个提出征奖问题的机会。他看到推广这一理论及通过他的大地测量给大部分欧洲一个几何描述的机会，条件是其他人把他们的结果通报给他。因此，他关于共形投影的最初想法的日期可追溯到1815年年初。

1812年秋季，高斯在塞贝格访问林德瑙的时候讨论了大地测量问题。他

第十章 大地测量学与丧失亲人：变迁的 10 年，1822—1832

1813 年的关于均匀椭球引力理论的论文是这次访问的成果。1814 年 9 月 25 日，高斯的学生、天文学家恩克陪同他到塞贝格再次访问林德瑙。在这个 10 年，高斯思考成果的丰富性堪与他青年时期的 10 年——从 1790 年到 1800 年——相比。恩克记录道，那天晚上在晚饭后高斯阐述的出色理论使他陶醉。

1816 年秋季，高斯搬入新天文台。他的空余时间据称被用于研究理论天文学、非欧几何学和数论；地磁和曲面理论也开始引起他的注意。他没有马上答应参加舒马赫的测绘计划是可以理解的。在与当局就这种事谈判以及得到专家合作上，高斯缺乏实践经验；此外，他没有训练有素的助手。这样的测量费用不菲，他不喜欢在为装备新天文台寻求资金的同时要求一项拨款。即使薪水也不总是能及时发放。在这个节骨眼上，舒马赫直接向汉诺威的卡尔·弗里德里希·亚历山大·冯·阿恩斯瓦尔特(Karl Friedrich Alexander von Arnswaldt，1768—1845)男爵申请，这位男爵从 1816 年到 1838 年担任格丁根大学的学监。冯·阿恩斯瓦尔特被证明非常合作，他立即询问了所有细节，包括助手之事。1816 年 9 月，当冯·阿恩斯瓦尔特从维斯巴登(Wiesbaden)做水疗后返回途中，他在格丁根停留，要求高斯对提议中的测量递交一份备忘录。在 12 月的早些时候，高斯收到了来自舒马赫的关于丹麦测量费用的信息，包括测量持续的时间、人力和有关事项。

到 1817 年 7 月底，实际的操作已在丹麦开始，在 11 月完成了从汉堡到阿尔森(Alsen)岛的 1½度子午弧的三角测量。1818 年，当舒马赫准备好测量最南边的三角形时，他再次请求高斯参加连接的测量，如果可能就在 9 月参加，并且寄给他一张已经测量过的三角形和计划中的连接的草图。高斯接到这封信时太晚了，以致他没有时间与这位学监商量这一计划。对他参加这次测量的备忘录，他还没有收到答复。舒马赫又一次采取了必要的步骤，并立刻向高斯宣布：通过汉诺威的后续测量不仅被批准，而且冯·阿恩斯瓦尔特会做任何事情来促进它。1818 年 9 月，高斯宣布首相已委托他负责吕讷堡的测量。他向舒马赫询问吕讷堡最适用于测量的塔是哪座。那年夏天他的健康不如通常好，但不久就好转了，而且他带着快乐展望这一旅程。他买了一辆马车，为了看到结果的符合程度他带了 12 英寸的博尔达(Borda)度盘和 8 英寸的经纬仪。舒马赫派出了他的助手卡罗克(Caroc)上尉,那时他正忙于劳恩堡的测量。由于这个原因,乌尔辛(格奥尔格·弗雷德里克·克吕格尔)[Ursin (Georg Frederik Krüger)]受命协助高斯。后来,舒马赫本人携带一个 8 英寸的雷普佐尔德经纬仪来到吕讷堡。吕讷堡的圣米夏埃尔教堂的塔被用于测量汉堡-霍恩霍恩(Hamburg - Hohenhorn)和霍恩霍恩-劳恩堡(Hohenhorn - Lauenburg)这两个角。这座漂亮的大塔由坚实的岩石建成,而且它的中心容易确定且可靠。

在进行这些观测期间,高斯第一次被触发产生了发明回光仪的想法;那是太阳光被汉堡圣米夏埃尔塔的一扇窗户反射,这对他的观测是一个干扰。接受大地测量学家阿尔贝斯(H.C. Albers)的建议,高斯住在吕讷堡靠近市场的许廷格(Schütting)旅馆,这里与圣米夏埃尔教堂有一段距离。1818 年 10 月 9 日,他在吕讷堡的一扇大门前的棱堡上确定了许多塔之间的角度和舒马赫的经纬仪的位置。关于吕讷堡的测量,高斯寄了一份报告到汉诺威,并申请一台更大的经纬仪,但没有得到答复。

为了接收伍尔威治(Woolwich)天文台的拉姆斯登地平纬仪,1819 年 4 月,舒马赫前往伦敦。他利用这个机会让约瑟夫·班克斯(Joseph Banks)爵士对汉诺威的测量产生兴趣,约瑟夫爵士是伦敦皇家学会会长,有着极大影响力。他还推动丹麦在伦敦的公使、枢密官冯·博尔克(von Bourke)与在伦敦的汉诺威事务大臣明斯特尔(Münster)伯爵商议测量之事。明斯特尔伯爵对高斯没有直接向他申请相当惊奇,并要求提供一份关于测量费用的即时备忘录。于是高斯寄给明斯特尔一份关于汉诺威测量的意义和用途的文件,还根据舒马赫的建议向冯·阿恩斯瓦尔特报告了这封信,同时请求后者同意他参加在劳恩堡的观测。6 月 1 日,舒马赫与冯·阿恩斯瓦尔特面谈,并且成功地得到一项部级指令,授权高斯到劳恩堡并接受所有必要的预付款。到 6 月底,那台地平纬仪在劳恩堡装妥,高斯参与了观测,由于夏天炎热导致的虚弱,7 月 18 日他非常突然地从劳恩堡回家。他是如此匆忙,以致留下了许多衣物。

第十章 大地测量学与丧失亲人：变迁的10年，1822—1832

在1820年早些时候，高斯又觉得可以做观测了，他知道这些数据最终将会出版，所以他希望对最重要的测量操作有一位称职的科学见证人在场，以对精确性的提高助一臂之力。不久，丹麦国王弗雷德里克六世命令他在伦敦的公使请求汉诺威政府允许高斯出现在丹麦的测量中，包括在劳恩堡的观测。贝塞尔不太重视高斯的大地测量工作，并且认为这占用高斯太多的时间。他认为这样的活动应该由一名数学上地位较低的人承担。高斯答复贝塞尔：

> 世界上的所有测量不值一条让关于永恒真理的科学得以真正进步的定理。不过，你不应根据绝对的价值，而应根据相对的价值做判断。测量无疑拥有这样的一种价值，通过测量我的三角形系统将与克赖恩霍夫（Krayenhoff）的三角形系统连接，因此与法国和英国的系统连接。无论你怎样低估这项工作，在我看来仍高于那些被它中断的行业。事实上，我在这里远远不是时间的主人。我必须把时间在教学（对教学我总有一种反感，现在这种反感增加了，尽管不是由浪费我时间的感觉造成的，但这是一种与这一活动如影随形的伴生物）和实用天文学工作之间分配。我一直非常喜欢这项工作；你会赞同我的看法：当一个人做许多琐事而没有任何实际的益处时，他浪费时间的感觉只有当他意识到他在追求一个非常重要的目的时才会消失。但是你给我们其他人造成了困难，因为你领先我们，并以这样一种模范的方式提供了［天文学上］大多数愿望。你给我们其他人剩下的只是不时地查漏补缺。

> 除了短暂的闲暇时光，我做这种工作还会有什么？但我自己对这种工作赋予较高的价值。一个性格不同于我的人，对令人不快的印象不那么敏感，或者我自己，如果许多其他事情与它们的真实情况不同，也许会从这些闲暇时光中获得比我一般所能获得的更多。按照目前的情况，我不能拒绝一项事业，这项事业是真正有用的，尽管它与一千个抱怨相连，而且也许会刺激到我的体力。这项事业当然

可由其他人实施,而我自己在更有利的环境下会做得更好,但如果我不承担,那就肯定不能实现;最后,我不能对你隐瞒一件事情,这项事业在一定程度上平衡了我的薪水——1824 年的与 1810 年在热罗姆治下规定的相同——和一个大家庭的需求之间存在的不平等。[高斯要求贝塞尔对此保密。]

在 1820 年的春季,明斯特尔伯爵从伦敦来信的一个结果是,国王同意继续测量汉诺威王国。大不列颠和汉诺威的国王乔治四世的这项内阁命令在 1820 年 5 月 9 日下达给有关部门,该部在 1820 年 6 月 30 日通知高斯。1820 年 11 月 1 日,他向该部报告他参加了在布拉克(Braak)的测量,布拉克在汉堡的东北 12 公里,这次测量从 9 月 12 日持续到 10 月 25 日。在返回途中,高斯通过冯·阿恩斯瓦尔特发现了关于移交拉姆斯登地平纬仪(高斯认为它对这项工作有很高的价值)的问题,明斯特尔伯爵曾一直在与威林顿(Wellington)公爵(作为英国军械总局局长)谈判。实际上,这架地平纬仪在 1827 年由高斯的助手米勒(G.W. Müller)上尉归还给伦敦。计划中的丹麦的测量在舒马赫的有生之年没有完成。这项测量从 1824 年到 1838 年有一个长时间的拖延,舒马赫在 1850 年去世。

到 1820 年底,高斯已经开始为测量做很多的准备。测量存在许多困难,这些困难往往让他脾气很坏。格丁根天文台被选作一个起始点,高斯发现在北面 5 公里的刚过最近的村庄文德(Weende)的一座小山上视野很好。在想得到埃帕伊在 1804 年到 1805 年测量的 94 个三角形(它们通过一个迂回把汉诺威的南面与汉堡相连)的数据上,遇到了困难,埃帕伊的那些点的位置很难确定。普鲁士总参谋部提供了冯·米夫林对黑森(Hessen)、图林根和勃兰登堡的测量结果,在计划中这些测量与法国、巴伐利亚和奥地利的网络连接。另一件令人生气的事是迟迟不能得到合适的设备。这项工作中,汉诺威城的两个炮兵军官上尉米勒和中尉哈特曼(F. Hartmann)被任命为高斯的助手。

第十章　大地测量学与丧失亲人：变迁的 10 年，1822—1832

1821 年 4 月中，第一次勘察和预测量在格丁根附近开始。一个法国信号塔曾矗立在海拔 508 米的霍恩哈根（Hohenhagen）山上，这座山离德兰斯费尔德（Dransfeld）不远，德兰斯费尔德是离格丁根 15 公里的一个小村庄。由于这个地点视野极好，它被证明作为三角测量的一个主点是合适的。米勒和哈特曼发现靠近阿门森（Ammensen）的小山希尔斯（Hils）是一个很好的点，在这里向北直到汉诺威市甚至更远的地方视野开阔。哈特曼被分配在霍恩哈根建信号塔，而米勒在希尔斯有同样任务，他还负责勘察克鲁克斯贝格（Kruksberg），克鲁克斯贝格在不伦瑞克地区的利希滕山（Lichtenberg）。

没有在测量区域做统一的勘察，而且显然没有计划这样做。后来这多次引起高斯不快，尽管人们没有不得不追究为何未做勘察：落后的旅行设施，迟缓的通信手段，普通的地图，乡村低劣的食宿，建设勘察设施的费用以及技术困难。高斯得让他的助手们熟悉科学仪器，他经常亲自操作他不信任他们能操作的仪器。缺乏勘察的主要原因，被发现在于高斯渴望看到测量的一些结果并能把它们呈送给有关的权威们。他在理论工作中按部就班的程序方法有时在实际的大地测量工作中起到不利作用。

激励高斯加快测量的环境条件使他发明了回光仪。首先他在一种光度的基础上使自己相信，由一面小镜子反射的太阳光在相当远的距离能被看到。其次他在一个经纬仪上安装一块镜子做了实验。在 1825 年的《天文学年鉴》（*Astronomical Yearbook*）①上他写道：“在多少有些适宜的大气条件下，除了诸如地球的曲率所造成的限制外，对于一个三角形的边再也没有任何限制。”

关于回光仪，格丁根的《年历》（*Almanach*）把这样的说法归之于高斯：如果用这件仪器能与月球上的邻居联系，这将比发现美洲更伟大。高斯确实写道："把 100 块镜子合起来，每块镜子的面积是 16 平方英尺，人们就能把精良的回光仪的光送到月球。太令人遗憾的是，我们不可能派一支由 100 个人和几位天文学家组成的队伍送上这样一套装置以给我们信号来确定经度。"

---

①　德文刊名为 *Astronomisches Jahrbuch*。——译者注

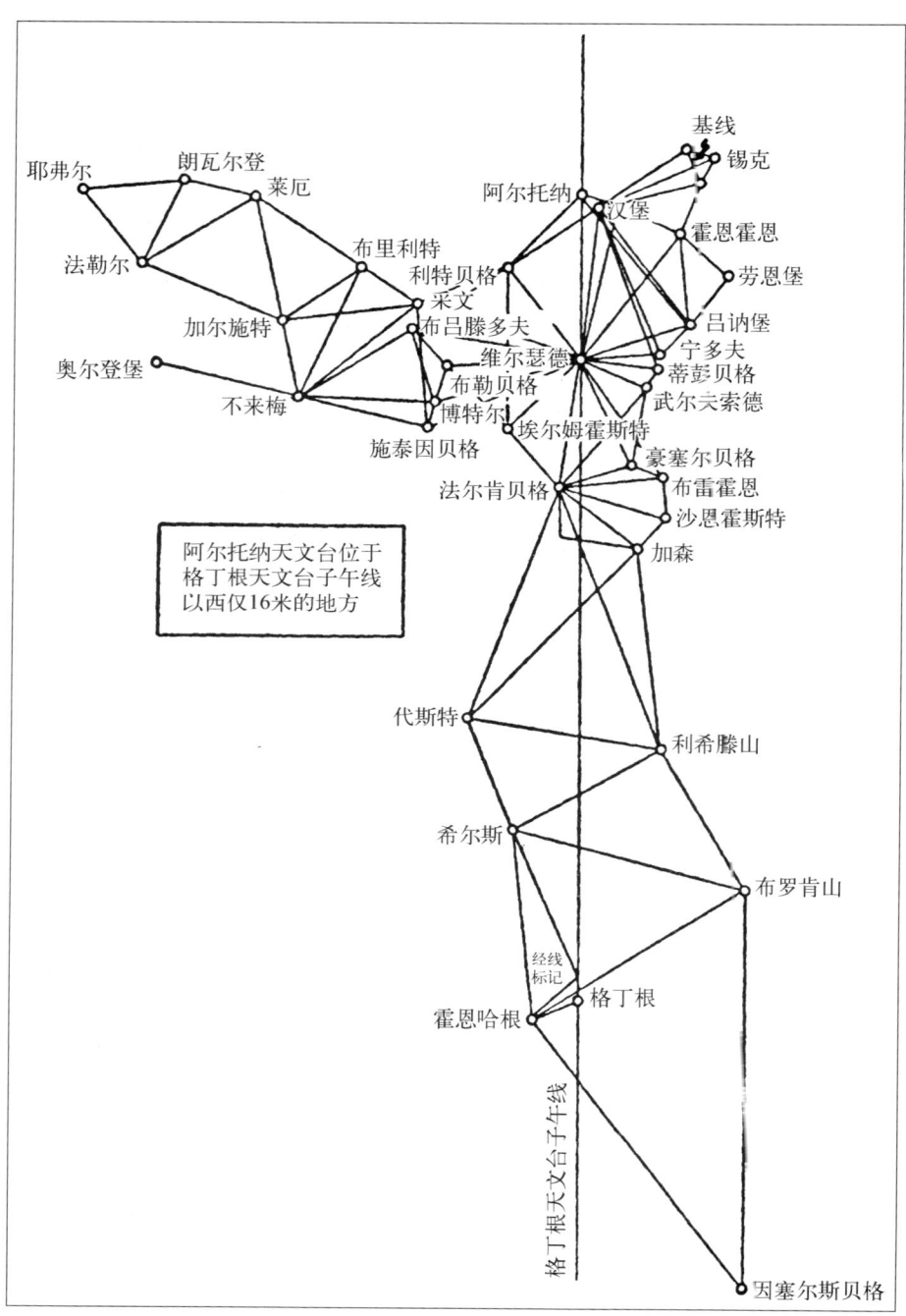

高斯在下萨克森进行的大地测量

第十章 大地测量学与丧失亲人：变迁的 10 年，1822—1832

为了确保他的制造一台回光仪的计划得以实施，高斯把这项工作交给格丁根天文台的督察员和技工菲利普·伦普夫。这项工作在 1821 年春开始。

高斯发现，如果假设大气吸收取平均值，那么为了使反射的太阳光具有一等星的亮度，名片大小的一块镜子就够了。高斯对此的首次计算基于布盖（Bouguer）的工作，他对所需的镜子之小感到惊奇。

在这个时候高斯已给汉堡的雷普佐尔德写信，并且寄给他一张计划中的回光仪的草图，要求他负责制造一架。1821 年 5 月，一个汉堡居民旅行经过格丁根，他告诉高斯，仪器中的一架已经就绪，另一架会立即投入生产。1821 年 7 月，伦普夫完成了他的第一架高斯回光仪。现在格丁根大学地球物理研究所有一架这种形式的仪器。这种仪器的简单形式是由一块直径为 4、6 或 8 英寸的平面镜构成，它能围绕一个水平轴或一个垂直轴转动。这块镜子放在要被观测的站点上，被它反射的太阳光线射向远处的观测望远镜。对于观测者来说，它似乎是一颗一等或二等星。在后来的年月中，地理学家和工程师伯特勒姆（Bertram）引进了一种改进的回光仪。高斯的朋友们根据他们使用简单回光仪的经验向他提建议时相当谨慎。在回光仪制成之前，高斯使用了一个临时的仪器，他称之为副回光仪。

现在恩克从塞贝格天文台来了，他已成为塞贝格天文台的副台长；从 1821 年 7 月 19 日到 29 日，他和高斯用回光仪做了成功的观测和实验。恩克在因塞尔斯贝格（Inselsberg），而高斯在霍恩哈根，两地相距 85 公里。作为一个理论家，高斯对他在实践领域的第一个发明十分自然地充满热情；他甚至设想它在战时作为一种信号方式的可能性。

实际的三角测量经历了从 1821 年到 1823 年这些年。确定了大量的点，主点是霍恩哈根、布罗肯山、因塞尔斯贝格和希尔斯。由于实际原因，汉诺威城没有作为三角测量的一个主点，尽管它的精确位置已被确定。从 1821 年 8 月 7 日到 27 日，高斯的时间被在希尔斯的测量所占据。在哈特曼的陪伴下，高斯在 9 月 2 日去布罗肯山，这是在 1821 年测量的最后一个三角点，从这里测定利希滕山、希尔斯、霍恩哈根和因塞尔斯贝格的方位。在霍恩哈根的信号塔被烧毁了；希尔斯有这样一个塔，由于距离很远，回光仪被用上了。天气变得如此糟糕，以致很少有来自霍恩哈根的光，而因塞尔斯贝格在14天中仅有一刻钟有太阳光。也不能期望10月有更好的天气，因此高斯在10月3日返回格丁根，因为国王预期将到来，国王计划访问图书馆、天文台和骑术学校。高斯在野外工作本来需5个半月，而且那个夏天相对凉爽的天气对他的健康有益。从1821年11月22日至12月14日，高斯待在阿尔托纳以接收拉姆斯登的地平纬仪；伦普夫陪伴他以照看打包装箱。

1821年6月，舒马赫创办了《天文学通报》(*Astronomische Nachrichten*)，并邀请高斯合作。他告诉舒马赫，只要环境允许他就会投稿，但提醒他决不要期望有长篇稿件。1822年的关于概率计算对实用几何学中一个问题的应用的论文，就是寄给舒马赫的。在这篇论文的附信中高斯通过非常直率的评论——他认为这算不了什么——显示了他居高临下的态度。

当测量接近吕讷堡的石南草原时达到了最困难的阶段。这里几乎没有小丘，而且森林经常阻挡视线。1822年4月28日，高斯再次外出勘测。他发现一个可用的点，它在策勒东北，一个半小时的路程，在靠近加森(Garssen)的一个高原上，这里立着一个法国信号塔。这个点不仅能连接代斯特(Deister)，而且能连接利希滕山。高斯转向法尔肯贝格(Falkenberg)，从那里他能看到代斯特、加森和利希滕山。从加森和法尔肯贝格向北推进产生了"不可言说的困难"。不过，令他确实满意的是，在石南草原的中心设立了两个三角形：武尔夫索德-豪塞尔贝格-维尔瑟德(Wulfsode‐Hauselberg‐Wilsede)和武尔夫索德-豪塞尔贝格-法尔肯贝格(Wulfsode‐Hauselberg‐Falkenberg)。

1822年6月1日，高斯返回家中，夏天的炎热和野外工作的严酷使他有些虚弱，他推迟了进一步的活动，直到他有更多的人手和更好的仪器。于是他花费14天时间做准备，并且决定用他的儿子约瑟夫做自己的第三个助手。1822年6月17日，高斯抵达利希滕山并开始测量，这次测量在7月8日完成。在法尔肯贝格方向上的一次沼泽大火导致了一个星期的干扰。

这个夏季(1822年)，3台回光仪和一个用于通信的按回光仪样式安装的

第十章 大地测量学与丧失亲人：变迁的10年，1822—1832

镜子经常被使用。从7月6日到16日，代斯特是活动的中心。约瑟夫从加森给出信号，同时哈特曼使其他站点可见。米勒在树林中砍伐前进，打通了从法尔肯贝格到维尔瑟德的道路。7月18日，高斯去加森，从这里可以看到法尔肯贝格。8月4日，他沿着向法尔肯贝格的方向前进并住在卑尔根(Bergen)，结果被迫在这里停留了5个星期。到8月底，高斯从心里厌倦了这一活动。

9月7日，高斯离开法尔肯贝格，并去豪塞尔贝格。在这里他接不到任何邮件，在写给舒马赫的一封信中他幽默地描述他在靠近维尔瑟德的巴尔霍夫(Barlhof)的住处：

> 在这里旅居不像我曾经害怕的那样糟，无可比拟地比在上奥赫(Ober Ohe)时的住所更好，我从这里对豪塞尔贝格和布雷霍恩(Breithorn)展开工作。那里住着一户人家，一家之长的名字写作（如果他能写的话）"来自整个奥赫的彼得·欣里希"(Peter Hinrich von der Ohe zur Ohe)。他的地产也许有一平方英里，但他的孩子们看管猪。日常生活中许多便利设施在那里完全不为人知，例如镜子、厕所等。感谢上帝，宜人的凉爽气候使我相当好地熬过了在那里旅居的10天。

豪塞尔贝格-布雷霍恩这条线路必须打通。这涉及在一片森林中砍伐穿行，但是由于奋发的工作和适宜的天气，在豪塞尔贝格的所有测量6天内完成了，并且在布雷霍恩竖立了一个石头基座。石头在石南草原很少见，有时不得不从几英里的距离外弄来些墓碑。在所有的三角点，都有一个高度为3英尺半到4英尺的石头基座被用来安装回光仪和经纬仪。从布雷霍恩经过哈塞尔(Haassel)到沙恩霍斯特(Scharnhorst)的清障工作大致完成。蒂彭贝格(Timpenberg)被选作一个以此向北进一步延伸的点，它可以连接武尔夫索德、维尔瑟德和汉堡。不过，9月22日高斯在这里发现，这个点不得不被放弃。在武尔夫索德的测量于9月23日和24日完成。从9月26日到10月7日，在维尔瑟德完成了许多测量。有一天在维尔瑟德天清气朗，高斯不用回光仪测量了 150 个角，在整个测量中仅有其他一两次追平了这个纪录。沙恩霍斯特是 1822 年的第 9 个也是最后一个站点；他在那里停留了 3 天并在 10 月 13 日开始回家。代斯特和利希滕山之间的角要在接下来的一年测量。其实后来这个角没有测量。

在 1822 年到 1823 年的冬季，高斯只做天文观测以保持他的健康。在 12 月初，他寄给舒马赫一篇关于曲面变换的论文，在前一年的冬季他着手研究这个主题，作为一个征奖问题的解。由于误解了《莱比锡文学报》(*Leipziger Literaturzeitung*)上的启事（根据这则启事，凡提交给哥本哈根皇家学会的论文都不被认为有资格获奖），1823 年年初，高斯要求舒马赫立刻返还这篇论文。他没有事先保存它的一个副本。舒马赫向他解释那则启事指的是完全不同的另一个征奖问题。1823 年 2 月，高斯在他的《组合理论》(Theoria combinationis)的第一部分发表了两年后，发表了第二部分。其中的两个问题（第 35 节和第 26 节）可能是他大地测量工作的直接结果。

1822 年的测量工作比高斯预期的进展更快。他把这归功于回光仪的使用和他儿子约瑟夫提供的额外帮助，约瑟夫对这项工作是如此感兴趣，以致他放弃了学习法律的计划并加入汉诺威炮兵部队做一名见习生。他的父亲感到他有从事实际工作的素质，但对于一个职业数学家需要的抽象沉思不够倾心。

1823 年 3 月 22 日，高斯从一匹没有被完全驯服的马上摔到人行道上，但所幸生命无虞。所受的伤限于一只眼睛眼圈青肿、胳膊和鼻子上有割伤，以及右眼下的瘀伤，好在不是影响终身的损伤。一个星期后，他告知奥伯斯这次事故所留下的唯一印记是眼睛下面彩虹般的五颜六色。

不来梅当局对高斯的测量产生了兴趣，并让一个年轻人克吕弗(Klüver)做他的助手，克吕弗以前曾在格丁根大学师从高斯。在一次勘察哈弗洛(Haverloh)-维尔瑟德-法尔肯贝格三角形中，一个姓布洛姆(Blohm)的供水系统检查员和他的兄弟陪伴克吕弗。高斯决定在 1823 年 5 月 15 日去不来梅。途中，他在汉诺威了解到部里已经同意了他扩大测量的计划。在 5 月 19 日他

高斯在不伦瑞克的出生地（摄于1884年），"二战"时被毁

高斯的纹章

高斯年轻时的剪影

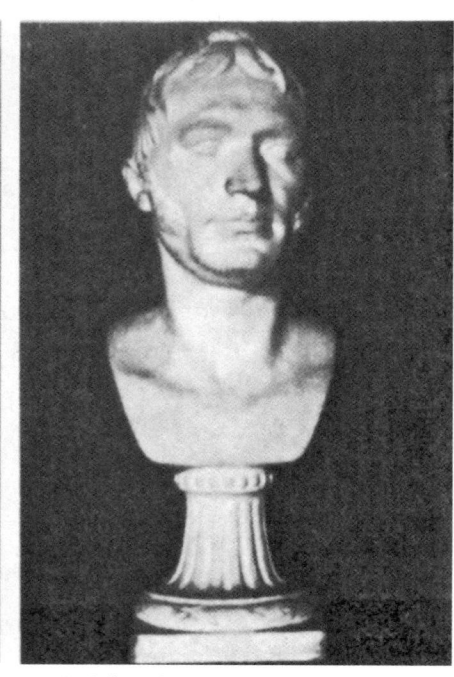

可能是弗里德里希·屈恩克勒(Friedrich Künkler)于1810年制作的高斯半身像

不伦瑞克的卡罗琳学院

施瓦茨(Schwarz)绘制的高斯肖像(1803年)

明娜·瓦尔德克(Minna Waldeck),高斯的第二任妻子

本迪克森(S. Bendixen)绘制的高斯肖像(1828年)

高斯学生利斯廷(J.B. Listing)绘的高斯素描

格丁根大学天文台

高斯时代格丁根天文台的院子

高斯离开时的格丁根大学的高斯个人实验室

高斯-韦伯的电报机(1833年,复活节)

高斯的主要仪器——雷普佐尔德(Repsold)子午环

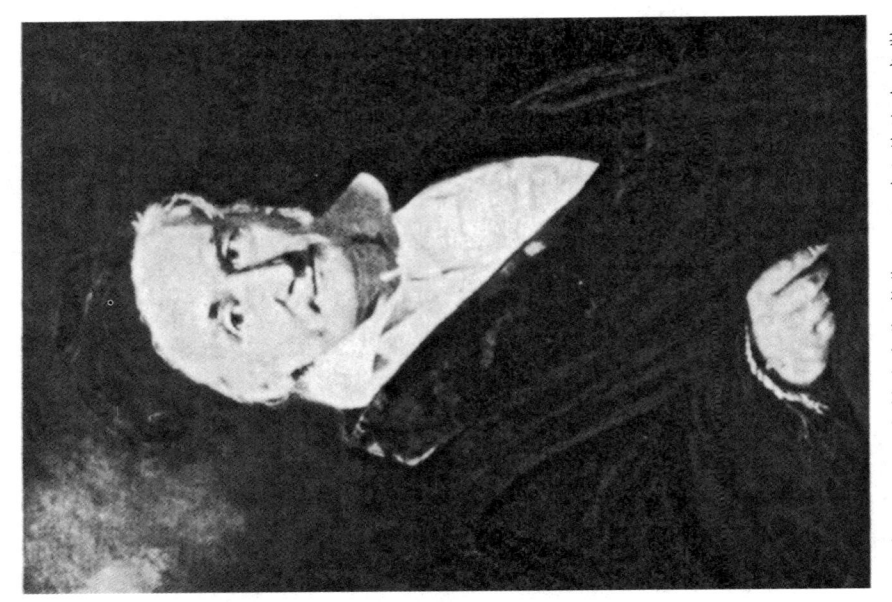

延森(Jensen)绘制的高斯肖像(1840年)的比尔米勒(Biermiller)复制品(1887年)

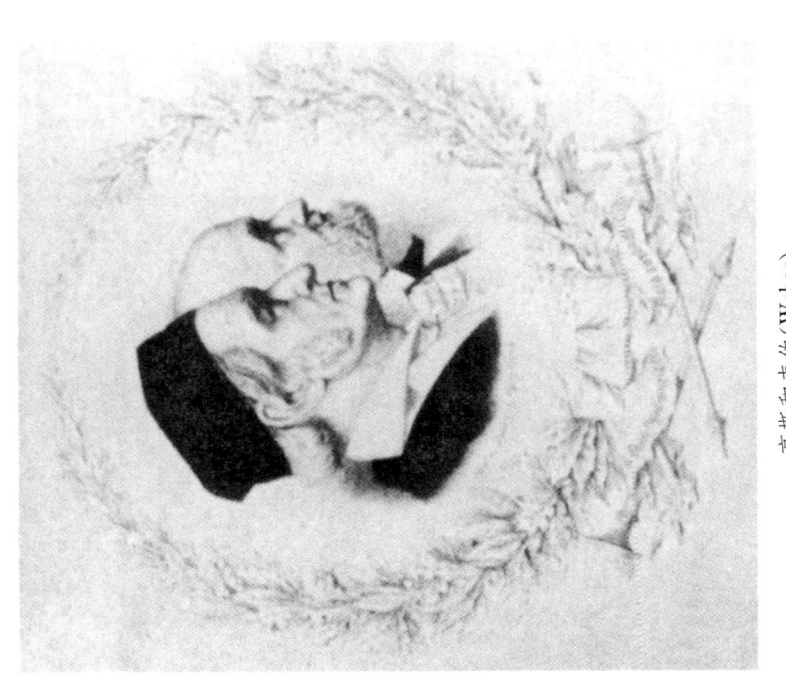

高斯和韦伯(Weber)

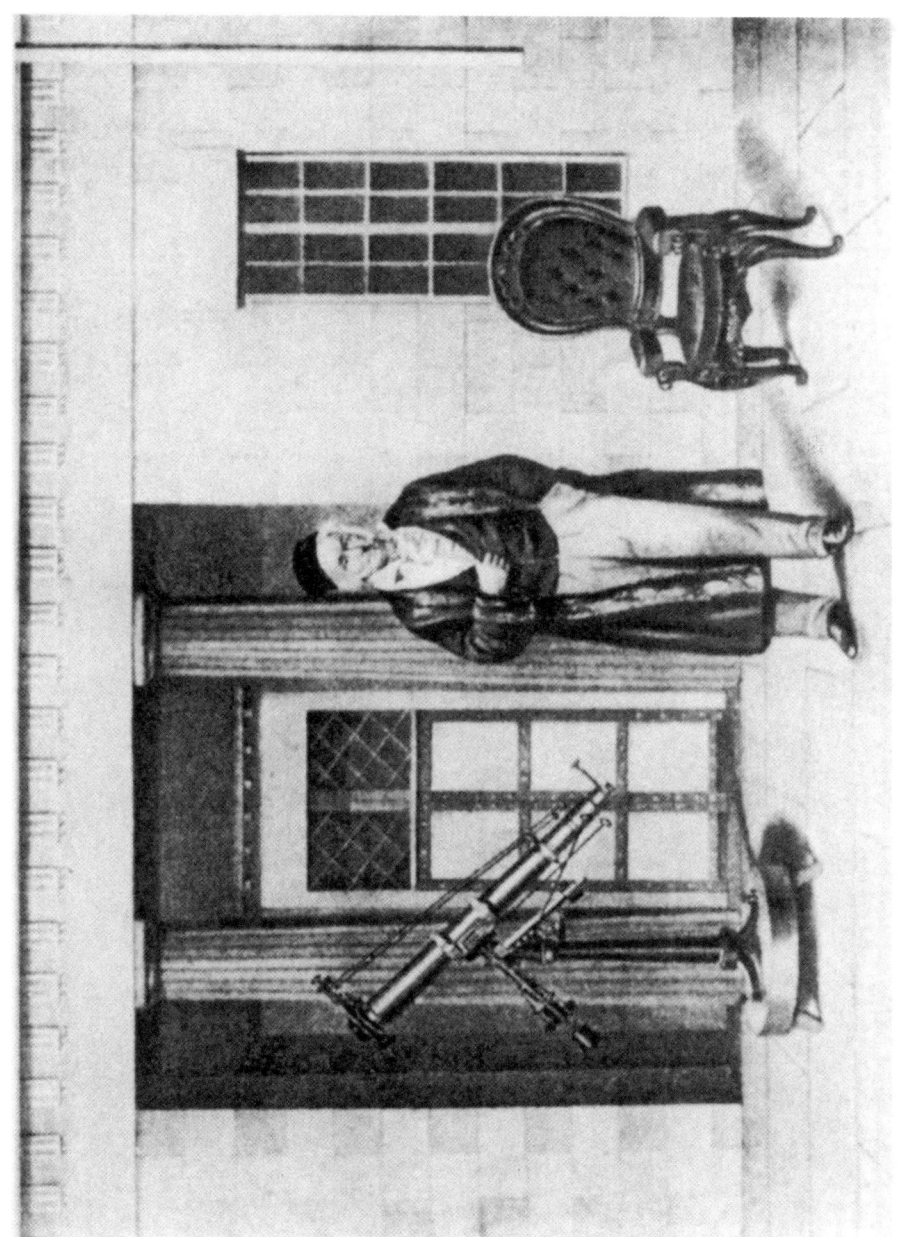

里特米勒(Ritmüller)绘制的站在天文台露天平台上的高斯

1854年的高斯

约 1850 年时的高斯

约翰·弗里德里希·普法夫(Johann Friedrich Pfaff)

亚诺什·绍博(János Szabó)绘制的沃尔夫冈·鲍耶(Wolfgang Bolyai)肖像

第十章 大地测量学与丧失亲人：变迁的 10 年，1822—1832

继续去不来梅和靠近布勒贝格（Bullerberg）的罗滕堡（Rothenburg），在那里他停留了几天到 5 月 28 日。他观测不来梅的一些教堂塔楼，同时米勒做不来梅和维尔瑟德之间的勘察。

1823 年 5 月 30 日，高斯在蒂彭贝格开始了夏季的真正工作。下一个站点是宁多夫（Niendorf），从他在伯岑多夫（Bäzendorf）的住所只能通过艰难的步行到达这个站点。为了连接宁多夫与蒂彭贝格，需要在树林中清除障碍物。6 月 11 日，为了进一步的测量，高斯去了吕讷堡。6 月 24 日，他与舒马赫在阿尔托纳相见。6 月 27 日，高斯到布兰克内泽（Blankenese）并在 27 个点进行读数。7 月 21 日，明娜夫人的重病召唤高斯回家，但为了测量在希尔德斯海姆（Hildesheim）地区的教堂塔楼和其他点的 100 个位置，他在汉诺威市停留了一天。

1823 年 9 月 13 日，为了重做 1821 年的有缺陷的测量，高斯再次来到布罗肯山。在 1823 年的后半年，与黑森的三角网的连接做成，这个三角网正由格尔林（C.L.Gerling）在进行测量，格尔林是高斯的亲密朋友，以前是他的学生。格尔林去了因塞尔斯贝格。天气非常适宜，尽管在开始时高斯在布罗肯山的雾中静候了三天。9 月 27 日，他离开布罗肯山。从 10 月 5 日到 16 日，他在霍恩哈根观测，在这里他结束了他的工作，这项工作使他在 1823 年离开格丁根两个半月。

高斯通过一系列的大三角形连接格丁根和汉堡的计划还没有实现。相反，这个三角网络相当复杂。因此他的工作增加了，在站点他经常在他的书桌上忙碌直到半夜。有 26 个三角形的所有角都是他自己测量的。在 1824 年的夏末，他提议确定阿尔托纳天文台和格丁根天文台的纬度。他写信给舒马赫说他不喜欢在早晨的几个小时观测，因为他的眼力似乎在那时很弱，他宁愿熬到凌晨 2 点，而不是在早晨 5 点或 6 点起床。由于妻子的病和必须讲授两门课程，高斯不能立刻承担这个项目。直到 1824 年的 1 月和 2 月他才成功完成这项工作。

1823 年 7 月，高斯接到正式通知，哥本哈根皇家学会的奖已经授予他。明娜夫人的疾病，由此他的家庭产生的变化，以及一些资金上的损失，导致他请求舒马赫把他获得的奖章换成现金。

1824年2月15日，明斯特尔伯爵的指示被接受了，3月8日内阁部指令高斯继续测量。因为在军校课程结束前米勒和哈特曼不能离开汉诺威市，测量的启动被推迟到4月18日。克吕弗曾被考虑去不来梅筹备新土地登记处，现在他被指派协助测量，事实证明他对高斯非常有用。

5月18日，为了重启1822年在法尔肯贝格的观测，高斯去了菲瑟尔赫沃德(Visselhövede)。这一年使用了4台回光仪，因此工作进展得更迅速。到5月23日，他完成了在法尔肯贝格的观测并在新站点埃尔姆霍斯特(Elmhorst)开始工作。由于沼泽地的薄雾，这些观测一直拖延到6月5日才完成。在各个方向，高大的树木使在森林中开辟路径成为必须。从6月7日至18日高斯在布勒贝格观测。

当高斯完成在布勒贝格的观测并开始在博特尔(Bottel)观测时，他保留了在罗滕堡的住所，而博特尔离罗滕堡一英里半；从6月19日到24日他从事这项工作。6月27日，他去采文(Zeven)，发现森林中的路径已经开通。在采文，高斯起初在驿站享受了美丽的自然环境，首先是相当凉爽的天气、纯净的空气和良好的生活区；他经常步行4公里到位于布吕滕多夫(Brüttendorf)的观测站。不过，不久他开始抱怨天气的闷热，7月10日当完成在布吕滕多夫的观测后，他就去了不来梅，野外工作的劳累和这座城市的生活方式影响他到这种程度：他怀疑他有否继续工作的能力。

高斯感到他现年66岁的朋友奥伯斯的身体很健康；他在不来梅浏览了6个星期。接着他去了靠近费格扎克(Vegesack)的威悉河。他住在离他的三角测量点东南一英里的奥斯特霍尔茨(Osterholz)。1824年8月22日，星期日，他得到一辆敞篷马车，并在下午一点坐这辆马车去加尔施特(Garlste)。太阳高照，但在他去目的地的途中，天突然开始下雨，并在这一天一直持续不断。高斯被浑身淋透，什么也没看到，在晚上8点半返回。后来他几次从格纳伦堡(Gnarrenburg)步行到布里利特(Brillit)。

第十章 大地测量学与丧失亲人：变迁的 10 年，1822—1832

8月26日，他去布里利特并且在8月30日完成了那里的观测，尽管大气状况非常不适宜。他的助手鲍曼正在不来梅的一座教堂的塔楼上使用回光仪，但沼泽地的大火使得测量不成功。一股热浪袭来，正如往常那样影响了高斯，尽管他待在奥斯特霍尔茨对他的健康有益。

奥伯斯、舒马赫和雷普佐尔德在采文拜访高斯，高斯说他从没看到奥伯斯的心情有这么好。1824年9月5日，这些测量结束了；从9月17日到24日，测量在施泰因山(Steinberg)进行。9月25日，高斯再次在博特尔测量。次日高斯去阿彭森(Apensen)，阿彭森在布克斯特胡德(Buxtehude)[他寄宿在这里一个姓克斯特(Köster)的商人家里]西南一英里。现在他离观测点利特贝格(Litberg)5.3公里。他写信给舒马赫：

> 如果你的助手喜欢一个较差但较近的驻地，而不是稍好但更远的驻地，那么从利特贝格到绍恩西克(Sauensiek)只有大约15分钟（步行）的路程。我不在绍恩西克，但米勒住在那里，还有克吕弗和鲍曼。我不知道绍恩西克这个地名是否来自母猪在那里得病了这一事实。① 但那里有两家啤酒厂为我的驻地提供啤酒。

高斯在阿彭森能看到阿尔托纳的房子，从阿尔托纳的教堂塔楼上能看到在利特贝格的帐篷。10月3日，在利特贝格的这些测量完成了，而他必须完成1822年在维尔瑟德进行的测量。他寄宿在巴尔(Barl)并且欣赏这个地方。舒马赫为他提供了啤酒和葡萄酒，后者尤其受欢迎。1824年10月17日，他写信给舒马赫说他多年来感觉从没像最近这三四个星期这样好过——尽管一连十天下雨。舒马赫给高斯派了两个军士来使用回光仪；此外，高斯提到有3个炮兵的人正协助他。姓比斯特(Biester)和奎尔费尔德(Querfeld)的两个士官被提及。在巴尔，高斯结识了托马斯·克劳森(Thomas Clausen)，他带给高斯一封来自舒马赫的信。克劳森似乎曾在那篇获奖论文的校对上帮助过他，当时

---

① Sau 在德语中有母猪的意思，siek 在低地德语中有生病的意思，故高斯对地名 Sauensiek 有这种想法。——译者注

这篇论文正在付印。

10月底高斯回到家里，他发现在夏季的几个月明娜夫人的病是何等严重。不久当他的3个孩子患上麻疹后，他的家变得一片混乱和充满烦恼；他妻子病了两年之后身体虚弱，也感染了麻疹，而且一度在生死之间徘徊。

在这时，柏林大学正为聘请高斯而做出很大努力。他回家后不久，来自部里的一封信到了，允诺如果他拒绝柏林大学的聘请将大幅提高他的薪水。他没有马上同意留下。不过，这事拖延着，而他通过小道消息得知大幅提高他的薪水的提议已呈送在伦敦的国王。不久，国王的批准书到了，高斯决定留在格丁根，尽管他的许多朋友催促他接受柏林大学的聘请。他的薪水被提高到2500塔勒，这至少可以部分地归因于对他测量工作的满意——这工作看来对汉诺威很重要。

高斯很快克服了他对继续测量的厌烦。1825年3月，他在汉诺威城买了一辆新马车，并决定在这年的早些时候重新开始三角测量。他邀请舒马赫和贝塞尔到他的站点采文访问他，在这里他也期待奥伯斯来访。4月18日或19日，他开始出发，经汉诺威、瓦尔斯罗德（Walsrode）和罗滕堡，在4月25日中午到达采文。他因公事在汉诺威停了几天，在哈森申克（Hasenschenke）旅馆他遇见了恩克，恩克正从汉堡返回塞贝格。在这时舒马赫、他的客人哥本哈根大学天文学教授蒂内（Thune）、贝塞尔、汉森和雷普佐尔德去不来梅。舒马赫、贝塞尔和汉森做了确定不来梅的纬度和经度的工作。4月24日星期日，他们偶然在罗滕堡遇见高斯。在高斯到达埃勒曼客栈（Ellermann's Inn）时，他首先看到蒂内，然后看到整个这群人时，他的意外超过高兴。伦普夫在格丁根病了，这意味着高斯在家的最后几天他不得不自己拆卸并清洁仪器。旅途的艰辛和在汉诺威的奔波办事让他疲惫。他本想私下与贝塞尔谈谈柏林大学的聘请。贝塞尔1807年在利林塔尔第一次见到高斯。他也遗憾在如此长的时间之后这次对高斯的拜访却不能令人满意。他认为高斯看起来相当好。

4月25日，高斯被告知不来梅塔楼上的回光仪的光已经出现在布吕滕多夫山上。尽管仍然非常疲惫，他立刻赶到那里并测量了几个很好的角。在从

第十章 大地测量学与丧失亲人：变迁的10年，1822—1832

奥滕斯贝格（Ottensberg）回采文的路上，距离布吕滕多夫基石所立的地点五百步的地方，由于一道深深的车辙，他的马车翻了。装着经纬仪的盒子落在他的大腿上，他还感到肋部疼痛。马车走得不快，因此没有严重的后果，疼痛在第二天开始消失。甚至仪器也没有损坏，但高斯感到一种未曾有过的气馁。5月6日到8日，奥伯斯在采文拜访高斯并使他的精神振作起来。5月10日，高斯离开采文到不来梅，在这里他忙于测量，一直到5月22日，那天他为了在加尔施特观测又到奥斯特霍尔茨。沼泽地的浓雾和一阵接一阵的雷阵雨使得无法得到结果，直到5月28日；因此最初的几天他在计算站点的观测结果。

1825年6月6日，高斯前往不来梅莱厄（Bremerlehe），在那里他从6月7日到13日完成了测量。在一个姓穆尔（Muhl）的夫人家的低劣食宿再次影响了高斯的健康，因此他渴望到法勒尔（Varel），据说那里的食宿条件不错。但在法勒尔天气不太适宜；尽管天气凉爽而且在离法勒尔有一小时路程的丹加特（Dangart）泡了温热的海水浴，他的健康只有缓慢的改善。

高斯在6月27日中午到达朗瓦尔登（Langwarden），并且在这里停留，直到1825年7月12日。这里的工作是建立与丹麦的三角网的连接。这些测量难以形容地长时间折磨高斯，几乎导致他无法集中精神；它们似乎专门在这地方让他烦恼。有仪器、折射、风、塔楼里局促的空间等麻烦。在朗瓦尔登，高斯取落潮时海洋平面的天顶距，而且从堤坝上不同点取，这些点他用一个小的三角网确定。他这样做是为了导出格丁根天文台的海拔高度。

在耶弗尔（Jever），为了能在所有方向上无障碍观测，一个平台在塔楼上建成。高斯在旺格奥格（Wangeroog）度过了两天，但他放弃了在这个地区的进一步工作计划，尤其是因为炎热他再次感到虚弱。他在7月19日完工，并在7月23日到24日的晚上与奥伯斯在不来梅度过。现在他去靠近布里利特的格纳伦堡，从7月29日到8月2日他停留在这里。他曾因沼泽地的浓雾在春季离开这个地方，但现在要再次对付同样的事情。又一股热浪来袭，他感到除了在采文的几次，不能再做进一步的测量了，在采文的测量是在8月4日和5日完成的；然后他直接返回格丁根。高斯曾计划要继续他的测量，但实际上现在他的测量走到了终点。

明娜夫人的医生为她开出了泡矿泉浴的疗法。1825 年的初秋,她和高斯到德意志南部旅行,经马堡(Marburg)和曼海姆到巴登－巴登(Baden－Baden),返回时经过黑森林、穆尔格塔尔(Murgtal)山谷、蒂宾根、斯图加特、维尔茨堡和哥达。高斯又见到了格尔林、尼古拉和林德瑙,他结识了埃克哈特(Eckhardt)、博嫩贝格尔(Bohnenberger)和武尔姆(Wurm)。他高兴地看到许多回光仪用于达姆施塔特(Darmstadt)、巴登和符腾堡的测量中。

这次旅行对高斯的健康没有产生好的影响,因为这年的夏天是非常炎热的,而且他在这年冬天的大部分时间身体不舒服。10 月,他又开始进行曲面研究,他在这方面的研究将形成他在高等大地测量学上计划进行的工作的基础。这个广泛且困难的课题让他远离了其他工作。早上他备课时感紧张,然后他又回到沉思。在晚上他只能睡一到两小时,奥伯斯把高斯的抱怨与伴随一个威武英雄的诞生的阵痛相比。他吃不准他是否应该从他的工作中把纯粹几何学的部分分离出来并发表在格丁根皇家学会的会刊上,因此他决定都写出来。高斯承认在他一生中,没有其他时期他的工作如此艰苦而收获如此之少。

1826 年夏季,高斯忙于准备和舒马赫同时用地平纬仪观测。1827 年春季,他开始计算他的三角网,这个网包含 32 个点、51 个三角形和 146 个方位。接着他承担了对克赖恩霍夫在荷兰境内的测量的一次检查。这项工作激发他使用最小二乘法,取自己的一个三角测量和克赖恩霍夫的一个作为例子。

1827 年年初,高斯不知道他是否应该认为他的野外工作是完整的。他认为确定阿尔托纳和格丁根之间的纬度差是一项急需。他高兴地得知苏塞克斯公爵赠给格丁根天文台一座精良的哈迪时钟。1827 年 10 月,舒马赫在去慕尼黑的途中拜访高斯,在回程时也做了拜访。关于回光仪的一个改进模型,高斯利用这个机会给予舒马赫一些指导。此后不久舒马赫在他的杂志上刊登了高斯关于这个主题的一篇文章,当时高斯开始动手撰写他关于大地测量的第三篇论文。

1828 年春季,确定阿尔托纳和格丁根之间纬度差的观测开始了。工兵部

第十章 大地测量学与丧失亲人：变迁的 10 年，1822—1832

队的一个姓冯·内胡斯（von Nehus）的中尉被派来做高斯的助手，费用由丹麦政府支付，高斯在天文台附近为他找了一个住处。高斯更希望是舒马赫本人。在工作开始时气候非常不适宜，但到 7 月 20 日在阿尔托纳的测量完成了，在这里高斯享受了舒马赫的款待。高斯在格丁根和阿尔托纳总共做了大约 900 次观测。一次观测的平均误差近似于子午环的误差。这些观测非常费力，并且经常持续到早晨 4 或 5 点。所有这些对高斯的健康有不良影响；他儿子约瑟夫也使他不安，由于近视约瑟夫难以进入军官的职业生涯。

3 月，高斯完成了他关于曲面的论文，但他没有把它提交给皇家学会，因为在复活节不发行会刊。他在 10 月把它提交，并在 11 月 5 日发表了他自己关于它的公告。

在这次测量期间，高斯每日的津贴是 5 塔勒，米勒上尉是 4 塔勒，哈特曼中尉和约瑟夫·高斯是每人 3 塔勒；4 个助手每人每天只得到 16 格罗申。在测量完之后高斯得到了 1 000 金塔勒的个人奖金。

1828 年 3 月 25 日，国王乔治四世敕令在高斯的指导下三角测量扩展到整个汉诺威王国。提议使用总参的军官，费用每年不超过 5 000 塔勒。每个春季高斯呈报一份关于夏季的工作计划，并且到秋季报告已得到的进展。这些行动的指导工作带来了大量的日常通信。在野外工作完成之后，高斯花几个星期计算结果，这项工作他没有助手。3 000 个坐标的测定结果被包含在 16 卷册子中，它们被保存至今。这些坐标构成了帕彭（Papen）的《地图集》（*Atlas*）的基础。与测量关联的计算迟至 1848 年才完成。

三角测量的工作由哈特曼、米勒和约瑟夫·高斯负责。高斯只去过一个站点——1828 年 9 月 7 日在霍恩哈根。他的一份关于这项测量的历史性报告上注明的日期为 1838 年 2 月 8 日，起草这份报告是 1837 年在乔治四世驾崩之后英国和汉诺威分离的一个结果。

1828 年夏季，舒马赫在去柯尼斯堡接受贝塞尔的精密计时器的途中，用几天时间拜访了高斯。1828 年 8 月 14 日，高斯由于健康原因请假。在刚提到的那次访问霍恩哈根之后，他紧接着去柏林，参加了一个科学家大会，并做了三星期亚历山大·冯·洪堡的客人。在这里他结识了当时在哈雷大学任教的威廉·韦伯(Wilhelm Weber),而到 1831 年韦伯被格丁根大学聘请担任物理学教授。这次访问柏林之后,高斯在余生中没有在格丁根之外度过,除了 1854 年当格丁根的铁路开通时。在高斯的一生中,这次旅行标志着一个转折点,并且让他进入他的第三个时期:以物理学为主导。

在高斯被任命为汉诺威的一个度量衡委员会的委员后,他就承担了又一个负担。1829 年 3 月,他在汉诺威市参加该委员会的一次会议,并在同一年的 5 月,为了讨论这一年的三角测量,他再次前往那里。这一年,高斯的儿子约瑟夫是他唯一的野外助手,他对约瑟夫的工作很满意。为了处理哈特曼和约瑟夫的测量数据(篇幅达每人 200 页),高斯专心致志工作了很长时间。

到 1830 年底,高斯为他儿子约瑟夫弄到了到 12 月 20 日结束的 6 个星期的假期,以让他能在测量数据的处理上帮助父亲。这时高斯正经历家庭的麻烦和痛苦,这将在这个故事的另一个地方被提及。他短暂地在晶体学中寻求消遣。在接下来的几年,由于缺乏助手,也由于霍乱流行,测量工作被耽搁了。

高斯并没有发表他在计算坐标时用的大地测量公式。在以后几年,他的助手戈德施密特(Goldschmidt)表明了这些公式,但没有发展它们。哈丁去世后,戈德施密特在 1835 年成为格丁根天文台的观测员;在 1831 年他解决了哲学系的处理悬链面的征奖问题,这个问题是高斯在 1830 年提出的。

在高斯的鼓动下,至少在他的合作下,1833 年,不伦瑞克公国的三角测量在弗里德里希·威廉·施佩尔(Friedrich Wilhelm Spehr,1799—1833)教授的指导下开始了,施佩尔是高斯的学生而且是卡罗琳学院的教授。施佩尔在 1833 年 4 月 24 日突然去世之后,这个项目停滞了。高斯得知要测量他的出生地,他很高兴。约瑟夫·高斯对施佩尔野外工作的能力评价不高。

1834 年,高斯用 4 个月的艰苦工作致力于计算在哈茨山(Harz)地区的测量结果。1836 年,他对在吕讷堡地区、威斯特伐利亚和威悉河区域的测量结果做了同样的事情,但不是以同样的干劲。1836 年,米勒上尉致力于在乌斯拉(Uslar)、格丁根和明登(Münden)之间的威悉河上游区域的三角测量,在 1837

年则为收集奥斯纳布吕克（Osnabrück）地区的数据做准备工作。他还为未来的三角测量勘测了阿勒尔河（Aller）地区。后来，米勒成功地把他的点与黑森测量中的那些点连接。

格尔林问高斯是否认为确定格丁根和曼海姆之间的经度是重要的。高斯高兴地允诺在观测药粉信号上合作。在格尔林完成黑森的测量之后，这一经度的确定在 1837 年得以实现。为了在 1837 年 9 月 17 日到 19 日的百年庆典，格丁根天文台的房间必须被打扫干净，这一工作已经预先完成了。信号从 8 月 22 日持续到 9 月 9 日。除了药粉信号，使用回光仪从迈斯讷（Meissner）发送了 179 个信号，从费尔德贝格（Feldberg）发送了 58 个信号；在这些点分别有 92 个和 83 个药粉信号。接收点是格丁根、弗劳恩贝格（Frauenberg）和曼海姆。

在 1838 年的后期，高斯忙于缩减米勒在阿勒尔河的测量。之后，米勒在 1839 年的测量覆盖了不来梅周围地区的西部，并且于 1841 年在弗里西亚（Frisia）东部建立了网络，它连接北海群岛和欧洲大陆。米勒在 1843 年去世之后，约瑟夫·高斯承担了这项工作以至完成。

1843 年，高斯发表了关于高等大地测量学中一些论题的一篇论文，该文被重印在高斯《全集》的第 Ⅳ 卷中（第 259—300 页）。他在大地测量学上的第二篇论文发表于 1846 年，能在同卷的 301 页至 340 页上找到。在大地测量学上，他计划写一部主要著作，但一直没有进展。高斯去世后，这一著作的大纲、导言和第一章的前面部分在他的文稿中被发现，发表在他的《全集》第 Ⅸ 卷的第 401 页。

高斯最后提及一个大地测量问题，在他写给贝耶尔（Baeyer）将军日期为 1853 年 6 月 22 日的一封信中被发现，这封信印在《全集》第 Ⅸ 卷的第 99 页。高斯在大地测量上的活动对他的度数测量尤其重要，度数的测量应该是子午线测量的一部分。他的测量的价值由于以下事实而减小：除了几处教堂的塔楼和类似的地点之外，其他三角测量点在他去世后经过一代人时间在自然界已无踪影。高斯如此多的宝贵时间被大地测量所占用是可惜的。他本人估计他在测量中使用了 100 万个数。他这里的工作的巨大价值在于方法的革命性改变，尤其是回光仪的发明和角测量的过程。最小二乘法在大地测量学中找到了它最丰富的应用之一。这种大地测量对高斯在曲面理论上的工作的重要性必须在另一章讨论。他是最早通过定义地球的形状和解释其不规则的原因显示大地测量学的真正目标的人之一。

第十一章
与韦伯结盟：艰苦岁月

1830年11月30日,格丁根大学的物理学教授席位由于托比亚斯·迈尔的去世而空缺。汉诺威负责大学事务的内阁大臣①很快就填补这一空缺的问题询问高斯的看法。这些看法全部表达在高斯写给这位大臣的一份秘密备忘录中,日期为1831年2月27日。高斯提请注意这样的事实,格丁根大学总是执着于这一观点：它不只是指导学生以及科学知识的储藏库,也是发展和扩张作为人类公共财富的科学的一个中心。他还提请注意这样的事实：格丁根皇家学会也是考虑上面所说的后一个目的建立的。以这种方式,格丁根大学获得了作为世界上一家重要机构的应有地位,只要它忠于这个观点,它就能经受得住暴风骤雨时代入学人数上的起伏,但是随着较和平时代的回归,它肯定总是保持着原有的地位。这就是高斯的意见。

他继续说,这位新来的物理学家应向不同背景和不同知识准备的学生们讲课,应能通过精心操作的实验辅助他的讲课,他应精通整个物理学,而且应在数学上受过良好训练。高斯觉得数学知识的程度不应作为衡量物理学家的一个标准。相反,他写道,一位是顶级数学家的物理学家可能不是最好的物理学教授,至少他可能不满足他的学生的需要。不过,高斯强调这一事实：一个全面的物

---

① 格奥尔格·恩斯特·弗里德里希·霍彭施泰特(Georg Ernst Friedrich Hoppenstedt,1779—1858)。

理学家这个词在其完整意义上意味着他在数学的高等分支应该有良好的基础。他遗憾地承认在他的时代德意志大学里符合这种高标准的物理学教授很少。

在这份备忘录中，人们的注意力被引向这样的事实：一些物理学教授不是宣称受过数学上或理论上的训练，而是把自己限制在化学、电学等领域的论题上。高斯于是提醒这位内阁大臣，有一些人的数学知识浅薄而且有欠缺，在这种情形下经常发生荒谬的事情。他表示希望格丁根皇家学会或许可以避免这种危险。

然后高斯提出在他看来满足这些要求的5位物理学家：蒂宾根大学的博嫩贝格尔，莱比锡大学的布兰德斯，马堡大学的格尔林，弗赖堡（Freiburg）大学的泽贝尔和哈雷大学的威廉·韦伯。他仔细地比较和讨论了这些人的背景、所受训练、经验和才能。高斯写道，在讨论这些人作为教师的能力时，他没有可靠的根据；他知道他们的科学能力，至于教学他仅限于对他们性格的认知，并尽可能做到认真和客观。他提请注意他们在年龄上的巨大差异，尤其是韦伯才27岁的事实，而且他是这5个人中高斯唯一听过他演讲的人。1828年，韦伯在柏林科学家会议上的演讲，给高斯留下了条理清晰和水平优秀的深刻印象。此外，根据高斯的看法，韦伯发表的文章及著作显示了他的前程远大，具有一种精到细致的研究精神和在实验上的才能。

接着备忘录提到了与填补空缺相联系的管理才能，以及成为学术评议会成员的资格问题。高斯感到这5个人在各方面素质很高。他所写的关于韦伯的内容我们尤其感兴趣："韦伯给我留下了的印象是他谦虚友爱的性格，他生活在科学中甚于在外部世界中。对有这种性格的人，现实生活中的发展方向往往仅通过他人对其给予指导的事件获得。"

由于韦伯的年龄和他以前在哈雷大学担任的职务是助理教授，高斯感到他不能很快进入学术评议会，而且或许不应该给他管理责任。他写道，如果他在这份备忘录中出错，那也不是由于个人好恶（sine ira et studio）[①]。

[①] 语出塔西佗《编年史》（*Annuls*），意为既不愤怒，也不喜好。——译者注

第十一章 与韦伯结盟：艰苦岁月

作为一个简单的概括(in nuce)，高斯表达了他的倾向：如果官员们想要一位 60 岁的人，而且不反对给他必要的高薪水，他投博嫩贝格尔；如果校方主要强调加强师资力量和学术评议会，包含行政才能，他投格尔林；如果官员们特别考虑天才和未来富有成效的研究，他投韦伯。在结束时，高斯提请注意泽贝尔已经申请了这一职位的事实。1831 年 1 月 27 日，高斯已经告诉韦伯，引起校方对他的资历的注意会是恰当的。

1831 年 4 月 29 日，韦伯被聘请任格丁根大学物理学正教授一职，他在 5 月 14 日接受了聘请。7 月 5 日，高斯给韦伯写了一封贺信并表示非常高兴他来格丁根。韦伯到达之后的第一件事情是为物理实验室购买仪器和设备，该实验室位于今天格丁根大学图书馆所在地方的一部分。他还忙于准备他的讲课。

从一开始，高斯和威廉·韦伯之间就产生了科学上和个人间的亲密朋友关系。韦伯经常在高斯家作客吃饭，高斯也是韦伯家[①]的常客。其他人中高斯与之享有如此深厚友谊的只有鲍耶。威廉的妹妹莉娜(Lina)帮他管家。在写给他们的哥哥恩斯特·海因里希(Ernst Heinrich)的日期为 1832 年 6 月 2 日的一封信中，莉娜抱怨威廉经常而且在某种程度上是意外地邀请高斯吃饭。她写道：

> 威廉只要他想就能每天与高斯相聚甚欢。高斯过着非常孤独的生活，而威廉在任何时候都让人感到愉快。高斯是一个社交上很有修养的人：在我在场时他从不谈论学术上的事情，并要求我参加交谈；他从 12 点到 5 点与我们谈论各种事情。近来威廉接连三天让枢密官高斯来吃饭（他的女儿们外出旅游了）。

韦伯的朋友们经常表示这样的观点：他太受高斯的影响了。认为高斯无论如何是轻视了韦伯的工作，是不正确的。高斯的品格远远高于人性中这种

---

① 从 1831 年至 1837 年，他住在王子大街(Prinzenstrasse)3 号；从 1848 年至 1891 年，他住在于登街(Jüdenstrasse)40 号。

微小的弱点。他总是把韦伯认作一个研究工作上的同辈、一个杰出的科学家和一个亲爱的志同道合者。他的信表明在韦伯离开格丁根的那些年他不快乐。他们组成了一个完美的工作团队,并且互相补充。韦伯给予高斯在物理学研究上的刺激而且更像一个实验家,而高斯更倾向于理论的发展或数学方面。高斯总是努力为韦伯争取更多的认可。这两个人之间的关系始终极其融洽。高斯通常称韦伯为"朋友韦伯"。从年龄上的巨大差距来看,认为高斯的作为如同一位父亲对待韦伯并无差错。

韦伯来到格丁根时,由于1830年7月巴黎革命的后果,政治动乱仍在继续。教授们似乎不太关心,尽管该校的注册学生减少了600人。汉诺威政府为这所大学提供了优厚的资金,但在当时这个政府在政治上是反动的。动荡的一个主要原因集中在贵族们享有填补政府高级职位的优先权。巴黎的事件加强了这一点。自由派的主要目标是明斯特尔伯爵,他在伦敦对汉诺威地区实行专制统治。当一个姓冯·德·克内泽贝克(von der Knesebeck)的人写了一首赞扬贵族的歌,称他们是王权的唯一支持者之后,事情到了一触即发的地步。他的窗户被打破而且他被逐出格丁根。一个姓阿伦斯(Ahrens)的年轻教授写了一本政治性的小册子,拒绝出版必须得到许可。此外,这个城市的管理人员十分无能,而市民们为了一个新的城市宪章等了很长时间。

1831年1月18日,武装的市民和学生向市政厅前进。造反者们占领了市政厅,解散了常设的议会,设立了一个紧急市议会。更多的学生和市民加入了这项运动,但大学校方只是观望,什么也不做。一些学生冲进了大学的两座大楼,寻找武器。学生们把整个事件看作一场好看的恶作剧,最终学校暂时停课,学生被打发回家。

为了与汉诺威王国结盟,新政府派一个代表团到汉诺威。剑桥公爵要求无条件服从。在1月中旬,七八千人在冯·德·布舍(von der Busche)将军的率领下逼近该城,他在15日向该城发出最后通牒。在这天晚上,正规的当局完全控制了局面。

这场小戏剧恰好持续了8天,然而在2月初明斯特尔伯爵不得不辞职。

第十一章　与韦伯结盟：艰苦岁月

作为一位显著的托里党人(Tory)，他不想支持 1831 年和 1833 年的新法律。国王威廉四世任命剑桥公爵阿道夫·弗里德里希(Adolf Friedrich)为副摄政，这位公爵是格丁根大学的校友。汉诺威与英国分离的准备工作正在进行。人们没有坚持要求王位继承人坎伯兰(Cumberland)的恩斯特·奥古斯特(Ernst August)公爵对 1833 年新宪法的在法律上必要的同意，这就犯了个大错。不久我们就会看到这个忽视是何等的严重。

高斯忠诚的学生和朋友格尔林，现在担任马堡大学的物理学教授，他一听说格丁根的造反事件，就给高斯写了一封询问和关切的信。高斯的其他朋友以相同的心境写了信。高斯给格尔林的复信日期是 1831 年 1 月 29 日，很能说明高斯当时的情况：

> 我亲爱的格尔林，我从内心非常感谢你友好地表达同情的信。我基本上没怎么直接受当地事件的影响；到现在为止，因为在最近三四天没有马车能进城或出城，主要的间接影响只是难以与医生联系，对于不受怀疑的行人，通信从来没有被中断。不幸的是，在最近的三到四个星期，我家的困苦状况大大加剧，这是由于我夫人常年完全卧床不起和日益严重的虚弱，也由于其他几个额外的状况，这几个状况也是因照顾这位可怜病人的困难而引起的。我的大女儿和岳母因为一些显然的原因，在这件事情上能做的很少或无所作为。我的小女儿完成了非常多的事，但是当然，除此之外，我们的女仆已不够用了，病人不能让陌生人在她身边。好长时间我力劝她让那位年轻的女人回来，这个人你在我家见过，是我们的厨子，一年以前她因病被迫离去；自那以后她一直在奥斯特罗德(Osterode)帮一个鳏居的亲戚料理家务，但与我家保持亲密联系，在我家她生活了差不多 7 年，但我的所有劝说都是徒劳。在 24 日早上我夫人在天亮前叫醒我，那天晚上我们的一名女仆有点粗心大意，导致夫人有直接的生命危险，因此让我们的豪尔希尔特(Hauerschildt)尽快到这里的（长久抱有但不承

认的)愿望成熟了。我立刻乘上驿马,晚上她就到了这里。她自己一直愿意立即就来的,但她的亲戚有些吃惊,他可能以为我们只是在谈短时的休假。不过,在这儿我们很快达成一致,如果她真的有用,她应该为无限期离开而安排她在奥斯特罗德的事务,这可能不容易。所以她在27日回到那里,我给她一封写给她亲戚的信,信中我尽力说服他答应,而且我们希望她在30日返回,但是,这是否能成功,你可以想象,我们有多焦虑,因为这位可怜的病人更加虚弱了。

就我在奥斯特罗德所发现的而言,我想说那里的动乱基本上非常不重要,或者更确切地说在它们变得重要之前立即被平息了。那两个蛊惑人心的律师一被带走,事情就结束了,当本地的骚乱要求从奥斯特罗德调用军队时,结果发现留在那里60人就够了。在格丁根有大量部队(也许4 000到5 000人)也就持续了几天,比此后大部分都开拔了。现在在这里可能有1 600人到1 700人;当我在奥斯特罗德时,那里可能有近300人。也许上天会保持法兰克福的和平以及与比利时复杂关系中的和平,然后我们当中的每一件事都将会平静地理顺,我希望。

多少有点延迟后,豪尔希尔特小姐确实回来了,但高斯一直担心她的亲戚会坚持让她到奥斯特罗德重操旧业。有她在高斯家里对高斯来说很重要。不幸的是,她自己也没有完全身体康复,而且也不如期望中像以前做得那样多。

高斯的女儿明娜在年龄不大时就有候选夫婿。高斯经常说她长得非常像她妈妈,但在心智上她像他,而且写作者们觉得她是他宠爱的孩子。亚历山大·冯·洪堡认为她漂亮,我们知道她有一种开朗的性格。她帮助护理她的继母明娜夫人,在他父亲离家时与他通信,做部分家务,帮助照顾她的祖母高斯和妹妹特蕾泽。

1830年2月的最后一天,明娜与年轻的神学家兼格丁根大学东方语言教授格奥尔格·海因里希·奥古斯特·冯·埃瓦尔德(Georg Heinrich August von Ewald,1803—1875)订婚。这桩婚事让高斯非常高兴,无论是为人还是为学方面,他都很尊重埃瓦尔德,而且他们之间的关系总是真诚的和亲密的。1830 年 9 月 15 日,婚礼在格丁根附近的格罗内(Grone)举行。埃瓦尔德生于格丁根,是从不伦瑞克迁来的一个亚麻织工的儿子。尽管年轻,他已经有了学者的名声,而且也以具有强烈的道德意志和明确的正义感而著名。埃瓦尔德崇敬高斯,常常说他在格丁根的早年婚姻生活是他一生中最幸福的。不过,这桩婚姻有一个伤心的特点:几乎从一开始明娜就有了肺部疾病,也许是在护理她继母时被感染的。他们的婚姻没有子嗣。

埃瓦尔德有许多兴趣而且喜欢与高斯谈论它们。他对东方的古钱币有爱好,格丁根大学现在仍有他保存过的收藏品。古代波斯宗教的历史和阿富汗人的起源吸引了他的注意力。他的兴趣从希伯来语扩展到汉语,他还是在格丁根大学讲授梵文的第一人。他的里程碑式的著作《以色列人民史》(*History of the People of Israel*)是三十年劳作的结果。他最持久的工作在于《旧约全书》的评注和希伯来语语法,当然,还有刚提到的以色列的历史。埃瓦尔德在他的领域培养了许多杰出的学生,包括不少英国学生。他在 1838 年和 1862 年访问英国,在 1829 年和 1836 年访问法国和意大利。1837 年,在其他东方学家的协助下,他创办了一份有价值的期刊《东方学杂志》(*Zeitschrift für die Kunde des Morgenlandes*),这为 1845 年德意志东方学会的成立铺平了道路。

第十二章
电磁电报机

高斯在写给他的朋友和天文学家、在不来梅的奥伯斯的一封信中,第一次提到这种电报机,这封信的日期是 1833 年 11 月 20 日:

我不记得我以前向你提到过我们发明的一个令人惊奇的机械装置。它由通过电线传导的直流电路组成,电线在房屋上经空中延展到圣约翰教堂的尖塔上再下来,把天文台与韦伯领导下的物理学实验室连接起来。电线的整个长度算起来约有 8 000 英尺;电线的两端与一个放大器相连,在我这端的放大器由 170 个线圈构成,在韦伯实验室的放大器由 50 个线圈构成,每个线圈各绕在一个一磅重的磁铁上,磁铁按照我设计的方式悬挂着。通过一个简单的装置——我称为换向器——可以瞬时反转电流。小心地操作我的伏打电堆,能引起实验室中一根针的强烈运动,使它敲击一个铃铛,铃铛的声音在隔壁的房间能听到。这只是用来作为娱乐。我们的目标是以极高的精确性显示这种运动。我们已用这种装置进行电报实验,已成功传送了整个单词和短语。这种发电报方法的优点是完全不受白天或气候的影响;接收电报的人待在他们自己的房屋里,如果他们愿意的话可以把百叶窗拉下。使用足够坚固的电线,我确信从格丁根到汉诺威,

第十二章　电磁电报机

或从汉诺威到不来梅，只要轻轻一敲就能让我们发电报了。

高斯在 1834 年 8 月 9 日发行的《格丁根学术通报》(*Göttingische gelehrte Anzeigen*)上第一次公开介绍了这种电报机。他给出了格丁根大学物理学实验室和天文台之间的"大直流电路"的详细信息，电路连接了新的地磁观测站，并且强调这个"独一无二的装置"属于韦伯。这两个人在 1832 年 10 月 21 日就开始了他们的电测量。高斯订购了各种规格的磁力仪，他从中弄出较大的磁铁，于是各种尺寸的检流计和电路结构就形成了，尽管我们不知道哪些被他最终用在发送电报上。它们都被用于这个目的，但这两位科学家认识到，有着最小磁铁的这种装置由于其小的振荡周期，对发送电报是最合适的。

据报道在这个电报机上发出的第一句话是：Michelmann kommt（米歇尔曼到了）。米歇尔曼是一个为高斯和韦伯跑腿的仆人。先是单个词被发送，然后是完整的句子。这台电报机有一次当剑桥公爵在场时操作，他似乎对它特别感兴趣。

1833 年 4 月和 5 月，关于这种电报机的用途和它问世的日期，韦伯在与市议会的通信中给出了准确的信息。起初，韦伯用细铜线做导线，不过它们有点经受不住，不得不用更牢固的金属线代替。即使后者也不能抵御风化，于是用一毫米强度的软钢丝代替。这些导线一直存在到 1845 年，它们在那年 12 月 16 日被闪电击毁。在致舒马赫的日期为 12 月 22 日的一封信中，高斯这样描述这个事故：

> 关于本地 12 月 16 日的雷雨你可能已经读过简短的报纸报道〔利斯廷(Listing)发送〕。这是发生过的最奇怪的事件之一。你知道自从 1833 年以来天文台与以前的物理学实验室之间有电线相连〔经过地磁观测站、产科诊所、圣约翰教堂的尖塔〕。6 个星期以前地磁观测站和诊所之间的连接由于一场风暴而中断，另一边电线的两个端头本来在物理学实验室里面的，现在到窗户前面就停在那儿了，因为这个实验室搬走了。所以，来自圣约翰尖塔的 4 条电线，两条通向诊所，两条通向以前物理学实验室的窗户。击中圣约翰尖塔的非常强

烈的雷电可能全部分布到这些电线上,把它们全部摧毁了,部分断成很长的片段,部分则断成很短的片段,四五英寸长的片段和无数像罂粟籽那样的小球,所有这些形成灿烂的火花雨。当时我在家,由于百叶窗关着,房间很暗,对此我一无所见,只听到相当出乎意料的雷鸣,雷如同平常那样,就在近处,相当直接,但这次我听到有些延续(大约两秒钟)。除了落下的、炽热的电线片段在一个女士的帽子上烧了两个洞之外,没有造成其他损失,但非常有可能是电线保护了这座塔,它没有装避雷导线,而着火可能会给这座城市和图书馆带来很大危险。最终,被击中的避雷针(图书馆和产科诊所)里的电物质可能到达了地面,除了部分电在药房的檐槽跳出,那儿的外墙有些被劈开了。

1835年2月15日,高斯在格丁根皇家学会所作的一次演讲中,关于电报设备的改变和改进,他给出了更详细的信息。尤其是他提到他的产生感应电流的新设备,即"感应器",他不仅把它用于科学实验,而且在发电报中用作不够恒定的伏打元件的替代物。

高斯给在阿尔托纳的朋友和以前学生舒马赫的日期为1835年8月6日的信中,以及发表在舒马赫的《年鉴》(*Jehrbuch*,1836)上一篇关于地磁和磁力仪的论文中,表示自己对电报的未来非常乐观。20年后,这些"幻想"正在实现的过程中,而高斯活到足够长,体验到了它的开始。在这封信中他写道:

> 在比我现在环境更合适的环境下,这个方法无疑能成就重要的应用,从而提高社会的优越性并激起大众的好奇心。以天文台和地磁观测站每年150塔勒的预算(我以严格的保密向你陈述),根本不能做大型的实验。如果在这上面能花上几千美元,我相信电磁电报机能达到一个完美的状态,而且可以让它的表现达到几乎吓到想象力的程度。俄国皇帝可以在一分钟内把他的敕令从彼得堡传递到敖德萨(Odessa),没有中间的站点,甚至能传到基亚希塔(Kiachta),如

第十二章 电磁电报机

果有一根足够坚韧的铜线安全传导且在两端连上强大的电池,并且在两个站有训练有素的管理者的话。我认为,设计出一个装置,它发送一份急件就如同一架钟琴演奏事先为它编排好的乐曲那样机械地进行,不是不可能的。价值 1 亿的铜线足以构成到达对跖地的一条连续的链;对一半距离,四分之一距离,等等,费用与距离的平方成比例……至少第一个字母表容易学,你能从最近我女儿在没有任何指导的情况下很快正确地读了几个字母的事实得出这一结论。

高斯和韦伯在他们的电报机上的成功在那时引起了很大关注,至少在德意志。在铁路上使用这种电报机的计划正逐步实施。关于这个主题高斯和韦伯都向当时在建的莱比锡-德累斯顿铁路的董事会写了备忘录。韦伯想用一条铁轨传导电流,另一条传导返回的电流;而高斯建议用 1.6 毫米的铜线或 3.8 毫米强度的铁线传导电流,两条铁轨传导返回的电流。铁路方面派专家到格丁根,在与他们讨论之后,这位专家决定导线必须走地下。这个计划因为其高昂的费用而被取消。因此,德意志失去了首先生产实用电报机的荣誉。在日期为 1836 年 3 月的一份备忘录里,韦伯向该铁路部门推荐高斯的针式电报机原理,不过直到 5 年后才找到它的实际应用。然而,我们知道高斯和韦伯是最先把电流用于通信服务的科学家。开尔文勋爵 1858 年的船用检流计不过就是高斯和韦伯的针式电报机。

高斯和韦伯的发明几乎被忘掉这一情况在后来的岁月中依然如故,以致其他人声称拥有这项发明。发生这种情况的原因,不仅仅要在竞争者的个人虚荣心、商业利益或在国家声望的有关考虑中寻找,还要考虑到关于科学工作报道的传播手段不发达,一流的成就经常在国外发布得不完整或发布日期非常靠后。而且也缺乏德语的广泛传播的知识。学术论文仍通用拉丁语。高斯和韦伯关于磁学的杂志仅有 181 个定期阅读的订户,其中有 30 个去了普鲁士科学院,20 个去了巴伐利亚,还有 15 个去了俄罗斯。

几乎难以置信的是,1854 年 12 月 4 日,戴维·布鲁斯特(David Brewster)爵士如此写信给高斯：

> 亲爱的高斯先生：
>
> 我最近受到了我们的杰出朋友罗伯特·布朗（Robert Brown）先生的一次访问，当谈到电报机时，他向我提到在多年前你曾建造并使用了一台电报机。由于我目前正就这个主题进行写作，因此如果你能帮我，告知我你做了些什么，以及你是何时公开使用它的，我将把这视为一个特别的恩惠。

对这封信的回复可能是关于电报发明最有趣的文件之一。这是高斯写的最后一封信，有几个人曾努力寻找它，但没有成功。对这封信的遗失有两种可能的解释。在1859年2月离开圣安德鲁斯（St. Andrews），移居靠近爱丁堡的斯特拉萨文洛奇（Strathavon Lodge）时，戴维爵士遭到一场恼人的且无可弥补的损失。他的马车上塞满了珍贵的银器、文稿和个人珍藏的纪念品。由于官员们的疏忽大意，他的行李在从码头转移到轮船上时，掉落到福斯湾（Firth of Forth）中，一些文稿被毁而其他的被严重污损。戴维爵士与詹姆斯·"奥西恩"·麦克弗森（James "Ossian" Macpherson）的小女儿朱丽叶（Juliet）结婚，在布鲁斯特去世之后，他的大多数财物保存在苏格兰金尤西（Kingussie）的巴拉维尔（Balavil）庄园的豪宅里。1903年圣诞节前夜，这里的一场大火烧毁了戴维爵士的许多个人文稿、仪器和其他物品。据信这两个事件中的一个成为高斯最后一封信丢失的原因。①

如果高斯-韦伯电报机曾被设置在一座大城市中，它可能会得到更多的认可。在那时，格丁根是一个有9 968个居民和843名学生的城镇，直到1854年才通铁路。况且高斯和韦伯都回避了发明优先权的争议，把他们的发明供所有人使用，而不是力图保护他们的权利。在维也纳（1873年）和芝加哥（1893年）的世界博览会上，他们的电报机被妥善地展出。近些年来，在慕尼黑的德意志博物馆和其他地方这种电报机"得到应有的承认"。

---

① 在格丁根大学的高斯档案中有戴维爵士写给高斯的5封信，日期是从1816年到1854年。

第十三章
磁学：物理学占主导

　　韦伯对新现象的探索给了高斯很大激励，但高斯通常试图用精确的数学语言系统化地表达别人得到的实验结果。高斯写给奥伯斯的一封信表明，早在 1803 年他就对地磁的研究深感兴趣。他力劝奥伯斯在这个领域做点事情。1804 年，从美洲旅行回来的亚历山大·冯·洪堡开始鼓励高斯和他的朋友们进行磁学研究。1820 年，奥伯斯再次试图说服高斯做一些磁学上的工作。实际情况是高斯在别的课题上太忙，而不是他缺乏兴趣。

　　1820 年，奥斯特发现电磁现象，这导致在随后几年最伟大的科学家们都忙于这项研究。我们只需提到毕奥(Biot)和萨伐尔(Savart)在 1820 年到 1821 年的工作，以及安培的工作即可。1827 年，欧姆发表了他的定律。1828 年，乔治·格林(George Green, 1793—1841)关于位势理论的论文在诺丁汉问世；[①]不确定高斯是否熟悉这篇论文。至此，最重要的贡献是法拉第在 1831 年发现感应电流。幸运的是，这与韦伯到达格丁根在时间上重合。

　　洪堡在家里收藏有一些磁学仪器，1828 年高斯来访时向他作了展示，并且大力催促高斯用一些时间研究磁学。所有这些因素足以迫使高斯明确地进入磁学研究。在给奥伯斯的日期为 1829 年 10 月 12 日的一封信中，关于比利时

---

① 格林的《关于数学分析对电磁理论的应用的论文》(*Essay on the Application of Mathematical Analysis to the Theory of Electricity and Magnetism*)是他在 1828 年自费出版的。——译者注

物理学家凯特尔(M. Quetelet)[①]的来访,他写道:"结识凯特尔先生让我非常高兴;在我的院子里我们用他出色的仪器演示了各种关于磁力强度的一系列实验,这些实验认可的某种一致性我几乎没有料到。"

凯特尔的来访在某个点上刺激了高斯,他在 1837 年的一篇论文中讨论了这个点,即磁针振荡周期的确定。他建议把最大速度的点而不是从习惯的最大伸长的点看作一个振荡的开始。早在 1831 年 1 月,格丁根天文台就定期测定磁针的磁偏角。萨托里乌斯·冯·瓦尔特斯豪森写道,在 1832 年冬季,他偶然进入这座天文台。高斯捡起一块小磁铁并开始教他的朋友,他向人们展示窗户上的所有铁棒通过地磁作用都已变成磁铁。到 1832 年 1 月,他投入全力研究磁学,到 2 月,他成功地把地磁强度约归为绝对单位。相关概念和理论是完整的,现在的事情是做精确的测量并改善方法。

在这时高斯有撰写一部关于磁学重要著作的想法,但他决定独立发表其中处理地磁强度的一小部分。1832 年 8 月,他开始写这篇论文并且在 12 月 15 日在格丁根皇家学会上宣读。这篇论文占了 36 页,以《约归为绝对测量值的地磁强度》(Intensitas vis magneticae terrestris ad mensuram absolutam revocata)为题在 1833 年发表,可以在高斯的《全集》(第 V 卷,第 79 页)中找到。其德文译文出现在波根多夫(Poggendorff)的《年刊》(*Annalen*[②],1833)上,后来作为奥斯特瓦尔德的《精密科学经典作家丛书》(*Klassiker der exakten Wissenschaften*)的第 53 号出版。伍德沃德(R. S. Woodward)称这件作品为"这个世纪最重要的论文之一"。这篇论文把所有的磁测量值约归为 3 个基本量:M 即质量,l 即长度,以及 t 即时间。数学和天文学上的精确性因此被引入到物理学的这一部分:高斯显示了怎样能得到绝对结果,而不仅仅是基于使用某种特殊的针进行的观测而得到的相对数据。库仑定律说两个磁极之间

[①] 凯特尔在荷兰、德意志、意大利和瑞士的旅途中做了地磁测量。

[②] 全称是《物理学和化学年刊》(*Annalen der Physik und Chemie*),约翰·克里斯蒂安·波根多夫(Johann Christian Poggendorff,1796—1877)在 1824 年至 1876 年担任主编。——译者注

的吸引或排斥随它们之间距离的平方呈反比变化。《强度》一文的第 21 段证实了这个定律。在高斯的时代之前,磁力强度的测定有些粗疏。他假定每个磁体包含两种等量的磁"流",北流或正流,南流或负流。他第一个认识到如果要得到磁量的一个合理测量值,这样的一个决断是必要的。

高斯注意到磁力依赖于温度,为了能把所有的观测约归为同一温度下的观测,从实验上确定温度的影响是必不可少的。接着他转向地球施加磁力这一事实,简要地讨论了磁偏角的变化,并强调实际上对这个问题一无所知。然后,他开始从数学上系统地表达这一理论。

在《强度》的第 25 段,高斯收集了一系列关于地磁水平强度绝对值的数值结果。他使用毫克、毫米和秒作单位;今天习惯用克、厘米和秒。他觉得使用重达 2 千到 3 千克的较重的针能得到更精确的结果,这会帮助减小空气流的影响。

但高斯有更广泛的计划:他期望用与测量水平强度时达到的同样的精确性测量所有的磁要素(磁偏角、磁倾角、磁变)。此外,他想研究温度的影响。他觉得地磁是地球在地心和靠近地表所包含的铁的所有极化块的作用结果。接近 1832 年年底,他开始把他的方法用于直流电。

1833 年 1 月 29 日,高斯向格丁根大学董事会呈交一份正式的备忘录,提议建立一个地磁观测站。这个提议立即被通过,而且在 1833 年的秋季一座建筑已准备好投入使用。高斯在 1834 年 8 月 9 日的《格丁根学术通报》上描述了这个观测站。韦伯在 1836 年发表了对这个设备的描述。除了旁边的房间,这座建筑是一个恰好顺着地理子午线的一个长方形,32 英尺长,15 英尺宽;通常在建筑物中用的铁都用铜代替。天花板高 10 英尺,双层门和双层窗消除了所有的气流。建设这个观测站花费了 797 塔勒,其中的大部分是由于以铜代替铁。

这个观测站配备有一架安装在一特别基座上的经纬仪、一座天文钟和一个装在柜子里的磁力仪。这个观测站中的观测是在不同的年、月和小时确定磁偏角和它的变化。数据在每天的上午 8 点和下午 1 点读取,因为这个时候在格丁根磁偏角发生最大的变化。高斯和韦伯在观测上有 7 个助手,包括高斯的儿子威廉。在那一年的某些日子里,进行了对磁偏角变化 44 小时的不间断观察,以研究变化的常规过程及其频繁发生的异常,如北极光的影响。这样的观测最早发生在 1834 年 3 月 20—21 日,5 月 4—5 日,6 月 21—22 日的格丁根。通常观测的时间长度从 5 分钟到 20 分钟不等。高斯的朋友们现时在柏林、法兰克福和巴伐利亚进行观察。1834 年 9 月,这个名单上增加了莱比锡、不伦瑞克和哥本哈根。

1834 年 3 月 21 日,高斯催促恩克在柏林安装任何设备之前来格丁根并观察这个观测站。在另一封信中,高斯提醒恩克主要的困难之一是采购好的镜面。在格丁根的磁研究吸引了广泛的注意,现在许多德意志以及外国的科学家们为了视察这个设备而访问高斯。他们之中有奥斯特和汉斯廷(Hansteen);现在格丁根变成了磁研究的中心。迈尔施泰因(Meyerstein)在波恩,艾里在格林尼治开始进行观测,而在俄罗斯这项活动进行的地方远至尼布楚(Nertschinck)。1836 年,高斯在舒马赫的《年鉴》上发表了一篇通俗文章《地磁和磁力仪》(Erdmagnetismus und Magnetometer),其中他报告这些操作正在弗赖贝格(Freiberg)、海牙、哈雷、慕尼黑、乌普萨拉、维也纳、都柏林、布雷斯劳、克拉科夫(Cracow)、那不勒斯和喀山(Kasan)开始。20 多个地点安装了高斯的仪器。

一个磁协会成立了,高斯和韦伯决定在一份专门的期刊上发表其会员的研究。洪堡用他的巨大影响力劝说英国政府在其殖民地的尽可能多的地方建立地磁观测站。这份期刊的第一号以题名《……年磁协会观测结果》(*Resultate aus den Beobachtungen des magnetischen Vereins im Jahre …*)在 1837 年出版,由卡尔·弗里德里希·高斯和威廉·韦伯编辑。这份刊物的 6 卷覆盖了 1836—1841 年的报告。一家商业出版社经营这一风险事业,但这项事业从一开始就存在困难。只有 181 个订户,而且 110 份发给个人。在这 6 卷的文章中,高斯发表了 15 篇,韦伯发表了 23 篇,它们合在一起占了整个内容的三分之二。不过,作为发表地磁和相关领域研究的中心,这份期刊是重

第十三章 磁学：物理学占主导

要的。

1836年，艾里和克里斯蒂（Christie）在给伦敦皇家学会的一份报告中提议，在纽芬兰、哈利法克斯（Halifax）、直布罗陀、爱奥尼亚群岛（Ionian Isles）、圣赫勒拿岛（St. Helena）、帕拉纳塔（Paranatta）、毛里求斯、马德拉斯（Madras）、锡兰和牙买加设立地磁观测站。后来（1839年）加上了蒙特利尔、好望角、范迪门地（Van Diemen's Land）、孟买和在喜马拉雅山的一个地点。观测的设备和时间与德意志磁协会一致这一事实表明了对高斯和韦伯的高度尊敬。

1837年，高斯和韦伯合作发明了所谓的双线磁力仪。他们采用了这样的想法：由两条细绳悬挂一个固定物体，用它偏离其平衡状态时经受的方向力来测量方向的磁力。在同一年，他们在《结果》期刊上发表了一篇关于这新仪器的发明和用法的论文。似乎英国的斯诺·哈里斯（Snow Harris）已经独立于高斯和韦伯发明了这种仪器，但他们不知道他的工作。都柏林的劳埃德（Lloyd）独立于高斯使用这种仪器进行磁测量，但该仪器普遍被认为是高斯发明的。

到1832年，高斯拥有了一般地磁理论的所有本质要素，只是缺乏实验资料阻止了他完成并发表这一理论。他直到1838年的冬季才完成这个计划。最终，他的《地磁的一般理论》（Allgemeine Theorie des Erdmagnetismus）发表在《结果》的第Ⅲ卷上（1839年4月）。[①] 他从正常地磁的成因在地球内部这一假设着手，同时又因为扰动而质疑这个假设。他进一步假定地磁是地球所有的磁性部分的作用结果，不管人们假设是两种磁"流"还是两种安培电流。在这里他从数学上导出了地球的磁势。水平磁力等于零的两个点（即整个磁力是竖直方向的）他称为地球的磁极。

现在高斯把他的理论用于观测。计算和观测之间的相符合促使他相信他接近了真理。1841年，得知一位美国人查尔斯·威尔克斯（Charles Wilkes）船

---

① 占了47页。

长发现磁南极所在的地点与他的计算结果仅有微小的偏差后,他大喜过望。罗斯(Ross)船长发现磁北极距高斯的计算所指示的点以南3度30分。

在《一般理论》的结尾,高斯计算了磁轴的方向,即地球的磁矩的方向,还计算了磁矩的大小和地球的磁化强度。他发现与钢铁相比,地球的磁化非常弱。他计算的地球磁矩与正确值相差不到百分之二。

在《一般理论》的结尾,特别重要的是高斯仅宣布但没有证明的一个定理。这个定理说:磁流在一个物体内部空间的任何的分布可以用磁流在该物体表面的一个分布代替,使得外空间的每一个点所受的作用与原来完全相同。容易从这个定理得出结论:在整个外空间,一个相同的作用能从内空间磁流的无穷多个不同的分布导出。他提出这样的问题:人们是否可以假设在每个体积元中存在等量的南磁和北磁,并认为这个旧的假设应该接受检验;以及是否所有正常地磁位于地球内部。现代研究表明地球的磁场94%来自其内部,其他的来自外部原因。这向我们表明高斯的理论是正确的,即使他没有实验事实证明。地磁产生的原因和地球磁矩的方向几乎与其自转轴重合这一事实未被提到。高斯可能对这个问题有自己的看法,但从来没有想过要把它们公之于众。对较早的磁理论,高斯对其方法的批评多于对其结果的批评。他在1806年就拥有他的地磁理论的基础,但不得不为实验数据等了30年!

高斯和韦伯在戈德施密特(C. W. B. Goldschmidt)的协助下,依据他们的理论,1840年在莱比锡出版了内容广泛的《地磁图集》(Atlas des Erdmagnetismus)。在后来它绝版了,因此重印在高斯《全集》的第Ⅻ卷中(1929)。

高斯在《结果》(1840)上发表他的《关于与距离平方成反比作用的引力和斥力的原理》(Lehrsätze in Beziehung auf die im verkehrten Verhältnisse des Quadrats der Entfernung wirkenden Anziehungs-und Abstossungs-Kräfte)[①]。在某种意义上,这标志着他在磁学上工作的结束。他由于受到自己在磁学上工作的激励而写了这篇论文。不错,他对磁倾角的测量发生在这个时间之后。

---

① 论文原题名在Lehrsätze之前有Allgemeine(普遍的)一词,其中的印刷错误已做了更正。——译者注

在这篇论文中术语"位势"作为一种特定函数的名称首次出现。此前他曾在 1839 年 10 月的一个注记中用过它,但这个注记直到他去世后才发表。乔治·格林在 1828 年对这个函数曾使用名称"势函数"。格林的论文即使在英国也几乎不为人知,而且也没有高斯知道这篇论文的证据。也许他们两人都从中世纪经院哲学的词汇中得到这个词。事实上,现在已知丹尼尔·伯努利大约在高斯和格林之前一个世纪使用了名称"位势",尽管他们肯定不知道这一点。

这篇论文中的基本定理,高斯在他 1813 年关于均匀球体吸引力的论文中已经提出了。他可能在 1810 年之前就已知晓这个定理。在这篇论文的第 24 段,他建立了位势的另一个重要定理:"如果一个闭曲面对完全在该曲面外部空间的物质的吸引力和排斥力来说是一个平衡曲面,那么在该曲面上的每个点以及在曲面内部空间的每个点的合力为零。"(《全集》,第 V 卷,第 307 页。)从高斯写给贝塞尔的日期为 1831 年 12 月 31 日的一封信中,我们知道他在这一年的前几个月发现了这个定理。

另一个定理涉及产生吸引力和排斥力的物质在被一个闭曲面包围的空间内的情形。如果这个曲面是一个平衡曲面,那么在这个曲面上的每一个点上,合力指向曲面的同一侧;按照前者的总体较大还是后者的总体较大,在所有点的合力会指向里面或外面。不过,当吸引物质的总体等于排斥物质总体时,如果存在一个闭的且全包含的平衡曲面,那么对同一个曲面上的、同时对所有外部空间的每个点,合力等于零。(《全集》,第 V 卷,第 307 页。)

一个被高斯认为是他这篇论文中最重要部分的定理,是从前面的定理得到的一个结论:对于一个曲面上的给定物质,总存在且只存在一个分布,使得这种物质在曲面上所有点的位势取事先指定的值。(《全集》,第 V 卷,第 240 页。)

1832 年 10 月 22 日,高斯做了第一次电磁测量,并且继续做这种测量直到 1836 年。起初他在极其不同的条件下检验欧姆定律。1833 年,他发现了分支电路的基尔霍夫定律,基尔霍夫在 1845 年发现了这一定律。他建立了最小热量原理,后由基尔霍夫在 1848 年提出,根据这个原理,对实际的电流分布,电流产生的热量是最小的。此外,高斯精确地证明了摩擦电和原电池产生的电和热电力产生的电的同一性,这是那时所有物理学家不相信的一个事实。这些都是初步的研究。

高斯的主要兴趣在感应定律的研究。在 1834 年,他制造了一个感应线圈,并且能认识到在一个线圈中磁铁振动的衰减是由于感应电流;这导致他为他的磁设备制造了一个铜制阻尼器,并让他发现了"共振"。1835 年 1 月 23 日,他提出了①现在以"弗朗茨·诺伊曼位势定律"(Franz Neumann Law of Potential)知名的感应定律(尽管诺伊曼直到 1845 年才宣布这个定律),这标志着这项工作的顶点。

通过对安培定律的某种变换,高斯得到了格拉斯曼(H. Grassmann)在 1845 年表述的一个定律,它与安培的基本定律有相当大的不同。格拉斯曼没有认识到他的定律等价于安培的定律,为了在两者之间做出选择,他提出了一些实验。高斯认识到如果只有闭路电流,这是不可能的,而且格拉斯曼的定律与电流元的作用和反作用定律矛盾,然而安培的定律服从这个提到的关于电流元的定律。

高斯在物理学上工作的高峰是关于电动力的大小。他发现了诺伊曼位势定律的第一部分,然后应用这样一个已知事实:感应电流有一个方向使电动力抵抗运动,因此在这个运动过程中做正功。于是,他从电动力的定律导出感应现象的定律。这就是后来弗朗茨·诺伊曼所遵循的思路,更晚一些亥姆霍兹在他关于力之守恒并与麦克斯韦方程组联系起来的著名论文中也遵循了相同的思路。

在那些日子里,一般的基本定律是在库仑定律的一个推广中寻找的,库仑定律在形式上与牛顿的引力定律一致。牛顿的工作享有独一无二的权威。高斯对自己已经做过的并不满意。直到可以把问题回溯到电荷的位置和运动

---

① 高斯的记录说:"起床前的上午 7 点。"

时，才能认为这个问题已被解决。1835 年，高斯试图表述这种基本定律，其中的一个称为"高斯基本定律"，麦克斯韦在他的《专论》(*Treatise*)①中详细考察了这个定律。高斯已证明这一基本定律正确地表示了电磁现象，但麦克斯韦证明它对感应现象不成立。高斯可能看到了这个不成立，因为他没有发表这个定律。

在后来的年月里，高斯接近了法拉第关于场作用的观点。在 1845 年给韦伯的一封信中，他说库仑定律的推广并没有令他满意，因为它们假设了一种即时的传播，然而他的真正的目标是从一种不是即时的、而是一种类似光的方式用时间传播作用导出这些力。他坦率地说，鉴于他并没有解决这个问题，关于这些电动力学研究他看不到有发表其中任何东西的正当理由。1858 年，高斯的学生伯恩哈德·黎曼第一个尝试用从位势以光速 c 传播得到的方程代替关于位势的泊松方程。

---

① 全名《电学和磁学专论》(*A Treatise on electricity and magnetism*)，1873 年在牛津出版。——译者注

第十四章
曲面理论,晶体学和光学

19 世纪发展起来的曲面的一般理论源于大地测量学。1812 年,当高斯在靠近哥达的塞贝格天文台拜访冯·察赫时,他找到了解决椭球体吸引力这一问题的方法,并在 1813 年发表。(《全集》,第 V 卷,第 1 页。)从 1812 年到 1816 年的这段时间,他忙于椭球体上最短线的理论,并把曲面上一个点的笛卡儿坐标设想为两个辅助量的函数。

1816 年春,高斯为冯·林德瑙和博嫩贝格尔创办的一份新的天文学杂志建议一个征奖问题:两个曲面相互投影,但在最小的部分保持相似性。[①] 在那时,他已有了解法而且通过单位球面上的平行法线想出了一个投影。在他的概念中,曲面的展开或扭曲是投影的特殊情形。这时他已得出曲面一部分的全曲率的概念,在曲面一个点的曲率测度的概念,以及尽管弯曲但曲率测度仍保持的概念。

1820 年,舒马赫促使哥本哈根科学学会将上面提到的问题设立为 1821 年的征奖问题,这个问题高斯曾向林德瑙和博嫩贝格尔提出过。由于没有应征者,因此这个问题重新作为 1822 年的征奖问题。高斯寄出了他的解法并获得该奖。这项工作直到 1825 年才出现在舒马赫编的《天文学论文集》(*Astronomische*

---

① 它没有被选作征奖问题。

Abhandlungen)的第三也是最后一期上。

投影的概念处于高斯曲面理论的中心。对保持完全相似性的投影,他在1843年创造了"共形"一词。这种类型的投影有悠久的历史,尤其是在制图领域;这种投影可回溯到古希腊时代。人们认为高斯是被曲面上最短线的研究引向这一工作的。有几年他计划写一部主要著作论述高等大地测量学的理论与实践。

在任意曲面上测地三角形的推广中,第一步是求出这种三角形的内角和。在高斯的哥本哈根获奖论文中,他证明对于一条最短线上的每个点,过该点的密切平面包含着所讨论曲面的法线。然后他证明一个测地三角形的内角和是两个直角差一个量,这个量由单位球面上相应三角形的面积给出,如果将其表面等同于8个直角的话。

在经过长期和艰苦的奋斗之后,到1825年年底高斯成功地推广了他的曲面理论。高斯的主要著作之一,《关于曲面的一般研究》(*Disquisitiones generales circa superficies curvas*)在1827年10月8日提交给格丁根皇家科学学会,并且在1828年发表在该学会的《最近论文集》(*Commentationes recentiores*)①上。这篇论文被重印在高斯的《全集》里(第Ⅳ卷,第217页),而且已被译成4种语言。在这部著作中他建立了一个著名的定理:一个柔韧且不可伸张的曲面无论以何种方式被变形,在每个点的主曲率的积总是相同的。所谓的高斯定理说,一个曲面曲率的测度只依据于一个线元素的平方的两个参数及其微分系数的表达式。曲面理论的现代进展以高斯的这一著作为始。其中的两件事情深刻影响了该理论的随后发展。第一件是曲线坐标的系统应用,并随即从它们的应用获得了巨大益处;第二件是这样一个概念:曲面作为不是刚性而是柔韧的双向可扩张物,于是曲面可以通过弯曲而不必延伸而得到新的形状。从一个给定的曲面通过弯曲得出的所有曲面被说成是彼此可贴的或可展的。确定两个给定曲面是否彼此可贴的解析判别准则构成了这个一

---

① 全名是《格丁根皇家科学学会最近论文集》(*Commentationes societatis regiae scientiarum Gottingenis recentiores*)。——译者注

般理论中有趣的几章。

1826年,高斯得出曲率测度的一般公式。现在不知道他怎样想到将曲面弯曲的一般概念。1822年12月,他解决了曲面在一个平面上可展的问题。

1789年,勒让德有一个定理讲的是将一个小球面三角形化为一个平面上有相同边长的三角形。高斯在对这一定理的推广中,最短线的理论与曲率的测度理论被联系了起来。于是,关于将一个小测地三角形化为平面三角形的高斯定理表现为高斯的曲面一般理论的结构的顶峰。

他在曲面领域中的结果仅有一部分发表在《一般研究》中,关于这个主题的第二篇论文在计划中。不过,在完成这项工作之后不久,高斯被引向几何学基础的研究,同时他正在研究常负曲率的曲面。在高斯的促成下,格丁根大学哲学系在1830年设立征奖问题:确定将连接两个给定点的一条曲线绕一给定轴旋转而产生的极小曲面。这个问题被来自不伦瑞克的戈德施密特解决并获得该奖,戈德施密特是高斯的同乡,后来是高斯的学生和助手。

在《一般研究》中提到名字的几何学家仅有欧拉;显然高斯知道欧拉的《关于曲面曲率的研究》(*Recherches sur la courbure des surfaces*,1763),但不确定他对欧拉关于曲面理论的其他著作了解到何种程度。高斯曾评论道,关于在平面上可展曲面的二阶偏微分方程"还没有以必要的严格性被证明",这是在指蒙日。这位法国几何学家对特殊类曲面的研究对高斯没有影响,他的画法几何学也是如此,高斯在一篇评论(1813)中赞扬了他的画法几何学。

高斯在曲面理论上的工作有两个方面对19世纪后期来说是先驱性研究。首先,高斯开始使用在索弗斯·李意义上的一种无限群,而直到他的时代在几何学上仅考虑有限变换群。其次,他以把曲面理论作为二重扩张的流形的几何学的方式来处理,为多重扩张的流形或 n 维空间的一般理论铺平了道路。

1831年,高斯突然表现了对晶体学的巨大偏爱,可能是作为业余爱好或消遣。几个星期之后他完全掌握了这个学科当时已知的内容。他用12英寸的一架赖兴巴赫经纬仪测量晶体,计算并且画出它们最难弄的形式。1831年6

第十四章 曲面理论，晶体学和光学

月 30 日，他写信给他的朋友格尔林：

> 近来我开始致力于晶体学的研究，以前我对此很外行。起初我发现很难让自己在其中找到点方向，晶体学对于我就像你的同事黑塞尔（Hessel）[①]在那本物理学词典中的论文，竟然是令人困惑的讲义的样本，要读懂它，必须有比我更大的耐心。根据渥拉斯顿（Wollaston）的意图而装配如今的反射测角仪，对于我似乎是很不完整的仪器；我想出了一个非常简单的装置并让一个人制造，通过这个装置晶体被固定在一架经纬仪的望远镜上，从而可保持其以最大清晰度显示的正确位置，以此为开端的实验结果我十分期待。因此我希望能轻易地无重复地确定两个表面之间的夹角，而且只要这些表面的晶面质量允许，能多精确就多精确，然后我将逐个测量一系列的晶体。

高斯对晶体系数之比的有理性或无理性的问题感兴趣。他的晶面表示法体系本质上是后来由剑桥大学教授威廉·哈洛斯·米勒（William Hallows Miller,1808—1880）设计的一个体系。事实上，这个体系使用了指数，这是 1825 年由休厄尔（Whewell）首先设计的。在那时的德意志，弗朗茨·恩斯特·诺伊曼（Franz Ernst Neumann）和格拉斯曼已经发展了晶体学。米勒在剑桥大学是休厄尔的学生和继任者，直到 1838 年米勒才发表他的体系。他的工作有一种简洁性，这让人想起高斯的风格。米勒的晶面表示法体系用 3 个数或称指数组成一个符号表示晶面，这三数是 3 个单位分数的分母，并且与参数的倍数成比例。他坚持他定义的轴必须平行于晶体可能的棱这一原则。这个体系使这位晶体学家的符号带入了类似于代数几何学中所用的一个形式，而且得到的表达适于对数计算。高斯和米勒在用晶面的法线表示晶面上继承了休厄尔、诺伊曼和格拉斯曼的做法。这些法线被想象为都经过一个公共点。这个点被取作一个想象的球面（投影球面）的球心。这个球面与这些法线的交

[①] 黑塞尔（J.F.C. Hessel,1796—1872），是马堡大学的地质学和矿物学教授。在格尔林的下一封信中，他向高斯解释黑塞尔的手稿在出版商那里被弄乱了，而校对者没有注意到。

点或称极点，于是给出了晶面空间中的相对方向，而这些极点的位置能通过球面三角学的方法确定。经过任意两个晶面的极点的一个大圆（晶带圆）会经过与一个含有这两个晶面的晶带所包含的所有晶面对应的极点。米勒、高斯和诺伊曼使用了球极平面投影，因此能立刻用圆规和直尺把这些大圆投射到一张纸上。于是，晶体边缘的精细描绘变得相对不那么重要了。他们的体系给出的表达可用于解决所有可能出自晶体的问题，而且它给这些表达式以一种使人们马上想到数学家的对称感和适当感的形式。

高斯赞美米勒在晶体学上"抓住了要害"；不久之后高斯把所有他的论文、观察及计算结果、草图搁置一旁。奇怪的是，高斯从来没有在晶体学上发表任何东西，也从来没有再谈论它。

在高斯人生的早期，天文学上的工作迫使他研究光学问题。更准确地说，是些屈光学的问题，这是由当时望远镜的功能不全引起的。主要问题是消色差和球面校正的望远镜物镜的计算。早在 1807 年，汉堡知名的光学仪器工厂的拥有者雷普佐尔德向高斯求教建造消色差双物镜的问题。1809 年 9 月 2 日，高斯写信给雷普佐尔德，要两种玻璃的折射和色散的精确值，并给他如何进行精确测量的一个建议。在 1810 年，舒马赫两次以雷普佐尔德的名义请求高斯对一组新的、8 英尺焦距的双物镜进行计算。

雷普佐尔德按照高斯的公式最先做出的两个物镜效果很差。镜片的厚度是如此之薄，以致在打磨时玻璃失去了其球面形状。1810 年 10 月 6 日，高斯致信舒马赫，说他准备对厚度稍大的透镜再进行计算。不久，舒马赫致信高斯，说雷普佐尔德的新实验取得了完全成功。事实上，直到 1810 年，高斯没有特别注意消色差物镜的理论。他的计算本质上可回溯到欧拉的《屈光学》(*Dioptrik*)。他为雷普佐尔德进行的双物镜计算对边缘光线进行了球面校正，在主轴进行了色差校正。

1817 年，高斯发表了一篇关于消色差双物镜的论文，尤其是关于色散的完全消除。他得到如下结果：在边缘光线和靠近主轴的光线中完全消除色散当然是可能的，或者更确定地说，可以计算出一块物镜的参数，使这块物镜在同一点合并两种确定颜色的所有光线,和那些在离主轴一特定距离入射的光线,以及那些在非常靠近主轴(事实上,这里总是假设平行于主轴)的地方入射的光线。在这个结果中,高斯去掉了凸透镜必须是双凸的这个旧条件。

当时经常用其他种类的玻璃生产并计算高斯物镜——显然取得了不同程度的成功。根据慕尼黑的施泰因海尔(Steinheil)所说,英国第一次做这件事,但结果不佳。1860 年,施泰因海尔本人成功地生产出一个高斯物镜。后来专家们对高斯和夫琅禾费物镜的相对价值意见不一。高斯物镜在显微镜上获得了极大的成功。在高斯关于消色差双物镜论文的结尾,他讨论了球面像差的校正。

约在 1840 年,高斯回到制造消色差物镜的问题上,此时维也纳的机械师和光学仪器制造者西蒙·普勒斯尔(Simon Plössl)开始制造他所谓的透析望远镜(dialytic telescope)[①]。这种类型的望远镜源于制造大而清晰的含铅玻璃镜片的困难性。法国政府和英国政府提供巨额奖金用于解决这个问题。

高斯在写给恩克的一封日期为 1840 年 1 月 2 日的信中说,完全消色差的两个条件是:(a) 红色的像和蓝色的像落在垂直于望远镜轴的平面上,及 (b) 它们的大小相同。正是他对(b)的认可,使他如此怀疑透析望远镜。他觉得在分得很开的 3 块透镜的情况中,消色差的第二个条件能满足,但如果是两块粘在里面且靠得很近,如透析望远镜的情形,就不行。

1840 年秋,恩克和舒马赫都寄给高斯一架透析望远镜供研究。恩克是如此受高斯怀疑态度的影响,以致他准备放弃他原来关于普勒斯尔的仪器性能优越的观点。我们能想象当恩克接到高斯 1840 年 12 月 23 日的信时有多么意外,信中告诉他透析物镜的色差能被目镜完全抵消,因此眼睛接到的是一个完全没有颜色的像。今天这一原理用在现代显微镜的所谓补偿目镜中。就这样,高斯最终确信普勒斯尔仪器的优点并在 1841 年春季购买了一架,他对这

[①] 根据《柯林斯英语辞典》(*Collins English Dictionary*)的解释,dialytic telescope 是 a type of achromatic telescope with a second correcting lens,即带第二块修正透镜的消色差望远镜。——译者注

架仪器的性能很满意。

分散在高斯从1813年到1846年通信中的对光学中许多事项的讨论今天被认为是非常初等的。不过,最好记住他同时代的物理学家们没有很好地理解这些论题。他们处理在望远镜中光线路径的一般性质,如放大、亮度、对近视的矫正等。[①]

所谓的高斯目镜今天仍用于自动对准。在光谱仪和折光仪中它使望远镜的轴与一个表面抛光的平面精确地成直角。高斯目镜的镜筒在边上有一个开口,通过它让光照在与望远镜的轴成45°角的一片不镀银的平面玻璃上。如此被反射的光线经过十字照准丝顺着望远镜镜筒落在那个表面抛光的平面。如果后者正好与望远镜的轴成直角,光线会被反射回望远镜,而且形成十字照准丝的一个像与十字照准丝本身精确重合。观测者必须调节望远镜的位置,直到得到这一重合。1846年10月31日,高斯写信给舒马赫:"要点是不要求在倾斜45°的镜子和十字照准丝系统之间一定要有镜片。"

具有特别重要性的是格丁根皇家科学学会1829年11月的征奖问题,它是由高斯在学会的数学课上提出的,涉及一种测定恒星光度的方法。该学会没有给寄来的任何一篇论文发奖,并在高斯的坚持下更新了这个问题。对这样一个光度计,高斯把自己的有关想法交由格尔林支配,以使后者在这个主题上能了解他的思想并且竞争这个奖项。事实上,高斯对多色光度学的问题感兴趣。而这个问题竟然直到1920年才被薛定谔解决。格尔林按照高斯指示的原理制造了一台光度计,但他只得到了荣誉奖。该奖颁给了慕尼黑的施泰因海尔,他用基于其他原理制造的一台光度计参加了竞赛。

至此,高斯在光学领域的最大贡献是他在1840年发表的《屈光学研究》(Dioptrische Untersuchungen)。根据他自己的说法,他拥有这些结果已经有40或45年了,但在是否发表这些初等的思考上总是犹豫不决。贝塞尔关于确定柯尼斯堡太阳仪物镜焦距的一项工作给了他发表所必需的动力。贝塞尔的

[①] 高斯和他的儿子约瑟夫都近视。

方法错误地假定通常的透镜公式

$$\frac{1}{g}+\frac{1}{b}=\frac{1}{f}$$

对有限厚度的透镜正确。作为这个错误的一个后果，贝塞尔大大低估了他的测量的可能误差。《屈光学研究》处理了一束光线穿过一个同心折射球面系统时其路径是怎样的问题。光线在第一次折线前的方程要设置得与最后一次折射后的光线的方程有关，也就是，后一个方程的系数要从前者的系数导出。

在《屈光学研究》中有当系统的主点和焦点给定时关于像的结构的数据，而且最后对非零厚度的简单透镜给出了一些公式。其中检查了贝塞尔对柯尼斯堡太阳仪物镜焦距的确定结果。贝塞尔估计他的结果的误差在 1/75 000，高斯表明误差达到 1/1 300。

高斯写了一些未发表的注记，说球面上的折射要通过使折射率为负而纳入他的理论。光线落在一个透镜上，在透镜的前表面第一次被折射，在后表面被反射，又在前表面被折射。他的公式为这一情形指出了主点和焦点。

《屈光学研究》强调主点和焦点的位置依赖系统中透镜的折射率，亦即，位置随着波长的不同而不同，而且通常产生色差。对于消色差，他要求所有与颜色无关的平行光线汇聚于一个点，这里"所有"的意思即，不仅是那些平行于轴的光线，而且那些与轴倾斜的光线。对于通常的消色差物镜，其中透镜彼此相距很近，这些条件被近似满足，但在透析物镜的情形中则不是。这解释了为何高斯曾怀疑透析原理。

高斯的屈光学代表了那些联系到中心光线（近轴光线），即联系到窄光束方法的逐点投影的研究的完美性。在过去的那个世纪，实际上没有为高斯的这一理论增加任何东西。对于今天的实用光学，他的工作的重要性不大，因为人们不能局限于窄光束，而必须通过宽光束来投影。

人们能以一种纯几何的方式得到投影的基本概念和性质。高斯的推导产生了这样的印象：所有这些概念局限于窄光束。然而，一项几何学研究表明有关的联系和这些基本概念在宽光束的情形是可能的,尽管只有在高斯那里,这种联系的物理产物局限于窄光束。

高斯说他对屈光学的兴趣可回溯到1800年前后。在他的手稿中未能发现这一说法的证据。不过,关于一个主题的一些笔记同他起始于1814年到1817年这个时期的光学研究密切相关。在这些笔记中他全面处理了主光线和孔径光线系统。1811年的一则笔记涉及马吕(Malus)关于光偏振的实验。

1836年,为了做衍射实验,高斯购买了一件施韦尔德(Schwerd)仪器。在很短的一段时间,他对这个主题很感兴趣,但由于缺乏时间他不得不放弃,他在这个领域无所成就。

第十五章
萌芽：非欧几何学

在高斯事业中的其他方面，没有像他在非欧几何学上的工作引起那么多的争议。这有几个理由。被普遍誉为非欧几何学创始者的三个人（罗巴切夫斯基、J.鲍耶和黎曼）中的每一位都直接或间接与高斯有联系。关于高斯对这些人的影响，费利克斯·克莱因做出过一些夸大的表述，但既然高斯的手稿直到最近几年才对学者们[①]开放，因此那时不能达成最终的判定。高斯本人对这个主题实际上没有发表过任何东西，学者们只能检查他信件的某些段落和他对几本书的评论，在这些地方他暗示存在这种几何学体系的可能性。他对公众的批评极为敏感，不愿意在他的名字上出现任何如此革命性的东西。

批评者们——与他同时代的人和我们当代的人——抨击高斯的品格，因为他如此经常地说某个新发现的结果他已经拥有许多年了。他们没有认识到在他的早年，如此大量的新发明涌入他的头脑，以致他几乎不能控制它们，而且这些发明需要他长年的工作才能完全成熟。他觉得一个出版物应当是一件"完整的艺术品"，而事实上当他的许多结果发表时（如果有的话），他并不是太关心。对于他来说，主要关心的是拥有新的真理。在这方面他与牛顿惊人地相似。

因为他执着于以上的观点，当有人在发表上领先于他时，他不是特别在

---

① 他的《全集》的编辑们除外。

意。他的首要目标是扩展和确立真理,而不是个人的光荣。自他去世之后,人们对他的文稿和书信进行的一番仔细研究揭示了他关于早年发现的陈述是正确的。此外,人们应当记得高斯有异常准确的记忆力。在他的科学日记中他使用了他从 1796 年到 1815 年的笔记,这直到 1898 年才被"发现"。在他后来的人生中,他把他信中提到的数学结果记在笔记本里。这样,他就可以用他思想的发展来比较他当初的说法。

1846 年 11 月 28 日,高斯写信给舒马赫,说在 1792 年他 15 岁时他曾想到一种几何学,"它必将出现,而且以严格相容的方式出现,如果欧氏几何学不是真正的几何学的话",也就是说,如果(关于平行线的)第十一公理①不成立。当然,高斯只是指这一思想的第一次出现。1846 年 10 月 2 日,他曾告诉格尔林,在每一种独立于平行公理的几何学中,一个多边形的面积正比于其外角和与 360 度之差的定理是"这个理论的第一定理(在入门处就是如此),我在 1794 年就认识到它是必不可少的。"

我们知道高斯从 1797 年到 1802 年对非欧几何学的可能性进行了很多思考。在他 1799 年 9 月日记的一个条目中包含这些词语:"在几何学原理上我们取得了很大进步。"(In principiis geometriae egregios progressus fecimus.) 1831 年 5 月 17 日,高斯告诉舒马赫说他已经开始写下他关于平行线的各种苦思冥想,其中有部分已经存在大约 40 年了。所以,萌芽发生在 1792 年到 1794 年。

高斯在 1795 年 10 月在格丁根大学开始他的学习时,他已认识到欧氏体系的弱点,而在多边形面积的情形中他考虑了否定平行公理会有怎样的后果。在那时这种类型的"苦思冥想"在流传。涌现了许多关于平行线问题的出版物,尤其是在法国大革命之后的那些年。

---

① 在欧几里得的《几何原本》中公理体系分为两组:一组 5 条,称为公设(postulate);一组 6 条,称为公理(common notion)。平行公理是公设中的第五条,一般称为第五公设。瑞士数学家兰贝特(J. H. Lambert)的《平行线理论》(*Theorie der Parallellinien*)写于 1766 年,出版于 1786 年。在这本书中他称平行公理为第十一公理。——译者注

第十五章 萌芽:非欧几何学

很不喜欢高斯的勒让德着手处理平行线问题,但是没能解决它。在日期为 1806 年 7 月 30 日的写给奥伯斯的一封信中,高斯评论说,几乎所有他的理论工作都在与勒让德竞争,这似乎是他的命运,并提到数论、超越函数、椭圆函数、几何学基础和最小二乘法。人们可能会在这个单子上加入大地测量学和均匀椭球的引力问题。

在格丁根大学,存在着对平行线问题的浓厚兴趣。克斯特纳热心收集关于这个主题的文献,并在 1763 年指导了他的学生克吕格尔(Klügel)完成了一篇有价值的博士论文,这篇论文论述了此前人们对证明平行公理的努力。克斯特纳认为心智正常的人是不会抨击欧几里得的公理的。高斯的朋友普法夫认为要做的事情只是用一条更简单的公理代替平行公理。当高斯到格丁根时,J.维尔特做了一次关于平行线理论的试讲报告(1795 年)。1800 年,他发表了第十一公理的 3 个"证明";1801 年,天文学教授赛费尔发表了两篇评论,评述对证明平行公理的尝试。赛费尔得到结论:不借助一个新的公理去证明第十一公理不仅可疑,而且也许是不可能的。高斯与克斯特纳和维尔特没有亲密的关系,但他与赛费尔走得很近,他们的通信一直持续到后者去世。他们的交谈常常论及平行线理论。

在赛费尔的家中,高斯遇到了一位年轻的匈牙利学生沃尔夫冈·鲍耶,鲍耶成了他整个一生中最亲密的朋友。毋庸说,平行线理论是他们主要的共同兴趣之一。1798 年,高斯回到家乡不伦瑞克,鲍耶在努力证明平行公理,1799 年 5 月,他认为他已达到了他的目标。1799 年 5 月 24 日,这两人在哈茨山的克劳斯塔尔永久告别;鲍耶回到他的祖国匈牙利。他给高斯讲了他的"格丁根平行线理论"。在写给鲍耶的日期为 1799 年 12 月 16 日的信中,高斯抱歉他没有时间更多地去了解鲍耶关于几何学基础的工作。他感到这会为他省去许多辛劳,而且在这个主题上要做的事仍有很多。在这封信中,高斯说他在这项工作上进展很大,但他没有时间适当地完成它。他感到他的工作会让人怀疑几何学的真理性。高斯对已经做出的东西不满意,他感到平行公理所有所谓的证明是失败的(1799 年)。高斯在这之前所做的这项工作没有记录。他当然认识到欧氏几何学不是唯一可能的体系。

在格丁根大学图书馆,高斯能看到萨凯里(Saccheri)(1733 年)和兰贝特(1766 年)关于平行线理论的著作。事实上,记录显示他在 1795 年和 1797 年借阅了兰贝特的著作。沃尔夫冈·鲍耶可能也知道这些著作。在后来的年月中,高斯的学生们讨论兰贝特的平行线理论。高斯拥有莱曼(J. W. H. Lehmann)的《数学论文集》(*Mathematische Abhandlungen*)〔采尔布斯特(Zerbst),1829〕,书中引用了萨凯里和兰贝特的工作。旁注和使用的痕迹表明高斯读过它,而且他特别注意关于平行线理论的段落。兰贝特和萨凯里都未能达到非欧平面三角学的水平。

在 1799 年的夏季,鲍耶回到在特兰西瓦尼亚(Transylvania)的家,但没有时间做数学,直到 1804 年,他被任命为毛罗什瓦沙尔海(Maros‑Vásárhely)的一名数学和物理学教授。他取出他的"格丁根平行线理论"加以润色,并在 1804 年 9 月 16 日把草稿寄给高斯,请求指正,同时把它发送给某个有名望的科学学会评审。

1804 年 11 月 25 日,高斯回复说他为这一短篇作品的真正的、根本的独创性而高兴。他说这里的思路与他自己的非常相像,但他一直未能完全解决问题。他不太满意鲍耶的处理,但他写到他希望在去世之前能突破这一困难。他还说此时他正忙于其他事务,没有时间关注这个问题。高斯保证,如果鲍耶成功地逾越了所有的障碍,他会高兴于被如此亲密的一个朋友所超越,而且会尽他的力量使公众恰当地知道这项工作。

这封信给了鲍耶很大的鼓励,1808 年 12 月 27 日,他寄给高斯一个补充,这封信没有得到回应,而且他们的通信中断了,直到 1816 年才恢复。在那些年,鲍耶为这个问题苦苦奋斗,但最终他非常沮丧,他觉得他所有的努力都白费了。

他的儿子约翰·鲍耶(Johann Bolyai,1802—1860)在 1818 年进入维也纳的军事工程学院,1820 年当他向他的父亲报告自己正在试图证明第十一公理时,老鲍耶大为惊骇,并用最感人的词语乞求他儿子平静地离开平行线理论:

第十五章 萌芽：非欧几何学

不要在这上面浪费哪怕一小时时间。它不会带来回报,它将毒害你的整个一生。即使经过一百位伟大的几何学家持续了几个世纪的思考,不用一个新的公理来证明第十一公理是完全不可能的。我确信我已经穷尽了所有能想到的办法。此外,假如高斯也用他的时间去苦思第十一公理,那么,他的多边形理论、他的《运动的理论》以及他的所有其他著作就不会出现,而且他会落在后面。我可以用文字证明他为平行线绞尽脑汁。他在口头上和书面上都声称他对平行线的苦思毫无结果。

约翰没有被他父亲的警告吓倒,恰恰相反,这刺激他采取行动。到1823年年末,他开始意识到胜利了。他那出人意料的解法是高斯经过长期的犹豫和疑虑之后在1816年获得的。

在1804年11月25日的信中,高斯曾经表明自己的思路与老鲍耶的非常相似。后者曾考虑如此生成的一条线：在一条直线的间距相等的点上,向这条直线的同一侧竖起相同长度的垂线,这些垂线的端点被一条直线所连接。在欧氏几何学中,如此得到的一条平行线作为一条基线,但非欧几何学产生的是一条折线,它由以等角彼此连接的等长线段构成。沃尔夫冈·鲍耶曾尝试证明这个类型的一条折线,如果在它上面移动得足够远,将必定会与基线相交。这将证明假设第十一公理不成立会导致一个矛盾。高斯正在相同的方向上做出尝试,正如他的笔记本"数学草稿"(*Mathematische Brouillons*)的最后一页所表明的(《全集》,第Ⅷ卷,第163页)。这些笔记始于1805年10月。

从1799年到1804年,高斯曾努力在另一条道路上前进。日期为1803年的笔记表明,他通过几何作图和从它们导出的函数方程(同样的方法他曾用于三角形面积)开发一个三角形各部分之间的关系,但是几次尝试都白费了。在他心中仍有一些疑虑。迟至1808年,他认为他关于平行公理的工作没有完成,而且没有完全相信它不能被证明。

高斯在1813年的如下评论有助于说明他那时的观点："在平行线理论上,

现在我们不比欧几里得更进步。这是数学的可耻的部分(partie honteuse),它必定迟早会取得一个非常不同的形式。"(《全集》,第Ⅷ卷,第 166 页)。

1816 年,高斯发表了对证明平行公理的两个尝试的一篇书评。他表达了一种不同的论调,并说到"用一连串站不住脚的伪证明来隐藏不能填补的缺陷是徒劳的努力"。他想表示他确信证明第十一公理的不可能性。

到 1816 年,高斯拥有了非欧三角学。他的学生弗里德里希·路德维希·瓦赫特(Friedrich Ludwig Wachter, 1792—1817),当时是当泽(Danzig)的教授,到格丁根拜访他。顺便说一下,高斯对瓦赫特的才能有很高的评价,瓦赫特在 1817 年失踪而且再也没有被发现①令他深感痛苦。1816 年,瓦赫特评论了关于平行线理论的一部著作,这是高斯曾评论过的两部著作中的一部。在他 1816 年 4 月拜访高斯期间,他们的交谈转到几何学的基础。高斯鼓励瓦赫特对他所说的"反欧几里得"几何学做一些研究。高斯与瓦赫特谈过他的"超"三角学,而瓦赫特为透彻理解它做了努力,结果徒劳。在 1819 年 3 月 16 日给格尔林的一封信中,高斯写到他已把非欧几何学发展到这种程度:只要常数 $=C$ 被给定,他就能完全解决所有问题。1817 年 4 月 23 日,他写信给奥伯斯:

> 我现在越来越确信我们的几何学的必然性不能被证明,至少不能被人类的智力证明,也不会为了人类的智力而被证明。也许我们通过对空间本质的其他洞察会到达我们现在不能到达的另一种存在。到那时,人们不会把几何学与算术并列,算术坚持先验(a priori)地从假设出发,而几何学大致与力学并列。

现在不知道高斯以何种方式获得非欧三角学。在他的文稿中有公式的研发,这些可能是他在 1846 年写下的。他用了几何作图的和从几何作图导出函数方程的方法,这个方法他曾在 1803 年用过但没有成功。可能在 1813 年和 1816 年之间他在这条道路上向前推进。

---

① 在 1827 年他从法律上被宣布死亡。

第十五章 萌芽：非欧几何学

他关于证明平行公理不可能性的暗示，被包含在他1816年的书评里，没有得到高斯期望的成功，事实上他的暗示受到批评，高斯决定在他的有生之年不发表他的观点。不久他惊奇并且高兴地发现另外两个人和他在相同的方向上前进。

法学家施魏卡特(F.C. Schweikart, 1780—1859)在1807年发表了关于平行线理论的一部著作，其中他反对在作为不相交直线的平行线的通常解释中引入无穷，并且要求在构建几何学时人们应该从正方形的存在性开始。后来，在1812年和1816年之间，不借助欧几里得的第十一公理，他开发了一种他称之为"星几何学"的几何学。1816年，他从哈尔科夫(Charkov)被聘请到马堡大学，在1818年他与他的同事格尔林讨论他的体系。在1819年1月25日，格尔林这样写信给高斯：

> 我告诉他您在几年之前(1816年)是怎样公开表达您本人的意见的，您说自欧几里得的时代以来人们在这里基本上没有进展；确实，您还说您曾多次告诉我，您是怎样通过对这个主题的多方面工作也没有得到一个证明，来证明[一种非欧几何的]这种假设的荒谬性的。

施魏卡特请求格尔林将他的"星量级的理论"的一个简短概要呈送给高斯，并征求他的意见。在答复中，高斯说这概要中的几乎一切好像出自他的笔下。他发现他的空间的概念是外在于我们的一个现实，它的定律我们不能完全规定，它的性质还有待完全确定——只是以经验为基础。施魏卡特选择的"星"一词据说是为了表达这样的事实：在量级的度量上，好像它们发生在天体世界，与欧氏几何学的偏差才能被观察到。这似乎让高斯高兴，因为在后来的笔记中他使用了这个词。

施魏卡特的外甥陶里努斯(F.A. Taurinus, 1794—1874)也是一位法学家，作为一个年轻人他忙于平行线理论。毫无疑问，他被他舅舅的书所激励。1824年10月，他寄给高斯一个尝试了而未成功的证明，高斯通过他的舅舅，自1821年就知道陶里努斯正研究几何学的基础，而且认出这个年轻人有着"能思考的数学头脑"。

在日期为 1824 年 11 月 8 日的一封长信中,高斯答复了陶里努斯。他完整地解释了他关于平行公理的观点,但要求收信人不要公开使用这封私人通信或做任何能导致信件内容公开的行为。高斯写道:

> (一个三角形的)三内角之和小于 180°的假设导致一种特别的几何学,非常不同于我们的(欧几里得)几何学,这种几何学绝对自洽,我相当满意地发展了这种几何学,使得我可以解决其中任何问题,但一个常数的确定除外,它不能被先验地(a priori)求出。这个常数被假设得愈大,这种几何学愈接近欧氏几何学,假设无穷大的值使二者重合。假如非欧几何学是空间正确的几何学,而且这个常数与如同在我们进行地球或天空测量的领域的那种量级有某种关系,那么它能被后验地(a posteriori)发现。

这封信激励年轻的陶里努斯以更大的热情继续他的研究。1825 年,他出版了他的《平行线理论》(*Theorie der Parallellinien*),在书中他确信平行公理的无条件成立,但他开始发展否定它之后产生的结果。于是他得到一个常数,这是非欧几何学特有的。通过有无穷多这样的几何学同时存在的可能性,它们中的每一个内部都没有矛盾,他看到了把它们全都抛弃的充分理由。

一本《平行线理论》被寄给高斯,他还收到一本陶里努斯的《几何学的基本原理》(*Geometriae prima elementa*,1826)。对这两本书高斯都没有向作者致谢;高斯被得罪可能是因为陶里努斯在每本书的前言中都提到高斯。在第二本书中,作者一举开发了非欧三角学的公式,方法是在对应的球面三角学公式中令球的半径为虚数。他把这些公式用于一系列问题的求解并正确地计算了圆的周长和面积以及球的表面积和体积。

陶里努斯的工作被遗忘了几十年。在日期为 1829 年 12 月 29 日的致高斯的一封信中,他写道:"这一成功向我表明认可它们(他的著作)需要您的权威,这个第一次的写作尝试,不是如我曾希望的使我崭露头角,而是成为我不

第十五章　萌芽：非欧几何学

满足的一个丰富源泉。"

高斯的一些信件表明在 1827 年的后期他开始集中研究几何学基础，他称之为"空间学说的形而上学"。他在 1828 年写道，他四十年前初次研究这些基础，他可能活不到做出可以发表的完整结果。主要的原因是，如果他完全说出如此革命性的一件事，他害怕他所说的"皮奥夏人（Boeotians）的叫喊"。

在日期为 1828 年 11 月的一则简短笔记中，高斯独立于第十一公理证明，一个三角形的内角和不能大于两个直角。1831 年 4 月，他开始写下他的一些研究，因为他不想这项研究随他而亡。这些笔记中的一些发表在《全集》的第 Ⅷ 卷（第 202—209 页）。在这些笔记中，他导出了平行线（或如鲍耶所说的"渐近直线"）的基本性质。在最后一则笔记中高斯得到当圆的半径变为无穷时的仿圆（paracycle）。他称之为"回归圈"（cercle tropique），这是一个把仿圆想象成从真正的圆到超圆的过渡的清晰标志。高斯写给舒马赫的日期为 1831 年 7 月 12 日的一封信讨论了在非欧几何学中废除相似性得到的结果，并指出有关的公式在那里对圆的周长有效。

1823 年 11 月 3 日，约翰·鲍耶写信给他父亲，说他"从无中创造出一个新的、不同的世界"。1825 年 2 月，他将他的工作的第一个梗概送给老鲍耶。他父亲并不同意这个梗概，对其中出现不定常数和由此可能出现许多假设的体系而恼火。父子不能达成一致，最终约翰决定用拉丁语写下这项工作的精髓，附在沃尔夫冈计划写的《尝试》（*Tentamen*）中，并把它寄给高斯征求他的意见。

1831 年 6 月，《附录：关于空间的绝对真实的科学》（*Appendix scientiam spatii absolute veram exhibens*）的重印本已准备好，它们中的一本被寄给高斯。由于霍乱流行，高斯只收到了附信，在信的结尾约翰写了他工作的概要。很长一段时间之后，那册重印单本被返还给沃尔夫冈。通过鲍耶的一个朋友，即当时正在格丁根学习的冯·蔡克（von Zeyk）伯爵，它最终在 1832 年 2 月到了高斯那里。

高斯的第一印象是赞许的。他发现这本书非常简洁地展开了所有他自己的想法和结果,尽管写作的形式对不熟悉这项研究的人难以理解,因为需要高度的专心致志。高斯认识到他自己1798年关于这个主题的想法没有约翰的那些想法成熟和先进。他认为约翰·鲍耶是"一等的天才"。

1832年3月6日,高斯写信给沃尔夫冈,表达了对约翰的结果与他自己结果的高度一致的惊奇,并向这位年轻的几何学家送去他衷心的问候,同时还保证他会给予特别的尊重。沃尔夫冈写信给他的儿子:"高斯关于你著作的答复是非常好而且有助于为我们的祖国和人民争得荣耀。一位好朋友说这非常令人满意。"

约翰非常失望,他感到屈辱而且很愤怒,因为高斯没有公开认可《附录》,而且宣称了发现的优先权。在后来的一些年,他与他父亲之间的关系紧张,在很大程度上可能是由于此事。

在上面提到的信中,作为他自己研究的一个样本,高斯给出了在非欧几何学中三角形面积正比于其内角和与180度之差这条定理的一个简单证明。无疑这代表了他1799年9月研究的一部分,因为接到约翰的《附录》一定唤起了他对当年他与老鲍耶的友谊的记忆。在同一封信中,高斯催促约翰从事对应的空间问题,即确定四面体(由4个平面围成的空间)的立体容量。约翰的一些论文包含的几个过程可以作为一个解决方法,其中的一个方法高斯曾想到过,对此他1832年3月6日给沃尔夫冈寄信时在一本笔记本上予以标示。

高斯的第二则注记写作日期大约是1841年,涉及四面体的体积。这则注记写在一张纸上,这张纸在一篇论文的重印本的书页之间被发现。这篇关于将虚几何学用于几个积分的论文(1836年)其作者是俄国数学家尼古拉·伊万诺维奇·罗巴切夫斯基(Nikolai Ivanovitch Lobachevsky,1793—1856)。术语"虚"几何学,意思是指非欧几何学。

迟至1815年到1816年,罗巴切夫斯基在喀山大学的讲课中,他仍囿于欧几里得的藩篱中,也曾几次尝试证明平行公理。接下来的几年里,在逐渐了解到证明这条公理是不可能的思想,他开始大胆探索假设这条公理不存在的后果。在一本关于几何学的未出版的教科书(1823年)中,他支持这个观点。此后不久,他认识到存在一门不需要平行公理的无矛盾的几何学。他发展了这一几何学,以至于他能纯解析地处理它的所有问题并给出了计算弧长、表面积和体积的一般法则。1826 年 2 月 12 日,这些研究的结果被呈送给喀山科学学会,但直到 1829 年和 1830 年才在喀山的《信使》(Messenger)①上发表。接着它们的一系列补充论文出现在 1835 年到 1838 年。

为了在西欧宣传他的想法,罗巴切夫斯基 1837 年在《克雷尔杂志》(Crelle's Journal)②上发表了他的虚几何学的一个简短摘要;不幸的是,作为对这个主题的介绍,这个摘要编摘得很粗糙。这篇文章似乎没有引起高斯的注意,可能在 1840 年他读到对罗巴切夫斯基的《平行线理论的几何学研究》(Geometrische Unterschungen zur Theorie der Parallellnien)德文版的一篇不利的评论之前,他就从来没有听说过罗巴切夫斯基,这篇评论出现在格斯多夫(Gersdorf)的《全部德文文献索引》(Repertorium der gesammten deutschen Literatur)③上。高斯认为这篇评论相当蠢。

大约在同时(1840 年),喀山大学的物理学家、罗巴切夫斯基的朋友恩斯特·克诺尔(Ernst Knorr,1805—1879)拜访高斯,并送给他一份上面提到的罗巴切夫斯基 1836 年的论文。后来,高斯的朋友、普尔科瓦天文台台长弗里德里希·格奥尔格·威廉·施特鲁韦(Friedrich Georg Wilhelm Struve,1793—1864)送给高斯其他出现在喀山学术团体杂志上的罗巴切夫斯基的论文。现在不知道 1829 年和 1830 年罗巴切夫斯基在《信使》上发表的论文高斯是从何处得到的。

幸运的是,高斯能阅读罗巴切夫斯基著作的原版。在 1844 年 2 月 8 日写给格尔林的一封信中,他把这些短篇论文比作"一片错综复杂的森林,不事先知道它的每一棵树,在其中要找到一条通道和观察点是困难的"。另一方面,他赞扬《几何学研究》的简洁和准确。在日期为 1846 年 11 月 28 日的致舒马

---

① 俄文原名为 Казанский вестник。——译者注
② 第 XVII 卷,第 295 页。
③ 第 25 卷,第 3 部分(1840),第 147 页及其后。

赫的一封信中，高斯重复了这个赞扬，并且说罗巴切夫斯基采用了一条不同于自己的路线，但是以一种巧妙的方式和真正的几何学精神。从阅读这本书他得到了"精致的享受"。

在高斯的两本①罗巴切夫斯基的《几何学研究》中的一本里发现了一张纸，上面是非欧三角学公式的推导概要。可能写于1846年当他有时间再次浏览这一著作的时候。这则注记给出了高斯1816年的结果，但增加的一个概念是后来的。作为最终结果而导出的一些公式，与涉及半径为$1/k$的球面的球面三角学的方程等同；如果把一个纯虚数值赋予这个常数k，就从这些公式得出非欧三角学的对应方程。在《几何学研究》的结尾，罗巴切夫斯基注意到这个关系。在那里它作为一个特殊情形出现。现在不知道高斯是否希望通过字母k指出，这两种几何学可以从属于常曲率测度流形的几何学这一更普遍的概念。在上次提到的致舒马赫的信中，他写道："你知道我有相同的信念已经54年了（自1792年起），还有后来的某些扩展，对此我不愿在这里提及。"

现在不知道的这个"后来的扩展"究竟是什么。可能是他给予通过曲率测度的符号而产生的那些几何学完全平等的地位。他的学生黎曼后来发展了这种思想：人们只需把空间想象成一个无界的而不是一个无穷的流形。

1842年11月23日，高斯提议罗巴切夫斯基为格丁根皇家科学学会的通信会员，称赞他是俄罗斯帝国最杰出的数学家之一，他立即当选。高斯亲笔给罗巴切夫斯基写了一封信并附上会员证书。罗巴切夫斯基得到来自一个外国的、尤其是出自他在青年时期就知道去钦佩的人之手的信，这种认可让他非常高兴。他向高斯表示衷心感谢的信，日期是1843年6月，信中他为迟复抱歉，为此他提到了城市大火，这影响了他的健康和个人事务，而且过多的行政事务让他不堪重负。

为何高斯在他出版的著作中从来没有提及鲍耶和罗巴切夫斯基？这个问题经常被问起，而且高斯为此受到批评。唯一的答案是他决意在他的有生之

---

① 在阅读格斯多夫(Gersdorf)的《索引》上的那篇评论之后，他订购了一本；威廉·施特鲁韦的儿子奥托·施特鲁韦(Otto Struve)后来给了他另一本。

年决不发表关于平行线理论的任何东西。他信守了这一决定。除了发表,高斯会做任何有助于和鼓励别人的事情,但他觉得他必须避免争论。如果别人比他抢先一步发表他已经拥有很多年的结果,他不在意。

1843 年 8 月,奥托·施特鲁韦(Otto Struve)最后一次拜访高斯,发现他正在阅读罗巴切夫斯基的一篇短篇作品,他说这作品令他感兴趣,不但由于它们的内容,而且由于那是俄语,他当时正热心学习俄语。这次交谈的一个结果是,到 1843 年年底,施特鲁韦送了高斯他在圣彼得堡尽可能找到的罗巴切夫斯基的许多作品。请注意早在 1827 年,当狄利克雷到格丁根访问时,他与高斯讨论了非欧几何学,这令人感兴趣。

在 1851 年出版的一本小书中,沃尔夫冈·鲍耶称赞了罗巴切夫斯基的《几何学研究》,这可能是他仅有的一本他和他儿子约翰见到的罗巴切夫斯基的著作。约翰研究了这一著作与他的《附录》的关系。罗巴切夫斯基在发表上有优先权。

当约翰·鲍耶在 1823 年 11 月 3 日就他的新发现向他父亲报告时,后者催促他快速发表,因为"许多事情同时会有一个时期,在这个时期它们在多个地方被发现,恰如在春天紫罗兰在多个地方绽放"。现在我们知道他是何等的正确。

高斯无疑是摆脱欧几里得传统束缚的第一人,但没有证据显示他通过鼓励或通过提供基本观念而对鲍耶和罗巴切夫斯基有直接影响。无疑陶里努斯独立于高斯,尽管他通过他舅舅施魏卡特得到了高斯的某种鼓励。沃尔夫冈·鲍耶努力使他的儿子离开平行线这一论题,警告他说即使高斯也在解决这个问题上失败了。在后来的年月,约翰指责他的父亲把他的想法给了高斯,后者于是宣称这些想法是他自己的。此外,鲍耶和罗巴切夫斯基相互独立无关,这是非常清楚的。

高斯对罗巴切夫斯基可能的影响需要更仔细地检查一下。高斯的朋友和老师巴特尔斯在瑞士过了 9 年,在 1805 年到 1807 年返回不伦瑞克,后来成为喀山大学的数学教授。巴特尔斯是罗巴切夫斯基的老师,他向罗巴切夫斯基介绍了高斯在数论上的工作，但没有证据表明巴特尔斯给了高斯关于非欧几何学的想法，原因很简单，巴特尔斯不知道这些想法。高斯和巴特尔斯直到1807年才再次在一起，而且在这个日期以后彼此再也没有见面。在1808年及在1821年他们有私人性质的信件来往，但这些信件与数学无关。当然，在那时对欧几里得公理正确性的怀疑在流传，而且我们必须认为巴特尔斯分享了这一共同的观点——并不是由于他和高斯的友谊。在后来一些年月，巴特尔斯的外孙奥托·施特鲁韦说巴特尔斯认为罗巴切夫斯基是他在喀山大学最拔尖和最有才能的学生之一。他认为关于非欧几何学的工作是一项有趣的理智思索，而不是推进科学的工作。施特鲁韦不记得巴特尔斯曾说过高斯有类似的想法。

奇怪的事实是在稍微超过10年的一段时间中，这4个人独立地都从欧几里得的传统中解放出来。首先，高斯和施魏卡特几乎同时，然后，罗巴切夫斯基和鲍耶又几乎同时。更神奇的事实是所有这4个人都只发现了两个可能解中的一个。在那时，他们中没有一个人想到可能存在几何学的这样一个相容的体系，其中一个三角形的内角和大于两个直角。之后很久高斯认识到这种可能性，而且这个观点被他的学生黎曼完全发展。1854年6月10日，黎曼在格丁根大学哲学系宣读了他著名的试讲报告《论作为几何学基础的假设》(Ueber die Hypothesen, welche der Geometrie zu Grunde liegen)。在提交的3个题目中是高斯的选择确定了这一个，而且他在听众之中。

有一个特定的表示被称为"高斯曲率"，它涉及一个曲面的方程和一个点的坐标，对所有诸如球面和平面这样的曲面，它是一个常数。不过，对于某些其他曲面，至少当图形尺寸非常小时，它也是常数。那些不依赖平行公设的几何公理中，有那些保证一个图形在空间中的自由移动性的公理。这意味着空间在本性上是到处相同的，而且任何一个图形可以在其中被移来挪去而不被撕裂、卷曲或伸展。在常高斯曲率的曲面中有将曳物线围绕 X 轴旋转而形成的曲面。这个曲面到处都是鞍形的。这个曲面的几何学是非欧的，而且所属的类型异于球面的几何学，它本质上是罗巴切夫斯基的几何学。曳物线空间不是一个完全的罗巴切夫斯基平面,而是它的一部分,其边缘与自身连接,连接的方式与用欧几里得平面形成一个圆柱面的方式相同。

在写于1827年前后的一则注记中,高斯将用曳物线旋转生成的负常曲率测度曲面(伪球面)称为"球面的对应物"。由他建立的公式导致了一个定理:在(且仅在)伪球面上旋转曲面彼此全等,而且人们可以像在一个球面上移动一个球面三角形那样在伪球面上移动一个测地三角形,而保持上述性质不变。因此,值得注意的是,高斯研究了负常曲率曲面。现在不知道是否是他创始了"球面的对应物"这一表达。

第十六章
考验与胜利：经历冲突

格丁根大学很早就开始准备庆祝其建校百年。校方决定建立一座新建筑，并且把它作为庆典献礼的一部分。这座大楼是古典希腊式的，以"宫殿"（Aula）知名，位于威廉广场。在它前面的小公园里立着汉诺威国王威廉四世的一个纪念碑，"宫殿"是为纪念国王威廉四世而建的，它的揭幕是庆典活动的一部分。"宫殿"经常用作这所大学的行政大楼，它包含一个美丽的礼堂，那里装饰着这所大学历史上重要人物的油画肖像。

庆典从1837年9月12日持续到9月20日；许多校友、官员和其他大学的代表出席。格丁根大学的学监和政府部长冯·阿恩斯瓦尔特和冯·施特拉伦海姆（von Stralenheim）在武装警卫的护送下入城。9月17日所有教堂的钟为庆典而鸣。副校长贝格曼（Bergmann）在礼炮声中把该大学的一面特别的庆典旗帜交给学生会。

当汉诺威国王恩斯特·奥古斯特到达时，一个唱诗班在圣约翰教堂的塔里唱歌，市议会和一个市民代表团已在文德（Weender）门正式迎接他。经过国王面前的游行队伍中有格丁根大学的学生、教职员、本城教士、学监、外国朝廷的大使和代表，以及许多大学的代表。然后游行队伍走向威廉广场，在那里举行宫殿的落成仪式和纪念碑的揭幕。神学教授卡尔·特奥多尔·阿尔伯特·利布纳（Karl Theodor Albert Liebner, 1803—1871）做了庆典布道，而且这个仪式以一首伟大的《感恩曲》(Te Deum)结束。在一场盛大的宴会之后,这一天的活动以在圣约翰教堂中的一场音乐会结束。

9月18日是真正的学术庆祝日。一清早部长冯·施特拉伦海姆把一把金钥匙递给副校长,从而把这座新建的"宫殿"转交给格丁根大学。同时他给了贝格曼一个纯金的大勋章和一条链子,并且下令这位副校长的每个继任者应佩戴它们。在"宫殿",格丁根伟大的古典学者卡尔·奥特弗里德·米勒(Carl Otfried Müller)用流利的拉丁语做了庆典的主报告。[①] 在庆典晚餐后格丁根的市民们举行了声势浩大的火炬游行,然后是放烟火,向大学的学监致敬。

许多德意志首屈一指的学者们出席了庆典;最重要的一位是亚历山大·冯·洪堡,在他这次访问母校期间就住在高斯家。当卡尔·伯尔舍(Carl Bölsche)看到高斯与洪堡挽着手臂走出"宫殿"时,他意识到他们给年轻人留下了深刻印象。他写道,他们彼此在交谈:

> "这样的一个时代——对于以自己的方式,诚实且不间断地发挥才能的每一个人来说,是何等的好运和怎样有力的召唤。"当我听到他[高斯]被提及之后,而且每当我在格丁根见到他时,一种教化的崇敬和爱的感觉使我不能自已。真正的伟大,不用意识到,也没对之渴望的伟大,使年轻人高贵!

9月19日,在"宫殿"由几个系主任授予荣誉博士学位。高斯遗憾索菲·热尔曼没活到接受它们之中的一个。下午,关于发明的双线磁力仪,高斯在格丁根皇家科学学会的一次公开会议上当众做了一个演讲。高斯是在洪堡的特别请求下做这次演讲的,洪堡出席了这次会议。高斯以这些话开始他的演讲:

> 我们学会参加乔治亚·奥古斯塔大学的庆典,正如女儿出现在她母亲的金婚纪念仪式上,不是用如花的语言表达她的感觉,而是分享家人的喜悦并奉献微薄的礼物。根据本地习俗,女儿要带来一件

---

① 就在这次庆典前高斯写道,大量诗歌"突然出现"。

在夜晚她手工完成的简单工艺品,或带来一种在她自己的花园中成熟的果实。女儿在她亲爱母亲的荣耀的日子,感觉到发自内心的感激和快乐,母亲给了她生命、关爱和前程,作为母亲的一部分而存在的女儿感觉太多,无法用词语表达。事实上,母亲的荣耀日子也是女儿的荣耀日子。

  在这喜庆的时刻,在群贤面前,我要做我们学会在这座新建筑中、并在这种感觉下召开的第一次会议的开场演讲。我非常明白我必须在不止一个方面要多么地依靠一种仁慈的宽容。这是关于严格科学的一个演讲,其本身有些微亲和力,而且在我手中无论如何没有演说技巧上的修饰,在最理想的情况下也只能让那些较熟悉类似努力的人引起共鸣。如果比较远离这些科学的人不拒绝对演讲给予他们令人尊敬的关注——我无法把演讲与一些对他们也许显得枯燥无味的发展从中分离出来以不使得这个演讲变得肤浅甚至莫名其妙——那么这将更令人感激。

9月19日晚上,在骑术学院举行了盛大舞会,学院为了这场盛会特意装饰了一番。超过两千人参加了这场舞会。第二天上午,学生们把他们的旗帜带到"宫殿"中,并在威廉广场唱着传统的《让我们欢乐吧》(Gaudeamus igitur)结束庆典。

高斯对官方庆典的态度一般不怎么友好。他对这场欢庆和典礼有何反应?答案能在他于1837年9月26日写给他朋友奥伯斯的一封信中找到:

  在我们的庆典过了之后——对于这场庆典你能通过总是令人作呕的(ad nauseam usque)新闻界得到消息——我必须给你一个我仍然活着的信号。事实上,我不乏有遇到与格申(Göschen)[①]相同命运的机会。他前天去世,极有可能是同一活动[庆典]的牺牲品。另一

---

  ① 约翰·弗里德里希·路德维希·格申(Johann Friedrich Ludwig Göschen,1778—1837)是法学教授。

位本地的教授迪森（Dissen）①在几天前去世,但在他的情形,如果这次庆典有某种影响,那么也只是导致心绪不宁,因为他闭门不出有好多年了,他不能出席庆典的任何活动。

我前些时身体不很好,我决定不参加庆典的所有行进队伍,而停留在教堂和"宫殿"中,在那里,还必须穿令人压抑的沉重的所谓官方长袍,即一种僧侣的斗篷。直到星期天一早,通知我们前面所说的队伍行进和布道将当着国王的面举行时,我才决定不再落在人后。但即使在图书馆里的会议上,那里有100人近距离聚集在一起,我就在缺氧的空气中真的恶心连连了;然后穿着如铅一般沉重的长袍进入行进队伍;来到并停留在十分拥挤的教堂,在这里人们很难呼吸,而一场枯燥无味的布道没完没了。我几乎快要昏倒了。接着加入新的行进队伍,又到户外为那雕像的揭幕站立了一个小时,然后是奉献仪式。终于回到家里,我大汗淋漓,为了参加宴会,我不得不尽快更换内外衣服。

我认为我逃脱格申那样的命运,只是由于第二天我避免参加了所有的活动而平静地留在家里这一事实,正如在星期二[我避免]参加了荣誉学位授予仪式;最后一个事实是在这之后,由于我的好朋友韦伯的关心,打开了会场所有的窗户让新鲜空气进来,因此当我在12点之后为了参加皇家学会的会议到达会场时,我感到空气宜人而且能进行我的演讲。

这星期格尔林住在我家。在我家我每天都有好几次见到洪堡。他昨天晚上走了。我佩服他的精力。从柏林他日夜不停地赶到这里,从这里到汉诺威他又是赶夜路。

现在格丁根又恢复了平静,正如它先前的喧闹。庆典期间大家为你的健康干了许多杯酒。

---

① 鲁道夫·迪森（Ludolf Dissen,1784—1837）是古典文献学教授。

当时,高斯非常关心他最小的儿子威廉,威廉在1837年秋季与他的新娘移民美国,新娘是贝塞尔的外甥女。高斯的长子这时与施塔德(Stade)的索菲·埃里斯罗佩尔(Sophie Erythropel)订婚,她是一位内科医生的女儿,这位医生在1837年10月去世。(对高斯所有子女的一个概述见附录D。)

洪堡在返回柏林的途中在汉诺威停留了两天,他拜访了部长们、大使们和朝廷的其他成员。在写给高斯的一封感谢高斯最近招待的信中,他述说了他与天文学家卡罗琳·赫歇尔(Caroline Herschel)的一次会见,她似乎对知道高斯的一些消息特别高兴。国王恩斯特·奥古斯特召见了洪堡一个小时,国王说在庆典期间他在格丁根所见到的都让他高兴。国王还评论说他从未见到举止更为良好的年轻人。

然而庆典给人的好感、骄傲和欢乐的声音还未消失,一场大灾难就袭击了格丁根大学。这场灾难也深深且直接地影响了高斯的余生。它对这所大学的负面影响持续了许多年。它在很长一段时间影响了许多杰出的人物。从长远来看,引起这场灾难的行动无所成就。

在一场政治起义期间,汉诺威的国王威廉(英国的威廉四世)在1833年9月26日认可并签署了一部修改的宪法,这部宪法保护了人民的某些权利。在1837年6月,他驾崩了,这两国的百姓深深同情这位软弱但仁慈的统治者。英国议会1832年的改革与汉诺威引入这部宪法相呼应。威廉四世的王位由英国乔治三世的第五个儿子、坎伯兰公爵恩斯特·奥古斯特(1771—1851)继承。他的第一个行动[①]是取消他的前任颁布的自由宪法,并恢复1819年的宪法。那部新宪法的条款之一宣称,有身体上和道德上缺陷的王位继承人被排除继承王位。这位新国王的儿子是个盲人,而他取消1833年宪法的唯一目的可能是让他的儿子合法继承王位。格丁根大学的历史和政治科学教授弗里德里希·达尔曼(Friedrich C. Dahlmann,1785—1860)在学术评议会上提出动议:格丁根大学应采取手段,以引起国王注意他的这一安排的危险性。这刚好发

---

① 1837年11月1日。

生在格丁根大学的庆典之前,因此没有反应。几乎没有教授想插手这件事。庆典期间,在威廉四世纪念碑揭幕式上,恩斯特·奥古斯特把他的头转向一边,格丁根的人们认为他们从这件事看到了不祥之兆。

恩斯特·奥古斯特取消1833年的宪法也有财政上的原因。这部宪法保证对地方议会的认可,并保证主要议会或国会分为上议院和下议院;宪法授予下议院专属立法权并把对财政的控制交给内阁。新国王从不按照规定正式承认1833年的宪法。新的选举被命令按照1819年的宪法进行。这位国王解雇了他的内阁部长并很快为他们更名为部门部长。他的目的是把所有下属从效忠1833年宪法的宣誓中解脱出来。

教会和政界领袖们以及大多数人民强烈反对国王采取的随意和非法的行径。为了回应被格丁根和其他地方的骚乱所强调和加强的要求,威廉四世曾做出让步。达尔曼曾教导说宪法只能以立宪的形式改变。这样的一部宪法,涉及所有国民的、道德的和理智的力量,对个人服务于祖国的责任形成一个标志。至少在理论上,忠于宪法的宣誓几乎是宗教的事。这是个良心的事。这就是当时高尚的人们的感觉。

人民的反对全无效果。这位国王意志如铁,而且脾气火爆。反对只能使他勃然大怒并且坚定决心。这位专横的老人发誓,如果人民拒绝接受他提供的宪法,他会让他们全然没有宪法。他证明了他自己是虚张声势的、残暴的和任性的。他不懂德语。他只知道"臣民",不知道完整意义上的公民,而且痛恨立宪政府。恩斯特·奥古斯特对研究和科学也不友好。

人们可以想象当国王收到由格丁根大学7位教授签名的一封抗议书时的愤怒。他们是达尔曼、埃瓦尔德、韦伯、著名的格林兄弟、法律教授威廉·爱德华·阿尔布雷希特(Wilhelm Eduard Albrecht,1800—1876)和历史兼文学教授格奥尔格·戈特弗里德·格维努斯(Georg Gottfried Gervinus,1805—1871)。达尔曼和埃瓦尔德是这次抗议的发起者,它不是指向这所大学的管理委员会,而是指向皇家内阁。这7位教授宣称他们感到有义务遵守忠于1833年宪法的宣誓。当国王发现这份文件很快公开,其范围远超汉诺威的边界时,他的愤怒大增。学监冯·阿恩斯瓦尔特和内阁顾问霍彭施泰特力图使这7位教授收回他们的抗议书。在格丁根意见发生分歧。

副校长贝格曼和格丁根大学学术评议会得以谒见国王,地点是在索灵山(Solling)附近国王的罗滕基兴(Rotenkirchen)城堡。贝格曼呈上一份文件,其中抗议书的散布被说成是"一个不幸的事件"。汉诺威政府在向新闻界的一次发布会中使用了这份文件,政府试图孤立这7位教授,显得整个格丁根大学都在反对他们。三星期后,格丁根大学的另外6位知名教授向新闻界发表声明,其中他们说他们永远也不会批评7位同事的行动。

1837年12月12日,格丁根大学的这7位著名教授被解职。雅各布·格林(Jacob Grimm)、达尔曼和格维努斯被勒令3天之内离开汉诺威王国,因为他们曾"坦白"参与散布抗议书。其他几位允许留在格丁根,只要他们"守规矩"并保持安静。汉诺威政府没理会另外6位教授的声明。

为了避免骚乱,一支强有力的部队被派到格丁根,并且禁止马车出租行业的经营者出租驿车或四轮马车给任何人以防止学生们的示威活动,他们可能想在他们喜爱的老师们离开这座城市时陪伴他们。达尔曼、格维努斯和雅各布·格林离开了格丁根,好像他们是叛国者。但消息迅速传开,许多学生比被放逐者先到达维岑豪森(Witzenhausen),在这里他们举行了一场群情激昂的示威。

埃瓦尔德、达尔曼和雅各布·格林发表作品为自己辩护。他们宣称他们的动机是理想主义的,涉及荣誉和自由、良心问题,而不是政治鼓动。他们的影响是深远的。在这之后德意志的教授们被推向公众和政治生活的中心。全德意志对格丁根这7位教授的巨大同情被激起;有人为被驱逐者筹款。柯尼斯堡大学甚至授予阿尔布雷希特一个荣誉博士学位。

1837年的事件使埃瓦尔德脱离了他习惯的生活,即一位平静学者的生活,他再也没有完全回归这种生活。事实上,在后来一些年,由于他的政治行动他使自己相当可笑,当他反对普鲁士吞并汉诺威时,其实他惹了很大的麻烦。他相信家长式政府而不是议会式政府。

第十六章 考验与胜利：经历冲突

在汉诺威和格丁根的许多人认为这 7 位教授的目标太高了，便严厉批评他们，并认为他们别有用心。这涉及格丁根大学许多教授。教学人员的空缺很难填补。其他政府试图吸引被驱逐者加入它们大学的教员队伍。不伦瑞克公爵想通过全部聘用这 7 位教授来重新开办黑尔姆施泰特大学，有传言说这 7 个人都想去马堡大学。他们逐渐找到了职位：格维努斯去了海德堡大学，埃瓦尔德去了蒂宾根大学，格林兄弟去了柏林大学，达尔曼去了波恩大学，阿尔布雷希特和韦伯去了莱比锡大学。

高斯由于没有在抗议书上签名而受到批评。达尔曼曾指望他签名。指责未签名的格丁根大学教授有明显的懦弱或性格弱点是错误的。高斯的朋友们认为至少作为一个温和的反抗，他会离开格丁根大学。流传着谣言：他正准备去巴黎。① 为何高斯没有在那份文件上签名？这有几个原因，他自己的信件也指出了。首先，高斯那时 60 岁了，他人生的大部分时间是在格丁根度过的。此外，与他一起生活的母亲 95 岁高龄而且失明。他觉得带着她搬家是不可能的。其次，高斯对政治非常感兴趣并在这个领域消息灵通，但他在政治上从不活跃。他憎恨有政治激进主义意味的任何东西，他是完全保守的。他觉得他的同事们的行为是完全无用的并会伤害这所大学。他的最后一个观点是正确的。格丁根大学需要超过 50 年才能从这次打击中、从其声望的损失中恢复过来。

高斯尤其被埃瓦尔德和韦伯在签名者中这一事实深深打击。这次事件后不久，这两个人都去伦敦访问。埃瓦尔德在英国度过了 6 个月，主要研究梵文和用阿拉伯语写的犹太语言学家的著作。他把时间花在牛津大学的博德利图书馆②和伦敦的不列颠博物馆里。1838 年 3 月，韦伯离开格丁根开始一次科研旅行。他经莱比锡到柏林，在这里波根多夫与他结伴；直到 1838 年 8 月，韦伯才回到格丁根。高斯事先不知道韦伯准备去伦敦。

在韦伯出国期间，高斯为韦伯的利益付出了特别的努力，要求恢复他的职

---

① 在致奥伯斯的一封信中他写道，巴黎是他最不可能去的一个地方。
② 博德利图书馆(Bodleian Library)以托马斯·博德利(Thomas Bodley，1545—1613)爵士的姓命名，他在 1602 年创立了这个图书馆。——译者注

务。他向在伊尔费尔德（Ilfeld）的弗里德里希·冯·拉费特（Friedrich von Laffert）伯爵寻求帮助，这是负责格丁根大学事务的政府官员。国王周围的人把韦伯看作是7位教授中危险性最小的人，事实上他们认为他的签名是被"引诱"的。但高斯的努力落空了。

高斯的下一步是尝试直接行动。他知道朋友亚历山大·冯·洪堡在国王于1838年5月的后半个月访问柏林期间将与国王接触。所以，他请求洪堡用他的巨大影响力在国王面前为韦伯求情。高斯写信给洪堡说，他的整个科学活动的继续取决于韦伯留在格丁根，人们应当记得他不是一个夸大其词的人。值得注意的是高斯没有为了埃瓦尔德采取任何行动，只是因为埃瓦尔德是他的女婿，他感到这样"不合适"。他对要求韦伯签署这样一份声明踌躇不决，声明说他韦伯在抗议书上的签名行动太草率了。事实上，他说在相同的情况下他不会按这种方式撤回自己的主张。高斯感到如果他让韦伯为了复职而撤回自己的主张，无疑在同事和学生中会置自己于一个不光彩的位置。他最后的希望是洪堡。

同时高斯更为苦恼，因为现在他要与女儿明娜离别。1838年5月，埃瓦尔德被任命为蒂宾根大学东方语言学教授，他在这所大学非常勤奋地工作了10年。

洪堡没有机会①与国王讨论韦伯的案件；不过他确实与朝廷的两位成员提出过但未成功，他发现国王无意给7个人中的任何一位复职，除非他们接受太令人耻辱而难以接受的条件。当管理委员会请求高斯推荐填补韦伯的教授空缺时，他以此作为最后的机会试图让他的朋友复职。韦伯的教授职位由高斯的学生贝内迪克特·利斯廷（Benedikt Listing, 1808—1882）担任。

格林兄弟与高斯保持着客气的同事关系。他们怀疑高斯为韦伯所做的努力，认为他只关心埃瓦尔德和韦伯的命运。他们认为韦伯受高斯影响太大。高斯的信件表明他是关心格林兄弟的，尽管为他们自然不会像为韦伯那么积

---

① 在一次宴会上国王告诉洪堡："以朕的钱，芭蕾舞者、妓女和教授，朕要多少有多少。"

极。在这个动荡的时期,有谣言说信件往往被拆开,高斯在写信时比往常更加小心。

本来高斯会努力说服埃瓦尔德和韦伯不要在抗议书上签名,但他直到6或7天后才知道抗议书的详细内容,这时抗议书已公开了。他觉得韦伯、埃瓦尔德和阿尔布雷希特签名是良心的事,他们以为这是与管理委员会的私下交流。1838年1月7日,高斯在致舒马赫的一封信中用这些话语总结他对这整个事件的看法:"目前我们可怜的乔治亚·奥古斯塔大学正在痛苦之中,我不能摆脱对它的某种虔诚。现在让我离开格丁根比任何时候都困难,至少在我不得不放弃拯救其中我个人珍视的某种东西的所有希望之前是这样。"

在写给女儿明娜的一封信中,他说他希望准备好去做责任和荣誉要求他做的事情。他感到他自己的地位不稳,但情况从来不是这样。

在1838年夏季,高斯开始担心他正在失去听力。他暂时失聪,先是一只耳朵,然后是另一只耳朵,有时是双耳。几天后他的听力会突然正常。由于这种突然性,高斯认为这纯粹是局部失调。他不怎么相信医生,对格丁根大学医学教授卡尔·弗里德里希·海因里希·马克斯(Karl Friedrich Heinrich Marx,1796—1877)的诊断并不信服,马克斯说这是神经系统的一种普通疾病。高斯自信这只是咽鼓管①堵塞并且阅读了关于这个主题的几部医学著作。他想动身去柏林让克拉默(Kramer)博士给他做一个手术,因为他对格丁根的任何医生没有充分的信心,但最后他取消了行程。"将一根银管从鼻子通到头颅"的想法令他恐惧。最终他确信这是外耳的问题并开始使用杏仁油自己来治疗。高斯写信给他的朋友奥伯斯说许多医生倾向于寻找不平常的、复杂的而且罕见的病因而忽视明显的病因。当症状开始出现时,他拿一个小勺子探找耳垢,起初耳道似乎干燥且没有耳垢,后来挖出了硬的耳垢。奥伯斯推荐用温热的肥皂水喷洒耳朵,把浸了一会儿水的斑蝥放在耳后根,并用芥末进行强化足浴。几个月之后,这种症状消失了,高斯把这归功于杏仁油的治愈作用;

---

① 由意大利解剖学家巴尔托洛梅奥·欧斯塔基奥(Bartolommeo Eustachio,1520—1574)首先描述,亦称欧氏管。——译者注

他确信病因完全是机械性的。失聪再也没有出现。

1839年3月,高斯寄给埃瓦尔德一本格丁根大学1837年庆典纪念册。教职员工与此册子的编辑工作没有任何关系,但他很高兴地看到他的演讲原封不动地印了出来。在庆典上那篇长长的布道被大为缩减,这一事实使他觉得好笑。当时,特蕾泽在一家杂货店得到一些纸做的袋子,纸上印的正是那篇布道的原文。高斯把它作为一件好玩的东西寄给埃瓦尔德。

1838年11月,伦敦皇家学会把科普利(Copley)奖章授予高斯。在那时,科普利奖章被认为是该学会的最高荣誉。他特别高兴,因为他认为这意味着磁研究在英国有更多人参与。该奖章中金属的实际价值是6个金路易;高斯在写给他女儿明娜的一封信中说,如果这枚奖章的价值更高,他会出售并在约瑟夫和威廉之间平分收益。①

1839年春季,特蕾泽的健康不佳,高斯年迈的母亲非常虚弱,而且他本人有时患黏膜炎和头疼,经常失眠。当炎热的天气到来时,对他的影响总是显著的。他度过冬天则没有多大困难。

高斯的父亲在1808年最后患病期间,写下了自己的遗嘱,其中他把关于他所有财产的一项终身权益给了他妻子多罗特娅。如果他的两个儿子坚持马上分财产,她得到三分之一。多罗特娅继续住在不伦瑞克,但她孤独而且渴望和她儿子住在一起。然而她不能下决心放弃她的家。这种孤独由于这个事实而增加:虽然她能阅读印刷的材料,但不能阅读手写的材料。与她如此自豪的儿子的所有通信是在别人的帮助下进行的。最终,1817年,在她74岁时,她同意了高斯的恳求并和他一起搬到格丁根天文台的新寓所里。在不伦瑞克的家被卖掉,高斯的哥哥得到了他的份额,本来他只能在多罗特娅夫人去世后才能得到。

在她的新家,这位数学家的年迈的母亲生活了许多年,受到了高斯、他的女儿们、他的妻子的悉心照料。这位老妇人从来没有被说服不穿她的农民衣

---

① 在他去世后这枚奖章给了约瑟夫。

服或与别人一起坐在桌子边吃饭。她从来没有完全习惯她的新家。她的房间是在二层楼的一小间,能俯视天文台的迷人花园,而且她能很容易走到露台上。在她的窗前是一棵大槐树。她在这个家里和他儿子的密友们无拘束地走动。

多罗特娅向她的孙辈们口述给她继子的书信,信中有关于她本人和在格丁根的这个家的消息,以及关于在不伦瑞克和她的家乡费尔普克的亲戚和朋友们的事情。只要听到有人从不伦瑞克来格丁根,她就探访这个人,问事情并委托办事。她喜欢做的事情之一是在格丁根市场买姜饼并且和在那里遇见的妇人们交朋友。

1830年,当多罗特娅听说卡尔·弗里德里希的侄子格布哈特·高斯(Gebhart Gauss,1811—1879)作为一个按日雇佣的管子工经过格丁根时,她非常高兴。但高斯的妻子躺在病床上(再也没有起来),格布哈特不能住在天文台里。多罗特娅希望在他返回时见他。在她87岁时,她想回不伦瑞克一次;两年后她失明了,这个计划不得不放弃了。在她去世前几个月,她的体力出奇地好,而且她的记忆一直无可挑剔。在她失明之后,当她去看明娜·埃瓦尔德或在这座城市的朋友时,得有个人领着她。在她最后的几个月她没有离开她的房间,并最终在1839年4月18日去世,享年97岁。高斯极度悲痛。他知道多罗特娅的一生是艰难的。在一封信中他说母亲的一生"充满荆棘"。早在1810年,他写到她的婚姻不幸福,因为她和他父亲不能和谐相处。老高斯经常言行粗暴而且在家里专横跋扈,尽管在这后面全是好心。在同一封信(1810年)中,高斯写到他母亲有"许多弱点",但她值得爱。

高斯有几个月担心最年幼的儿子威廉及其新娘的安全。他们去到不来梅,为了合适的风向不得不等了一些时间,但最终在1837年10月29日登上亚历山大(Alexander)号启程,船长默滕斯(Mertens)逐渐变得非常喜欢威廉。这艘船遇到了大风暴,但终于抵达新奥尔良。过了几个月,高斯得到他们平安到达的消息。同时,他听说在他们到达时新奥尔良正流行黄热病,于是非常担心,直到后来听说他们安全抵达密苏里。他们坐船沿密西西比河逆水而上。

1838年秋季,高斯得知他的第一个孙辈5月30日在密苏里的圣查尔斯(St. Charles)出生,感到极为幸福。他向奥伯斯宣布了此事,在激动之中他忘了说是男孩或女孩。奥伯斯很快询问,高斯写信说是个男孩,他注定变成"一个健壮的美国人"。这个男孩用英语的形式取了高斯的名字:查尔斯·弗雷德里克(Charles Frederick)。后来当高斯听说他的孙子被允许在开阔的大草原上独自一人骑小马驹时,他很是吃惊。在欧洲这是不可能的!当查尔斯·弗雷德里克14岁时,高斯要求他写一封信,尽管这封信不得不是用英语写的。查尔斯·弗雷德里克在密苏里的圣路易斯活到1913年,在这里他成了从事制帽业的百万富翁。在高斯的晚年,他听到8个孙子和6个孙女的出生非常快乐;4个孙子在他去世后出生,他总共有18个孙辈。

奥伯斯写给高斯的最后一封信的日期是1839年5月30日,在它的结尾处高斯写下:1840年3月2日去世。这是一次沉重的打击,因为高斯失去了一位最亲密的朋友,奥伯斯自从他的青年时期就支持高斯。奥伯斯有友善的性格,家境宽裕,在丧偶后的那些年由他儿子照顾。然而他开始抱怨由于年老而生的疾病,并抱怨孤独。

在这个时期的阳光一面,必须记上高斯的长子约瑟夫在1840年3月18日与在施塔德的一个医生的女儿索菲·埃里斯罗佩尔的婚姻。他赞成他儿子的选择而且非常喜爱他的儿媳。他们经常来看高斯和特蕾泽。高斯开始担心他可能再也看不到一个孙辈,最终这对夫妇生了一个儿子卡尔·奥古斯特·阿道夫(Carl August Adolph,1849—1927)。在一个圣诞节,当小男孩卡尔大约3岁时,他们献给高斯一幅他的油画肖像。卡尔一生的大部分时间是在德意志的哈姆林度过的,而且他是高斯唯一见过的孙辈,因为其他的孙子孙女在美国。当然,他有其他孙辈的用银版摄影术拍摄的出色照片。卡尔记得他祖父怎样想通过大望远镜给他看一颗星星;他怎样充满期待地靠近目镜站着,他那带着天鹅绒帽子的祖父正转动着能移动天文台顶部百叶窗的手柄。另一次,这个男孩正在天文台的花园里玩耍,他祖父遇见他并问:"你想让自己成为什么样的人?"对此小卡尔答道:"哟,你自己想成为什么样的人?"然后这位老

第十六章 考验与胜利：经历冲突

人拍拍这个小孩的肩膀笑着说："我的乖乖,我已经是重要人物了。"

埃瓦尔德和明娜在蒂宾根从来没有完全幸福过,也从来没有对德意志南部的气候感到自在。在离开格丁根时他们装运了家具和行李,但似乎在那时蒂宾根住房短缺,他们在安家上遇到了很大困难。他们在蒂宾根不幸福的真正原因是明娜的健康状况不佳,那实际上一定是结核病。最终她在 1840 年 8 月 12 日的晚上 6 点钟去世,并被葬在蒂宾根。在她去世后第一天的早上,埃瓦尔德写信给高斯报丧。这可能是高斯曾经遭受过的最沉重的打击,有理由相信明娜是他最喜爱的孩子。1840 年 8 月 22 日,高斯对埃瓦尔德的报丧信作了回复:

> 亲爱的埃瓦尔德:
>
> 自从接到你的同时到达的两封信,它们上面我的眼泪混合着你的眼泪,我几次拿起笔,但我没有力气。即使现在我也不能认为我亲爱的天使般的孩子离我们而去。我最由衷、最有安慰的希望曾是在这里与她重聚,并看到我的最后岁月因此而喜悦。现在这个希望破灭了!让上帝给我们承受极度悲痛的力量吧。亲爱的埃瓦尔德,在我自己需要安慰时,我能向你表示的除了这位极好的人脱离尘世的磨难已进入更好的居所之外别无其他[安慰]。你知道怎样评价她的价值。世间罕见这样绝对纯粹、高贵的人。她酷似她的母亲。

此信的第二段表达了对特蕾泽健康的关心并说了希望上天赐给她力量,接着是:

> 希望上天也赐给你力量,亲爱的埃瓦尔德,你要不时向我报告你的健康状况。如果我们能用凡人的标准度量永垂不朽者的幸福,那么只要这位逝者的所爱者被悲伤所压垮,她的幸福就是不完全的,因为她发觉她在这个世界上的幸福只在于她所爱者的幸福之中。
>
> 真挚的友谊一如既往,
>
> 高斯

俄国沙皇要为普尔科瓦天文台绘制一幅高斯的油画肖像,哥本哈根的克里斯蒂安·阿尔布雷希特·延森(Christian Albrecht Jensen,1792—1870)受托在1840年夏季到达格丁根。高斯本人和其他人,除了舒马赫,对此非常高兴。这画的3幅摹本,其中一幅属于萨托里乌斯,都被保存在格丁根。现在悬挂在格丁根天文台的是后来比尔米勒(Biermiller)绘的摹本,本传记作者有一幅由兰德里(J.H. Landry)绘制的精确的摹本。这是高斯最知名的肖像,并且经常被复制。与沙皇达成的协议可能是由施特鲁韦拟定的。高斯把莎士比亚的《李尔王》中埃德蒙(Edmund)的话作为他的座右铭置于画的下方:"你,大自然,是我的女神;对你的定律,我的贡献是有限的。"①

在延森完成这幅肖像画之后,特蕾泽在8月13日踏上旅途,陪伴他回远在汉堡的家,并去看望她的哥哥约瑟夫和他的新娘,他们那时住在施塔德。

---

① 第一场,第二幕。单词"law"被换成"laws"。

第十七章
干路和支路上的里程碑

论述高斯的作者们经常评论的事实是,相对于他曾经发现的,他发表的相对较少。这种现象的第一个原因在于高斯身上显示出的数学天才的博大性植根于创造能力和批判能力的结合这一事实。这个特征能从他的博士论文和《算术研究》中辨认出来。在他后来的出版物中,对其他人业绩的批评减退了,但高斯式的严格性仍然是一个突出的特征。

这种严格性能外在地从他作品的表述形式上辨认出来。高斯总是努力让他的研究呈现出完整的艺术品的形式,在他的作品达到他期望的形式之前他从不予以发表。他常常说在一座建筑完成之后,人们应该不再能看到脚手架。他使用的信章体现了这个原则,那是一棵树,只有很少果实,且有铭文:Pauca sed matura(少但成熟)。高斯在致舒马赫、贝塞尔和恩克的信中解释了为何他不会而且不能偏离呈现这个模式。

完成在野外的大地测量之后,高斯在 1825 年到 1826 年的冬季重新从事他的理论工作。他在日期为 1825 年 11 月 21 日的一封信中向舒马赫如此抱怨:"对我的著作我总有一种愿望,使它们在完成时如我向往的尽可能精炼(ut nihil amplius desiderari possit),这让完成这些著作对于我非常困难。"

舒马赫在 1825 年 12 月 2 日答复他:

关于您的著作和"如我向往的尽可能精炼"的原则,我基本上希望,而且为了科学的利益希望,你不要如此严格地坚持这个原则。那么,在你无限丰富的想法中,与现在相比,我们将拥有更多,而且对于我,主题似乎比这个主题所能形成的最完整的形式更为重要。不过我惴惴不安地写下了我的意见,因为其利弊你必定考虑了很长时间。

1826年2月12日,高斯进一步阐述他的观点:

对你的说法我有些吃惊,好像我的错误在于过分赞成完整的形式而忽视主题内容。在我的整个科学生涯中,我的感觉总是恰恰与此相反,亦即,我觉得形式本可以更完整,但其中仍留下了些许粗心。由于你不想解释你的说法,弄得好像如果我满足于提供一块块建筑用石、砖瓦等,而不是一座建筑,不管它是一座神殿或是一间小屋,那么我就能为科学完成得更多似的,因为在某种程度上,建筑只是砖的表现形式。但我不喜欢建立一座缺少主要部分的建筑,尽管我很少关注外部装饰。不过,如果你的反对意见中其他方面是正确的,那也绝不适合我对当前著作的抱怨,这里的问题不在于我所称的主题内容;同样我可以向你保证,尽管我也喜欢给出令人愉快的形式,但在我早期的著作中对此用了相对少的时间和精力或很少予以关注。

当高斯寄给舒马赫一篇为《天文学通报》(*Astronomische Nachrichten*)写的关于回光仪的短文时,他补充道(1826年11月28日):"这次我当然不应当受到批评,尽管我曾经以内容为代价对形式让步太多,但这次恰恰相反。"

现在舒马赫感到应该全面解释他的意见(1826年12月2日):"我认为别人也可以做这种整修工作,在这上面我可能犯了一个错误;我没有犯错的是主张你不能把这项发明转交给别人。你生活的每一年,都在增加只有你能理解的新想法的提示。这些将来都要失去吗?"

高斯冷淡地对待所有这样的恳求。1832年8月18日,他写信给他的学生和朋友恩克："我知道我的有些朋友希望我能少按照这种精神工作,但这种事情永远也不会发生;在不完整的情况下我没有真正的喜悦,而从事一项没有喜悦的工作对我只是折磨。愿每个人能以这种给他最大希望的精神工作。"

1827年1月15日,他写信给舒马赫说他关于曲面的论文进展很大:

> 在这上面我发现许多困难,但那种人们可以正当地称之为整修或成形的事,绝不是长时间耽搁的原因(如果我把拉丁语的不灵活性除外),相反,这是一连串真理以它们的一致性内在地联结起来,这样的作品只有当读者不再能辨认出在研究中付出的巨大努力时,才是成功的。所以,我不能否认,对于怎样进行这种不同于我习惯的类型的工作,而且正如我自己表达的,不是用提供建筑用石来代替提供一座建筑我真的不清楚。有时我只是力图给公众一些关于这个或那个主题的提示;或者无人留意它们,或者后来它们被人诋毁,例如,在一篇书评中的某些言论中,见《格丁根学者通报》(G.G. Anz.),1816年,第619页。① 所以,只要是讨论重要的主题,我要么给出本质上完整的东西,要么什么也不给出。

如上面提到的这些提示在高斯青年时期的著作中有很多,而在他后来的著作中也没有全然缺失。在已经引用过的在1832年8月18日高斯致恩克的信中,表明他对他的提示是何等的小心:

> 我一直在良心上遵循的原则是,在我自己掌握相关主题之前,不做那种让专注的读者在我的每一部作品中能大量发现的提示(例如,参见我的《算术研究》,第593页,第335篇)②。

有一个值得注意的意外事件,高斯在向舒马赫抱怨他在提示上的失败后

---

① *Göttingische gelehrte Anzeigen*。
② 这里的页数指该书的第一版而言,在他的《全集》(第Ⅰ卷)中,对应的页数是412—413页,涉及积分 $\int \frac{1}{\sqrt{1-x^4}} dx$。——译者注

不久，通过朋友收到雅可比在1827年7月24日和8月14日写的两封信，以这两封信为起点雅可比开始了关于椭圆函数的研究。不久高斯知道了阿贝尔的研究，预计是他的研究的"大约三分之一"。《算术研究》中第335篇的著名段落对阿贝尔和雅可比的影响是众所周知的。高斯在这里播下的种子结出了硕果，而其他提示也没有落在石土中。

几乎四分之一个世纪后，当舒马赫在《天文学通报》上发表雅可比关于开普勒方程的一篇作品时，高斯和舒马赫这两位朋友之间在相同的问题上又起争论。1849年12月5日，舒马赫答复高斯："如果我不知道最终润色你的作品会花费你多长时间，我就会索要你的论文。"

之后，高斯回复说他倾向于用他闲暇时间的一部分去完成关于这个主题的一篇论文，但它需要相当多的时间使整个理论达到他自己满意的形式。他继续说（1850年2月5日）：

> 如果你认为我那句话的意思只是指与语言和表述的优雅有关的最后润色，那你就全错了。这些只花费一段相对来说无关紧要的时间，我所指的是内在的完整性。在我的许多著作中，正是这些切入点让我付出了数年的沉思，而在其后来篇幅紧凑的表述中，没有人注意到我起初必须克服的困难。

类似的话语出现在日期为1839年2月28日致贝塞尔的一封信中；贝塞尔在写给高斯的日期为1839年6月28日的一封信中支持与舒马赫表达过的相同的观点。

完整的表述，在这方面——牛顿和阿基米德是高斯的榜样——仅是内在完整性的外部标志。这里高斯的严格一词得其真意。与18世纪的习惯形成对比，高斯采用他称之为的古人习惯的严格（rigor apud veteres consuetus）或古代的严格（rigor antiquus）。在1850年9月1日，他如是向舒马赫表达他的信念：

> 现代数学的特征（与古代数学形成对照）是，通过我们的符号语

言和术语我们拥有了一个杠杆,借助这个杠杆最复杂的论证被约化为某种机械步骤。科学因此所获无限,但随着这件事如通常那样进行,在优美性和可靠性上所失甚多。这个杠杆经常只是被机械地使用,尽管在多数情况下对它的认可蕴含了某些未言明的假设。我要求,在使用任何计算时,在使用任何概念时,人们要始终意识到最初的条件,决不能把超出明确认可的机械步骤的所有结果当作财富。不过,通常的过程是,一个人要求对一般性的特征做分析,而且他期待不承认已产生的结果的其他人会证明相反的结果。但人们一定要期待那种对他而言坚持一个结果是错的人来做这件事,而不是期待承认一个未被证明的结果,一个依赖一套其初始的、根本的条件与正在考虑的情形无关的机械步骤的结果的人。

高斯的新思想非常丰富,而在他的一生中他的出版物相对较少,这二者之间存在差距的第二个原因在于,由他的工作模式而产生的拘谨,这种拘谨阻止他为出版作品做准备。

在上面提到的 1839 年 2 月 28 日给贝塞尔的信中,高斯以非同寻常的严厉语气对贝塞尔强调,为完成他的研究,他需要"时间,更多时间,比你能想象的更多的时间。而我的时间往往有限,非常有限"。在他的信件中,关于缺乏时间来进行理论研究的抱怨不断被重复。可能他生活中最幸福的岁月是从 1799 年到 1807 年的时光,当时他由于不伦瑞克公爵的慷慨资助,过着私人学者的生活。在他年老的时候,他带着激情和感谢想到这些岁月。例如 1845 年 2 月 15 日他写信给恩克,说到年轻的戈特霍尔德·艾森斯坦(Gotthold Eisenstein),艾森斯坦正在普鲁士国王的支持下进行数学研究:

> 他仍在幸福的时光中生活,他能完全发挥他的才能,不必受外界事物的打扰。我清楚地记得——过去很久的——那些岁月,我生活在类似的环境中。另一方面,恰是纯粹的数学思考需要不受打扰和整块的时间。

教授的职责，尤其是格丁根天文台台长的职位沉重地压在高斯身上。1820年6月28日，他给贝塞尔写了一封信，信中的话语反映了这种情况："尽管我热爱天文学，不过我还是觉得作为一名实用天文学家生活负担往往太重了，但事实上最痛苦的是我几乎不能做有条理的重要理论工作。"

1821年，高斯的工作增加了大地测量；这项单调乏味且耗时的野外工作在1825年结束，但有20多年高斯的时间大多被纯粹的刻板计算占用，这些计算本应由一个创造性才能较小的人承担。

该说说他为学生们讲课的责任了。他真正的愿望是在其个天文台做一个天文学家，把他的大多数时间用于纯粹的研究。根据高斯的看法，对于一位教授，最佳的安排是他向学生们讲授他此时正从事的研究。他不喜欢行政职责、繁文缛节和当教授的"事务"。

高斯以他惯有的责任心履行他的职责，但在1816年1月27日致贝塞尔的一封信中，他称讲课是"一项负担很重、吃力不讨好的事情"。在增加了大地测量工作的负担之后，他的抱怨变得非常激烈。1824年，他给贝塞尔写了一封信，当时他正考虑一个去柏林就职的邀聘，在信中他喊出（1824年3月14日）：

> 在这里我距离成为时间的主人是如此的遥远。我必须把时间在授课（对此我总是有一种厌恶，尽管厌恶并不源于长期存在的我正在浪费时间的感觉，但它由于这种感觉而增加）和实用天文学工作之间分配。除了稍纵即逝的闲暇时光，能给我留下什么时间去做我认为更有价值的工作呢？一个性格不同于我的人，他对不愉快的印象不那么敏感，或者就我自己，如果许多事情与现在不同，那么也许从这样的闲暇时光所得比我通常能得到的为多。

高斯在写给亲密朋友们的信中这样的段落有很多。再举一个在1826年2月19日写给奥伯斯的一封信中发现的段落，就够了：

> 独立性，对于深刻的智力工作是伟大的口号。但当我的头脑中

第十七章 干路和支路上的里程碑

充满着在空中飞舞的精神想象时,上课的时间快到了,我不能向你描述这种脱轨,这种异类思想的跃动,对我来说是多么耗神。而且对我来说,事情经常变得如此困难,但在不同的环境下,我会认为它们是微不足道的入门工作。另一方面,亲爱的奥伯斯,我不想用我对不能改变的事情的抱怨劳烦你;如果这样的逆境不经常出现,那么在生活中我的地位将会是不同的。

从上面的陈述,高斯在理论工作上的进展不仅受阻于闲暇时间的缺乏,而且受阻于他的精神状态,这一点是完全清楚的。当然,这与在家庭生活中几次打击高斯的悲剧不无联系。

对不愉快的印象的敏感,这他在1824年3月14日写给贝塞尔的一封信中说过,一定对这一事实——他在出版物中避免触及可能导致争辩的主题——有所促进。在他的博士论文中他对虚数的使用①和它们的几何解释很谨慎,对这些他在1799年已经掌握但压下没有发表,直到1831年。在他对非欧几何学方面的工作上发生了同样的拖延。

他在1816年的不愉快经历增加了这种羞怯,当时他评论了施瓦布(Schwab)和梅特涅(Metternich)的平行线理论并暗示证明欧几里得第十一公理的不可能性。在1818年8月25日他写信给格尔林时,他心中有这样的批评意见:"我很高兴你有这样的勇气(在你的教科书中)表达你自己的观点,仿佛你承认了这种可能性:我们的平行线理论,从而我们的几何学的全部,可能是假的。但你捅了马蜂窝,马蜂们会围着你的脑袋飞舞。"

此外,高斯对大多数数学家评价很低。早在1799年12月16日,他写信给沃尔夫冈·鲍耶,后者把证明平行公理的尝试寄给了他:

快些发表你的著作,你一定不会因为它收获大众的感谢(好些被认为有能力的数学家属于这个群体),因为我越来越确信真正的几何学家的数目极少,而且几何学家中的大多数既不能判断这类著作中

---

① 在写给贝塞尔的日期为1811年12月18日的一封信中,他详细阐述了他对虚数的观点。

的困难，甚至也不能理解它们——但当然要感谢那些人，他们的判断对你单独一个人真正有价值。

当沃尔夫冈·鲍耶把他儿子约翰的关于非欧几何学的著作寄给高斯，其中解决了平行线问题，他得到高斯的这个回复（1832年3月6日）："大多数人对这里涉及的东西没有正确的观念，我发现只有少数人对我转达给他们的东西有特别的兴趣。为了进行这项研究，一个人必定会非常真切地感到真正缺少的是什么，而大多数人对此一无所知。"

在1815年6月25日写给格尔林的一封信中，高斯更严厉地表达了自己的观点："在我看来，保持学生们对严格性的清醒认识，有不止一个方面的重要性，因为大多数人太习惯于马马虎虎。即使我们最伟大的数学家们在这方面也大多有点迟钝。"

1837年9月29日，高斯向他年轻的朋友默比乌斯表达了他对大众智力的低评价："一个人总要考虑这一点，如果他的作品使他的读者对象没有感到被冒犯，那么探索得深过对他们来说有利可图的程度，或许是没有好处的。"

1831年，甚至高斯的学生和亲密朋友舒马赫也相信自己证明了平行公理，高斯让他确信在他的证明过程中的弱处上遇到了很大困难。贝塞尔不能发现舒马赫著作中的缺陷，但只是服从高斯的权威。舒马赫没有生气，而当他在1839年5月24日写信给高斯时，他认识到高斯的座右铭和工作方法的重要性："这里①表现了少但成熟（pauca sed matura），赫斯珀里得斯（Hesperides）②守护的金苹果，在天才的阳光下成熟，其中的一个比一船博尔斯托夫的（苹果）更有价值。"

贝塞尔用这些话催促高斯加快发表他的成果（1839年1月4日）："冯·博古斯拉夫斯基（von Boguslawski）③先生告诉我，你在地磁的研究上已经达到

---

① 指高斯关于地磁的一般理论。
② 希腊神话中的三姐妹，她们与百头巨龙拉冬一起看护天后赫拉的金苹果树。——译者注
③ 博古斯拉夫斯基（P.H.L. Boguslawski, 1789—1851）是布雷斯劳大学的天文学教授和天文台台长。

了使你自己满意的地步。我知道这个词的意思,所以祝你有好运取得最圆满的成功,同时也抱有这样的希望:你不会再让它为你私人所独占。"

关于地磁和磁力仪的作品,高斯在 1835 年 7 月 9 日写信给舒马赫:

> 正如你知道的,我工作缓慢,在这类(半通俗的)主题上最为缓慢;我几乎羞于说出写出这不多的篇幅用了我多长时间。

> 我会认为现在一个非数学专业的学者(因为他们往往难于理解思想),并不差于比方说一个聪明的木匠,这个木匠只受过很少学校教育,或对他解释了正方形之类的缩略语,这学者将有能力理解这个主题。

1825 年,奥伯斯写信给贝塞尔并赞扬他迅速发表了他的结果。同时他着力批评高斯,他认为高斯总想摘取最优质的果实,他的道路引领他走到这一步,这时他才会向别人展示果实。奥伯斯认为这是性格上的弱点,因为拥有丰富想法的高斯有太多可以让给别人。

在这一点上贝塞尔不完全赞同奥伯斯,因为他在 1837 年 5 月 28 日写信给高斯这样说道:"你从来没有认识到通过迅速发表你研究中适应整体的一部分来推进现在学科知识的责任;你为后代而活着。假如你表达了你能表达的所有东西,那么数学科学今在何方,那就不是仅在你的居所,而是在整个欧洲。"

高斯总是希望他的表述尽可能紧凑,而且发现这样的作品与相反类型的作品相比,需要的时间要多得多。舒马赫拒绝放弃他改变高斯观点的企图,在 1833 年他提出一个带有铭文多但并非不成熟(multa nec immatura)的新的信章。在 1836 年,他希望高斯使用词语无与伦比(nec pluribus impar),但承认他怕他的朋友不会用它。

一代人之后,克罗内克,作为其时代的一个名列前茅的数学家,这样说到高斯的风格:

> 在《[算术]研究》中的表述方式,正如通常在高斯的著作中那样,是欧几里得式的。他提出定理并证明它们,在证明中他不辞辛苦地

清除引导他得到他这些结果的思路的每一条痕迹。他的著作在如此长的时间没有被理解,而且为了在后代中让它充分发挥作用并得到赞赏,需要勒热纳·狄利克雷(Lejeune Dirichlet)的努力和研究,这种教条的形式当然被找来作为上述事实的原因。①

高斯在对其他人做出评判上非常缓慢。在 1837 年 2 月 12 日写给舒马赫的一封信中,他表达了这个观点:"只有当我有时间亲自审核某件事情并透彻理解(transform in succum et sanguinem)②时,我才能做出一个评判。"

他感到他将不得不把他的许多工作带入坟墓,因为它们是不完整的而且他不愿意将这样的结果交给别人。而这恰是发生过的事情。编辑他的《全集》的时间跨度是从 1863 年到 1934 年。在确定数学概念上他坚持纯粹,而他同时代的大多数人没有注意这一点。1826 年,高斯在致贝塞尔的一封信中承认他有时在一个问题上努力几个月但劳而无功。

高斯从来没有高估他的最小二乘法,因为他不从功利主义的观点评价事物。他觉得不得不处理大量计算的人也会碰巧想到同样的技巧,而且打赌托比亚斯·迈尔必定用过相同的方法。后来,通过检查托比亚斯·迈尔的论文,他认识到他会输掉这次打赌。

他为阿贝尔关于超越函数的工作而高兴,因为他觉得这帮他减少了他曾经计划花在这个主题上的工作的大约三分之一。高斯赞扬了阿贝尔工作的优美和简洁,并且说他的许多公式像是他自己公式的复制品。他宣称从未向任何人透露关于这个主题的任何东西,从而承认阿贝尔成果的独立性。

当阿拉戈(Arago)的著作被译为德文时,在他讨论有资格对精密研究做出最终评价的人数的地方做了一个改动。原文为"八个或十个",但汉克尔(Hankel)翻译给出的数字是"七个或八个"。高斯非常高兴,而且把这个改动归功于亚历山大·冯·洪堡。实际上这是根据狄利克雷的建议改动的。

---

① L. 克罗内克,《讲义》(Vorlesungen),第二卷,亨泽尔(Hensel)编辑(1901),第 42 页。
② Transform in succum et sanguinem 的原意是变成汁液和血液。——译者注

第十七章 干路和支路上的里程碑

1840年10月12日,高斯致信舒马赫,其中给出了关于他写作方法的一个有趣的侧面:"要付印的东西通常要写不止一次。另一方面,我写信很少打草稿,我相信在我的整个一生中不到一打信函我提前打过草稿。"

阿基米德是高斯最尊敬的古人。高斯把他想象为一位外表高贵的可敬老人。高斯唯一不能原谅阿基米德的是在他的"沙粒计算"中他没有发现位值制或十进制算术这一事实。高斯说:"对此他怎么能忽视呢,假如阿基米德做出了这个发现,科学现在会处于怎样的一个高峰啊。"

1841年2月12日,高斯就他的记忆怎样运作的秘密致信舒马赫:"我的记忆有弱点(而且总是这样),即我阅读的每一样东西很快就毫无踪迹地消失了,除非在阅读时就把它与某件有趣的事情直接联系起来。"

在这之后不久,舒马赫试图从高斯那里打探出高斯在数值计算上所拥有的独特能力的奥密。3个星期后,他得到了来自高斯的一个答案(1842年1月6日):

> 迄今我从事高等算术研究差不多50年了,这增强了我在数值计算上的才能,这种才能已到这样的程度:许多类型的整数关系不由自主地留在我的记忆中,这些关系经常出现在计算中。例如,像 $13 \times 29 = 377, 19 \times 53 = 1007$ 这类乘积,我不用思考就会直接看出,而其他能立即从这些结果导出,所用的思考是如此之少,以致我几乎意识不到。此外,我从来没有在计算方面以任何方式有意地培养技能,否则这种技能无疑会大为提高;我认为这种技能毫无价值,除非它作为手段而不是作为目的。

一天,一小圈子朋友坐在高斯家谈论动物的智力。年轻的古典文献学教授格奥尔格·海因里希·波得(Georg Heinrich Bode,1802—1846)对于这个话题有许多神奇的事情要讲,尤其是他在美洲的旅游和他从马萨诸塞的北安普敦(Northampton)带回来的一只鹦鹉。这只鹦鹉非常聪明,以致波得给它取名"苏格拉底"。起初,高斯默默地听着波得的赞扬,但当这位年轻的学者断言他的"苏格拉底"甚至能回答用希腊语问的问题,高斯微笑着说道,他不曾教他的"汉西"(Hansi)希腊语,"汉西"是一只来自哈茨山脉的苍头燕雀,但是他成功地教了它一点不伦瑞克方言,这只小鸟知道怎么聪明地使用这种方言。不久前他向它举着一支雪茄和一个烟斗并问:"汉西,我抽什么呢?"这只机灵的小鸟想了一下,立即用"Piep"①回答。

格奥尔格·尤利乌斯·里宾特洛甫(Georg Julius Ribbentrop,1798—1874)先是在格丁根大学图书馆工作,后担任法学教授多年,他是一个坚定的单身汉而且行为古怪。他作为一个典型的心不在焉的教授而广为人知。有一天晚上他应邀到高斯家吃晚饭。饭后一场雷电交加的暴风雨来了,然后又变成长时间的倾盆大雨。那时天文台在城门外有一段距离的地方。特蕾泽·高斯此时是她父亲的管家,考虑到这位客人回家要长距离步行,就请他在这过夜。里宾特洛甫答应了,但在其他人想起他之前他不见了。一段时间之后,高斯家的门铃响了。里宾特洛甫站在吃惊的主人们面前,浑身湿透。为了接受在这里过夜的邀请,他急忙回家去取了他必需的睡衣等物件。

高斯曾答应到 1836 年 11 月 24 日给里宾特洛甫看那天的月食。到了约定的那个晚上,天下起了瓢泼大雨,因此高斯认为他的关心天文学的客人不会来了。当后者浑身湿透,突然站在他面前时,他非常吃惊。

"可是,我亲爱的同事,"高斯迎接他,"在这样的天气我们的观天计划要泡汤了。"②

"一点也不,"里宾特洛甫断然反对,他得意扬扬地晃动着他的大雨伞,"我的女房东已留意着这次我没有忘记带伞。"

高斯的事务总管、光学师泰佩尔(J.H. Teipel)是一个勤奋并且能干的技师,他拥有杰出的、天生的机智,还有正直、诚实的品格。当他了解到他的事务是在格丁根天文台协助高斯后,他被允许称自己为"大学的光学师",他对这一事实很自豪。他不得不忍受人们多次恶意地提到这个头衔,但他总是

---

① 低地德语中对"烟斗"(pipe)的称呼。
② 德语:ins Wasser fallen。

以他冷面幽默的巧妙方式给怼回去。有一天,一个爱开玩笑的人问泰佩尔光学师和光学家之间的差别,他得到这样的回答:"差不多与 Gustav(常见德国人名)和 Gasthof(客栈)之间的差别相同。"

泰佩尔不仅是高斯的技师助手,他还负责引领来访者参观天文台,这些外行的访客想"看星星"而且满足于对星空的通俗解释。曾出现过下面戏剧性的一幕:在观察行星时,一位女士问泰佩尔金星到地球的距离是多少,对此他解释道:"这个我不能告诉您,夫人。关于在星星的世界中的数字,有枢密官高斯在这里,我仅唤起大家对天空中美景的注意。"

欧根·高斯曾说他的父亲在与他散步时,看到落日的光从远处房屋的窗户上反射而首先想到回光仪的。高斯本人的说法略有不同。回光仪是他心爱的发明。他强调他想到它不是偶然,而是经过深思熟虑的。从在吕讷堡的圣米夏埃尔教堂尖塔上他看到汉堡的一个尖塔的窗玻璃在太阳下闪光这一事实,这只是加强了他对其实用性的信念的一个偶然事件。高斯喜欢述说当回光仪第一次被使用时,一群好奇的观众聚集在那里而且当远处的光第一次出现时他们高兴得大声欢呼。

在高斯发表的著作中,没有一篇直接与位置几何学(geometria situs)①有关,尽管在他一生的大部分时间这个主题受到他的注意。在他的晚年,大约从 1847 年到 1855 年,他对这个主题给予了特别的关注,并且希望在这个领域有所成就,因为他认为这个领域几乎没有被人触及过。50 年前高斯写信给奥伯斯,说他对卡诺(Carnot)的《位置的几何学》(*Géométrie de position*)②感兴趣,那时它要出版了,他还提到欧拉和范德蒙的著作。1810 年,他的朋友舒马赫翻译了卡诺的著作。

应该记住卡诺用术语"位置的几何学"所指的东西与 geometria situs 有所不同;他想的是负数对几何学的应用。后来,射影几何学经常被指定为与度量几何学对立的位置的几何学。但高斯心中的 geometria situs 不是这些几何

---

① 更常用的称呼是位置分析学(analysis situs)。——译者注
② 该书在 1803 年出版。——译者注

学。他所指的是今天被称为拓扑学的数学分支。

1825年10月30日,高斯向他的朋友舒马赫报告在曲面的一般理论上他的工作取得了巨大进展,他接着说:"人们一定要循着这棵树追踪到它所有根的细枝末梢,其中有许多花了我几星期的冥思苦想。它的大部分甚至属于位置几何学,这是一个几乎没有人工作过的领域。"

在日期为1833年1月22日的一个笔记中,高斯写道:"关于位置几何学,莱布尼茨预见过,两位几何学家①被允许依稀地看了一眼,在一个半世纪之后我们仍然是知道的,但比一无所知也好不了多少。在位置几何学和度量几何学(geometria magnitudinis)的边缘领域,一个主要问题将是对两条闭的线或无限的线的缠绕次数计数。"

1834年,格丁根的《学者通报》上有一篇莫里茨·施特恩(Moritz A. Stern,1807—1894)对荷兰数学家乌伊伦布罗克(Uylenbrock)的一本书的评论。施特恩担任格丁根大学数学教授多年,这本书是关于惠更斯和17世纪其他重要数学家的工作的。在这篇评论中,施特恩提到听说高斯讨论他在拓扑学上的研究。遗憾的是高斯从来没有找到时间来发表这个主题的一些东西。1849年8月13日,在致他的学生默比乌斯(1790—1868)的一封信中,高斯感谢他给了他那关于三阶曲线形式的论文的一个副本,并且力劝他以类似的方式研究出现在高斯自己的博士论文(1799年)中的代数曲线的形式关系。

在高斯的文稿中发现的他最早的笔记之一是带有日期1794年的一张纸。它的标题是"纽结汇集",其中包含13个巧妙勾画出的纽结图,旁边有用英语写的名称。这可能是他从一本关于纽结的英文书中做的一个摘录。与它在一起的是画有纽结草图的另外两张纸。一张的日期是1819年;另一张更晚,因为它有标题"里德尔(Riedl),《对弦角理论的贡献》(*Beiträge zur Theorie des Sehnenwinkels*),维也纳,1827年"。高斯的提及纽结以及闭曲线的笔记一起被印在他的《全集》中(第Ⅷ卷,第271—285页)。尤其是,在日期为1844年12月的一则笔记中他

---

① 指欧拉和范德蒙。

发现 4 个纽结的闭曲线能表现的多种形式。他意识到拓扑学中持续的语义困难。

上面提到的 1833 年 1 月 22 日的说法，涉及在空间中两条曲线的结合，其中在结尾的地方给出了纽结数目的定积分公式。据称高斯的一个学生施尼莱因(Schnürlein)在他的帮助下就高等分析学对拓扑学的应用进行了深入的研究，但没有人能证实这一点。

为了导出代数学基本定理，平面上曲线的相互位置的确定是高斯在他的博士论文(1799 年)中使用的手段。在他对该定理的最后一个证明(1849 年)中，这个观点更有力了。

在拓扑学的名头下，应该提到高斯对黄道上一颗行星的地心点的分布的可能类型进行的研究(《全集》，第 Ⅵ 卷，第 106 页)，这里提到了两个行星轨道链状重叠的情形，在小行星中经常出现这种情形。

无疑高斯对他的学生默比乌斯、利斯廷和黎曼后来在拓扑学上的工作有某种影响。他的影响可能在于给予激励，人们不需要通过说高斯激励他们在拓扑学上工作来减低他们工作的价值。

在高斯生命的最后十年，他继续用天文台的仪器进行观测，这个时期的许多份《天文学通报》上有他的频繁通信，涉及对日食、月食、行星和彗星位置的各种观测。他最后通报给这份杂志的观测是他本人在 1851 年 7 月 28 日对日食进行的观测，此时他 74 岁；他的助手克林克尔菲斯(Klinkerfues)和韦斯特法尔(Westphal)也参加了这次观测。高斯最后一次同这份期刊联系是在 1854 年。从 1846 年 3 月 6 日到 6 月 21 日，他的用赖兴巴赫子午环进行观测的日记表明他观测了 21 天。日记以后一个日期结束。从 1846 年 7 月 4 日到 1851 年 6 月 27 日，他观测的大多是以前观测过的主要恒星——它们中有的观测了 10 到 20 次——以及其他几颗恒星。此外，他把行星金星和水星包括在观测对象内，并观测了新发现的行星颖神星[格雷厄姆(Graham)发现的行星]、海妖星、凯神星、虹神星、花神星和海王星。他发表了对后者的观测结果，这些观测重印在他的《全集》第 Ⅵ 卷中。他还观测了 1848 年 10 月 8 日的日食。

高斯用小行星发现者的名给他 6 个孩子中的 4 个取名,他对天文学的热爱由这一事实得到证明。1807 年 5 月 6 日,贝塞尔致信高斯:"我带着喜悦看到你计算了灶神星的轨道,你选择的名字也很精彩,所以一定会让你所有的朋友高兴,因为这向他们表明了你祭祀的是哪一位女神。"

第十八章
奇 迹 老 人

1848年,所谓的"文学博物馆"在格丁根作为针对1848年欧洲革命的保护措施而建立。它在某种程度上是一个社会组织,旨在让学生和教授们更密切地在一起。这个博物馆后来被称为"俱乐部",建在医院街1号卡尔·奥特弗雷德·米勒(Karl Otfried Müller)的故居,米勒是希腊语教授,1840年他在一次旅行中死于雅典。作为教育学生的手段,这里提供了许多报纸和大量各种形式的"无可挑剔的"文学作品。当格丁根得到来自汉诺威的关于青年德意志(Jung Deutschland)运动的警告时,官员们就骄傲地指着这个文学博物馆。在格丁根大学,仅有两位教授被怀疑属于这个运动。一位是高斯以前的学生、数学教授莫里茨·施特恩,另一位是东方语言教授特奥多·本费(Theodor Benfey,1809—1881)。引起这种怀疑仅仅是因为他们是犹太人。

高斯加入了这个俱乐部,而在他的晚年他做的仅有的体力休闲是每天在11点到13点之间步行到阅览室。他快速浏览政治、金融、文学和科学的新闻,把他特别感兴趣的事情记在心里或写下来。其中的一些是为了统计学研究。他的习惯是把他想要读的近期出的报纸收集起来,并为防止它们在他读完之前被拿走,他按照日期顺序把报纸放在他的座椅上并坐其上面。然后他小心地一张接一张抽出来阅读,读完才把这些报纸传下去。学生们一般都敬畏高斯,而当他们中的一个正在读的报纸正好是高斯想要读的时,他向这个学生投以一种询问的目光,这个学生就赶快把手中的报纸递给他。①

在高斯的晚年,与在世界各地的朋友、亲戚和同事的私人和学术通信占用了他的很多时间。有时他收到请求资助的信,其中有几封信来自声称是他亲戚的人。然而,尽管有新的通信,(除了对熟悉的人)他不再写信了。他同时哀伤亲密朋友的离世:奥伯斯在1840年,贝塞尔在1846年,舒马赫在1850年。在一个时期,他每星期给舒马赫、鲍耶、恩克、格尔林以及活得比他长久的洪堡写信;因此他与他们的通信持续到最后。1853年某日前几个月,他在日历上标注了这一日期,因为到这一天洪堡将达到牛顿活的年纪,他将送去特别的祝贺。②
1851年2月15日,高斯的助手本亚明·戈德施密特(Benjamin Goldschmidt)在44岁的年纪非常突然地去世。他在前一夜进行观测并让几个来访者通过望远镜看了昴星团。第二天早上他被发现死在床上。戈德施密特是一个性格仁慈的人,在他的领域很博识。他的突然离世对年迈的高斯有严重影响,他由衷喜欢这位年轻人,而且尊重他的能力。戈德施密特的职位由克林克尔菲斯(E.F.W. Klinkerfues)继任,这是一个有相当才能的性格独特的人,他一直在格丁根天文台,直到1884年在这里自杀。克林克尔菲斯很早就成了孤儿,他是一个大家庭中的一员,曾经过着艰难的生活。高斯对他很同情。

高斯晚年的高兴事之一是1849年7月26日萨克森王国的天文学家和国务大臣伯恩哈德·奥古斯特·冯·林德瑙的到访。他是高斯在这个世纪初以来的老朋友们中的最后一位。

在林德瑙的到访后,高斯似乎更多地满足于自己已得的荣誉。他向他的亲密朋友们解释,在他的科学工作中他不喜欢被驱使,而且他的工作时间与早年相比也显著缩短了。在其他时候,他抱怨他讲课的负担,这阻止了他进行一些重大的研究。他的工作涉及级数收敛的理论、保险精算研究,以及与地球转动有关的力学问题,这些问题源于傅科(Foucault)的实验结果和拉格朗日、普拉纳、汉森及克劳森的理论研究。他让人在赖兴巴赫子午环上装上新的显微

---

① 学生称他为一个报霸(Zeitungstiger)。
② 这里牛顿的生年是按照新历算的,即1643年。——译者注

第十八章 奇迹老人

镜,从柏林的一个知名技工厄特林(Oertling)那里订购光学仪器,并且为了显示地球的转动,他还让人建起一架大的傅科摆。

尽管有时候高斯对冗长的算术计算感到厌倦,但一般来说他从计算得到了一定的快乐。他使用了许多不同的技巧,并且曾常常告诉他的学生在对数表的计算中有着某种诗意。对于他来说,忘记自己是一个科学家是困难的,即使在娱乐的时候。他多年与一批固定的朋友打惠斯特牌。他的习惯是写下每局中每个人手中有多少么点,以得到概率计算的某些定律的经验证据。在计算中他极少出错,并且使用多种方法检验结果。在广泛的数值计算中他观察到了完美的秩序;每一个数都以最可能简洁的方式写下。每一个数都正好在正确的位置上。一行接着一行显示了同样的精确性。

在辅助手段允许的范围,他总是努力尽可能地完成工作。7位或10位对数的最后一位小数尽可能地予以验证,并为确定在各种表中的最后一位小数精确到何种程度他进行了全面的研究。用不正确的表进行计算给他带来特别的快乐,因为他有纠正印刷错误和计算错误的吸引人的工作。他最大的快乐在于简化冗长的分析性质或数值性质的计算,在于把一星期工作的结果浓缩到一张八开的纸上,从而使它在直观上对行家是显然的。即使在他不得不引用别人著作的地方,他也是以一种异常清晰的方式把一卷的内容或一份完整的官方文件的摘录汇集在一个非常小的篇幅中。

高斯总是努力寻找数学新的应用。他保存了许多小笔记本,其中有时间准确和整洁的条目。有一本许多名人和他去世的朋友的寿命的索引,计算到天。在他去世前的第三个晚上的9点,他计算了他活过的天数,并把这一条目记在一本他已拥有多年的关于精算的书上。另一本笔记本满是汉诺威铁路的月收入。他还有一个笔记本记下从格丁根天文台到他经常访问的地方的步行距离(步数)。有一个笔记本记着各年发生雷雨的天数和次数。这些最有趣的登记本中,有一个记着他的孩子们的生日、种牛痘的日期、长出前8颗牙齿的日期以及开始走路的日期。每个日期后面附有这个孩子在那时距出生的天数。他保存有一张天文台和他家所有钥匙的表并配上每把钥匙的精确素描。

在他的家庭和他的住所，没有一件东西不重要。尽管他过得简朴，他也喜欢社会交往。这种快乐在他晚年由于健康原因是比较有限的。他不喜欢旅游，没有去过比奥地利更远的地方。

高斯非常喜欢音乐，尤其是歌唱。当他听到一首美妙的歌时，或者任何打动他的歌，他把那歌写下来。他写的音符又小又整洁就像印刷的。他最喜欢的歌曲之一是众所周知的《当我是个单身汉的时候》(*Als ich ein Junggeselle war*)；另一首是以"Tell me the tales that to me were so dear, long long ago（给我讲对我如此亲切的童话，很久很久以前）"开头的英语歌曲。他写下迷娘(Mignon)的《你可知那地方？》(*Kennst Du das Land*)并抄写了如下的歌词，他标明为让·保罗最喜爱的歌曲：

> 无法称呼你，
> 不朽艺术家
> 也难描绘你。
>
> 无法唱出你，
> 对你的谈论
> 远古的回响。
>
> 仿佛你活着，
> 就在我心中
> 最亲的形象。

1850年，高斯抄录了发表在纳图修斯(Nathusius)的《人民报》(*Volksblatt*)上的革命织工们的歌曲，一首他肯定不喜欢的歌曲。另外两首引起他强烈兴趣的是开姆尼茨(Chemnitz)和贝尔曼(Bellmann)的爱国歌曲《石勒苏益格-荷尔斯泰因，大海拥抱》(*Schleswig-Holstein, Meer umschlungen*)，以及歌曲《我们的生活就像一个漫游者在夜间的旅行》(*Unser Leben gleicht der Reise eines*

第十八章 奇迹老人

Wanderers in der Nacht)。在上大学时,高斯阅读了洛莱因(Lohlein)的《钢琴教程》(Klavierschule)、欧拉的《音乐的新理论》(Nova theoria musicae)、巴赫的《论最佳钢琴弹奏艺术》(Ueber die beste Art, Klavier zu spielen)和马尔加里(Margary)的《钢琴弹奏指南》(Anleitung zum Klavierspielen),尽管本传记的作者不知道高斯曾弹奏过一种乐器的任何证据。他在格丁根欣赏过如下这些音乐家的音乐会:卡尔·马里亚·冯·韦伯(Carl Maria von Weber,1820年8月)、帕格尼尼(1830年5月28日)、李斯特(1841年11月24日)和珍妮·林德(Jenny Lind,1850年2月2日和4日)。约翰内斯·勃拉姆斯和约瑟夫·约阿希姆(Joseph Joachim)曾就读格丁根大学,不确定高斯在他们求学时就知道他们。

根据高斯的学生们的说法,他的外表令人印象深刻。他中等身材,也许稍低于平均身高。他的头发是淡褐色,在后来成了美丽的银白色。他的锐利的、清澈的蓝眼睛形成了引人注目的特征。他的手和足匀称、大小正常。他行走优雅且步态缓慢而有节奏。他那顶黑色缎帽是他最爱。高斯是一个典型的日耳曼人和下萨克森人。他喜欢交谈但言简意赅。他体格粗壮但不臃肿,显得强健。他的面孔给人的印象是亲切而温和。他的眉毛相当浓,而且右边的眉毛显著高于左边的眉毛,这是一个天文学家的特征。高额头是大智的标志。他的声音悦耳。他的鹰钩鼻相当突出。高斯近视,有时需戴眼镜,然而他的视力和听力都很敏锐、准确,在观察和实验上受过良好训练。在他的所有嗜好上他都有节制,喜欢喝酒[①],吸烟斗,有时也抽雪茄。

尽管他有全神贯注的巨大能力,但个人或家庭的那些分散精力的事能够而且确实让他暂时无法从事科学工作。他从来没有被描绘成那种心不在焉的教授。本书作者仅知道一件这样的轶事,但认为它纯粹是伪造的。这能在卡彭特(Carpenter)的《心理生理学》(Mental Physiology)中找到,书中作者把它当作具有专心致志的出色能力的一个例子。这个故事是,高斯在从事一项最

---

① 他多年来喝一种特殊品牌的法国葡萄酒。

深刻的研究时被他的一个仆人打断,这个仆人告诉他,他的妻子(人们知道他深深地爱恋她,她正患有严重的疾病)病情恶化。他似乎听到仆人说了什么,如果不是没听明白,就是马上忘记了,并且继续他的工作。过了一会,这个仆人又来说他的夫人更不好了,并请求他立刻去她那里;他回答仆人说:"我现在就去。"他又陷入先前的思绪,完全忘记了他表示过的意图,极有可能他本人既没有明确地认识到这口信的重要性,也没有意识到他对它的回答的重要性。过后不大一会仆人又来了并郑重告诉他,他的夫人就要死了,如果他不立刻过去,可能就不能活着相见了,他抬起头并且平静地说:"告诉她等到我去。"这无疑是每当他如此投入的时候,在他妻子请求他去的催促下他经常让仆人传的话。

高斯的父母是穷人,他不习惯比较近代的奢华和精致。他早年有限的收入对于他简单的需求是足够的。他实行节约并未雨绸缪。高斯迟迟不愿接受别人的资助。终其一生,他忠于他的荣誉感和思想独立性。在拿破仑时期,他拒绝了朋友奥伯斯和拉普拉斯提供的财政资助以支付法国战争捐款。另一方面,他毫不犹豫地接受来自他的保护人不伦瑞克公爵的资助。尽管在他年轻时,他的贫困状况很严重,但并没有在他日后的生活上留下任何伤痕。同时必须承认,高斯不是宁静的奥林匹斯山诸神之一(the serene Olympian),如有时被描绘的那样。他的需求是简单的,而且物质上的拥有有时被他认为对科学工作带来了令人不安的影响。

高斯常说自己完全是个数学家,他拒绝这种愿望:以数学为代价而成为与众不同的人。物理学的研究的确为他提供了一类消遣。他称数学是科学的女王,而数论是数学的女王,说她经常屈尊为天文学和其他学科服务,但不论在何种情况下最高的头衔属于她。高斯认为数学是教育人类心智的主要手段。他认识到学习古典文学的价值,并说尽管他选择数学作为事业,他不轻视后者。高斯向他的学生们推荐古代数学家的研究,尤其是欧几里得和阿基米德的研究。

他的一个习惯是告诉他的朋友们,如果其他人对数学真理所做的思考像他那样长久,那样深刻,他们就能做出他所得到的发现。他说他经常在一项研究上沉思数日但没有发现解答,但在一个不眠之夜后他感到清晰了。他与朋友们的交谈有时中断,他进入了沉思,有时交谈会在停歇几天后继续。

在所发现事物上和气质上,与高斯最密切相关的数学家可能是牛顿。只有对牛顿,高斯使用形容词最高的(summus)。他偶尔比较牛顿和莱布尼茨,尽管承认莱布尼茨的才能和在发现微积分上的功绩,高斯对莱布尼茨由于兴趣太广而耗费他的精力感到遗憾。对把苹果与引力定律的发现相联系的传说,高斯感到气愤。他认为这个解释太简单了。高斯的说法是这样的:"有个愚蠢的暴发户找到牛顿并问他怎样得到他这个伟大发现的。既然牛顿认识到在他面前的是什么货色,而且想摆脱他,他就答道一个苹果落在他的鼻子上,于是那个家伙就心满意足地走了。"①

在人类生活的各个方面,高斯看到了数学理论应用的一个广阔领域。对经济、金融和统计问题的回答给他提供了这种研究的丰富素材。他认为死亡率统计表和关于支配寿命的规律的研究有特别价值,这部分地是为了进一步应用于人寿保险、年金和遗孀基金的计算。高斯对婴儿和老年人的死亡率特别感兴趣。对于人生这两个时期的死亡率之间的关系,他感到存在太多的外部影响,很难得出规律。他经常告诉他的朋友们,他曾进行了关于一岁半以下婴儿的平均预期寿命的研究,其中展现的规律性是如此令人惊叹,几乎就像天文观测结果。类似地,他认为老年人的平均寿命遵从一个明确的规律,尽管我们尚未拥有充分的数据能对这个问题做出一个满意的回答。他说我们可以通过用奖金奖励那些能证明他们活了九十岁或一百岁的人,来完善这些数据。他还补充说假如他是一个富人,他会为这个目的提供大笔资金。

在1845年的年初,格丁根大学学术评议会把一项艰巨的任务委托给高斯:研究并重组教授遗孀基金。他以他一贯的活力投入这项工作;他的数学才能和关于财务操作的知识在这里与他在组织上的实际才能联系起来。晚至

---

① 这是高斯的说法,但另有说法是:牛顿本人在1726年和1727年对至少4位亲密朋友和亲戚讲过这则苹果轶事。——译者注

1851年,这项工作耗费了他大量时间,而他的工作使这项基金免于破产。他的一篇长篇研究报告讨论了支配这样一项基金的管理的原则,它被印在他的《全集》的第Ⅳ卷中。高斯的这项成就得到了承认,遗孀们和孤儿们感激他。在1845年7月26日写给格尔林的一封信中,他解释了当时的情况:

> 现在对在这封信开头提到的工作说上几句。涉及那个关于教授遗孀的地方基金。遗孀的人数在一年以前增加得如此之多(达22人),以致基金的收入不再足以支付她们的养老金,不用说还有其他的不幸之事牵涉其中——旷日持久的法律诉讼,其间没有任何利息;另一方面,还要用现金支付不菲的诉讼费用——因此,遗孀人数增加也挑起了各种担忧。在一定程度上我没有分担这种担忧,我本来会对遗孀的如今人数之多(从那时以来减少了3人)予以特别重视,但我从目前基金参与者的人数过多(50或51,几十年前仅有30或稍多于30人)中看到一种非常大的危险。这项基金几乎完全由其地产维持,同时捐赠相当微不足道(每年10塔勒捐赠,每年250塔勒养老金,都是金塔勒)。此外,在这项基金的章程中的一个非常重要的部分,其含义晦涩,以我的判断,在实施中有一个非常莫名其妙的解释。几个月之前,我受命去对这种状况做基本调查,我深信只有将地产变卖成现金并用来平衡基金的三种义务才能实现,这三种义务面向的是:(1) 现在的19位遗孀,(2) 现在51位成员中可能的未亡人,(3) 未来成员中的可能的未亡人。(2)的计算尤为困难(即旷日持久),对一种强制性收入的计算非用一张辅助表不可,其中年差和年份是基础。现在我已经开始建立这样的一张辅助表并几乎完成了,年龄差,$-1,\cdots,+20$,①而年龄从最大递减到20年前,按年计算,以两种利率——4‰和3.5‰,并按照布鲁内(Brune)的死亡率统计表,我一个月的时间几乎都用在这上面。这样的一项工作要求很高,需

---

① 在高斯《全集》第Ⅳ卷所载的辅助表中的数值是$+1,0,-1,\cdots,-20$。——译者注

要超过 100 000 个数字(那是根据我的写法,其中一半或更多是在我头脑中计算的),一项长时间耗费心力的工作,但鉴于其用处(我所做的是为它做准备),同时为了这所给了我地位的大学,我承受了,尽管我不指望因此而得到感谢,能指望的只有烦恼而已。

高斯在凯特尔的《年鉴》(*Annuaire*)中发现遗孀的人数比上现存的夫妻对数是 1∶4。他感到这个比率是不精确的,而许多遗孀基金由于使用了这个数字而破产。按照他的意见,这个比率对整个一大片地区有效但对个别区域无效,甚至对社会的个别阶层更无效。他认为对于教授的遗孀,1∶2 这个比率会导致所得太少。在格丁根大学遗孀基金的情形,即使已知这个比率为 7∶12 也无用处。高斯发现,已存在超过百年的格丁根大学遗孀基金,由于管理上的松懈,仅有两年有关于现有夫妻对数的准确信息,即 1794 年和 1845 年。

1846 年 1 月 31 日,高斯给格尔林提供了关于他在这项基金上工作的进一步细节:

> 我们的遗孀基金事务占用了我大量的时间。在时间跨度超过 100 年的记录的帮助下,为了建立详细的辅助表(利用布鲁内的死亡率统计表,它们无疑是仅有的依据正确原则的统计表)而进行的研究,以及按照两种不同的利率把这些辅助表实际应用于 42 对夫妇和 20 位遗孀,已经需要大约 5 个月的工作,之后我写出了关于这种情况的一篇研究报告和关于早期磋商的一个至关重要的修订本(现在的管理基于此)——又需要用 6 个星期以上。现在我终于完成了一篇新的研究报告,其中对怎样解决威胁的弊端提出了建议,我领导下的整个委员会接受了这篇报告,但我很有理由担心,这篇报告将以一种极为可笑的方式被我们大学学术评议会的许多成员接受,为了能尽可能平静地承受这个结果,我(预见到这一成功)在 6 个月前退出了。

高斯的特殊业余爱好包括公共财政(其来源和责任)、银行和铁路的管理、纸币和金属币价值之间的关系、分期付款,诸如此类。每天他快速浏览报纸上的金融新闻,尤其是市场报告和外国债券的走向。他认为纸币对于一个国家的信誉是非常危险的,因为政府在处于麻烦的时候太容易高估它们的财政力量。高斯很高兴汉诺威王国在他的时代没有引进纸币。他是所有小额金融业务的一个明确的敌人,如果它们只是成为公众的负担而没有产生任何重要结果的话。而且他通常称它们是"小气的"(Pfennig-fuchsereien),并把这归因于其责任者几乎没有智慧以及公平感。高斯的朋友都知道,高斯是一个明智的投资者,尽管他们中没有一个人真正知道他其实有多富。也许他在这个领域的才能不广为人知是件好事,因为不是这样的话,不断的询问会打扰他并因此阻碍他的科学工作。有人表达过他本会成为一名出色的财政部长这种意见。有一次他本人表达了对此事的看法,这出现在 1846 年 6 月 27 日他写给舒马赫的一封信中,那天贝塞尔刚刚去世:

> 我认为在类似的环境下,我在商业知识上的排名会与[贝塞尔]一样高。就我而言,在年事已高之前,本一无所有。这世界本可给我一笔财富,可免除饥饿,而不是让我教学,这一直令我反感。

在格丁根大学七教授引起的骚动期间,1838 年 3 月 4 日,高斯写信给他的朋友奥伯斯:

> 当然,为了能脱去这里压我身上的许多沉重负担,我已采取初步的步骤。这些步骤中有的是为能让那块小地产动起来而做的准备,这块地产部分由我管理,部分是我自己的财产。如果诸事顺利(对此我的渴望多于希望),那么在接下 4 到 5 个月时间,我就能管理价值超过 15 000 塔勒的东西,也许你能给我这方面的高明建议,因为你可能经常有机会从事重要的交易。就我而言,一般我不赞成把一切都挂在一根钉子上。我想到了奥地利银行股票和俄国纸币。也许你有关于诸如布鲁塞尔银行股票这样的比利时财产的收益和安全性的详细信息?

第十八章 奇迹老人

奥伯斯不能给高斯提供任何明确的建议。他写道他不知道有一个金钱投资的好机会,而且他不得不接受汉诺威和维滕贝格(Württemberg)信贷联盟把他家乡不来梅的债券的利息从 4% 降到 3.5%,因为他不知道以更高的利率再投资它们的任何途径。

在上面的信中,高斯提到他管理他岳父瓦尔德克的遗产这一事实,瓦尔德克在 1815 年去世。最终,这块地产的一半归了高斯的妻子,一半归了她的姐姐路易丝·克里斯蒂安·索菲(Luise Christiane Sophie),她嫁的卡尔·安德烈埃斯·赫费尔(Carl Andreas Hoefer)博士是市法院院长和地方行政长官,他们生活在格赖夫斯瓦尔德(Greifswald)。赫费尔夫妇有 3 个儿子和 2 个女儿。高斯夫人明娜在 1831 年 9 月 12 日去世时,她的这块地产被估值为 18 263 塔勒。她把它留给她的 3 个孩子,但对欧根的继承权附有某些特别条件,因他曾给父母惹事。遗嘱附件规定,如果到 1838 年(欧根成年后两年),他拿出自己改正的完全有效的证明,那么他将享有来自他的份额的利息。如果到 1843 年他被证明他本人在财务上是负责任的,那么他将得到本金。如果他试图在法庭上为这条规定打官司,他将得到法律上允许的最小份额。高斯是他妻子的地产管理人,但直到她去世之后,他才知道在她的遗嘱上有这个条件。遗嘱是她一年以前写的。

1873 年 8 月 4 日,在高斯的儿子威廉离开德意志到美国之前不久,高斯把夫人明娜的遗产中自己的份额转给他,这个数目是 6 837 塔勒。威廉和特蕾泽每人得到 4 500 塔勒,因为剩余的遗产 13 763 塔勒被平均分为 3 份。欧根的份额是 4 587 塔勒。从 1836 年他的生日开始,3.5% 的利息被加到他的本金上。最终欧根得到了他母亲的遗产中他的全部份额,外加利息。

高斯第一任妻子的母亲奥斯特霍夫夫人在 1821 年去世。之前她让她家的一位朋友做她的遗产管理人。她指定高斯在第一次婚姻中的两个孩子做她的仅有的继承人,但规定他们得在成年之后接受继承。他们到那个时候才被允许动用利息。这将让高斯非常苦恼,因为他想把这钱中的一些用于他的孩子们的教育。他的第二位岳母瓦尔德克夫人在 1848 年去世。之前她指定约瑟夫·高斯做她的遗产管理人，高斯的孩子们得到了她的遗产中他们应得的份额。

约瑟夫还是他父亲的遗产管理人。高斯的孩子们确定他在股票和证券方面的遗产估值为 152 892 塔勒，他们非常吃惊。每个孩子继承 38 215 塔勒。特蕾泽在她母亲遗产中还应得一份余额，使她的份额达到 44 975 塔勒。更令人吃惊的还有着呢——在高斯去世和安葬之间的两天中，孩子们发现藏在高斯家中的现金达 17 965 塔勒。它们被放在他的书桌、他的衣柜、橱柜和梳妆台的抽屉里。

高斯得到的基本薪水每年仅 1 000 塔勒，此外有学生的学费。他学生的人数总是很小。在他担任格丁根皇家科学学会会长期间，每年支付他 110 塔勒。难以置信他是怎样才能积攒如此大的一笔财产的。他投资维也纳银行股票、奥地利金属联盟、汉堡火灾保险公司。其他投资包括挪威和瑞典的债券，尤其是瑞典的矿业股票。有俄国、汉诺威、普鲁士、比利时、巴登(Baden)、符腾堡以及梅克伦堡(Mecklenburg)信用合作社的债券，以及比克堡(Bückeburg)的一些城市债券。利率从 2.5% 到 5%，而到期的日期最迟是在 1893 年。他知道何时卖出才能获利。他做的最后的一次交易离他去世只有 3 个星期。

高斯年轻时，未下决心把他的一生奉献给语言学还是数学。在数学和科学之外他最大的才能在外语学习。他有现代欧洲语言的阅读知识，而且对主要的欧洲语言能相当正确地说和写。自孩童时期起他就熟悉各种古代语言而且精通它们的文学。他用拉丁语发表他的主要著作。在不止一个场合他的拉丁文风被同时代的资深权威人士高度赞扬。他对母语的使用可谓完美。

在 62 岁时，高斯决定他应该学习一门新的语言或一门新的科学，以保持他的思维活跃并且善于接受新的现象。有一段时间他想到学植物学，但因为体力的原因他决定放弃这个想法。之后他尝试了梵文，但不喜欢它，而且不久放弃了这个科目。最终高斯转向俄语。

1839 年 8 月 17 日，他写信给舒马赫："在去年春季之初，我把获得某种新

第十八章 奇 迹 老 人

的能力看作一种返老还童的方式,于是开始忙于学习俄语并且对它很感兴趣。"他补充说自 1839 年 5 月起,他对俄语的学习几乎完全中断,但请舒马赫为他弄一些俄语书,因为他要重新开始。1839 年 8 月 22 日,舒马赫寄给他一本俄国日历,在 1840 年 8 月 8 日的一封信中,高斯写信给他朋友说他想读一些文学性的文章。舒马赫正计划到圣彼得堡旅行,高斯请他带回一些小说。他为高斯购买了贝图切夫(Betúscheff)的著作,并把俄国地形测量局的 5 卷论文集作为礼物赠送。1841 年 12 月 29 日,高斯写信给舒马赫,说他几乎没时间学俄语。迟至 1845 年 6 月 13 日,舒马赫向高斯推荐了博洛托夫(Bolotoff)的著作解释俄语的发音。高斯使用赖夫(C.P. Reiff)的俄法辞典。① 他的图书室藏有 75 卷俄国文学著作,包括俄国最伟大的诗人普希金的 8 卷著作。

高斯学习俄语的第一动因似乎不是如有时被认为的那样想阅读罗巴切夫斯基的原著。高斯为学习俄语倾注了难以置信的精力,并在两年内他独立地掌握这门语言到这种程度:他不仅能流畅地阅读散文和诗歌方面的任何著作,而且还能用这种语言与俄国方面通信。一天,当一个俄国国务大臣来访,他用俄语与这位来访者交谈,后者宣称高斯的发音完全正确。

一般来说,高斯根据语言的逻辑清晰度和它们能表达的思想的丰富性来评价这门语言。他经常抱怨语言的不充分性,尤其是当事关精确地表达某个科学主题的时候。他于是谨慎地尝试对新的概念引入新的术语,而这些术语通常会被人们接受,尽管只有当急需时他才诉诸这个过程。

在他的数学研究之外,他沉迷于其中的少数娱乐之一是对人类知识的诸多分支的广泛阅读。德语文学和英语文学尤其吸引他,而正如我们上面提到的,在他的晚年,俄语文学为他提供了许多快乐时光。

他最心仪的德语作者是让·保罗(1763—1825)。一些人对这个事实感到吃惊,但经过更仔细的检查,其理由清楚地显现出来。高斯欣赏让·保罗那丰富的明喻,他的智慧的深度,以及他那无穷无尽的幽默。他是他时代最畅销的

---

① 他还用施密特(Schmidt)的《俄德辞典》(*Russian - German Dictionary*,莱比锡,1842)。

书的作者——他的读者比歌德和席勒的读者还要多。让·保罗和高斯都表现了同样的理性主义和浪漫主义之间的二极对立。作为一个年轻人,他陶醉于在让·保罗的作品中发现的优美描述。他享受让·保罗作品中的情感和爱国的要素;他坚定地爱他的祖国和他的人民,不是上流阶级、王室或贵族,而是微不足道的、常见的平民。高斯喜爱让·保罗也有宗教的原因,但这些在后面的某一章会被提到。

高斯经常埋怨,因正如他所说的,让·保罗为一种对动物磁性说(animal magnetism)的信仰所误导,这削弱了他对上面提到的那些快乐要素的享受。[①] 他称《卡岑贝格斯医生的药用温泉之旅》(Doctor Katzenbergers Badereise)是杰作并总对这位医生和药剂师与一只8条腿的野兔的争吵一笑置之。让·保罗的性格和风格让高斯想到了朋友鲍耶,这是其作品对高斯有吸引力的另一个解释。高斯和让·保罗相互非常尊重,尽管从未谋面,也没有通过信的证据。

1813年1月2日,从1811年到1814年在格丁根大学担任哲学教授的法国人夏尔·德·维莱尔(Charles F.D. de Villers,1765—1815)写信给他的朋友让·保罗如此说道:

> 在这里你最热情的崇拜者中,有被认为是数着天空、星星和数字的人高斯教授。这位平静、高雅和智慧的高斯几乎和我一样热情地阅读你的书并喜欢你——这一共同的爱好已使我们之间相互吸引,而我必须感谢你使我有了这位朋友,否则我与他几乎没有接触点。

高斯偶尔在他的信中和著作中使用来自让·保罗的合适的语录。1839年12月31日,他写信给明娜,说他的小女儿特蕾泽那个冬天的健康较平常更好,而且正阅读《卡岑贝格斯医生的药用温泉之旅》;她确实喜欢这本书,这个事实让她的父亲惊奇。高斯阅读托比亚斯·斯摩莱特(Tobias Smollet)的《皮克尔

---

① Animal magnetism 也以 mesmerism 知名,后者是18世纪德意志的医生弗朗茨·梅斯梅尔(Franz Mesmer)给出的名字,他认为这是所有生物拥有的一种有物理效应(包括治愈)的不可见的生命力(lebnsmagnetismus)。——译者注

第十八章 奇迹老人

游记》(*Peregrine Pickle*)和《汉弗莱·克林克尔的探险》(*The Expedition of Humphrey Clinker*)。这两本书的每一本中有一个类似于卡岑贝格斯的医生,卡岑贝格斯代表了医疗上的愤世嫉俗者。

在高斯的家中,有许多让·保罗著作的小广告单、让·保罗的全集和斯帕齐耶(Spazier)为让·保罗写的传记,还有这位诗人的一枚银质奖章。在高斯去世之后,这个奖章给了他在美国的儿子中的一个。高斯在代特莫尔德有一位亲密的朋友 A.W.埃申堡,他是高斯过去的一位老师的儿子,翻译过莎士比亚的作品。下面的这些话高斯写在埃申堡的相册中,非常容易使人想起让·保罗的《散诗》(*Streckverse*):

> 对于上天最爱的人,他的道路撒满玫瑰;他幸福地回望过去,满怀信心走向晴空万里的未来。欢乐,上天的女儿,是他不可分离的伴侣,当他看到悲痛,悲痛就化为温柔的微笑;所有的心都为他跳动,每个人都在争取他的爱。上天爱的人是幸福的,而上天最爱的人更是幸福。

在娱乐性阅读和一般性阅读中,高斯的品味几乎是无所不包的。他研究的主题离自己的领域很远,诸如簿记和速记,他在他的笔记中有时用后者。在古代经典中他阅读亚里士多德、柏拉图、提奥弗拉斯图(Theophrastus)、西塞罗、维吉尔、塔西佗、李维(Livy)、修昔底德、赫西俄德(Hesiod)、欧里庇得斯(Euripides)、品达(Pindar)、阿那克里翁(Anacreon)、色诺芬、尤利乌斯·恺撒、第欧根尼·拉尔修、奥拉斯·格留斯(Aulus Gellius)、希罗多德、苏埃托尼乌斯(Suetonius)、科尔奈利乌斯·奈波斯(Cornelius Nepos)、泰伦提乌斯(Terence)、菲得洛斯(Phaedrus)、奥维德(Ovid)、库尔提乌斯·鲁夫斯(Curtius Rufus)、塞涅卡、小普林尼、贺拉斯(Horace)、萨卢斯特(Sallust)、卢奇安(Lucian)、尤维纳利斯(Juvenal)、普劳图斯(Plautus)、马提雅尔(Martial)和提布鲁斯(Tibullus)的著作。

他对法国文学的熟悉主要是通过勒萨热(Lesage)、蒙田、卢梭、伏尔泰、莫佩尔蒂(Maupertuis)、孟德斯鸠、孔多塞、德·吕克(de Luc)、索绪尔

(Saussure)、布里加德(Brigard)和布瓦洛(Boileau)的著作得到的。在阅读布瓦洛的著作时,他做了许多边注。

高斯阅读了霍尔贝格(Holberg)的所有丹麦文原著。他的瑞典语、意大利语和西班牙语的知识相当肤浅。

外语中高斯最流利的是英语。他拥有一部塞缪尔·约翰逊(Samuel Johnson)博士编的《英语辞典》(*Dictionary of the English Language*)(1778年版),并使用乔治·克拉布(George Crabb)的《英语语法》(*English Grammar*)和弗吕格尔(Flügel)的《实用英语和德语辞典》(*Practical Dictionary of the English and German Languages*)(莱比锡,1847)。在高斯的图书室里有詹姆斯(G.P.R. James)著的20部英语小说。高斯喜爱的其他重要的英语作家是蒲柏(Pope)[《夺发记》(*Rape of the Lock*)]、谢里丹(Sheridan)[《造谣学校》(*School of Scandal*)]、斯摩莱特、莫尔、弥尔顿、詹姆斯·汤姆逊(James Thomson)、斯威夫特[《格列佛游记》(*Gulliver's Travels*)]、戈德史密斯(Goldsmith)[《威克菲尔德牧师》(*Vicar of Wakefield*)]、理查森(Richardson)[《克拉丽莎》(*Clarissa Harlowe*)]和罗伯逊(Robertson)[《查理五世统治史》(*History of Charles V*)]。

高斯在两个儿子移民之后,对美国文学特别注意。他拥有并阅读了詹姆斯·费尼莫尔·库珀(James Fenimore Cooper)的所有著作;他对斯陀夫人(Harriet Beecher Stowe)的《汤姆叔叔的小屋》(*Uncle Tom's Cabin*)尤其感兴趣,因为他的一个儿子成为奴隶主而且因奴隶逃亡而经济损失严重。1840年10月,在《纽约评论》(*New York Review*)上他高兴地读到对他的一些著作的好评。他的一些朋友寄给他一册1845年的哈佛书目(用拉丁文印出)以及几册《美国年鉴》(*American Almanac*,1847)和《波士顿年鉴》(*Boston Almanac*,1849)。

在高斯的图书室中有一本法语-波兰语辞典,但他是否注意过波兰语,非常值得怀疑。通过阅读让·保罗的著作他被佩斯塔洛齐(Pestalozzi)的研究吸引。他的图书室有从1754年到1771年的《绅士杂志》(*Gentleman's*

第十八章 奇迹老人

Magazine),对他获得这套杂志的原因的探寻仅仅是猜测。

这里不想讨论高斯对德语文学的阅读和知识,这一方面是如此广泛以致会让我们离题太远。歌德不能理解或赏识数学,因此这位近代最伟大的数学家不完全赏识歌德是不令人惊奇的。他们从未见面或通信。关于高斯,歌德可能通过共同的朋友们——萨托里乌斯家族的人——听说很多。歌德思想的风格和模式不能引起高斯的兴趣,也不能让他满意,尽管他知道这位诗人的所有著作。他认为歌德在思想内容上太贫乏,但承认他的抒情诗的价值和完美形式。① 他十分厌恶席勒的哲学观点,对他的关注不如歌德。他称《忍从》(*Resignation*)是一首亵渎神明的、道德败坏的诗,还在他藏的版本的页边上用哥特体写下单词"Mephistopheles!"② 关于席勒的剧本,高斯对《华伦斯坦的军营》(*Wallensteins Lager*)评价很高;而《皮柯乐米尼父子》(*Piccolomini*)和《华伦斯坦之死》(*Wallensteins Tod*)让他感到扫兴,因为主人公一点也不让他感兴趣。他非常喜欢席勒的小诗《阿基米德和学生》(*Archimedes und der Schüler*,1795),尽管他认为这首诗在对句的处理上是个败笔。1807 年,高斯在他论天文学的就职演讲中用了这首诗。

一般来说,悲剧不是高斯流连其中的环境。高斯讨厌厌恶人类的、愤世嫉俗的、忧郁的或悲观的倾向,如在拜伦勋爵的作品中发现的那样,或如通过他而对德语文学的影响而导致的那样。他发现拜伦的思维模式令人太不愉快而且太凶恶。甚至莎士比亚作品中悲剧的场面对于高斯来说也太多了。在日常生活中有太多的悲剧,以致他不想在他阅读的文学作品中出现悲剧。

高斯对沃尔特·司各特(Walter Scott)爵士的所有著作了如指掌,并且热情地赞美它们。《肯纳尔沃思堡》(*Kenilworth*)的悲剧性结尾给了他痛苦的印象,他宁可不读它。他以很大的兴趣阅读司各特的《拿破仑传》(*Life of Napoleon*)并感到很满意,完全赞同作者。有一天他发现在司各特的书中有一句话让他发笑。对于一个天文学家而言这太离谱。为了确信这不是印刷错

---

① 高斯深入研究了歌德的《颜色学说》(*Farbenlehre*)。
② Mephistopheles 是一个恶魔的名字。——译者注

误,高斯比较了他能找到的所有版本。那句话是:"月亮从西北方升起。"在这一段的页边上他作了一个注记。在他的晚年,他喜欢阅读吉本的《罗马帝国衰亡史》(*Decline and Fall of the Roman Empire*)和麦考利(Macaulay)的《英国史》(*History of England*)。

高斯妻子的一个外甥埃德蒙·弗朗茨·安德烈埃斯·赫费尔(Edmund Franz Andreas Hoefer,1819—1882)在德语文学上成为一位知名人物,他一生的大部分时间生活在斯图加特和坎施塔特(Cannstadt)。从 1854 年到 1868 年,他是《家庭报》(*Hausblätter*)的编辑。赫费尔的小说和短篇故事在他们那个时代被广泛阅读,他还出版了一部德语文学史。他的作品被认为是乡土艺术(Heimatkunst)的精彩例子。赫费尔是威廉·拉伯(Wilhelm Raabe)的一个亲密朋友,拉伯是德意志在 19 世纪最重要的作家之一。

高斯总是密切关注政治事件,尤其是他自己国家的那些事件。他对他认为是最重要的政治事件,列出了一个长长的单子,以 1789 年的法国革命开始,而以 1810 年 7 月 1 日的一个事件为结束。这张单子今天读起来仍令人感兴趣。他的坚强性格和一贯性在政治领域显现出来。高斯是一个绝对保守的人,而且是有贵族气派的人。在他的晚年,他的学生们常称他是一个保守主义者。他喜欢由一个有大智慧的坚强的领导人执掌的政府胜过喜欢任何其他形式的政府。带有暴力行为的暴民统治,尤其是 1848 年的欧洲革命,激起了他难以言说的恐惧。1849 年 5 月 17 日,他写信给舒马赫:

> 我们的公共事务正变得越来越差劲。我不知道是哪位哲学家提出在艰难时期人们应该既不悲哀又不嘲笑这一主张的①,但我理解他们。我承认第一条禁令非常难于履行,但更为困难的是执行第三条命令。那些认为不仅圣保罗教堂,②而且整个德意志已变成一座疯人院的人,在我看来有时他们是对的。

---

① 是斯宾诺莎。见《政治论》(*Tractatus politicus*),第一章第四段。
② 1848—1849 年,国民议会在法兰克福的这座教堂举行。

第十八章 奇迹老人

1848年,汉诺威政府试图全部召回格丁根大学七教授以克服1837年事件的坏影响。仅有埃瓦尔德和韦伯两个人返回。他们的返回给晚年的高斯带来了快乐。其实,1848年的欧洲革命对格丁根大学没有坏影响。在汉诺威王国,格丁根被誉为几乎是最激进的城市,仅次于希尔德斯海姆。一支部队不得不被派到格丁根。格丁根大学的学生们在城外游行,在学生和警察之间发生了一些小冲突。保守派的学生组成团队,晚上在街上巡逻。谣言满天飞。大多数学生站在保守派一边,并对格丁根大学的内部改革更感兴趣。站在革命派一边的一位学生领袖约翰·米克尔(Johann Miquel)是卡尔·马克思的密切伙伴。后来他成为普鲁士的财政部长和国务部副总理。

1927年,那时84岁的马克斯·施奈德温(Max Schneidewin)在哈姆林的家中回忆了在1848年革命中的高斯,他是格丁根大学一位古典文献学教授的儿子。在他父母家中,他和他的兄弟姐妹经常听到带着某种程度的敬畏提到的姓氏"高斯"。在这次革命期间,教授若身体健壮就被国家或市当局挑选去巡逻并维持秩序。还是一个6岁男童的他吃惊地看到他的父亲穿着有大皮带的轻质黑外套,类似于制服。他看到一根长矛靠在书柜上。一天中午,他的父亲说他得与其他教授们在盖斯马尔门站岗。突然有人宣布,住在距盖斯马尔门步行仅5分钟距离的高斯就要来了。站岗的所有教授们立刻列队以"举枪敬礼"。施奈德温说可能只有高斯才能享受这种礼遇。此后,这个男孩只要看到高斯,总是特别崇敬。

在日期为1848年12月14日致恩克的一封信中,关于这场革命高斯本人这样表达:

> 我带着如此多的快乐阅读你10月18日的讲话稿,因为在从3月18日到12月6日的这个悲伤时期罕能听到来自柏林冷静理智的声音。这次我只能以一种痛苦的感觉想到你们的国王①。我不知是

---

① 普鲁士国王。

否曾有另一位王储,他的每个措施都有那么真诚的良好意图,但回报却总是如此可耻地忘恩负义。愿他目前最新的试验更成功。这种试验给我的印象与报纸上被认为是一个法国外交官的几行言论所反映的印象相同,即这部宪法所给予的超过了一个开明国家的需要,如果普鲁士人民证明他们能忍受这部宪法,人们将不得不佩服他们。

从报纸上我早已知道雅可比的政治观点的倾向;报纸上甚至提到施泰纳(Steiner)和埃尔曼(Erman),有时以一种类似的、尽管不那么直白的方式,但甚至狄利克雷也加入这个派别对我来说非常意外。在格丁根大学,我们快乐到这样的程度:在教员中(现在)能被人指出崇拜此类偶像的只有极少数。

高斯对"群众"的智力和伦理的评价很低。提及政治问题、宗教问题或科学问题,他经常表达这个观点。他常常说世人乐于受骗(mundus vult decipi),并且以不信任的眼光,以鹰隼般坚定的凝视,紧盯追踪鼓动者和煽动暴民者。他对政府的宪法体制评价不高,而他始终不懈地努力证明政客们所犯的逻辑错误,或者证明他们缺乏专业知识。他的朋友们尽管有时与他有不同意见,还是感到他常常取得了成功。作为一位老人,他热爱这片土地的安宁与和平胜过一切,而且对于他来说,在德意志爆发内战的想法等同于想到他自己的死亡。然而,他没有仅仅因为是传统就固守传统。无论是在智力领域还是物质领域,如果有某个真正可以证明的进步,那么,他就与他的同时代人同样支持改革。不过,他不喜欢他家中的改变,他更喜欢在他年轻时就习惯的简单。

高斯的家是他的城堡,而对于国家他要求也享有同样的独立性。他谴责当时德意志的政治行为,痛惜德意志的缺乏和谐,他渴望国家的统一。① 像如此多的德意志人那样,他会高兴地把他们国家的命运交到一个强有力的统治者的手里,并且不希望国家的命运被系在一根随风摆动的芦苇或一艘没有领

---

① 他研究了伯默尔(Böhmer)的《皇帝腓特烈三世对德意志大宪章的构想》(*Kaiser Friedrichs III Entwurf einer Magna Charta für Deutschland*)。

第十八章 奇迹老人

航员的船上。他明确地反对外国统治或一个国家被另一个国家占领。

高斯发现将一个圆分成 17 个相同的部分与拿破仑离开巴黎踏上去意大利军队的行程发生在同一天,显然他对这一事实附加了不寻常的重要性。他多次向他的朋友们提及这个事实。拿破仑在 1796 年 3 月 26 日到达驻扎在尼斯(Nice)的意大利军队中。在 1796 年 3 月 29 日的《汉堡通信员》(*Hamburger Correspondent*)上有一则日期为 3 月 17 日的大事记:"波拿巴将军已离开这里(巴黎)去意大利军队的驻地。"当然,他真正离开的日期可能是发生在一天或两天之前。

1848 年 4 月 20 日,高斯写信给他青年时期的亲密朋友鲍耶:

> 这场剧烈的政治和社会的地震,以越来越大的范围正在颠覆几乎所有欧洲人的生活状况,但狭义上来说尚未触及你的祖国①(我指的是特兰西瓦尼亚)。我确实抱有这样的信心:这场变动最终会产生令人愉快的结果;但过渡时期会首先带来多方面的压制,而且[尽管上帝虽对此不接受(quod tamen deus avertat)]能持续很长时间。在我们这个时代,人们总是怀疑我们能否体验到就在前面的黄金时代。
>
> 我 40 年积蓄的绝大部分②投资在奥地利债券上,但现在奥地利债券贬值,我面临着这样一种威胁:在去世时有很少遗产或没有遗产留给我的孩子们。

在 19 世纪的中期,"桌上通灵"(table rapping)的风潮席卷欧洲和美洲。德意志报纸上充斥着这种报道,而高斯的朋友鲁道夫·瓦格纳(Rudolf Wagner)逐渐对此感兴趣并就这个主题发表文章。这种桌子移动或桌子转动被认为是一种灵异现象。许多人相信来自另一个世界的鬼魂"正在叩击以求得来到我们的世界的允许"。一群人会围桌而坐并把弓起的手放在桌上,等着

---

① 德语是 Vaterland。——译者注
② 这个说法不准确。他把一笔遗产 152 892 塔勒中的 26 604 塔勒投资到奥地利债券上。

看会发生什么。格尔林对此变得感兴趣并在这个"领域"做了许多实验。他详细地向高斯报告,并征询他的建议。日期为1853年4月21日的回复是高斯写给格尔林的最后一封信:

> 我曾打算今天下午答复你并说明我对此事的观点。既然不啰嗦一番,这件事就不能进行,那么我就非常高兴,因为今天上午,在新闻报纸提供给我们如此多关于这问题的胡说八道中,我在一本杂志上发现一篇文章,我就不必花那么大力气了。这本杂志是今天上午送到这的,我忘记了它是《教训》(Didaskalia)或是《会话杂志》(Konversationsblatt),而这篇文章有两个署名者,前一个的姓氏我忘记了,后一个是波佩(Poppe)。我本来不得不给你写的事与这篇文章中的事完全相同。在我家那张相当重的(也许有50磅)圆形餐桌①上我和特蕾泽做了一个实验,目的是检验平放在桌子上的四只手(互相不接触)需要给出多大的压力才能让桌子转动,当然故意使这种压力不是垂直的,而是切向同时作用。我惊奇地发现,所需要的压力非常小。况且,这张三腿桌子是在一块地毯上的。现在,如果我考虑到那个压力的最大部分是我施加的,那么我认为对你描述的既小又轻的桌子,八只手的每只手施加了如此轻微的压力,以致经过半个小时的等待之后,八只手变得对压力都麻木了。
>
> 我本人肯定不会按照安德烈埃斯的方式做实验。我的耐心不足以让我的双手保持一个不变的姿势放在桌上半小时或更长的时间,但如果我这样做,那么我能事先肯定,即使我的双手没有痉挛,它们也会进入这种状态,即我不再能如通常情况那样掌控它们。我的意思是,我将不再确定我是否不在按压,或者我是否在垂直按压或以一个角度在按压。所以,仅就这种实验所产生的运动而言,在我看来,它什么也没有证明。如果报纸上的文章所宣称的客观效果类似于电流是

---

① 这是一张直径47英寸的圆桌,桌腿的3个支点构成一个边长为23英寸的等边三角形。

第十八章 奇迹老人

被证实的：火花、水的分解、导致麻痹或使一块马蹄形磁铁的磁力大增，那就不一样了。但所有这些说法都没有一个保证人，我会满腹狐疑地(in dubio)给它们签上明希豪森(Münchhausen)①的姓名。

在几乎所有的实验中，我发现其中有件事情我必须不予赞成。一旦察觉到桌子的运动，人们就跳起来，用脚推开他们的椅子并跟着转动的桌子跑。我会最严格地要求每个人继续坐在自己的椅子上。既然按照规则，双手应该只是非常放松地放在桌面上，那么人们在双手没有脱离接触桌子的情况下怎么会让桌子从手下滑过去呢？长方形的桌子不会发生这种情况，应该被排除。如果你说桌子会静止不动，那么这就证明一个不太小的压力是必不可少的，而这种[压力]在人们跟着桌子跑的时候一定会变成对桌子的一种推动，尽管长时间受这种实验折磨的人并不明确地意识到这一点。在这方面，对海德堡实验的生动(pittoresque)描述我觉得特别有趣，实验中法律系的所有成员，包括两位年轻的女士，像疯子一样跟着桌子跑，致使可怜的措普夫莱因(Zöpflein)最终跟不上其他人，我听说他被说成是一个真正的福斯塔夫(Falstaff)②式的人物。

有人声称桌上通灵用某种超自然的方式与动物磁性说相联系。在1853年5月10日的一封信中的下列几行文字表明，对于这个问题，高斯对他所听说的和读到的一切都毫无兴趣。这封信是写给洪堡的：

我已经能相当冷静地观察当今的愚蠢行为，其实，对几种类型的图片，像海德堡大学法律系桌上通灵实验的图片之类的，我真的是哈哈大笑。我长期习惯于对所谓上流阶层认为他们通过阅读通俗作品

---

① 卡尔·弗里德里希·希罗尼穆斯·冯·明希豪森(Karl Friedrich Hieronymus von Münchhausen，1720—1797)是德意志的一个军人、冒险家和童话讲述者，也以冯·明希豪森男爵知名。他被人们称为谎话男爵(Lügenbaron)。——译者注
② 福斯塔夫是莎士比亚的戏剧《温莎的风流娘们》和《亨利四世》中一个肥胖、快乐且无赖的人物。——译者注

或参加通俗讲座就能拥有高等文化的品质给予低评价。我赞成这样的观点：在科学领域，真知灼见只能通过自己一定的努力或别人所真正提供但经过自己的消化才能得到。

这是对洪堡的温和批评，洪堡在做通俗讲座和发表通俗作品上花费了不少时间。至少，高斯让洪堡知道他怀疑这种做法的结果的有效性。

第十九章
欧洲数学之王

奥古斯图斯·德·摩根(Augustus De Morgan)在他的《悖论集》(*Budget of Paradoxes*,第187页)中叙述了如下的故事。弗朗西斯·贝利(Francis Baily)①写了一部奇书《第一任皇家天文学家约翰·弗拉姆斯蒂德牧师大人的叙述》(*Account of the Rev. John Flamsteed, the first Astronomer-Royal*)。②此书由英国海军部出版以分发,作者列出了分发名单。某些传言引起人们争相向海军部索要这本书。部里的长官们为难了;但一看名单,他们就看到了他们认为如此默默无闻的名字,以致他们有理由认为贝利先生的名单包括了这样一些人,他们不配享有海军部赠品。海军部的秘书要求贝利先生来他那儿。

"贝利先生,我的长官们倾向于认为这份名单中某些人的名望恐怕不能成为长官大人们赠送这部著作的理由。"

"秘书先生,您的观察结论适用于哪一位呢?"

"好吧,现在让我们检查这份名单;让我看看;这里——这里——这里——出现了!这里是高斯——谁是高斯?"

---

① 当爱丁堡大学的矿物学家、化学家和冶金学家戴维·福布斯(David Forbes,1828—1876)在1837年的夏季访问格丁根时,弗朗西斯·贝利给了他一封把他介绍给高斯的信。

② 在写作这部书的过程中,贝利大量利用了弗拉姆斯蒂德与艾萨克·牛顿的通信和弗拉姆斯蒂德的遗留文稿。这部书没有公开发行,一个重要原因是书中包含了一些对牛顿形象不利的材料。——译者注

"秘书先生,高斯是现在活着的最年长的数学家,并被普遍认为是最伟大的。"

最终,长官大人们真心表示他们对这份名单完全满意。

1804年,亚历山大·冯·洪堡从美洲旅行返回,在巴黎停留了一段时间,他发现人们以极大的敬意提到高斯的名字。而在他这次旅行之前,他从来没有听说过这个名字。1807年,他给高斯写了第一封信,告诉他拉普拉斯对他很尊敬。在19世纪的数学中,高斯的名字得到的认可无人可比。他在物理学和天文学中的地位也许稍低。同时代的学者们承认他在他自己的领域有着绝对的智力优势。在有资格评价高斯的人当中,高斯享有一种几乎超人般的尊敬和钦佩。其中有6个例外,他们都是纯粹从个人感情出发的。①

早在1813年,高斯的正在巴黎的朋友奥伯斯试图说服高斯到巴黎一游,并保证他将得到其他学者从未得到的欢迎。在当时拿破仑时期,奥伯斯在巴黎当不来梅的代表。据说拉普拉斯曾力劝拿破仑放过格丁根,因为"他的时代最伟大的数学家生活在那里"。甚至非常不喜欢高斯的勒让德,在他的《数论》(*Théorie des nombres*,1808)的第二版序言中说到高斯的《算术研究》,赞扬它的高价值、丰富的内容,并承认其完全的原创性。高斯的事业没有如大多数科学家的情形那样,显示出一种逐步的上升;它以一个高点开始并在这个水平上继续。

1805年,当普鲁士国王想借助洪堡通过美洲之旅而得的大名让柏林科学院光辉荣耀,要求他进入该科学院时,洪堡知会这位国王,他的加入并不重要;他向国王写信说能给予科学院新光彩的那个人是卡尔·弗里德里希·高斯。

甚至雅可比,也许在同时代人中他的数学才能仅次于高斯,而且他倾向于批评高斯的性格,也承认高斯智力的至高无上。1840年,在与高斯共度一个星期之后,雅可比给他当物理学家的哥哥写信:"如果实用天文学没有把这位不寻常的天才从他光荣的事业中转移走了,数学将会在一个完全不同的地方。"

---

① 勒让德、阿贝尔、雅可比、杜林(Dühring)、泰特(Tait)和霍尔斯特德(Halstead)。

第十九章 欧洲数学之王

高斯意识到他在科学上的崇高地位吗？是的，这没有问题，而且他很早就知道。然而，他对自己的要求，就像他对别人的要求一样高。不过，他很谦虚，从不表现对他伟大的这种意识，除非有特别的刺激。他从不佩戴人们大量颁发给他的各种奖章和勋章，但国王到格丁根时除外，在这个时候他会佩戴皇家圭尔夫（Guelph）勋章。在年轻的时候，据说高斯沮丧地感受到了这个事实：他没有一个有同等天才的朋友，让他可与之讨论他的科学问题。

1808 年，高斯明显表现出了一次可原谅的骄傲。当时布赖特科普夫（Breitkopf）和黑特尔（Härtel）正为出版商佩尔特斯印刷高斯的《运动的理论》。印刷者提出为了节约时间和邮费，放弃清样的最后审读。高斯直率地给这位出版商写信："对于这一著作的正确性，我赋以这样一种价值（这部著作用去了我数年的大量工作，如果我没有弄错的话，几个世纪之后仍有人研究它），以致如果你向我索要由布赖特科普夫先生和黑特尔先生在这方面造成的费用，如果我本人能首先检查之前和之后所有的页面，那我就满意了。"

对优越感的这种自信使他免于琐碎的争论。一位意大利科学家在一份期刊上对高斯的磁理论进行了"非常无礼的"攻击。当舒马赫提请高斯对这一事实的注意，且想知道高斯是否认为让另外一个人"收拾这个无礼之徒"是可取时，高斯回答说他已通过其他消息来源听说了这一批评，还补充说这位批评者的推理是"蠢话"，这个判断与他阅读同一作者在磁学领域的另一篇文章得到的印象相符。高斯还说："据说我们的图书馆有这份杂志，我认为它不配写上一张图书馆的索引卡。既然你说这篇文章写得很无礼，那我决不会读它了。"

不幸的是，这位意大利批评者没有活得足够的长，以能让他看见这封信的发表。高斯不仅不理会这样的批评，而且不让其他人以他的名义作答。他厌恶好争论的人。伟大的化学家尤斯图斯·冯·李比希（Justus von Liebig）曾是格丁根大学一个教授职位的候选人。他后来说，高斯和地质学家豪斯曼（J. F. L. Hausmann, 1782—1859）反对他，因为他总是卷入某些争论，而他们不想有一位爱争吵的同事。

当高斯不得不与他已知道要高度尊敬的那些科学家们的观点有分歧时，他的行为特征是谦虚和自我批评。他声明他不信任自己的观点，如果它们触及的学科他没有彻底研究过的话。另一方面，如果涉及某个数学问题，对此他有严格的证明，他会公开且坦率地说出来。必须补充一下，对于这种行为，非欧几何学是一个例外。当涉及主观意见，或者论题依赖于个人对可能性的估计时，他会胆怯。

在纯粹的科学问题中，当高斯遇到愚蠢、目中无人或虚假时，在私下他会非常尖锐。对于一个朋友，一次他写道："本岑贝格先生似乎不但写书而且写信都在睡梦中。"天文学家、慕尼黑大学的教授弗朗茨·冯·保拉·格鲁蒂森（Franz von Paula Gruithuisen，1774—1852）[①]经常引起高斯的憎恶，高斯称他为"疯狂的话痨"，并说每当他看到格鲁蒂森的任何东西，他只能指望发现一派胡言。格鲁蒂森宣称在月球上发现了一座城市和一些公路。其实，格鲁蒂森和哲学家谢林（Schelling）之间的争论把高斯给逗乐了。在赫巴特（Herbart）送给高斯一些谢林的作品之后，他说："在我看来，这两个冤家真是绝配。"

1826年5月14日，在写给奥伯斯的一封信中，高斯讨论了天文学史上的一个轰动的公案（cause célèbre）。马耳他十字骑士舍瓦利埃·丹戈斯（Chevalier d'Angos，死于1836年）在1784年宣称他发现了一颗彗星，恩克指责[②]他在这件事情上的欺骗行为。天文学界在恩克的文章发表之后认为这桩公案已尘埃落定。独有高斯比较谨慎和仁慈。他称丹戈斯是一个"夸夸其谈的人"，并且认为欺骗非常可能，但迟迟不愿说他有罪，直到证据确凿。他在这封信中告诉奥伯斯："这里我采用的表述式证明不是在律师的意义上，他们让两个一半的证明等于一个完整的证明，我是在几何的意义上，这里½证明＝0，对于证明来说，要求每个疑点都变成不可能。"

[①] 他曾在1825年8月和9月拜访高斯。
[②] "舍瓦利埃·丹戈斯的赤裸裸的天文学欺诈"（Imposture astronomique grossière du Chevalier d'Angos），《天文学通信》（Correspondance Astronomique），Ⅳ（1820），第456页。

第十九章 欧洲数学之王

费利克斯·克莱因说①高斯的一些手稿显示他知道四元数的基本想法,四元数是伟大的爱尔兰数学家威廉·罗恩·哈密顿(William Rowan Hamilton)(在1843年)发现的。泰特(P.G.Tait)宣称②克莱因错了,线性算子和向量算子的高斯限制形式并不能被算作对四元数的一个发明。

事实上,关于这个主题,在哈密顿于1852年1月6日写给奥古斯图斯·德·摩根的一封信中表达了自己的想法:

> 事实上,我怀着对……高斯的极度敬佩,我有一些个人的理由相信,也许我可以说知道他没有预想到四元数。事实上,如果我没有忘记那一年的话,我见到了一位特别的朋友,他是(我被告知)高斯的学生冯·瓦尔特斯豪森男爵……那是在1845年英国科学促进协会(the British Association)③举行的第二次剑桥会议上,就在赫歇尔在他的主席致词中说到我的四元数和你的三元代数之后。所说的这位男爵在此后不久到这里(都柏林)访问我……他告诉我他的朋友和(在某种意义上的)老师高斯早就希望构建某种三元代数;但他的观念曾经是空间的第三个维度应符号化地被某个新的超越量表示,这个量相对于1正如虚数相对于-1。现在你看到,正如我当时看到的,这与我绝对不偏不倚地处理空间的所有维度,没有一个维度比另一个维度更真实的方案存在着根本矛盾。④

当拉普拉斯被问到谁是德意志最伟大的数学家时,一个传统故事的说法是,他答道:"巴特尔斯。"⑤提问者想知道为何他没有说是高斯。于是,拉普拉斯说:"噢,高斯是世界上最伟大的数学家。"

---

① 《数学年刊》(*Mathematische Annalen*),LI(1898)。
② 《爱丁堡皇家学会会报》(*Proceedings of the Royal Society of Edinburgh*),1899年12月18日。
③ 全称是 The British Association for the Advancement of Science,成立于1831年。——译者注
④ 格雷夫斯(R.P.Graves),《威廉·罗恩·哈密顿爵士传》(*Life of Sir William Rowan Hamilton*),Ⅲ(1889),第311—312页。
⑤ 这则轶事的恩斯特·舍林(Ernst Schering)版本是用普法夫替巴特尔斯。

19世纪最重要的数学家之一、挪威的尼尔斯·亨里克·阿贝尔(Niels Henrik Abel,1802—1829)在1825年到德意志时,原本打算拜访高斯。当时他不出名。他的一份关于一般五次方程求解的不可能性证明的一个副本已经寄给了高斯,但阿贝尔认为高斯在把他推向公众上做得不够。在此之后,他讨厌高斯,而且对高斯极为挑剔。他没有去格丁根,这两个人没有相见是令人遗憾的。阿贝尔曾想使用格丁根大学出色的图书馆。高斯在认识到他错过了什么时已太晚了,因为他在1829年5月19日写信给舒马赫:"阿贝尔的去世,我没有看到在报纸上宣布,这对科学是一个非常大的损失。关于这个非常杰出的天才的生活境遇,有任何东西被印出来,并且到你手里,我请求你把它寄给我。如果在什么地方能得到他的肖像,我也希望能有。"

1877年,慕尼黑大学的数学教授奥雷尔·埃德蒙·福斯(Aurel Edmund Voss,1845—1931)在高斯百年诞辰庆典上发表的演讲中,评论高斯在他的同时代人中似乎所处的孤独地位。对此阿贝尔和雅可比有清楚的认识并把此归之于高傲。但他们错了。这只是一位先驱者的孤独。对这类事情,后世的人比当时的人知道得更多。至少有一次,关于这一点高斯本人清楚地表达了他自己的看法。他个人的观点出现在1848年4月20日写给鲍耶的一封信中:

> 不错,我的生活被装点着许多让世人认为值得嫉妒的东西。但相信我,亲爱的鲍耶,生活的质朴方面,至少对我的生活,像一根红线穿行其中,而且在它面前,一个人到老年时更没有抵抗能力。这些质朴方面连百分之一都不能被快乐抵消。我会高兴地承认,对我来说已变得如此难以承受而且如今依然如此的命运,对于许多其他人来说要容易承受得多。但智能构造属于我们的自我,使我们存在的造物主已把它赋予我们,我们不能改变它。另一方面,在对生活虚无的这种感悟中[这一点无论如何大部分人在临近目的地(死亡)时一定表达出来],发现它为一种更美丽的蜕变的接续提供了最有力的保证。我亲爱的朋友,让我们以此安慰自己,并由此寻得必要的平静,以

便与平静同在直到最后。塞涅卡说,靠近自由甚至使一位老人变得勇敢(Fortem facit vicina libertas sanem)。

在评论拉普拉斯发表在《天文年历》(Connaissance des temps,1816)上的一篇文章时,高斯1831年12月31日写给奥伯斯的信中说:"这篇文章……按我的判断,对于这位伟大的几何学家是非常不值得的。我发现其中有两个不同的、非常严重的错误。我曾一直想象在一流几何学家中,计算永远只是包裹所提内容的外套,这些内容是通过对主题本身的沉思而不是通过计算创造的。"

1829年1月29日,这位欧洲数学之王在写给舒马赫的一封信中表达了自己对拉格朗日的看法:"这一指责正中拉格朗日要害,他与当代几乎所有的分析学家一样,在符号游戏中并不总是积极地把主题牢记心中。"

1836年8月17日,高斯在写给舒马赫的一封信中概括地表达了自己对法国和英国的数学家们的看法:"对我来说……我快乐地接受在莱茵河那一边和英吉利海峡那一边所有真正的科学进展,但当他们在那里做蠢事时……那就无事可做,除了完全不理会它。"

1837年,洪堡不得不决定是参加在布拉格的一个科学家大会,还是参加格丁根大学的百年庆典,因为它们在相同的时间举行。正如在第十六章中指出的,在高斯的家中他度过了差不多一个星期。做出这个决定的原因出现在他1837年7月27日写给高斯的一封信中:"亲爱的朋友,与你在一起的几个小时,比参加所谓科学家的所有分组会议更珍贵,这些所谓的科学家如此成群结队地走来走去,追逐美食,以致对于我来说,从来没有充分的科学交流。最后我总是像那部歌剧结尾时的数学家那样问自己,坦率地告诉我,这证明了什么(en dites-moi franchement ce que cela prouve)。"

1848年,当计划出版高斯和贝塞尔的通信集[①]以及贝塞尔和奥伯斯的通信集时,高斯在1848年12月23日写信给舒马赫,说他很了解在贝塞尔几乎所有的信中有多少恭维应该被删去。出现这种情况,是因为贝塞尔喜欢说些

[①] 它直到1880年才出版。

取悦人的事情,或说些他推测人们爱听的事情。高斯觉得,如果这些信在他自己的有生之年出版,这样的段落应该被删去。当贝塞尔-奥伯斯通信集面世后,高斯感到在奥伯斯的信中有某些段落应该被删去,因为它们显示出对成熟判断力的一种缺乏,更像是一个关于科学问题、当代科学家以及相关主题的私下聊天。

莫里茨·康托尔(1829—1920),后来成为世界闻名的海德堡大学数学史家和教授。1899年11月14日,他在海德堡大学作了一个报告,那天几乎正好是他1849年10月下旬的一个晚上到达格丁根的半个世纪之后。高斯是这个报告的主题,在报告的结尾康托尔深情并富有魅力地回忆了这位大师:

> 我打算报名听施特恩、韦伯、利斯廷和高斯的冬季课程。我听了前三人的课程,但高斯不授课。1850年夏季,情况同样,高斯仍不授课。在1850年与1851年间的冬季,高斯讲授已宣布要讲授的关于最小二乘法的课程,我听了这门课。就我所知,这是他讲授的最后一门课程。[①] 后来,差不多同之前一样,他总是有理由不进行他宣布要讲授的课程。我仿佛看到那间正在上课的办公室,我看了进去。我们这些听课的人围着一张大桌而坐,桌上几乎摆满了书。高斯坐在桌子较窄一边的一把扶手椅上,他边上有一个黑板架,上面搁着一块中等大小的木制黑板,他用粉笔在这块黑板上进行计算。高斯戴着一顶黑天鹅绒居家便帽⋯⋯当他站起来的时候,他的左手仍然放在裤子左边的口袋里⋯⋯由于每个听课的人可使用的桌面很小,使用墨水是被禁止的,但是高斯甚至不喜欢我们用铅笔记笔记。一旦我们想记笔记,他就说:"在这里不用写,注意听讲。"容易理解,即使一个人全神贯注而且有最好的记忆力,他也没有能力在课后完成精确的笔记。人们课后能补记的只是一些特别巧妙的、各自独立的推导。

---

① 这个陈述不正确。

此外,那些与科学无关的口吻和插语,令人牢记不忘,只是显示了讲话者的特点……还有一次,桌上摆满了对数表。高斯按照纸张的颜色、数的构成、它们在尺寸上是否相同或者它们是向上还是向下伸过那条线,来说明各表之间的差别;他说到表中的小数位数,说到对它们的计算,并直言不讳,非常严肃地说:"你们想不到的,在对数表的计算中包含多少诗意。"在他的其他话语中人们注意到了这种风趣……拉普拉斯在其伟大科学著作之外,关于概率计算,也写了一本《关于概率的哲学随笔》(Essai philosophique sur les probalilités),该书非常畅销。高斯曾把这本书的前 3 个版本放在桌子上,并给我们看第一版上出现的一段陈述:征服者只伤害他自己的国家而不是帮助它。这段陈述在第二版中就不见了,在后来的版本中又出现了。这本书的第一版问世时,拿破仑在厄尔巴(Elba)岛,第二版在拿破仑的百日王朝期间出版,后来的版本以一定的间隔陆续出版。高斯甚至知道怎样提出语言学上的意见,其中的一个我不私藏。他激烈地批评短语 möglichst gut(尽可能的好)。在这个短语中不是可能性增加了,而是好的程度增加了,所以人们应该说 bestmöglich(尽可能好的)。

康托尔刚刚描述的关于最小二乘法的这门课程有 9 名学生听讲。在这 9 人中,仅有 5 人支付了所要求的学费,高斯得到了讲授这门课程的 25 塔勒的可观金额。后来,其他两名学生支付了他们的学费。这些学生的名字是:A.里特尔、M.康托尔、R.戴德金、冯·乌斯拉尔中尉(Lieutenant von Uslar)、门格斯(Chr. Menges)、瓦莱特(A. Valett)、希尔德布兰德(L. Hildebrand)、瓦格纳(G. Wagener)、利翁(J. C. Lion)。今天,这些人中的大多数已被人遗忘。

奥古斯特·里特尔(August Ritter,1826—1908)生于吕讷堡,他在莱比锡-德累斯顿的铁路部门做绘图员,直到 1850 年。就在这一年他进入格丁根大学，学习到1853年，并获得了博士学位。后来，他在罗马和那不勒斯作为工程师度过了一些日子，在1856年被汉诺威理工学院招聘，教工程和力学。从1869年直到他于1899年退休，他在亚琛(Aachen)担任教授。他的晚年是在吕讷堡度过的。

对其他几个人多了解一些将是有趣的。康托尔为自己赢得了国际声誉。到目前为止，这些学生中最重要的人物是里夏德·戴德金(1831—1916)，他是代数数的现代理论的创始人之一。1901年，戴德金非常详细地写下了他自己对这门课程的回忆。其中有一部分对于我们有特别的传记意义：

> 作为一个不伦瑞克的本地人，我很早就听说人们提到的高斯，我高兴地相信他的伟大，虽然不知道是什么构成了伟大。当我第一次听说他对虚数的几何表示时，我印象深刻，当时虚数仍被人们称为不可能的量。那时我是卡罗琳学院(今天的汉诺威理工学院)的学生，已对高等数学略有了解。此后不久，在1849年高斯获得博士学位50周年大庆时，我们学院给他送去了由杰出的语言学家彼得里(Petri)撰写的贺词，其中的话语"他使不可能成为可能"特别吸引了我的注意。在1850年的复活节，我到格丁根上大学，在这里通过研讨班上施特恩①讲授的简短但非常有趣的课程，我被引入数论初步知识的大门，我的理解有所长进。我在格丁根天文台听一门关于通俗天文学的课程，这门课由杰出的教授戈德施密特讲授，在我往返天文台的路上，我有时遇到高斯，我喜欢看到他庄严的、令人敬畏的外表；为了阅读报刊，高斯频繁地去文学博物馆，在他通常坐的座位附近，我多次近距离地见到他。

> 在接下来冬季学期的开始，我考虑我已成熟得足以听他关于最小二乘法的讲课，于是带着课程报名簿且不是没有心悸，我踏进他的起居室，发现他坐在一张书桌旁。我的报名似乎不怎么使他高兴，我

---

① 莫里茨·施特恩(Moritz A.Stern, 1807—1894)。

第十九章 欧洲数学之王

先前也听说他不喜欢做出执教课程的决定;他把他的名字写在报名簿上,经过短暂的沉默,他说:"也许你知道我的讲课是否能实现总是非常不确定;你住在哪里?住在理发师福格尔(Vogel)那里?好的,真是有点儿好运,因为他也是我的理发师,我将通过他来通知你。"

几天之后,福格尔,这位全城都知道的人物,深知自己使命的重要性,进入我的房间以告诉我其他几位学生已经报名并且枢密官高斯将开讲这门课程。

我们一共9位学生,我逐渐与其中的里特尔和莫里茨·康托尔变得比较亲密;我们都按时参加,很少缺席,尽管在冬季去天文台的路有时并不令人愉快。① 一间接待室隔开了听讲室和高斯的办公室,听讲室相当小。我们坐在一张桌子的旁边,桌子的长边能让3个人舒服地坐下,但坐4个就不行了。对着门在桌子的远端坐着高斯,他离桌子有一定距离。当我们学生到齐时,那么最后到的两个人不得不坐得靠他很近并把笔记本放在膝上。高斯戴一顶轻便的黑帽子,身穿很长的棕色外套和灰色的裤子;通常他以舒坦的姿势坐着,目光向下,身子略微前倾,双手交叉着放在膝上。他说话没有什么拘束,非常清楚、简单而坦率;但当他想强调一个新观点时,他会用特别有特色的词,然后他突然抬起头,转向邻近的某个人,在强调的时候他用他那美丽的、深邃的蓝眼睛注视这个人。这是令人难忘的。他说话几乎没有方言,只是有时听起来像我们不伦瑞克的方言;例如,在计数时(他不羞于使用他的手指),他不是说eins(一),zwei(二),drei(三),而是说eine,zweie,dreie,等等,就像人们甚至现在也能在集市上听到我们说的那样。如果他要从原理的一个解释讲到数学公式的开发,那么他会站起来,以庄严的、笔直的姿势在身旁的黑板上用他那特别优美的手写体写着,通过精打细算的和有目

---

① 这门课程每星期开3个小时。

的的安排,他总能成功地设法应付着利用相当小的地方。对于数值例子,他特别重视把它们精心完成,他带着一些小纸片,上面写着必需的数据。

1851年1月24日,高斯完成了他执教课程的第一部分。通过这一部分他让我们熟悉了最小二乘法的本质。接着是概率计算的基本概念和主要定理的极为清楚的推演,用原创的例子加以解释,这一推演用以引入最小二乘法的第二种或第三种建立方式,对此在这里我不能再深入了。我只能说我们越来越有兴趣地听着这门精彩的课程,其中还处理了来自定积分理论的几个例子。这也让我们觉得,尽管高斯早先几乎没有表现出执教这门课程的意愿,但似乎他在教学活动中也感到了一些快乐。就这样到了这门课程结束的3月13日,课上高斯站了起来,我们也都跟着站了起来,他以友好的告别辞让我们离开:"对于我,剩下的只是感谢诸位以非常准时和专注来听我这个可能被称为很枯燥的讲课。"从那时起到现在,半个世纪已经过去了,但作为我曾听过的最好的讲课之一,这个所谓枯燥的讲课在我的记忆中难以消除。

在高斯的整个晚年,德意志和国外的科学家们不断地来找他去参加会议和请求个人会见。这在1839年7月16日他写给他女儿明娜的信中能找到一个例子:

在这个夏季,我仍然在期待着来这里的许多访问。一个或两个英国人可能会在接下来的几个星期内到达,以与我讨论磁观测,两艘英国船舶要到南极区域考察,他们要设计好这种观测。大约在同时,彼得堡的库普费尔(Kupffer[①],我以前的一位学生)要来,主要是由于

[①] 阿道夫·特奥多尔·库普费尔(Adolf Theodor Kupffer,1792—1865)1820年在格丁根大学学习,1828年到圣彼得堡担任矿物学教授,1840年以后担任物理学教授。1843年,他担任俄国中央磁-气象学研究所所长。

准备在俄罗斯帝国进行的观测。挪威的汉斯廷宣布自己 8 月底到这里，目的类似。9 月，柏林的狄利克雷要来，他是我非常钦佩的人，他与狄利克雷①[原文如此(sic)!]特别要好。

我听说利斯廷也会很快到这里，尽管起初只待几天，为的是旅行，然后去他的故乡城市法兰克福，直到他在这里开始他的教授生涯。

尽管我很珍视所有这些来自外界的访问，但如果他们正好遇上大热天，就会让我感到吃力。

1838 年 7 月 15 日，高斯在写给奥伯斯的一封信中提到约翰·赫歇尔（John Herschel）爵士的一次访问："赫歇尔先生昨天晚上到达这里。他从汉堡直接坐驿站马车到汉诺威，在汉诺威待了二到三天后来到这里。也许我能说服他返回时途经不来梅。"

在上面高斯给明娜的信中提到的克里斯多弗·汉斯廷（Christopher Hansteen，1784—1873）是奥斯陆大学的天文学教授和天文台台长。他很早就对地磁感兴趣，并在这个领域发表过一些著作，是磁协会所主持的观测的第一批参与者之一。汉斯廷与高斯在一起待了两个星期，并练习了高斯发明的两件磁仪器的使用。他为正在建设的奥斯陆磁观测站订购了它们的复制品。库普费尔也为圣彼得堡和俄国东部的 3 个或 4 个地方订购了这两种仪器。

库普费尔在 10 月中间返回格丁根参加一次磁学会议，伦敦的萨拜因（Sabine）②、都柏林的劳埃德③和慕尼黑的施泰因海尔④出席了这次会议。陪伴她丈夫赴会的萨拜因夫人曾翻译高斯的《地磁的一般理论》。译文主要供参加南极磁考察的军官们使用。

---

① 可能他想写的是"洪堡"。
② 爱德华·萨拜因（Edward Sabine，1783—1883），英国将军，曾带领多次科学考察，在磁研究上很活跃。
③ 汉弗莱·劳埃德（Humphrey Lloyd，1800—1881），都柏林大学物理学教授，因他关于锥折射的工作而广为人知。他在都柏林建立了一个磁观测站。
④ 卡·奥古斯特·施泰因海尔（Karl August Steinheil，1801—1870），在 1832 年之后担任慕尼黑大学的数学和物理学教授。

高斯在生命的最后一年,好几次被一个名叫卡尔·舍普费尔(Carl Schöpffer)的宗教怪人惹恼,他是奎德林堡(Quedlinburg)的一名教师和神学博士。他以攻击天文学的哥白尼体系为乐而且有受迫害妄想。有好几次他宣称,他处于来自他想象中仇人的人身威胁中,但他说自己神奇地逃脱了。舍普费尔在卡尔·冯·劳默尔(Karl von Raumer)、恩克和约翰·冯·拉蒙(Johann von Lamont)那里受到十分冷漠的对待。

舍普费尔决定在他的天文学"研究"中使用格丁根大学图书馆,于是在1854年的春天来到格丁根。他创办一份名为《真理之刊》(*Blätter der Wahrheit*)的月刊,在出了9期后就销声匿迹了。舍普费尔到达格丁根后不久认识了高斯,高斯用一种精明然而友好的方式对待他。高斯给了他一些书读,并告诉他只要他认为有必要,就可以来寻求建议。亚历山大·冯·洪堡也曾友好地听他倾诉。

舍普费尔非常详细地讲述他先前在反对哥白尼体系的过程中遭受的冷遇,同时提到在争论中站到他这边的几位权威的早期天文学家和哲学家的名字。高斯沉默地听着这长篇大论,舍普费尔幸运地把这种态度解释为赞成。高斯在他的最后一年健康不佳,他觉得不能与这个狂人争论,这个人真的相信高斯对哥白尼体系有一些怀疑。洪堡曾给舍普费尔一个机灵的回答,如果他能找到某个有名望的天文学家出来反对这个体系,他(洪堡)本人就立刻宣布反对它。当高斯听到他这位老朋友的这个所谓的声明时,他只是回答:"如果我再年轻20岁就好了!"

舍普费尔报告说他在格丁根被人用砷下毒,还有一天在大街上他附近发生了爆炸,他幸而没受伤。

1854年9月18日至23日,德意志科学家和医师的第31届年会在格丁根举行。舍普费尔试图把自己的发言列入会议程序以对哥白尼体系再作一次攻击。格丁根大学的3位教授鲍姆(Baum)、利斯廷和韦伯有效地把他排除在会议程序之外。最终,他计划步入会场并开始发言,并错误地认为他能得到高斯和豪斯曼的支持。在去会场的路上,他得知高斯病了不能参会,而豪斯曼因为一次意外的出行离开了这座城市。于是,舍普费尔不得不取消了他的大胆计划。

高斯去世后不久,舍普费尔在 1855 年的复活节离开格丁根返回奎德林堡,这事就整个儿结束了。

第二十章
德意志科学界的元老，1832—1855

1845年12月12日，海因里希·埃瓦尔德与他的第二任妻子奥古斯特·施莱尔马赫（Auguste Schleiermacher，1822—1897）结婚，她的父亲是达姆施塔特的一位出色的财政委员兼图书馆长。① 当高斯的这位女婿把他订婚的消息写信告诉高斯时，高斯非常高兴，并在10月30日寄去热忱的贺信。在信中高斯说他希望埃瓦尔德再婚已经很久了，而且意识到埃瓦尔德一定很孤独，因为在类似的情况下他自己不到一年就结婚了而埃瓦尔德做了5年鳏夫。在这封信中他让埃瓦尔德回忆，他曾与新娘的叔叔路德维希·施莱尔马赫（Ludwig Schleiermacher）通过信，后者写了一本关于分析光学的书，高斯对他的科学素养有很高的评价。

1847年，汉诺威国王恢复了1833年的自由宪法，而且在格丁根大学学术委员会的恳请下，一项提议在1848年被提出：以最慷慨的条件让埃瓦尔德回来担任他10年前被解除的职位。埃瓦尔德高兴地接受了这个提议，因为他在蒂宾根大学从来不是很快乐，他是百分之百的汉诺威人。

1850年5月5日，埃瓦尔德的妻子给他生了一个女儿，取名卡罗琳·特蕾泽·威廉明妮（Caroline Therese Wilhelmine），特蕾泽·高斯做了她的教母。

---

① 施莱尔马赫拥有枢密顾问（Geheimrat）的头衔，而且与此地的大公关系密切。

第二十章 德意志科学界的元老，1832—1855

在洗礼那天，高斯、埃瓦尔德、韦伯及这个群体中的其他人喝过巧克力饮料之后在草坪上玩捶球。埃瓦尔德小姐一直在格丁根他父亲的老屋里生活，直到1917年5月5日去世，她终生未婚。在后来一些年，她和她母亲经常看望住在汉诺威市威廉大街的约瑟夫·高斯（Joseph Gauss）和他的家庭。1859年7月，埃瓦尔德小姐和她母亲到特蕾泽·高斯在德累斯顿的家中看望。从1848年到1866年，埃瓦尔德在格丁根幸福地孜孜不倦地工作，他于1875年5月4日在这里去世。

韦伯在1849年被召回格丁根大学任他的教授职位，让高斯再次感到高兴。但高斯太老了，以致不能再像10多年前那样与韦伯在那些精彩的研究上合作了。他的挚友们会在下午晚些时候和傍晚时分来看望他，令他兴高采烈。有埃瓦尔德和韦伯在身边不远，对他意义重大。格丁根大学被解职的那7位教授中至少有两位重任原职。韦伯活到87岁的高寿，1891年6月23日去世。在一生的大多数时间他忙于物理学，但在他的最后岁月他如此远离众人，以致许多科学家忘记了他还活着。在韦伯的生命即将结束时，他失忆了。在格丁根大学学生数学俱乐部的访客登记簿上有他在1891年1月的签到。赫尔曼·阿曼杜斯·施瓦茨（Hermann Amandus Schwarz，1843—1921）任格丁根大学的数学教授直到1892年，他曾带韦伯参加该俱乐部的一次会议。在韦伯失忆之后，他经常表达要回格丁根的愿望，当他被告知他事实上就在格丁根时，回答来了："不，这不是高斯的格丁根。"

由亚历山大·冯·洪堡推荐给高斯的年轻科学家们经常去找高斯。随着年龄的增长，他越来越确信数学可从书本学习而不需要老师。在他的时代，许多学生准备不足，关于这种状况他在他的信中反复抱怨。高斯觉得他的讲授必须配得上他本人和他的科学。这解释了为何在任何时候他通常只有几个学生，而在几个街区之外，他的同事蒂鲍特（B.F. Thibaut，1775—1832）正向一百个学生讲授初等数学。高斯的习惯是年复一年讲授同样的课程，几乎没什么变化。结果是，几乎不可能说有什么高斯数学学派。杰出的数学家们从他的著作中受益，但他们中或许只有一个与他享有亲密师生关系。那就是伯恩哈德·黎曼(Bernhard Riemann)，而事实上他已处于大师的水平。也许应该把艾森斯坦包括进来，我们一会要讨论他，而戴德金在这个有着黎曼的名单上。

另一方面，说有着一个高斯天文学派是对的，至少在某个时期。先是有舒马赫 1808 年登场，然后在 1810 年再次亮相，此后不久恩克、格尔林、默比乌斯和尼古拉先后上场，他们都在格丁根天文台寻找并求得了理论和实践上的训练。

高斯总是对他的学生们抱有一种个人兴趣。他为他的两个天才学生的早逝而悲痛。其中的一个，约翰内斯·弗里德里希·波塞尔特(Johannes Friedrich Posselt)，1794 年生于丹麦的弗尔岛(Föhr)，是一个牧师的儿子。从 1819 年到他于 1823 年去世，在耶拿大学担任数学教授。波塞尔特通过歌德与该大学的官方联系结识了歌德。

弗里德里希·路德维希·瓦赫特 1792 年生于克利夫(Cleve)，他父亲是一位后来转到威斯特伐利亚的哈姆(Hamm)的中学校长。瓦赫特以他在格丁根大学体验到的其师生员工所特有的"生活"，如此表达了他学习的目的："不是用许多事情给记忆增加负担，而是认识做学问的真正理由，以及使自己才思敏捷和训练判断力。"1801 年和 1802 年他在高斯指导下专攻天文学，甚至作为一名学生，在老师的鼓励下他发表了一些天文计算。1813 年，他打算用曲面论中的一个纯数学课题获得博士学位。在此期间，基于瓦赫特的考官们赞美有加的报告，他已被阿尔滕堡(Altenburg)的高中招去教书。高斯和蒂鲍特不在考官之列，数学上的考试由物理学家托比亚斯·迈尔负责。在瓦赫特答应把他的博士论文写好之后，他被允许参加口试。他拒绝论文答辩，理由是说拉丁语不熟练！格尔林的情形被提出来作为一个先例。这一要求被认可了；这表明当时与其他德意志大学相比，格丁根大学是何等的进步，即使在几十年之后也是如此。瓦赫特得到他在阿尔滕堡的工作是由于高斯，高斯的强力推荐足以让他得到这份工作。由于服役，他在阿尔滕堡的教学工作从 1813 年 11 月到 1814 年 7 月中断了。

第二十章　德意志科学界的元老，1832—1855

瓦赫特写于退役后的博士论文是关于一个天文学主题的，后面附了一个 5 页的注记，是关于力的平行四边形法则的。在第十五章讨论过瓦赫特的神秘的和悲剧性的死亡。

高斯的另一位学生，因为在综合几何学方面的工作和对虚元素的几何解释而在数学中他的名字现在仍广为人知，那是卡尔·格奥尔格·克里斯蒂安·冯·施陶特(Karl Georg Christian von Staudt)，他于 1798 年生于陶伯河(Tauber)上游的罗滕堡，在埃朗根大学担任数学教授直至 1867 年在那里去世。高斯在 1826 年 12 月 15 日写给贝塞尔的一封信中有一段评论，表明他对冯·施陶特评价很高。冯·施陶特在格丁根大学的几年中，他觉得自己不仅从这位大师的授课受益，而且也因大师对他的认可和称赞感到高兴。每当冯·施陶特向高斯递交一道布置下来的问题的解答时，高斯会把他自己的解答给这位学生，并开玩笑说他期望相互满意。

在 1822 年 4 月 14 日的一封信中，贝塞尔向高斯推荐他的学生海因里希·费迪南德·舍克(Heinrich Ferdinand Scherk)。舍克在 1798 年生于波森(Posen)且在普鲁士政府资助下上了格丁根大学。高斯对舍克非常满意，并认为他是他曾有过的最好的学生之一。舍克后来的成功证明高斯对他的称赞是正确的。1826 年，他成为哈雷大学的数学教授，在这里他把库默尔(E. E. Kummer)列入他的学生之中，库默尔跻身于 19 世纪最著名的数学家之列。因此，在某种意义上，高斯可以被认为是库默尔在数学上的祖父。舍克在 1834 年被基尔大学聘用，当时基尔属于丹麦。他在这里的教学非常成功，但他也是强烈的德意志爱国者，而且鼓动建立一支德意志海军。1852 年，他由于政治原因失去了基尔大学的教授职位，去不来梅避难，在一所公立学校当教师，并于 1885 年在那里去世。

吕布森(H. B. Lübsen,1801—1864)，奥尔登堡(Oldenburg)的一名前小官员，通过自身的努力奋发向上，在汉堡他作为一个私人数学教师非常成功。他的用于自修的代数学和算术教科书发行许多版而且直到近来还在流行；据说它们对青年学生产生了很大影响。在关于高等几何学的一本教科书①的第一版序言中,吕布森写道:"理论,我尊敬的老师高斯说,吸引实践如同磁铁吸引铁。"

高斯的另一位学生值得提到,尽管他的名字几乎被遗忘了。路德维希·克里斯多弗·施尼莱因(Ludwig Christoph Schnürlein)在 1792 年 4 月 14 日生于安斯巴赫(Ansbach),是一个酒馆老板的儿子。他生下来就多病,直到 9 岁才能上学。受坚信礼之后,他想为从事他父亲的生意做准备。有一个姓布岑盖格(Buzengeiger)的人,那时在安斯巴赫的高中任教,并且经常光顾施尼莱因家的酒馆,他发现了这个男孩在数学上的特殊才能。他鼓励施尼莱因投身这一学习,并给予他私人指导及各种帮助。在他的推荐下,未曾从高中毕业的施尼莱因能在 27 岁时(1819 年的复活节)开始在蒂宾根大学学习。在他的第四学期,施尼莱因转到埃朗根大学。不久,在慕尼黑的一次考试中他取得了如此非凡的成功,以致得到来自柏林科学院的一笔 3 年 500 弗罗林的津贴,还被建议到格丁根学习天文学。

施尼莱因高兴地抓住这个机会并以最好的方式利用它。对他来说,高斯是教师的典范,而且是他最崇敬的对象。在高斯的档案中有一位高官写给高斯的一封信,信中谈到了施尼莱因,并出现了这些话:对于施尼莱因,您就是上帝(Für Schnürlein sind Sie der liebe Gott)。在已发表的高斯通信中,偶尔提到施尼莱因的彗星计算。1824 年,施尼莱因成为博根豪森(Bogenhausen)天文台的助理。两年后当这个职位被取消时,他在慕尼黑参加竞争一个数学和物理学教职的考试,并得到了"能力优异"的等级。同一年他在埃朗根的一所高中任职,1830 年他在霍夫(Hof)做同样的工作。在那里他活跃了大约 20 年,并且获得了很大的成功,直到退休,后移居班伯格(Bamberg);他的去世日期为 1859 年 11 月 7 日。1850 年 8 月,在冯·施陶特的促成下,埃朗根大学授予施尼莱因荣誉博士学位。

施尼莱因发表了关于椭圆和双曲线的弧长的一个基本计算、二阶曲面之

---

① 这本书是献给笛卡儿的灵魂的。

间的关系,以及与伯努利数相联系的扩展和推广。他还发表了高斯计算彗星要素方法的解释。

高斯杰出的学生之一是尤斯图斯·格奥尔格·韦斯特法尔(Justus Georg Westphal),他1824年3月18日生于汉诺威靠近吕肖(Lüchow)的科尔伯恩(Colborn)。他在格丁根大学学习,从1851年到1855年他是格丁根天文台的助理,1854年被任命为讲师,他的博士论文是《三项代数方程根的无穷级数展开》(Evolutio radicum aequationum algebraicarum e ternis terminis constantium in series infinitas,1850)。他在7月24日发现了彗星1852Ⅲ,还观测了日食和月食、恒星掩星、彗星和小行星。韦斯特法尔在1855年秋季离开格丁根,并于1859年11月9日在吕讷堡去世。

不提到莫里茨·施特恩,任何关于高斯学生的讨论将是不完整的。施特恩在1807年6月28日生于美因河畔的法兰克福,1829年在格丁根大学获得博士学位,他从1829年在那里的数学系工作直到1884年退休。施特恩于1894年1月30日在苏黎世去世。他在数学和天文学方面发表颇丰。1877年,他在高斯百年诞辰的演讲包含了很多有价值的信息,而且深受欢迎。

在19世纪后期,一个经常与高斯相联系的名字是恩斯特·克里斯蒂安·尤利乌斯·舍林(Ernst Christian Julius Schering),他于1833年7月13日生于吕讷堡东北的桑德贝尔根(Sandbergen)。1852年,他进入格丁根大学,在这里他师从高斯、韦伯和后来的狄利克雷。1857年,他以博士论文《论电流的数学理论》(Zur mathematischen Theorie elektrischer Ströme)获得博士学位,并在1858年以论文《论从椭球面到平面的保形映射》(Ueber die conforme Abbildung des Ellipsoids auf der Ebene)被任命为讲师。舍林的妻子是玛丽亚·马尔姆斯滕(Maria Malmsten,1848—1920),她父亲是斯德哥尔摩的一位数学家和外交官。舍林编辑了高斯《全集》的前6卷,并使它们成为完美性的典范。他有着作为一名年轻人而与高斯个人交往的优势,而且他多才多艺。他的遗孀把他的文稿交由高斯《全集》编辑工作的继任者们处理。舍林从1858

年开始在格丁根大学任教职,直到他在 1897 年 11 月 2 日去世。他发表有关于数学和天文学的著作以及两部关于高斯的重要专著。

高斯的在天文学上成名的最后一位学生是弗里德里希·奥古斯特·特奥多尔·温内克(Friedrich August Theodor Winnecke,1835—1897),从 1853 年到 1856 年他在格丁根大学学习。从 1872 年到 1886 年,他担任斯特拉斯堡天文台台长。温内克研究双星的路径和彗星,并确定了太阳视差。在 1877 年高斯百年诞辰时,他发表了一本关于高斯的精彩小册子,其中他写了这位大师晚年许多有趣的生活掠影。这本小册子是用通俗的风格写的。

恩斯特·威廉·古斯塔夫·冯·昆图斯·伊西利于斯(Ernst Wilhelm Gustav von Quintus Icilius,1824—1885)师从高斯,并从 1849 年到 1853 年在格丁根大学任教职。此后他在汉诺威理工学院担任物理学教授。高斯认为他的博士论文《根据最小二乘法计算钯、铊、氯、银、碳和氢的原子重量》(Die Atomgewichte vom Palladium, Thallium, Chlor, Silber, Kohlenstoff und Wasserstoff nach der Methode der Kleinsten Quadrate berechnet,1847)只是一个大学练习(exercice de collège),并强迫他删掉与最小二乘法相悖的一些材料。读者可能好奇这个可怜的家伙怎么会有 Quintus Icilius 这个姓。吉夏尔(Guichard)是他原来的姓。腓特烈大帝有一次错误地用名字"Ilicius"称呼罗马百夫长伊西利于斯(Icilius),卡尔·戈特利布·吉夏尔(Karl Gottlieb Guichard)上校竟敢纠正他。老弗里茨(Old Fritz,腓特烈大帝的绰号)就强迫这位上校把这两个拉丁姓氏缀到他自己的姓氏上。

应顺便提及高斯的其他两位学生,他们并没有被完全遗忘。第一位是特奥多尔·维特施泰因(Theodor Wittstein),[①]他后来在汉诺威理工学院任教职。另一位是阿尔弗雷德·恩内佩尔(Alfred Enneper,1830—1885),他从 1859 年直到去世一直在格丁根大学任教职。他被认为是一名有能力的数学家而且著作丰富。

---

① 维特施泰因发表了他在 1877 年高斯百年诞辰纪念上的一个重要的关于高斯的演讲。

第二十章 德意志科学界的元老，1832—1855

在为高斯提供仪器的技师中有一位是莫里茨·迈尔施泰因（Moritz Meyerstein,1808—1882），他来自艾恩贝克（Einbeck）附近的一个小镇，拥有一家大型机械工厂，格丁根大学授予他荣誉博士学位。他的继任者是1838年10月23日生于格丁根的奥古斯特·贝克尔（August Becker）。

高斯自己的记录显示，从1808年到1821年他收了2267塔勒学费。1845年，学费达422塔勒。在他晚年的教学中，从1846年到1853年，高斯总共收了790塔勒；67人立即缴纳，4人免费，15人后来缴纳。

高斯在讲课中，经常喜欢计算例子，而且布置的问题其结果有时他是要发表的。他让格尔林、尼古拉、恩克和其他人进行了许多计算，因此在尼古拉给恩克的一封信中，尼古拉祝贺他完成了计算上的一个小例子（智神星轨道的初步计算）——这个计算是高斯作为一个问题布置给他的。

1844年7月3日，洪堡在写给舒马赫的信中关于雅可比做了如下的陈述："他生性平静而且好说大话（miles gloriosus）[①]，认为除他本人之外只有两个人，高斯和柯西，可一起列为三巨头（triumvirate）——其他所有人在他看来好比虫子（tout le reste lui paraît de la vermine）。我不喜欢这些被排除的人。"

当汉斯廷把阿贝尔关于椭圆函数的论文寄给舒马赫并请求尽快在他的杂志上发表时，他告诉舒马赫，当他把最近一期的《天文学通报》递给阿贝尔时，后者变得脸色苍白，不得不跑到一个酒吧喝点烈酒来抑制激动。阿贝尔觉得他几年前发现的方法是普遍适用的，且比雅可比的那些定理更全面。阿贝尔害怕雅可比比他先发表。在1828年6月6日向高斯转述这一事件的信中，舒马赫补充道："当您发表您的研究结果时，他可能要花钱喝更多的酒。"

高斯遭到的最奇怪的攻击之一，而且确实是少数攻击中最刻毒的，是欧根·杜林（Eugen Dühring,1833—1921）做出的。[②] 这是一件有趣的稀奇事（curiosum），应该保存在科学的档案中，它表明一个杰出、但病态混乱的头脑能何其地出

[①] Miles Gloriosus 是古罗马喜剧作家普劳图斯（Plautus,前254？—前184）的一部喜剧《吹牛军人》的名字，剧中的主人公是一个爱好吹牛的军人。——译者注

[②] 杜林在中国更广为人知的是他的经济学著作和恩格斯在《反杜林论》中对他的批判。——译者注

格。杜林写过一篇关于力学原理的文章①并获得了一笔令人垂涎的奖赏。他不仅崇拜罗伯特·迈尔(Robert Mayer),而且强烈攻击任何他认为曾以任何方式诽谤过迈尔的人。他的主要打击目标是亥姆霍兹,他称之为"Helmklotz"。② 杜林做过从阿基米德到拉格朗日等一系列人的人格研究。他是强烈反犹太主义者。他攻击的那些冒犯过迈尔的人大多是无名之辈。后来他出版了一份杂志,他称为《人格主义者和解放者》(*Personalist and Emancipator*),那是一个半月刊,旨在反对"腐败的"科学。在他的眼中阿贝尔是一个剽窃者。当尤斯图斯·冯·李比希和克劳修斯捍卫高斯和黎曼时,他也开始向他们开火。杜林对柯西用词尖刻。

杜林写道,大学的宣传把高斯捧上了天,而且把他封为神。他指责高斯在宗教上狭隘,在数学上无所成就,而且太得意于他的枢密官(Hofrat)头衔。杜林嘲讽高斯的农民出身以及不伦瑞克公爵对他的资助。他写道,从 18 世纪的观念上说,高斯不代表任何类型。杜林喜欢把自己看作科学殿堂中的一名偶像破坏者;事实上,他是一个纵火者,因为他的作为越出了仅仅是对许多伟大名字的污蔑。在非欧几何学领域,他真的让自己为所欲为,因为在论高斯和"高斯崇拜"的那一章我们读到:

> 他的妄自尊大使他不可能反对他自己大脑有缺陷的部分对他所玩的任何花招,尤其是在几何学领域。因此他走到自命不凡地神秘地否认欧几里得的公理和定理这一步,并进而为一种世界末日式的几何学建立基础,这种几何学不仅胡说八道而且绝对愚蠢……它们是出自一个数学教授混乱头脑的失败产品,由于狂热地想成就伟业,他宣称它们是新的和超人的真理!这些数学错觉和疯狂想法是一种真正的几何学妄想症(paranoia geometrica)的结果。

---

① 《力学的一般原理的批评史》(*Kritische Geschichte der allgemeinen Prinzipien der Mechanik*)(第二版,1877)。

② 德语中 Klotz 有蠢人的意思。——译者注

令人惊奇的是历史却以杜林之道还治杜林之身,现在人们用"paranoia"一词描述他那扭曲事实的反常行为。

1844年6月,高斯接到来自洪堡的一封信,信中极力推荐一位极为出色的年轻数学家费迪南德·戈特霍尔德·马克西米利安·艾森斯坦(Ferdinand Gotthold Maximilian Eisenstein,1823—1852),他是柏林一个犹太商人家庭的6个孩子中的最后一个长大成人者。在1844年的假期,艾森斯坦拜访了高斯,高斯完全被这位年轻人的天才吸引了。为了这次拜访的行程,洪堡给了艾森斯坦100塔勒。艾森斯坦在1843年开始发表论文,并且出产很快;在短暂的一生中他发表了50篇论文,主要是在数论和椭圆函数方面。他崇拜高斯,而高斯几乎把他当作儿子对待,他是高斯最心爱的数学家。艾森斯坦身体一直不好而且有抑郁症。他渴望有人陪伴但与家人相处不太好。狄利克雷、雅可比、施特恩、高斯、恩克等人设法让他高兴起来。1845年,布累斯劳大学授予他博士学位。高斯为他的《数学论文集》(*Mathematische Abhandlungen*,1847)写了序言。他相继成为布累斯劳科学院和柏林科学院的院士,和格丁根皇家学会的会员。他的进步很大程度上归功于洪堡和高斯。艾森斯坦在音乐上也很有天赋。很想推测一下如果他活到高寿他会成就什么。高斯深深哀悼他的早逝。据莫里茨·康托尔引述,高斯曾说过,在整个历史上只有三位划时代的数学家:阿基米德、牛顿和艾森斯坦。历史反转了这个判定,把高斯给予艾森斯坦的位置给了高斯本人。

根据艾森斯坦自己的叙述,他只访问过几次所谓的"民主俱乐部",在1848年革命期间没有加入他们。他仅是轻微地被牵扯到,但当保守的高斯听到艾森斯坦的活动,就非常关心。1849年8月11日他在致恩克的信中如此写道:

> 据狄利克雷先生所说,我认为我必须得出结论,我们年轻的朋友在(1848年)3月18—19日的那个不幸的夜晚遭受了最粗暴的侮辱,我衷心地请求你把信中的附件给他。我几乎认定,这是一个误解(即在我看来是对狄利克雷说法的一个误解)。因为艾森斯坦站在路障

上是相当不可能的,如果由于一个不幸的意外,他落入暴徒之手,被俘获,被用木棒殴打,被带到施潘道(Spandau),那么民主派报纸的记者就会对适合扔进他们垃圾桶的东西大做文章(即使这是一个不幸错误的后果)。在我的附件中我不想对艾森斯坦本人提这件事。

1849年7月16日,对高斯一生成功的认可达到了顶峰[①]——庆祝他的黄金50周年。自他在黑尔姆施泰特大学得到博士学位并在博士论文中为代数学基本定理提供第一个严格的证明以来正好50年。在他这追忆、荣耀和回顾的一天,高斯非常感动。一大群朋友、崇拜者和感恩的学生们围着他向他表示敬意。出席者中有雅可比、狄利克雷、格尔林、天文学家汉森和来自剑桥大学的矿物学家和晶体学家米勒(W.H. Miller)教授。高斯接受了更新的学位证书、奖章、勋章、祝贺文件以及他最珍视的不伦瑞克和格丁根的荣誉市民称号。

为了皇家科学学会的一次会议,格丁根大学的"宫殿"被用花装饰起来。会上高斯做了关于"对代数方程理论的贡献"的演讲,回到了他的博士论文中包含的一个主题,并且从一个更普遍的观点予以处理。

在为他举办的一次宴会上,他说到始终积极的、认真的科学努力一直使这所大学得到保佑。他强调这样的思想:"无足轻重的话在格丁根没人理睬。"接着他感激地力陈格丁根大学董事会的功德,在其明察秋毫的指导下科学的代表们免受生活中的不幸,在他们的研究中几乎不受打扰,因此在这种宁静生活中他们往往得享高寿。

在高斯的这个50周年庆典上,发生了一件有趣的事。当时他要用一张《算术研究》的手稿点燃他的烟斗,这把狄利克雷吓坏了,因为对他来说这是亵圣行为。他从高斯手中抢救出这张纸,并在他的余生视之为珍宝。狄利克雷著作的编辑们在他的文稿中发现了这张手稿。

[①] 对这次庆典的报道出现在伦敦的《雅典娜》(*Athenaeum*)上,《天文学通报》上,《德意志帝国报》(*Deutsche Reichszeitung*)第162期上(1849年7月21日)报道的标题是《格丁根的高斯博士的周年纪念会》(Die Jubelfeier des Dr. Gauss in Göttingen)。

第二十章 德意志科学界的元老,1832—1855

1849 年 9 月 21 日,雅可比给他的兄弟写了一封信,从中我们得以一瞥在 50 周年庆典上的宴会:

> 你可能知道我和狄利克雷一起出席了高斯的 50 周年庆典。我就坐在高斯旁边的贵宾位上并做了一次精彩发言。你知道他在 20 年的时间既没有引用过我的也没有引用过狄利克雷的任何东西;不过,这次在喝过几杯甜葡萄酒之后,他是如此忘乎所以,以致他对狄利克雷说,他不仅研究了狄利克雷的著作,而且已远远超越了它们的水平。狄利克雷曾对高斯夸口说,他比任何其他人更多地研究了高斯的著作。现在不再容易与高斯进行与科学有关的交谈了,高斯设法避免这样的交谈,尽管他滔滔不绝地讨论极其无趣的问题。除汉森和马堡大学的格尔林外,没有其他人在那儿;我们赶去那里之所以重要,一定程度上是为了表明对数学的敬意。

1850 年 12 月 5 日,特蕾泽·高斯写信给她在密苏里州圣查尔斯的哥哥欧根,在信中她提供了关于这个 50 周年纪念的一些有趣的细节:

> 在一年半之前的[18]49 年 7 月,他[高斯]庆祝他获得博士学位 50 周年——或者毋宁说是格丁根大学和格丁根市以普遍的热爱和赞同为他庆祝。他本人非常反对让人注意这一天,但在他不知情的情况下,人们为此做好了一切准备。这所大学邀请了来自远近的客人;父亲的朋友和知名的学者来了,来自其他城市的许多代表团给他带来了祝贺、荣誉博士学位证书和三枚新勋章。他获得了不伦瑞克和格丁根的荣誉市民称号;他收到了来自汉诺威国王手书的贺词和一枚高等级勋章。信件和口信没完没了。在那天上午,庆祝队伍开始按序向他祝贺,有这座城市和格丁根大学及市里公立学校的所有权威人士、生人、熟人——大约有 50 人。然后,父亲在大学的"宫殿"发表演讲,这里的观众和听众人满为患。"宫殿"已被花环和鲜花装饰得像一座仙宫。甚至街上的房子也用鲜花装饰;城里是一拨一拨穿

着盛装的人，就像在过节一样。最后，晚上7点父亲离开盛宴回到家里，他确实非常疲惫，还好学生们原本打算为他举行的火炬游行按照他的意愿取消了。尽管有各种劳累，但各方面人们向他表示的热爱和赞同，让他快乐得难以言表。在他荣耀的这一天，如比多的生人祝贺他，但他挚爱的儿子们没有一个在他身边，这是何等的可悲啊！！甚至约瑟夫（Joseph）也被迫谢绝出席，因为他在铁路上担任主管，在那时他不能离开汉诺威。

因为授予高斯博士学位的黑尔姆施泰特大学在1849年已不存在，格丁根大学为高斯50周年纪念更新了学位证书。1849年3月23日，喀山大学授予他荣誉博士学位，这可能是由于罗巴切夫斯基的推动，他很感激高斯推荐他加入格丁根皇家学会。在高斯得到的所有荣誉中，他最赏识的是由不伦瑞克和格丁根授予的荣誉市民称号。后一项荣誉的文件，日期是1849年7月14日。弗里德里希·威廉·施奈德温（Friedrich Wilhelm Schneidewin，1810—1856）提醒不伦瑞克市议会，高斯获得博士学位50周年纪念正在临近。从1836年到1856年施奈德温担任格丁根大学的古典文献学教授。他是黑尔姆施泰特当地人，而且从1833年到1836年他在不伦瑞克的一所高中任教。日期为1849年7月8日的不伦瑞克荣誉市民信函的内容被保存下来，尽管文件本身显然是丢失了。在庆典上，是施奈德温把这一文件交给了高斯。高斯写给不伦瑞克市议会和官员的感谢信的日期是1849年8月5日。高斯用了几个星期写信感谢在这次50周年纪念上所有那些授予他荣誉的人和机构。不伦瑞克公爵授予他狮子亨利（Henry）[①]的指挥官十字勋章。他感谢这位公爵的信，日期是8月2日，充满深情和特别的感激，因为在信中他回忆了他早年的生活，并提到他曾得到来自这位公爵的先辈的帮助。

在50周年纪念的时候，让高斯极其高兴的另一个荣誉是来自他的母校

[①] 狮子亨利（Henry the Lion，1129？—1195），德意志贵族，萨克森公爵（1142—1181）。——译者注

第二十章 德意志科学界的元老，1832—1855

(Alma Mater)卡罗琳学院的贺信。卡罗琳学院是今天不伦瑞克理工学院的前身。洪堡在7月12日给他写了一封衷心祝贺的信，对自己不能出席感到抱歉。舒马赫也未能出席。

1849年8月20日，高斯写了一封感人的信给他的老朋友埃申堡，感谢他的祝贺。埃申堡是代特莫尔德的一位政府官员，这封信中出现了如下的段落：

> 亲爱的埃申堡，通过你祝贺我获得博士学位50周年的信，你使我得到了很大的快乐。在这个时候收到的其他大多数信其最终根源多少在于某种科学关系或其他，而你的信不是写给天文学家或几何学家的，而是写给难忘的儿时朋友的。对童年和青年时代的记忆生动地浮现在我面前。从我第一次作为同学开始认识你（1789年10月）起，我感到被你吸引了。我脑海中重现了我们儿时游戏的画面，当时我们欢快地呼喊着去位于文茨(Wends)塔①的露天啤酒店或绿色猎人酒馆(grunen Jäger)②时，尊敬的德鲁德(Drude)③与我们在一起。在后来岁月中你已故父亲④的形象又在我心中重现，在我看来，他总是表现为至善至美($καλός\ κάγαθός$)的一个典范，他的家庭像在一位仁慈的守卫天使的特别保护下的最纯粹的人间幸福的殿堂。
>
> 从你的信件和其他途径，我弄清楚了你的夫人和孩子们的情况，据此我总是想象你自己的家庭与你父亲的家庭同样荣耀。令郎⑤给我留下的印象一直非常好，几年前他曾来看过我，他恐怕就是你提到的在利珀(Lippe)⑥驻军的一个团担任法官的那个儿子。我衷心祝你退休[1848年]生活幸福。德意志各处的公共环境是如此令人不快，

---

① 靠近不伦瑞克的一座旧防御塔。
② 在不伦瑞克东里达格斯豪森(Riddagshausen)的森林酒馆。
③ 弗里德里希·路德维希·亨贝特·德鲁德(Friedrich Ludwig Heimbert Drude, 1752—1840)，不伦瑞克圣卡塔琳妮学校的校长和教师。
④ 埃申堡(J.J.Eschenburg, 1743—1820)，曾任卡罗琳学院的文学和哲学教授，是莎士比亚作品的翻译者。
⑤ 奥古斯特·埃申堡(August Eschenburg, 1823—1904)，后来在代特莫尔德任政府官员。
⑥ 当时德意志的一个大公国。——译者注

以致任何身处其中的人都不值得嫉妒。即使在利珀-代特莫尔德——我一直认为这是一块由族长统治的小地方，在这里道德的真正纯洁性荣登王位，因此我曾一度想移居这里终老——潘多拉盒子的一部分似乎被所谓的三月成就摇晃了出来。愿德意志的暴风雨快些平息，愿你安享平静的幸福，直到高年。

移居利珀-代特莫尔德的计划显然是高斯在1837年或1838年所设想的，这是在格丁根大学七教授事件引起的骚动期间。

第二十一章
琐事综述：开阔的视野

在高斯的英国朋友中，有天文学家艾里、戴维·布鲁斯特爵士、汉弗莱·劳埃德、爱德华·萨拜因将军，以及天文学编年史上如此知名的家庭——威廉·赫歇尔，他妹妹卡罗琳和他儿子约翰·赫歇尔爵士。[①] 高斯与这些人常规性地通信；1825年，他在汉诺威拜访了卡罗琳·赫歇尔。有时约翰·赫歇尔爵士会派个年轻的英国人带着一封介绍信到他那里。高斯与劳埃德和萨拜因的友谊来自他们对地磁的共同兴趣。与高斯有亲密关系的另一个英国人是托马斯·阿彻·赫斯特（Thomas Archer Hirst，1830—1892）。1852年，赫斯特在马堡大学获得博士学位，并在同一年拜访高斯，呈送给高斯一份他的博士论文《论三轴椭球的共轭直径》（Ueber conjugirte Diameter im dreiaxigen Ellipsoid）。马堡大学的格尔林安排了这次拜访。赫斯特在格林尼治的英国皇家海军学院工作多年。

首先访问格丁根的美国人之一是本杰明·富兰克林，在那时他正为宾夕法尼亚大学做规划，但这发生在高斯时代的前几年。从1809年到1810年，阿龙·伯尔（Aaron Burr）访问德意志，并在1809年在格丁根过了圣诞节。通过介绍信，他会见了高斯和阿诺尔德·黑伦，并与后者一起喝了茶。他对高斯印

[①] 高斯在1828年的柏林会议上，见到知名的英国数学家查尔斯·巴贝奇（Charles Babbage，1792—1871），这个会议有463个成员参加。

象很深，高斯让他参观了天文台并与他进行了详尽的交谈。他的介绍信来自齐默尔曼，后者是这位科学家早期的赞助人。①

在高斯的后半生，他对美国有浓厚的兴趣，因为一群哈佛大学的学生开始在格丁根大学注册入学：科格斯韦尔（J.G. Cogswell）、爱德华·埃弗里特（Edward Everett）、蒂克纳（Ticknor）、班克罗夫特（Bancroft）、朗费罗（Longfellow）、莫特利（Motley），以及拉尔夫·沃尔多·爱默生（Ralph Waldo Emerson）的兄弟威廉·爱默生（William Emerson）。在这些来自哈佛大学的学生中，高斯与科格斯韦尔、埃弗里特的关系尤为密切。埃弗里特从1815年到1817年在格丁根大学学习；在他的作用下，高斯和奥伯斯于1822年1月30日当选为位于波士顿的美国艺术和科学院的院士。他给高斯的信以流利的德文写就，日期为1822年3月31日，并附有院士证书。在这封信中，他提到他在格丁根上学期间高斯对他的善待，并提请他注意，他的科学工作在美国受到了应有的尊重。埃弗里特提到在他编辑的杂志上鲍迪许（Bowditch）对《运动的理论》的评论（1820）。院士证书是由约翰·昆西·亚当斯（John Quincy Adams）、约翰·桑顿·柯克兰（John Thornton Kirkland）、约翰·法勒（John Farrar）和乔赛亚·昆西（Josiah Quincy）签署的。1836年，当约瑟夫·高斯在美国旅游时拜访了时任马萨诸塞州州长的爱德华·埃弗里特（Edward Everett）。

约瑟夫·格林·科格斯韦尔（Joseph Green Cogswell，1786—1871）是知名的图书馆学家和书目编制人，早期在格丁根大学学习的美国学生之一。从1820年到1823年，他担任哈佛学院的图书馆员。1840年，洪堡把他大力推荐给高斯，他在格丁根拜访了高斯，就纽约的阿斯特（Astor）图书馆怎样使用一笔数十万美元的经费向高斯征求建议，从1848年到1861年他担任该馆的书目编制人和负责人。他从高斯那里得到一册《运动的理论》和321页对开本手稿，那是高斯对该书的解释和评论。科格斯韦尔还为阿斯特图书馆弄到了一

---

① 《阿龙·伯尔的私人杂志》（*The Private Journal of Aaron Burr*，罗切斯特，1833；新版1903）。

册高斯的《引力的确定》(*Determinatio attractionis*, 1818)和高斯在 28 页四开纸上手书的这篇论文,以及一份 58 页四开本手稿,其内容是对这篇论文的说明和评论。他为这个图书馆获得的其他物品包括:高斯关于二次剩余的一篇 1817 年的论文①和高斯在 29 页四开纸上手书的一份手稿,一份 300 页对开本手稿——说明婚神星、智神星、谷神星和灶神星的轨道的天文计算,以及 13 页写着公式的一份手稿。

美国海军少将查尔斯·亨利·戴维斯(Charles Henry Davis)是高斯经常的通信者之一,后来以他在美国南北战争中的一些胜利而扬名,他翻译了高斯的《运动的理论》,这一英文版在 1857 年出版。

在已出版的高斯通信中经常提到亚历山大·达拉斯·贝奇(Alexander Dallas Bache,1806—1867)。他是本杰明·富兰克林的重外孙,他在 1838 年 1 月拜访高斯时,拿着洪堡的一封介绍信。从 1836 年到 1842 年,贝奇担任吉拉德(Girard)学院的院长。那时他为这所学院的规划征求高斯的建议。从 1846 年到 1867 年,贝奇担任美国海岸和大地测量局的局长。

两个崭露头角的美国古典学者当他们在格丁根大学求学期间成为高斯的朋友。他们被他吸引是因为他的伟大和他渊博的古典学知识。第一个人是乔治·马丁·莱恩(George Martin Lane,1823—1897),从 1851 年到 1894 年这位拉丁语学者在哈佛大学工作。莱恩也以他的民歌"孤零零的鱼丸之歌"(*The Lay of the Lone Fishball*)而广为人知。另一个人是巴兹尔·兰诺·吉尔德斯利夫(Basil Lanneau Gildersleeve,1831—1924),他于 1850 年前后在格丁根大学学习。他后来成为美国首屈一指的希腊语学者,先是在弗吉尼亚大学,后在约翰斯·霍普金斯大学工作。

高斯与纳撒尼尔·鲍迪许(Nathaniel Bowditch,1773—1838)有友好的关系,鲍迪许是美国天文学家和拉普拉斯的《天体力学》(*Mécanique céleste*)的译

---

① 题目是《二次剩余学说中基本定理的新证明及新应用》(Theorematis fundamentalis in doctrina de residuis quadraticis demonstrationes et ampliationes novae),1817 年 10 月发表在《格丁根皇家科学学会最近论文集刊》上。——译者注

者。约瑟夫·高斯在其美国之行期间,于1836年7月拜访了鲍迪许。

还有几个美国人,高斯与他们关系密切,并且饶有兴趣地关注着他们的工作:数学家伊莱亚斯·卢米斯(Elias Loomis,1811—1889),他任职于西里瑟夫(Western Reserve)大学、纽约城市学院和耶鲁大学;气象学家詹姆斯·波拉德·埃斯皮(James Pollard Espy,1785—1860),他以"暴风雨之王"而知名,源起他在1835年发表的关于暴风雨的理论;天文学家詹姆斯·梅尔维尔·吉利斯(James Melville Gilliss,1811—1865);耶鲁大学的化学家和地质学家本杰明·西利曼(Benjamin Silliman,1779—1864),高斯经常阅读他的《美国科学和艺术杂志》(*American Journal of Science and Arts*)[以"西利曼的杂志"(*Silliman's Journal*)更知名];奥姆斯比·麦克奈特·米切尔(Ormsby MacKnight Mitchel,1809—1862)少将,从1836年到1859年他在辛辛那提学院担任教授期间,做了很多普及天文学的工作;马修·方丹·莫里(Matthew Fontaine Maury,1806—1873)海军准将,是以"海洋探路者"而知名的海洋学家;瓦瑟(Vassar)学院的著名天文学家马里亚·米切尔(Maria Mitchell,1818—1889);以及哈佛大学的数学家本杰明·皮尔斯(Benjamin Peirce,1809—1880)。

美国人本杰明·阿普索普·古尔德(Benjamin Apthorp Gould,1824—1896)是高斯最心爱的学生之一,他在1844年从哈佛大学毕业。之后不久,古尔德到欧洲学习,1846年5月到柏林;在那里他在恩克的指导下工作了一段时间,但不满足。他的强烈愿望是在高斯的指导下学习。在柏林,他成为艾森斯坦的一位亲密朋友。1847年3月23日,他寄给高斯一封由洪堡为他写的对他深表嘉许的推荐信。高斯立刻同意接受他为学生,他在1847年4月的第一个星期到达格丁根。在高斯的指导下,古尔德于1848年因天文学方面的工作获得博士学位,然后他访问了欧洲的许多天文台;在阿尔托纳天文台,他在舒马赫手下做了一段时间的助理。高斯为古尔德写了一封热情洋溢的推荐信,古尔德在1849年返回美国后,就用这封推荐信寻找职位。同一年,古尔德在马萨诸塞州的剑桥创办《天文学杂志》(*Astronomical Journal*),并一直维持到美

第二十一章 琐事综述：开阔的视野

国南北战争而中止。1851年，古尔德进入美国海岸和大地测量局工作，在那里他成就斐然。当跨大西洋电缆在1866年铺设完工后，他在爱尔兰的瓦伦西亚（Valentia）建立了一座天文台，并通过电报电缆第一个确定了跨大西洋经度。从1856年到1859年，古尔德担任达德利（Dudley）天文台的台长，这座天文台位于纽约州的奥尔巴尼（Albany）。1870年，他到南美并为阿根廷在科尔多瓦（Cordova）建立一座国家天文台，他待在那里直到1885年返回马萨诸塞州的剑桥，在那里他重办《天文学杂志》。这份杂志最初的几期让高斯非常高兴，这是古尔德在1849年和1850年寄给他的。1849年，高斯黄金50周年庆典时，古尔德写信向他表示衷心祝贺。舒马赫（1850）和戈德施密特（1851）逝世时，他也表示了哀悼。

古尔德在1851年的下半年重访欧洲，他很高兴再次见到高斯。他也感到不安，因为他不在时杂志搞得不好。1853年9月9日，古尔德写信给高斯，讲述了他行程11 000英里的广泛的美洲之旅。他回来的时候，发现书桌上有80封信未回复。他告诉高斯，通过从德意志返回的美国人他一直都知道高斯的健康状况。在美国海岸测量局他接下了已故的西尔斯·沃克（Sears Walker）的工作。这项工作不太合他的意，但所得报酬使他能保持这份杂志的运营。在前两年，他已为这份杂志花费1 100美元。他的薪水带差旅费是1 500美元，因此他每年能给杂志600美元。1855年2月13日，古尔德给高斯写了一封感人的信，说到他最近的疾病，并说他没有希望在这个世界上再看到高斯了。这封信在高斯去世后才到达格丁根。

杰出的美国天文学家威廉·克兰奇·邦德（William Cranch Bond, 1789—1859）是高斯的朋友。1839年，邦德负责监督了哈佛天文台的建造并担任该天文台的台长。他在这个职位上工作直到于1859年去世。他是一种把时间测量到非常小的若干分之一秒的方法的发明者，还是在恒星观测中最早使用照相技术的人之一。

邦德的儿子乔治·菲利普斯·邦德（George Phillips Bond, 1825—1865）接替他父亲担任哈佛天文台台长。年轻的邦德和他父亲发现了海王星的卫星和土星的第八个环。关于土星环及卫星亥伯龙（Hyperion）①的轨道，他出版了一部著作，还由于关于多纳蒂（Donati）彗星的工作赢得了一枚金质奖章。乔治·邦德在1851年欧洲之游期间写了日记，下面一则日记的日期是9月2日，地点是莱比锡："……恩克只得到1 300塔勒，而高斯只是1 000塔勒。他［达雷斯特（D'Arrest）］②告诉我，古尔德博士可能作为在格丁根位居第二的天文学教授接替戈德施密特的位置，位居第一的是高斯。"

1851年9月4日，乔治·邦德在格丁根，并在他的日记中写了如下一则：

> 10点钟我到天文台去见高斯教授。有点奇怪的是旅馆老板竟然不知道他住在哪里。他认识，或者他曾经认识戈德施密特博士（1851年2月去世，享年44岁）。高斯刚离开他家，会在11点回来。我溜达了半英里或者更多一点，走进乡村以消磨这段时间，在11点返回。他还没有回来。我返回我的房间，③现在……有人敲门，古尔德博士进来了，足够奇怪的是，他从阿尔托纳出发凌晨2点到这里，而我是4点。我们住的房间几乎对门。他看起来很好，自他离家后情况必定有了改善。吃午饭时有6位美国人，除我和古尔德博士之外4位是学生。午饭之后我再次来到天文台，与高斯交谈了半个小时，把我保留的最后一张用银版摄影术拍摄的月球照片给了他。这是第一批照片中最好的一张。他给我看了现在住在美国圣路易斯的一个儿子和一个孙子的银版摄影术照片，他的另外一个儿子也住在那里。他让我看他的藏书室，里面可能藏有超过700或1 000册书。④ 他拥有库珀（Cooper）的作品；有《欢乐山》（*Merry Mount*），这是一部关于殖民之前波士顿周围乡村的历史；还有弗罗辛厄姆（Frothingham）的《围

---

① 亥伯龙（即土卫七）是目前（2020年）太阳系中已知的唯一一颗自转呈混沌状态的卫星。——译者注

② 海因里希·路易斯·达雷斯特（Heinrich Louis d'Arrest，1823—1875）是在柏林工作的天文学家，后在莱比锡，最后在哥本哈根工作。

③ 可能住在文德街（Weenderstrasse）的皇冠旅馆。

④ 实际上他的个人图书室藏有5 000册书。

第二十一章 琐事综述：开阔的视野

困波士顿》(*Siege of Boston*)，这本书他似乎很着迷。他还拿出鲍迪许博士翻译的《天体力学》给我看。

快要离开[原文如此！]时，他说到皮尔斯先生对他所说的[海王星]的发现属偶然这一观点的看法。他认为亚当斯(Adams)和勒威耶(Leverrier)两人的计算都建立在"不可靠的"基础上，由于他们假定的距离与事实相差太远。他认为这一发现是偶然的，本来可能失败，因为这颗行星离预测的位置可能有30°……

在古尔德博士的房间熬到接近凌晨一点钟，谈论各种问题。① 他刚见过高斯，高斯曾向他透露在自己去世后由他担任这一教授职位的可能性。由高斯这样的人把这一职位原封不动地提供给一个美国人，这确实是不小的荣誉，而在德意志有如此多的人乐意接受此职。尤其是，古尔德博士提到，达雷斯特同样适合这个职位。

古尔德曾经很难堪，因为皮尔斯发表了关于彗星轨道分布的文章，其中包括古尔德得之于高斯的材料——轨道面的不等分划分。古尔德口头告诉了皮尔斯，但皮尔斯并未予以相信。

有许多年，高斯与费迪南德·鲁道夫·哈斯勒(Ferdinand Rudolph Hassler, 1770—1843)通信，这是一个在1805年移民到美国的瑞士人，在托马斯·杰弗逊当政期间的1807年，他成为美国海岸和大地测量局的创始人和第一任局长。哈斯勒后来在美国西点军校和联合学院担任教授。从1811年到1815年，哈斯勒在欧洲执行公务，采购用于测量的仪器、书籍和设备。在后来的一些年，他还担任美国度量衡局局长。1829年8月31日，哈斯勒给高斯写了一封信，信中他回忆了他在格丁根的学生时代，同时通过纽约市的一位名叫托马斯·库珀(Thomas Cooper)的人送去了他的一些著作，库珀那时在德意志旅游。1836年，约瑟夫·高斯在华盛顿拜访了哈斯勒，但不幸的是当时哈斯勒病了。他呈交给哈斯勒两本他父亲的出版物。同一年，哈斯勒给了他的助

---

① 原文是 Staid up，系笔误。——译者注

理之一爱德华·布伦特(Edward Blunt)一封把他介绍给高斯的信。1838年,当A.D.贝奇访问格丁根时,也带了一封这样的信。到1837年秋季,哈斯勒正在使用7台由阿佩尔(Apel)制作的高斯回光仪。1831年,高斯对哈斯勒的对数表写了一篇表示赞许的评论。1836年,高斯给哈斯勒写信并邀请他在磁力测量上合作,但技术上的困难和所担负的其他任务阻止了哈斯勒的参与。

在高斯一生中最后的25年,他对美国的兴趣大大增强了,因为这是他的两个小儿子及其家庭的所在。他对他们在物质上的发展和财产上的安全感到很高兴。在1846年6月23日写给格尔林的信中,高斯讨论了欧根的商业利益,他说:"在美国的生活能唤醒那些在欧洲永远不会出现的才俊。"

高斯的儿子约瑟夫在1836年美国之行期间写给他的情况描述让他对于人们挣到的惊人薪水感到大为震惊,特别是铁路建设者。至少他们让他难以置信。约瑟夫写信给父亲说,他得到了这样的印象:几乎每个美国人只想着赚钱,并且贪婪地追逐利润。

1837年,高斯和奥伯斯开始阅读来自美国的关于电用于医疗和火车的相当惊人的、耸人听闻的报道。两人都持怀疑态度,他们已公开的通信中包含许多对此的讨论。当A.D.贝奇在1838年拜访高斯时,这些报道为他们提供了一个话题。有一篇在美国用电驱动一台印刷机的报道。高斯1837年的另一位访客详述了整个事情,这个人是耶鲁大学的数学教授安东尼·杜蒙德·斯坦利(Anthony Dumond Stanley,1810—1853),他还是本杰明·西利曼的亲密同事,西利曼的名字曾出现在那些报道中。斯坦利陪伴高斯的儿子威廉进行了在美国的旅行。他在出发前在不来梅拜访了奥伯斯。高斯在试图评估这些报道的真实性时,向奥伯斯引用了费尼莫尔·库珀在其《对美国人的看法》(*Notions on the Americans*)上的一个意见,大意是在美国没有如别处那么多的谎言;为了让奥伯斯能听进,他又说:"人们可以比在欧洲少说许多谎,然而仍然撒很大的谎,而且与库珀相反,许多人认为美国人喜欢吹嘘和夸张。"

对高斯保存的名片作一考察,发现他的访客包括:格丁根大学的法官弗里德里希·卡尔·洛伊厄(Friedrich Karl Leue);梅特普洛斯(C.P. Metropulos);尼古劳斯·冯·富斯；安德斯·约纳斯·昂斯托姆（Anders Jonas Angstrom，1814—1874），从 1839 年到去世他一直是乌普萨拉（Uppsala）大学的天文学家和物理学家；菲利普·舍恩莱因（Philipp Schoenlein）；助理托斯特里克（Ad. Torstrick），博士候选人（cand，phil.）。①

在格丁根大学的事务中，高斯总是起到一个突出的作用。哲学系的会议记录显露出他在该系的议事讨论中做出的显著贡献，从 1833 年 7 月 3 日到 1834 年 7 月 2 日，从 1841 年 7 月 3 日到 1842 年 7 月 2 日，从 1845 年 7 月 3 日到 1846 年 7 月 2 日，他担任该系主任。有一个传说，他拒绝担任这所大学的校长。从 1802 年到 1807 年，他是格丁根皇家科学学会数学部的通信会员；从 1807 年到 1855 年，他是正式成员（ordentliches Mitglied）。从 1831 年 5 月到米迦勒节（Michaelmas），高斯担任格丁根皇家学会会长。在下面的学术年，1833 年到 1834 年，1836 年到 1837 年，1839 到 1840 年，1842 年到 1843 年，1845 年到 1846 年，1848 年到 1849 年，1851 年到 1852 年，1854 年到他去世，也是如此。接替高斯担任会长的是韦伯。这个职位有特别的补偿。1852 年，在格丁根皇家学会庆祝其建立一百周年的大会上，高斯荣幸地担任主席。作为主持人他用无可挑剔的拉丁语颁发学位证书。

1815 年 12 月 28 日，汉诺威的摄政王把圭尔夫的骑士十字勋章授予高斯。高斯对这枚勋章比他得到的许多其他勋章更珍视。作为一个规则，高斯不佩戴它们，但无论何时国王或王室成员访问格丁根，他就佩戴这枚勋章。1816 年 11 月 29 日，乔治国王在卡尔顿官邸（Carlton House）为高斯颁发证书，授予他枢密官（Hofrat，宫廷顾问）的头衔。②

当填补由于戈德施密特在 1851 年去世而留下的空缺时，在高斯考虑的许多名字中有一个是弗朗茨·弗里德里希·恩斯特·布吕诺（Franz Friedrich Ernst Brünnow，1821—1891），他 1847 年已就任比尔克（Bilk）天文台台长。

---

① 伟大的浪漫主义作家奥古斯特·威廉·施莱格尔（August Wilhelm Schlegel），他在 1813 年拜访了高斯。

② 在 1845 年 7 月 1 日，国王恩斯特·奥古斯特授予高斯枢密院枢密官（Geheimer Hofrat）头衔。

1854年,他在密歇根大学接受了相同的职位,然后在1865年到都柏林大学并成为爱尔兰的皇家天文学家。戈德施密特留下的职位给了克林克尔菲斯。

1802年,圣彼得堡科学院的天文学家和圣彼得堡天文台台长的职位需要有人填补。普法夫把多年担任圣彼得堡科学院秘书的尼古拉斯·冯·富斯①的注意力引向高斯。在1802年初,富斯请普法夫就可能的聘请探寻高斯的意见。在1802年9月5日的一封长信中,富斯正式向高斯发出了到圣彼得堡任职的邀请。此时,他的保护人不伦瑞克公爵制定计划在他的家乡城市建立一座天文台。但这一计划从来没有实现。1803年1月20日,E.A.W.齐默尔曼写信给富斯,说高斯决定留在不伦瑞克。1806年的政治灾难之后,高斯写信给富斯(1806年10月20日),询问是否他仍能去圣彼得堡。在对方可能提出正式邀请之前,1807年7月25日,汉诺威的布朗德(Brandes)把格丁根大学的聘请寄给了他,他接受了聘请。1802年1月31日,基于高斯在天文学上的工作,他被选为圣彼得堡科学院的通信院士。1824年3月24日,高斯被一致推选为圣彼得堡科学院数学部的外籍荣誉院士。《算术研究》这部书的名气特意被提及,作为这一行动的根据。

1809年春季,成立不久的多帕特大学的数学和天文学教授席位由于其拥有者普法夫②教授返回德意志而空缺。1809年5月31日,这所大学的理事会选举高斯担任此职并委托帕罗特(Parrot)③教授给高斯写信让他接受这一任命。高斯在1809年8月20日写信给帕罗特,拒绝了这一任命,尽管对未来的任命敞开大门。他说政府不希望他离开格丁根,但政府对未来的条件改善和晋升只能做出模糊的承诺。当时,格丁根大学拖欠支付薪水已经超过了5个月。他拒绝的真正理由在这封信中明白地说了。他觉得财务条件不

---

① 富斯是欧拉的女婿。
② 约翰·威廉·安德烈埃斯·普法夫(Johann Wilhelm Andreas Pfaff,1775—1835)是更有名的 J. F.普法夫的弟弟。从1809年到1816年,他在纽伦堡的现代语言和自然科学研究所(Real‑Institut)担任数学教授,后来在维尔茨堡(Würzburg)和埃朗根任职。
③ 格奥尔格·弗里德里希·帕罗特(Georg Friedrich Parrot,1767—1853)在1826年之后作为圣彼得堡科学院的正式成员(ordentliches Mitglied)住在圣彼得堡。他在赫尔辛基去世。

第二十一章 琐事综述:开阔的视野

是足够好,尤其是关于遗孀的养老金和旅行津贴。他说他将不得不买新家具,因为他不能把他的家具运到这么远的地方。高斯还对俄国的气候有一些害怕。不过,他拒绝这次任命的主要原因是基于这一事实:他渴望有更多的时间进行研究。① 在多帕特大学,数学和天文学由一位教授讲授,高斯认为它们应该被分开。他写信给帕罗特说,他不想教数学的入门课程,同时承认他被可用于购买仪器和设备的大笔资金所吸引。在写给帕罗特的这封信的结尾,他推荐舒马赫就任这个职位。不过,这个职位最终给了约翰·西吉斯蒙德·胡特(Johann Sigismund Huth),他曾在奥得河(Oder)畔法兰克福和哈尔科夫(Kharkov)任教授。在多帕特大学把数学与天文学分开,如高斯所建议的,直到1820年才实现,但他再也没有从那儿得到任职邀请。高斯的老朋友和老师巴特尔斯在1820年成为那里的数学教授,并一直待在这一职位上直到他于1836年去世。

自1791年起,克里斯蒂安·弗里德里希·吕迪格(Christian Friedrich Rüdiger,1760—1809)一直是在莱比锡大学天文台工作的天文学家。当吕迪格去世而留下的空缺需要填补的时候,高斯对这个位置感上了兴趣。天文台设在普莱森堡(Pleissenburg)的塔楼里。他问曾在1806年到那里访问过的奥伯斯要一份关于这座天文台的情况介绍。奥伯斯写信告诉高斯,这座天文台位置不佳,无法再做什么事去改进它了。吕迪格得不到足够的拨款。奥伯斯告诉高斯,一些架起来的仪器摇摇摆摆而且难以使用。伦敦的布吕尔(Brühl)伯爵捐赠的一些精良仪器仍在大箱子里。这座天文台有一个很好的图书馆,还有两位秘书。

1809年的夏季,高斯开始与德累斯顿的教士大人弗朗茨·福尔克马尔·赖因哈德(Franz Volkmar Reinhard,1753—1812)博士通信,后者担任宫廷牧师和教会顾问,负责为莱比锡的这个位置补缺。他给高斯一个正教授的职位,薪金880塔勒,外加120塔勒的补助用于租用附属于天文台的住宅。他提醒高斯,

---

① 奥伯斯曾告知高斯,多帕特大学的学监冯·克林格尔(von Klinger)对这所大学的教授们来说是难于打交道的人。

在莱比锡 120 塔勒的年租金租不到这样好的房子。赖因哈德承诺每年有一笔充足的津贴以增加该天文台图书馆书籍的数量,还承诺把布吕尔捐赠的仪器安装在一座新建筑里。他还提醒高斯,萨克森的国王已为这座天文台做了很多,但此事在拿破仑战争的局势变得明朗之前不能呈请陛下。赖因哈德要求高斯宣布自己已准备接受聘请;高斯对赖因哈德所承诺的薪金不如他期望的那样高感到遗憾。据高斯说,哲学系已经首先(primo loco)任命高斯为新基金会教席教授(professor ordinarius novae fundationis)。赖因哈德还允诺高斯几百塔勒的搬家和差旅的费用。但高斯没有接受莱比锡的任命,唯一的原因似乎是他仅仅想推迟做出决定,以看看这场战争的局势变化。

1810 年 4 月 18 日,高斯被选为柏林科学院的院士。1810 年 4 月 25 日,威廉·冯·洪堡(Wilhelm von Humboldt)以内政部公共教育科的名义向高斯发出来柏林的召唤,提供他 1 500 塔勒和一个该科学院正式成员(ordentliches Mitglied)的职位。他写道:"你绝没有讲课的义务,我们只是请求借用你的大名作为这所新大学的正教授,在你空闲和健康允许的情况下,不时地讲一门课程。"

在随附的一封私信中他补充说:"在这所大学,如你所愿,我免除你的一切义务,所以没有任何东西能妨碍你安静的、私密的、平和的研究。"

亚历山大·冯·洪堡和其他人试图劝说高斯接受柏林的这一任命。现在不确切知道为何他拒绝了。也许他不愿意离开当时正在建设中的格丁根天文台。有些人认为他不信任普鲁士政府。高斯可能不愿意离开他妻子和儿子的新坟;这一任命提出的时候恰逢高斯正在追求他的第二任妻子并准备结婚的时候。

1821 年,招高斯去柏林的协商重新开始。① 1821 年 5 月 14 日,高斯的岳母瓦尔德克夫人给奥伯斯写信,争取让他介入。她求他为她写了信这件事保

---

① 洪堡想让高斯担任将要在柏林建立的一所理工学院的院长。

密,并说高斯在格丁根非常不开心。他和另一位天文学家哈丁有分歧。此外,他没有充分的时间用于研究。她还说高斯对未来很担忧。

奥伯斯把高斯比任何时候都更想离开格丁根这一秘密告诉了朝廷重臣冯·林德瑙,当时的萨克森-哥达公国的部长,以前是塞贝格天文台的台长。林德瑙向柏林的有影响力的总参谋长米夫林将军求助,说这是一位为大地测量做了很多事情的人。现在协商开始了。高斯要求一处免费的住宅和 2 400 塔勒的年薪。在经过几乎 4 年的争吵和没完没了地写信,高斯在 1824 年 11 月收到了如下的反建议:作为柏林科学院的正式成员他得到 1 700 塔勒,作为数学部的秘书 300 塔勒,作为与数学研究有关的所有问题的顾问从内阁得到 600 到 700 塔勒。这个开价不算坏。为何高斯没有接受?最合乎逻辑的解释是,这个持续很长的过程让他感到羞辱。高斯正式给出拒绝的两个理由:汉诺威政府已给他增加了报酬,并且同意他的儿子约瑟夫进入炮兵部队。从 1828 年到 1836 年,亚历山大·冯·洪堡试图重启招高斯去柏林的协商,没有成功。

在 1825 年的最后一次协商中,著名的柏林地质学家利奥波德·冯·布赫(Leopold von Buch)写信给高斯:"从第一天开始,你就会占据这所科学院对你来说实至名归的主导地位……你的存在,如此一位智者的管理,会产生对整个土地、对整个德意志多么有益的结果啊。把我们从野蛮状态中解救出来吧,我们正处于陷入这种野蛮状态的危险中。欧拉、拉格朗日和兰贝特(Lambert)的坐席在大声呼唤。"

1821 年,在汉堡建立一座新天文台的计划在实施中。高斯对台长的位置非常感兴趣,他要求奥伯斯弄到关于它的信息并推荐他就任,说如果财务条件令人满意,他会接受。奥伯斯在回复中试图劝说高斯不要考虑这个位置。他说在自由邦和小共和国,这样的位置报酬很低,而且与参议院或其他官员打交道通常令人不快。奥伯斯告诉高斯,一旦大家知道他想做出改变,他将毫不费力得到一个新的职位。

高斯被许诺他在汉堡有一处免费住宅和 6 000 马克的薪金,约是他在格丁根所得的五分之九。他觉得在汉堡的生活费用不会超过在格丁根的。不过,高斯害怕如果他做出改变，他妻子的大部分不动产将会失去。奥伯斯承认6 000马克的许诺是不错的，他劝高斯尽快接受柏林的提议。

迟至1842年，有人做出了聘请高斯到维也纳大学的努力。① 那一年舒马赫访问那里，并且显然做了中介。

有时高斯否认或强烈怀疑关于天文学主题上的盛行观点，但不完全说出他自己的意见。其中他认为非常可能在太阳或行星上存在一种有机体和智能生命，而且他偶尔评论说在这个问题上引力在天体表面上的作用如何有着最大的重要性。因此他说，根据生物的物质一般构成，只有像六月鳃金龟这样小的生物才能在太阳上生存，太阳表面的引力是地球上重力的28倍；另一方面，在太阳上人会被压扁，我们的四肢会被粉碎。然后他用幽默的方式继续说道："是的，在太阳上有地方容纳我们所有人，但是我们每个人都需要自己的仆人。"

高斯认为建立月球和地球之间的远程通信是可能的，关于这个问题他计算了必需的镜子的尺寸，并得出结果：不需要多大的花费就能建立这样的通信。他曾经常说，如果我们能与我们月球上的邻居通信，这个发现比发现美洲更伟大，但他没有考虑过月球上可能居住着智能更高的生命。

1835年8月，理查德·亚当斯·洛克（Richard Adams Locke，1800—1871）在纽约《太阳报》（Sun）上发表了他那庞大的月球骗局。洛克以世界上第一个新闻特写作家和古往今来最大骗局的恶意制造者在新闻史上声名远扬。他声称要描述约翰·赫歇尔爵士在好望角做出的在月球上有生命的惊人发现。这个报道的起源在于"爱丁堡《科学杂志》（Journal of Science）的一份增刊"，这份杂志在几年前已停刊。在马萨诸塞州斯普林菲尔德市（Springfield）的女教徒们为送传教士到月球而发起一种基金。这个故事有法语、英语和德语版本。高斯和奥古斯图斯·德·摩根错误地认为这个故事的编造者是让-尼古拉斯·尼科莱（Jean-Nicolas Nicollet，1756—1843），一个逃到美国的有才能的法国天文学家，在探索上密西西比河谷的时候结识了欧根·高斯。高

---

① 参见已出版的高斯-舒马赫的通信集，第Ⅳ卷，第85—89页。

第二十一章 琐事综述：开阔的视野

斯认为这个骗局是非常拙劣的,而且只是公众多么容易上当受骗的一个例子。当约翰(John)爵士听到这件事他真是"厥倒了"。巴黎的报纸上发表了月球上居民唱着"在月光下"(Au clair de la lune)穿过大街的图片。纽约《每人广告报》(Daily Advertiser)认为赫歇尔已使他的名字永垂不朽并把他置于"科学篇章中的高位"。认识且敬佩洛克的埃德加·爱伦·坡(Edgar Allen Poe)写道,洛克有他曾见过的最漂亮的前额,他撕掉了自己的幻想小说《汉斯·普法尔》(Hans Pfaall)的第二部,①因为他觉得对于月球,洛克没留下什么东西让幻想小说家可写的东西。最终,洛克承认是他写了这个故事,而且整个事情是伪造的。顺便可以加一句,法国科学家阿拉戈(Arago)被这故事骗了。1852年,这个故事以书的形式在纽约出版,书名是《月球骗局》(The Moon Hoax)。洛克还设了另一个骗局,他写了《芒戈·帕克丢失的手稿》(The Lost Manuscript of Mungo Park),但没引起注意。

在写给奥伯斯的日期为1805年9月3日的信中,高斯对自己的工作方法和他经常遇到的困难从侧面提供了一个有趣的视角:

> 也许你记得……我抱怨一条定理,它……抵制着我寻找一个满意证明的所有努力。这条定理在我的《算术研究》第636页②上被提到……它只不过是对一个根的正负号的确定,却总是折磨我。③ 这个不足对我来说使我发现的任何其他事情都黯然失色;在四年时间,几

---

① 小说的全名是《一个叫汉斯·普法尔的人的无与伦比的历险》(The Unparalleled Adventure of One Hans Pfaall)。——译者注

② 《全集》第Ⅰ卷,第442—443页。

③ 在《算术研究》的第636页上,高斯得到,对 $n \equiv 1 (\mathrm{mod}.4)$, $\sum \cos \frac{k \Re P}{n} - \sum \cos \frac{k \Re P}{n} = \pm \sqrt{n}$ 及 $\sum \sin \frac{k \Re P}{n} - \sum \sin \frac{k \Re P}{n} = 0$;对 $n \equiv 3 (\mathrm{mod}.4)$,前者为0,后者为 $\pm \sqrt{n}$。这里 n 是素数, k 是不能被 n 整除的整数, P 是圆周率, $\Re$ 是所有的二次剩余, $\mathfrak{N}$ 是所有的二次非剩余。虽然高斯(通过一些例子)知道这里的结果取正号,但直到4年后他才得到一个证明,正如他告诉奥伯斯的。1805年8月30日,高斯在他的日记中写道:"上面1801年5月记录的最迷人的定理的证明,有4年多时间我们用一切努力致力证明它,最终完美实现。"后面的发表这个证明的刊物的名称和期数(Commentationes recentiores,I)应该是高斯后来加上的,因为高斯包含这个证明的论文《一些奇异级数的求和》(Summatio quarundam serierum singularium)发表于1808年。——译者注

乎没有一个星期,我不进行一两次徒劳无功的努力来解决这个问题而白白度过——近来我又为此非常活跃。但所有的沉思、所有的探寻都没有效果,每次我不得不伤心地再次把笔放下。几天前,我终于成功了——我可能会说,这不是我乏味探寻的结果,而是出自上帝的恩赐。就像闪电,突然间这个难题被解决了。① 我自己不能说明在我先前知道的东西、我用以做出最后尝试的东西,以及我借以成功的东西之间的引导线索。非常奇怪的是,许多别的问题没有像这个问题拖了我好几年,这个难题的解法现在看来却比那些问题更容易,而且当我有朝一日讲授这个论题时,肯定没有人会想到它曾置我于这个漫长的困境中。

高斯在好几个场合说过,对问题有价值的见解在他睡觉醒来的时候到来。他发现圆内接正十七边形的作法属于这种情况,而在他的《全集》(第 V 卷,第 609 页)中,他写道在 1835 年 1 月 23 日上午 7 点,恰在他起床之前他发现了感应定律(the laws of induction)。② 笛卡儿和亥姆霍兹也证实了这种早晨思考的巨大价值。

在格丁根大学上学时,高斯老是开玩笑说他的老师克斯特纳是诗人中最重要的数学家和数学家中最重要的诗人。迟至 1845 年 12 月 22 日,在给舒马赫的信中他说到克斯特纳:"克斯特纳有着一种非常杰出的天生机智,但非常奇怪的是,他在数学之外的所有学科有这种机智,甚至他(一般性地)论及数学时也有,但这种机智在数学之内常常完全抛弃了他。"

1874 年,埃米尔·杜布瓦-雷蒙(Emil du Bois-Reymond)在柏林科学院演讲时称高斯为思想的大师;他尤其注意到高斯在准备他的著作时的极度细心。在 1836 年 7 月 21 日,舒马赫写信给高斯:"我不知道还有什么人在拥有准确且简要地表达他自己的能力上达到你这样的高度。"

---

① 高斯的原话是:"Wie der Blitz einschlägt, hat sich das Räthsel gelöst。"——译者注
② 是关于电动力学的。——译者注

第二十一章 琐事综述：开阔的视野

三天之后，高斯以这种方式谦虚地提到他朋友的赞扬："你对我简要且准确地表达自己的能力……的赞美，我一定不能接受，至少对德语至多还有拉丁语之外的任一门语言①而言。"

多年前（1821年），高斯曾向舒马赫解释这种困难："在一门外语中，关注语句的倾向性，以使我自己对其完美度和自然度十分满意，这总是花费我许多时间，与花费在所述论题上的时间一样多。"

高斯在为他的《运动的理论》（1809年）寻找一个出版商时遇到了很大困难。佩尔特斯最后接受了这一著作，但坚持以拉丁文出版。对高斯来说这意味着巨量的额外工作，但他理解出版商的理由，也没有责怪他。在拿破仑的动乱岁月，高斯很高兴能找到一个出版商。

1845年，在高斯68岁生日前的一天，他也许有些厌倦地写信给舒马赫："我永不再用拉丁语撰写科学上的事情了。"

然后，在1849年12月4日，还是在写给舒马赫的信中，他更全面地解释了使用拉丁语的困难：

> 在我必须用拉丁语撰写我的大多数著作的时候，我常常不得不对徘徊在我面前的念头思前想后、斟酌良久，直到我找到一个有些满意的措辞，但我往往又不是很满意。不过，只要进入纯粹的数学领域（也许我会说是专业的数学领域），这种情况就从来不会发生，而在这个领域，人们主要从一个更高的、同样是哲学的——正如拉格朗日常说的，形而上的——立场考虑这个学科及其本性特征。

---

① 舒马赫心中想的是英语。

第二十二章
科学的宗教：来自这位哲人和
热爱真理者关于信仰的告白

高斯成熟的人生哲学与他强烈的宗教性密切相关，其宗教性可以用沉稳、平和与自信为特征。他尤其讨厌一切虚假，用鄙视并常常是辛辣的讽刺对待一切欺骗行为，尤其是在科学方面。他曾说过，最卑鄙的人就是在认识到自己犯错之后仍坚持错误的人。在他的性格中，首位的要素是一种与强烈要求公平相联系的对真理的渴望。最小约束原理是基本的伦理思想在数学上的体现，这种伦理思想他认为对宇宙有约束力。

所有的哲学研究对高斯的头脑有强大的魅力，尽管他经常不喜欢学者们得出某些观点的方式。有一次，他对一位朋友说："有许多问题，对于它们的答案我会认为其价值无限地高于数学问题，例如，关于伦理的问题，关于我们与上帝的关系的问题，关于我们的命运和我们的未来的问题；但它们的解答在我们高不可及的地方而且远在科学领域之外。"

通过科学，他理解了那种严格定义的逻辑结构，其基础建立在人类头脑普遍认识的某些真理之上，这些真理一旦被认可，就为最复杂的研究提供了一个广袤无边的领域，这些研究被一条强大的思想之链彼此联系起来。所以，他把算术①置于顶端，而关于我们不能弄清真相的问题，他习惯于用这样的话：让

---

① 即数论。

第二十二章　科学的宗教：来自这位哲人和热爱真理者关于信仰的告白

上帝去吧（'Ο θεός ἀριθμετίζει），以此他认识到逻辑对整个宇宙成立，即使对我们人类思想不能领悟的领域。

高斯在宗教和哲学主题上不断地沉思，但遗憾的是他很少说到或写到它们。他总是试图将他的科学经验与人生哲学相协调。他认为一切哲学观点都是主观的，并把它们与真正的科学分得很开，因为他知道这些观点缺乏一个严格的基础。

在高斯的性格中，一个明显的倾向是，他把他对那些永远也不能解决的问题的想法像风中飘零的树叶那样在他面前散开（经常伴有深深的激情）。但这些想法就像来时那样突然被吹走，或者通过某种幽默的婉转措辞，或者通过迅速转移话题，转到日常生活中最无关紧要的事情上，或者让这些想法被参不透的隐秘面纱所遮盖。有一天，他对一位朋友说，土星有五颗还是有七颗卫星对他来说是无关紧要的——在这世界上有更高级的事情。刚说过这话，他马上变得沉默，但他眼睛闪闪发光，一连串想法掠过他的脑海。

在18世纪，英国出版的最流行的长诗是詹姆斯·汤姆森（James Thomson）的《四季》（*The Seasons*）。在某种意义上，它涵盖了思想史和人类知识诸领域之间的关系。这首诗反映了在这些领域上的时代潮流。汤姆森深深受惠牛顿的科学工作和理论，而高斯对牛顿非常尊敬。高斯拥有这首诗的一个版本，并反复阅读，极其欣赏。他拿来笔记本并抄下了下面这一段。这一段对他有特别的魅力，似乎完全概括了他自己的观点和感觉：

> 光和生命之父！您，至善至尊！
> 啊，教我何者为善！请您亲自教我！
> 救我脱离愚昧、虚荣和邪恶，
> 脱离一切低级的追求；
> 用知识、自觉的平和与纯洁的美德——
> 滋润我的灵魂，
> 拥有神圣、充实、永不凋谢的幸福！①

---

① "冬季"，第217—222行。

并不知道高斯对大多数教义问题和忏悔问题上到底相信什么。他并不完全相信所有字面上的基督教教条。正式公开地,他是格丁根圣奥尔本斯教堂(路德福音教会)①的一名信徒。他的家庭所有的洗礼、葬礼和婚礼都在这个教堂里举行。也不知道他是否定期去教堂做礼拜或是否有资金捐献。一位教师同事说高斯是一个自然神论者,但是有充足的理由相信这个标签对他不太合适。

高斯拥有强烈的宗教宽容精神,他把这种宽容贯彻到每一种起源于人类内心深处的信仰中。不能把这种宽容与宗教冷漠混淆。他对人类宗教的发展有特别的兴趣,尤其是在他所处的那个世纪。对于往往与他观点不相符的各种教派,他总是强调一个人扰乱其他人的信仰是没有道理的,因为人家在这种信仰中找到了遭受尘世苦难时的安慰,在不幸的日子里的一个安全的避难所。对于他自己的观点,他要求别人同样予以宽容。

高斯的宗教意识建立在他对真理永不满足的渴求及对延伸到物质实体和智能产物的公正的一种深刻的感觉之上。他把整个宇宙中的超自然生命想象成被永恒真理所渗透的定律的一个伟大体系,而且从这个源头他获得了一个坚定的信念:死亡并没有结束一切。

有一天,他说:"对于灵魂存在着一种更高类型的满足;全然不需要物质的满足。无论我把数学用于几个我们称之为行星的土堆,还是纯粹的算术问题,都是一样的;只是后者对我有更大的魅力。"

对于他而言,科学是揭示人类灵魂不朽内核的手段。在他年富力强时,科学为他提供了娱乐,科学通过向他打开的前景给了他安慰。在走向生命的终点时,科学给他带来了信心。高斯的上帝不是玄学上一个冷漠和遥不可及的虚构对象,也不是饱含恨意的神学上的一个扭曲的夸张形象。人不能被赐予知识的那种圆满性,否则必定会使他傲慢地认为,他的模糊的视野就是全部的光明,并且没有其他人能像他那样报告真理。对于高斯,不是那些咕哝着其信

---

① Evangelical Lutheran Church,在中国又被称为信义会。——译者注

第二十二章 科学的宗教：来自这位哲人和热爱真理者关于信仰的告白

条的人，而是践行信条的人，才会被接受。他相信在尘世上值得过的一生是为上天堂做的最好的也是唯一的准备。宗教不是一个文学问题，而是一个人生问题。上帝的启示是连续不断的，不是被包含在石板上或神圣的羊皮纸上。①一本书是受神启而写成的，如果它给予人启示。个人在死后继续存在这一毫不动摇的观念，坚信有一位事物的最后监控者，坚信有一位永恒、公正、全知、全能的上帝，构成了他的宗教生活的基础，这与他的科学研究完全和谐。

有一天，他说：

> 在这个世界上存在一种才智的快乐，它在科学中得到满足，还有一种内心的快乐，这种快乐主要由这一事实构成：人与人之间相互减轻生活的烦恼和负担。但是，如果这位最高存在的工作是在特殊的球体上塑造生物并让它们存活 80 年或 90 年，以为它们准备这样的快乐，那么这会是一个可悲的计划。② 无论这个生灵存活 80 年还是 8 千万年，如果它灭亡一次，那么这段时间只是死亡的缓刑期。对此，即使没有严格的科学基础，但也有如此多的证据，人们因此被迫接受这个观点：在这个物质世界之外，存在另外的、纯粹的灵魂世界秩序，它就如我们生活的世界具有同样的多样性——我们将会参与其中。

高斯的亲密朋友之一鲁道夫·瓦格纳（1805—1864），从 1840 年到 1864 年担任格丁根大学比较生理学和动物学教授，在 1842 年之后还担任生理学系主任。瓦格纳倾向于有灵魂，而且关于宗教问题卷入了与卡尔·福格特（Karl Vogt）的一场公开争论。他希望用高斯的大名和权威支持他的观点。在高斯生命的最后几个月，瓦格纳去拜访他并讨论宗教及其他有关问题。然后他急忙回家并写下他能记起的一切。人们应当记住那时高斯很老了而且健康不佳，他说的事在他一生的其他时期他不会说。人们还应当记住瓦格纳别有用

---

① 似指上帝赐予摩西的写着十诫的石板（《出埃及记》35:28），另外，早期的圣经写在羊皮纸上。——译者注

② 另一次，他说这个问题会被不体面地解决。

心,因此对他的说法应当打个折扣。不过,他写的许多东西与从其他来源发现的材料相符。这不禁会让人想起埃克曼(Eckermann)与歌德的谈话。关于牛顿、哈勒(Haller)和高斯对宗教的看法,瓦格纳写了一篇文章——他向各个圈子里的人宣读过此文但从未发表,因为韦伯、萨托里乌斯·冯·瓦尔特斯豪森和特蕾泽·高斯迫使他把此文压下。

1854年12月19日,瓦格纳于中午到高斯家。高斯坐在一把大安乐椅上,正困难地呼吸,他按住瓦格纳的手,感谢瓦格纳同情他的健康状况。在交谈过程中他很快就恢复了往常的精神矍铄和健谈。

他的第一个问题是,瓦格纳是否读过拉多维茨(Radowitz)著作的第五卷。这本书打开着平放在他面前的书桌上。高斯说起这位著名的政治家①对歌德、永生和天主教的评论。他讨论了拉多维茨的天主教观点。为了回避这个敏感点,瓦格纳说拉多维茨也一直忙于数学。高斯不知道他在这方面的工作,但说狄利克雷告诉他那些工作不重要,并且问瓦格纳是否与拉多维茨走得近(如他听说的那样)。

瓦格纳很快把交谈内容转向休厄尔的《归纳科学的历史》(*History of Inductive Sciences*)。事实上,瓦格纳很关注这本书,因为他想问高斯关于牛顿的几个问题。这把高斯引向休厄尔的著作《论世界的多元性》(*Of the Plurality of Worlds*),这是此书作者近来寄给他的。高斯没有明显困难地从他的椅子上起身,他从隔壁一间不生火的房间里的藏书中取来这本书。然后他简要说明了他对这本书的看法并用如下的结束语给出了它的主要结论:"……仅有地球上居住着智慧的生物,因为救世主只为他们现身。"瓦格纳说他不能想象其他宇宙天体只是为了好玩而被额外创造出来,他不能支持许多神学家根据圣经作出的论证,因为从圣经上给出的关于天文世界的简要介绍,他们做出的结论似乎太多了。高斯似乎同意这个观点,但没有明确地表达自己的观点。他认为地球只是太阳的第三颗行星,与许多其他宇宙中的天体相反,

---

① 约瑟夫·马里亚·冯·拉多维茨(Joseph Maria von Radowitz)是普鲁士将军和外交事务秘书。

第二十二章　科学的宗教：来自这位哲人和热爱真理者关于信仰的告白

它"不过是一堆土"。

谈话于是把他们引向开普勒、牛顿和莱布尼茨，他们的成就以及他们关于超自然事物的看法。高斯说："关于宗教的事情，开普勒经常在他的天文学著作中非常不恰当和奇怪地表达自己的看法。牛顿也处理这些问题，但总是非常不同，总是温和且庄重，从不让自己迷失于奇特而过分的推测。"

高斯对牛顿的评价非常高，但对莱布尼茨的评价要低得多。在这次交谈中他说：

> 在某个方面，关于莱布尼茨，人们可以说他破坏了数学。他发明的微积分并不是那么伟大，实际上阿基米德已经为此做了准备。莱布尼茨的广博确实令人敬佩，但假如他对自己限制多一些就更好了，那样他在数学上就会有更多成就。但最伟大的事情是纯粹的数学思考，这比数学的应用有价值得多。鉴于我的朋友和学生恩克在最近的台长致辞（在柏林）中的某些意见，在这里我不能给他鼓掌。

现在高斯取笑了柏林的一个年轻数学家圈子，这些数学家以他们的傲慢已经形成一种同盟，以把精力只用于纯粹数学，同时把数学对物理学的应用标识为低等的事情。高斯进而说，他把他的《算术研究》和他的一些篇幅较短的论文看得比他的《运动的理论》和关于地磁的著作要高得多，尽管他曾很乐意忙于实际的问题，但上述研究是纯粹观测资料的工作。据瓦格纳说，高斯然后以他的"庄严而和蔼的"方式说到对这种思维运动的神奇感觉和巨大的内心愉悦。他还回想起牛顿，关于这些感觉牛顿在不同的章节中表达过。

然后高斯谈到他与克斯特纳、利希滕贝格和奥伯斯的关系。当瓦格纳离开时，高斯给他休厄尔的书让他阅读。当瓦格纳步行穿过天文台的庭院时，他注意到休厄尔这本书的白纸封套上有大量高斯整洁手书的引自圣经的句子。①

---

① 《但以理书》12：1-3，《约伯记》19：25，《诗篇》17：15, 49：15-16, 16：9-11，《传道书》12：7，《以赛亚书》26：19，《以西结书》37：5 及其后，《所罗门智训》(Wisdom of Solomon)，3：1 及其后，《马加比下》(II Maccabees)。

他马上明白了它们所指,并且决定下次问高斯与它们有关的问题。

在 12 月 23 日的 11 点,瓦格纳再次拜访高斯。在他坐下之前,高斯问:"你好,你读了休厄尔的书吗?"

"是的,至少浏览了一下。"

"对他的纯神学论据你怎么看?"

"总体来说,对于这类材料作如此处理,我不很满意;这没有成就多少事。但同时,我发现休厄尔坚持科学研究和信仰之间的正确关系。不过首先允许我问您一个问题:在封套上您记下了一些圣经的语录;我想知道来源是什么以及目的是什么?"

高斯答道:"哦,你指这些?"他指着这些语录。"它们是与永生有关的话。①此刻我不能说出这些收集来的语录来自哪里。但我发现这些话都不那么激动人心和连贯。总之,我亲爱的同事,我认为你比我更相信圣经。我不,而且,"他补充说,带着内心很激动的表情:"你比我更幸福。我必须说,早先我经常看到下层的人民、普通的体力劳动者能用他们的心去如此正确地信仰,我总是羡慕他们,而现在,"他继续说,声音柔和且用他那特有的天真孩子气的方式,同时他的眼里涌出了一滴泪水,"告诉我一个人怎么开始做成这件事呢?"

瓦格纳被强大的内心情感所震撼,他对应怎样回答有些为难。据他说,他感知到这个时刻的严肃性和重要性。高斯提问的方式使他想到一个古老的、经常被人提到的问题:"为了获得永生,我该做什么?"对这个人的完整人格的崇敬之情再次攫住了他。瓦格纳想起有人跟他说过,高斯的同事们不是把他看作与他们同等的,而是把他看作层次更高的人,其他人见到他会走到一旁让路的人。瓦格纳感到在他被高耸眉毛荫蔽的锐利目光中,有种威严的东西。

瓦格纳恢复平静后,沉思了一会,开始讲述他生平的往事。高斯非常安静地听着,只有一次用这样的话打断他:"也许你有幸有一位信主的父亲或一位

---

① 上注的《但以理书》等均属于《旧约全书》,但新教的《旧约全书》中不包含《所罗门智训》和《马加比下》[以及《托比传》(Tobit)、《犹滴传》(Judith)、《马加比上》(I Maccabees)、《便西拉智训》(Ecclesiaticus)、《巴录书》(Baruch)]。以上译名均采用新教的译法。——译者注

第二十二章　科学的宗教：来自这位哲人和热爱真理者关于信仰的告白

信主的母亲？"

瓦格纳以这个感想结束他简短的叙述："信仰是一件礼物。"

高斯若有所思地评论说："你说信仰是一件礼物；关于信仰这也许是能说的最正确的东西了。"

"当然，信仰是一件礼物；但一般来说仅当一个人认真地寻求它时，它才被给予。于是这件礼物永远不能被拒绝。因为关于它存在一个不容置疑的承诺：谁祈求，就给谁。"①

高斯说："甚至在我的一生中，让我困惑的事也经常发生，并且在个别情形这种事情把我引向一种天意，正如你认为的那样。例如，让我成为天文学家就是上天的安排，这让我去了格丁根。我曾想去圣彼得堡，在那里我会成为一位纯粹的数学家。当时在不伦瑞克担任卡罗琳学院教授的齐默尔曼离职去魏玛时，给了我几册察赫的《通信月刊》，上面有皮亚齐发现谷神星的报道。"

在接下来的交谈中高斯问瓦格纳是否认为灵魂是朝着尘世职业的方向不断发展的。例如，最小二乘法，这是高斯在年轻时就做出的发现，但在那时他保密，使他给出的对谷神星轨道快速而精确的计算，震惊了当时所有的数学家和天文学家。

瓦格纳表达了这样的观点：从信仰的角度看，这种发展确实没有得到基于启示的圣经经文的直接支持，但也没有被直接排除，在某种限度上对他个人有吸引力。他补充说他正在谈论的只是在高等智能认知领域的杰出个人。

然后，瓦格纳开始展开他关于诸世界的和谐，以及物质世界与道德世界的秩序之间相互作用的必要性的观点，而对于道德世界的因果律，我们现在不能了解。② 如果道德自由和世界上各事件的过程不会显得毫无意义，那么这些定

---

① 这里应是对《马太福音》7：7的不严格的引用，中文和合本《圣经》译为："你们祈求，就给你们。"——译者注

② 这个看法与早先高斯和瓦格纳之间的一次谈话有关，这次交谈涉及数学应用于心理学的可能性，当时高斯说："我很难相信在心理学中出现的数据能用数学方法评估。但不做实验，人们就无法确切地认识到这一点。唯有上帝拥有心理现象的数学基础。"高斯不看好他的同事赫巴特（Herbart）、费希纳（Fechner）和其他几位哲学家在这个领域的工作。

律必然存在。一个在另一个场景中没有延续与完善的人类历史是不可想象的,并且与物理现象世界的无限和谐性及固定合理性相矛盾。在这个世界的场景的背后必定存在另一种可怕的力量去惩治邪恶,而在自由的领域中也一定存在一种联系,这种联系最终只存在于"神圣的数学"里。

瓦格纳提到,我们自己的生活教导我们:最小的东西、个人所有的事件,都指向这一点。他说,即使在人类科学的进程中,误解一种前定的和谐对他来说也是不可能的。作为一个例子,瓦格纳在这里引用了救援著名物理学家夫琅禾费的事件。1801年在慕尼黑由于一幢房屋倒塌,他被埋在瓦砾中,但在几个小时之后他活着爬了出来。这引起了国王马克斯·约瑟夫(Max Joseph)对他的注意。在他的伤被治愈之后,这位国王赐给他18枚金币,这个15岁的男孩用这些钱购买了一台玻璃切割机。这件事和其他一些保护人对他的关注把他引到一个职业。通过理论训练和实践训练的罕见结合,他在这个职业上成就了如此伟大的事业。

高斯接受了上面的假设并重复地说到拉多维茨,瓦格纳曾把此人的著作送给高斯。高斯向瓦格纳展示一些他认为适于激励思考的段落,不过他反复说明作者的论点与他的愿望不符。他说拉多维茨一次又一次提出教会和教条的证据,而对于其他的推论只有几句话。

然后高斯问瓦格纳,是否读过让·保罗关于永生的看法。除了《坎帕内山谷》(Kampaner Tal),高斯还引用了让·保罗的其他文章。所有这些陈述都很吸引他,除了让·保罗提及动物磁性说的地方,那些是对永生最弱的支持。

瓦格纳完全同意,高斯提及对所谓磁现象的错误解释,例如,在女预言家冯·普雷福斯特(von Prevorst)的言论中,接着他引用了众所周知的圣经段落:"如果你不相信摩西和先知,你就不相信一个人从死人中复活。"[①]

然后高斯回到在世俗职业的意义上死后灵魂的继续发展;只有这样他才

---

① 这里不是对《路加福音》16:31的严格引用。中文和合本《新约全书》中对应的经文是:"若不听从摩西和先知的话,就是有一个从死里复活的,他们也是不听劝。"——译者注

第二十二章 科学的宗教：来自这位哲人和热爱真理者关于信仰的告白

能解释在个人命运的过程中的许多事情，例如，艾森斯坦的早逝，他刚到三十的年纪而且有可能做出最伟大的成就。

瓦格纳问："您真的认为艾森斯坦如此重要？"

"是的！有史以来最伟大的天才之一。他做的一些事为最精致和最罕有的概念提供了明证。"

此时高斯回到让·保罗和所引用的圣经中关于摩西和先知们的段落，他说："我必须坦承，像保罗·格哈德（Paul Gerhard）这样的老神学家和歌曲作者总是给我留下很深印象；格哈德的一首歌总是对我产生一种神奇的力量，比其他人，例如摩西，产生的力量更大，对于摩西是上帝使者我有种种疑虑。"

在瓦格纳又开始谈论前定和谐性和物质世界与道德世界秩序的相互作用之后，高斯变得非常沉默并且以最大的注意力倾听，没有打断他。然后他非常严肃地说："当让·保罗对一个怀疑并询问在另一个世界中俗事秘密的答案的人大喊：'越过墓地的墙看那些坟墓，答案就在那里！'时，对我总是非常有吸引力。"

他的声音变得虚弱并且颤抖，还突然大哭起来。瓦格纳记载说，对于一个通常意志如此坚定的人，这种情绪的爆发给他留下了最深刻的印象。瓦格纳在他面前保持沉默并抓住他的手。于是他们默默地坐了好长一段时间。对于瓦格纳来说，这是他一生中最庄严的时刻之一。他想到高斯的话："一个人怎样开始有信仰？"

瓦格纳这样评论他自己的感觉：

> 我察觉到在他的内心正发生着什么，感到对于这位对未来一切都有预感的精力充沛的思想者，在永恒之门后面的那个世界在其轮廓中显示得多么不确定，甚至比一个有信仰的小孩所意识到的还要不确定。但他自己的问题非常天真无邪，这唤醒了我对他的一种快乐的希望。我想到在从事数论研究时感觉到的美妙和崇高，这是他对我说的。但是在这个难忘的时刻，也许我更强烈地感到有一种美

妙得多的感觉，即福音传道者在能说"我信，主啊，求您帮助我解惑"（《马可福音》9：24）①时所拥有的感觉。

最后，瓦格纳慢慢站起身来并按住高斯的手。当时高斯严肃而平静地说："是的！没有永生这个世界就没有意义，整个创世过程也是一件荒唐的事。"

这次会见后的几天，瓦格纳又去见高斯，但只是为了询问他的健康状况，并没有想到要交谈。不过，他决定不回避交谈。为了防止一开始不敢推出话题，他随身带着他编辑的《汉弗莱·戴维爵士传》(Life of Sir Humphry Davy)，②以让高斯想起他早年的一段生活，那时在不来梅的奥伯斯家中，他见到了戴维。高斯那天传话说他感觉病得很重，但他愿意短时间见见瓦格纳。交谈持续了不到半小时。高斯明显地避免发生像上次那样动感情的事。瓦格纳也回避它们。

即使不知道瓦格纳正在给他读的书中段落，高斯也记得1824年在奥伯斯的家中与戴维、舒马赫吃晚饭的情景，直到最小的细节。高斯说："我不相信戴维做了错误的个人观察，在我看来，他显得无恶意的高兴。那一定指一个理解黏膜炎的自然史的人，奥伯斯把他召来了，因为戴维对此事有着信徒般的巨大兴趣。我仍然记得这个人的惊讶表情：他的姓氏是伯泽(Böse)。"③

瓦格纳以戴维传记中的那段经历开始，对此高斯重述到了最小的细节。当时高斯呼吸非常急促并且正坐在沙发上，但他说在他以很大的兴趣读了瓦格纳的小册子《人类创造与灵魂实体》(Menschenschöpfung und Seelensubstanz)和《论知识和信仰》(Ueber Wissen und Glauben)之后，如果他不是有急事要对瓦格纳说，他是不会接待瓦格纳的。这两本小册子打开放在沙发上他的身旁。瓦格纳感到高兴，因为他以为高斯赞同小册子的内容。高斯说："我看到你假设了

---

① 在钦定本《圣经》中对应的经文是：Lord, I believe, help thou mine unbelief, 而不是这里所引的 I believe, Lord, help thou mine unbelief, 中文和合本《圣经》译为："我信，但我信不足，求主帮助。"——译者注

② 此书其实是汉弗莱的弟弟约翰·戴维(John Davy)编辑的；由诺伊贝特(C. Neubert)博士译为德文(4卷；莱比锡，1840)。瓦格纳写了一个导言。关于高斯的参考文献，见第3卷第308、311页。

③ 在戴维的书中没有提他的姓氏。

第二十二章　科学的宗教：来自这位哲人和热爱真理者关于信仰的告白

在人死后他的灵魂转换到另一个宇宙天体的可能性。对于灵魂实体我也有这样的看法，但相对于你的光运动明喻，我更喜欢用一种动电电流来比喻运动速度，因为在这种情形下，与在光的情形下相比，人们更容易想到某种东西的前进，即使是无法衡量但却是实实在在的。"

然后，高斯解释了他关于灵魂的新"换装"（对此瓦格纳也不得不假设）怎样以及在什么条件下，以怎样的大小和形式可能出现在太阳、行星或小行星上的想法。他甚至接受了瓦格纳的这个想法：在几代人之后，死者的灵魂在一个巨大的宇宙空间中聚集。他曾经计算过，在太阳上，按照引力定律我们不得不有一个小得多的身体，"大约像一只大甲虫，"并补充说，"假如我们在太阳上如我们现在这般大，那么我们会认为在我们的胳膊上和腿上有铅，我们不能伸展双臂，那真是可怕的。在谷神星或智神星上，我们的身体会比现在大得多。在太阳上，那里对于我们所有人都有足够大的活动空间。"

他还说他想把这一点告诉瓦格纳是因为他有时读到过对此的错误说法，好像人类在较小的宇宙天体上也不得不变得较小。高斯非常认真地说明这一切。当瓦格纳忍不住笑了时，高斯自己也以一种适度的认真态度对这些幻想场景表示可笑。

这个人的伟大再次给瓦格纳留下了深刻的印象。他认识到高斯对于人类灵魂的未来做过许多思考，他总是力求这些观点与数学的原理相协调。他用莱布尼茨的话结束了这些回忆："数学科学探讨植根于神圣心智的永恒真理，它为我们认识物质做好了准备。"

高斯经常阅读的两部宗教著作是布劳巴赫（Braubach）的《心灵学》（*Seelenlehre*）（吉森，1843）和聚斯米尔希（Süssmilch）的《拯救上帝的秩序》（*Göttliche Ordnung gerettet*）（1756）；他还把相当多的时间花在希腊原文的《新约全书》上。1835年11月11日，高斯写信给奥伯斯，说他最近收到了他儿子欧根的一封信，那时欧根属于美国步兵第一团的F连，驻扎在明尼苏达的克劳福德堡（Fort Crawford）。在那段时期里，欧根履行了图书管理员的职责。关于高斯这个儿子的模范行为，指挥官卢米斯（S. Loomis）上尉写信给他说了，并接着证明,在一次宗教会议上欧根公开宣布他决定"从此侍奉上帝"。卢米斯证实了欧根的"不仅是作为美国政府的一位战士,而且是作为我们的主和救世主耶稣基督的一位战士和追随者的良心行为"。欧根想进一所神学院并准备成为一名传教士。实际上,他从来没有实现这个愿望,但在他的余生他一直非常虔诚。在写给奥伯斯的同一封信中,高斯这样评价欧根的态度:"尽管在这些虔诚的倾向中可能常常混杂着许多错误和虚伪,但我完全认同,就给地球上仍处于半野蛮状态的那部分居民带去文明而言,传教士的职业是一项非常光荣的职业。可能我儿子为此努力了好几年。"

尽管高斯是一个平静的科学家,但他达到这样的客观和冷静不是没有经过奋斗。在他身上有一种神秘和浪漫的气质,有时这种气质会穿过逻辑储备库的坚硬外壳。牛顿、笛卡儿、帕斯卡、高斯、亥姆霍兹和其他某些人是"虔诚的",但他们的信仰在程度上有所不同。欧根·杜林在对高斯的猛烈攻击中(1877),指责高斯在一般思维中的源于宗教迷信的狭隘。今天没有一个有责任心的人会接受这样的一种责难。杜林向尤斯图斯·冯·李比希和克劳修斯发起攻击,因为他们竟敢(用"无耻的语言")为高斯和黎曼辩护,反对他的攻击。

1805年9月3日,高斯这样写信给奥伯斯:"无论谁,美丽的真理女神并不总是躲避他。他有一位新娘,正如我有一位,他有一位朋友,正如你,他能忽视琐碎之事。"

一些作者说高斯的一生像一条气势磅礴的大河向前流动,而且他如此被大自然宠爱,以致他从他的非凡天才中得到满足。但情况不是这样,尽管他确实表现了他的大善和正直的品格。这样的一个观点与他写给鲍耶的一封信中如下的段落矛盾,这封信的日期为1848年4月20日:

> 不错,我的生活被装点着许多让世人认为值得嫉妒的东西。但相信我,亲爱的鲍耶,生活的质朴方面,至少我的生活的质朴方面,像一根红线穿行其中,而且在它们前面,一个人到老年时则更没有抵抗

第二十二章　科学的宗教：来自这位哲人和热爱真理者关于信仰的告白

能力,这些质朴方面连百分之一都不能被快乐抵消。我会高兴地承认,对我来说已变得如此难以承受而且如今仍然如此的命运,对许多其他人来说要容易承受得多。但智能构造属于我们的自我,使我们存在的造物主把它赋予我们,我们不能改变它。另一方面我发现,这种对人生虚无性的感悟(这一点人类的大多数无论如何在接近人生目的地时一定会表达出来),为我对一种更美丽的蜕变的接续提供了最强有力的保证。

1824 年 3 月 14 日,高斯写信给贝塞尔说:"世界上所有的测量结果都抵不上一条定理,使永恒真理的科学真正地得到发展的定理。"

1809 年,高斯在他第一任妻子去世时给舒马赫的一封信中谈到他对命运的感觉:"我已试过了所有给我安慰的理由,对我来说,没有一个理由比这个更强:假如命运把两种选择放在我面前,命我二选其一,或者接受我现在的不幸,或者让我死而留下逝者[他的第一任妻子]孤独终老,我将不得不听凭命运的裁决。"

1831 年 9 月 24 日,关于第二任妻子的去世,高斯再一次向舒马赫敞开心扉:

> 一个星期以前这具遗体(这是这位可怜的受难者[他的第二任妻子]难以描述的痛苦的一个主要来源)已回归大地,我如今仍然是一想到这些痛苦,就会感到最强烈的震撼。我无法更早给你写信。总有一天理智的承诺会取代这种感觉,也就是说,像所有其他逝者,她应被祝福能离开这样一个场所,在这里欢乐是短暂而徒然的,在这里受苦、失败和痛苦的失望是基本的特色。假如我没有受到如此多枷锁的束缚,我是多么渴望离开这里啊。

在 1823 年 2 月 9 日写给舒马赫的一封信中,高斯的心情要愉快得多:"黑暗是一只高处之手允许我们穿过这里的道路……让我们坚守这样的信念:世俗生命之谜的一个更精细、更高级的解答将会出现,并会成为我们的一部分。"

1825年4月25日，高斯给贝塞尔写了一封信，当时招他去柏林大学的事正在协商中，信中表达了类似的思想："在如此明显的最后对一个人整个一生产生了这样一种决定性影响的事件中，人们倾向于承认一只高处之手的各种手段。对于在下面的我们，生命的巨大隐秘永远也不会变得清晰。"

舒马赫的母亲去世时，高斯在1822年11月10日给他写信："我不试图安慰你，在这样的事情中除了最强烈的信念之外没有安慰，这个信念是，最后时刻，我们端坐这里（in ultima），死后便转而被提升到一个更高级的群体。"

在1846年9月1日写给舒马赫的另一封信中，他表达了类似的思想："逐渐老去的人们的悲伤命运是，看到如此多我们很亲近的人离我们而去，看到我们自己越来越孤独，其中没有安慰，除了一个前景：一个更高级的世界等级有一天会抵消一切。"

高斯不是一位职业的哲学家，尽管他为了让自己满意而试图把数学的严格标准用于哲学，他也很不愿意在这个领域表达他的看法。他拥有并仔细研究过休谟、弗朗西斯·培根、康德、克里斯蒂安·沃尔夫（Christian Wolff）、弗里斯（Fries）、笛卡儿、约翰·洛克和马勒伯朗士的著作。有一次，他批评谢林的某些著作。但甚至在最伟大的哲学家中，有时是在康德的著作中，他也发现他们在概念和定义上的某些混乱。他的特定目标总是黑格尔，关于这一点舒马赫有次写信给他："挪亚的儿子中有一个遮盖了他父亲的羞耻，①但黑格尔哲学的信徒们仍在扯去时间和遗忘同情地扔在他们祖师身上的遮羞罩袍。"

对此高斯回复说，他不确定这种与挪亚的比较是否完全合适：

> 圣经上只是说他曾受过割礼，②在其他方面他被认为是一个明智的人，我们［因为瑕不掩瑜（abusus non tollit usum）③］也许要感谢他让一些葡萄藤免于大洪水之灾这一事实，尽管他本可以把许多其他

---

① 其实是两个儿子做的，见《旧约全书·创世记》9：23。——译者注
② 这里可能是高斯记错了，圣经上说亚伯拉罕是第一个接受割礼的（《创世记》17：9）。——译者注
③ Abusus non tollit usum 的本意是滥用不能废除使用。——译者注

第二十二章 科学的宗教：来自这位哲人和热爱真理者关于信仰的告白

东西弃之于大洪水而做得更好。与黑格尔后来的论文进行比较，他在这篇受到质疑的论文中的疯狂(insania)似乎是指智慧。

1844年，舒马赫唤起高斯对克里斯蒂安·沃尔夫的一部著作中的一个定义的注意，这个定义说重心是一个点，穿过它物体被分成等重的两部分。[①]

他很快得到高斯的回复，信的日期是1844年11月1日：

> 你认为职业哲学家有能力在概念和定义上不出现混乱，这几乎让我惊呆了。这类事情在不是数学家的哲学家中比其他人群中更为常见，沃尔夫不是数学家，虽然他在这方面写了一些低价值的概要性著作。看看今天的哲学家们，看看谢林、黑格尔、内斯·冯·埃森贝克(Nees von Esenbeck)等人；他们给出的定义难道不让你毛骨悚然吗？读读古代哲学史中那时的人，像柏拉图等人(我把亚里士多德排除在外)给出的是什么定义。但即使在康德的著作中往往也好不到哪去；依我之见，他对分析性定理和综合性定理之间的区分，要么流于平凡，要么是不正确的。

然后高斯开始给出重心的正确定义。在写给莫里茨·威廉·德罗比施(Moritz Wilhelm Drobisch)的日期为1834年8月14日的信中，他写道："大多数所谓的职业哲学家，当他们大胆闯入数学时，向我们兜售的仅是对哲学的aegri somnia(病人之梦)。"高斯论及哲学家时大多提到康德的空间理论。

1841年5月11日，高斯写信给雅各布·弗里德里希·弗里斯(Jacob Friedrich Fries)并感谢他赠送那册《哲学史》(*Geschichte der Philosophie*)。在这封信中他做了如下评论：

> 我一直非常热爱哲学思考，从你的著作中我得到了如此多的快乐，从最古老的到最现代的时代，在研究科学的命运方面，你是一位可靠的引导者，因为在我自己阅读许多哲学家的著作时，我不总是能

[①] 沃尔夫使用单词 gleichwichtige。

得到我所期望的满足。也就是说,几位经常提到的(也许用"所谓的"更好些)哲学家(他们出现在康德之后)的著作有时使我想到山羊挤奶器①的筛子,或不用古代的形象,用现代的形象,它们使我想到明希豪森的辫子,他拉着这条辫子把自己从水中拉出来了。这位一知半解者假若没想到大师关于那些功绩的看法与他几乎相同,他是不敢在后者面前这样直说的。我经常遗憾没有与你住在同一座城市里,那样的话就能和你从关于哲学问题的交谈中得到快乐,同时得到指教。

许多年前,高斯为弗里斯赠送的一册《数学的自然哲学》(*Mathematische Naturlehre*)(海德堡,1822)曾感谢过他。关于这本书,耶拿大学的植物学教授施莱登(M.J. Schleiden)讲了下面这个故事:

> 当我在格丁根大学上学时(1830—1834),一个较优秀的学生来到高斯那里,看到所提到的这本书在他的书桌上,他问:"可是教授,您会全身心投入到这些混乱的哲学问题上吗?"对此高斯非常严肃地转向这个提问的学生,并这样说:"年轻人,如果你在这三年的课程中,你能达到品味和理解这本书的程度,那么你在利用这段时光上,比你的大多数同学要好得多。"

施莱登告诉哲学家鲁道夫·奥伊肯(Rudolf Eucken),康德的《纯粹理性批判》(*Critique of Pure Reason*)②高斯读过五遍。据说,在读第五遍时他说:"现在我开始明白了。"一个年轻的学者(他的名字现在不知道)曾向高斯做了对康德的轻蔑评论,这使高斯说他对《纯粹理性批判》投入了很大努力,而且他认为他正逐渐完全理解这一著作。巧的是,施莱登是康德和弗里斯的追随者。显然,高斯和康德关于左与右之间区别的观点并不像乍看起来那样矛盾。

高斯对康德建立他的空间概念以及在非欧几何学领域开拓的方式感兴趣。他的工作导致产生了 n 维空间,而这整个主题在我们的时代被爱因斯坦

---

① 罗马人称为 hircum mulcere。
② 原著名为 *Kritik der reinen Vernunft*。——译者注

第二十二章 科学的宗教：来自这位哲人和热爱真理者关于信仰的告白

的工作所彻底改变。高斯对空间本质的基本概念仅被包含在相互独立的、零散的阐述中，它们被收集在他的《全集》第Ⅷ卷中。这都要追溯到他在非欧几何学方面的工作，正如我们在本书第十五章所看到的。在康德的著作中，基本的概念是绝对空间的概念，即，绝对空间独立于所有物质存在，而且它本身有它自己的实在性，作为其构成的可能性的第一原因。这里实在性意味着经验的实在性，不只是归因于空间的先验观念。康德提到这个事实：一模一样的两个物体，并不因此必定全等，亦即，仅通过运动它们不能必然地彼此重合。这类东西有一个物体和它的镜像，或左手和右手。

高斯不同意康德的看法，正如他在 1846 年 2 月 8 日写给舒马赫的一封信中如下段落所表明的：

> 左和右之间的区分不能被定义，而只能被显示，因此这是一种与甜和苦类似的情形。但每种类比总有欠缺（Omne simile claudicat），后者只对有味觉器官的生物有意义，而前者对能感知物质世界的头脑有意义，不过这样的两种头脑不能使自己直接理解左和右，除非同一个个体物在左和右之间形成一座桥梁。

1846 年 6 月 23 日，高斯在写给格尔林的一封信中重复了相同的想法：

> 人们不能把两个各有三条直线的系统（有向直线，其中一个系统中的直线指向前方、上方和右方，另一个系统中的直线指向前方、上方和左方）的区分约简为概念，而只能通过把握实际呈现在空间中的物来展现。关于这一点，两个头脑不能达成一致，除非他们的视野与呈现在现实世界中的同一个系统联系起来。

因此，在建立空间理论的方式上，高斯和康德是不同的，但是他们在对空间的看法上几乎没有什么差别。高斯没有否认空间的先验（a priori）性。康德曾预言 n 维空间的几何学，于是在这一点上也与高斯一致。高斯否认空间仅是我们外在感知的形式，但他不想坚持一个真实空间的存在独立于我们的感知。自康德那时以来，人们既不能把空间认作一种物，也不能认作是物的一种性质，只能认作实际呈现的物的一种表现。当高斯说左与右之间的区别只能从一个人传达另一个人时，他无疑是正确的。内科医生说把这一区别教给弱智者往往是不可能的。

当人们阅读像歌德、席勒、洪堡乃至康德的生平时，那些有一般智力的人可能形成关于生存对这些伟人意味着什么，以及他们的生平对人类有何教益的某种想法。如下的引语出自高斯在格丁根大学的同事、哲学家洛采（Lotze）的《小宇宙》（*Microcosmus*），本章所呈现的对包含在这段引语中的探询给出了一个答案：

> 如果人类一切研究的目标只是在认知中产生对这个如此存在的世界的一个反映，那么所有这些辛劳和痛苦有什么价值呢？因为这些研究只会导致徒劳的重复，只会导致一种在灵魂之内对没有灵魂的存在物的模仿。这种乏味的排练会有什么意义呢？除非真理的发现在任何情况下同样是某种善的产生，其价值足以证明为获得它而付出的痛苦是合理的，会有什么竟然可以强迫思考的头脑成为不思考的东西的镜子？由于知识范围的不断扩大，脑力劳动的细分是不可避免的，囿于这种细分，个人有时可能会忘记把他狭窄的工作范围与人类生活的伟大目标相结合；在他看来，有时为知识而增进知识似乎是人类努力的一个可理解的和有价值的目标。但他的所有努力最后只有这种意义，即它们应该与无数其他人的努力结合起来，一起去描绘出这个世界的一幅画像，据此我们可以知道我们必须作为存在的真正意义而予以尊崇的是什么，我们必须做什么和希望什么。

第二十三章
落日黄昏:脱离尘世

在高斯晚年,他进行的几乎唯一的身体活动是每天步行到离格丁根天文台几个街区的文学博物馆,从 11 点到 1 点的大部分时间他是在那里度过的。在他生命的最后 20 年,他很少参加社会活动,而最后 10 年他几乎不参加任何活动。在文学博物馆,高斯快速浏览各种科学、文学和政治方面的定期出版物,将一些有趣的新信息记在纸上或存贮在他非凡的记忆中。他似乎需要更多的休息,而他的朋友们注意到,在家里他阅读轻松的读物时较平常更为放松。他与在世界上四面八方的朋友们和同事们的通信占了他相当多的时间。直到最后,他还定期与亚历山大·冯·洪堡通信。与其他朋友的通信因朋友死亡而中断,1840 年是奥伯斯,1846 年是贝塞尔,1850 年则是舒马赫。他曾与舒马赫每周通信。

在 1852 年和 1853 年的冬天,高斯反复抱怨他的健康状况。在他一生的大部分时间,他非常健康而且有健壮的体格。由于痰和黏液,他咽喉充血,他认为这是他的主要疾病。这种病情的一个后果是,他变得习惯于凌晨 3 点起床,并喝塞尔策(Seltzer)矿泉水和热牛奶。这是一个简单的疗法,但看来减轻了他的痛苦。40 年前,奥伯斯曾给他两个处方,但他不习惯使用任何药物。高斯对医学缺乏信心,并且有很长时间不能下决心请医生来。

最后,在他的家人和最亲密的朋友们的反复劝说下,他决定向他的大学同事和朋友威廉·鲍姆(1799—1883)博士求助。鲍姆是外科学教授,而且从1849年直到去世是外科诊所的主任。1854年1月21日,鲍姆做了他的第一次职业性拜访,经过持续几天的彻底检查,他给出的诊断为高斯心脏扩大。从一开始,鲍姆就提出康复或者长期存活的希望渺茫。这一病情到高龄时变得更为突出,看来是一个老问题了,因为多年前奥伯斯已经认识到或猜测到这一点,并且向高斯建议了某些预防措施。实用疗法的应用和春天的到来对高斯的病情有一种有利的效果,因此在1854年的春季和夏季的时光,他得以按时出现在文学博物馆,而且能在附近散散步。

高斯对所有铁路的建设和运营有浓厚的兴趣,尽管有超过20年的时间他没有离开格丁根过一夜,因此没有从直接经验知道铁路方面的新进展。1854年6月16日,他参观了格丁根和卡塞尔(Kassel)之间的铁路建设。不幸的是,马受到一辆经过的火车头惊吓,马车翻了,马车夫受伤严重。高斯和特蕾泽没有受伤,他们回到天文台,惊魂不定,但没有受到其他伤害。

高斯通过报纸得知他的老朋友伯恩哈德·冯·林德瑙在1854年5月21日去世。这个消息使他感到痛苦,他的朋友们避免谈论此事,但他不断回到这个话题,并且回忆他们的多年友谊。他认为林德瑙的品格高贵而无私,并认为他的外交活动的成功归因于此。在这些谈话中,他似乎没有想到他自己死亡的临近。林德瑙最后一次拜访高斯是在1849年7月26日。

在1854年7月31日,格丁根和汉诺威之间的铁路正式通车。那是一个晴朗的夏日,高斯感觉良好,于是进城,并从不同的有利位置观看庆典。1936年,住在靠近慕尼黑的高廷(Gauting)的奥古斯特·萨托里乌斯·冯·瓦尔特斯豪森(August Sartorius von Waltershausen)男爵,那时84岁,是高斯的亲密朋友和同事沃尔夫冈·萨托里乌斯·冯·瓦尔特斯豪森男爵的儿子,他仍记得高斯把他抱在怀里使他能看到经过的列车,当时他快3岁了。这是高斯的朋友们看到他健康相当好的最后一天。

高斯比他年轻时在不伦瑞克的亲密朋友们活得长。在他的晚年,他与他

第二十三章 落日黄昏：脱离尘世

出生的城市仅有的密切联系是他哥哥约翰·格奥尔格·海因里希及其家庭。他哥哥在 1854 年 8 月 7 日去世，享年 86 岁，高斯立刻给他的侄儿写信：

> 收到你 8 日来信所报的噩耗，我深表哀悼。对我来说，几年来一直没有我哥哥的任何消息是非常难受的。戈德施密特教授还活着的时候，我与不伦瑞克总有一些联系，因为他照例每年回去几次看望他那时仍在世的父亲，他总是打听我哥哥的健康状况并告诉我。现在，戈德施密特教授去世已经几年了，我年轻时在不伦瑞克的所有朋友也都离世了。这是一个人在年老时的命运。现在我已进入生命的第 78 个年头，但我将比不上我哥哥，因为一年来我一直感到没有力气了。
>
> 有一点使我异常高兴，因为必须从你的信中得出这样的结论：在你母亲的精心照顾下，在事情许可的范围内，我哥哥最后几年的生活过得轻松。请你转达我对你母亲的诚挚的同情和问候。
>
> 我本人已 33 年没有再次看到我的家乡城市了，即使 33 年前也只待了一天。现在，这段路程由于火车而被大大地缩短了，因为人们能在 6 个或 7 个小时从这里经希尔德斯海姆或汉诺威到那里，而且我推测在一到两年，当支线开通，只需用一半的时间。到那时是否我还活着，我的体力是否允许我乘坐火车，只是为了再看一次我的家乡城市，是有疑问的。但我始终真心希望你及家人万事如意。

1854 年秋季，高斯的病情一周比一周糟糕。早先的一个症状脚肿现在加重了，但高斯似乎不认为这有危险。最终，他不得不待在家里，不能每天短程步行去文学博物馆了。由于哮喘的加重，他费很大劲才能在家里四处走走。1854 年 12 月 7 日，令人担忧的症状出现了，鲍姆博士害怕他活不过那个晚上，但他求生的意志是顽强的，而且经过一夜的良好休息，高斯表达了他不久就能恢复正常的希望。他看上去好多了。

现在水肿扩大了，并且交谈变得如此困难，以致他不得不谢绝亲密朋友的来访。在最后的几个星期，能见他的人仅是鲍姆和女儿特蕾泽。尽管高斯不能进行他的任何日常工作，但他的思维仍然活跃，仍然广泛地阅读，还坐在他的书桌边写点东西。他平时优美整洁的笔迹变得抖抖晃晃。1854年12月，他写下他的遗嘱。由于哮喘，他在他的大安乐椅上度过了他最后的日日夜夜。在最后的30个小时，他时而神志不清，时而昏迷。

他的朋友萨托里乌斯，在1854年的最后一天照例拜访高斯。他发现高斯情绪很好，但带着时日无多的预感向他告辞。在1855年1月的第一个星期，高斯很难受但仍希望自己的健康得以恢复。1月5日，他给格丁根大学的建筑和场地主管奥托·普雷尔(Otto Praël)写了如下的便条，这可能是他写的最后一件事，说的是在春季修缮他的住宅：

> 对于你去年12月21日的尊函，我荣幸地答复如下：关于修缮，就我有能力做出的判断而言，现在我只能指出一项，即我客厅的护墙板由于木材干燥而开裂，人的手指都能插进去。修补这些裂口，可能将不得不连带着把房间里木器家具重新上漆，把墙面也重新上漆。
>
> 最真诚的，
>
> 高斯

高斯的病情几经反复之后，萨托里乌斯在1月14日再次看望他。当时克里斯蒂安·海因里希·黑泽曼(Christian Heinrich Hesemann，1815—1856)刚刚抵达，他是劳赫(Rauch)的学生和汉诺威官方的宫廷雕塑家，他奉汉诺威国王的敕令制作一个高斯头像的圆形浮雕。他被告知可在第二天开始工作。1856年5月29日，黑泽曼突然去世，在汉诺威的另一位雕塑家多普迈尔(C. Dopmeyer)完成了这个圆形浮雕，后来它被置于高斯的墓碑上。这个圆形浮雕或者说纪念牌是汉诺威国王在高斯刚去世后命令制作的纪念章的基本构形。这枚直径70毫米的纪念章在汉诺威由德意志知名的雕塑家和奖章制造者弗里德里希·布雷默(Friedrich Brehmer，1815—1889)制作。1月14日那

海因里希·威廉·马蒂亚斯·奥伯斯（Heinrich Wilhelm Matthias Olbers）

海因里希·克里斯蒂安·舒马赫（Heinrich Christian Schumacher）

亚历山大·冯·洪堡(Alexander von Humboldt)

弗里德里希·威廉·贝塞尔(Friedrich Wilhelm Bessel)

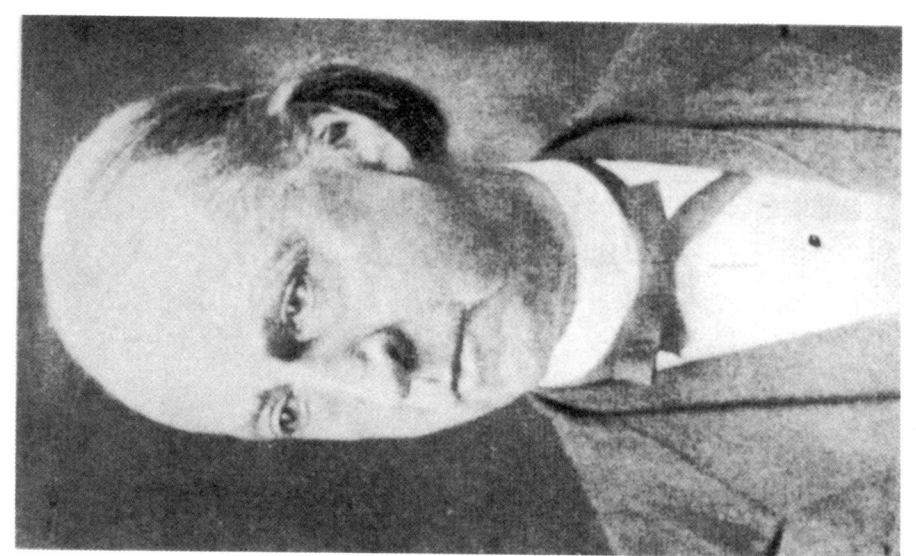

约翰·贝内迪克特·利斯廷(Johann Benedikt Listing)

约翰·弗朗茨·恩克(Johann Franz Encke)

高斯去世时菲利普·彼得里(Philipp Petri)拍摄的达盖尔银版照片

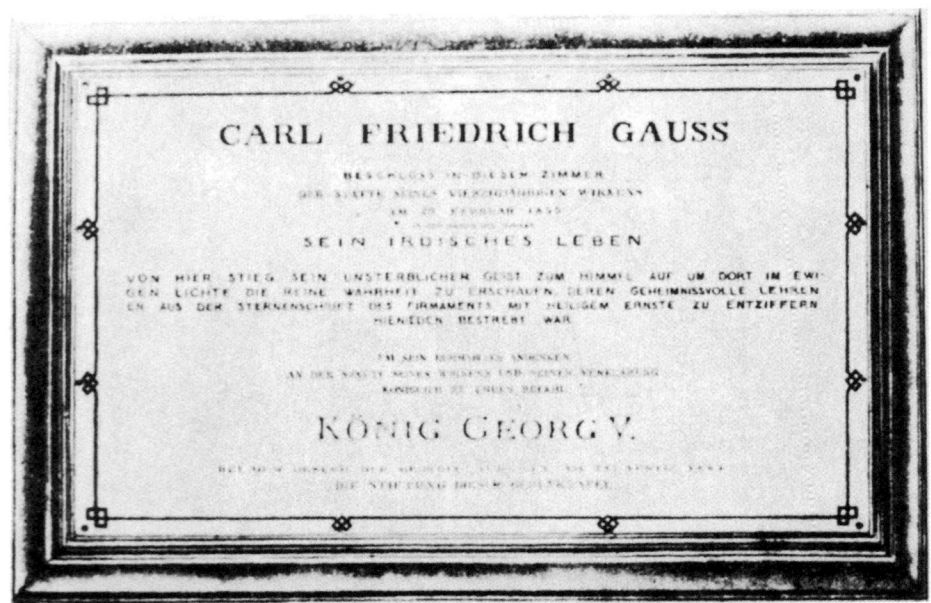

高斯逝世的房内的铜牌位,由汉诺威的乔治五世提供(1865年)

格丁根圣奥尔本斯墓地的高斯墓

约瑟夫·高斯（Joseph Gauss）

格丁根大学图书馆收藏的由黑泽曼（C.H. Hesemann）
制作的高斯半身像（1855年）

贝克尔(L. Becker)绘制的明娜·高斯·埃瓦尔德(Minna Gauss Ewald)水彩画(1834年)

海因里希·埃瓦尔德(Heinrich Ewald)

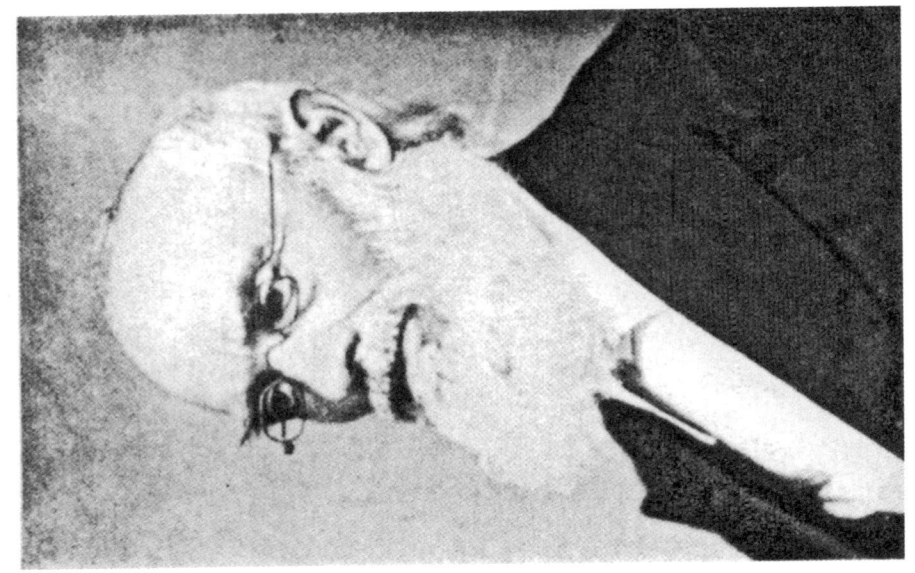

欧根·高斯(Eugene Gauss)

威廉·高斯(Wilhelm Gauss)

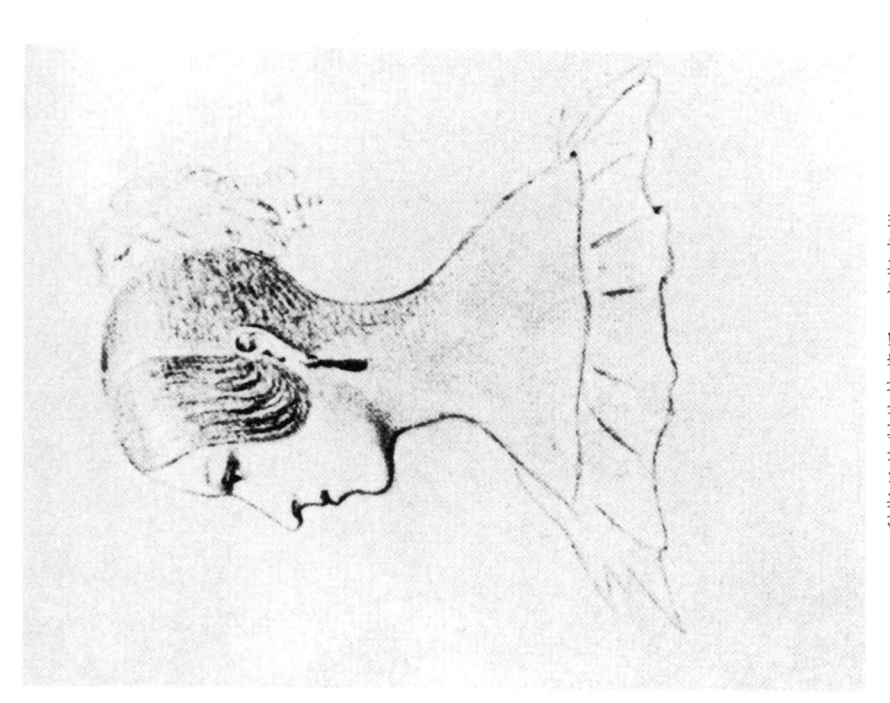

利斯廷绘制的特蕾泽·高斯素描

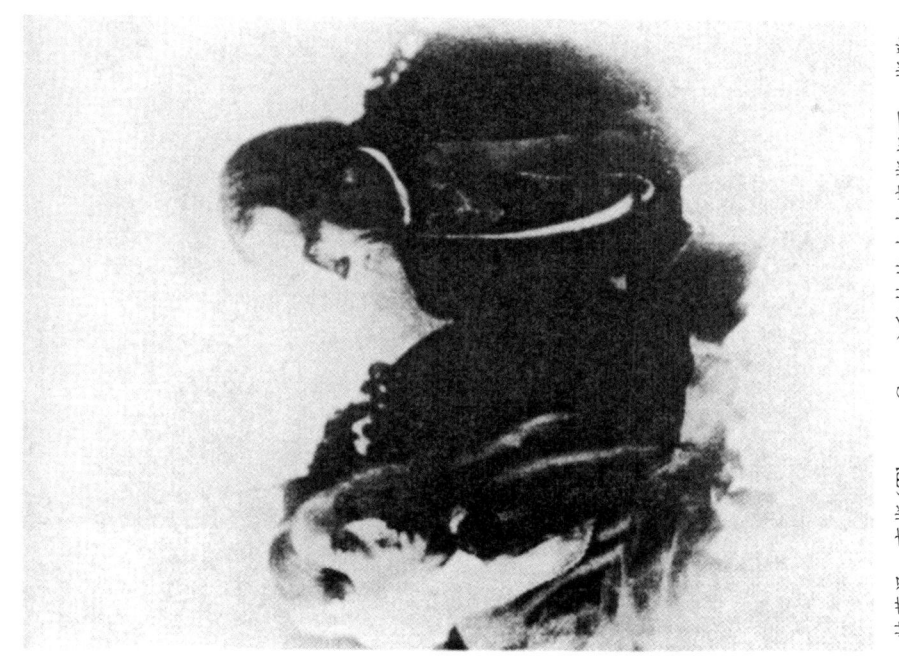

特蕾泽·高斯(Therese Gauss)和她的丈夫康斯坦丁·斯陶费瑙(Constantin Staufenau)

沙佩尔(Schaper)于1880年建造的位于不伦瑞克的高斯纪念碑

弗里德里希·屈斯特哈特（Friedrich Küsthardt）制作的高斯半身像（在希尔德斯海姆）

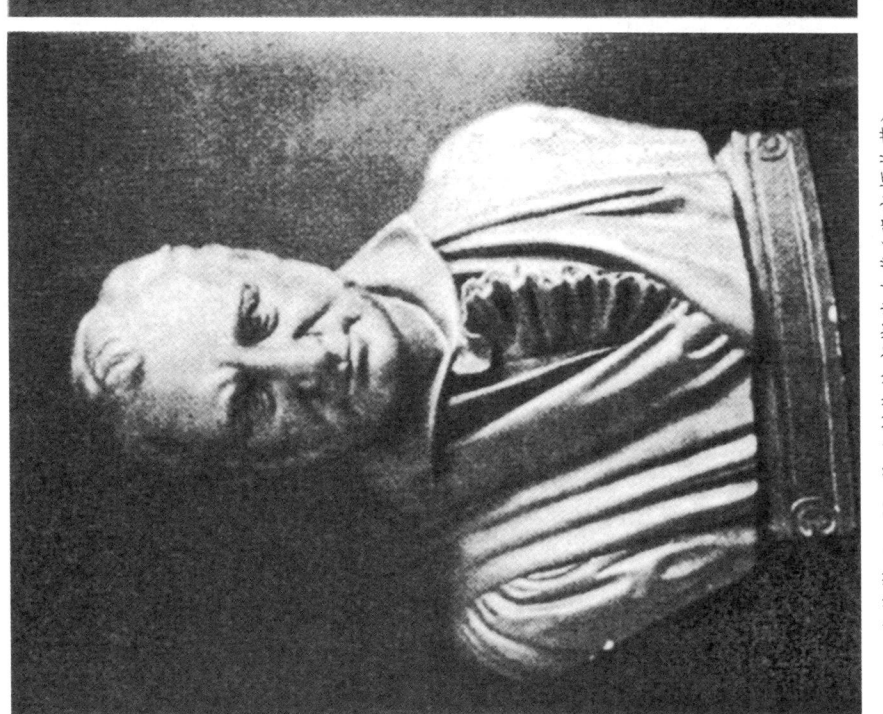

金德勒（W. Kindler）制作的高斯半身像（邓宁顿收藏）

哈策(Hartzer)建造的位于格丁根的高斯-韦伯纪念像(1899年)

詹尼施(Janensch)建造的位于柏林的高斯纪念像

霍恩哈根山的高斯塔(靠近德兰斯费尔德,1911年落成)

霍恩哈根塔内的埃伯来因(Eberlein)高斯半身像

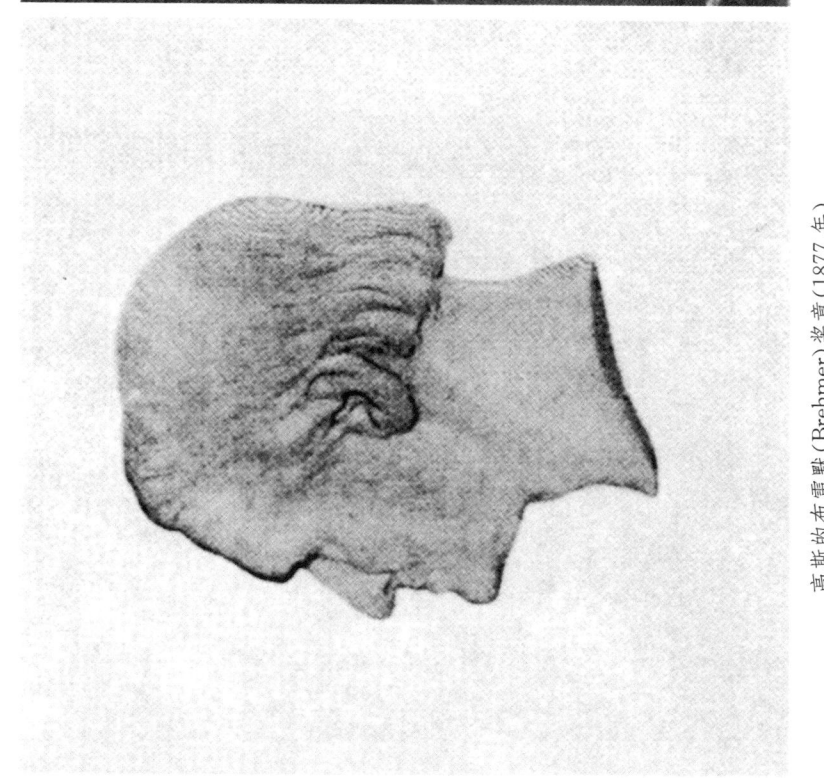

高斯的布雷默(Brehmer)奖章(1877年)

为纪念高斯逝世100周年发行的邮票(1955年)

拉岑贝格尔(F. Ratzenberger)于1910年制作的高斯半身像(邓宁顿收藏)

第二十三章 落日黄昏：脱离尘世

天,萨托里乌斯发现高斯病情严重,但精神状态良好。他的蓝眼睛炯炯有神。

1855年2月21日,萨托里乌斯在午后不久又去看望高斯,但只有一会儿。他的神志清醒,但已发生了很大变化,他的这位朋友意识到死亡即将到来。萨托里乌斯最后一次按了按他的手并离开了房间。2月22日午后不久,高斯遭受了最后一次的心脏病发作,之后到晚上他似乎好些了,而且意识没有离开他,尽管他闭着眼睛。他能听到发生在他周围的每件事情,问谁在屋子里,并要求喝水。他亲密的朋友们坐在隔壁的房间里,希望有一个较好的夜晚。他的心脏仍在跳动,但心跳的间隔越来越长;他的呼吸也越来越平静。在1855年2月23日凌晨1点5分,他平静地咽下了他最后一口气。萨托里乌斯报告了一个几乎难以置信的事:高斯的怀表在1点过几分就停了,他一生的大部分时间都带着它,而一位天文学家是不会轻易忘记给它上弦的。在他生病期间,它被小心地保持走动。

当汉诺威的国王乔治五世①1865年4月27日访问格丁根天文台时,他下令在高斯去世房间的门上方安置一个大铜匾。上面铭文的意思是这样的:

> 1855年2月23日,卡尔·弗里德里希·高斯在这个房间平静地结束了他的尘世生活,这是他活动了40年的地方,从这里他那不朽的灵魂上升到天国,以在那里的永恒之光中沉思并凝视纯粹的真理,这真理的深奥莫测的学说,他在这下界曾以神圣的认真态度,根据苍穹的群星给出的文字,努力予以破译。为了在他活动和去世的地方以皇家规格广为人知地缅怀他,国王乔治五世在1865年4月27日视察乔治亚·奥古斯塔大学期间敕令建立此匾。②

听到他去世的消息,他亲密的朋友们和关系密切的熟人急忙赶到天文台。

---

① 乔治五世(1819—1878)是汉诺威王国的最后一位国王,他在1851年登基,由于普鲁士在1866年吞并汉诺威王国而失去王位。——译者注

② 主铭文的原文是:sein irdisches Leben, von hier stieg sein unsterblicher Geist zum Himmel auf, um dort im ewigen Lichte die reine Wahrheit zu erschauen, deren geheimnisvolle Lehren er aus der Sternenschrift des Firmaments mit heiligem Ernste zu entziffern hienieden bestrebt war.——译者注

他们看到他在大安乐椅上,双手放在膝上,脚伸着,他那威严的头垂在胸前,一头银灰色的头发。平静的感觉盖过一切,令他们印象深刻。他们动情地看到特雷泽蹲在他脚边,她正分开他银色的卷发,抽泣着、吻着并抚摸着他的前额,好像她想要让他起死回生。整个屋子鸦雀无声,他们止不住泪流满面。

　　在家人的允许下,他去世的第二天进行了仔细的验尸。参加者有鲍姆博士、利斯廷、瓦格纳、弗尔斯特(Förster)①教授、富克斯(Fuchs)②教授和亨勒(Henle)③教授。头骨和脑被仔细称重和测量。瓦格纳报告说,高斯和狄利克雷(1859年去世)的脑具有丰富和很深的脑回,是他观察过的最突出的。额叶脑回尤其显著。没有发现独特的形态和分布。瓦格纳后悔他未能比较高斯的脑和拉普拉斯的脑。④ 高斯的脑在质量上没有显示出异常的大规模发育。高斯的脑带着脑膜重1 492克;在脑膜、入渗水和某些血管被去掉后,重1 410克。如果我们考虑到高斯是中等身材的人,在他78岁的年龄,老年性萎缩已经开始,那么这个重量是相当大的。拜伦和居维叶的脑更重,分别是63.8盎司和64盎司。但丁的脑重50.2盎司。卡尔·弗里德里希的孙子罗伯特·高斯(Robert Gauss)是科罗拉多州丹佛的一位杰出的报纸编辑,他在1913年去世时留下称量和研究他的脑的指示。人们执行了这一指示,发现他的脑重55.7盎司,比他祖父的脑重3盎司,恰好等于席勒的脑的重量。高斯和狄利克雷的脑被保存在格丁根大学生理学系。

　　雕塑家黑泽曼被用电报从汉诺威召来,为高斯制作一个遗容面模以及整个头部和头骨内表面的一个精确的模型。后来,他为格丁根大学图书馆制作了高斯的大于本人的白大理石半身像。亚历山大·冯·洪堡认为它最像高斯。对高斯的整个遗体画了一些素描并做了一些测量,以便在日后制作纪念像时使用。本地的一个摄影师菲利普·彼得里(Phillipp Petri)被叫来拍摄了

---

① 奥古斯特·弗尔斯特(August Förster,1822—1865),病理解剖学教授。
② 康拉德·海因里希·富克斯(Konrad Heinrich Fuchs,1803—1855),病理学教授。
③ 雅各布·亨勒(Jakob Henle,1809—1885),解剖学和生理学教授。
④ 为他的医生马根迪斯(Magendies)拥有。

4 张银版照片,两张是高斯的头和肩,两张是逝者的整个遗体。这些照片中的 3 张已经失踪了。

2 月 25 日,高斯在他的房间中度过了最后一个晚上。他亲密的朋友们把他躺在一个价值 58 塔勒的朴素的黑棺材里,他穿着紫天鹅绒花边的学者长袍。他头戴一顶月桂冠,平静的身躯周围环绕着早春的花。2 月 26 日一早,他的遗体停灵于天文台穹顶之下的圆形大厅里供人瞻仰。前来吊唁的人中有许多人他生前从未谋面。教堂的钟敲响了,提醒格丁根的市民们,他们最伟大的儿子就要长眠于地下了。棺材被柏树枝环绕,两根棕榈枝倾向遗体。12 个大烛台在他身上洒下庄严的光。

9 点,12 个主修数学和科学的学生(包括戴德金)把棺材抬到天文台的露天石平台上,那里已经聚集了一大群地位尊贵的人。在场的人中有他女儿特蕾泽、儿子约瑟夫及家人、女婿埃瓦尔德、汉诺威的行政专员阿道夫·冯·瓦恩施泰特(Adolf von Warnstedt,1813—1897)、格丁根大学的学监及大多数教授和学生、格丁根市议会的议员们,以及众多朋友、邻居和仰慕者。

唱诗班现在唱起了路德的一首伟大的赞美诗《上帝是我们坚固的堡垒》(Ein' feste Burg ist unser Gott),那简陋的曲调带着战斗的信心:

> 上主是我坚固保障,
> 庄严雄峻,永坚强;
> 上主是我安稳慈航,
> 助我乘风破骇浪。
> 恶魔盘踞世上,
> 仍谋兴波作浪,
> 猖狂狡猾异常,
> 怒气欲吞万象,
> 世间唯他猛无双。

我若但凭自己力量,
自知断难相对抗,
幸有神人踊跃先登,
率领着我往前方。
如问此人为谁?
乃是万军之将,
又是万有君王,
自古万民共仰,
耶稣基督名浩荡。

魔鬼虽然环绕我身,
向我尽量施侵凌,
我不惧怕,因神有旨,
真理定能因我胜。
幽暗之君虽猛,
不足令我心惊,
他怒,我能忍受,
日后胜负必分,
主言必使他败奔。
此言权力伟大非常,
远胜世上众君王,
圣灵恩典为我所有,
因主耶稣在我方。
亲戚货财可舍,
渺小浮生可丧,
他虽残杀我身,
主道依然兴旺,

第二十三章 落日黄昏：脱离尘世

上主国度永久长。[①]

然后，埃瓦尔德第一个、萨托里乌斯第二个致悼词（见第二十四章）。棺材被盖上并被抬下去放到灵车上，一支长长的队伍缓缓走向几个街区外的圣奥尔本斯公墓的一个美丽的、树荫遮蔽的地方。在这里，圣奥尔本斯教堂的副牧师、教士大人扎尔尼希豪森（Sarnighausen）博士做了赐福祈祷。棺材落入墓穴，被棕榈枝和月桂枝覆盖。附近是一个风景如画的池塘，池边绿荫掩映，平静的水面上一群优雅的白天鹅在慢慢游动。1859年，高斯的孩子们花费750塔勒在这里竖立了一座引人注目的纪念碑。不久，常春藤覆盖了这块地方。他的旁边埋葬着他的两位妻子、儿子路易斯（Louis）和他的母亲，尽管没有单独的墓碑标记他们的坟墓。

对高斯的去世，最伤感的人是他女儿特蕾泽，他是如此温顺地依赖于她。是她不间断地陪伴了他30年，为他管家并且护理他。1855年5月16日，她写信给她在密苏里的哥哥欧根：

我亲爱的欧根，

在我能给你写信之前，你在来信中对失去我们的父亲一事向我表达了你深切的情感，如此悲怜，让我深深触动。我衷心谢谢你那充满兄妹之情的话语。所有向我表现的爱，尤其是通过这位亲爱的离世者而毕竟与我仍有亲密联系的几个人所表现的爱，让我感到我那荒凉的内心得到了如此多的滋润，尽管这对于我所失去的无法给我带来安慰和替代；因为在人世间与父亲分离之后，我为之生活的一切确实破灭了！与其说外在的空虚和凄凉现在包围着我，因此孤独的感觉让我的心灵痛苦得难以表达，不如说我的痛苦是由于父亲和我之间存在的如此丰富、如此神圣、如此热烈的内在的生命关系被撕裂了，毕竟两个人之间的这种关系也许是很罕见的。陪伴他和为他过平静而不受打扰的生活是我的整个世界，在这个世界中度过的每一

---

① 歌词引自《新编赞美诗》第327首《坚固保障歌》。另有直接译自德文的歌词。——译者注

年都使我对他的感情更热烈也更亲密,这也使我在他向我敞开表露的他那温暖而温柔的内心情感,他那私下的自信心,他那灿烂的、永远清新的精神这一切方面,使我收获颇丰!我的整个存在与父亲连在一起,我认为没有他我就不能活,他也认为没有我他无法生活。他经常这样告诉我而且我在其中也发现了我最快乐的意识:根据他的感觉,在生活中把我们联系得如此紧密和牢固的,是一种非常亲密的东西,不仅仅是习惯;自愿分离的想法对于他和我显然是不可思议的。自从祖母去世之后,我一天也没有离开过他;即使或离开家仅几个小时,我也会非常想家!父亲在最后的一年疾病缠身,饱受痛苦,需要不间断的照顾,这让我和他更紧密地联系在一起;在他最后的几个星期,他几乎一刻也不许我离开他,他表达了即使死也无法把我们分开的愿望,因为在他去世前几天,他对我说:"上帝能答应我们两个的最好和最伟大的一件事情应该是:我们会在同一天一起死。"起初,我认为我自己的渴望也会很快让我随他而去;但是肉身的纽带约束得太紧,以致没有物理上的必然性不会被撕碎,因此对于未来的岁月,我必须学会忍受内心的孤独。因为我将保持内心的寂寞,不管我转向何方;我一半的生命长眠在这座坟墓里,虽然我听天由命并且在痛苦中非常平和安静,但我一天比一天更深切地感到父亲的去世在我内心深处造成了一条伤痕,无论什么,即使时间,也无法治愈。

我亲爱的欧根,我好长时间没给你写信了,我没有答复你1854年4月的来信,原因在于我痛苦的心情,在于他的病让人在希望和恐惧之间不断交替。我不知道我该给你写什么,因为在父亲的病情第一次呈现好转时我却向你表示无望,我会责备自己,然而这种(好转)从未给我足够的希望让我有勇气写信。

我上一次给你写信,我想日期是1853年4月30日,有两年之久了,或许那个时候我写到父亲的身体不再那么健壮,然而并没有引起特别的担忧。但在接下来的夏天,他开始抱怨,他的抱怨达到了令人

第二十三章 落日黄昏：脱离尘世

恐慌的程度。有时他深受病痛折磨，并且他的体力迅速下降，我非常不安，恳求他请一位医生来，但这是徒劳。直到1854年1月，当他的病情在几个星期内就快速发展之后，他同意了。这位医生从此就一直带着无尽的爱、关心和同情照料他，在无法治愈的情况下设法减轻他的痛苦，这在某种程度上无疑延长了他的生命。在他第一次上门出诊之后，他就肯定地向我宣布：父亲的病情是危险的而且没有治愈的希望。他立刻诊断这是一种心脏病，可能已经有几年了，在这个过程中父亲的心脏周围发生积水，在几个星期的时间内这种情况也向身体的其他部位扩散。在这个时候，病情发展很快且没有什么希望了，但在我们亲爱的医生鲍姆博士的精心治疗下，奇迹般地出现了一些改善。这种疾病的一些症状完全消失了，父亲能出去走一小段路，尽管走得非常慢且很快就体力不支。安格尔罗特（Angelrodt）先生关于父亲健康的错误报告可能就是依据这些事，他或许是在旅馆里道听途说地收集这些信息并把它们转达给你。但在11月，老症状突然以更致命的方式反弹，病情一天比一天加重。在今年的年初，这位医生对我说，我们所爱的父亲的生命只有很短的时间了。最后几个星期，父亲的病痛是可怕的，因为水肿通常是可怕的，因为能看见死亡在一天一天地逼近。但父亲带着不变的、感人的平静，友善和耐心，忍受着一切，直到最后。他从来没有完全绝望；只要有人鼓励他，他总相信康复的可能性。天啊，当我绝望地知道他死期临近时，要经常鼓励他该有多难啊！他从来没有完全失去意识。在他去世之前的四个小时，他仍然能认出我，在他最后一次从我手中接过一杯水喝的时候，他把我的手拉近他并吻了它，他疼爱地看着我。然后他合上眼，似乎睡着了，但我相信他并没有睡着，而是他那一如既往的明白而清醒的灵魂离开了其尘世的躯壳，去了在天堂的家。

你问我关于我未来的计划，好欧根；你连带提出在美国见到你寂寞的妹妹的想法以及陪伴我再次去你家的最亲切的提议。但我没有计划。此时此刻,让我无限期地拥有这些可爱的房间这一善举——既然现在他们不打算填补父亲留下的职位——使我只有一颗充满了感激的心。由于父亲,这些房间对我的珍贵无法表达,他在这些房间中度过了他的半生,这些房间中的每样东西留下了他的痕迹,他在这个房间中去世!房间中每个地方都对我来说承载着神圣的记忆,记忆和滋养记忆的每一件东西现在是我唯一的安慰!父亲的客厅和卧室现在仍然保持原样,其中每件东西都还在他生病和去世时所在的位置。我如此经常进去,经常地进去,并且总是相信在这里靠这位亲爱的逝者更近!在这种意义上,下面这两件事对我来说就是一种忧郁的快乐:父亲的愿望是让我拥有这些家具,我亲爱的哥哥们认为这对我们任何人都没有什么不公正。当然,亲爱的欧根,这无关乎这些物件的经济价值,而是部分地因为父亲使用过的每件东西对我都如同圣物,为了它们我乐意放弃其他任何东西,部分地是因为我家的家风是不受分割和出售的威胁的。

在护理父亲时,上帝给了我巨大的、奇迹般的忍耐力,我本不强壮的身体在数周的夜晚值守中,在与痛苦及忧愁的永无休止的奋斗中,居然没有垮下来;但在父亲去世之后,我异常紧张的神经放松下来,我感到筋疲力竭,至今仍未能恢复正常。所以,从这个方面来说,这对我也是有益的,也就是说,我可以留在这些宁静平和的房间里,现在不用忙于考虑未来的计划。尽管这些房间有着令人痛苦的凄凉,但我觉得在这些房间里我的孤独感比在任何其他地方都要少,因为在这里我仍然总有父亲的灵魂就在附近和家的感觉。约瑟夫经常来看我,尽管总是只待一天。

其实一个人永远无法对自己的未来做出确定的判断,不过依照我现在的感觉,我不认为我将离开格丁根而去另一个地方生活。至少首先得度过这几年——谁知道过了几年之后我是否还活着——直到我的情感让我不再专注于现在唯一占据我全身心的事情;我如此

第二十三章 落日黄昏：脱离尘世

热爱父亲生活过以及安息的一切地方，以致我不想远离它们。在格丁根这里，我没有非常多的朋友，但有几个非常知心的朋友，在我困难和悲伤的时候，他们总是给予我热情的呵护和真诚的同情以及关爱。此外，他们与我共同享有那么多对父亲的记忆，对我来说，至少在目前，所有这一切都是与格丁根的又一联系。

远大的计划很少能达到目的，生活对待我们总是与我们所期望的不同；但是，亲爱的欧根，如果我们再次相见的愿望终于实现了，如果在今后几年你希望再次访问你的祖国——这个地方对于你来说，除了几堆坟墓没给你留下什么东西——那么我们可能在格丁根再次相见。如果我活着能再次拥抱你和我亲爱的威廉，这是多么难以表达的美好啊！在你的保佑下，漫长的越洋旅行对我可能不是那么可怕——但我现在精力不济，不能回答我自己是否会从我平静生活的一个狭小圈子中再次走出去这个问题。

一个星期之前，我还收到了来自威廉的一封信。在信中他带着真挚的爱提出了与你一样的建议：来这里接寂寞的妹妹；与你一样，他曾有一个充满希望的计划：为了能在我们的父亲生前再次看望父亲，他很快就来格丁根。今天我给他的回信与这封信同时寄出，希望你们两人不久会接到我的信。亲爱的欧根，比以前更经常地得到你的来信也会让我从心底里喜悦，并会高兴地再给你写信。现在你自己可能相当经常地从约瑟夫那里直接得到消息；4个星期之前，他和他的妻子及孩子来我这里待了一天。他妻子和孩子非常健康，但不幸的是他常常抱怨由于过度劳累而引起的健康不佳，为了恢复健康，不久他将去一个温泉疗养。

现在说再见了，我的好哥哥，代我问候你妻子和孩子们，并保持对我的关爱。

你真诚的妹妹
特蕾泽·高斯

第二十四章
终　曲

1. 颂扬：埃瓦尔德和萨托里乌斯的演说

在1855年2月26日上午，高斯的女婿海因里希·埃瓦尔德，格丁根大学神学和东方语言教授，向在格丁根大学天文台的露天平台上的许多听众念了悼词：①

亲爱的离世者！在这最后的时刻，当我们深深哀悼，并站得离你更近，围绕在你那灵魂已逝的遗体旁时，我该怎样颂扬你？在一个珍贵的至今不到六年的庆祝之日②上，那时由于你的影响力，我们围绕在你身旁，不仅这座城市的人，而且从远近匆忙赶来的陌生客人们，与我们一起分享共同的快乐；那时你幸福的眼神，你银发上清新的绿色桂冠向我们允诺：你会享有人类最长的寿命。再过两年零几个月，一次期望已久的、甚至更高级的庆典会让我们再次聚集在你周围，因为到那时，从你以某种不寻常的方式被召唤到这所大学将有整整半个世纪了。但操纵生死的上帝③另有旨意：这些厅堂一旦被你奉献于永恒的目标，始终是你的工作场所，也是盛产成熟而杰出成果

---

① 这篇悼文刊在萨托里乌斯编的《纪念高斯》（*Gauss zum Gedächtnis*）中。——译者注
② 指1849年7月16日纪念高斯获得博士学位50周年庆典。
③ 这里的原文是"The Lord of Life and Death"。——译者注

第二十四章　终　曲

的地方,但它们现在就要失去你了;我们得丢掉没有你就不了解这些成果的这个令人惬意的习惯,事实上是没有你我们几乎不能想到它们的习惯;我们五体投地,我们哀悼。

但是,我的朋友们,让我们更加感谢上帝吧,上帝把他赐予我们,上帝让他在如此长的时间保持了最佳的充沛精力,上帝让他在我们中间如此这般地行事。我该怎样努力描述和评价他对如此多且全被紧密地联系起来的学科的贡献呢?在他尘世的生涯结束之后,其他更专业且更有技巧的人即将做这件事,甚至会比他们长期以来在这所大学,就像在地球所有地方一样,做得更多。在那里,大量最崇高和最严肃的科学,以它们在我们时代的一个崇高而须努力的广泛领域中的愉快应用和成功运作而百花齐放。当他前无古人地测量天空的无限空间和地球遥远的表面时,当他借助科学及对工作和艺术的认识来教导人们怎样正确地寻找和敬重可由肉眼看到的东西时,他对那些所借助的手段大部分都操作得极其称心如意,这不但体现在研究的大胆性和敏锐性方面,还体现在最重要结果的确定性方面,以及完整的表现方式上,这让许多人不由自主地想起了古代最终和最崇高的努力,而且这超越于我们最近三四个世纪在许多地方的同样崇高甚至更崇高的努力的巅峰。哦,他确实没有忘记上帝①,上帝甚至高于那些无限的空间,它们总是包围着并压迫着我们。或者,当他把大自然称为他侍奉的女神时,对于她优雅的示意甚至是强有力的话语和命令,他像一个真正的牧师那样,认为予以关注(但这是一个充满诗意的词,在他的眼中诗人的话拥有某种神圣的东西)是他一生的责任。哦,他确实没有忘记上帝,通过上帝,这对我们来说是不可思议的工作,有了它的一切奇迹作为其限度和永恒的法则。当揭开世间万物的神秘面纱时,他不喜欢显示这种思想吗?在这里和在其他地

---

① 这里的原文是"the Infinite"。高斯多少倾向于信奉大自然的规律,而非完全通常意义的人格化的"上帝"。上帝是西方人常挂在嘴上的。——译者注

方一样,这都属于明智的保守、谨慎和深思熟虑,这在他的许多美德中并非最不显眼,尤其是在面对我们时代许多种类的紧张过度和有害错误的情况下;一个探索并解释万事万物的最深刻法则的智者,其总体影响除了更强烈地颂扬上帝还能有什么?要知道,正是上帝制定了这些法则并把它们保护在手中。请允许我在这里简单说一下,对于我来说刻骨铭心的是,当我们现在离世的这位朋友和老师还是年富力强的时候,由于某种偶然的动因,他在一个亲密的小圈子里谈到永生以及可见物和不可见物之间的整个关系,他带着一种清晰和确定,一种鲜明和自信,最受到震惊的莫过于那些表示怀疑并引起这个对话的人。

但是,我的朋友们,如果所有科学,无论它们详细计算有多难,最终带着所有相互接触落入两个非常不同而且不能被混杂的领域,即落入自然的领域和人-神事物的领域,而且如果人们必定总是正确地期望那些在后一领域耕耘的人,对全人类的、人民的和社会的,地球上大小领地的所有变化和命运,所有痛苦和伤害,有最个体干预式的同情,那么在这里我们也可以钦佩他在他自己领域是多么的坚定和忠诚,在时代的变迁下,他总是不为所动地把自己人生中最高的目标牢记在心,显然没有受到外界所有这些变迁的影响。再说一下,尽管他内心对这个不断变化的世界中所有的悲欢离合充满了深切的同情,尽管对于全人类多么深厚而无尽的仁爱永驻他心中,尽管对于每一项国外颁予的荣誉他都是愉快地认可和尊重,尽管他与如此多亲密朋友的友谊多么纯洁、多么牢固、多么富有成果(与他这个时代一些最伟大的智者保持了终身友谊),但他多么热忱地服务于人,且又多么不知疲劳地随时准备服务于人,这恐怕不是一时的情绪和冲动,而是在任何他可以通过建议和行动,通过他的知识财富或其他什么提供帮助的地方,他都这样。

除了这种被世人公认的伟大之外,他身上还有多么高贵的谦虚和多么自若的宁静啊!在他获得博士学位50周年庆典的时候,来自四面八方,来自许多大学和科学院,来自亲王们,来自朋友们和同事们的荣

第二十四章 终　曲

誉和认可蜂拥而至,但几乎没有什么事情比这个城市授予他荣誉市民的称号更让他高兴了。

  而现在你从我们身边被夺走了,我们要最后看一眼你改变的容颜,你是我们的快乐和珍宝,我们的模范和我们的明灯!但是要感谢你,永远感谢你在几乎半个世纪为这所大学所做的一切,感谢你为你的朋友们和学生们——亲密的和平常的,关系近的和远的——所做的一切!感谢你,衷心感谢你为与你最为亲近的家庭成员所做的一切,也感谢你对我所做的一切!哦,朋友们,我们正看着近处的一座坟墓,但没有什么比坦率考虑人类的脆弱性,即使是我们渴望能永远与我们在一起的这类人的脆弱性,更强烈地把我们的思想提高到认可永生的确定性。是的,你将永远与我们在一起,被最遥远未来的那些人们尊敬和钦佩。此外,那里还留着你的希望和我们的希望。这永不凋谢的月桂,散发着的永不消散的馨香,来自永恒的感谢和永恒地发人深省的记忆,来自永恒的爱和永恒的希望,我们现在把它放在你的棺木上,用爱的双手以另一种方式来予装饰。就此告别了,愿你留在尘世的遗体安息,亲爱的朋友、老师、父亲!

在埃瓦尔德的致辞结束后,格丁根大学的地质学教授,也是高斯密友的沃尔夫冈·萨托里乌斯·冯·瓦尔特斯豪森男爵第二个致悼词:

  尊敬的朋友们,我们刚刚带着深深地被感动的心灵和强烈地被震撼的头脑拾级而上,走近这口棺木,里面躺着一位完全平静的人的遗体。高斯那巅峰般的心智已不在我们中间!他那光彩夺目的辉煌事业终结了,他清澈的、探究的、明智的、闪亮的蓝眼睛永远闭上了,死亡的平静围绕着他高高的、尊贵的前额;月桂花环环绕着他!在这个庄严的悼念仪式上,如果我敢开口发言,目的不是为了堆砌辞藻称颂这位伟大的逝者,他在生前就远远高于这些称颂,也不是向你们——尊敬的听众,呈现关于他生活和科学工作的一幅真实的、勾勒得很好的图景;我深刻地感到,我无限深刻地感到,我不能胜任这件事。对此的一个适当的解,只属于我们知识发展的裁判者,即科学史。在她的圣书中,①关于这位逝者和他从上世纪末一直到现在这个世纪中叶的无与伦比的成就,她用真理的光辉炽热之笔列出了她那不偏不倚的评判。

在这个举行悼念仪式的时刻,我的目的只是汇集我们的精神并提升我们对上帝的思念;但同时也以几位在场的朋友和学生的名义,也以我自己的名义,完成一个虔诚的孩子般的义务:再次公开表达这样的感情——我们最真诚的感激,我们最真诚的热爱,我们最真诚的崇敬。

卡尔·弗里德里希·高斯于1777年4月30日生于不伦瑞克。在他早年,他杰出的天才得到发展。我们一定要永远感谢一位高贵亲王的仁慈和洞察力,他以致命重伤和一次失败战役不幸地结束了他并不幸福的一生,在一位年轻的、积极进取的聪明人刚刚开始其事业时,这位亲王提供了他始终不变的父亲般的帮助;因此他为自己树立了一座永恒的纪念碑,在未来的世纪这座纪念碑会得到充分的认可。

在曾经闯入我们德意志祖国历史最困难、最具决定性的年代,由于天意,高斯成为我们中的一员,这是对如此多苦难的一个补偿。为了我们祖国的声誉和我们大学的光荣,他在我们中间一直待了48年,直到几天前,死神那冰冷的手触到了他的太阳穴。

我必须大声并清楚地强调:德意志处于一个外国的枷锁下的那个屈辱、悲惨的时代,高斯证明他自己是一个坚定的德意志人,他忠诚地拥护祖国,以他巨大的智慧保护了我们的科学和语言的财宝;即使在那个时代,他也取得了一系列最辉煌的学识上的胜利,这些胜利甚至使我们自大的敌人和自傲的征服者们充满钦佩。

当德意志的土地从那位世界征服者手下解脱出来之后,在五位

---

① 在古希腊的神话中,司历史的是女神 Clio。——译者注

第二十四章 终　　曲

尊贵的国王[①]的保护下,在一个仁慈的大学学监委员会的关心下,高斯过完了配得上一位伟大哲人的平静、隐居、绝对谦逊的生活,这段生活只奉献于最高的学识目标。在这样的一个外部环境下,在四十年的历程中,他在数学、天文学和物理学领域,开创了一系列最伟大的研究,这些研究无一例外地为我们在科学中开辟了新的道路。在这里我不打算探究这些具有彻底变革性的研究的细节;我只想用几句话强调一种精神,这种精神像一根金线,像一串高贵的珍珠在他的所有工作中自始至终蜿蜒穿行——这是一种纯粹的、完全的科学的精神;由这种精神,我明白了科学不是为了世俗的目的而被创立的,而是像一颗璀璨的明星,像一颗闪亮的流星,从天而降,目的是用它的光明改变世俗生活的昏暗状态;我明白了科学给予我们安慰,给予我们坚定的信念:人的灵魂不是生于尘土,以在死亡时重新归于尘土。[②] 通过高斯的研究,真正科学的这种精神对我们开放;他已把这种精神作为他的伟大遗产,作为他给我们这所处境艰难、历经严峻考验的乔治亚·奥古斯塔大学的圣约留了下来,使得他可陪伴我们穿越最久远的时代,使得在我们的人生旅程中,他可以像一位守护天使那样带领我们前进,并可以举着真理的火炬照亮我们的道路,使得在幸运的日子他可以给我们带来快乐,在我们需要的时候带给我们安慰和平静,从而使得他可以保护我们并使我们强大,提升我们的灵魂并使我们的内心高尚。只要我们中间还有这种精神,我们也为之奉献一生的科学就会在我们中间得到有力的保护,而我们的大学会继续光荣地存在,即使在冬天的暴风雪中;她将总会长出新的蓓蕾,开出新鲜芬芳的花朵,结出成熟的果实。这位伟人刚刚过世,我们洒泪向他告别,未来我们必须要走的道路已被他以最辉煌的方式描绘和开辟——沿这条道路前进是我

[①] 这五位国王是乔治三世,乔治四世,威廉四世,恩斯特·奥古斯特一世,乔治五世。——译者注
[②] 《旧约·创世记》3:19:"你本是尘土,仍要归于尘土。"——译者注

们的责任。上帝！全能的上帝！在这个庄严的时刻,倾听我们虔诚的祈祷并赐予我们力量和雄健的气魄吧,为这样一个目标奋斗,也为了走完我们的人生之路直到我们死去的那一天。阿门！阿门！

2. 荣誉殿堂：高斯去世后得到的表彰和尊崇

在高斯的出生地不伦瑞克的一个公园中,在现在被称为高斯山(Gaussberg)的一座小山脚下,1877年,为纪念这位数学家诞辰100年,竖起了一尊庄严的高斯雕像,它出自德国最伟大的雕塑家弗里茨·沙佩尔(Fritz Schaper,1841—1919)之手,花岗岩基座上的铭文①意为：

给这位崇高的思想家,他揭示了在数和空间的科学中隐藏最深的秘密,探究了天上和地上自然现象的规律,并使它们能为人类的福祉服务。于他诞辰一百年纪念之际,在他的家乡城市不伦瑞克,由感恩的后人敬献。

高斯在不伦瑞克出生的房屋被用作博物馆,直到1944年10月15日被空袭摧毁。幸运的是其中的物品已被移出,现在与高斯的手稿一起被保存在不伦瑞克市图书馆。在不伦瑞克,有一条街,一座桥,②以及一所学校以高斯的姓氏命名,不伦瑞克科学学会每年为某一位杰出的科学家颁发高斯奖章。不伦瑞克理工学院有这位最著名的校友的一幅油画和一尊胸像。他出生的这座城市在颂扬最伟大的儿子上从不懈怠。关于高斯的出版物数次得到该市赞助。1927年,纪念高斯诞生150周年的一个特别的庆典在不伦瑞克举行。③ 1955年2月23日,在高斯去世100周年时,不伦瑞克老市政厅的高斯纪念室作为一个博物馆正式开放。

---

① 铭文如下(两个|之间是一行)：| DEM ERHABENEN DENKER | DER | DIE VERBORGENSTEN GEHEIMNISSE| DER WISSENSCHAFT DER ZAHLEN | UND DES RAUMES ENTSCHLEIERT | UND DIE GESETZE | DER HIMMLISCHEN UND IRDISCHEN | NATURERSCHEINUNGEN ERGRÜNDENT | UND DEM WOHLE DER MENSCHHEIT | DIENSTBAR GEMACHT HAT | ZUR | SAECULARFEIER SEINES GEBURTSTAGES | IN SEINER VATERSTADT BRAUNSCHWEIG | GEWIDMET VON | DER DANKBAREN NACHWELT | ,这里的中文据德文译出。——译者注

② 桥上有一个青铜的天球展示了小行星谷神星。

③ 1893年,在芝加哥举办的世界博览会上,德国政府对高斯-韦伯的发明进行了广泛的展示。

第二十四章 终 曲

在慕尼黑的德意志博物馆中，人们能看到由维默尔（R. Wimmer）绘制的高斯身穿学袍的全身像，下方的题词①出自天文学家马丁·布伦德尔（Martin Brendel）教授，意为：

> 他的心智参透了数、空间和大自然最深的秘密；
> 他测量了天体的运行轨道、地球的形状和各种力；
> 数学科学在即将到来的一个世纪中的发展他承担在身。

在颂扬高斯方面，格丁根市和格丁根大学也没有落在不伦瑞克后面。在这所大学的校园里，于1899年为高斯和韦伯建立了一座精美的纪念雕像，它出自费迪南德·哈策（Ferdinand Hartzer, 1838—1906）之手，表现这两位科学家正在讨论他们的电报机。人们用精心设计的仪式为这座雕像揭幕。这座雕像的唯一缺点在于这两个人看起来岁数差不多，而实际上高斯比韦伯年长27岁。

向高斯表达的最好敬意也许是出版他的《全集》（Collected Works）了，②这项工作始于1863年，并一直延续到1935年。③ 这是曾做过的最彻底的编辑工作之一，由相当多顶尖的德国科学家负责，他们每个人都是他的领域的专家。《全集》的出版得到格丁根皇家科学学会的赞助。

在高斯诞辰100周年和150周年纪念时，人们在格丁根举办了宴会、演讲和许多其他仪式予以庆祝。这个城市的一条街道以他的姓氏命名。④ 格丁根大学设立高斯档案室，存放他的书信、手稿和藏书。在格丁根天文台和格丁根大学地球物理系，有高斯的许多纪念物。在学校的主教学楼里能见到高斯的一尊半身雕像。一尊出自黑泽曼之手的大于真人尺寸的白大理石半身雕像，坐落在格丁根大学图书馆，它被公认为最好的高斯半身雕像。在发明电报100

---

① 原文如下：Sein Geist drang in die tiefsten Geheimnisse der Zahl, des Raumes und der Natur; er maß den Lauf der Gestirne, die Gestalt und die Kräfte der Erde; die Entwicklung der mathematischen Wissenschaft eines kommenden Jahrhunderts trug er in sich，这里的中文从德文译出。——译者注
② 高斯《全集》的题名是德文：Werke，而不像欧拉的全集用拉丁文：Opera Omina。——译者注
③ 《全集》最后出版的是第Ⅹ卷的第二部分，上写的出版日期是1922—1933年。最后一卷（第Ⅻ卷）反倒是1929年出版的。这里也许是指计划1935年出版的第ⅩⅢ卷，但此卷迄今未出版。——译者注
④ 上海浦东也有条高斯路。——译者注

周年的 1933 年，人们举行了一些特别庆典，还发行了一种纪念章。汉诺威国王在高斯去世后不久下令制作的高斯纪念章上，①国王的铭文意为："汉诺威国王乔治五世向数学家中的王子致意"，并附上这样的话："Academiae suae Georgiae Augustae decori aeterno（乔治亚·奥古斯塔大学永恒的荣耀）。"

高斯在柏林也得到尊崇。在波茨坦桥上，亥姆霍兹、西门子（Siemens）和伦琴的雕像旁边是由格哈德·雅嫩施（Gerhard Janensch，1860—1933）制作的庄严的高斯雕像，显示他在摆弄电报机。在夏洛滕堡（Charlottenburg）理工学院的正面墙上，申克尔（Schinkel）、艾特魏因（Eytelwein）、雷滕巴赫尔（Redtenbacher）和李比希的雕像旁边，是精美的高斯砂岩半身雕像。德国农业部有一尊雅嫩施雕塑的高斯半身像。在帝国邮政博物馆（Reichspostmuseum）能见到高斯和韦伯的画像。

最引人注目的纪念物是在靠近德兰斯费尔德村的霍恩哈根山上的高斯塔，离格丁根仅几英里远。这是由布罗肯山、霍恩哈根、因塞尔斯贝格形成的标准三角形的一个顶点，在汉诺威王国的三角测量中很重要。这座塔由玄武岩建成，顶部是红瓦，高 120 英尺，从塔上的观测平台上参观者能看到这个地区起伏的土地和森林，一副壮丽的景色。这是游客们最喜欢的一个景点。附近有一家客栈，能看到高斯在大地测量中曾用过的一块石头，现在被称为"高斯石"。高斯塔的落成仪式在 1911 年 7 月 29 日举行，参加仪式的有科学界和政府的重要人物。塔中有一个房间存有遗物、仪器和一尊较大的高斯半身大理石雕像，它是古斯塔夫·埃伯莱因（Gustav Eberlein，1847—1926）的作品。

---

① 高斯纪念章直径 70 毫米，由弗里德里希·布雷默（Friedrich Brehmer）制作，1877 年发行。纪念章正面是高斯侧面头像，环绕头像的是高斯姓名的拉丁文拼写和他的生卒日期（☆CAROLVS FRIDERICVS GAVSS☆NAT. MDCCLXXVII APR. XXX OB. MDCCCLV FEB XXIII）。背面的铭文是

     GEORGIVS V
    REX HANNOVERAE
    MATHEMATICORVM
      PRINCIPI

两条交叉的常春藤枝围着这些铭文，环绕常春藤枝的是 ACADEMIAE SVAE GEORGIAE AVGVSTAE DECORI AETERNO 字样。——译者注

第二十四章 终 曲

在高斯去世 100 周年的 1955 年,下萨克森政府在格丁根大学和不伦瑞克理工学院设立一项每年 15 000 马克的高斯基金,用于资助在高斯的领域做研究的访问学者和教授。在汉诺威理工学院,被称为"高斯屋"的一栋新的区域大地测量大楼预计在 1955 年 9 月启用并举行落成仪式。

1903 年,慕尼黑大学的埃里希·冯·德里加尔斯基(Erich von Drygalski)教授领导的德国探险队向南极出发,其三桅纵帆船被命名为高斯号。后来,这艘船被美国政府购买,以别的名字沿太平洋北岸往返于加利福尼亚和阿拉斯加。这次探险发现的一座火山被称为"高斯山"(Gaussberg)。

高斯的名字出现在数学和科学中如此多的地方,这里只能提到少数几个向他表示赞扬的例子。

名称"高斯"曾被用作量度磁场强度的单位。它是由单位磁极强度(1"韦伯")的一个磁极在 1 厘米的距离所产生的磁场强度。[①] 1932 年,"奥斯特"代替"高斯"表示厘米-克-秒制(c.g.s.)单位。现在,高斯表示 c.g.s.制中磁感应强度的单位。术语"高斯"可能仍被使用,如果磁感应和磁场的强度有相同的大小。

在光学中,高斯目镜用在光谱仪和折光仪中,使望远镜的轴与一个表面抛光的平面精确地成直角。高斯目镜的镜筒在侧面上有一个孔,通过它光照在与望远镜的轴成 45 度角的一块非镀银玻璃片上。如此被反射的光线经过十字丝并沿着望远镜镜筒落在那个表面抛光的平面上。如果后者准确地与望远镜的轴成直角,那么光线会被反射回来,沿着望远镜行进,而十字丝的成像与十字丝本身恰好重合。观测者必须调节望远镜的位置,直到得到这一重合。

给定两个数的对数,高斯对数给出这两个数的和以及差的对数。两个数未知,但其对数已知,高斯对数的目的在于简化对它们的和以及差的对数的寻找,因此高斯对数经常被称为加减法对数。

高斯近似积分法是这样一种方法,其中函数值已知的那些自变量的值,假定取自最有利的分隔点。

[①] 高斯数(gaussage,无论单位是什么)是磁力在任意闭曲线上的线积分。

高斯周期是指分圆理论中同余根的一个周期。

超几何级数也被称为高斯级数。高斯函数是二阶超几何函数。$G(n, \chi) = \sum_{m=1}^{k} \chi(m) e^{2\pi i mn/k}$ 被称为高斯和，这里 $\chi \pmod k$ 是狄利克雷特征。①

在球面三角学中，有 4 个重要的、经常用的公式通常被称为高斯相似式或高斯方程。

高斯的名字也经常与近似求积的一个公式相联系。

在几何学中，高斯定理涉及曲面的曲率；曲面曲率的度量仅依赖于这样的表达式，它涉及一个关于两个参数及其微分系数的线性元的平方。有一个涉及曲面的方程和一个点的坐标的特定表达式被称为"高斯曲率"，对平面、球面和其他某些曲面它是常数。②

发现复活节日期的规则总是与高斯联系在一起，他建立了一个公式。

两种磁场测量位置被称为"高斯 A 位置"和"高斯 B 位置"。

在二次世界大战期间，船的去磁被称为"去高斯"（degaussing）。抵消线圈被装在船的罗盘周围，使得罗盘能正常对地球的磁场做出反应，以抵抗磁性水雷的作用。负责的官员被称为"消磁官"（degaussing officers），还有许多所谓的"消磁站"（degaussing stations）。

勒让德的二次互反律也称为高斯的基本定理。

当这些文字正被写下的时候，传来了 1955 年在格丁根和其他地方举行几场特别庆典的消息，纪念高斯去世 100 周年。这一时刻将见证发行印有高斯头像的特别纪念邮票。

---

① 原书对高斯和的定义有误，这里采用的是《NIST 数学函数手册》（*NIST Handbook of Mathematical Functions*，剑桥大学出版社，2010）上的定义。高斯最早考虑的高斯和是 $\sum_{m=1}^{p-1} \left(\frac{m}{p}\right) e^{2\pi m i/p}$，这里 $\left(\frac{m}{p}\right)$ 是勒让德符号。——译者注

② 在《关于曲面的一般研究》的第 10 节，高斯得到曲率 $k = \dfrac{DD'' - D'D'}{(AA + BB + CC)^2}$，这里 A、B、C、D、D' 和 D'' 代表特定的微分式。——译者注

附录 A
对高斯工作的评价

史密斯(H.J.S. Smith,1826—1883)是 19 世纪英国名列前茅的数学家之一,他给出了我们能见到的对高斯的最好评价:

如果我们把牛顿的伟大名字除外(而且这种除外是高斯本人可能会高兴做的一件事),在发明的丰富高产与证明的绝对严格的结合上,可能任何时代或任何国家的数学家没有超过高斯的,对此古希腊人自己都可能会羡慕。也许要承认,这里没有任何一点贬低像欧拉和柯西这样伟大数学家的崇高地位的意思,他们被他们自己的极为丰富的创造所淹没,而且对他们获得的结果是如此着迷,以致他们不大关心在以一个严格的逻辑顺序来安排他们的思想上,或甚至在通过无可反驳的证明建立那些他们本能地觉得而且几乎可以看出是真的命题上花费他们的时间。这种情况在高斯是不同的。下面的说法似乎自相矛盾,但它可能还是正确的:正是在形式的逻辑完美上的努力追求使得高斯的著作容易招致晦涩和不必要的困难的指责。事实是,在他的著作中既没有晦涩又没有阅读困难,只要我们以一个聪明学童被要求阅读几何学课本时的那种顺从精神阅读它们即可。高斯做出的每个断言被完全证明,而且断言以一种完美的类比顺序一个接着另一个；至此我们无可抱怨。但当我们仔细完成阅读，我们很快就感到我们要做的事只不过才开始，我们仍站在这座殿堂的门槛上，并且有一个秘密位于薄纱后面且它对我们仍隐藏着……没有显示获得结果之过程的踪迹，也许甚至连提示证明的相继步骤的考虑也无迹可寻。高斯不止一次说过，为了简明扼要，他仅给出对他命题的综合而略掉对命题的分析。少但成熟(Pauca sed matura)是他喜欢用以描述他努力刻在他的数学著作上的特征……另一方面，如果我们转而看欧拉的论文，其整体表现有一种随意且华丽的优雅，这告诉我们欧拉在工作的每一步，一定带着平静的快乐；但我们还是意识到我们与作为高斯一切更伟大努力之特征的作品布局之庄严宏伟还有巨大距离。前述的批评，如果是公正的，不应该显得全然微不足道；因为尽管在任何数学著作中实质性内容比形式无可比拟地重要是完全正确的，然而在我们自己的时代，无疑有许多论文在呈现的模式上因为某种马虎(如果我们敢这么说)而被人大为看低；而且(无论它们内容的价值怎样)它们被印上不具重要性和具低劣性的特征，这种特征与坚定不移的可靠性和清楚确凿的模范性形成强烈的对比，后者(我们可以确信)将使高斯的著作在其主要结果和方法被收入较易读的专著，并已经开始成为所有职业数学家公共遗产的一部分之后很久而不被遗忘。我们一定永远不要忘记数学科学的任务不仅是发现新的真理和新的方法，而且也是不惜时间和辛劳的任何代价，以及无可反驳的推理为一个基础而确立它们。

现在一位数学家的可能性推理($\mu\alpha\theta\eta\mu\alpha\tau\iota\kappa\acute{o}\varsigma\ \pi\iota\theta\alpha\nu\omicron\lambda\omicron\gamma\tilde{\omega}\nu$)不比在亚里士多德时代更有权利让人听进；但是必须承认自从发明分析学的"皇家之路"以后，有缺陷的推理和证明模式有了一个它们之前从来没有获得过的流行的机会。在高斯应得的数学家们的赞美中，以下的赞美不是最高的，但也许不是最不重要的：尽管他深知科学的浩瀚，但他对科学的每个部分苛求最大的严格性，从不忽视一个困难,就好像它不存在,而且他从不接受一个定理是真的,如果超出了它可以被证明的界限。①

在《综合传记辞典》(*Biographie universelle*)[米肖(Michaud),巴黎,1856]对高斯的一个简介中,瓦格纳写道:"……他的每一项工作在科学史上都是一个事件,是一次革命,它推翻了旧的理论和方法,代之以新的理论和方法,并把科学提高到之前任何人都没有梦想到的一个高度。"

马里(M. Marie)给了我们对高斯工作的最清楚的评价之一:

> 高斯的天才本质上是原创性的。如果他研究的一个学科已经引起了其他学者的注意,似乎他们的著作他仍全然不知。他有他自己的着手处理问题的方式,和他自己的方法,而且他的解法绝对是新的。这些解法有一般性、完全性,且能用于在该问题之下的所有情形的优点。不幸的是,这些方法的高度的原创性,记号上的一个特别的模式,他的证明中夸张的、也许是做作的简洁,使得阅读高斯的著作极为费力。②

由英国皇家天文学会发表的高斯的讣告包含这样的陈述:

> 《运动的理论》将始终列入那些伟大著作中,这些伟大著作的出现形成了它们所涉及的科学的一个历史时期。书中详述的过程在原创性和完整性上与其作者展示的形式的简洁和优雅上相比毫不逊色。确实,可以考虑把它作为教科书,主要是从中衍生出那些强有力和精致的研究方法,这些方法突出表现了本世纪德意志天文学的特色。③

---

① 会长致辞,伦敦数学会的《会刊》(*Proceedings*),第 8 卷,第 18 页。
② 马里(M. Marie),《数学科学和物理科学的历史》(*Histoire des sciences mathématiques et physiques*),第 11 卷(巴黎,1887),第 110 页。
③ 伦敦皇家天文学会的《每月通报》(*Monthly Notices*),1856 年 2 月 8 日宣读的理事会报告,第 16 卷,No.4,第 80—83 页。

19世纪英国的一位名列前茅的数学家凯莱(A. Cayley)写道:"高斯所写的一切都是第一流的;有趣的事情就是显示他的不同论文在它们所涉及的主题达到现在状态上的影响,但这样做就得写一部始于1800年的数学史。"

这个时期另一位重要的英国数学家艾萨克·托德亨特(Isaac Todhunter)这样说道:"高斯的著作在数学能力与表达功力的结合上是杰出的;在他手中拉丁语和德语在清晰度和精确性上可与法语本身匹敌。"

高斯之后一代的格丁根大学数学教授费利克斯·克莱因(Felix Klein, 1849—1925)对他的这位前辈给出了一个极好的评价:

> 历史的时代在他[高斯]这儿分开了;他是过去那个时代的最高化身,那个时代是他结束的,同时他又建立了新时代的基础。他用最后的光芒更彻底、更有效地穿入新时期,超过了时代意识中或许能积极感知的。请允许我用个比喻:在我看来,高斯的出现像来自北方观察者眼中的我们巴伐利亚群山中的楚格峰(Zugspitze)。从东到西逐渐升高的众峰以一个巨峰结束,这个巨峰陡峭地下降到一种新的地层深处,巨峰的山嘴在这地层中延伸了许多英里,在这里从中涌出的水产生了新的生命。①

特奥多尔·莫姆森(Theodor Mommsen)曾对老年人在推进科学中起的作用表达了高度敬佩,并补充说:

> 我们自己的经验告诉我们,尤其是科学家,伟大的科学成就只能经过许多年无休止的连续工作才能成功。对于高斯那样的人的情形,下面这句话也许是正确的:他们的伟大直觉(aperçus)——通过这些直觉他们增进了对世界的了解——都出现在他们年轻的时候;但种子只是科学活动的一半,并且如果一位重要的科学家为了完成自己的使命,收获的季节仍然不可或缺。

---

① F.克莱因,《数学的发展讲义》(*Vorlesungen über die Entwicklung der Mathematik*),第一部分,(柏林:Julius Springer,1926),第62页。

附录 A 对高斯工作的评价

费利克斯·克莱因称 1798 年到 1807 年是高斯的英雄时代（Heldenzeit），亦即高斯产出率最高的时期。他在思维上的精确和清晰以及表达上的简洁持续到他的晚年。在后来的岁月中，他更多地致力于光学、电学、磁学和大地测量学，尽管他从未完全停止在天文学和纯数学上的工作。

在 1870 年普法战争期间，都柏林的爱尔兰皇家科学院抗议围困巴黎，原因是战争对巴黎的艺术和科学珍宝造成威胁，同时也呼吁德意志的大学加入这项声明。格丁根大学教会法教授兼副校长里夏德·威廉·多弗（Richard Wilhelm Dove，1833—1907）非常坚决地拒绝了这一提议。因为多弗曾在他的信中说过，德意志人民在他们的智力竞争中仍在努力兑现让帕拉赛尔苏斯（Paracelsus）自豪的话语："英国人、法国人、意大利人，你们追随我，我不追随你们（ihr mir nach, nicht ich euch）。"著名的历史学家和世界主义宣传者卡尔·希勒布兰德（Karl Hillebrand）指责他这是"德意志人的傲慢"。1887 年，在格丁根大学成立 150 周年纪念时，多弗把上述的信与关于这所大学历史的其他文件一起付印，他借此机会试图通过下面的陈述为自己辩护：

> 要表明胜利者的奖赏确实被有教养的国家一致决定慷慨地给予了伟大的德意志的学者们，只要提高斯的名字就够了。

1893 年 6 月 29 日，在柏林科学院的会议上，弗罗贝尼乌斯（Frobenius）在致克罗内克（Kronecker）的悼词中，关于高斯的工作他如此表白：

> 数论——在丢番图和费马那里是娱乐性思维练习，具有一种智力竞赛的特征，在欧拉、拉格朗日和勒让德的前期工作之后，已被高斯提升到科学的地位。这位数学家中的王子称她为数学的女王，而她应得这个称号不仅由于她的高等级，而且她由于高傲的抽象性得以坐在王座上，远离所有其他知识领域，远离其他数学学科。在高斯的分圆理论中，他的天才使代数学成为她的"进贡国"。[①]

[①] 《柏林论文集》(*Berliner Abhandlungen*)，1893，第 4 页。

在写到音乐与数学的关系时，伟大的英国数学家西尔维斯特（J.J. Sylvester）预言会有那么一天："……那时人类的理智提高到其完美类型，在未来的某个莫扎特-狄利克雷或贝多芬-高斯联合体上发出荣光，这是一种在一位姓亥姆霍兹的人的天才和劳作中已经不含糊地预言过的联合体。"①

高斯的学生，后来任格丁根大学数学教授的莫里茨·施特恩，在他老师百年诞辰之际，在学校发表的一次演讲时这样说："正如历史上仅有少数几个为人所知的情形那样，在高斯身上，思想的数学深度与观测者的才能结合起来，与这位天才在观测新手段的发明的实际洞察力结合起来，与在计算上的最完全的技能和耐力结合起来。像童话中的狮子，在那时德意志可以说，我只生了一个，但这一个是一头狮子。"②

1804 年，亚历山大·冯·洪堡从美洲旅行返回，第二年他给皇帝弗里德里希·威廉三世写信说："能赋予柏林科学院新光彩的唯一的人名叫卡尔·弗里德里希·高斯。"

剑桥公爵（Duke of Cambridge）③有一次以他那生动表达自己意见的方式说："有人常常批评格丁根，但只要我们有图书馆和高斯，我们可以随他们斥责。"

亚历山大·冯·洪堡——剑桥公爵的话就是针对他说的——如此回答："我同意，但我有责任请求殿下改变格丁根珍宝的排序，首先要提到我们时代的最重要的数学家、伟大的天文学家、杰出的物理学家。"

1808 年，舒马赫写信给高斯，说如果他能有"高斯的学生"的名号，他就不会要其他名号。在 1810 年他写信给他的老师："我签自己的名就像迪森④总叫我的那样：高斯的一切皆正确（Αἰει ὁ περι τον Γαυσσιον）。"

---

① 不列颠协会报告，1869 年，《公告和摘要》（Notices and Abstracts），第 7 页。
② 《对高斯的纪念演说》（Denkrede auf C.F.Gauss），1877 年 4 月 30 日格丁根大学节庆演说，第 3—4 页。
③ 本名乔治·威廉·腓特烈·查尔斯（George William Frederick Charles, 1819—1904）。——译者注
④ 鲁道夫·迪森，格丁根大学古典文献学教授。

舒马赫的信异乎寻常地充满了对高斯的极其过度的恭维和钦佩，其中的多数有正当理由而且全都是真心的。年轻的艾森斯坦和恩克采用了相似的态度。

作为19世纪后期名列前茅的数学家之一，库默尔曾给出对高斯成就的一个清楚和准确的评价：

> 在高斯的所有的主要次要的著作中，没有一部不是通过新方法和新结果在有关领域开始本质上的进步的；它们是杰作，本身的特性就是经典，这保证了它们被人们世世代代努力地使用和研究，它们不仅作为科学历史发展的丰碑而被保存，而且作为每一个更深入研究的基础并作为丰富思想的一个取之不尽源泉而被所有国家未来一代代的数学家们保存。高斯的著作有着这些非凡的优点，事实上甚至部分地是由于这些优点，高斯的著作在数学研究上的影响在德意志有很长时间是极其微弱的。所有高斯的著作在呈现形式上有完美的清晰性和精确性，这在一种绝对深入的研究中甚至排除了误解的可能性，但这种呈现形式，正如这些方法本身，并不适合于方便研究高斯的著作。高斯著作的这个特性也与他本人的性格完全合拍。他在科学上具有崇高的地位，在相当长的时间他孤立地处于这种地位，他拥有一种如此强大的独立自足性，以致他几乎没有认识到吸引其他人到他这里并教育他们的需要。①

30年后，豪克（G. Hauck）称赞高斯的一些实践工作："高斯并不轻视用经纬仪做的实际工作，而且之后在这项工作的基础上创造了一些实用的精确方法，它们已成为整个文明世界的共同财产，而且他用它们向人类奉献了人类收到的最有价值的礼物之一。这样对于一门理论科学的理性的、应用的活动，大地测量学已成为一个典范。每一个测量员都从高斯那里受益。"②

---

① 《校长就职演说》(Rektoratsrede)，柏林大学，1869年8月3日，第8—9页。
② 《年报》(Jahresbericht)，德国数学学会，Ⅷ (1899)，第108页。

在《德意志综合传记辞典》(Allgemeine Deutsche Biographie)中,莫里茨·康托尔在他写的关于高斯的条目中说,《算术研究》应该被称为数论的大宪章(the Magna Charta)。

对高斯的最高赞扬来自法国的一个文献:"就品格的高尚,以及天才的能力而言,他是一切人中最伟大的。"①

在结束这一章时,引用阿尔伯特·爱因斯坦在1950年作的一个评论是恰当的,他比任何人更有资格评价高斯的工作:

> 高斯对现代物理学理论的发展,尤其是对相对论的数学基础的重要性,确实是压倒性的;他在电磁学领域对绝对测量制的成功发明也是如此。在我看来,在或多或少来自内在心理经验的概念的基础上,达成世界的一个一致的客观的图景是不可能的。②

在另一个场合,爱因斯坦对高斯如是说:

> 高斯给予我们最好的东西也是一种独有的产品。如果他没有创造他的曲面几何学并成为黎曼工作的基础,几乎不能想象别人会发现它。我毫不犹豫地承认,当我们沉浸在纯几何学问题中时,在一定程度上我们可以发现一种类似的快乐。

---

① 贝特朗(J.Bertrand)《学术表彰》(Éloges académiques)(新系列,巴黎,1902),第314页。
② 最后一句给出了爱因斯坦对高斯关于精神物质和一种精神秩序的观点的反应,高斯的观点如在第二十二章所述。

附录 B
高斯的荣誉、证书和任命

1. 入学注册文件,格丁根大学,1795 年 10 月 15 日。
2. 博士证书,黑尔姆施泰特大学,1799 年 7 月 16 日。
3. 会员,不伦瑞克的当格勒泰尔(d'Angleterre)旅馆俱乐部,1802 年 8 月 5 日。
4. 通讯院士,圣彼得堡帝国科学院,1802 年 1 月 31 日。
5. 格丁根皇家科学学会,通讯会员(amicus et familiaris litterarum commerciis conjunctus),1802 年 11 月 13 日。
6. 法兰西学会,数理学部、几何学分部的通讯会员,巴黎,1804 年 1 月 24—30 日。由会长卡诺和秘书德朗布尔签署。
7. 会员,伦敦皇家学会,1804 年 4 月 12 日。
8. 得到格丁根大学的通知,1807 年 7 月 25 日。在汉诺威由布兰德斯签署。
9. 通讯院士,慕尼黑皇家科学院,1808 年 4 月 6 日。
10. 柏林皇家科学院数学部一致提名高斯为院士并邀请他到这里;全院在 1810 年 4 月 18 日赞同这一选举,而且得到普鲁士国王的批准。
11. 外籍会员,意大利科学学会,维罗纳,1810 年 5 月 4 日。由秘书奥克塔维厄斯·卡尼奥利(Octavius Cagnoli)签署。
12. 威斯特伐利亚王室热罗姆·拿破仑(Jérôme Napoléon)级骑士勋章,格丁根,1810 年 8 月 19 日。由总理冯·菲尔斯滕施泰因(von Fürstenstein)伯爵签署。

13. 拉朗德奖,法国科学院,1810 年。

14. 圭尔夫勋位一等骑士指挥官十字勋章。通知由在汉诺威的明斯特尔伯爵签署,1815 年 12 月 28 日。

15. 授予皇家枢密官(Hofrat)的特许信件,由国王乔治三世在卡尔顿宫签署,1816 年 11 月 29 日。

16. 会员,位于马堡的自然科学促进学会,1817 年 3 月 26 日。

17. 丹内布罗格(Dannebrog)勋位骑士十字勋章,1817 年 4 月;指挥官十字勋章,1840 年 6 月 28 日。

18. 外籍会员,皇家波旁学会,科学院,那不勒斯,1818 年 9 月 4 日。通知由泰奥多罗·蒙蒂切利(Teodoro Monticelli)签署。(高斯的注记:蒙蒂切利在 1845 年 10 月 7 日死于那不勒斯。)

19. 荣誉会员,数学科学传播学会,汉堡,1818 年 10 月 17 日。

20. 荣誉会员,库兰(Courland)文学和艺术学会,米坦(Mitan),1819 年 6 月 1 日。

21. 外籍会员,爱丁堡皇家学会,1820 年 6 月 5 日。

22. 外籍会员,巴伐利亚皇家科学院,1820 年 10 月 23 日。

23. 外籍准会员,法兰西学会,皇家科学院,巴黎,1820 年 9 月 4 日。

24. 大地测量主任,汉诺威王国,1821 年。

25. 会员,丹麦皇家科学学会,1821 年 5 月 1 日。通知在哥本哈根由学会秘书奥斯特签署。

26. 外籍院士,斯德哥尔摩瑞典皇家科学院,1821 年 6 月 5 日。通知由学会秘书贝尔塞柳斯(Berzelius)签署。证书日期:1821 年 6 月 26 日。

27. 会员,美国艺术和科学学院,波士顿,马萨诸塞,1822 年 1 月 30 日。通知由院长约翰·昆西·亚当斯、副院长约翰·桑顿·柯克兰、秘书约翰·法勒和乔赛亚·昆西签署。

28. 奖励,哥本哈根科学学会,关于共形射影的论文,1822 年。
29. 薪水由格丁根大学董事会提高至 2 500 塔勒。由负责人卡尔·弗里德里希·亚历山大·冯·阿恩斯瓦尔特男爵签署,1824 年 12 月 29 日。
30. 被任命为正教授,1828 年。
31. 院士,巴勒莫皇家科学院,1828 年。
32. 准会员,伦敦皇家天文学会,1832 年 4 月 13 日。通知由会长弗朗西斯·贝利和秘书奥古斯图斯·德·摩根签署。
33. 通讯院士,博洛尼亚科学院,1833 年 1 月 3 日。
34. 外籍院士,都灵皇家科学院,1833 年 1 月 20 日。通知由国务大臣和院长普罗斯珀·巴尔博(Prosper Balbo)伯爵签署。
35. 外籍会员,波希米亚皇家科学学会,布拉格,1833 年 12 月 1 日。
36. 汉诺威度量衡局主任,1836 年。
37. 荣誉会员,物理学联合会,法兰克福,1836 年 8 月 17 日。
38. 皇家荣誉军团骑士勋章,1837 年 8 月 26 日。
39. 科普利奖章,伦敦皇家学会,1838 年。
40. 外籍通讯院士,布鲁塞尔皇家科学和文学院,1841 年 12 月 14 日。由凯特尔签署。
41. 科学和艺术功绩(pour le mérite)勋位和平级骑士勋章,柏林,1842 年 5 月 31 日。①
42. 会员,乌普萨拉皇家科学学会,1843 年 6 月 3 日。
43. 荣誉院士,爱尔兰皇家科学院,1843 年 3 月 16 日。在都柏林签署证书的日期:1851 年 10 月 5 日。
44. 瑞典北极星勋位的骑士勋章,斯德哥尔摩,1844 年 10 月 14 日。
45. 一等会员,荷兰皇家科学、文学和艺术学会,阿姆斯特丹,1845 年 4 月 19 日。由临时(ad interim)秘书德·弗里斯(W.H.de Vriese)签署。

---

① 这是由普鲁士王国和后来的德意志帝国颁发的最高荣誉。

46. 授予枢密顾问(Geheimer Hofrat)荣誉头衔的特许信件,在格丁根的日期是 1845 年 7 月 1 日。由汉诺威国王恩斯特·奥古斯特签署。

47. 哲学系荣誉成员证书,布拉格大学,1848 年。

48. 荣誉博士学位和科学学会的成员,喀山大学,1848 年 1 月 12 日。

49. 外籍荣誉院士,维也纳帝国科学院,1848 年 1 月 26 日。

50. 巴伐利亚科学院在高斯获得博士学位 50 周年的祝贺证书,慕尼黑,1849 年 7 月 10 日。

51. 圭尔夫勋位二等指挥官十字勋章,1849 年 7 月 11 日。通知由国王恩斯特·奥古斯特在汉诺威签署。

52. 汉诺威皇家大学董事会在高斯获得博士学位 50 周年的贺状,汉诺威,1849 年 7 月 14 日。

53. 来自黑森选举财政部长维佩曼(C. W. Wippermann)的高斯获得博士学位 50 周年贺信,卡塞尔,1849 年 7 月 15 日。

54. 不伦瑞克卡罗琳学院的高斯获得博士学位 50 周年贺状,1849 年 7 月 15 日。

55. 狮子亨利勋位指挥官十字勋章,1849 年 7 月 16 日由不伦瑞克的威廉(Wilhelm)公爵颁发。

56. 喀山大学的高斯获得博士学位 50 周年贺状,1849 年 7 月(丝质品)。

57. 由格丁根大学重发的博士学位证书,1849 年 7 月。①

58. 格丁根市荣誉市民,1849 年 7 月。

59. 巴伐利亚科学院的高斯获得博士学位 50 周年贺状,1849 年 7 月。

60. 不伦瑞克市荣誉市民,1849 年 7 月。

61. 院士,西班牙科学院,马德里,1850 年。

62. 外籍荣誉会员,俄罗斯帝国地理学会,1851 年 9 月 29 日。

63. 荣誉成员,格丁根大学的皇家教会代表团,格丁根,1852 年 12 月 28 日(对

---

① 因为黑尔姆施泰特大学已经不存在了。

高斯在教授遗孀保险基金上工作的认可)。

64. 荣誉院士,位于维也纳的帝国科学院,证书日期为 1852 年 12 月 31 日(1848 年 1 月 26 日当选)。

65. 会员,位于费城的美国哲学会。证书日期为 1853 年 1 月 21 日(1853 年 2 月 26 日收到)。

66. 圭尔夫勋位一等骑士指挥官十字勋章,1853 年 5 月 27 日。证书由国王乔治签署。

67. 巴伐利亚艺术与科学马克西米利安(Maximilian)勋章,1853 年 11 月 28 日。通知由马里亚·约瑟夫·波特纳(Maria Josef Portner)签署。

以下的没有日期

68. 汉诺威内阁部长关于给予高斯 1 000 金塔勒的特别礼物的通知。

69. 剑桥哲学会。

70. 荷兰科学学会,哈勒姆(Harlem)。

71. 位于米兰的帝国皇家伦巴第(Lombard)学院。

72. 皇家萨克森科学学会,莱比锡。

附录 C
高斯的遗嘱

下面的文件保存在德国不伦瑞克市的市档案图书馆的关于高斯的收藏品中(Inventory C. F. Gauss, No.151, MS No.8)。是高斯的手迹,但没有签名和日期(据信大约是 1854 年 12 月):

考虑到我的高龄和与此相联系的抱怨,其强度和固执程度还在不断增加,对我来说写下这些说明和条款作为我死后处理我财产的一个指导,似乎是可取的。

§1.

我的两次婚姻所生的孩子 4 个仍然在世,即:

第一次婚姻的一个儿子,约瑟夫,现在汉诺威,政府的工程设计师;

第二次婚姻的两个儿子和一个女儿,即欧根,在北美密苏里州的圣查尔斯,商人;威廉,在同一个州,农场主,他的农场在靠近新不伦瑞克的沙里顿县(Chariton);

特蕾泽作为我的忠心的护理者,一直与我在一起。

我的这 4 个孩子,以及他们的合法后代,我认作我的继承人,但要服从以下的修正:

§2.

我的长子约瑟夫很久以前已继承了他母亲的遗产。同样,对第二次婚姻的我的儿子们,根据他们母亲遗嘱的安排我已在适当的时间完全付清了他们母亲遗产中他们的份额,因此他们没有进一步的特别权利——另一方面,我的女儿在她母亲遗产中的份额全都没有被支付给她,所以在分割我的遗产之前这个数额(4 754 金塔勒加上利息)当然要从我的遗产中扣出来作为拖欠的债务给我的女儿。

§3.

不过,既然我女儿迟迟不能享受这一款项而显然遭受伤害,为此我指示,为了给她一些补偿,我的遗产的下列部分最终也归我女儿:

A. 所有的家具,其中包括

(a) 所有的家庭日用纺织品;

(b) 所有的银器。关于后者,特蕾泽母亲留下的银器按照她的遗嘱赠给我的女儿作为她完全拥有的财产,所以由上述处置,对这些银器按其来源进行分配是不必要了[用铅笔:]银奖章不属于这条说明。

B. 保存在楼上的所有书籍,因为有一大部分是我给特蕾泽的礼品,所以它们已经是她的财产。

§4.

如果我的长子约瑟夫也有如此愿望,那么他可以在我的书中选择至多 30 册,作为一种特别的纪念品。[用铅笔:]因为他的教育不曾有过如他的弟弟们的情况那样许多非常大的花费。

§5.

属于我的所有其他遗产在我的 4 个孩子中等分。因此禁止所有的司法封存和财产清查,我将这一分割的执行权交给我的长子约瑟夫,他已经被他在美国的弟弟们全权委托照料他们在欧洲的一切利益,他也已经在一些情形部分地使用了这一权力。

上述文件作为高斯的遗嘱被认为是有效的,而且在他遗产的处理上得到遵循。韦伯、利斯廷及图书馆馆长和文学教授路德维希·施魏格尔（Ludwig Schweiger,1803—1872）被指定为汉诺威政府评估高斯的藏书。克林克尔菲斯拟定了高斯的藏书目录。

约瑟夫·高斯认为对所有藏书和手稿估价2 500塔勒太低了，而且对单件物品的估价也太低了。然而，他愿意对此低价不予计较，因为这样它们就不会流散而被永久保存在格丁根大学图书馆。约瑟夫索要了符滕堡、黑森和汉诺威的地图册（后者是他送给他父亲的一件礼物）。他挑选了他父亲著作的复本和其他一些施魏格尔估价很低的书。约瑟夫决定在他挑选之后如果2 500塔勒的数额不能维持，他就不限于只挑选50到60册书。最终这个家庭实际上取走了226册书。

入藏格丁根大学图书馆的手稿和书信当然只是那些有"科学内容"的。约瑟夫承担了对高斯书信的分类工作。仪器和望远镜没有列入财产清单，而且也没有计入2 500塔勒中。非科学内容的手稿（涉及财务和家庭事务）还给约瑟夫。就这样，一些重要的物品，包括高斯的科学日记，隐藏在家庭文件中，直到1898年。高斯的孙子卡尔·奥古斯特（Carl August）在1927年去世前终于把几乎所有涉及他祖先的手稿材料置于不伦瑞克和格丁根的档案馆的永久保护之下。

高斯的继承人们为了让他的书面文件能入藏格丁根大学并被他的《全集》的编辑们方便使用，拒绝了许多来自外界的其他提议。约瑟夫同意不拿走页边有高斯手写旁注的书籍。后来，编辑们彻底地研究了所有这些旁注并以这种方式取得了不少重要发现。约瑟夫宣称他会愿意归还任何他拿走的书籍，如果经检查发现它们有科学收藏价值。在格丁根天文台中有8个书橱和3件天文学仪器是约瑟夫放在那儿的，供天文台使用。

1856年5月29日，汉诺威政府把高斯的手稿和藏书移交给格丁根天文台。所有不在格丁根大学图书馆馆藏的书就存放在该馆，其余的存放在格丁根天文台的西翼楼。特蕾泽捐献了高斯藏书出售所得中她的份额：6 000马克，用来支付配置书橱和装订书籍的费用。

附录 C　高斯的遗嘱

高斯藏书的精确编目并把它与格丁根天文台图书馆的书目合在一起的工作直到 1897 年才开始。就这样，入藏列表上从 3 769 册增加到 5 865 册——增加了 2 096 册。如果我们把小册子和其他零杂物品计入，总数达到 11 424。1899 年，格丁根天文台图书馆 44 年来第一次处于有序的状态。

1855 年 9 月 22 日，约瑟夫对高斯拥有的各种奖章和相关物品做了一个分割。寄给欧根和威廉的标记为"美国"。除了 3 枚必须归还给颁发它们的亲王们的重要勋章之外，约瑟夫的清单反映了如下的物品：

1. 老威斯特伐利亚王国勋章，未归还，因为该王国已不存在（美国）；
2. 丹内布罗格小勋章（私人物品；是舒马赫赠送的一件礼物，而且只是那个真勋章的小型复制品）（美国）；
3. 圭尔夫勋章的一个小扣（约瑟夫）；
4. ♯3 的一个精确的复制品（约瑟夫）；
5. 一只带表链和印章的金怀表（特蕾泽）；
6. 一只非常旧的银怀表；
7. 伦敦皇家学会金质科普利奖章（约瑟夫）；
8. 金质达尔贝格奖章（法兰克福）（美国）；
9. 奥伯斯银质奖章（美国）；
10. 柏林科学家大会的银质奖章（美国）；
11. 让·保罗银质奖章（美国）；
12. 布卢门巴赫（Blumenbach）银质奖章（美国）；
13. 圣彼得堡附近的普尔科瓦（Pulkowa）天文台的银质奖章（约瑟夫）；
14. ♯10 的铜质复制品（约瑟夫）；
15. 1848 年波恩大学的铜质奖章（美国）；
16. 1842 年丹麦科学学会铜质奖章（美国）；
17. 纳皮尔铜质奖章，爱丁堡（约瑟夫）；
18. 奥伯斯铜质奖章（约瑟夫）；
19. ♯18 的复制品（美国）；

20. 莱布尼茨铜质奖章(约瑟夫)。

特雷泽收到 No.5；约瑟夫认为 No.6 不值得寄送，因为高斯从来没有戴过它。他还把高斯戴过的两副眼镜和一把长柄眼镜寄给威廉和欧根。

附录 D
高斯的子女

高斯最年长的孩子(卡尔·)①约瑟夫在 1806 年 8 月 21 日生于不伦瑞克,他母亲是这位数学家的第一任妻子约翰娜·奥斯特霍夫。约瑟夫以谷神星的发现者皮亚齐的名字命名。高斯的其他孩子都出生于格丁根。约瑟夫在格丁根上高中,而且在短时间内是格丁根大学的学生。1824 年 11 月初,他加入汉诺威的步炮兵部队。最终他成为驻扎在施塔德的步炮兵营的一名中尉。他很快就不满意无所事事的军人生活,并认识到升迁的机会渺茫——他父亲的名声似乎在这方面对他没有帮助。② 约瑟夫在汉诺威王国的三角测量中做了他父亲的助手,而且奥古斯特·帕彭(August Papen)上尉之前在绘制汉诺威王国和不伦瑞克公国的地形图的工作中任用他为主要助手。

约瑟夫相信他这样得到的知识,如果参加在汉诺威的铁路建设会很好地派上用场。他认为研究美国的新铁路系统是必须的,这就是 1836 年他自费去美国旅行的目的。他获准休假,这一年的大部分时间他都不在岗位。在美国,他会见了一些一流的政治家、工程师和军官。

约瑟夫于 1836 年 12 月回国,他继续在施塔德作为一个营的副官服役。在订婚几年后,他于 1840 年 3 月 18 日与施塔德的一位医生的女儿索菲·埃

---

① 在 1827 年的春季他在名字前放上 Carl。
② 他以中尉军衔结束了 20 年的戎马生涯。

里斯罗佩尔(1818—1883)结婚。

约瑟夫在1842年5月5—8日汉堡大火的扑救中表现突出。当时一封电报被送到驻扎在施塔德的炮兵营,请求大炮、大量的火药和必要的人力,目的是炸掉着火的建筑以阻止火势蔓延。普凡库赫(Pfannkuche)少校是这次驰救行动的指挥官,而约瑟夫·高斯是他的副官。在日期为1842年5月22日的一封信中,他完整地向他父亲报告了这些经历。为了表彰这些贡献,汉堡的议会向他颁发了带有一条红白相间的缎带的一枚奖章。

1845年4月,为了参加汉诺威铁路的建设,约瑟夫辞去军职。起初他负责从布格施泰门(Burgstemmen)到希尔德斯海姆的线路。1846年10月,他终于获准从汉诺威军队退伍,并同时成为汉诺威铁路理事会的排名第四的理事,①自1845年12月起他实际上已属于这个理事会。这是他为之奋斗11年的目标。约瑟夫的新职位责任重大,他很快就过度劳累以致未老先衰。②

在汉诺威被普鲁士吞并之后,当约瑟夫正要被调到在威斯特伐利亚的明斯特尔的时候,他退休了。在政治上,他是汉诺威王室的一名忠诚追随者,尤其是因为汉诺威国王给了他父亲如此多的荣誉。他的独生子参加了普法战争,而且约瑟夫在1871年8月12日写信给他的弟弟威廉:"既然法国的优势现在已被打破了很长时间,而且在德意志,人们争取了如此之久的统一已经实现,那么我们可以对这次战争的结果很满意了。对于德意志,比你所知道的真的更好的时光似乎已经来临。"

约瑟夫在相貌上像他的父亲而且有高斯的许多性格特点。1873年7月4日,他死于在汉诺威市威廉街的家中。他唯一的孩子是卡尔·奥古斯特·阿道夫·高斯(Carl August Adolph Gauss,1849—1927),他生活在德国的哈姆林。

* * *

卡尔·弗里德里希和他第一任妻子的第二个孩子威廉明妮·高斯在1808年2月29日生于格丁根。她的名字取自高斯的朋友奥伯斯的名字,而经常使

---

① 在1856年他得到技术总监(Oberbaurath)的头衔;在后来一些年他是一个特别的电报部门的主管。
② 约瑟夫是他父亲遗产的管理人。

用的名字是明娜。高斯说她极像她的母亲,而亚历山大·冯·洪堡在 1837 年写给高斯的信中说她漂亮。在智力上和心灵上她也像她的母亲——聪明、心地善良、爱心满满、开放而且快乐。1814 年 9 月 29 日,高斯在一次旅途中,他的第二任妻子在信中这样写到她的继女:"这个小姑娘长越大就越可爱,而且无疑她是我们孩子中的王者。"当她继母身体不好时,她以所有可能的方式忠心地协助她。她护理继母,当父亲外出大地测量时与他通信、操持家务、照料祖母和两个弟弟及一个妹妹。对于弟妹们,她成了第二个母亲。

下面这件事据说发生在 1813 年,当时明娜仅有 5 岁。高斯曾向他的这个小女儿解释傍晚天空中玫瑰色的小片云被称为卷云或卷毛云(Schäfchenwolken)。一天傍晚,当这些云再次出现时,高斯准备离开家人去做一些观测,明娜试图以这样的说法拉他回来:"爸爸,和我们在一起吧,今天的天空像羔羊的卷毛(belämmert)。"①

明娜很早就有许多追求者。最终她的选择落在了格丁根大学年轻的神学和东方语言学教授海因里希·埃瓦尔德身上。他们在 1830 年 2 月订婚,并且在 1830 年 9 月 15 日结婚。这是给这两个人都带来真正幸福的一桩婚姻。

埃瓦尔德是一个非常心不在焉的学者,他的朋友们一直建议他结婚以便让家井井有条。埃瓦尔德同意但不知道该跟谁结婚。既然他与高斯的女儿(明娜和特蕾泽)非常熟悉,这事就这样解决:他在高斯家的下一次下午茶上做出决定,因为两个女儿会轮流上茶点。埃瓦尔德要从他更喜欢的那位手中接过茶,之后一个同事会与父亲高斯讨论整个事情。埃瓦尔德会按约定答应做任何事情。在那次下午茶后回家的路上,这位媒人祝贺他并告诉他高斯全都同意了,埃瓦尔德一脸茫然。直到向他解释说他向明娜求婚,因为他从明娜手里接过了茶点,他仍然不明白这件事。更有甚者,据说在结婚前一天找不到他,非得从他书架前的梯子上把他叫来。他再次忘记了非学术的事情。

高斯与埃瓦尔德之间的关系一直非常友好。明娜去世后他再婚,而且高

---

① Belämmert 可被译为"被弄得像羔羊那样"(belambed),但发音近于"belemmert",意为"乱糟糟的"或"被弄得脏兮兮的"。

斯完全赞同。1850年,埃瓦尔德的第二任妻子给他生了一个女儿。高斯几乎把她当成自己的外孙女;尤其是因为她取名明娜。有一天,埃瓦尔德的年轻的(第二任)妻子不得不到市中心去处理些紧急事务。她发现她的丈夫正忙于他的阿拉伯语语法。因为女仆不在,她请求她丈夫代看孩子,他不太情愿地接手此事。当她回来时,宝宝不见了。埃瓦尔德似乎对此一无所知。一场焦急的寻找开始了。由于微弱的呜咽声,最后在梳妆台的一个关着的抽屉里发现了宝宝,埃瓦尔德把她放在这个他认为最安全的地方。

不幸的是,明娜几乎从婚姻的一开始健康就不佳。这是肺上的毛病,人们一定认为她是在护理她继母时感染了肺结核的。在巴特埃姆斯(Bad Ems)和弗兰岑斯巴德(Franzensbad)的治疗对她有帮助但当然不能治愈。1838年,埃瓦尔德和明娜被赶到蒂宾根,这对她的精神状况产生不利影响,并因此导致了她的病情恶化。① 在蒂宾根的大部分时间,她困居家中。她的热切希望是政治形势允许她和她的丈夫返回格丁根,但在她的希望能被满足之前她死于1840年8月12日。在1838及1839年的秋季,她曾到格丁根,她与父亲和妹妹特蕾泽进行了广泛通信。明娜和她父亲之间的爱的纽带是牢固的。

* * *

高斯的第三个孩子路易斯在1809年9月10日出生,死于1810年3月1日。他以天文学家哈丁的名字取名。生育路易斯的后果导致高斯的第一任妻子去世。

* * *

到目前为止,高斯最令人感兴趣的、比其他孩子们在这里更值得关注的孩子是彼得·萨穆埃尔·马里乌斯·欧根纽斯·高斯——他一直被称为欧根。他在1811年7月29日生于格丁根,而且活到85岁,是这位数学家的孩子中最后在世的。名字彼得取自他外祖父的名字,因为他是高斯第二任妻子的第一个孩子。

---

① 见第十六章。

附录 D　高斯的子女

有很好的理由认为欧根是高斯的子女中在数学上和语言上最有天赋的。无疑他从他父亲那里继承了很多。在他的早年,他的生活呈现了浪漫冒险的成分。

起初高斯对欧根将要做什么抱有很大希望。当这个孩子长到少年时,展现了非凡的能力,尤其是在语言上。有一次,他父亲拿了一本法语书,检查他的法语知识,然后告诉他,他知道的法语已经足够,不用再进一步学习了。① 另一次,高斯把这孩子从格丁根带到策勒镇,把他安置在一所学校。当在一家小旅馆停留时,欧根向他父亲说他解决了一个语法上的小问题,他很快乐。他父亲眼里闪耀着快乐的光芒,答道:"是的,我的儿子,一个人从解决这种问题而得到的快乐是非常大的,但它无法与解决数学问题所得到的类似快乐相比。"

当欧根成年时,高斯似乎不想让他或他的兄弟们尝试数学,因为这位父亲觉得他们没有一个会超过他,他不希望这个姓氏被人看低。显然对科学工作的任何其他方向他的感觉也是这样,因为当欧根在格丁根完成中学学业后想以研究语言学作为终生事业时,这位父亲却要他学习法律。因此他进入格丁根大学的法学院。

欧根沉溺于当时格丁根大学学生的放荡生活。他的主要缺点是赌博。在他脸上有一个伤疤,尽管不明显,这是他参与一次学生决斗的证据。他身材修长,有一双蓝眼睛,年轻时头发乌黑,后来变白了。从外表上看欧根非常像他的母亲。

终于,欧根请一些同学吃了一顿精美的晚餐后把账单给了父亲。高斯为此训斥了他,于是一场吵闹发生了。性急的欧根突然决定他要离开德意志去美国。他有一种不安分的天性而且被冒险精神指引。他希望独立而且在一个新国家中闯出自己的一片天地。欧根既没有给家里告别也没有做任何准备就出发了。当时他的母亲重病在身,而高斯觉得他儿子的这种行为加速了她的死亡。在她的遗嘱中,她立下了一个条款,说他不应该继承他的份额,除非他

---

① 后来在美国的年月中,他流利地讲法语,而且有时被误认为是法国人。

给出品行良好的证据。在适当的时候他能拿出这样的证据。然而高斯从来没有完全原谅他儿子的这个鲁莽的行为,即使在后来的一些年月中出现了一种和解。这件事深深地影响了高斯许多年。

欧根离开后,高斯写信给他的朋友舒马赫,请求他让汉堡的警察局长①启动对欧根的寻找。这是 1830 年 9 月初。但在汉堡没有发现欧根。在这个时候,高斯是如此不安,以致他说,他永远不想再见到他的这个儿子。当然,后来这种强烈的情绪得到缓和了。

高斯追上已去了不来梅的欧根,并催促他返回,同时告诉他,自己带来了他的皮箱,如果他决意去美国就会提供他充裕的资金。这对父子当时在奥伯斯家中作客。欧根拒绝返回,而且这两人就此分开。当高斯回到家中他觉得自己病了,在感情上他是如此心烦意乱。

从 1830 年的 9 月 3 日到 10 月 13 日,欧根停留在不来梅,把他的大部分时间用在学习英语上。奥伯斯向高斯报告说他的行为在那几周相当好,而且一个姓布雷登坎普(Bredenkamp)的朋友和一个当时已在费城立足的德意志商人在欧根踏上美国土地时会帮助他。

横渡大西洋的航行从 1830 年 10 月 13 日持续到 12 月下旬,欧根在纽约登陆。由于在那时英语掌握得不好而且对工作缺乏认真的态度和愿望,他在纽约或费城没有找到工作。到 1831 年 2 月,他用完了父亲交由他支配的资金。在这严峻形势下欧根在 1831 年 4 月 19 日参加了美军成为一名二等兵,为期 5 年。起初他属于驻扎在威斯康星州克劳福德(Crawford)堡的美国步兵第一团的 F 连,受卢米斯(S. Loomis)上尉指挥。②

1832 年 7 月 20 日,卢米斯寄给高斯一个证明欧根行为良好的报告,这在与他母亲遗产的有关事务中是需要的。在克劳福德堡,欧根负责营地图书馆。高斯吃惊地发现,卢米斯寄来的证明附有一封问候信,那是来自一个他不认识的名叫海因里希·施利普哈克(Heinrich Schliephacke)的年轻德意

---

① 参议员达默特(Dammert)。
② 他是金斯伯里(Kingsbury)中尉的手下。

志人的。他于 1822 年在类似情况下离家出走并加入美军。他的老家在位于不伦瑞克和沃尔芬比特尔之间的公路旁,离高斯的出生地只有几英里远。他帮助欧根适应了新环境,并在信中称赞他是一个好士兵,预测他将得到快速提升。

后来欧根转移到明尼苏达州的斯内灵(Snelling)堡。这个营地由扎卡里·泰勒(Zachary Taylor)将军指挥,杰斐逊·戴维斯(Jefferson Davis)是这里的一个年轻军官。出于偶然,这里的军官们发现欧根是一个受过教育的人,就派他负责营地图书馆。在他服役期快结束[①]时,他的哥哥约瑟夫到美国学习铁路建设。约瑟夫带着给温菲尔德·斯科特(Winfield Scott)将军等人的信,他想他能为欧根在正规军队中谋得一个官职,如果他想要的话。但欧根另有打算。约瑟夫在美国停留期间没能看望欧根。

起初,欧根希望在密苏里州的圣路易斯得到一份工作。如果这个打算不成功,他希望在一个南方的种植园得到一份工作。他害怕离开军队,因为对他来说未来看来不确定。1834 年,他已成为他的那个连的一级军士长,然而当他想到他本可成为怎样的人,而与他出身和教育同等的人现在是他的上司时,他感到难受。他认识到离家是一时冲动。

1831 年 5 月 15 日,当欧根还在靠近纽约的一个新兵训练营的时候,他给父亲写了一封满是懊悔和自责的信。在那时,当兵的生活对于他来说难以忍受,不过到头来这是他的救赎。在刚刚提到的信中,他说他宁愿做一个工资只有通常四分之一的按日计酬的劳工,也不愿做个当兵的。不久之后,他给父亲写了第二封信,要求帮助以让他成功退伍,因为他想以近视为由被清退出军队的希望破灭了。在一封把劝说悔改的说教同对更好未来的希望很好结合起来的信中,高斯拒绝了。欧根开始从他的薪金中积攒一点钱。他写信给他父亲说:"您的名字即使在这个荒芜之地也众所周知。"

在服役期间,欧根成了一名虔诚的长老会信徒而且决定做一名传教士。[②]

---

① 1836 年 4 月 19 日。
② 见第二十二章。

他的哥哥约瑟夫对此很不高兴,但高斯却否。在后来一些年月中,除了坚持他的精神信念,欧根还对他深信不疑的基督教做了学术研究。① 他图书室的许多藏书都是神学方面的。在家中他进行家庭敬拜;据说他的祈祷以清楚的陈述和理解以及不做作的认真和谦卑著称。他表示对来到美国感到满意,因为若不是这样,他可能永远不会信奉基督教。

欧根服役结束,便进入美国毛皮公司工作,在密西西比河和密苏里河的河源一带活动。他受位于威斯康星州普雷里德欣(Prairie du Chien)的办事处领导,手下有赫尔克里士·道斯曼(Hercules L. Dousman)。② 在这里他轻而易举学会说苏族语(Sioux),并帮助一个姓庞德(Pond)的传教士编一份苏族语字母表和翻译圣经。在这个时候,他遇到了法国天文学家尼科莱。③

到1838年夏季,欧根在一个保险代理人的事务所担任办事员。在接下来的春季他找了一份私人教师的工作。在这之后,他短时期地回到印第安人那里,为那家毛皮公司服务。

现在高斯确信欧根已经改过自新,于是向他支付了他母亲遗产中给他的那份。1840年,欧根在密苏里州圣查尔斯开了一爿商店,并且他余生的大部分时间在这座城市度过。在游历了这个国家的大部分地区——有着形形色色且有时是危险的经历——之后,他终于安分了。

在圣查尔斯,欧根·高斯有各种商业利益——磨面、木材,等等。他组织并担任第一国民银行的第一任行长。在1844年2月14日,他与亨丽埃塔·福西特(Henrietta Fawcett)结婚,她在1817年2月3日生于弗吉尼亚州靠近哈里森堡(Harrisonburg)的罗金厄姆(Rockingham)县。亨丽埃塔的父亲约瑟夫·福西特(Joseph Fawcett)是胡格诺派教徒的后裔,她母亲是卢克雷茨娅·凯斯(Lucretia Keyes)。他们在亨丽埃塔与欧根结婚前的几年从弗吉尼亚州搬到密苏里州。高斯听到欧根的结婚打算很是高兴,并给他写了一封亲切的、

---

① 他阅读原文的《新约全书》。
② 在这个时期,他实际上大部分时间在南达科他州的皮埃尔堡(Fort Pierre)。
③ 见第二十一章。

充满爱的信。欧根和亨丽埃塔有 7 个孩子。他们在圣查尔斯建了一栋坚固的砖砌住宅，带有草坪、花园和果园，在这里他们过着旧时南方的舒适和富足的生活。这栋房子仍矗立着，尽管现在有些改变，场地也变小，它在 1885 年被卖掉，已有很多年不属于这个家庭了。在圣查尔斯，欧根的朋友和熟人主要是弗吉尼亚人、肯塔基人和卡罗来纳人，他们是在早期的法国殖民之后来到这个县和镇的。

欧根·高斯是一个意志非常坚强的人且天生脾气急躁。他终生学习而在他晚年失明之后，他的妻子作为他的永恒伴侣读书给他听并且与他讨论各种话题。在他的所有学术生活中，他是诚恳的和缜密的，不过谦虚是他显著的性格特征。他不是一个自我吹嘘的人，也不利用他父亲的名声。在他去世前一年他说到他研究语言学的愿望，并说假若他留在欧洲，他本会有能力得到一个大学教授的职位。他想到这在他的一生中本会造成巨大差异。欧根是一个有精明判断力的人，并且常常对他的境遇表达明智的看法。他很快就彻底地美国化了，而且不赞成他看到的许多德意志移民的行为。1848 年的欧洲革命尤其令他感兴趣，并且在他写给在德意志的家人的信中表达了敏锐的观察结论。

当欧根过了 80 高龄且失明的时候，他常常以见长的心算来自娱自乐。他计算了一美元自亚当时代到当时（大约是 1894 年）会涨到多少数额，如果年利率为 4%，且这段时间被认为是 6 000 年。这个数额，如果换算成黄金，会形成一个如此大的立方体，光走过它的一条边需要几千万亿年。[①] 这样的心算简直令人难以置信。欧根仅有的帮助来自他儿子西奥多（Theodore，1849—1895）。在欧根忙于计算的几天时间中，西奥多不时地被要求写下标志着欧根工作不同阶段的结果。欧根通过普通的算术得到他的结果。他儿子保存了一张纸，上面写着欧根认为他可能记不住的一行行长数字。在这张纸上有几个令人感兴趣的备忘录。例如，欧根指示他儿子写下这些数字：

---

① 这个数额为 $1\times(1+0.04)^{6\,000}$，大约是 $1.580\,237\,72\times 10^{102}$ 美元。——译者注

高斯——科学的巨人

```
    1234567890571821 78039
        3680824926969613857
   ─────────────────────────
    12345678906086300296 5969613857
                    ×
```

第二行的数字是在第一行的数字写了几天之后写的,由西奥多将其与上一行数字相加。他的父亲已指示他写第二行数字时要把开头的数字 3 放在上一行的 7 下面然后顺序写下去。在读出这一加法的结果时,西奥多把这里用一个×标记的 8 错为 7。欧根发觉到这个错误,他儿子做了更正,这表明这位失明老人能在头脑中记住 30 位的数字。这一精彩的计算显示了非凡的记忆力。后来他得到了表示为金美元的一立方英尺黄金的价值。一位天文学教授后来检验了这个结果并发现它是正确的。

1885 年,欧根从圣查尔斯搬到一个四百英亩的农场,在密苏里州布恩 (Boone) 县 63 号公路旁,距哥伦比亚 5 英里。1896 年 7 月 4 日,星期六,他以 85 岁高龄死在这里。葬礼以圣查尔斯的第一长老会教堂为出发点举行。他的遗孀一直活到 1909 年 11 月 24 日,因此达到了 92 岁的高龄。欧根和亨丽埃塔葬在密苏里州圣查尔斯的橡树林(Oak Grove)公墓。

* * *

威廉·奥古斯特·卡尔·马蒂亚斯·高斯是高斯的第四个儿子及他的第二任妻子的次子,在 1813 年 10 月 23 日生于格丁根。他一直被称为威廉。他的生活没有他哥哥那样浪漫。在 15 岁时,他和欧根同时离开在策勒的中学,他为的是成为一个农夫。学徒期结束之后,他担任过一些农场的几个行政职务。因为他很好吵架而且吵起来很激烈,这些工作没有一个做得久。最终他在波茨坦的一个商业职位上干了两年多,只是因为他要等待归还他先前提交的一笔保证金,然而这引起了好几年的诉讼。早在 1832 年,他计划移民,因为他确信他的资金不足以在德意志购买一个农场。1837 年 8 月 21 日,威廉与普鲁士-奥尔登多夫(Preussisch‐Oldendorf)附近的莱文(Levern)的牧师海因里希·法勒施泰因(Heinrich Fallenstein)大人和夏洛特·弗里德里克·阿马莉·贝塞尔(Charlotte Friederike Amalie Bessel)之女阿莱塔·克里斯蒂亚娜·路易丝·法勒施泰因(Aletta Christiane Luise Fallenstein, 1813—1883)结婚。威廉的这位妻子还是高斯的亲密朋友、天文学家贝塞尔的外甥女。

这位新娘的一位兄弟与这对年轻的夫妇结伴,3个人上了一艘去新奥尔良的帆船,并从那里沿密西西比河溯流而上到密苏里州。在那个时候,美国不可控制地吸引着威廉。但事实上,他从来没有像他哥哥欧根那样完全美国化。他在美国从来不是很快乐,而且有很多年时不时起着回德意志的念头。威廉对美国的生活和美国人民非常挑剔。他不觉得民主制是政府的最好形式,而是喜欢一种受限的君主制。最终为了他的8个孩子,他决定留在美国。他妻子在美国从来都不太幸福;欧根娶了一个美国人,而威廉有位来自德意志的妻子,她不易适应新的环境。这一点以及一种气质上的差异,能解释为何兄弟俩一个成了真正的美国人而另一个则否。威廉是一个有良好智力天赋且热心肠的人,但在家里他往往非常严厉且执拗。

起初威廉在圣查尔斯附近租了地,此后不久他在附近有了自己的农场。但他饱受疾病和庄稼歉收的折磨,以致他离开他的农场并在1840年移居到密苏里州霍华德(Howard)县的格拉斯哥,在这里他和他妻舅开了一家商店。在几年之内,他积累了一笔可观的财富。但开农场比做店主的生活对他的吸引力要强得多。几年之后,他买了一个农场并移居那里,它离格拉斯哥30英里,靠近密苏里州的不伦瑞克,在这里他一直生活到1855年。在这一年威廉移居圣路易斯,在名为"法勒施泰因和高斯"的商号名义下,与他妻舅进入靴子和鞋子的批发业。

威廉在圣路易斯度过了他的余生。他获得了财富并被认为是圣路易斯的代表性商人之一。1855年,他把一个奴隶家庭带到这里做他的家仆。在美国内战之前他把他们全都释放了。他给那位父亲两匹马和一辆四轮马车,让他开始做一名出租马车夫。做一个独立的出租马车夫是那时许多南方黑人的夙愿。

威廉·高斯的居所位于靠近拉斐特(Lafayette)大街的加利福尼亚大街。这是一所大房子,庭院宽广,有花园和果园。在威廉的遗孀于1883年去世后,它被卖给密苏里太平洋铁路公司,用作一家医院。很久之后它被拆掉,原来房子曾经矗立的地方现在是一所学校的运动场。

威廉死于1879年8月23日;他和他的家人葬在密苏里州圣路易斯的贝尔方丹(Bellefontaine)公墓。

* * *

卡尔·弗里德里希和他第二任妻子最小的孩子亨丽埃特·威廉明妮·卡罗琳·特蕾泽·高斯,在1816年6月9日生于格丁根。名字威廉明妮是为奥伯斯而取的,但她总是被称为特蕾泽。她在外貌上像她的母亲,而且她的性格与她母亲的非常相像。特蕾泽与她的同父异母的姐姐明娜非常不同。她非常聪明而且仁慈,但她也非常敏感而且对生活抱悲观态度。特蕾泽肯定是一个内向的人。她的父亲和姐姐明娜注意到了她性格中的这一特点;他们无法理解她的忧郁的本性。她可能在性方面失调。特蕾泽和她姐姐明娜相处得不是太好。特蕾泽经常生病,但她的"病"大多数可能是由身心失调引起的。据信她有肺病,是她的母亲给传染的。当明娜在1840年去世后,她的健康似乎好转了。

她姐姐1838年移居蒂宾根后,她接管了高斯一家的家务运作并照顾高斯年迈的母亲。在高斯的晚年她护理父亲,而且长年陪伴他,表现了对他深深的爱和对所负职责的非凡忠诚。她为他牺牲了一切,并温柔地亲密地依恋他。[①]明娜去世后,她是他的一切。

1855年9月,特蕾泽在父亲去世后几个月去了瑞士。起初她在蒙特勒(Montreux),后来在沃韦(Vevey)和日内瓦湖畔。这个时期她的信充满了对她的健康和格丁根没人给她写过信的抱怨。但事实上,她没有给格丁根的任何人写过信。

---

① 见第二十三章。

附录 D　高斯的子女

1856年9月23日，特蕾泽与康斯坦丁·威廉·斯陶费瑙（Constantin Wilhelm Staufenau，1809—1886）在埃尔斯特韦达（Elsterwerda）结婚，新郎是来自图林根的一位演员和戏剧人，她已与他不间断地通信了14年。这桩婚姻似乎是幸福的，尽管特蕾泽没有活得很长久。这对夫妇在德累斯顿安家，①她于1864年2月11日在这里去世。他们没有孩子。

特蕾泽的婚姻导致了她与她哥哥威廉之间的紧张关系。威廉给约瑟夫的一封把自己意见表达得相当自由的信，由于某个无法解释的原因落在她手中。威廉觉得斯陶费瑙为了她的钱而与她结婚，并在这封信中就这么说了。欧根和约瑟夫也许有相同的感觉，但如果他们确实如此她也从来不知道。因此，在她的最后几年，她与他们的关系比较令人愉快。

斯陶费瑙的第二次婚姻是于1865年7月15日与他在德累斯顿的医生的女儿约翰娜·霍拉克（Johanna Horack，1832—1891）小姐结婚。她临终时，向高斯家族归还了来自特蕾泽的钱。

高斯是一个只对他的女儿们温柔的父亲。如果由此得出结论说他对他的儿子们没有深厚感情，那将是错误的。不错，他不经常给他们写信——除了在他晚年给约瑟夫写了许多信。他对约瑟夫拥有高级官位相当自豪，但得知他的两个远在美国的儿子正在一个新世界里征服生活，他也确实高兴。他有许多悲伤，但以一场伟大的斗争为代价，他以坚定的平静武装着自己出现在世人面前。在他的同胞们面前，他不希望显示软弱，而且他发现外在的平静对于科学工作是必需的。他与他的孩子们，与他家庭的其他成员，以及与他的亲密朋友们的通信，表明他不乏最深厚的感情。

---

① 在魏森豪斯（Waisenhaus）街271号和卡恩拉街（Karnlastrasse）4号。

附录 E
高斯家的家谱

这一部分仅包含高斯和他的同父异母的哥哥的后代。他的先人们被鲁道夫·博尔希（Rudolf Borch）全部列在《德国名人家谱》（*Ahnentafeln berühmter Deutscher*，莱比锡，1929）第一分册第63页中。这里的所列不是他们后代的完整记录。为了安排这些资料，采用了在《新英格兰历史和家族记录》（*New England Historical and Genealogical Register*，LI，305）中解释的十进字母系统。这个记号系统如下进行：

在这张表中这个家族的最早成员格布哈德·迪特里希·高斯用字母 a 标记，他的孩子们用字母 aa、ab 标记，并如此继续。他的长子的孩子们用字母 aaa、aab 标记，并如此继续；而且继续到每个相继的一代。为了计数方便，对应于十进制的小数点的一个空格留在第四个字母的后面。

格布哈德·迪特里希·高斯及后代

第一代

a. 格布哈德·迪特里希·高斯（Gebhard Dietrich Gauss），于尔根·高斯（Jürgen Gauss）和他的妻子卡特琳妮·玛格达莱妮·埃格林斯（Cathrine Magdalene Eggelings）之子，大约1744年2月13日生于德意志不伦瑞克并在1808年4月14日死于此。他是一个园丁、砖匠和当地殡葬协会的管事。(1) 1768 年 4 月 28 日,与多罗特娅·埃梅伦齐娅·瓦内克(佐勒里希)[Dorothea Emerenzia Warnecke (Sollerich)] 结婚。多罗特娅生于 1745 年,并死于 1775 年 9 月 2 日。(2) 1776 年 4 月 25 日在费尔普克与石匠克里斯多夫·本策(Christoph Benze)和他的妻子卡塔琳娜·玛丽亚·克罗内(Catharina Maria Crone)之女多罗特娅·本策(Dorothea Benze)结婚。第二任妻子多罗特娅 1743 年 6 月 18 日生于费尔普克,并在 1839 年 4 月 18 日死于格丁根。

第二代

aa. 约翰·格奥尔格·海因里希·高斯(Johann Georg Heinrich Gauss),1769 年 1 月 24 日生于不伦瑞克并在 1854 年 8 月 7 日死于此。他继承了他父亲的职业。(1) 1808 年 10 月 20 日在不伦瑞克与同城的玛丽·弗里德里克·尤利亚妮·丹内尔(Marie Friederike Juliane Dannehl)结婚。(2) 1826 年 11 月 19 日在不伦瑞克与沃尔芬比特尔的克里斯蒂安纳·索菲·雷吉内·霍贝尔(Christiane Sophie Regine Höber)结婚。

ab. 卡尔·弗里德里希·高斯(Carl Friedrich Gauss),1777 年 4 月 30 日生于不伦瑞克,并在 1855 年 2 月 23 日死于格丁根。数学和天文学教授,格丁根天文台台长。(1) 1805 年 10 月 9 日在不伦瑞克与鞣革师克里斯蒂安·恩斯特·奥斯特霍夫(Christian Ernst Osthoff)和他的妻子约翰娜·玛丽亚·克里斯蒂娜·阿伦霍尔茨(Johanna Maria Christine Ahrenholz)之女约翰娜·伊丽莎白·罗西娜·奥斯特霍夫(Johanna Elisabeth Rosina Osthoff)结婚;这位新娘 1780 年 8 月 5 日生于不伦瑞克,死于 1809 年 10 月 11 日。(2) 1810 年 8 月 4 日在格丁根与格丁根大学法学教授约翰·彼得·瓦尔德克(Johann Peter Waldeck)和他的妻子夏洛特·奥古斯特·威廉明妮·维内肯(Charlotte Auguste Wilhelmine Wyneken)之女弗里德里卡·威廉明妮(明娜)·瓦尔德克[Friederica Wilhelmine (Minna) Waldeck]结婚;这位新娘 1788 年 4 月 15 日生于格丁根并在 1831 年 9 月 12 日死于此。

第三代

aaa. 卡罗琳（莱恩）·玛格达莱妮·多萝特·高斯［Caroline(Line)Magdalene Dorothee Gauss］，1809年2月5日生于不伦瑞克并在1870年3月29日死于此。1832年5月20日在不伦瑞克与制钉师爱德华·威廉·鲍尔迈斯特（Eduard Wilhelm Bauermeister）结婚。（这次婚姻有7个孩子，而且后代传到今天。但在这里不进一步追踪。）

aab. 格奥尔格·格布哈德·阿尔伯特·高斯（Georg Gebhard Albert Gauss），不伦瑞克的水管工，生于1811年5月20日，死于1879年8月24日。1842年9月4日在不伦瑞克与不伦瑞克的约翰妮·多萝特·弗里德里克·舍费尔（Johanne Dorothee Friederike Schäffer）结婚。

aba. （卡尔）·约瑟夫·高斯［(Carl)Joseph Gauss］，汉诺威炮兵军官，后来汉诺威铁路的站长。1806年8月21日生于不伦瑞克，并在1873年7月4日死于汉诺威。1840年3月18日在施塔德与奥古斯特·克里斯蒂安·埃里斯罗佩尔（August Christian Erythropel）和阿马莉·多罗特娅·约翰内斯（Amalie Dorothea Johannes）之女索菲·弗里德里克·埃里斯罗佩尔（Sophie Friederike Erythropel）结婚；这位新娘1818年1月20日生于施塔德，1883年4月6日死于汉诺威。

abb. 威廉明妮（明娜）·高斯［Wilhelmine(Minna)Gauss］，1808年2月29日生于格丁根并在1840年8月12日死于蒂宾根。1830年9月15日在格罗内（Grone）与格丁根亚麻织工海因里希·安德烈埃斯·埃瓦尔德（Heinrich Andreas Ewald）和他的妻子卡塔琳娜·玛丽亚·伊尔莎（Catharina Maria Ilse）之子、神学家、格丁根大学及后在蒂宾根大学的东方语言学教授格奥尔格·海因里希·奥古斯特·埃瓦尔德（Georg Heinrich August Ewald）结婚；埃瓦尔德1803年11月16日生于格丁根并在1875年5月4日死于此。1845年12月27日他在达姆施塔特与达姆施塔特的首席财务官（Oberfinanzrat）和图书馆长安德烈埃斯·奥古斯特·恩斯特·施莱尔马赫（Andreas August Ernst Schleiermacher）和他的妻子卡罗琳·路易丝·毛雷尔（Caroline Luise Maurer）之女奥古斯特·弗里德里克·威廉明妮·施莱尔马赫（Auguste Friederike Wilhelmine Schleiermacher）结婚；埃瓦尔德的第二个妻子1822年3月23日生于达姆施塔特，并在1897年12月19日死于格丁根。他们育有一女卡罗琳·特蕾泽·威廉明妮·埃瓦尔德（Caroline Therese Wilhelmine Ewald），她1850年5月9日生于格丁根并在1917年5月7日死在这里；她终生未婚。

abc. 路易斯·高斯（Louis Gauss），1809年9月10日生于格丁根，并在1810年3月1日死于此。

abd. 彼得·萨穆埃尔·马里乌斯·欧根纽斯（欧根）·高斯［Peter Samuel Marius Eugenius(Eugene)Gauss］，磨面工、木材经销商，以及在密苏里州圣查尔斯的银行行长，他1811年7月29日生于格丁根并在1896年7月4日死于密苏里州布恩县他的农场。1830年，他在格丁根大学学习法律之后来到美国。1844年2月14日在密苏里州圣查尔斯与约瑟夫·福西特（Joseph Fawcett）和卢克雷茨亚·凯斯（Lucretia Keyes）之女亨丽埃塔·福西特（Henrietta Fawcett）结婚；亨丽埃塔1817年2月3日生于弗吉尼亚州哈里森堡，并在1909年11月24日死于欧根在密苏里州靠近哥伦比亚的布恩县的农场。

abe. 威廉·奥古斯特·卡尔·马蒂亚斯·高斯（Wilhelm August Carl Matthias Gauss），在德意志以及靠近密苏里州圣查尔斯的农夫，在密苏里州格拉斯哥的商人，密苏里州沙里顿（Chariton）公司的农夫，最后是在密苏里州圣路易斯的鞋子批发商，他1813年10月23日生于格丁根并在1879年8月23日死于圣路易斯。他1837年来到美国。1837年8月21日在普鲁士的莱文与牧师海因里希·法勒施泰因（Heinrich Fallenstein）和他的妻子、天文学家贝塞尔的侄女夏洛特·弗里德里克·贝塞尔（Charlotte Friederike Bessel）之女阿莱塔·克里斯蒂亚娜·路易丝·法勒施泰因（Aletta Christiane Luise Fallenstein）结婚；这位新娘1813年4

月 20 日生于莱文，1883 年 9 月 15 日死于密苏里州圣路易斯。

abf. 亨丽埃特·威廉明妮·卡罗琳·特蕾泽·高斯（Henriette Wilhelmine Caroline Therese Gauss），1816 年 6 月 9 日生于格丁根，并在 1864 年 2 月 11 日死于德累斯顿。于 1856 年 9 月 23 日在埃尔斯特韦达（Elsterwerda）与在魏森费尔斯（Weissenfels）的教师卡尔·菲利普·斯陶费瑙（Carl Philipp Staufenau）和他的妻子约翰娜·多萝特·金策尔（Johanna Dorothee Künzel）之子，在多地做演员和舞台导演，然后在策尔比希（Zörbig）并最后在德累斯顿退休的康斯坦丁·威廉·斯陶费瑙（Constantin Wilhelm Staufenau）结婚；C. W. 斯陶费瑙 1809 年 2 月 17 日生于魏森费尔斯并在 1886 年 11 月 14 日死于德累斯顿。1865 年 7 月 15 日，C. W. 斯陶费瑙在克茨申布罗达（Kötzschenbroda）与德累斯顿的医生约翰·卡尔·霍拉克（Johann Carl Horack）和玛丽·卡罗琳·伦佩尔特（Marie Caroline Rumpelt）之女约翰娜·卡罗琳娜·玛丽亚·霍拉克（Johanna Carolina Maria Horack）结婚；她 1832 年 8 月 16 日生于德累斯顿并于 1891 年 7 月 17 日死于此。C. W. 斯陶费瑙的两次婚姻都没有子嗣。

第四代

aaba. 格奥尔格·克里斯蒂安·阿尔伯特·高斯（Georg Christian Albert Gauss），水管工，1843 年 6 月 1 日生于不伦瑞克并于 1907 年 1 月 27 日死于此。1870 年 7 月 3 日在不伦瑞克与大施维尔佩尔（Gross Schwülper）的夏洛特·威廉明妮（明娜）·里歇尔曼[Caroline Wilhelmine（Minna）Riechelmann]结婚。

abaa. 卡尔·奥古斯特·阿道夫·高斯（Carl August Adolph Gauss），靠近大布格韦德尔（Gross Burgwedel）的洛讷（Lohne）的地产主，后来在哈姆林退休，1849 年 4 月 10 日生于汉诺威并在 1927 年 1 月 22 日死于哈姆林。1874 年 9 月 4 日在施托尔策瑙（Stolzenau）与施托尔策瑙的农夫迪德里希·埃布迈尔（Diedrich Ebmeier）和他的妻子亨丽埃特·德利乌斯（Henriette Delius）之女安娜·索菲·约翰娜·埃布迈尔（Anna Sophie

Johanne Ebmeier)结婚;这位新娘 1850 年 2 月 8 日生于施托尔策瑙,并在 1900 年 7 月 27 日死于哈姆林。

abab. 约瑟夫·高斯(Joseph Gauss)的无名女婴,1853 年 1 月 24 日死产。

abac. 约瑟夫·高斯(Joseph Gauss)的无名女婴,1854 年 11 月 17 日死产。

abda. 查尔斯·亨利·高斯(Charles Henry Gauss),1845 年 8 月 14 日生于密苏里州圣查尔斯并在 1913 年 1 月 18 日死于此。与圣查尔斯的夏洛特·伊丽莎白·约翰斯(Charlotte Elizabeth Johns,1850—1938)结婚。

abdb. 特里萨·高斯(Theresa Gauss),1847 年 5 月 21 日生于密苏里州圣查尔斯,并在婴儿时夭折。

abdc. 西奥多·高斯(Theodore Gauss),1849 年 12 月 14 日生于密苏里州圣查尔斯并死于 1895 年,未婚。

abdd. 罗伯特·高斯(Robert Gauss),1851 年 9 月 1 日生于密苏里州圣查尔斯。丹佛的报纸《共和党人》(*Republican*)的编辑。并在 1913 年 1 月 19 日死于科罗拉多州的丹佛。未婚。

abde. 弗吉尼娅·高斯(Virginia Gauss),1853 年 9 月 18 日生于密苏里州圣查尔斯,1930 年 2 月死于密苏里州哥伦比亚,生活在密苏里州哥伦比亚;未婚。

abdf. 小尤金·高斯(Eugene Gauss,Jr.),1856 年 10 月 10 日生于密苏里州圣查尔斯,1951 年 12 月 10 日死于加利福尼亚州的拉克雷森塔(La Crescenta)。生活在密苏里州的哥伦比亚;未婚。

abdg. 阿尔伯特·高斯(Albert F. Gauss),1862 年 12 月 2 日生于密苏里州圣查尔斯。1897 年 6 月 20 日在得克萨斯州的奥斯汀与(苏格兰裔的)约瑟菲娜·莫里森(Josephine Morison)结婚。他们在 1904 年移居加利福尼亚,阿尔伯特在 1953 年 10 月 30 日死于加利福尼亚州的阿尔汉布拉(Alhambra)。他们没有子嗣。

abea. 查尔斯·弗里德里克·高斯(Charles Frederick Gauss),1838 年 5 月 30 日生于密苏里州圣查尔斯,并在 1913 年 12 月 2 日死于密苏里州的圣路易斯。(1) 1861 年 12 月 5 日在密苏里州的圣路易斯与摩西·拉姆罗(Moses Lamereaux)和阿黛尔·盖恩·拉姆罗(Adele Guion Lamereaux)之女玛丽·约瑟菲娜·拉姆罗(Mary Josephine Lamereaux, 1842—1875)结婚。(2) 1879 年 5 月 14 日在圣路易斯与肯塔基州波旁(Bourbon)县的查尔斯·史密斯(Charles H. Smith)和凯瑟琳·史密斯(Catherine B. Smith)之女艾达·海伦·史密斯(Ida Helene Smith, 死于 1932 年 2 月 24 日)结婚。

abeb. 玛丽亚·索菲娅·特里萨·高斯(Maria Sophia Theresa Gauss), 1840 年 8 月 18 日生于密苏里州格拉斯哥并于 1941 年 9 月 7 日死于此。

abec. 奥斯卡·威廉·高斯(Oscar William Gauss), 1842 年 3 月 20 日生于密苏里州的格拉斯哥, 并在 1918 年死于密苏里州的布恩维尔(Boonville)。是一个长老会的牧师。1869 年 8 月 5 日在密苏里州圣路易斯与埃丝特·吉尔(Esther Gill, 生于 1841 年 5 月 10 日)结婚。

abed. 玛丽·路易丝·高斯(Mary Louise Gauss), 1844 年 11 月 30 日生于密苏里州靠近不伦瑞克的沙里顿县, 并在 1925 年死于密苏里州的圣路易斯。未婚。

abee. 约翰·伯纳德·高斯(John Bernard Gauss), 1847 年 9 月 30 日生于密苏里州靠近不伦瑞克的沙里顿县的一个农场, 并在 1886 年 10 月 5 日死于密苏里州的圣路易斯。1875 年 11 月 10 日在密苏里州的圣路易斯与同城的安娜·希尔曼斯(Anna Heermans)结婚。

abef. 威廉·西奥多·高斯(William Theodore Gauss), 1851 年 7 月 1 日生于密苏里州靠近不伦瑞克的沙里顿县的一个农场, 生活在科罗拉多斯普林斯(Springs)并在 1928 年 11 月 14 日死于那里。1876 年 6 月 24 日在伊利诺伊州的皮茨菲尔德(Pittsfield)与海伦·沃辛顿(Helen Worthington)结婚, 她 1855 年 1 月 29 日生于皮茨菲尔德, 并在 1933 年死于科罗拉多斯普林斯。

abeg. 路易斯·弗雷德里克·高斯(Louis Frederick Gauss)(孪生子), 1855 年

8月30日生于密苏里州靠近不伦瑞克的沙里顿县的一个农场,并在1908年6月17日死于密苏里州的圣路易斯。

abeh. 约瑟夫·亨利·高斯(Joseph Henry Gauss)(孪生子),1855年8月30日生于密苏里州靠近不伦瑞克的沙里顿县的一个农场。以长老会的牧师退休,生活在印第安纳州的纽堡(Newburgh)。(1) 1882年10月23日在密苏里州的圣路易斯与安妮·吉尔(Annie Gill)结婚,她1850年2月15日生于密苏里州的墨西哥城(Mexico),并在1908年8月5日死于密苏里州的圣路易斯。(2) 1910年8月30日在密苏里州的圣路易斯与一位娘家姓奥利芙·蒙哥马利(Olive Montgomery)的寡妇弗雷德里克·汤斯利(Frederick Townsley)夫人结婚。

第五代

aaba a. 特奥多尔·罗伯特·格布哈德·高斯(Theodor Robert Gebhard Gauss),1871年3月28日生于不伦瑞克并在1871年8月15日死于此。

aaba b. 特奥多尔·罗伯特·格布哈德·高斯(Theodor Robert Gebhard Gauss),1872年6月22日生于不伦瑞克并在1873年4月17日死于这里。(以去世的哥哥的名字取名。)

aaba c. 米内特·乔金·艾伯丁·高斯(Minette Georgine Albertine Gauss),1875年8月4日生于不伦瑞克并作为寡妇生活在这里。1898年4月24日与不伦瑞克的五金商人威廉·格奥尔格·奥古斯特·伯特格尔(Wilhelm Georg August Böttger,1870—1917)结婚。

abaa a. 卡尔·约瑟夫·高斯(Carl Joseph Gauss),1875年10月29日生于靠近大布格韦德尔(Gross Burgwedel)的洛讷(Lohne)。1919年2月6日在杜塞尔多夫(Düsseldorf)与鲁道夫·宾格尔(Rudolf Bingel)和马蒂尔德·霍恩达尔(Mathilde Hohendahl)之女、也是阿瑟·林登堡(Arthur Lindenburg,1873—1918)的遗孀埃米莉·奥古斯特·玛格达莱妮·宾格尔(Emilie Auguste Magdalene Bingel)结婚,她在1886年1月24日生于靠近卡斯罗普(Kastrop)的劳雷尔(Raurel)。C.J.高斯博士是维尔茨堡大学的妇科学教授和妇科诊所的主任。已退休,现在生活在巴特基辛根(Bad Kissingen)。①

abaa b. 索菲·弗里德里克·伊丽莎白·高斯(Sophie Friederike Elisabeth Gauss),1876年10月30日生于洛讷,并在1878年2月8日死于此。

abaa c. 海伦·夏洛特·索菲·阿尔弗里德·高斯(Helene Charlotte Sophie Alfriede Gauss),1878年12月15日生于洛讷。1907年4月5日在哈姆林与格奥尔格·内勒(Georg Nöller)和威廉明妮·哈特勒本(Wilhelmine Hartleben)之子约翰(斯)·奥托·库诺·内勒[Johann(Hans)Otto Kuno Nöller]结婚,他1873年1月11日生于靠近汉诺威的龙嫩贝格(Ronnenberg)。他是一个地方法官,后来是公证人,他们先住在古默斯巴赫(Gummersbach),现居波恩。

abaa d. 卡尔·路易斯·哈里·高斯(Carl Louis Harry Gauss),1880年12月16日生于洛讷,在1913年10月17日作为炮兵上尉死于萨克森的武尔岑(Wurzen)。1905年9月30在武尔岑与武尔岑的工厂主卡尔·贝斯勒(Carl Baessler)和约翰娜·施罗德(Johanna Schroeder)之女伊丽莎白·玛丽·贝斯勒(Elisabeth Marie Baessler)结婚,她在1882年12月19日生于武尔岑。

abaa e. 威廉·奥古斯特·高斯(William August Gauss),1885年5月20日生于哈姆林,1939年3月13日自杀,当时是在哈姆林的中校和地区指挥官。1913年6月28日在靠近莱比锡的普劳西希(Plaussig)与普劳西希的地产主特奥多尔·迪比希(Theodor Dürbig)和夏洛特·卡比奇(Charlotte Kabitzsch)之女克拉拉·玛丽安娜·迪比希(Clara Marianne Dürbig)结婚,她1892年11月13日生于靠近莱比锡的普劳西希。

abda a. 布兰奇·林赛·高斯(Blanche Lindsay Gauss),1870年10月18日生于密苏里州的圣查尔斯,1950年2月26日死于佛罗里达州的迈阿密。未婚。

---

① 他已于1957年去世。——译者注

abda b. 亨丽埃塔·高斯(Henrietta Gauss),1872 年 4 月 4 日生于密苏里州的圣查尔斯,而在 1872 年 9 月 12 日死于密苏里州的锡代利亚(Sedalia)。

abda c. 尤金·高斯第三(Eugene Gauss III),1873 年 11 月 12 日生于密苏里州的圣查尔斯,而在 1891 年 12 月 11 日死于得克萨斯州的圣安东尼奥(San Antonio)。未婚。

abda d. 安妮·德菲·高斯(Anne Durfee Gauss),1876 年 6 月 27 日生于密苏里州的锡代利亚,而在 1932 年 4 月 25 日死于密苏里州的圣查尔斯。未婚。

abda e. 查尔斯·弗雷德里克·高斯(Charles Frederick Gauss),1878 年 4 月 9 日生于密苏里州的锡代利亚,而在 1879 年 6 月 27 日死于此。

abda f. 玛莎·高斯(Martha Gauss),1879 年 9 月 24 日生于密苏里州的锡代利亚,而在 1882 年 12 月 17 日死于此。

abda g. 亨利·高斯(Henry Gauss),1881 年 6 月 18 日生于密苏里州的锡代利亚,而在 1881 年 6 月 19 日死于此。

abda h. 约翰·蒙哥马利·高斯(John Montgomery Gauss),1882 年 11 月 29 日生于密苏里州的锡代利亚,而在 1932 年 5 月 12 日死于密苏里州的圣查尔斯。未婚。

abda i. 弗吉尼娅·福西特·高斯(Virginia Fawcett Gauss),1883 年 11 月 28 日生于密苏里州的圣查尔斯,而在 1955 年死于此。未婚。

abda j. 马修·约翰斯·高斯(Matthew Johns Gauss),1887 年 4 月 11 日生于得克萨斯州的圣安东尼奥,生活在密苏里州的圣查尔斯。1923 年 10 月 30 日与密苏里州富尔顿(Fulton)的玛丽·格拉登·格兰特(Mary Gladden Grant)结婚。死于 1954 年 9 月 18 日。

abda k. 洛伊丝·高斯(Lois E. Gauss),1888 年 10 月 3 日生于得克萨斯州的圣安东尼奥,而生活在佛罗里达州的迈阿密。1918 年 3 月 4 日在密苏里州的圣查尔斯与肯塔基州里士满(Richmond)的乔赛亚·费尔普斯·西蒙斯(Josiah Phelps Simmons)和他的妻子伊丽莎白(Elizabeth)之子阿诺尔德·西蒙斯(Arnold Simmons)结婚。

abda l. 明娜·瓦尔德克·高斯(Minna Waldeck Gauss),1892年7月2日生于得克萨斯州的圣安东尼奥,而生活在路易斯安那州的新奥尔良。在1930年10月15日在密苏里州的圣路易斯她与长老会的牧师弗雷德·雷韦斯(Fred L. Reeves)结婚之前,她是一位教师。

abea a. 阿黛尔·路易莎·高斯(Adele Louisa Gauss),1862年9月生于密苏里州的圣查尔斯,而在1948年2月15日死于此。1885年在圣路易斯与查尔斯·布伦(Charles W. Bullen)结婚,他在1854年2月7日生于肯塔基州的路易斯维尔(Louisville),而在1897年4月2日死于圣路易斯。

abea b. 埃玛·约瑟菲娜·高斯(Emma Josephine Gauss),1864年11月生于密苏里州的圣路易斯,而在1953年8月24日死于此。1887年5月12日与塞缪尔·哈特·扬(Samuel Hart Young)结婚,他1851年4月12日生于圣路易斯。

abea c. 路易丝·阿莱塔·高斯(Louise Aletta Gauss),1867年2月生于密苏里州的圣查尔斯,而在1953年2月21日死于此。1889年12月在圣路易斯与俄亥俄州克利夫兰(Cleveland)的路易斯·基斯(Louis G. Kies)结婚,他死于1897年或1898年。

abea d. 玛丽(玛米)·盖恩·高斯[Mary(Mamie)Guion Gauss],1869年11月生于密苏里州的圣路易斯,而生活在路易斯安那州的什里夫波特(Shreveport),1893年3月与保罗·安南(J. Paul Annan)结婚。

abea e. 萨拉(萨迪)·拉姆罗·高斯[Sarah(Sadie)Lamereaux Gauss],1873年9月生于密苏里州的圣路易斯,死于1954年11月16日。(1) 1896年在圣路易斯与纽约的乔治·坦尼(George S. Tenney)结婚,他死于1910年。(2) 1914年4月17日与弗兰克·席夫马赫(Frank Schiffmacher)结婚。

abec a. 艾梅·埃丝特·高斯(Aimee Esther Gauss),1871年5月5日生于密苏里州的圣路易斯,而在1908年死于科罗拉多州的格里利(Greeley)。未婚。

abec b. 玛丽安娜·高斯(Marianne Gauss),1873年11月5日生于密苏里州的布恩维尔。生活在科罗拉多州的格里利。未婚。

abec c. 弗朗西斯·路易丝·高斯(Frances Louise Gauss),1875年10月19日生于密苏里州的开普吉拉多(Cape Girardeau),而在1887年10月15日死于密苏里州的杰斐逊城。

abec d. 特里萨·高斯(Theresa Gauss),1877年9月30日生于密苏里州的布恩维尔,1907年与科罗拉多州拉马尔(Lamar)的乔治·鲁宾逊(George D. Robinson)结婚。

abec e. 夏洛特·高斯(Charlotte Gauss),1879年8月23日生于密苏里州的布恩维尔,生活在科罗拉多州的格里利。未婚。

abec f. 路易丝·高斯(Louise Gauss),生于1881年7月1日。生活在科罗拉多州的格里利。未婚。

abec g. 奥斯卡·高斯(Oscar Gauss),1884年4月15日生于密苏里州的布恩维尔。生活在科罗拉多州的格里利。未婚。

abee a. 菲利普·威廉·高斯(Philip William Gauss),1876年10月10日生于密苏里州的圣路易斯,1916年12月14日与埃特尔·怀特(Ethel White)结婚。生活在得克萨斯州的阿瑟港(Port Arthur),并在1954年12月13日死于这里。

abee b. 查尔斯·威廉·高斯(Charles William Gauss),1879年1月生于密苏里州的圣路易斯。未婚。

abee c. 拉尔夫·伯纳德·高斯(Ralph Bernard Gauss),1881年1月生于密苏里州的圣路易斯,并且在1909年12月2日死于此。未婚。

abee d. 玛贝尔·阿莱塔·高斯(Mabel Aletta Gauss,1883—1890),密苏里州的圣路易斯。

abee e. 小约翰·伯纳德·高斯(John Bernard Gauss,Jr.),1885年生于密苏里州的圣路易斯。在得克萨斯州生活;死于1914年。

abef a. 卡尔·弗里德里希·高斯(Carl Friedrich Gauss),1878年10月19日

生于密苏里州的圣路易斯,并且在 1929 年 6 月 4 日死于科罗拉多州的利特尔顿(Littleton)。1914 年 12 月 12 日与安妮·帕尔默·格里菲思(Anne Palmer Griffith)结婚。

abef b. (明娜)·海伦·沃辛顿·高斯[(Minna) Helen Worthington Gauss],1881 年 4 月 9 日生于密苏里州的圣路易斯,生活在科罗拉多州的斯普林斯。未婚。名字 Minna 被遗漏而且在 abefd 去世时她的名字采用 Helen Worthington。

abef c. (威廉)·西奥多·沃辛顿·高斯[(William) Theodore Worthington Gauss],1884 年 9 月 4 日生于密苏里州的圣路易斯。生活在加利福尼亚州的圣迭戈(San Diego)。1913 年 9 月 20 日与格拉迪丝·奥利娃·鲁宾逊(Gladys Olivia Robinson)结婚。

abef d. 海伦·沃辛顿·高斯(Helen Worthington Gauss),1887 年 7 月 7 日生于密苏里州的圣路易斯并且在 1889 年 2 月 8 日死于此。

abeh a. 埃丝特·玛丽·高斯(Esther Mary Gauss),1883 年 10 月 20 日生于密苏里州的圣路易斯,并生活在加利福尼亚州的杜阿尔特(Duarte)。

abeh b. 亨利·法勒施泰因·高斯(Henry Fallenstein Gauss),1885 年 4 月 21 日生于巴西的伯南布哥(Pernambuco,累西腓的旧称)。1912 年 6 月 8 日与默特尔·伊丽莎白·莱斯克(Myrtle Elizabeth Leisk)结婚,她 1891 年 10 月 29 日生于密尔沃基(Milwaukee)。是爱达荷大学的研究教授和机械工程系主任。

abeh c. 弗兰克·埃文斯·高斯(Frank Evans Gauss),1887 年 10 月 25 日生于密苏里州的圣路易斯,1924 年 4 月 5 日与玛莎·多萝西·迈耶(Martha Dorothy Meyer)结婚。

abeh d. 保罗·威廉·高斯(Paul William Gauss),1889 年 7 月 6 日生于密苏里州的圣路易斯。1913 年 5 月 27 日与鲁比·费伊·汤姆林森(Ruby Fay Tomlinson)结婚。是在俄亥俄州扬斯敦(Youngstown)的长老会神职人员。

abeh e. 安妮·高斯(Annie Gauss),1891 年 1 月 20 日生于密苏里州的圣路易斯。1921 年 4 月 4 日在圣路易斯与安德鲁·海斯·基恩(Andrew Hays Kean)结婚,他在 1887 年 5 月 19 日生于圣路易斯,并且死于 1953 年 11 月 16 日。

abeh f. 珍妮特·李·高斯(Janet Lee Gauss),1912 年 7 月 18 日生于密苏里州的圣路易斯。1941 年 6 月 14 日在密苏里大学城与阿尔伯特·费迪南德·施拉德尔(Albert Ferdinand Schrader)和他的妻子埃丝特拉·沃克(Estella Walker)之子米尔顿·施拉德尔(Milton Schrader)结婚,他在 1912 年 6 月 27 日生于圣路易斯。

abeh g. 约瑟菲娜·亨丽埃塔·高斯(Josephine Henrietta Gauss),1918 年 7 月 10 日生于密苏里州的圣路易斯。1941 年 11 月 27 日在圣路易斯与乔治·加尔文(George E. Garven)和梅·加尔文(Mae M. Garven)之子乔治·加尔文(George Garven)结婚,他 1916 年 7 月 2 日生于圣路易斯。

第六代

aaba aa. 阿尔伯特·伯特格尔(Albert Böttger),1899 年生于德国的不伦瑞克。在莱比锡有一爿五金店。在 1945 年被俄国人绑架,此后命运未知。

aaba ab. 威廉·伯特格尔(Wilhelm Böttger),1901 年生于德国的不伦瑞克。1946 年死于结核。在伦格德(Lengede)有一爿乡村商店。结婚并育有一女。

abaa ca. 克劳斯·威廉·内勒(Klaus Wilhelm Nöller),1908 年 5 月 20 日生于德国的古默斯巴赫,并在 1908 年 8 月 8 日死于此。

abaa cb. 汉斯·海因里希·内勒(Hans Heinrich Nöller),1909 年 7 月 15 日生于德国的古默斯巴赫。在加拿大是战争(第二次世界大战)罪犯,并且一只眼睛失明。

abaa cc. 克劳斯·库诺·内勒(Klaus Kuno Nöller),1910 年 9 月 30 日生于德国的古默斯巴赫。自 1945 年作为战犯在罗马尼亚失踪。

abaa cd. 埃伯哈德·格奥尔格·内勒(Eberhard Georg Nöller),1911 年 11 月

25 日生于德国的古默斯巴赫。在成为第二次世界大战的罪犯后返回波恩。

abaa da. 卡尔·哈里·高斯(Carl Harry Gauss)，1906 年 7 月 20 日生于德国的武尔岑。作为一名炮兵军官在哈尔伯施塔特(Halberstadt)因一次射击事故死于 1932 年 2 月 17 日。

abaa db. 未取名的男婴，死产，汉诺威，1908 年 6 月 23 日。

abaa dc. 汉斯彼得·卡尔·约瑟夫·高斯(Hanspeter Carl Joseph Gauss)，总是被称为彼得(Peter)，1909 年 7 月 7 日生于汉诺威。他结婚并育有 3 个孩子。在文德尔海姆[Wendelheim，克莱斯阿尔蔡，莱茵黑森(Kreis Alzey, Rheinhessen)]的一名兽医。自 1945 年在罗马尼亚的行动中失踪。

abaa dd. 约翰娜·克里丝塔·高斯(Johanne Christa Gauss)，1912 年 3 月 30 日生于武尔岑。有高斯的数学天赋的唯一的德国后裔。与采矿工程师克勒(Köhler)结婚并生活在汉诺威的佩内(Peine)。

abaa ea. 哈里·约瑟夫·高斯(Harry Joseph Gauss)，1918 年 9 月 5 日生于德国的莱比锡。在 1940 年担任步兵中尉时死于拉普兰[Lapland，费希尔(Fischer)岛]。

abaa eb. 死产的男婴。哈姆林，1924 年 12 月 24 日。

abaa ec. 森塔(Senta)，生于 1925 年 9 月 13 日。与她的母亲生活在哈姆林。

abda ja. 玛丽·伊丽莎白·(贝特西)·高斯[Mary Elizabeth(Bettie)Gauss]，1924 年 8 月 26 日生于密苏里州的圣查尔斯。1948 年 6 月 28 日与银行家小哈罗德·威尔逊(Harold W. Wilson, Jr.)结婚。生活在肯塔基州的霍顿(Horton)。

abda jb. 小马修·约翰斯·(杰克)·高斯[Matthew Johns(Jack)Gauss Jr.]，1927 年 2 月 21 日生于密苏里州的圣查尔斯。未婚。美国海军中尉，负责 PCE 902，在威斯康星州的密尔沃基之外训练海军预备役的船只操作。

abda jc. 戴维·沃伦·高斯(David Warren Gauss)，1936 年 9 月 3 日生于圣查尔斯。位于密苏里州富尔顿的威斯特敏斯特(Westminster)学院的学生。

abda ka. 伊丽莎白·约翰斯·西蒙斯(Elizabeth Johns Simmons),1922 年 5 月 18 日生于佛罗里达州的迈阿密,1944 年 10 月 2 日与马萨诸塞州昆西(Quincy)的查尔斯·伯奇斯特德(Charles F. Burchsted)和埃玛·伯奇斯特德(Emma Burchsted)之子克利福德·阿诺尔德·伯奇斯特德(Clifford Arnold Burchsted)结婚。

abda kb. 洛伊丝·温斯顿·西蒙斯(Lois Winston Simmons),1924 年 9 月 25 日生于佛罗里达州的迈阿密,1949 年 4 月 16 日与迈阿密的盖伊·钱布莱斯(Guy Chambless)和贝蒂·钱布莱斯(Betty Chambless)之子罗伯特·德沃尔·钱布莱斯(Robert Devore Chambless)结婚。

abea aa. 阿黛尔·高斯·布伦(Adele Gauss Bullen),1886 年 7 月 23 日生于密苏里州的圣路易斯,1910 年 4 月 12 日与圣路易斯的克利福德·克罗宁格(Clifford R. Croninger)结婚。

abea ab. 查尔斯·高斯·布伦(Charles Gauss Bullen,1888—1893),圣路易斯。

abea ac. 玛丽·海伦·布伦(Mary Helene Bullen),生于 1895 年并死于 1935 年。与克利福德·雷蒙德·加里森(Clifford Raymond Garrison)结婚。

abea ba. 玛丽·哈特·扬(Marie Hart Young),1888 年 2 月生于圣路易斯。1916 年 11 月 12 日与罗伯特·加特赛德(Robert J. Gartside)结婚。

abea bb. 艾达·海伦·扬(Ida Helene Young),生于 1889 年 11 月。(1) 1913 年 10 月 25 日与威廉·杰斐逊·希尔(William Jefferson Hill)结婚,他死于 1914 年 8 月 25 日。(2) 1925 年 4 月 18 日与克利福德·琼斯(Clifford C. Jones)结婚。

abea ca. 格特鲁德·路易丝·基斯(Gertrude Louise Kies),生于 1895 年 5 月 7 日。1914 年 10 月 21 日与乔治·怀特洛第二(George P. Whitelaw II)结婚,他死于 1890 年 3 月 7 日。她死于 19?? 年。

abea da. 鲁思·安南(Ruth Annan),生于 1895 年,1921 年与伦道夫·迈耶(Randolph Mayer)结婚,他生于 1891 年。生活在路易斯安那州的什里夫波特。

abea db. 玛格丽特·安南（Margaret Annan），生于1895年，1921年与杰西·莱菲尔德（Jessie C. Layfield）结婚，他生于1890年。他们生活在路易斯安那州的什里夫波特。

abea dc. 保罗·高斯·（杰克）·安南［Paul Gauss(Jack)Annan］，生于1911年，1935年与弗吉尼娅·奈顿（Virginia Knighton）结婚，她生于1909年。他们生活在路易斯安那州的什里夫波特。

abea ea. 珍妮特·坦尼（Janet Tenney），1897年生于圣路易斯。1921年与克拉伦斯·史密斯（Clarence E. Smith）结婚，他生于1893年。

abea eb. 乔治·高斯·坦尼（George Gauss Tenney），1900年生于圣路易斯。1925年与莫德·克劳利（Maude Crowley）结婚。

abec da. 艾梅·埃丝特·鲁宾逊（Aimee Esther Robinson），1908年10月7日生于科罗拉多州的拉马尔，1927年3月与奥兰·帕尔默（Oran Palmer）结婚。

abee aa. 小菲利普·威廉·高斯（Philip William Gauss, Jr.），生于1918年7月13日，1946年12月21日在得克萨斯州阿瑟港与埃尔顿·梅里特·巴洛（Elton Merritt Barlow）和尤妮斯·（斯图尔特）·巴洛［Eunice(Stewart) Barlow］之女弗朗西斯·莉莲·巴洛（Frances Lillian Barlow）结婚。她生于1923年12月17日，他们生活在得克萨斯州的奥斯汀。

abee ab. 罗伯特·怀特·高斯（Robert White Gauss），生于1921年1月8日，1953年10月3日在得克萨斯州哈灵根（Harlingen）与霍默·利特尔（Homer D. Little）和梅·（马修斯）·利特尔［May(Matthews)Little］之女博妮塔·利特尔（Bonita Little）结婚，她生于1927年7月25日。他们生活在得克萨斯州的阿瑟港。

abef ca. 小西奥多·沃辛顿·高斯（Theodore Worthington Gauss, Jr.），1914年7月12日生于科罗拉多斯普林斯。

abef cb. 罗伯特·帕克·高斯（Robert Parker Gauss），1918年6月16日生于

科罗拉多斯普林斯。

abef cc. 威廉·沃顿·高斯(William Wharton Gauss),1926 年 2 月 4 日生于科罗拉多斯普林斯,1952 年 4 月 26 日与琼·霍拉博(Joan Hollabaugh)结婚。

abeh ba. 威廉·亨利·高斯(William Henry Gauss),1913 年 10 月 29 日生于圣路易斯。(1) 1933 年 1 月 9 日与爱达荷大学哲学系主任、教授切诺韦思(C. W. Chenoweth)之女拉赫尔·朱莉亚·切诺韦思(Rachel Julia Chenoweth)结婚,她 1917 年 4 月 9 日生于马萨诸塞州波士顿。(2) 与洛兰·布恩(Lorraine Boone)结婚,她 1919 年 10 月 9 日生于肯塔基州的哈泽德(Hazard)。

abeh bb. 约瑟夫·亨利·高斯(Joseph Henry Gauss),1915 年 8 月 24 日生于圣路易斯。与多萝西·伦费斯特(Dorothy Lenfest)结婚,她 1914 年 8 月 25 日生于蒙大拿州的米苏拉(Missoula)。

abeh bc. 玛丽·路易丝·高斯(Mary Louise Gauss),1920 年 9 月 18 日生于俄亥俄州的阿克伦(Akron)。与罗伯特·德里斯科尔(Robert Driscoll)结婚,他在 1920 年 5 月 19 日生于华盛顿州的斯波坎(Spokane)。

abeh bd. 菲莉丝·卡罗琳·高斯(Phyllis Caroline Gauss),1924 年 8 月 26 日生于威斯康星州的托马霍克(Tomahawk)。与劳埃德·斯基尔斯(Loyd Skiles)结婚,他 1924 年 3 月 16 日生于得克萨斯州的登顿(Denton)。

abeh ca. 查尔斯·弗雷德里克·高斯(Charles Frederick Gauss),1925 年 1 月 26 日生于圣路易斯。已婚;无子嗣。

abeh cb. 玛丽安娜·高斯(Marianne Gauss),生于 1928 年 7 月 8 日。未婚。

abeh da. 多萝西·玛丽·高斯(Dorothy Marie Gauss),1914 年 4 月 20 日生于密苏里州的敖德萨(Odessa)。与哈里·卡尔森(Harry Carlson)结婚。

abeh db. 玛乔丽·吉尔·高斯(Marjorie Gill Gauss),1920 年 8 月 6 日生于爱达荷州的帕马(Parma)。与里德(Reed)结婚。

abeh ea. 小安德鲁·海斯·基恩(Andrew Hays Kean, Jr.),1922 年 5 月 20 日

生于康涅狄格州的布里奇波特（Bridgeport）。1949 年 4 月 30 日在宾夕法尼亚州阿德莫尔（Ardmore）与塞缪尔·肯尼迪·凯尔索（Samuel Kennedy Kelso）之女玛丽·凯尔索（Mary Kelso）结婚。生活在新泽西州的伯克利海茨（Berkeley Heights）。

abeh fa. 埃伦·蒙哥马利·施拉德尔（Ellen Montgomery Schrader），1944 年 1 月 26 日生于圣路易斯。

abeh fb. 玛莎·沃克·施拉德尔（Martha Walker Schrader），1951 年 4 月 7 日生于伊利诺伊州的橡树园（Oak Park）。

abeh ga. 凯瑟琳·加尔文（Kathleen Garven），1948 年 4 月 10 日生于圣路易斯。

abeh gb. 乔治·麦克洛伊·加尔文（George MacCloy Garven），1953 年 1 月 13 日生于圣路易斯。

abeh gc. 罗伯特·李·加尔文（Robert Lee Garven），1954 年 4 月 21 日生于圣路易斯。

第七代

aaba aba. 埃丽卡·伯特格尔（Erika Böttger），1930 年生于德国的不伦瑞克。

abaa dca. 卡尔·乌尔里希·高斯（Carl Ulrich Gauss），1936 年 5 月 5 日生于德国的文德尔海姆（克莱斯阿尔蔡）莱茵黑森。

abaa dcb. 古德龙·高斯（Gudrun Gauss），1937 年 8 月 15 日生于德国的文德尔海姆。

abaa dcc. 罗尔夫·高斯（Rolf Gauss，1939—1941）。智障者。

abda jaa. 南希·伊丽莎白·威尔逊（Nancy Elizabeth Wilson），生于 1950 年 7 月 25 日。

abda jab. 道格拉斯·格兰特·威尔逊（Douglas Grant Wilson），生于 1953 年 5 月 27 日。

abea aaa. 阿黛尔·布伦·克罗宁格（Adele Bullen Croninger），1920 年 3 月 23

日生于圣路易斯。是在圣路易斯的华盛顿大学的癌症研究专家。

abea baa. 玛丽·路易丝·加特赛德(Marie Louise Gartside),生于1918年5月1日。1942年与哈里斯·贝茨(Harris Bates)结婚。

abea bab. 多萝西·扬·加特赛德(Dorothy Young Gartside),生于1921年2月24日。1942年与卡尔·威廉·里斯迈尔(Carl William Riesmeyer)结婚。

abea caa. 查尔斯·威尔奇斯·怀特洛第二(Charles Wilgers Whitelaw II),生于1917年8月17日。

abea cab. 乔治·怀特洛第三(George P. Whitelaw III),生于1919年。已婚。

abea daa. 伦道夫·安南·迈耶(Randolph Annan Mayer),生于1919年。1943年与伊索贝尔·珍妮特·克龙策(Isobel Janet Kronzer)结婚,她生于1918年。

abea dab. 保罗·罗巴兹·迈耶(Paul Robards Mayer),生于1920年。与玛丽·弗吉尼娅·阿迪斯特(Mary Virginia Adsit)结婚,她生于1920年。

abea dac. 威廉·高斯·迈耶(William Gauss Mayer),生于1927年。与托姆迈耶·埃洛伊丝·沃森(Tommye Eloise Watson)结婚,她生于1927年。

abea dad. 詹姆斯·里德·迈耶(James Reade Mayer),生于1923年。与奥利弗·玛克辛·布拉德利(Olive Maxine Bradley)结婚,她生于1923年。

abea dae. 罗伯特·刘易斯·迈耶(Robert Lewis Mayer),生于1925年。与艾诺(Aino)结婚。

abea dca. 玛莎·安南(Martha Annan),生于1937年。

abea eaa. 乔治亚·坦尼·史密斯(Georgia Tenney Smith),生于1922年6月14日。

abea eab. 珍妮特·梅里亚姆·史密斯(Janet Merriam Smith),生于1924年2月25日。1947年与罗伯特·韦弗(Robert K. Weaver)结婚,他生于1921年。

abea eac. 卡罗琳·史密斯(Carolyn Smith),生于1929年10月3日。与伯克

（Burke)结婚。

abea ead. 奥斯汀·坦尼·史密斯（Austin Tenney Smith），生于 1933 年 2 月 13 日。

abea eae. 琼·坦尼（Joan Tenny），生于 1926 年 10 月 5 日。

abef cca. 罗伯特·帕克·高斯（Robert Parker Gauss），生于 1954 年 11 月 14 日。

abeh baa. 布拉德福德·威廉·高斯（Bradford William Gauss），1934 年 4 月 19 日生于爱达荷州的莫斯科（Moscow）。

abeh bab. 乔·安·高斯（Jo Ann Gauss），1936 年 10 月 13 日生于爱达荷州的莫斯科。

abeh bac. 柯蒂斯·亨利·高斯（Curtis Henry Gauss），1938 年 9 月 2 日生于爱达荷州的莫斯科。

abeh bad. 桑德拉·简·高斯（Sandra Jane Gauss），1940 年 3 月 27 日生于爱达荷州的莫斯科。

abeh bae. 莎伦·玛莎·康利·高斯（Sharon Marsha Conley Gauss），1943 年 5 月 26 日生于西弗吉尼亚州的亨廷顿（Huntington）。

abeh bba. 约瑟夫·查尔斯·高斯（Joseph Charles Gauss），1941 年 7 月 3 日生于佐治亚州的本宁夫（Ft.Benning）。

abeh bbb. 迈克尔·高斯（Michael Gauss），1948 年 2 月 23 日生于宾夕法尼亚州的伊利（Erie）。

abeh bca. 丹尼尔·罗伯特·德里斯科尔（Daniel Robert Driscoll），1945 年 1 月 9 日生于爱达荷州的莫斯科。

abeh bcb. 罗伯特·华莱士·德里斯科尔（Robert Wallace Driscoll），1947 年 5 月 30 日生于爱达荷州的莫斯科。

abeh bcd. 哈里·迈克尔·德里斯科尔（Harry Michael Driscoll），1951 年 2 月 19 日生于爱达荷州的莫斯科。

abeh bda. 林恩·伊丽莎白·斯基尔斯（Lynn Elizabeth Skiles），1947 年 10 月

21 日生于华盛顿州的斯波坎(Spokane)。

abeh bdb. 苏珊·利·斯基尔斯(Susan Leigh Skiles),1952 年 8 月 22 日生于爱达荷州的莫斯科。

abeh daa. 保罗·威廉·卡尔森(Paul William Carlson),1941 年 9 月 4 日生于俄亥俄州的扬斯敦。

abeh dba. 朱迪·安·里德(Judy Ann Reed),1947 年 12 月 6 日生于爱达荷州的克利夫兰。

abeh dbb. 芭芭拉·里德(Barbara Reed),1950 年 3 月 13 日生于爱达荷州的克利夫兰。

abeh dbc. 凯瑟琳·里德(Katherine Reed),1953 年 4 月 30 日生于爱达荷州的克利夫兰。

abeh eaa. 理查德·安德鲁·基恩(Richard Andrew Kean),1950 年 9 月 23 日生于新泽西州的北普莱恩菲尔德(North Plainfield)。

abeh eab. 伊丽莎白·基恩(Elizabeth Kean),1952 年 11 月 30 日生于新泽西州的伯克利海茨(Berkeley Heights)。

第八代

abea baaa. 卡罗琳·拉姆罗·贝茨(Carolyn Lamereaux Bates),生于 1944 年。

abea baab. 斯图尔特·埃尔金-哈里斯·贝茨(Stewart Elkin-Harris Bates),生于 1947 年。

abea baac. 辛西娅·路易丝·贝茨(Cynthia Louise Bates),生于 1948 年。

abea baba. 威廉·邓肯·里斯迈尔(William Duncan Riesmeyer),生于 1946 年。

abea daaa. 小伦道夫·安南·迈耶(Randolph Annan Mayer,Jr.)。

abea daab. 珍妮特·迈耶(Janet Mayer),生于 1946 年。

abea daba. 小保罗·罗巴兹·迈耶(Paul Robards Mayer,Jr.),生于 1948 年。

abea daca. 卡罗琳·埃洛伊丝·迈耶(Carolyn Eloise Mayer),生于 1947 年。

abea dacb. 珍妮·迈耶(Jeannie Mayer)。

abea dacc. 卡尔·盖恩·迈耶(Carl Guion Mayer)，生于 1954 年 7 月 16 日。

abea dada. 小詹姆斯·迈耶(James Mayer,Jr.)。

abea daea. 小罗伯特·迈耶(Robert Mayer,Jr.)。

abea eaba. 肯尼思·安德鲁·韦弗(Kenneth Andrew Weaver)，生于 1951 年 10 月 17 日。

abea eaca. 理查德·劳伦斯·伯克(Richard Lawrence Burke)，生于 1953 年 10 月 3 日。

附录 F
高斯生平年表

1777 年　4 月 30 日,生于不伦瑞克。①

1784 年　进入不伦瑞克的圣卡塔琳妮学校。

1786 年　进入比特纳的算术班。比特纳从汉堡为他订购了一本教科书。

1787 年　与巴特尔斯的友谊。他们一起学习二项式定理和无穷级数。

1788 年　巴特尔斯离开比特纳的学校。高斯进入"文科中学"的中级班。展现了在语言上很高的天赋。

1790 年　进入"文科中学"的高级班。

1791 年　朝觐不伦瑞克公爵。国务大臣、枢密顾问费龙斯·冯·罗滕克罗伊茨送给他一份对数表。

1792 年　2 月 18 日,由不伦瑞克公爵资助进入卡罗琳学院。自己完美地掌握了古代和现代语言。研究牛顿、欧拉和拉格朗日的著作。

1795 年　3 月,用归纳法发现二次剩余的基本定理(已由勒让德在 1785 年

---

① 不只是高斯根据计算复活节的公式确定了他自己的出生日期,当地教区记事录(Kirchenbucheintragung)在 1777 年 5 月 4 日对高斯的出生情况记录如下[引自汉斯·维辛(Hans Wußing)的《卡尔·弗里德里希·高斯》(*Carl Friedrich Gauß*)一书,这里|表示原来记录中的分段]: Matr Gebhard Diterich Gauß, Bürger | und Gaenschlächter hat mit seiner Ehefr. | Dorothea geb. Benzen einer Sohn ge-| zeuget den 30ten April, daßen Gevattern sind 1. Christine | Margaretha Freidericia Sieversen. 2. H. | Johann Gottlieb Wagenknecht. 3. Mons. | Georg Karl Ritter. Das kind heißt | Johann Friedrich Carl。——译者注

发表)。

10 月 11 日,离开不伦瑞克。

10 月 15 日,注册作为格丁根大学的学生。他的最小二乘法的应用。

1796 年　3 月 30 日,发现圆内接正十七边形的做法。

4 月 8 日,-1 是形为 $4n+1$ 的所有素数的二次剩余及形为 $4n+3$ 的所有素数的二次非剩余的证明。

4 月 29 日,这个定理到合数的推广。

6 月 22 日,开始二元二次型的研究。

7 月 27 日,开始二次剩余的基本定理的第二个证明。

1797 年　1 月 8 日,开始双纽线函数的研究。

2 月 4 日,数字 2 作为二次剩余或二次非剩余的第二个证明。

7 月 22 日,定理:两个单变量带有分数系数且最高次项系数为 1 的整有理函数的积是一个并非所有系数都为整数的函数。

10 月 1 日,发现有理代数函数基本定理的原理证明的依据。

1798 年　4 月,证明型的类的仅有可能的特征就是所有可能的特征。

9 月 29 日,离开格丁根大学。返回不伦瑞克并且准备他关于数论的主要著作。使用黑尔姆施泰特大学的图书馆且与普法夫一起工作,做普法夫家的房客。

秋,开始研究二元二次型的合成。

1799 年　2 月 14 日,开始关于三元二次型的研究。

7 月 16 日,在缺席的情况下,得到黑尔姆施泰特大学的哲学博士学位。博士论文包含代数学基本定理的第一个证明。后来的新证明在 1815 年,1816 年,1849 年给出。

1800 年　1 月,收到勒让德关于数论的论文。

2 月 13 日,发现最简三元二次型的数目是有限的。

春,研究椭圆函数。

5 月,发表确定复活节日期的一个公式。

1801 年　1 月 1 日,皮亚齐发现谷神星。

9 月 29 日,他的《算术研究》(*Disquisitiones Arithmeticae*)出版。

12 月,计算谷神星的第一椭圆参数。

1802 年　夏,观测智神星。

9 月 5 日,俄国提供了让他担任圣彼得堡天文台台长的任职邀请。

1803 年　1 月 20 日,决定留在不伦瑞克。

夏,在不来梅访问奥伯斯。

1804 年　在天文学上的进一步工作。

1805 年　10 月 9 日,与约翰娜·奥斯特霍夫结婚。

1806 年　8 月 21 日,儿子约瑟夫出生。

1807 年　7 月 25 日,接受格丁根大学的任职邀请。

11 月 21 日,携家到达格丁根。

1808 年　2 月 29 日,女儿明娜出生。

4 月 14 日,父亲去世。

秋,舒马赫到格丁根在高斯指导下学习。

1809 年　他在天文学上的主要著作《运动的理论》(*Theoria motus*)出版。

9 月 10 日,儿子路易斯出生。

10 月 11 日,妻子去世。

1810 年　3 月 1 日,儿子路易斯去世。

8 月 4 日,与明娜·瓦尔德克结婚。

秋,为了在高斯指导下学习,格尔林、尼古拉、默比乌斯和恩克来到格丁根。为他接受在柏林的教授职位的努力。对光学的兴趣。

1811 年　夏,研究彗星。

7 月 29 日,儿子欧根出生。

1812 年　关于超几何函数的论文发表。

1813 年　10 月 23 日,儿子威廉出生。

1814 年　他关于近似积分的一个新方法的论文发表。

1815 年　代数学基本定理的新证明。

1816 年　6 月 9 日，女儿特蕾泽出生。

　　　　9 月 17 日，搬进新的格丁根天文台。

1817 年　母亲跟他长住。

1818 年　负责汉诺威王国的测量。

1819 年　发表关于最小二乘法的论文。

1820 年　关于在格丁根的新子午环的论文。

1821 年　发明回光仪。

1822 年至 1826 年　汉诺威王国的大地测量。

1827 年　发表关于曲面理论的论文。

1828 年　在柏林参加科学大会。做亚历山大·冯·洪堡的房客。担任正教授。

1829 年　研究力学和处于平衡状态的流体。

1830 年　儿子欧根去美国。

　　　　在毛细作用的理论上的工作。

1831 年　韦伯被格丁根大学任命为物理学教授。

　　　　研究晶体学。

　　　　9 月 12 日，妻子去世。

1832 年　研究磁学和电学。

1833 年　复活节，与韦伯合作的电磁电报机投入使用。发表关于磁学的基本论文。

　　　　7 月，担任哲学系主任一年。

1834 年　8 月 31 日，哈丁在格丁根天文台去世。

　　　　12 月 19 日，戈德施密特在格丁根天文台任职。

1835 年　发表关于磁观测的论文。

1836 年　发明双线磁力仪。

　　　　磁学协会成立。

1837 年	9 月,格丁根大学百年庆典。洪堡做他家的房客。
	10 月 29 日,儿子威廉去美国。
	12 月,女婿埃瓦尔德被流放。
1838 年	接受伦敦皇家学会的科普利奖章。
	女儿明娜移居蒂宾根。
	5 月 30 日,孙辈中的第一个在密苏里靠近圣查尔斯的地方出生。
	学习俄语。
1839 年	4 月 18 日,母亲去世。
	12 月 6 日,成为格丁根皇家学会的秘书。
1840 年	研究梵文。
	出版《地磁图册》(Atlas of Terrestrial Magnetism)。
	8 月 12 日,女儿明娜去世。
	在位势理论上的工作。
1841 年	7 月,担任哲学系主任一年。
	发表球面三角学中勒让德定理的证明。
1842 年	5 月,儿子约瑟夫·高斯参加汉堡大火的扑救。
1843 年	发表大地测量学论文(1846 年也是如此)。
1844 年	发表费伊(Faye)彗星轨道的椭圆参数。
1845 年	1 月,戈德施密特在格丁根天文台被任命为副教授。
	研究彗星。
	7 月,担任哲学系主任一年。
	闪电摧毁了高斯-韦伯电报线路。
1846 年	出版关于大地测量学的第二篇论文。
	黎曼在他指导下学习。
1848 年	观测海王星和虹神星。
	德意志革命。高斯喜欢守旧派。
1849 年	7 月 16 日,庆祝他获得博士学位 50 周年。代数学基本定理的最后

| | 一个证明。 |
| | 7月26日,林德瑙访问高斯。 |

1850年　戴德金和莫里茨·康托尔在高斯指导下学习。

1851年　2月15日,戈德施密特去世。

最后定期的天文观测。

克林克尔菲斯在他指导下学习。

1852年　恩斯特·舍林在他指导下学习。

1853年　对心灵现象(Psyche)的观察。

研究桌上通灵(table rapping)。

1854年　6月16日,参观格丁根和卡塞尔之间的铁路建设。

7月31日,参加在格丁根的铁路开通仪式。

8月7日,哥哥格奥尔格·海因里希去世。

1855年　2月23日,去世。

2月26日,葬礼。

附录 G
高斯在学习期间
从格丁根大学图书馆借的书

在 1795—1796 年冬季学期阿诺尔德·黑伦教授为高斯签字,因为他原来打算学习语言学。他在当地的地址是这样表明的:"在文德(Weender)街,布卢姆(Blum)家"。格丁根大学图书馆的记录缺少 1796 年夏季学期的。对于 1796—1797 年的冬季学期及接下来的学期,利希滕贝格教授为他签字。他在当地的地址是这样表明的:"在寡妇沃尔鲍姆(Vollbaum)的家。"其中的一些条目不可辨识。

1795—1796 年,冬季学期

1795 年 10 月 18 日	理查森(Richardson),《克拉丽莎》(*Clarissa*),第一卷和第二卷
24 日	兰贝特(Lambert),《数学的使用文集》(*Beiträge zum Gebrauch der Mathematik*)(3 卷,柏林,1765—1772 年)
25 日	琉善(Lucian,亦译"卢奇安"),《著作集》(*Opera*),第一卷
30 日	萨尔斯泰特(Sahlstädt),《瑞典语语法》(*Svensk grammatika*)
11 月 5 日	琉善,《著作集》,第二、三、四卷
12 日	《意大利学会文集》(*Memorie della Società italiana*),第一卷
14 日	拉朗德,《天文学》(*Astronomie*),第一卷
20 日	拉朗德,《天文学》,第二卷和第三卷
12 月 1 日	《莱比锡博物学杂志》(*Leipziger Magazin zur Naturkunde*)[3 卷;丰克(Funck),莱斯克(Leske),兴登堡(Hindenburg)]

续 表

16 日	西塞罗，《论义务》(De Officiis)，第三卷和第四卷
20 日	《都灵杂集》(Miscellanea Taurinensia)，第一至三卷
21 日	罗伯逊(Robertson)，《查理五世统治史》(History of Charles V)，第一卷
24 日	勒萨日(Lesage)，《吉尔·布拉斯》(Gil Blas)，第一卷，第三卷，第四卷
31 日	琉善，《著作集》(Opera)，第八卷，第九卷
1796 年 1 月 7 日	哈塞尔奎斯特(Hasselquist)，《圣地游记》(Resa till heliga land)
22 日	《柏林科学院新文集》(Nouvelles Mémoires de l'Académie de Berlin)，1—4 卷(1770—1774，拉格朗日) 施帕尔曼(Sparrmann)，《……游记》(Resa…)
25 日	理查森，《克拉丽莎》，第四卷
27 日	朗格(Lange)，《德语语法学家》(Deutsche Sprachlehre)，第一卷，第二卷
28 日	克莱姆诺斯(Klemnos)?，《地下游记》(Underjorske resa)
2 月 9 日	《柏林科学院文集》，第五—七卷(1775—1777 年)
12 日	扎姆(Sahm)?，《?》(Forsög om folkens…)，两卷①
15 日	卡尔姆(Kalm)，《北美游记》(Resa till Norra America)，第一卷，第二卷
24 日	《柏林科学院文集》，1779—1781，1783
3 月 2 日	卡尔姆，《北美游记》，第三卷

1796—1797 年，冬季学期

1796 年 11 月 1 日	黑尔(Hell)，《星历表》(Ephemeriden)，1796
10 日	梅尔(Maier)，《未刊著作集》(Opera inedita)，第一卷
16 日	塞茹尔(Sejour)，《天体运动的解析论述》(Traité analytique des mouvements célestes)，第一卷和第二卷
17 日	《柏林科学院文集》，1753—1757 《柏林科学院文集》，1758—1760

---

① 也许抄录有误，这个书名无法翻译。——译者注

续 表

19 日	《柏林科学院文集》,1761—1765 《天文学图表汇集》(*Sammlung astronomischer Tafeln*),三卷 文斯(Vince),《论实用天文学》(*On Practical Astronomy*)
24 日	库赞(Cousin),《物理天文学导引》(*Introduction à l'astronomie physique*),1787
25 日	库赞,《微积分学教程》(*Leçons du calcul différentiel et intégral*),1777 《柏林科学院文集》,1766—1769
26 日	《哲学汇刊》(*Philosophical Transactions*),1780—1782(4 卷)
30 日	拉朗德,《天文学》,第一卷
12 月 7 日	阿廖斯托(Ariosto),《疯狂的罗兰》(*Orlando furioso*),第一卷和第二卷
12 日	《柏林科学院文集》,1760—1763
16 日	欧拉,《分析学短篇著作集》(*Opuscula Analytica*),第一卷和第二卷
26 日	库赞,《物理天文学导引》
1797 年 1 月 2 日	兰贝特,《光度学》(*Photometria*)
4 日	《都灵杂集》,第一至四卷 华林,《代数学沉思录》(*Meditationes algebraicae*)
6 日	《柏林科学院文集》,1766—1768 年
10 日	勒文森(Löwenson),《?》[*Berettnings af en Sjöreas* (?)]①
14 日	欧拉,《积分学体系》(*Institutiones calculi integralis*),第二卷
18 日	兰登(Landen),《数学论文集》(*Mathematical Memoirs*),第一卷和第二卷
20 日	《巴黎(柏林?)科学院文集》[*Mémoires de l'Académie de Paris (Berlin?)*],1769—1771
23 日	《物理-数学杂集》(*Miscellanea physico-mathematica*),第五卷
26 日	贝利多(Belidor),《建筑学》(*Architecture*)
1797 年 2 月 9 日	《巴黎科学院文集》(*Mémoires de l'Académie de Paris*),No,1,2 (1772);1773

---

① 也许抄录有误,这个书名无法翻译。——译者注

续　表

13 日	《巴黎科学院文集》,1784—1785
18 日	《巴黎科学院文集》,1776—1778
13 日	波得(Bode),《天文学年鉴》(astronomisches Jahrbuch),1788—1789,1791—1793
20 日	波得,《天文学年鉴》,1794 年、1799 年和补编
22 日	德吕克(De Luc),《关于地球的物理和人的道德的书信》(Lettres, phys.et morales),第二卷至第四卷
25 日	科茨(Cotes),《调和度量》(Harmonia mensurarum)
3 月 2 日	《巴黎科学院文集》,1779—1783
4 日	《获得(巴黎)科学院奖的作品集》[Recueil des pièces qui ont remporté le prix de l'Académie des Sciences (Paris)]
6 日	德吕克,《关于地球的物理和人的道德的书信》,第五卷
12 日	埃申堡,《美好知识的理论和文学的范例汇编》(Beispielsammlung zur Theorie und Litteratur der schönen Wissenschaften)
15 日	《巴黎科学院文集》,1784—1785,1786
17 日	《巴黎科学院文集》,1780—1781
24 日	卡西尼(Cassini),《在德意志旅行》(Voyage en Allemagne)

1797 年,夏季学期

1797 年 5 月 1 日	《柏林科学院新文集》,1780—1782 拉修斯(Lasius),《哈尔茨山区的描述》(Beschreibung des Harzes),两卷
4 日	阿尔贝(Halber),《心理学》(Psyiologie),第一至三卷
5 日	齐默尔曼,《一次旅行……观察》(Beobachtungen...einer Reise)
9 日	泽勒特(Zeulert)(?),《下哈尔茨山区的博物学》(Naturgeschichte des Unterharzes)《意大利学会文集》(Memorie della Società italiana),第四卷
10 日	欧拉,《积分学体系》
17 日	哈勒(Haller),《魔法》(Magic),第一卷

续 表

20 日	埃申堡,《美好知识的理论和文学的范例汇编》,第八卷 恩格尔(Engel),《大众哲学》(Philosophie für die Welt),第一卷和第二卷
22 日	齐默尔曼(Joh. G. Zimmermann),《论寂寞》(Von der Einsamkeit)(1773)
24 日	《柏林科学院文集》,1768—1769
27 日	哈勒,《诗歌》(Gedichte)
6 月 12 日	赖马鲁斯(Reimarus),《闪电》(Vom Blitze)
13 日	《柏林科学院新文集》,1781—1782
18 日	克拉夫特(Kraft),《力学讲义》(Foreläsning over Mekanik),两卷
20 日	《都灵学会文献合集》(Mélanges de litérature de la Société de Turin) 《哲学汇刊》,No.1,2(1789);No.1,2(1792)
28 日	梅塔斯塔西奥(Metastasio),《著作集》(Opera),第三至五卷
7 月 4 日	勒莱因(Löhlein),《钢琴谱》(Klavierschule)
7 日	席勒,《塔莉亚》(Thalia),①第一卷和第二卷
23 日	欧拉,《音乐的新理论》(Nova Theoria Musicae)
8 月 1 日	克莱罗,《月球理论》(Théorie de la lune)
2 日	欧拉,《短篇著作集》(1746),两卷
4 日	拉格朗日,《力学》(Méchanique),1787
12 日	Naturw. 杂志(?),博物学 nation. 杂志(?),第七至九卷
14 日	格勒布兰德(Gellebrand),《不列颠三角学》(Trigonometria britannica)(1658)
17 日	皮蒂斯库斯(Pitiscus),《三角学》(Trigonometria)(1600)
21 日	皮蒂斯库斯,《三角学用表》(Tabulae trigonometricae)
23 日	库赞,《微积分学教程》
31 日	《巴黎科学院文集》,1748
9 月 7 日	《巴黎科学院文集》,1746—1747

① 这是席勒编辑的杂志。——译者注

1797—1798年,冬季学期

1797年10月26日	巴赫,《论最佳钢琴弹奏艺术》(über die beste Art, Klavier zu spielen)
30日	皮蒂斯库斯,《三角学》(Mecanic. trigonom.)①
11月6日	勒莱因,《钢琴谱》
7日	《(都灵)科学院文集》[Mémoires de l'Académie des Sciences (Turin)],1666—1669
9日	卢梭,《全集》(Oeuvres),第19—22卷
12日	《巴黎科学院文集》,第五卷和第六卷
15日	《德意志博物馆》(Deutsches Museum),第一卷和第二卷
21日	《科学院文集》,第七至九卷
24日	《德意志博物馆》,1786? 1780?
28日	《巴黎科学院文集》,第十卷和第11卷
30日	《学者学报》(Acta eruditorum),1769,《彼得堡科学院新记录》(Commentarii nov. Academiae Petropolitanae),7,8,18
12月5日	《1669年……科学院文集》,1801—1802
6日	《德意志博物馆》,1786—1787
2—4日	休奇厄斯(Hugenius),《著作集》(Opera),第一至三卷
7日	费马,《著作集》(Opera)
10日	《德意志博物馆》,第一卷(1779);第一卷和第二卷(1788)
12日	《柏林(巴黎?)科学院文集》,1775 马尔加里(Margary)(?),《钢琴弹奏指南》(Anleitung zum Klavierspielen)
17日	《德意志博物馆》,1789年7—8月
23日	《格丁根诗歌年刊》(Göttinger Musenalmanach),1770—1773
28日	欧拉,《短篇著作集》,两卷
29日	《格丁根诗歌年刊》,1774—1777
31日	《巴黎科学院文集》,1700—1703

---

① 皮蒂斯库斯没有写过书名是 Mecanicus 的书,这里可能把两本书的书名写在了一起。——译者注

续 表

1798年1月4日	《格丁根诗歌年刊》,1778—1779 《柏林科学院新文集》,1775
6日	《天文星历表》(Ephemerides astromomicae),1798 《格丁根诗歌年刊》,1789—1790
16日	《格丁根诗歌年刊》,1791—1795 《巴黎科学院的历史》(Histories de l'Académie de Paris),1704—1706
23日	《柏林科学院文集……》
30日	《柏林科学院文集》,1708 《德意志博物馆》,1783,第一卷和第二卷
31日	《铭文科学院文集》(Mémoires de l'Académie des Inscriptions),1785—1786
2月5日	《德意志博物馆》,1784,第一卷和第二卷
9日	牛顿,《全集》(Opera omnia),第一卷和第二卷 《巴黎科学院文集》,1709—1710
13日	《柏林科学院文集》,1773—1775
20日	《巴黎科学院文集》,1711—1713
3月2日	《巴黎科学院文集》,1714—1715

1798年,夏季学期

1798年5月5日	《巴黎科学院文集》,1784—1785
14日	伯努利,《天文学文集》(Recueil pour les astronomes),第一至三卷和增补
15日	索绪尔(Saussure),《旅行在阿尔卑斯地区》(Voyage dans les Alpes),第一卷
20日	索绪尔,《旅行在阿尔卑斯地区》,第二卷
26日	《巴黎科学院文集》,第五卷和第六卷
27日	《巴黎科学院文集》,第三卷和第四卷
28日	拉格朗日,《分析力学》(Mecanique analytique)
6月14日	《科学院当前文集》(Mémoires présentés a l'Académie),第七、八卷

续 表

	15 日	布里加德（Brigard），《圣巴托罗缪大屠杀》（*du Massacre de Bartholomé*）2b04（？）
	20 日	《柏林科学院文集》，1781—1782
	29 日	《巴黎科学院文集》，第九卷和第十卷
7 月 9 日		《科学院当前文集》，第 11 卷
	24 日	库赞，《天文学研究导引》（*Introduction à L'étude de l'Astronomie*）
	29 日	《彼得堡科学院新学报》（*Nova acta Academia Petropolitanae*），第一部分（1783）；1789；b.5？
	30 日	于佩尔（Hupel），《北方消息》（*Nordische Nachrichten*）（莱比锡），第一卷 雷纳尔（Raynal），①《……殖民史》（*Historie des établissements...*），第一卷
8 月 6 日		雷纳尔，《……殖民史》，第三卷
	16 日	雷纳尔，《……殖民史》，第六卷
8		《数学和物理学合集》（*Mélanges de mathématique et de physique*），第一卷和第二卷（达朗贝尔）
	12 日	《柏林科学院文集》，1767—1768

---

① 原书误为 Rognal。——译者注

附录 H
高斯教过的课程

学　期	课　程　名　称
1808 年夏	天文学
1808 年冬	天文学,带观察和天文计算练习 彗星运动论
1809 年夏	根据《运动的理论》的天体运动的高深研究
1809 年冬	数论的个别课题 理论天文学
1810 年夏	天文学初步 实用天文学(私下授课)
1810 年冬	天文学初步 彗星运动论 实用天文学(私下授课)
1811 年夏	天文学初步 食、掩和凌日的理论 实用天文学(私下授课)
1811 年冬	理论天文学初步 行星运动的高深研究 实用天文学(私下授课)
1812 年夏	天文学初步 彗星运动论

续表

学 期	课 程 名 称
1812年冬	理论天文学初步 行星摄动的计算 实用天文学(私下授课)
1813年夏	理论天文学初步 食、掩和凌日的计算 实用天文学(私下授课)
1813年冬	理论天文学初步 行星摄动论 实用天文学(私下授课)
1814年夏	理论天文学 彗星运动论 实用天文学(私下授课)
1814年冬	理论天文学初步 掩、食和凌日的理论 实用天文学(私下授课)
1815年夏	理论天文学 彗星运动的计算 实用天文学(私下授课)
1815年冬	理论天文学初步 掩、食和凌日的理论 实用天文学(私下授课)
1816年夏	理论天文学 天文学计算的一些主要论题
1816年冬	理论天文学初步 彗星运动论 实用天文学(私下授课)
1817年夏	理论天文学 实用天文学(私下授课)
1817年冬	彗星运动论及通过观测确定它们的轨道 食、掩和凌日的计算 实用天文学(私下授课)
1818年夏	理论天文学 行星运动的摄动学说 实用天文学(私下授课)

续 表

学　期	课　程　名　称
1818年冬	彗星运动论 食、掩和凌日的计算 实用天文学(私下授课)
1819年夏	在应用数学中概率计算的使用 理论天文学
1819年冬	理论天文学 彗星运动论 实用天文学(私下授课)
1820年夏	理论天文学 天文学计算的主要理论
1820年冬	行星和彗星运动论 实用天文学(私下授课)
1821年夏	(因为大地测量离开而缺席)
1821年冬	彗星运动论 实用天文学(私下授课)
1822年夏	(因为大地测量离开而缺席)
1822年冬	彗星运动论 实用天文学(私下授课)
1823年夏	(因为大地测量离开而缺席)
1823年冬	在应用数学中概率计算的使用 实用天文学(私下授课)
1824年夏	(因为大地测量离开而缺席)
1824年冬	(没有在课程目录中宣布)
1825年夏	(因为大地测量离开而缺席)
1825年冬	彗星运动论 实用天文学(私下授课)
1826年夏	天体运动论 实用天文学(私下授课)
1826年冬	在应用数学中概率计算的使用 实用天文学(私下授课)

续 表

学　期	课　程　名　称
1827年夏	曲面的一般理论 实用天文学（私下授课）
1827年冬	在应用数学中概率计算的使用
1828年夏	彗星运动论
1828年冬	用于高等大地测量学中的仪器，观测和计算 实用天文学（私下授课）
1829年夏	彗星运动论 用于高等大地测量学中的仪器，观测和计算
1829年冬	在应用数学中概率计算的使用 实用天文学（私下授课）
1830年夏	彗星运动论 用于高等大地测量学中的仪器，观测和计算
1830年冬	彗星和行星摄动的计算 实用天文学（私下授课）
1831年夏	行星和彗星运动论 大地测量学的仪器
1831年冬	在应用数学，尤其是天文学、大地测量学和晶体学中概率计算的使用 实用天文学（私下授课）
1832年夏	行星和彗星运动论 大地测量学的仪器
1832年冬	磁现象观测的理论和实践 实用天文学（私下授课）
1833年夏	数值方程论 大地测量学的仪器
1833年冬	概念计算的使用 实用天文学
1834年夏	实用天文学
1834年冬	同1833—1834年冬
1835年夏	实用天文学

续 表

学 期	课 程 名 称
1835 年冬	最小二乘法及其用于天文学、高等大地测量学和自然科学 实用天文学
1836 年夏	磁现象观测的理论 实用天文学
1836 年冬	最小二乘法 实用天文学
1837 年夏	磁现象观测的理论 实用天文学
1837 年冬	最小二乘法 实用天文学
1838 年夏	地磁现象观测的理论 实用天文学
1838 年冬	最小二乘法 实用天文学
1839 年夏	同 1838 年
1839 年冬	同 1836—1837 年冬
1840 年夏	动力学的特别论题 实用天文学
1840 年冬	实用天文学
1841 年夏	实用天文学附带初步解释光学原理(私下授课)
1841 年冬	同 1835—1836 年冬
1842 年夏	实用天文学
1842 年冬	同 1835—1836 年冬
1843 年夏	实用天文学
1843 年冬	同 1835—1836 年冬
1844 年夏	高等大地测量学中的仪器、测量和计算 实用天文学
1844 年冬	同 1835—1836 年冬

续 表

学　期	课　程　名　称
1845 年夏	同 1844 年夏
1845 年冬	同 1835—1836 年冬
1846 年夏	同 1844 年夏
1846 年冬	同 1835—1836 年冬
1847 年夏	同 1844 年夏
1847 年冬	同 1835—1836 年冬
1848 年夏	同 1844 年夏
1848 年冬	同 1835—1836 年冬
1849 年夏	同 1844 年夏
1849 年冬	同 1835—1836 年冬
1850 年夏至 1854 年冬	同 1835—1836 年冬

附录 I
学说、意见、理论和观点

在高斯的论文《地磁和磁力仪》(Erdmagnetismus und Magnetometer)中，他给出了一个定义，他的工作即以这个定义为基础；至少他表明了他据以操作的原则："通过解释[现象]科学家只知道[把它们]归约到尽可能少而且尽可能简单的基本定律，超越了这些基本定律他就寸步难行，而又必须明白无误地需求它们；不过，必要时他从它们绝对完整地推导出现象。"①

他如何明显地坚持这一朴素的理想表现在如下的一段话中，这段话出自他致舒马赫的一封信中，日期为 1847 年 11 月 7 日：

> 一般而言我会谨慎地抵制……幻想的耍弄，不会为它们被接受进入科学的天文学而让路，它们一定有一种非常不同的特性。拉普拉斯的宇宙生成假说属于这一类。事实上，我不否认我有时以类似的方式自娱，只是我永远不会发表这些东西。例如，我的关于天体上居民的想法属于这一类。就我而言（与通常的看法相反）我相信（在这样的事情上人们会称之为信念）宇宙天体越大，它上面的居民和其他产物就越小。例如，由于太阳在大小上超过地球，因此太阳上的树按同样的比例就会大于我们地球上的树，这样它就不能存在，这是因

---

① 《全集》，第 5 卷(1877)，第 315—316 页。

为太阳表面的大得多的重力,所有的枝条自己会断掉,只要太阳上的物质与我们地球上的物质并不完全异质。

在关于力学的一篇论文中,高斯给出了他如何严格遵循精确定义的原理的另一个例子:

> 众所周知,虚速度原理把整个静力学变换为一种数学的任务,而且由动力学的达朗贝尔原理,后者又被归约到静力学。
>
> 尽管在科学能力的逐步培养上和对个人的指导上,都是按照较容易的先于较困难的,较简单的先于较复杂的,较特殊的先于较一般的顺序,然而智力活动一旦到达更高的立足点,它就要求相反的过程,以此整个静力学表现为只是力学的一个非常特殊的情形。[①]

在一封日期为1843年5月15日的写给舒马赫的信中,高斯给出了他关于数学的某种扩展的观点:

> 所有的……新记号系统是这样的,依靠它们一个人任何事情也完成不了,没有它们也完成不了任何事情;但优点是,当这样的一个记号系统符合于经常出现的需要的最内在本质时,每个把它完全成为他自己所拥有的人,即使没有与天才同等的无意识的灵感(这种灵感无人能征服),也能解决归于那个范畴的问题,事实上能机械地解决这些问题,正如能用机械解决复杂的问题,这种问题如此复杂,以致没有机械的帮助,甚至天才也变得无能为力。因此它好比通常用字母进行计算的发明;因此它好比微积分;因此它也好比(尽管是在部分领域)拉格朗日的变分法,好比我的同余计算,好比默比乌斯的(重心的)计算。通过这样的概念,无数问题同样地变成一个有机的领域,否则它们是孤立的而且每次都要求探索发明精神的新的(或大或小的)努力。

---

① 《全集》,第5卷(1877),第25—26页。

附录 I 学说、意见、理论和观点

1850 年 9 月 1 日给舒马赫的一封信,包含了高斯关于收敛和发散级数的想法:

> 现代(与古代形成对照)数学的特征是,通过我们的由记号、术语构成的语言,我们拥有一个杠杆,通过这个杠杆最复杂的论证能被归约为某种机械过程。由此科学在丰富性上、优美上和可靠性上获胜无数,但是,正如这种事通常会有的那样,它输掉的同样多。这个杠杆仅被机械地使用是何等频繁,尽管在大多数情形对它的授权暗示着某些默认的假设。我要求在记号系统的所有使用上,在一个概念的所有使用上,人们要保持对原始条件的意识,而且永远不把超出明确授权的这种机械的产物认作是(某种东西的)性质。但通常的做法却是,有人主张分析学有一种普遍性,并期待由此产生一个另类结果,它未被认可为已证明,却将证明与常态相反的情形。但是人们只能将此作为一个对其而言坚持认为一个结果是错的人所需要的,而不能作为认可这样一个结果的人所需要的——这个结果未经证明,且依据于一个其原始本质条件不符合当下情况的机械过程。对于发散级数,这种情况经常发生。当级数收敛时,它们有一个清晰的含义;含义的这种清晰性随着收敛这个条件的消失而消失,而且无论用单词"和"或还是"值",没有任何东西被根本改变……用纸币取代上述机械来进行比喻。纸币可方便有利地用于做大事情,但是如果我没有弄错的话,这种用法之合理,是因为它可以随时转换成硬现金。

作为上面评论的一个脚注,这里我们应该增加高斯在日期为 1812 年 5 月 5 日致贝塞尔的一封信中发现的一句话:"一旦一个级数不再收敛,它的和作为和是没有意义的。"

数学家格奥尔格·康托尔称下面的高斯写给舒马赫的一封信(1831 年 7 月 12 日)中的一个段落,是一种对无穷的恐惧(horror infiniti)和一种近视:"在数学中从来不允许把一个无穷大(数量)用作一个已完成的东西。无穷仅是一种说话的方式(façon de parler),而一个人真正说到的极限,是指人们让某些比要多接近就多接近的东西,其他的比则被允许无限增加。"

高斯在 1808 年 9 月 2 日写给他的朋友鲍耶的信中,提及了他喜爱的研究:"所有认真研究这门科学[数论]的那些人对它抱有一种激情,这总是值得注意的。"

当然,刚才提到的他的偏爱的理由能在高斯 1808 年 9 月 17 日致舒马赫的一封信中找到:"我有对这样的数学主题产生一种强烈兴趣的奇想:只有在那里我能预知一些想法和结果之间的奇妙关联,这些想法和结果用优雅或普遍性突显了它们自己。"

在 1816 年 3 月 21 日致奥伯斯的一封信中,高斯对人们关于著名的费马大定理①的一些观点作了发泄:

> 我承认对作为一个孤立定理的费马大定理我几乎没有兴趣,因为容易提出大量这样的定理,人们既不能证明它们也不能否证它们。但受它的刺激我再次对数论的一个大扩张又提出了几个老想法。当然,这一理论属于那样的事物,在那里人们不能预测在什么程度上人们会成功到达隐约地徘徊在那里的遥远目标。一颗幸福之星也必须当头高照,而我的处境并且如此多分心的事务当然不允许我致力于这样的沉思默想,如同我在创建我的《算术研究》的主要论题时的幸福岁月 1796—1798 年那样。但我确信,如果好运所做的比我可能期望的要多,而且让我成功地在那个理论上取得某些进展,那么甚至费马大定理也只是作为这个理论中最不有趣的推论之一而出现。②

日期为 1845 年 1 月 1—5 日的致舒马赫的一封信中的如下一段话,是高斯对一种经常对数学家们的攻击的回答:

> **只做**数学家的人有某些特殊的缺点,这可能是真的;不过这不是

---

① 指费马的当时尚未被证明的论断: $n \geqslant 3$ 时,方程 $x^n + y^n = z^n$ 没有正整数解。——译者注
② 高斯的这个希望从未实现。

数学的过错，而是对每个专门职业也都是真的。一个纯粹的语言学家，一个纯粹的法律专家，一个纯粹的士兵，一个纯粹的商人，如此等等，也一样。人们可以把下面的话添加到诸如此类的闲聊中：如果某个专门的职业常常与某些特殊的缺点相关联，那么另一方面它几乎总是没有其他特殊的缺点。

经常有人断言高斯其实不喜欢教学，但这个说法需要某种限制和澄清。真相是高斯不喜欢给予初等的指导，而不幸的是他发现他的大多数学生对高等的工作准备不足。他感到最令人向往的情形是讲授人们当时正从事的研究。在 1802 年 10 月 26 日致奥伯斯的一封信中的如下一段话，给出了高斯对此事看法的一个相当完全的说明：

> 我真的很讨厌教学。一个数学教授的常年事务只是讲授他从事的科学的 ABC；少数领先一步的，和通常停留在（为保持走路的比喻而用这个词）收集信息的过程中的学生，大多数只是成为一知半解者 (Halbwisser)，①因为比较少见的人才，不需要通过课程讲授使自己得到教育，而是进行自我训练。而这种吃力不讨好的工作让这位教授失去了他的宝贵时间。在我杰出的朋友普法夫的家中（我跟他生活过几个月②）我看到，他的**公共的和私人的**讲授，为它们做的准备以及其他与教授一职相联系的其他职位，给他留下的为自己工作的时间是怎样的支离破碎。往事也似乎证实了这一点。我知道的教授中没有一位确实曾为他从事的科学做了**许多工作**，除了伟大的托比亚斯·迈尔，而在他的时代他被看作是一名差劲的教授。同样地，正如我们的朋友察赫经常提到的，在我们的时代那些为天文学做出最好工作的人，不是领薪水的大学教师，而是所谓的业余爱好者、医生、法律专家，等等。

---

① 有一门学科的肤浅知识的人。
② 在黑尔姆施泰特，1799—1800 年。

在这种态度下,如果脸色也许有些太阴暗了,那么我极愿选择后者,而不是前者,如果我只有两种选择的话。带着千欣万喜我将接受一个非学术性的工作,对这项工作,如果没有专业知识,勤奋、精确、忠诚等就足够了,而且它会提供一种舒适的生活和充分的闲暇,以能够祭祀我的众神。例如,我希望得到编辑当地人口普查数据、生育和死亡的名单的工作,这不是作为一个职业,而是为了我的快乐和满足,以使我本人对我在这里享受的优势有些帮助。

在1808年12月4日写给贝塞尔的信中,高斯告诉贝塞尔他的困难是什么:

属于那些尤其令人分心的工作的,是我在今年冬季第一次进行的课程讲授,现在它花费的时间比我喜欢的要多得多。同时我希望第二次开课时这种时间的花费会少得多,否则我将永远也不能接受它,与把几个平庸的人带到 B,否则他们会停在 A 相比,甚至实际的(天文学的)工作必定会令人有更大的满足。

在1810年1月7日他再次写信给贝塞尔:"这个冬季我给三名听课者讲授了两门课程,他们中的一个只是做了适度的准备,一个勉强是适度的准备,第三个既缺乏准备又缺乏能力。这些人是数学专业的负担(onera)。"

在1811年的冬季,高斯为一个他称之为"最普通的"学生讲授了一门课程。在之前的那个冬季,他向舒马赫报告说有几个非常有能力的学生上他的两门课程。有个故事说高斯有一次见到一个学生步履蹒跚地走过格丁根的街道。当这个学生看到这位教授正向他走近时,他试图站直身子,但没有成功,很出风头。高斯细看了他并用手指点着吓唬他,带着微笑说:"我年轻的朋友,我希望科学像我们优良的格丁根啤酒一样使你陶醉!"

在1808年10月2日写给舒马赫的一封信中,高斯非常清楚地表达了他对有天赋的学生的看法:

在我看来,对于这类不是只想收集一堆知识,而是主要感兴趣于操练(训练)他们自己能力的人,指导是非常无益的。对这样的人不需要抓住他的手把他引向目的地，而是只要不时地给他建议，以让他能以最短的路径自己到达目的地。

在 1843 年 5 月 21 日，关于一些甚至一位最伟大的数学家都有可能陷入的（且经常这样的）陷阱，高斯写信给韦伯：

> 在上两个月我非常投入地忙于我自己的数学猜想，这花费了我很多时间，我没有达到我原始的目标。一次又一次我被从一个方向到另一个方向经常交叉的前景所诱惑，有时甚至被虚无之物诱惑，这在数学推测中并不罕见。

高斯至少在一个基本观点上与歌德一致；在 1808 年 9 月 2 日致鲍耶的一封信中如下的一段话，很有可能被浮士德说出：

> 它不是知识，而是学习的行动，不是拥有而是到达那里的行动，这给予了最大的快乐。当我澄清并穷尽了一个主题，那我就离开它，以再次进入黑暗；这位永不满足的人是如此奇怪——如果他造好了一座建筑物，不是为了平静地住在其中，而是为了着手建设另一座。我想象世界的征服者必定有如此的感觉，在一个王国刚被征服之后，他又向其他的王国伸出他的双臂。

高斯对他的研究的实际应用和这些应用的物质价值无论如何不是漠不关心的。但他坚持认为对科学工作的评价不应以这样的标准为根据。他曾经说过科学应该是实用性的朋友但不是它的奴隶。在他关于磁学的著作的导言中他写道："科学，即使增加了物质利益，也不能被这些利益所限制，而是对其研究的所有要素要求同样的努力。"①

高斯常常主张数学作为适合于眼睛的科学远甚于作为适合于耳朵的科学。眼睛一目了然地观察某种东西并理解了它，这要归功于在数学中臻于完美的精彩的符号语言，在所有其他科学中并非如此，尤其是关系到要进行的运

---

① 《全集》，第 5 卷(1877)，第 121 页。

算。在把符号翻译成话语的长路上，永远不会被如此精确地呈现给耳朵，使得它足以能被聆听者接受，以让那些对这门学科不太熟悉的人在脑海中形成画面。因此高斯在名称、定义，甚至单个字母的选择上非同寻常地用心。这种态度表现在 1811 年 11 月 21 日写给贝塞尔的一封信的下面一段话中：

> 每次 $\sin^2\phi$ 都让我烦恼，尽管甚至拉普拉斯也使用它；如果有人害怕 $\sin\phi^2$ 会引起歧义呢（如果人们说 $\sin[\phi^2]$，歧义也许永不出现或者出现得非常少）。现在好了，让人们写成 $(\sin\phi)^2$，而不是写成 $\sin^2\phi$，按类比，$\sin^2\phi$ 应该是指 $\sin(\sin\phi)$。

高斯觉得在等根的情形"一个 n 次方程有 n 个根"这种表达是一种"说话的方式"(façon de parler)，对此人们会容忍。他在 1830 年 4 月 30 日（他的 53 岁生日）致舒马赫的一封信中说明了这一点：

> 文字宜简(In verbis simus faciles)；另一方面我一直要求数学家总要保持对**这些事情**的意识，凭此，当然没有任何不合适的东西能建立在这个短语上。关于语言，我们现代数学有与古代数学完全不同的一个特征；每时每刻人们都允许这种表达模式，这种模式必须被有保留地(cum grano salis)理解。

在 1808 年 9 月 17 日致舒马赫的一封信中，表达了高斯在函数领域有很高期望。那时他还是一个年轻人，不幸的是，所有这些期望从未实现。这段话这样写着：

> 现在我们知道怎样运算圆函数和对数函数了，正如运算一乘以一那样，但高等函数内部蕴藏着的灿烂金矿仍然几乎是未知领域(terra incognita)。以前我在这个主题上做了许多工作，有一天会发表我自己的主要有关工作，关于此我已经在我的《算术研究》第 593 页给出了一个提示。① 这种函数（尤其是那些与椭圆和双曲线求长相

---

① 高斯《全集》第 I 卷，第 412—413 页。——译者注

关的函数也被包括其中)提供了新的、非常令人感兴趣的真理和关系,其极端的丰富性令人震惊。

1811 年,高斯说在数学上没有真正的辩论。在 1849 年 10 月 4 日致舒马赫的一封信中,他对他在这个问题上的观点表达得更全面:"我对被拖入任何种类的争论有一种很大的厌恶,由于类似于歌德在致冯·沃尔措根(von Wolzogen)夫人的一封信中提到的那些理由,这种厌恶在逐年增加。"

在上面提到的那封信中,歌德说:"一个人到了老年,必须如此节省时间地过日子,这时他变得对浪费时光万分恼怒。"①

在高斯的一次宝贵的灵光一闪中,他宣称:"我有结果了,只是尚不知道怎样得到它。"在这句话中,我们首先看到的是他强调像闪电一样的直觉。他拥有了一个东西,不过它还不是他自己的,而且只有当他找到了通向它的道路时它才能成为他自己的。从基本逻辑学的观点来看,这当然是矛盾的;但在方法论上,一点也不。在这里,这是一个只有努力运用才能拥有(Erwirb es um es zu besitzen)②的问题! 这使得在发明和建设的道路上一系列进一步的直觉成为必要。

高斯以"不够严格"否定了早期代数学家的某些证明,并且用更严格的证明代替它们。这意味着,甚至在数学中,在一个研究者看来是无瑕疵的、严格的和明显的东西,却被另一个研究者发现有漏洞和弱点。绝对的正确性只属于恒等式、重言式,它们本身是绝对真的,但不能结出果实。因此在每个定理和每个证明的基础中存在一个教条的不可通约的元素,而且把所有定理和证明放在一起,存在绝对正确的教条,它从来不能被证明也不能被证否。这是高斯的观点,今天在这一点上已达成共识。

说到比较私人的事情,我们发现 1803 年的高斯,当时他还是单身,说了这样的格言:只有做了父亲的男人才在地球上有完全的公民权。在他的第六个

---

① 冯·沃尔措根夫人,《文学遗著》(*Literarischer Nachlass*),第一卷(莱比锡,1848),第 445 页。
② 这是歌德的《浮士德》(*Faust*)中的名言。——译者注

孩子出生之后他必定觉得他是一个有充分资格的公民。一年以前他曾说婚姻像彩票，其中有许多是空票，只有少数中奖的票，他接着表达了他不会抽一张空票的希望。1812年，贝塞尔提醒他，说他把对科学的兴趣和对一个女人的兴趣理想地联合了起来，并补充说自己希望在这方面仿效高斯。不久之后高斯给贝塞尔写了这些话："无疑你也将发现，在人生的所有美好中，幸福源于一桩选择得当的婚姻，而且这婚姻是最伟大的、最纯洁的，它盖过其他一切。"

1807年，当高斯计算了一颗小行星的轨道并把它命名为灶神星（Vesta）时，贝塞尔祝贺他并说这特别令人快乐，因为这显示了他祭祀的是哪位女神。①

---

① 她是作为家的符号的炉灶女神，在希腊神话中她是宙斯的妹妹赫斯提（Hestia），在罗马她被称为维斯太（Vesta），在她的神庙中，有6个女祭司保持神庙中的火不熄灭。——译者注

参 考 文 献

1. 高斯的出版物
（此列表不包括书评和类似公告。）

1. Doctoral dissertation: *Demonstratio nova theorematis omnem functionem algebraicam rationalem integram unius variabilis in factores primi vet secundi gradus resolvi posse*. Helmstedt: C. G. Fleckeisen, 1799.
2. "Berechnung des Osterfestes," *Monat. Corresp.* (ed. Zach), II (1800), 121 – 130.
3. "Neigung der Bahn der Ceres," *Monat. Corresp.* (ed. Zach), IV (1801), 649.
4. *Disquisitiones arithmeticae*. Leipzig: Gerhard Fleischer, Jr., 1801. French translation: *Recherches arithmétiques*, by A. C. M. Poulet-Delisle. Paris, 1807. German translation: *Untersuchungen über höhere Arithmetik*, by H. Maser. Berlin: Julius Springer, 1889.
5. "Sur la division de la circonférence du cercle en partes égales," *Soc. philom. bull.* (Paris), III (1802), 102 – 103.
6. "Berechnung des jüdischen Osterfestes," *Monat. Corresp.* (ed. Zach), V (1802), 435 – 437.
7. "Vorschriften, um aus der geocentrischen Länge und Breite eines Himmelskörpers, dem Orte seines Knotens, der Neigung der Bahn, der Länge der Sonne und ihrem Abstande von der Erde abzuleiten: des Himmelskörpers heliocentrische Länge in der Bahn, wahren Abstand von der Sonne und wahren Abstand von der Erde," *Monat. Corresp.* (ed. Zach), V (1802), 540 – 546.
8. "Erste Elemente der Pallas," *Monat. Corresp.* (ed. Zach), V (1802).
9. "Störungsgleichungen für die Ceres," *Monat. Corresp.* (ed. Zach), VI (1802), 387 – 389.

10. "Tafeln für die Störungen der Ceres," *Monat. Corresp.* (ed. Zach), VII (1803), 259 – 275.
11. "Einige Bemerkungen zur Vereinfachung der Rechnung für die geocentrischen Oerter der Planeten," *Monat. Corresp.* (ed. Zach), IX (1804), 385 – 400.
12. "Ueber die Grenzen der geocentrischen Oerter der Planeten," *Monat. Corresp.* (ed. Zach), X (1804), 173 – 191.
13. "Erste Elemente der Juno," *Monat. Corresp.* (ed. Zach), X (1804), 464 – 552.
14. "Theorematis arithmetici demonstratio nova," *Comment.* (Göttingen), XVI (1804 – 1808), 69 – 74.
15. "Der Zodiacus der Juno," *Monat. Corresp.* (ed. Zach), XI (1805), 225 – 228.
16. "Ueber den zweiten Cometen von 1805," *Monat. Corresp.* (ed. Zach), XIV (1806).
17. "Ephemeride für den Lauf der Ceres," *Monat. Corresp.* (ed. Zach), XV (1807), 154 – 157.
18. "Beobachtungen der Pallas," *Monat. Corresp.* (ed. Zach), XV (1807), 377 – 378.
19. "Erste und zweite Elemente der Vesta," *Monat. Corresp.* (ed. Zach), XV (1807), 596 – 598.
20. "Allgemeine Tafeln für Aberration und Nutation," *Monat. Corresp.* (ed. Zach), XVII (1808), 312 – 317.
21. "Beobachtungen der Juno, Vesta und Pallas," *Monat. Corresp.* (ed. Zach), XVIII (1808), 83 – 86, 173 – 175, 182 – 188, 269 – 273.
22. "Aus zwei beobachteten Höhen zweier Sterne, deren Rectascensionen und Declinationen als gegeben angesehen werden, und den entsprechenden Zeiten der Uhr, die entweder nach Sternzeit geht oder deren Gang während der Beobachtungen als bekannt angenommen wird, den Stand der Uhr und die Polhöhe zu bestimmen," *Monat. Corresp.* (ed. Zach), XVIII (1808), 277 – 293; XIX (1809).
23. "Summatio quarundam serierum singularium," *Comment.* (Göttingen), I (1808 – 1811).
24. "Disquisitio de elementis ellipticis Palladis," *Comment.* (Göttingen), I (1808 – 1811).
25. "Beobachtungen der neuen Planeten," *Monat. Corresp.* (ed. Zach), XX (1809), 78 – 79.
26. *Theoria motus corporum coelestium in sectionibus conicis solem ambientium.* Hamburg: Perthes and Besser, 1809. English translation by Charles Henry Davis. Boston: Little, Brown and Company, 1857. French translation by Edm. Dubois, 1864. German translation by Carl Haase, Hanover, 1865. There was also a Russian translation.
27. "Summarische Uebersicht der zur Bestimmung der Bahnen der beiden neuen Hauptplaneten angewandten Methoden," *Monat. Corresp.* (ed. Zach), XX (1809), 197 – 224.
28. "Fortgesetzte Nachrichten von dem neuen Hauptplaneten Vesta," *Monat. Corresp.* (ed.

Zach), XIX (1809), 407–410, 504–515.

29. "Pallas- und Vesta-Beobachtungen," *Monat. Corresp.* (ed. Zach), XXI (1810), 276–280.

30. "Bestimmung der grössten Ellipse, welche die vier Seiten eines gegebenen Vierecks berührt," *Monat. Corresp.* (ed. Zach), XXII (1810), 112–121.

31. "Elemente der Pallas," *Monat. Corresp.* (ed. Zach), XXII (1810), 400–403; XXIII (1811), 97–98; XXIV (1811), 449–465.

32. "Tafeln für die Mittagsverbesserung," *Monat. Corresp.* (ed. Zach), XXIII (1811), 401–409.

33. "Beobachtungen des Cometen," *Monat. Corresp.* (ed. Zach), XXIV (1811), 180–182.

34. "Elemente des zweiten Cometen von 1811," *Monat. Corresp.* (ed. Zach), XXIV (1811).

35. "Observationes cometae secundi ann. 1813 in observatorio Gottingensi factae, adjectis nonnullis annotationibus circa calculum orbitarum parabolicarum," *Comment.* (Göttingen), II (1811–1813); *Nouv. Ann. math.*, XV (1856), 5–17.

36. "Disquisitiones generales circa seriem infinitam
$$1 + \frac{\alpha \cdot \beta}{1 \cdot \gamma}x + \frac{\alpha(\alpha+1)\beta(\beta+1)}{1 \cdot 2 \cdot \gamma(\gamma+1)}x^2 + \frac{\alpha(\alpha+1)(\alpha+2)\beta(\beta+1)(\beta+2)}{1 \cdot 2 \cdot 3 \cdot \gamma(\gamma+1)(\gamma+2)}x^3 + \cdots,"$$
Comment. (Göttingen), 11 (1811–1813). German translation by Heinrich Simon. Berlin: Julius Springer, 1888.

37. "Theoria attractionis corporum sphæroidicorum ellipticorum homogeneorum methodus nova tractata," *Comment.* (Göttingen), II (1811–1813). German translation by von Lindenau in *Monat. Corresp.* (ed. Zach), XXVIII (1813), pp.37–57, 125–234. Also edited by A. Wangerin as No.19 in Ostwald's *Klassiker der exakten Wissenschaften*.

38. "Neue Methode aus der Höhe zweier Sterne die Zeit und die Polhöhe zu bestimmen," (1809), *Astron. Jahrb.* (ed. Bode), 1812, pp. 129–143. German translation by Ludwig Harding of "*Methodus peculiaris elevationem poli determinandi.*" Göttingen, 1808.

39. "Ueber die Tafel für die Sonnen-Coordinaten in Beziehung auf den Aequator," *Monat. Corresp.* (ed. Zach), XXV (1812), 23–36.

40. "Parabolische Elemente des zweiten Cometen von 1811," *Monat. Corresp.* (ed. Zach), XXV (1812), 95–97.

41. "Sternbedeckungen," *Monat. Corresp.* (ed. Zach), XXV (1812), 206–207.

42. "Pallas-Beobachtungen," *Monat. Corresp.* (ed. Zach), XXVI (1812), 199–203; XXVIII (1813), 197–198.

43. "Juno-Beobachtungen," *Monat. Corresp.* (ed. Zach), XXVI (1812), 297–299.

44. "Tafel zur bequemern Berechnung des Logarithmen der Summe oder Differenz zweier

Grössen, welche selbst nur durch ihre Logarithmen gegeben sind," *Monat. Corresp.* (ed. Zach), XXVI (1812), 498 – 528.

45. "Ueber Attraction der Sphäroiden," *Monat. Corresp.* (ed. Zach), XXVII (1813), 421 – 431.
46. "Beobachtungen mit einem 12 – zolligen Reichenbach'schen Kreise zur Bestimmung der Polhöhe der Göttinger Sternwarte," *Monat. Corresp.* (ed. Zach), XXVII (1813), 481 – 484.
47. "Verzeichniss von Stern-Declinationen," *Monat. Corresp.* (ed. Zach), XXVIII (1813), 97 – 99.
48. "Beobachtungen des zweiten Cometen vom Jahre 1813, angestellt auf der Sternwarte zu Göttingen, nebst einigen Bemerkungen über die Berechnung parabolischer Bahnen," *Monat. Corresp.* (ed. Zach), XXVIII (1813), 501 – 513. "Observationes cometae secundi anni 1813." German translation by Nicolai in *Gött. gel. Anz.*, 1814, 25.
49. "Achte Opposition der Juno," *Monat. Corresp.* (ed. Zach), XXVIII (1813), 574 – 578.
50. "Nachricht von dem Reichenbach'schen Repetitionskreise und dem Theodolithen," *Gött. gel. Anz.*, 1813.
51. "Beobachtungen usw. zur Bestimmung der Polhöhe der Göttinger Sternwarte," *Monat. Corresp.* (ed. Zach), XXVII (1813).
52. "Methodus nova integralium valores per approximationem inveniendi," (1814), *Comment.* (Göttingen), III (1814 – 1815), 39 – 76; *Nouv. Ann. math.*, XV (1856), 109 – 129, 207 – 211, 315 – 321.
53. "Demonstratio nova altera theorematis omnem functionem algebraicam rationalem integram unius variabilis in factores reales primi vel secundi gradus resolvi posse," *Comment.* (Göttingen), III (1814 – 1815), 107 – 134, 135 – 142; *Nouv. Ann. math.*, XV (1856), 134 – 139.
54. "Ejusdem theorematis demonstratio, tertia," *ibid.*
55. "Eigenthümliche Darstellung der Pfaff'schen Integrationsmethode," *Gött. gel. Anz.*, 1813.
56. "Bestimmung der Genauigkeit der Beobachtungen," *Zeitschr. für Astr.* (ed. Lindenau and Bohnenberger), (1816), 185 – 197.
57. "Theorematis fundamentalis in doctrina de residuis quadraticis demonstrationes et ampliationes novae," *Comment.* (Göttingen), IV (1816 – 1818), 3 – 20.
58. "Determinatio attractionis, quam in punctum quodvis positionis datae exerceret planeta, si ejus massa per totam orbitam, ratione temporis, que singulae partes describuntur, uniformiter esset dispertita," *Comment.* (Göttingen), IV (1816 – 1818), 21 – 48.
59. "Ueber die Differenz der Polhöhe, wenn sie aus Sonnenbeobachtungen oder Nordsternbeobachtungen mit dem Multiplications-Kreise abgeleitet wird," *Zeitschr.* (ed. Lindenau), IV (1817), 119 – 131.

60. "Beobachtungen des Polarsterns in der untern Culmination auf der Göttinger neuen Sternwarte," *Zeitschr.* (ed. Lindenau), IV (1817), 126 – 131.
61. "Ueber die achromatischen Doppelobjective besonders in Rücksicht der vollkommnern Aufhebung der Farbenzerstreuung," *Zeitschr.* (ed. Lindenau), IV (1817), 345 – 351; *Annal.* (ed. Gilbert), LIX (1818), 188 – 195.
62. "Ueber einige Berichtigungen an Bordaischen Wiederholungs-Kreisen," *Zeitschr.* (ed. Lindenau), V (1818), 198 – 211.
63. "Nachricht von d. Repsold'schen Meridiankreise," *Gött. gel. Anz.* (1818).
64. "Cometenbeobachtungen," *Zeitschr.* (ed. Lindenau), V (1818), 276 – 277.
65. "Distances au zénith de quelques étoiles, observées à Göttingen, ..." *Monat. Corresp.* (ed. Zach), II (1819), 53 – 61.
66. "Vom Reichenbach'schen Meridiankreise," *Gött. gel. Anz.* (1820), p. 905. English translation by Herschel in the *Memoirs* of the Astronomical Society, Vol. I.
67. "Von d. Reichenbach'schen Mittagsfernrohr," *Gött. gel. Anz.*, 1819.
68. "Theoria combinationis observationum erroribus minimis obnoxiae," *Comment.* (Göttingen) V. (1819 – 1822), 33 – 62, 63 – 90. French translation: *Méthode des moindres carrés*, by J. L. F. Bertrand. Paris: Mallet-Bachelier, 1855.
69. "Vom Reichenbach'schen Meridiankreise," *Gött. gel. Anz.*, 1820.
70. "Ueber den Repsold'schen Meridiankreis, Beobachtung des Uranus, Saturns und der Pallas,..." (1818), *Astron. Jahrb.* (ed. Bode), 1821, pp.212 – 216.
71. "Vom Heliotropen, und den ersten damit angestellt. Versuchen," *Gött. gel. Anz.*, 1821.
72. "On the new Meridian Circle at Göttingen," (1820), *Astron. Soc. Mem.*, I (1822), 129 – 134.
73. "Lettre sur le héliotrope réflecteur," *Monat. Corresp.* (ed. Zach), VI (1822), 65 – 69; *Quart. Journ. Sci.*, XIII (1822), 421 – 422.
74. *Kartenprojektion* (1822). Ed. by A. Wangerin as No.55 in Ostwald's *Klassiker*.
75. "Über das Heliotrop," *Annal.* (ed. Poggendorff), IX and XVII.
76. "Anwendung der Wahrscheinlichkeitsrechnung auf eine Aufgabe der praktischen Geometrie: Die Lage eines Punktes aus den an demselben gemessenen horizontalen Winkeln zwischen anderen Punkten von genau bekannter Lage zu finden." *Astr. Nachr.*, Vol. I (1823), col.81 – 86.
77. "Aus drei der Lage nach bekannten Puncten die des vierten zu finden," *ibid*.
78. "Ueber die Hannoversche Gradmessung (Heliotrop)," *Astr. Nachr.*, Vol. I (1823), col.105 – 106, 441 – 444.
79. "Theoria residuorum biquadraticorum," *Comment.* (Göttingen), VI (1823 – 1827), 27 – 56; *Comment.*, secunda VII (1828 – 1831), 89 – 148; *Gött. gel. Anz.*, 1831, p.625.
80. "Supplementum theoriae combinationis observationum erroribus minime obnoxiae,"

Comment. (Göttingen), VI (1823 – 1827), 57 – 98; VII, 89 – 148.
81. "Disquisitiones generales circa superficies curvas," Comment. (Göttingen), VI (1823 – 1827), 99 – 146; Nouv. Ann. math., XI (1852), 195 – 252. French translation by Liouville (Paris, 1850), in the fifth edition of Monge's Application de l'analyse à la géométrie. Another French translation by Tiburce Abadie, Nouv. Ann. math., 11 (1852). A third French translation by E. Roger. Paris, 1855; 2d ed., Grenoble, 1870 and Paris, 1871. German translation by O. Böklen. Stuttgart, 1884. Another German translation by A. Wangerin. Leipzig, 1889; 2d ed., Leipzig, 1900. Hungarian translation by Szíjártó Miklós. Budapest, 1897. English translation by J. C. Morehead and A. M. Hiltebeitel. Princeton, N.J.: Princeton University Press, 1902.
82. "Neue Methode die gegenseitigen Abstände der Fäden in Meridian-Fernröhren zu bestimmen," Astr. Nachr., Vol. II (1824), col.371 – 376.
83. "Allgemeine Auflösung der Aufgabe: Die Theile einer gegebenen Fläche auf einer andern gegebenen Fläche so abzubilden, dass die Abbildung dem Abgebildeten in den Kleinsten Theilen, ähnlich wird," Astron. Abhandl. (ed. Schumacher), III (1825), 1 – 30; Phil. Mag., IV (1828), 104 – 113, 206 – 215.
84. "Vertheidigung Pasquich's Ehrenrettung," Astr. Nachr., Vol. III (1825), col.78 – 89.
85. "Beobachtungen des Cometen von 1824 in Göttingen," Astr. Nachr., Vol. III (1825), col.179 – 182.
86. "Methode, mittlere Lufttemperatur zu bestimmen," Annal. (ed. Poggendorff), IV (1825).
87. "Über die Umlaufszeit des Biela'schen Cometen,…" Astr. Nachr., IV (1826).
88. "Chronometrische Längenbestimmungen," Astr. Nachr., Vol. V (1827), col.227 – 234, 234 – 240, 245 – 248.
89. "Ueber die vortheilhafte Anwendung der Methode der Kleinsten Quadrate," Astr. Nachr., Vol. V (1827), col.230.
90. "Die Berichtigung des Heliotrops," Astr. Nachr., Vol. V (1827), col.329 – 334.
91. "Beobachtungen des von Pons im Luchs entdeckten Cometen," Astr. Nachr., Vol. VI (1828), col.43 – 44.
92. "Pallasbeobachtungen," Astr. Nachr., Vol. VI (1828), col.67 – 68.
93. "Lehrsatz über den Zusammenhang der Anzahl der positiven und negativen Wurzeln einer algebraischen Gleichung mit der Anzahl der Abwechselungen und Folgen in den Zeichen der Coefficienten," Crelle's Journ., III (1828), 1 – 4.
94. Bestimmung des Breitunterschiedes zwischen den Sternwarten von Göttingen und Altona durch Beobachtungen am Ramsdenschen Zenithsector. Göttingen: Vandenhoek and Ruprecht, 1828.
95. "Principia generalia theoriae figurae fluidorum in statu aequilibrii," Comment. (Göttingen), VII (1828 – 1831) 39 – 88. German translation by Rudolf H. Weber, ed. by H. Weber as No.135 in Ostwald's Klassiker.

96. "Ueber ein neues allgemeines Grundgesetz in der Mechanik: 'Die Bewegung eines Systems materieller, auf was immer für eine Art unter sich verknüpfter Punkte, deren Bewegung zugleich an was immer für äussere Beschränkungen gebunden sind, geschieht in jedem Augenblick in möglich grösster Uebereinstimmung mit der freien Bewegung, oder unter möglich kleinstem Zwange, indem man als Maas des Zwanges, den das ganze System in jedem Zeittheilchen erleidet, die Summe der Produkte aus dem Quadrate der Ablenkung jedes Punkts von seiner freien Bewegung in seine Masse betrachtet,'" *Crelle's Journ.*, IV (1829), 232 – 235; *Nouv. Ann. math.*, IV (1845), 477 – 479.

97. "Zusätze zu Seeber's Werke über d. ternären quadrat. Formen," *Gött. gel. Anz.*, 1831.

98. "Beobachtung der Sonne, der Ceres, und der Pallas in Göttingen," *Astr. Nachr.*, Vol. VII (1829), col.15 – 16; Vol. VIII (1831), col.321 – 322.

99. "Intensitas vis magneticae terrestris ad mensuram absolutam revocata," *Comment.* (Göttingen), VIII (1832 – 1837), 3 – 44; *Annal. de Chimie*, LVII (1834), 5 – 69; *Astr. Nachr.*, Vol. X (1833), col.349 – 360. Italian translation by Paolo Frisiani in *Effemeride astronomiche di Milano*, 1839, pp. 3 – 132 (first suppl.). German translation in Poggendorff's *Annalen der Physik*, XXVII and XXVIII (1833), 241 – 273, 591 – 614. Second German translation by E. Dorn, No.53 in Ostwald's *Klassiker der exakten Wissenschaften*. French translation by Arago in *Annales de physique*. English translation in the *Proceedings* of the Royal Society, No.11. There was also a Russian translation in the scientific series of the University of Moscow. "Multiplicator," *Annal.* (ed. Poggendorff), XXVII and XXVIII; also in *Braunschw. Magazin* and *Gött. Taschenbuch*.

100. "Beobachtungen der magnetischen Variation in Göttingen und Leipzig am 1. and 2. Oct. 1834," *Annal.* (ed. Poggendorff), XXXIII (1834), 426 – 432.

101. "Nachrichten über d. magnet. Observatorium in Göttingen," *Gött. gel. Anz.*, 1834.

102. "Nouvelles observations magnétiques faites à Goettingue," *L'Institut*, III (1835), 300 – 302.

103. "Bericht von neuerlich in Göttingen angestellten magnetischen Beobachtungen," *Annal.* (ed. Poggendorff), XXXIV (1835), 546 – 556.

104. "Beobachtungen der magnetischen Variation am 1. April 1835 von fünf Oertern," *Annal.* (ed. Poggendorff), XXXV (1835), 480 – 481; *Bibl. Univ.*, I (1836), 345 – 346.

105. "Erdmagnetismus und Magnetometer," *Jahrb.* (ed. Schumacher), 1836, pp.1 – 47.

106. "Ueber die Berichtigung der Schneiden einer Waage," *Astr. Nachr.*, XIV (1837), col. 241 – 244.

107. "Neue Methode z. Berichtigung d. Waagen," *Gött. gel. Anz.*, 1837.

108. "Das in den Beobachtungsterminen anzuwendende Verfahren," in Gauss, *Resultate*

(1837), pp.34 – 50.
109. "Auszug aus dreijährigen täglichen Beobachtungen der magnetischen Declination zu Göttingen," *Resultate* (ed. Gauss), 1837, pp.50 – 62.
110. "Ueber ein neues zunächst zur unmittelbaren Beobachtung der Veränderungen in der Intensität des horizontalen Theils des Erdmagnetismus bestimmtes Instrument (Bifilarmagnetometer)," *Resultate*, (ed. Gauss), 1838, p.1 – 19; *Scientif. Mem.* (ed. Taylor), II (1841), 252 – 267.
111. "Anleitung zur Bestimmung der Schwingungsdauer einer Magnetnadel," *Resultate* (ed. Gauss), 1838, pp.58 – 80.
112. "Dioptrische Untersuchungen," *Abhandl. Ges. Wiss.* (Göttingen), I (1838 – 1841), 1 – 20; *Annal. de Chimie*, XXXIII (1851), 259 – 294; *Scientif. Mem.* (ed. Taylor), III (1843), 490 – 498. English translation by Oscar Faber, in *Ferrari's Dioptric Instruments*. London: H. M. Stationery Office, 1919. See also William Hallows Miller, *Abstract of Some of the Principal Propositions of Gauss' Dioptric Researches*. London, 1843.
113. "Allgemeine Theorie des Erdmagnetismus," *Resultate* (ed. Gauss), 1839, pp.1 – 57, 146 – 148; *Scientif. Mem.* (ed. Taylor), II (1841), 184 – 251, 313 – 316.
114. "Allgemeine Lehrsätze in Beziehung auf die im verkehrten Verhältnisse des Quadrats der Entfernung wirkenden Anziehungsund Abstossungskräfte," *Resultate*, (ed. Gauss), 1840, pp.1 – 51; *Journ. Math.* (Liouville), VII (1842), 273 – 324; *Scientif. Mem.* (ed. Taylor), III (1843), 153 – 196. Edited by A. Wangerin as No.2 in Ostwald's *Klassiker*.
115. *Atlas des Erdmagnetismus*. (With W. E. Weber and C. W. B. Goldschmidt.) Leipzig: Weidmannsche Buchhandlung, 1840. Reprinted in *Werke*, Vol. XII.
116. "Ueber ein Mittel, die Beobachtung von Ablenkungen zu erleichtern," *Resultate* (ed. Gauss), 1840, pp.52 – 62; *Scientif. Mem.* (ed. Taylor), III (1843), 145 – 152.
117. "Mondfinsterniss," *Astr. Nachr.*, Vol. XVIII (1841), col.143 – 144.
118. "Elementare Ableitung eines zuerst im Legendre aufgestellten Lehrsatzes der sphärischen Trigonometric," *Crelle's Journ.*, XXII (1841), 96; *Journ. Math.* (Liouville), VI (1841), 273 – 274.
119. "Zur Bestimmung des Constanten des Bifilarmagnetometers," *Resultate* (ed. Gauss), 1841, pp.1 – 25.
120. "Vorschriften zur Berechnung der magnetischen Wirkung, welche ein Magnetstab in der Ferne ausübt," *Resultate* (ed. Gauss), 1841, pp.26 – 34.
121. "Untersuchungen über Gegenstände der höheren Geodäsie." *Abhandl.* (Göttingen), II (1842 – 1844, 1845), 3 – 45; III (1847), 3 – 43; *Nachrichten* (Göttingen), 1846, pp.210 – 217; *Nouv. Ann. math.*, 1851, pp.363 – 364. Edited by J. Frischauf as No. 177 in Ostwald's *Klassiker*.

122. "Theorie des Erdmagnetismus verglichen mit A. Erman's Beobachtungen," *Astr. Nachr.*, XIX (1842).

123. "Ueber die Berechnung der Anomalien aus Elementen vermittelst Burckhardt's Tafeln," *Astr. Nachr.*, Vol. XX (1843), col.299 - 300.

124. "Ueber die Anwendung des Magnetometers zur Bestimmung der absoluten Declination," *Resultate* (ed. Gauss), 1843, pp.1 - 9. (Vol. VI., 1841.)

125. "Beobachtungen der magnetischen Inclination in Göttingen in Jahre 1841," *Resultate* (ed. Gauss), 1843, pp.10 - 61; *Scientif. Mem.* (ed. Taylor), III (1843), 623 - 665.

126. "Beobachtungen des Faye'schen Cometen." *Astr. Nachr.*, Vol. XXI (1844), col.221 - 222.

127. "Elliptic Elements of the Orbit of Faye's comet," *Astr. Nachr.*, Vol. XXI (1844), col.235 - 238.

128. "Beobachtung der Mondfinsterniss vom 31 - ten Mai 1844," *Astr. Nachr.*, Vol. XXII (1845), col.31 - 32.

129. "Cometenbeobachtungen," *Astr. Nachr.*, Vol. XXII (1845), col.113 - 116, 165 - 168, 189 - 192, 277 - 280.

130. "Beobachtungen von Le Verrier's Planeten," *Astr. Nachr.*, Vol. XXV (1847), col.82 - 83.

131. "Ueber die Limiten des Zodiakus, eines die Sonne nach Kepler's Gesetzen umkreisenden Himmelskörpers," *Astr. Nachr.*, Vol. XXVI(1848), col.1 - 4.

132. "Beobachtungen des Neptun und der Iris," *Astr. Nachr.*, Vol. XXVI (1848), col.153 - 154, 241 - 242.

133. "Beobachtungen des neuen Planeten (Iris)," *Astr. Nachr.*, *Vol.* XXVI (1848), col. 173 - 176.

134 "Beobachtungen der Iris," *Astr. Nachr.*, Vol. XXVI (1848), col.197 - 198.

135. "Beobachtungen und Elemente der Flora," *Astr. Nachr.*, Vol. XXVI (1848), col.367 - 368.

136. "Beobachtungen des Graham's Planet," *Astr. Nachr.*, Vol. XXVII (1848), col.235 - 236, 265 - 266.

137. "Auszug über die Berechnung trigonometrischer Messungen," (1847), *St. Petersb. Acad. Sci. Bull.*, Vol. VI (1848), col.257 - 266.

138. "Beiträge zur Theorie der algebraischen Gleichungen," *Abhandl.* (Göttingen), IV (1848 - 1850), 3 - 34; *Nouv. Ann. math.*, X (1851), 165 - 174.

139. "Ueber den von Hind entdeckten veränderlichen Stern im Ophiuchus," *Astr. Nachr.*, Vol. XXVIII (1849), col.23 - 24.

140. "Meridianbeobachtungen der Victoria; Berechnung der Bahn des Hind'schen Cometen," *Astr. Nachr.*, Vol. XXXI (1851), col.305 - 306.

141. "Einige Bemerkungen zu Vega's 'Thesaurus Logarithmorum,'" *Astr. Nachr.*, Vol.

XXXII (1851), col.181-188.
142. "Exercice numérique sur les équations du premier degré," *Nouv. Ann. math.*, X (1851), 359-361.
143. "Elemente der Psyche, nebst Bemerkungen über die Bestimmung der Bahn dieses Planeten," *Astr. Nachr.*, Vol. XXXV (1853), col.17-20; XXXVI (1853), col.301-302.
144. "Beobachtungen auf der Göttinger Sternwarte," *Astr. Nachr.*, Vol. XXXVII (1854), col.197-198; 409-410.
145. "Entdeckung des Cometen I, 1854," *Astr. Nachr.*, Vol. XXXVII (1854), col.363-364.
146. "Beobachtungen und Elemente des neuesten Cometen III, 1854," *Astr. Nachr.*, Vol. XXXVIII (1854), col.93-94, 353-354.
147. "Beobachtungen auf der Göttinger Sternwarte," *Astr. Nachr.*, Vol. XXXIX (1855), col.161-162.
148. "Recherches dioptriques," *Journ. Math.* (Liouville), I (1856), 9-43.
149. "Die orthogonale Transversale and die Brennlinie der zurück-geworfenen Strahlen für die gemeine Cycloide, wenn die einfallenden Strahlen der Axe derselben parallel sind, und für die logarithmische Spirale, wenn die einfallenden Strahlen vom Pol derselben ausgehen," *Archiv* (ed. Grunert), XXX (1858), 121-134.
150. "Sehr einfache Bestimmung eines bekannten Integrals," *Archiv* (ed. Grunert), XXX (1858), 229-230.
151. "Results of the Observations made by the Magnetic Association in the Year 1836," (with W. E. Weber), *Scientif. Mem.* (ed. Taylor) II (1841), 20-25 (Transl.).
152. "Anziehung eines elliptischen Ringes. Nachlass zur Theorie des arithmetisch-geometrischen Mittels und der Modulfunktion," translated and edited by H. Geppert as No.225 in Ostwald's *Klassiker*.
153. "Die vier Beweise der Zerlegung ganzer algebraischer Funktionen usw." (1799-1849), edited by Eugen Netto as No.14 in Ostwald's *Klassiker*.
154. "Sechs Beweise der Fundamentaltheorems über quadratische Reste," edited by Eugen Netto as No.122 in Ostwald's *Klassiker*.
155. "Abhandlungen über die Prinzipien der Mechanik," edited by Philip E. B. Jourdain as No.167 in Ostwald's *Klassiker*.

文集

Carl Friedrich Gauss' Werke. Sponsored by the Royal Society of Sciences at Göttingen. General editors: E. Schering, F. Klein, M. Brendel, and L. Schlesinger; assisted by R. Fricke, P. Stäckel, E. Wiechert, C. Schaefer, A. Galle, and H. Geppert. Vols. I-XII. Published successively by Friedrich Andreas Perthes (Gotha), B. G. Teubner (Leipzig), and Julius Springer (Berlin), 1863-1933.

参 考 文 献

2. 关于高斯

  这不是一本完整的高斯传记,但确信没有任何重要的东西被遗漏。书中丰富的列表是关于高斯的第一个此类列表,其中不可避免地会出现一些小错误。引用脚注中提到的一些作品是没有必要的。本参考书目旨在为对高斯特别感兴趣的人提供指南,虽然包括了一些关于高斯科学工作的出版物,但主要侧重于传记性质,其中少数被参考的条目很难归类为书籍还是小册子。这里使用了标准的缩写形式,希望所有人都能理解。在使用这些缩略语时,已经做出了一致化的努力。如果在一位作者名下有多个条目,则按时间顺序排列。这不是一份完整的参考资料清单,但所有需要的有价值信息的资料都可以在这里找到。

手稿及相关材料

Gauss Archive, University of Göttingen.

Gauss Collection, Municipal Library and Archive, Brunswick, Germany.

Dunnington Collection, Natchitoches, La.

William T. Gauss Collection, Colorado Springs, Colo. (Parts of this collection have been donated to Harvard University and Princeton University.)

书

Ahrens, Wilhelm. *Mathematiker-Anekdoten*. Leipzig: B. G. Teubner, 1920. (Gauss, p.8.)

Arnim, Max. *Corpus Academicum Gottingense*. Göttingen: Vanden-hoeck and Ruprecht, 1930.

Auwers, Georg Friedrich Julius Arthur von (ed.). *Briefwechsel zwischen Gauss und Bessel*. Leipzig: Wilhelm Engelmann, 1880.

Bell, E. T. *Men of Mathematics*. New York: Simon and Schuster, 1937. (Gauss, pp.218 - 269.)

Bieberbach, Ludwig. *Carl Friedrich Gauss, ein deutsches Gelehrtenleben*. Berlin: Keil Verlag, 1938.

Böttiger, C. A. *Franz Volkmar Reinhard*. Dresden: Arnoldische Buchund Kunsthandlung, 1813.

Boncompagni, Baldassare (Prince), ed. *Cinq lettres de Sophie Germain à C. F. Gauss*. Berlin, 1880.

Borch, Rudolf. "Ahnentafel des Mathematikers C. F. Gauss." In *Ahnentafeln berühmter Deutscher*. Leipzig, 1929, Lieferung 1, p.63.

——*Alexander von Humboldt*. Berlin: Druckhaus Tempelhof, 1948.

Bruhns, C. *Johann Franz Encke, sein Leben und Wirken*. Leipzig: Ernst Julius Günther, 1869.

Bruhns, K. (ed.). *Briefe zwischen A. v. Humboldt und Gauss*. Leipzig: Wilhelm Engelmann, 1877.

Cajori, Florian. *The Chequered Career of Ferdinand Rudolph Hassler*. Boston: Christopher Publishing House, 1929.

Davies, T. Witton. *Heinrich Ewald, Orientalist and Theologian*. London: T. Fisher Unwin, 1903.

Davis, Charles Henry. *The Computation of an Orbit from Three Complete Observations. From the Theoria Motus of C. F. Gauss*. Cambridge, Mass.: Metcalf and Company, 1852.

Dunnington, G. Waldo. *Carl Friedrich Gauss. Inaugural Lecture on Astronomy and Papers on the Foundations of Mathematics*. Baton Rouge: Louisiana State University Press, 1937.

Dyck, Walter von. *Georg von Reichenbach*. Munich, 1912.

Engel, Friedrich, and Stäckel, Paul. *Die Theorie der Parallellinien von Euklid bis auf Gauss*. Leipzig: B. G. Teubner, 1895.

Feyerabend, Ernst. *Der Telegraph von Gauss und Weber im Werden der elektrischen Telegraphie*. Berlin: Reichspostministerium, 1933.

Fick, R., and von Selle, Götz. *Briefe an Ewald*. Göttingen: Vandenhoeck and Ruprecht, 1932.

Hänselmann, Ludwig. *Carl Friedrich Gauss, zwölf Kapitel aus seinem Leben*. Leipzig: Duncker and Humblot, 1878.

Kistner, A. *Deutsche Meister der Naturwissenschaft und Technik*. Vol. I. Munich: Kösel and Pustet, 1925. (Gauss, pp.74–88.)

Klein, Felix (ed.). *Gauss' wissenschaftliches Tagebuch 1796–1814*. Berlin: Weidmannsche Buchhandlung, 1901.

——. *Vorlesungen über die Entwicklung der Mathematik im 19. Jahrhundert*. Teil I. Berlin: Julius Springer, 1926. (Gauss, pp.6–62.)

Klein, F., Brendel, M., and Schlesinger, L. (eds.). *Materialien für eine wissenschaftliche Biographie von Gauss*. Vols. I–VIII. Leipzig: B. G. Teubner, 1911–1920.

Klingenberg, Wilhelm, and others. *Gaussgedenkband*. Leipzig: Julius Springer, 1955.

Koenigsberger, Leo. *Carl Gustav Jacob Jacobi*. Leipzig: B. G. Teubner, 1904.

Kowalewski, Gerhard. *Grosse Mathematiker*. Munich and Berlin: J. F. Lehmann, 1938. (Gauss, pp.247–273.)

Kück, Hans. *Die Göttinger Sieben*. Berlin: Emil Ebering Verlag, 1934.

Lenard, Philipp. *Great Men of Science*. London: G. Bell and Sons, 1933. (Gauss, pp.240–247.)

Leutner, K. *Deutsche, auf die wir stolz sind*. Berlin: Verlag der Nation, 1954.

Mack, Heinrich. *C. F. Gauss und die Seinen*. Brunswick: E. Appelhans and Company,

1927.

Mahrenholz, Johannes. *Anekdoten aus dem Leben deutscher Mathematiker*. Leipzig: B. G. Teubner, 1936. (Gauss, pp.22 – 29.)

Müller, Franz Johann. *Johann Georg von Soldner, der Geodät*. Munich: Kastner and Callwey, 1914.

Munro, J. *Heroes of the Telegraph*. New York and Chicago: Fleming H. Revell Company, 1892.

Peters, C. A. F. (ed.). *Briefwechsel zwischen C. F. Gauss und H. C. Schumacher*. Vols. I-VI. Altona: Gustav Esch, 1860 – 1865.

Prasad, Ganesh. *Some Great Mathematicians of the Nineteenth Century: Their Lives and Their Works*. Vol. I. Benares, India: Mahamandal Press, 1933. (Gauss, pp.1 – 67.)

Riecke, Eduard. *Wilhelm Weber*. Göttingen: Dieterich, 1892.

Sartorius von Waltershausen, Wolfgang. *Gauss zum Gedächtniss*. Leipzig: S. Hirzel, 1856.

——. "C. F. Gauss." In *Göttinger Professoren*, pp.205 – 229. Gotha: F. A. Perthes, 1872.

Schaefer, Clemens (ed.). *Briefwechsel zwischen Carl Friedrich Gauss und Christian Ludwig Gerling*. Berlin: Otto Elsner, 1927.

Schering, Ernst. *C. F. Gauss und die Erforschung des Erdmagnetismus*. Göttingen: Dieterich, 1887.

Schilling, C. (ed.). *Briefwechsel zwischen Olbers und Gauss*. 2 vols. Berlin: Julius Springer, 1900 – 1909.

Schmidt, Franz, and Stäckel, Paul (eds.). *Briefwechsel zwischen C. F. Gauss und Wolfgang Bolyai*. Leipzig: B. G. Teubner, 1899.

Schur, Wilhelm. *Beiträge zur Geschichte der Astronomie in Hannover*. Berlin: Weidmannsche Buchhandlung, 1901.

Selle, Götz von. *Die Georg-August-Universität zu Göttingen, 1737 – 1937*. Göttingen: Vandenhoeck and Ruprecht, 1937.

——. *Universität Göttingen, Wesen und Geschichte*. Göttingen: Musterschmidt Verlag, 1953.

Süss, Wilhelm. *Bestimmung einer geschlossenen konvexen Fläche durch die Gauss'sche Krümmung*. 1932.

Thomas, R. Hinton. *Liberalism, Nationalism, and the German Intellectuals, 1822 – 1847: An Analysis of the Academic and Scientific Conferences of the Period*. Cambridge, England: W. Heffer and Sons, 1951.

Trier, Betty. *Sayings of Gauss and Bessel*. Northfield, Minn.: Carleton College, 1905.

Turnbull, H. W. *The Great Mathematicians*. London: Methuen and Company, 1929. (Gauss, pp.108 – 118.)

Valentiner, Wilhelm (ed.). *Briefe von C. F. Gauss an B. Nicolai*. Karlsruhe, 1877.

Voit, Max. *Bildnisse Göttinger Professoren 1737 – 1937*. Göttingen: Vandenh eck and

Ruprecht, 1937.

Weber, Heinrich. *Wilhelm Weber*, Breslau: Eduard Trewendt, 1893.

Wellhausen, Julius. *Heinrich Ewald*. Berlin: Weidmannsche Buchhandlung, 1901.

Worbs, Erich. *Carl Friedrich Gauss: Ein Lebensbild*. Leipzig: Koehler and Amelang, 1955.

小册子

Ambronn, Leopold. *Der Hohe Hagen und C. F. Gauss' Beziehungen zu demselben*. Göttingen: Tageblatt Press, 1911.

Aufruf zur Errichtung eines Standbildes für C. F. Gauss. Brunswick: Das Comite für Herstellung eines Gauss-Standbildes, Dec., 1876.

Dedekind, Richard. *Gauss in seiner Vorlesung über die Methode der kleinsten Quadrate*. Berlin: Weidmannsche Buchhandlung, 1901.

Faber, Georg. *Bemerkungen zu Sätzen der Gauss'schen theoria combinationis observationum*. Munich, 1922. See also *Sitzungsberichte d. bayr. Akad. d. Wiss. z. München*. Math.-Phys. Kl., 1922, pp.7 – 23.

Festlieder zum Gauss-Commers. Göttingen: Hofer, Apr. 30, 1877.

Feyerabend, Ernst. *An der Wiege des elektrischen Telegraphen*. Deutsches Museum, Abhandlungen und Berichte. Berlin: VDI – Verlag, 1933.

Frischauf, Johannes. *Die Gauss-Gibbssche Methode der Bahnbestimmung eines Himmelskörpers aus drei Beobachtungen*. Leipzig: Wilhelm Engelmann, 1905.

Gieseke, G. *Der Gaussturm auf dem Hohen Hagen bei Dransfeld*. Göttingen: Tageblatt Press, 1911.

Goldscheider, Franz. *Über die Gauss'sche Osterformel*. Berlin: R. Gaertner, 1896, 1899. Parts I and II.

Kowalewski, A. *Newton, Cotes, Gauss, Jacobi. 4 grundlegende Abh. über Interpolation und genäherte Quadratur*. Leipzig, 1916.

Mack, Heinrich. *Das Gauss Museum in Braunschweig*. Brunswick: Johann Heinrich Meyer, 1929.

Mangoldt, Hans Carl Friedrich. *Bilder aus der Entwicklung der reinen und angewandten Mathematik während des 19ten Jahrhunderts mit besonderer Berücksichtigung des Einflusses von C. F. Gauss*. Aachen: LaRuelle (Jos. Deterre), 1900.

Mathé, Franz. *Carl Friedrich Gauss*. Leipzig: Weicher, 1906. (2d ed.; Feuer – Verlag, 1923.)

Naumann (ed.). *Carl Friedrich Gauss: Festschrift der Gaussschule zum 100sten Todestag*. Brunswick: Richard Norek KG, 1955.

Oppermann, Albert. *Carl Friedrich Gauss*. Gaussschule, fünfter Jahres-bericht. Brunswick, 1914. 27 pages.

Riebesell, P. (ed.). "Briefwechsel zwischen Gauss und Repsold," *Mitteilungen der math. Ges. in Hamburg*, VI, No.8 (Sept., 1928), 398-431.

Schering, Ernst. *C. F. Gauss' Geburtstag nach hundertjähriger Wiederkehr*. Göttingen: Dieterich, 1877.

Schlesinger, Ludwig. *Der junge Gauss*. Giessen: Alfred Löpelmann, 1927.

Smend, Rudolf. *Die Göttinger Sieben*. Göttingen: Musterschmidt Verlag, 1951.

Sommer, Hans Zincke. *Festrede zur 100 - jährigen Jubelfeier des Mathe-matikers Gauss*. Brunswick, Apr.30, 1877.

Stäckel, Paul, *Eine von Gauss gestellte Aufgabe des Minimums*. Halle, 1917.

Stern, Moritz A. *Denkrede auf C. F. Gauss zur Feier seines hundert-jährigen Geburtstages*. Göttingen: W. Fr. Kaestner, 1877.

Voss, Aurel. *Carl Friedrich Gauss*. Darmstadt: Arnold Bergstraesser, 1877.

Wienberg, Margarete. *Gauss-Erinnerungen für die lieben Kinder*. Brunswick: Friedrich Bosse, 1928.

Wietzke, A. "C. F. Gauss' Beziehungen zu Bremen," *Abh. Nat. Ver. Bremen*, XXVII, Heft 1, pp.125-142.

Winnecke, F. A. T. *Gauss, ein Umriss seines Lebens und Wirkens*. Brunswick: Friedrich Vieweg, 1877.

Wittstein, Theodor. *Gedächtnissrede auf Carl Friedrich Gauss*. Hanover: Hahn'sche Buchhandlung, 1877.

文章

"Abends am Gaussberge," *Braunschweigische Anzeigen*, No.151 (June 30, 1880) p.1,199.

Ahrens, Wilhelm. "C. F. Gauss im Spiegel der Zeitgenossen und der Nachwelt," *Grimme Natalis Monatsschrift*, II (June, 1914), 428-444.

——. "Die kleinen Planeten und Gauss' Kinder," *Das Weltall*, XXIV, Heft 11 (Aug., 1925), 205-213.

——. "Gauss' amerikanische Nachkommen," *Das Weltall*, XXIV, Heft 12 (Sept., 1925), 231.

——. "Sophie Germain und Gauss," *Das Weltall*, XXVI (1926), 8-11. Also in *Kölnische Zeitung*, Apr.1, 1926, and *Neue Zürcher Zeitung*, No.28 (1926), 3.

Archibald, R. C. "Gauss and the Regular Polygon of 17 Sides," *Am. Math. Monthly*, XXVII (July-Sept., 1920), 323-326.

"Aus dem Herzogthume" (Gauss-Feier), *Braunschweigische Anzeigen*, No.100, (May 1, 1877), 1,266-1,267.

"Aus der Jugend eines mathematischen Genies," *Hamburger Nachrichten*, Apr.28, 1927. (Morgenausgabe.)

B.——W. J. "Grundsteinlegung zum Gaussdenkmal in Braunschweig," *Weser - Zeitung*,

May 1, 1877.

Baltzer, R. "Zu Gauss' hundertjährigem Geburtstag," *Im neuen Reich*, I, No.18 (1877), 681–684.

Bauer, M. "Algebraische Behauptung von Gauss," *Jahresbericht d. dt. Math.-Vereinigung*, XXVII, 348.

Bechstein, O. "Gauss," *Prometheus*, XXVI, 331.

Berger, Karl R. "Zwei für die Optik Unsterbliche," *Der Augenoptiker*, No.4, (Apr.25, 1952), 5–6.

Berger, R. "Zur nichteuklidischen Geometrie," *Archiv für Metallkunde*, I, Heft 5 (May, 1947), 200.

"Berliner Gauss–Festcommers." Reported in all Berlin newspapers, May 2, 1877.

Bernhardt, Alois. "Gedanken um ein Kulturdenkmal" (The Grave of Gauss), *Hannoversche Allgemeine Zeitung*, Aug. 27, 1949.

Beutel, E. "Gauss' 150jähriger Geburtstag," *Schwäbische Merkur*, Apr.29, 1927.

Birck, O. "Die unveröffentlichte Apexberechnung von C. F. Gauss," *Vierteljahrsschrift der astron. Ges.*, LXI (1926), 46–74.

Bloch, O. "Geometrie d. Gauss'schen Zahlenebene," *Verhandlungen d. schweizer. Naturforsch. Ges.*, Vol. 98, II, Sect. 1, p.105.

Bock, W. "Zusatz z. d. Artikel 129 d. Disq. arith. von Gauss," *Mitt. d. Math. Ges. in Hamburg*, VI, 307–309.

Bölsche, Carl. "C. F. Gauss," *Illustrirte Deutsche Monatshefte*, Feb., 1857, pp.255–260.

Boncompagni, Baldassare (Prince), ed. *Lettera inedita di Carlo Federico Gauss a Sofia Germain*. Firenze, 1879.

——. "Sur les lettres de Sophie Germain à Gauss," *Nouvelle Corresp. Math.* (Brussels), Tome VI (Sept., 1880).

Boring, E. G. "Use of the Gaussian Law," *Science*, N. S. LII (Aug.6, 1920), 129–130.

Born, M. "Gauss," *Hannoversch. Kurier*, Apr.29, 1927.

Bothe, W. "Gültigkeitsgrenzen d. Gauss'schen Fehlergesetzes für unabhängige Elementarfehlerquellen," *Zeitschrift für Physik*, IV (1921), 161–177.

Brendel, Martin. "Aufforderung," *Asir. Nachr.* Vol. 146, No. 3, 504 (24), (June 18, 1898), 439. (Concerns Gauss' *Collected Works*.)

——. "Das Gauss-Archiv," *Jahresbericht der Deutschen Mathematiker-Vereinigung*, XII, Heft 1, pp.61–63. Leipzig: B. G. Teubner, 1903.

Cajori, Florian. "Carl Friedrich Gauss and His Children," *Science*, N. S. IX, No.229 (May 19, 1899), 697–704.

——. "Notes on Gauss and His American Descendants," *Pop. Sci. Monthly*, LXXXI (Aug.1912), 105–114.

Cantor, Moritz B. "Carl Friedrich Gauss," *Allgemeine Deutsche Biographie*, VIII (1878),

430 – 445.

——. "Carl Friedrich Gauss," *Neue Heidelberger Jahrbücher*, 1899, pp.234 – 255.

Cayley, Arthur. "The Gaussian Theory of Surfaces," *Proc. London Math. Soc.*, XII, 187.

"C. F. Gauss," *Kölnische Zeitung*, Apr.30, 1877.

——, *Leipziger Illustr. Zeitung*, Apr.21, 1877.

——, *Hannover. Courier*, May 2, 1877. (Abendausgabe.)

"C. F. Gauss zu seinem 80. Todestage am 23. Februar," *Braunschw. Landeszeitung*, Feb. 23, 1935.

"C. F. Gauss, der grösste Mathematiker aller Zeiten, zu seinem 80. Todestag am 23. Februar," *Göttinger Zeitung*, Feb.23, 1935.

"C. F. Gauss beim Schulfest," *Braunschweiger Neueste Nachrichten*, March 24, 1935.

"C. F. Gauss," *Nachrichten-Ztg. d. Ver. dtsch. Ingenieure*, VII (1927), No.17.

"C. F. Gauss und Oldenburg," *Nachrichten für Stadt und Land Oldenburg*, Apr. 29, 1927.

"Charles Frederic Gauss," *Proc. Royal Soc.* VII, No.17 (Nov.30, 1855), pp.589 – 598. London: Taylor and Francis, 1855. Obituary notice.

"Correspondenz aus Frankfurt a. M. über die Buonarroti- und Gauss-feier," *Augsburger Allgemeine Zeitung*, May 7, 1877, p.1,946.

Danzer, O. *Über die Sätze von Gauss und Pohlke*. Weimar, 1918. See also *Sitzungsberichte d. Akad. d. Wiss. Vienna. Math.-naturw. Kl.*, II Abt., Vol.127, IIa, p.1,701.

Darmstaedter, Ludwig. "Carl Friedrich Gauss," *Die Umschau*, XXXI, Heft 18 (Apr.30, 1927), 355 – 358.

"Der 'Pythagoras' als Signal zum Mars, eine phantastische Idee des berühmten Göttinger Mathematikers Gauss," *Göttinger Tageblatt*, May 17, 1935.

"Die Einweihung des Gausszimmers, Wilhelmstr. 30," *Braunschw. Neueste Nachrichten*, XV, No.102 (May 2, 1911).

"Die Enthüllung des Gauss-Denkmals" *Braunschweigische Anzeigen*, No.150 (June 29, 1880), 1,191 – 1,192.

"Die Feier der Universität Göttingen zum hundertjährigen Jubiläum der elektrischen Telegraphie," *Elektrische Nachrichten-Technik*, XI (1934), Heft 1, pp.33 – 35.

"Die Gaussfeier in Braunschweig und die Göttinger Gaussfeier," *Augsburger Allgemeine Zeitung*, May 9, 1877. (Beilage.)

"Die Gaussgedenkfeier im Schloss," *Braunschweiger Neueste Nachrichten*, No.101 (May 1, 1927).

Döbritzsch, H. "Zur Ableitung des Fehlergesetzes von Gauss auf Grund der Hayenschen Hypothese d. Elementarfehler," *Astron. Nachr.*, Vol.236, p.276.

Dohse, Fritz E. "Die Nachkommen von Gauss in den USA," *Braunschweigische Zeitung*, Jan.20, 1951. Also appeared in *Göttinger Tageblatt*.

Domke, O. "Gauss'sches Auflösungsverfahren," *Bautechnik*, 1927. (Beilage 227.)

Dove, Alfred. "Bruhns, Humboldt und Gauss," *Im neuen Reich*. I, No.20 (1877), 770–779.

Dunnington, G. Waldo. "The Sesquicentennial of the Birth of Gauss," *Scientific Monthly*, Vol.24 (May, 1927), 402–414.

——. "The Gauss Archive and the Complete Edition of His Collected Works," *Math. News Letter*, Vol.8 (Feb., 1934), 103–107.

——. "The Historical Significance of C. F. Gauss in Mathematics and Some Aspects of His Work," *Math. News Letter*, Vol.8 (May, 1934), 175–179.

——. "Gauss' Disquisitiones arithmeticae and His Contemporaries in the Institut de France," *Nat. Math. Mag.*, Vol.9 (Apr., 1935), 187–192.

——. "Gauss' Disquisitiones arithmeticae and the French Academy of Sciences," *Scripta math.*, Vol.3, No.2 (Apr., 1935), 193–196.

——. "Gauss' Disquisitiones arithmeticae and the Russian Academy of Sciences," *Scripta math.*, Vol.3 (Oct., 1935), 356–358.

——. "Jean Paul und Carl Friedrich Gauss," *Monatshefte für Deutschen Unterricht*, Nov., 1935, pp.268–272.

——. "Carl Friedrich Gauss, zu seinem 81–ten Todestag," *Göttinger Tageblatt*, Feb.21, 1936.

——. "A Gauss Statuette," *Scripta math.*, Apr., 1936, pp.199, 195.

——. "Über Gauss und Jean Paul," *Jean Paul Blätter*, Vol.13, No.1 (Apr., 1938), 2–3.

——. "Note on Gauss' Triangulations," *Scripta mathematica*, XX, No.1 (March, 1954), 108–109.

——. "Biographische Streiflichter zum 100–jährigen Todestag von Gauss," *Göttinger Tageblatt*, Feb.19, 1955.

——. "Der Geist einer vollendeten Wissenschaft" (Sartorius' funeral oration for Gauss), *Göttinger Tageblatt*, Feb.28, 1955.

——. "Das Problem der Unsterblichkeit bei Gauss und Jean Paul," *Hesperus*, March, 1955.

Ebeling, (?), "C. F. Gauss," *Praktische Schulphysik*, VII (1927), 121–126.

"Ein Füllhorn von Ehrungen," *Braunschw. Nachrichten*, Feb.21, 1955.

"Ein Gauss-Weber Jubiläum," *Göttinger Zeitung*, Apr.15, 1933.

"Ein König im Reiche der Zahlen," *Gartenlaube*, No.17 (1877), 278.

Elsner, H. "Gaussens Reise nach München und Benediktbeuern 1816," *Centralztg. f. Optik u. Mechanik*, XLVIII (1928), 18–20.

E. M. "Ehrungen im Geiste von Gauss," *Braunschw. Zeitung*, Feb.19, 1955.

——. "Wissenschaft trägt das Erbe von Gauss weiter," *Braunschw. Zeitung*, Feb.21, 1955.

参 考 文 献

Endtricht, Hugo. "Die Erfindung des Telegraphen," *Göttinger Tageblatt*, Apr. 30, 1927, pp. 3 – 4.

——. "100 Jahre Telegraphie, ein Rückblick," *Göttinger Tageblatt*, May 1, 1933.

"Excellenz Stephan beglückwünscht Wilhelm Weber," *Göttinger Zeitung*, Dec. 9, 1933.

Faust, Heinrich. "Fürst der Mathematiker," *Frankfurter Allgemeine Zeitung*, Feb. 22, 1955.

Fladt, K. "C. F. Gauss," *Aus Unterricht und Forschung*, III, 11 – 16, 60 – 65.

Foerster, G. "Das Gauss'sche Fehlergesetz," *Astron. Nachr.*, Vol. 208, p. 379.

Fricke, R. "C. F. Gauss," *Braunschweigische Staatszeitung*, Vol. 183, No. 100 (Apr. 30, 1927).

"50jähriges Jubiläum des ersten Telegraphen im Jahre 1883," *Göttinger Zeitung*, Dec. 2, 1933.

Gaede, W. "Beiträge zur Kenntnis von Gauss' praktisch-geodätischen Arbeiten," *Zeitschrift für Vermessungswesen*, XIV (1885).

Galle, Andreas. "Gauss und Kant," *Das Weltall*, XXIV, Heft 10 (July, 1925), 194 – 200.

——. "Eine Äusserung von Gauss über Kant," *Das Weltall*, XXIV, 230.

"Gauss als Naturforscher," *Augsburger Allgemeine Zeitung*, LV (1877).

"Gauss Descendants Cherish Award of George V," *The Missourian Magazine*, XXII, No. 59 (Nov. 9, 1929), 1, 3.

"Gauss-Gedenkraum wird morgen eingeweiht," *Braunschw. Nachrichten*, Feb. 19, 1955.

"Gauss und sein Werk," *Vermessungstechnische Rundschau*, VI (1929), 177 – 182.

"Geburt des Telegraphen," *Volksblatt der Vossischen Zeitung*, No. 113 (Apr. 24, 1933). See also *Zeitschrift für phys. chem. Unterricht*, XI (1927), 265.

Genocchi, Angelo. "Il carteggio di Sofia Germain e Carlo Federico Gauss," *Comptes rendus* (Academy of Turin), June 20, 1880.

Gieseke, G. "Die Grundsteinlegung zum Gaussturm auf dem Hohenhagen," *Monatsblatt für die Gemeinde Dransfeld*, Sept., 1909.

——. "Die Einweihung des Gaussturmes," *Monatsblatt für die Gemeinde Dransfeld*, Sept., 1911.

Gieseke, (?) Geheimrat. "Carl Friedrich Gauss," *Niedersachsen*, XV, No. 21 (Aug. 1, 1910), 374 – 377.

Ginzel, F. K. "Zur Erinnerung an C. F. Gauss," *Illustrirte Zeitung* (Leipzig), Apr. 21, 1877. Also in *Göttinger Zeitung*, Apr. 30, 1877.

Govi, Gilberto. "Gauss and Sophie Germain," *Comptes rendus* (Royal Academy of Naples), June, 1880.

Günther, P. "Die Untersuchungen von Gauss in der Theorie der elliptischen Functionen," *Nachrichten von der kgl. Ges. d. Wiss.* (Göttingen), No. 2 (1894), 92 – 105.

Hahne, F. "Die Gauss-Sammlung im Vaterländischen Museum zu Braunschweig,"

Braunschweiger Genealogische Blätter, Nos. 3 - 5 (Jan., 1927), 50 - 54.

Halstead, G. B. "Gauss and Lobachevsky," *Science* IX, No. 232, pp. 813 - 817.

Hammer, E. "Gesch. d. Abbildungslehre: ein Gauss'scher Satz," *Kartogr. Zeitschrift* (Vienna), VII, 86.

——. "Zwei Sätze von Gauss," *Zs. f. Vermessungswesen*, LIII, 126.

Hänselmann, Ludwig. "Eine Erinnerung an C. F. Gauss," *Braunschweigische Anzeigen*, No. 278 (Nov. 28, 1876), 3,367 - 3,368.

Hecke, E. "Reciprocitätsgesetz u. Gauss'sche Summe in quadrat. Zahlkörpern," *Nachr. d. Ges. d. Wiss. z. Gött.*, Math.-phys. K.I., 1918, pp. 265 - 278.

Heckmann, O. "Unveröffentl. Apex-Berechnungen von Gauss," *Die Himmelswelt*, XXXVI, 124.

Heffter, Lothar. "C. F. Gauss zum 100sten Todestag," *Neue deutsche Hefte*, Feb., 1955.

Herglotz, Gustav. "Letzte Eintragung im Gauss'schen Tagebuch," *Bericht über d. Verhandl. d. sächs. Ges. d. Wiss. zu Leipzig*, Math.-Phys. Kl., LXXIII, 271 - 277.

Hesemann, Friedrich. "Ein Urteil Alex. v. Humboldt's über Gauss," *Göttinger Leben*, II, No. 19, (June 15, 1927).

——. "Wie sah Gauss in Wirklichkeit aus?" *Göttinger Zeitung*, Die Spinnstube, 1927, p. 146.

Hofmann, H. W. "Carl Friedrich Gauss," *Archiv für Metallkunde*, I, Heft 5 (May, 1947), 198 - 199.

Holden, Edward S. "Phenomenal Memories," *Harper's Monthly Magazine*, Nov., 1901, p. 907.

Hundertmark, Heinz. "Akademie und Universität ehrten das Gedächtnis von C. F. Gauss," *Göttinger Tageblatt*, Feb. 21, 1955.

Irmisch, Linus. "An C. F. Gauss," *Braunschweigische Anzeigen*, No. 149 (June 27, 1880), 1,181 - 1,182. A poem.

Jaeger, Wilhelm. "Gauss und das absolute Massystem," *Forschungen und Fortschritte*, IX, No. 10 (Apr. 1, 1933), 143 - 144.

Jaernevelt, Gustaf. "Zur synthetischen Axiomatik der Gaussischen Geometrie auf einer regulären Fläche," *Suomalaisen Tiedeakatemian Toimituksia* (Helsinki), Sarja A, 34, 2 (1931).

Jelitai, József. "Briefe von Gauss und Encke im Ungarischen Landesarchiv," *Magyar Tudományos Akadémia Matematikai és Természettudományi Ertesitöje* (Budapest), LVII (1938), 136 - 144.

Jordan, Robert. "Die verlorene Ceres," *Neueste Nachrichten* (Brunswick), May 1, 1927. A *Gauss-Novelle* on his engagement to Johanna Osthoff.

Jungk, Robert. "Ein totes Gehirn — das weiter wirkt," *Süddeutsche Zeitung*, No. 45, Feb. 23, 1955.

Kasten, Willi. "Zum 100sten Todestag von C. F. Gauss," *14 Tage Göttingen*, No.4, 1955; pp.6 – 11.

Kirchberger, Paul. "C. F. Gauss," *Hamburger Nachrichten*, Apr.14, 1927. (Abendausgabe.)

Klein, Felix. "Gauss' wissenschaftliches Tagebuch 1796 – 1814," *Math. Annalen*, LVII, No.1.

Klein, F., and Born, M. "Bericht über den Stand der Herausgabe von Gauss' Werken," 1 – 25 *Nachrichten von der kgl. Ges. d. Wiss.* Göttingen, 1898 – 1934.

Klein, F., and Schwarzschild, K., "Ueber das in der Festschrift des hundertfünfzigjährigen Bestehens der kgl. Gesellschaft der Wissenschaften mit dem Gaussischen Tagebuch reproducierte Porträt des '26 – jährigen Gauss,'" *Nachrichten von der kgl. Ges. d. Wiss.* Göttingen, 1903. Geschäftliche Mittheilungen, Heft 2.

Kobold, Hermann. "Ein Brief von Gauss an Argelander," *Astr. Nachr.*, Vol. 183, No.4, 380 (Dec.20, 1909).

Köhler, W., and Strauch, H., "Im Geiste von Gauss," *Archiv für Metallkunde*, I, Heft 5 (May, 1947), 197.

"König der Mathematiker," *Uranus-Kalender*, 1931, p.85.

Krause, A. "Gauss'sche Formel z. Berechnung d. Ostersonntags," *Prometheus*, XXXI, 236.

Krylov, A. N. "On Gauss' Memoir 'Intensitas vis magneticae,'" *Archives of the History of Science and Technology* (Leningrad), III (1934), 183 – 192. In Russian. One of a series of papers devoted to Gauss, read at the Dec.28, 1932, meeting of the Inst. of the Hist. of Sci. and Technology.

Kueser, A. "Gauss'sche Theorie d. übertragen a. d. Mayer'schen Problem d. Variationsrechnung," *Journal f. reine u. angew. Mathematik*, Vol.146, pp.116 – 127.

Küstermann, (?) "Fürsten der Mathematik: Gauss, Volta, Laplace," *Gartenlaube*, 1927, p.176.

Lammer, A. "C. F. Gauss in Bremen," *Nordwest.*, No.33 (1878), 270 – 278.

Landau, E. "Vorzeichen d. Gauss'schen Summe," *Nachr. d. Ges. d. Wiss. zu Göttingen*, Math.-Phys. Kl., 1928, p.19.

Langner, Hans Joachim. "Wegweiser zum verlorenen Stern," *Braunschw. Zeitung*, Feb. 19, 1955.

Larmor, Joseph, "C. F. Gauss and His Family Relatives," *Science*, Vol.93, No.2, 422 (May 30, 1941), 523 – 524.

"La tour de Gauss," *Le Camp de Göttingen (Göttinger Zeitung)*, No.5 (March 15, 1915).

Liebmann, H. "Hilberts Beweise d. Sätze über Flächen festen Gauss'schen Krümmungsmasses," *Math. Zs.*, XXII, 26 – 33.

Loewy, Alfred. "Ein Ansatz von Gauss zur jüdischen Chronologie aus seinem Nachlass,"

Jahresbericht der Deutschen Math. Vereinigung, XXVI, Heft 9 - 12 (1917), 304 - 322.

——. "Eine algebraische Behauptung von Gauss," *Jahresbericht d. dt. Math.-Vereinigung*, XXVI, 101 - 109. See also XXX, 147 - 153.

Lorey, Wilhelm. "Friedrich Ludwig Wachter," *Sachsen-Altenburgischer vaterländischer Geschichts- und Hauskalender*, 1934.

——. "Über eine von Gauss erwähnte Mischungsaufgabe und deren Lösung aus einer Laplaceschen Differenzgleichung mit ausgiebiger Verwendung einer Rechenmaschine," *Festschrift zu Ehren von Georg Höckner*, pp. 166 - 174. Berlin: E. S. Mittler and Sohn, 1935.

Ludendorff, H. "Ein Gauss betreffender Brief von Olbers," *Vierteljahrsschrift der astron. Ges.*, LXII, Heft 1 (1927).

Lüring, Bruno. "Der Fürst der Mathematik," *Die Nation*, No. 8, Feb. 26, 1955.

Lüroth, Jacob. "Zur Erinnerung an C. F. Gauss," *Zeitschrift für Vermessungswesen*, VI, Heft 4 (1877), 201 - 210. First published in the supplement to the *Allgemeine Zeitung*, No. 55 (1877).

MacDonald, T. L. "The Anagram of Gauss," *Astron. Nachr.*, Vol. 241, p. 31.

Mack, Heinrich. "Die Verleihung des Ehrenbürgerrechts der Stadt Braunschweig an C. F. Gauss," *Braunschw. Neueste Nachrichten*, XXIX, No. 101 (May 1, 1925), 2 - 3.

——. "C. F. Gauss und Braunschweig," *Braunschweigisches Addressbuch für 1927*.

——. "Vorfahren und Nachkommen von C. F. Gauss," *Braunschweigische Landeszeitung*, No. 118 (Apr. 30, 1927), 9.

——. "C. F. Gauss," *Braunschw. Neueste Nachrichten*, May 1, 1927. (Blatt 2.)

——. "Ein Sohn von C. F. Gauss als Helfer bei der Bekämpfung des Hamburger Brandes im Jahre 1842," *Braunschw. Neueste Nachr.*, May 14, 1927.

——. "Das wieder zu Tage gekommene Jugendbild von C. F. Gauss," *Braunschw. Neueste Nachr.*, July 23, 1929, p. 16.

——. "Das Gehirn von C. F. Gauss," *Braunschw. Neueste Nachr.*, Oct. 5, 1930, p. 10.

——. "Die Nachkommen von Carl Friedrich Gauss," *Göttinger Blätter für Geschichte und Heimatkunde Südhannovers*, I, N. F. Heft 3 (1935), 19 - 28.

Maennchen, Ph. "Interpolationsversuch d. jugendl. Gauss," *Jahresbericht d. dt. Math.-Vereinigung*, XXVIII, 80 - 84.

——. "Lösung d. rätselhaften Gauss'schen Anagramms," *Unterrichtsblätter f. Mathematik und Naturwissenschaften*, XL (1934), 104.

Mansion, Paul. "Gauss contre Kant sur la géometrie non Euclidienne," *Verhandlungen des III. Internationalen Kongresses für Philosophie*. Heidelberg: Carl Winter, 1908.

Meder, Alfred. "Direkte und indirekte Beziehungen zwischen Gauss und der Dorpater Universität." *Archiv, für Gesch. d. Math., d. Naturwiss. und d. Technik*, XI, Heft

1 – 2, pp.62 – 67.
Meitner-Heckert, Karl. "Vom Wunderkind zum Zahlenkönig," *Grimme Natalis Monatsschrift*, Heft 3 – 4 (March-Apr., 1927), 92 – 95.
Metzner, Karl. "Zum 150. Geburtstage von Gauss," *Zeitschrift für den physikalischen und chemischen Unterricht*, Vol. 40, Heft 4 (July-Aug., 1927), 180 – 188.
Michel, H. "C. F. Gauss' Beurteilung der Erfindung des Telegraphen," *Grimme Natalis Monatsschrift*, Heft 5 – 6 (May-June, 1926), 191.
Michelmann, Emil. "Gauss und Weber," *Göttinger Zeitung*, Apr.29, 1933.
"Michelmann kommt!" *Göttinger Tageblatt*, May 1, 1933. The Gauss-Weber telegraph.
Moderhack, Richard. "Das ehemalige Gaussmuseum in Braunschweig," *Braunschweiger Kalender*. Joh. Heinr. Meyer, 1948.
Müller, Otto. "Gauss, princeps mathematicorum," *Württembergische Schulwarte*, III, 343 – 347.
Nagy, H. v. Sz. "Topologisches Problem bei Gauss," *Math. Zs.*, XXVI, 579 – 592.
Nickel, K. "Herleitung d. Abbildungsgleichung d. Gauss'schen konformen Abbildungen d. Erdellipsoids in d. Ebene," *Zs. f. Vermessungswesen*, LV, 493 – 496.
"Obituary Notice of C. F. Gauss," *Monthly Notices of the Royal Astron. Soc.*, XVI, No.4 (1856), 80 – 83.
Oppermann, E. "C. F. Gauss," *Preussische Lehrer-Zeitung*, No.52 (1927).
"Ostern 1833," *Göttinger Zeitung*, Apr.15, 1933. The Gauss-Weber telegraph.
Ostrowski, A. "Zum letzten u. 4. Gauss'schen Beweise d. Fundamentalsatzes d. Algebra," *Nachr. d. Ges. Wiss. z. Gött.*, Math.-Phys. Kl., 1920. Beiheft, pp.50 – 58.
"Pilgerfahrt über den Atlantik," *Göttinger Tageblatt*, No.189, Aug. 17, 1950. H. W. Gauss in Göttingen.
Pl. "Sein Geist drang in die tiefsten Erkenntnisse," *Braunschw. Zeitung*, Feb.21, 1955.
Pohl, Robert W. "Die Gauss-Weber Feier der Universität," *Göttinger Nachrichten*, I, No. 213 (Nov.23, 1933).
——. "Jahrhundertfeier des elektromagnetischen Telegraphen von Gauss und Weber," *Kgl. Ges. d. Wiss. zu Göttingen*, Jahresbericht über das Geschäftsjahr 1933 – 1934, pp.48 – 56.
Polya, G. "Anschaul.-exper. Herleitung d. Gauss'schen Fehlerkurve," *Zeitschrift f. d. Math. r. naturw. Unterricht*, LII, 57 – 65.
——. "Das Gauss'sche Fehlergesetz," *Astron. Nachr.*, Vol. 208, pp.185 – 191, and Vol. 209, p.111.
——. "Herleitung d. Gauss'schen Fehlergesetzes aus einer Funktionalgleichung," *Math. Zeitschrift*, XVIII, 96 – 108.
Rautmann, H. "Bedeutung d. Gauss'schen Verteilungsfunktion f. d. klin. Variationsforschung," *Zs. f. Konstitutionslehre*, XIII, 450 – 476.

Ricci, G. "C. F. Gauss," *Jahresbericht der Deutschen Math.-Vereinigung*, XI (1902), 397.

"Richtungsreduktionen bei d. Gauss'schen konform. Abbildung," *Zs. f. Vermessungswesen*, 1933, p.624.

Riese, (?) von. "C. F. Gauss." *Kölnische Zeitung*, No.80 (March 21, 1855). (Beilage.)

Sack, C. W. "Carl Friedrich Gauss, einige Züge aus seinem Leben," *Braunschweigisches Magazin*, 1857. Seven installments.

Sack, Friedrich. "C. F. Gauss und die Lüneburger Heide," *Niedersachsen*, XXXVIII (July, 1933), 346-351.

Salomon, Ludwig. "C. F. Gauss," *Hannover. Courier*, Apr.29, 1877.

Schaefer, Clemens. "Gauss' Investigations on Electrodynamics," *Nature*, Aug.29, 1931.

——. "Ein Briefwechsel Zwischen Gauss, Fraunhofer und Pastorff," *Nachrichten von der Ges. d. Wiss. zu Göttingen*, 1934, pp.57-75.

Schering, Ernst. "Gauss und Sophie Germain," *Nachrichten der kgl. Ges. der Wiss. zu Göttingen*, June 23, 1880, pp.367-369.

Schimank, Hans. "Carl Friedrich Gauss," *Abhandl. d. Braunschw. Wiss. Ges.*, II (1950), 123-140.

Schlesinger, Ludwig. "Über Gauss Jugendarbeiten zum arithmetisch-geometrischen Mittel," *Jahresbericht d. Deutschen Math.-Vereinigung*, XX, Heft 11-12 (Nov.-Dec., 1911), 396-403.

——. "Eine wissenschaftliche Biographie von C. F. Gauss," *Literaturblatt der Frankfurter Zeitung*, No.109 (June 16, 1912). (Erstes Morgenblatt.)

Schmidt, Adolf. "Gauss als Physiker, insbesondere als Erdmagnetiker," *Bericht über die Tätigkeit des preussischen meteorologischen Instituts*, 1927, pp.41-46.

Schneider, Heinrich. "Neue Gaussiana aus der Landesbibliothek zu Wolfenbüttel," *Grimme Natalis Monatsschrift*, Sept., 1923, pp.489-494.

——. "Weiteres zu C. F. Gauss' wissenschaftlichem Briefwechsel," *Grimme Natalis Monatsschrift*, Feb., 1924, pp.57-62.

——. "Carl Friedrich Gauss und die Göttinger Sieben," *Grimme Natalis Monatsschrift*, Heft 1-2 (Jan.-Feb., 1926), 7-15.

——. "Ein unveröffentlichter Brief von C. F. Gauss," *Braunschweigisches Magazin*, No.6 (Nov.-Dec., 1926), 92-94.

——. "C. F. Gauss zum Gedächtniss." *Braunschweigisches Magazin*, No.3 (1927), 43.

Schneidewin, Max. "Eine persönliche Erinnerung an C. F. Gauss," *Deister- und Weserzeitung* (Hameln), May 17, 1927.

Stäckel, Paul. "Ein Brief von Gauss an Gerling," *Nachrichten von der kgl. Ges. d. Wiss.*, Heft 1. Göttingen, 1896.

——. "Vier neue Briefe von Gauss," *Nachrichten d. kgl. Ges. d. Wiss. Göttingen*, 1907.

Stäckel, Paul, and Engel, Friedrich. "Gauss, die beiden Bolyai und die nichteuklidische Geometrie," *Math. Annalen*, Vol. 49 (1898), 149–206.

Stender, Emil. "Eine Orientierungstafel auf dem Wilseder Berge," *Hamburger Nachrichten*, July 18, 1925. (Erste Beilage.)

Sterne, Carus and Cantor, Moritz. "C. F. Gauss," *Augsburger Allgemeine Zeitung*, 1877.

Sticker, Bernhard. "Vor 100 Jahren starb C. F. Gauss," *Bayreuther Tageblatt*, Feb. 25, 1955.

Stieda, Wilhelm. "Die Berufung von Gauss an die Kaiserliche Akademie in St. Petersburg," *Jahrbücher für Kultur und Geschichte der Slaven*, N. F. Vol. III, Heft 1 (1927), 79–103.

——. "Carl Friedrich Gauss und die Seinen," *Grimme Natalis Monatsschrift*, Heft 11–12 (Nov.-Dec., 1928), 487–492.

"Stiftungsurkunde über das Gaussdenkmal," *Braunschweigische Anzeigen*, No. 151 (June 30, 1880), 1,198.

Stökl, H. "C. F. Gauss," *Dtsche. Internierten-Ztg.*, Heft 11–12, pp. 2–7.

Svyatski, D. O. "Letters of C. F. Gauss to the Academy of Sciences in St. Petersburg, 1801–1807 (N. I. Fuss)," *Archives of the History of Science and Technology*, III, 209–238. Leningrad, 1934. In German, with Russian translations and notes by D. O. Svyatski.

Tait, P. G. "Gauss and Quaternions," *Proc. Royal Soc. of Edinburgh*, Dec. 18, 1899.

Teege, H. "Algebraisch. Beweis f. d. Vorzeichen d. Gauss'schen Summen," *Mitt. d. Math. Ges. in Hamburg*, V, Heft 8, pp. 283–289; and VI, 281–288.

"Theoria motus," *Nürnberger Literaturblatt*, No. 17–18 (1821). Review.

Tietze, H. "Gauss-Green-Stokes'sche Integralsätze," *Journal für reine u. angew. Math.*, Vol. 153, pp. 141–158.

Timerding, H. E. "Kant und Gauss," *Kant-Studien*, XXVIII, Heft 1–2 (1923), 16–40.

Tucker, Robert, "Carl Friedrich Gauss," *Nature*, XV, No. 390 (Apr. 19, 1877), 533–537.

——. "C. F. Gauss," *Nature*, XXI (1880), 467.

Veen, S. C. van "C. F. Gauss," *Mathematica, Tijdschrift voor Studeerenden*, III (1934), 1–14.

"Verleihung der Gauss-Medaille," *Deister- und Weserzeitung*, Jan. 27, 1950.

Video. "C. F. Gauss — menschlich gesehen," *Braunschw. Nachrichten*, Feb. 20, 1955.

"Vor 115 Jahren: 'Fernsehen' vom Brocken zum Inselsberg; dem Fernsehpionier Gauss zum Gedächtnis," *Göttinger Tageblatt*, July 18, 1935.

Wagner, K. W. "Biografia de C. F. Gauss," *Boletin Mat. Buenos Aires*, III, 25. Correction to it, pp. 47–48.

Wagner, Rudolf. "Zur Erinnerung an C. F. Gauss," *Hannoversche Zeitung*, No. 122

(March 13, 1855), IV, 44. Also *Zugaben*, same newspaper, Feb. 28, and March 2 and 4, 1855.

——. "Vor Gauss' Sarge am 26. Feb. 1855," *Braunschweiger Neueste Nachrichten*, XXXV, No.45 (Feb.22, 1931). A poem.

Wattenberg, Hermann. "Der Gaussturm auf dem Hohenhagen bei Dransfeld," *Niedersachsen*, XVI, No.21 (Aug.1, 1911), 439–442.

"Wie Gauss entdeckt wurde," *Göttinger Tageblatt*, May 22, 1935.

Wietzke, A. "Zur Lösung eines rätselhaften Gauss'schen Anagramms," *Astron. Nachr.*, Vol.240, p.403.

——. "C. F. Gauss in Bremen und Lilienthal." *Weser-Zeitung*, Vol.84, No.231 A (Apr.29, 1927), 1.

——. "C. F. Gauss und Bremen," *Bremer Nachrichten*, Vol.185, No.119 (May 1, 1927), 1.

——. "C. F. Gauss, zu seinem 75. Todestag," *Göttinger Tageblatt*, No. 44 (Feb. 21, 1930).

——. "Das Jugendbildnis von Gauss wieder aufgefunden!" *Die Umschau*, XXXIV, Heft 8 (Feb.22, 1930), 154.

——. "Das wiederaufgefundene Jugendbild von C. F. Gauss," *Jahresbericht d. Mathem.-Vereinigung*, XLI, 2. Abt. Heft 1–4 (1931).

Williams, Henry Smith, "Astronomical Progress of the Century," *Harper's Monthly Magazine*, March, 1897, pp.540–548.

Wincierz, Kurt. "Gauss' unsterbliches Werk," *Braunschw. Neueste Nachrichten*, May 1, 1927.

Winkler, Bruno. "Der Schritt des Mädchens," *Neue Badische Landeszeitung* (Mannheim), Apr.28, 1927. Romantic version of the heliotrope.

Witt, G. "Nomogramme der Gauss'schen Gleichungen," *Astron. Nachr.*, Vol.199, p.257.

Wittke, Paul. "C. F. Gauss," *Göttinger Tageblatt*, Apr.30, 1927, p.3.

Wülfing, E. A. "Gauss'sche Hauptebenen," *Neues Jb. f. Mineral., Geol. r. Palaeontologie*, N. F. I. XLVIII, Beilage B, pp.310–324.

Youmans, W. J. "Sketch of Carl Friedrich Gauss," *Pop. Sci. Monthly*, Sept., 1898, pp.694–698.

Zacharias, Max. "C. F. Gauss," *Technik und Kultur*, XIII (1922), 159.

Zeitschrift für Vermessungswesen, Gauss-Heft, Feb., 1955.

Zimmermann, Paul. "Gauss' Zulassungsgesuch zur Promotion," *Braunschweigisches Magazin*, No.15 (July 16, 1899), 113–117.

——. "Zum Gedächtniss an C. F. Gauss," *Braunschweigisches Magazin*, No.16 (July 30, 1899). Supplement to *Br. Anz.*, No.209, pp.124–127.

——. "C. F. Gauss' Briefe an seine Tochter Minna und deren Gatten H. A. Ewald," *Braunschweigisches Magazin*, Dec., 1915 (Wolfenbüttel), pp.133–141.

——. "Neue kleine Beiträge zu C. F. Gauss' Leben und Wirken," *Grimme Natalis Monatsschrift*, Heft XI (1921). 12 pages.

"Zur Erinnerung an C. F. Gauss," *Göttinger Zeitung*, No.16 (Apr.15, 1877), 121 – 124.

"Zwei Briefe von Gauss," *Im neuen Reich*, Jan., 1877.

高斯的《数学日记》导引[①]

杰里米·格雷

在1796年3月,18岁的高斯开始记数学日记,把它作为在接下来的几年数学发现的私人记录。这册日记以他的出色发现——正17边形能只用直尺和圆规作出——开始。在这一年他记录了49个条目,它们大多与数论和代数学有关,1797年记录的33条目的大部分也是如此,尽管双纽线积分(在下面定义)也出现了。之后高斯的兴趣从数论转到概率论,只是在1800年返回到椭圆积分的一般理论的细节。到1801年底,天文学的需求开始占上风,而最后的条目缺乏开始时的条目所拥有的热情和丰富,到1805年,当重新记录条目时,高斯28岁了,已是一位有建树的数学家和天文学家,到10月成了已婚男人。他不再需要这本日记了。

无论如何,这本日记对他的作用似乎是心理上的安慰。记录下来的发现可能用来确立独立性,甚至发明权,或者简单地捕捉掠过他年轻头脑的一大堆想法。大多数条目展现了对数学中重要意义的非凡洞察力,但(正如克莱因在

[①] 这个导引及下面对高斯日记的英译和评注原来以《评高斯的数学日记》(*A commentary on Gauss's mathematical diary*)为题发表在《数学纵览》(*Expositiones Mathematicae*)上(1984年第2期,第97—130页)。复制在这里的时候略有改动(with minor alterations)。其实把高斯的日记(Tagebuch)定题为《数学日记》欠妥,因为其内容不仅有数学,还有天文学、力学等。高斯的日记最初发表时就是以《日记》为名。在它被列入奥斯特瓦尔德(Ostwald)的"精密科学经典作家丛书"(*Klassiker der exakten Wissenschaften*)第256号出版时,定名为《1796年至1814年的数学日记》(*Mathematisches Tagebuch 1796—1814*)。如此命名,可能是该书的编者汉斯·维辛(Hans Wußing,1927—2011)。——译者注

他的导言性论文中注意到的)其中一些极为晦涩。少数条目记录了问题怎样被解决了,但缺乏解决的线索,有时情形是如此的令人印象深刻,甚至高斯本人在后来也不能重构这个发现(见[141])。高斯只是激动地看到他能称心地把他本人与前代的数学家们相比,尤其是欧拉和拉格朗日[关于高斯的论文施莱辛格(Schlesinger)弄得很清楚,见高斯《全集》,第 X 卷,第 2 部分]。但总而言之,这本日记是在高斯的事业开始时他思如涌泉的明证,致使这些想法几乎相互排挤(这就是克莱因对为何高斯的最好的几个想法从未发表的解释)。

数论

高斯发现正 17 边形的尺规可构作性出自他已经对该问题的代数学本性有相当的理解。他把正 17 边形的 17 个顶点想象为 $z^{17}-1=0$ 的 17 个根,其中一个根是平凡的 $z=1$,其他 16 个根满足 $z^{16}+z^{15}+\cdots+z+1=0$。高斯的关键性的观察,这被他详细描述在《研究》的 §354,是因为 17 是素数且 $16=2^4$ 个根的计算化为相继求解 4 个二次方程。求解二次方程能从几何学上通过尺规完成,因此正 17 边形能几何地构作,而高斯通过明确写出 4 个二次方程基本上表明这怎样可以做出。他还给出每个点的复坐标到小数点后 10 位,表明他先于阿尔冈(Argand)和韦塞尔(Wessel)从几何学上认识了复平面。但更为重要的是,高斯看到了形为 $z^n-1=0$ 的方程的一个影响深远的理论。在这册日记后面的条目中,我们能看到他在我们现在所说的分圆理论的方向上走出的几步,高斯在做出这个发现之后决定研究数学而不是语言学是不值得惊奇的。

日记的第二个条目同样令人印象深刻,因为它涉及二次互反性,这个论题有些被邓宁顿轻视。说一个整数 a 是 $\bmod p$ 的一个(二次)剩余,如果同余式 $x^2 \equiv a \pmod{p}$ 有一个解(这里 p 是素数)。二次互反定理断言:给定两个奇素数 p 和 q,那么 p 是 $\bmod q$ 的一个剩余当且仅当 q 是 $\bmod p$ 的一个剩余,除非两者都是形如 $4n+3$ 的数,在这种情形,p 是 $\bmod q$ 的一个剩余当且仅当 q

不是 mod p 的一个剩余。关于素数 2 和数 -1 有辅助的陈述：2 是 mod p 的一个剩余当且仅当 p 具有形式 $8k\pm1$，而且 -1 是 mod p 的剩余当且仅当 p 具有形式 $4k+1$。① 因为一个乘积 ab 为 mod p 的一个剩余当且仅当因子都是剩余或都是非剩余，容易确定任意给定的数模一个素数是否是一个剩余。

邓宁顿指出，无论二次互反定理发现前的情况如何，困难的任务是提供一个证明，而高斯是这样做的第一个人。不过，人们普遍承认他的第一个证明是不能令人满意的，而高斯很快发现了第二个证明（见条目[16]）。这涉及二元二次型（它们是形式为 $Ax^2+2Bxy+Cy^2$ 的表达式）的理论。

这一理论的中心问题是对特定的整数 A、B 和 C，找到哪些整数能写成这种形式，以及在怎样的情况下两个给定的二次型表示相同的整数集。高斯称两个二元二次型 $Ax^2+2Bxy+Cy^2$ 和 $A_1x_1^2+2B_1x_1y_1+C_1y_1^2$ 是真等价的，如果一个通过

$$\begin{bmatrix}x_1\\y_1\end{bmatrix}=\begin{bmatrix}a&b\\c&d\end{bmatrix}\begin{bmatrix}x\\y\end{bmatrix}$$

能写成另一个，这里 a、b、c、d 是满足 $ad-bc=1$ 的整数。然后，他证明有相同的没有平方因子的判别式 B^2-AC 的真等价类满足结合律（用现代的术语，它们构成有限交换群）。使用型的结合分析二次型的族的想法是深刻的，爱德华兹（Edwards）称它是高斯对该理论的伟大贡献。用现代的语言，关键的观察是在这个群中有一个由二次幂构成的子群。高斯跟随拉格朗日称这个子群的陪集为类（genera）。他通过类的"全特征标"区分它们（《算术研究》，§231），在现代群表示论的意义上它确实是它们的特征标，这个名字来自于此。

在《算术研究》(§230，§231)中，高斯给出了几个说明性的例子。例如，型 $10x^2+6xy+17y^2$ 有判别式 $3^2-10\cdot17=-1\cdot7\cdot23$。这个形式能表示的数 mod 7 和 mod 23 一定是非剩余。这个形式表示的奇数也一定是 mod 4 同余于 1。这 3 个信息的片段构成了由 $10x^2+6xy+17y^2$ 定义的类的全特征标，而且人们看到，按照它表示的数是模一个素数的剩余或非剩余，与 1 和 -1

---

① 原书这里误为 $4k-1$。——译者注

的一个系统相联系，这个素数整除判别式（这就是它如何"判别"）。在 1880 年前后，H. 韦伯和戴德金开始把高斯的全特征标解释为从所考虑的形式的群到非零复数的子群 $\{\pm 1\}$ 的一个同态。

可指定特征标的一半不能归于一个二次型，其中 A、$2B$ 和 C 没有公因子（《研究》，§261）的事实是二次互反性第二个证明的基础（《研究》，§262）。可以做出这个联系，因为高斯在 §261 中建立的定理独立于二次互反律，因此，基于这个定理并通过反证高斯导出了该定律：如果该定律是假的，对所有的可指定的特征标容易写出二次型。

现在不清楚在 1796 年 6 月 27 日的高斯对这个理论明白多少。现存的《算术研究》的一个早期文本，被称为《剩余分析》（*Analysis Residuorum*），出现在高斯的《全集》第 Ⅱ 卷，第 199—240 页，默茨巴赫（U. Merzbach）在柏林发现了更多（见[Merzbach,1981]）。不幸的是，相关的第 Ⅴ 章仍无踪影，但我们确实知道高斯在 1797 年到 1798 年至少写了它四次，因为在写给 W. 鲍耶的一封信中他这样说了（引用在[Merzbach,1981]，第 175 页）。有人认为在 1796 年高斯明白二次互反律的证明怎样进行，如果不论所有细节的话。

1801 年 5 月月中，当高斯看到二次互反定理与现在我们所说的高斯和

$$\sum_n \exp 2\pi i \frac{n^2}{p}$$

怎样联系起来，他发现了证明它的第五种方法。这个证明本身持续躲避他，直到 1805 年 8 月 30 日（当他写信给奥伯斯说："如同雷击，难题被解决了。"）。它依赖于证明：如果

$$r = \cos \frac{2\pi}{n} + i \sin \frac{2\pi}{n},$$

那么

$$1 + r + r^4 + r^9 + \cdots + r^{(n-1)^2} = \begin{cases} +\sqrt{n}, & n \equiv 1 \pmod 4 \\ +i\sqrt{n}, & n \equiv 3 \pmod 4 \end{cases}。$$

在每一种情形,容易证明这个和是 $\pm\sqrt{n}$ 或 $\pm i\sqrt{n}$,困难在于确定符号,就是这个问题使高斯操劳直到 1805 年。近来高斯和的一个好的综述,解释了这个和其他事情,见伯恩特(Berndt)和埃文斯(Evans)[1981]。

在这册日记的最后几个条目中的几个[130—138]表明,高斯在 1807 年专注于将该理论推广到三次和四次剩余的情形,而且由此偶然发现了二次互反定理的第六个证明。当高斯在 1825 年和 1831 年发表他的关于四次剩余的论文时(《全集》,第Ⅱ卷,第 65—92 页和 93—148 页),他观察到用虚数——或如我们现在称它们为高斯整数——的词语叙述这些定理是最好的。到那时,雅可比已经发现了三次互反律,而且在 19 世纪 40 年代,艾森斯坦也发现了它,并证明了它与椭圆函数论的联系。这些发展和它们招致的不幸的发明权之争的一个简要叙述在科利森(Collison)[1977]和韦伊(Weil)[1974,1976]中给出。

高斯给下一代德意志数学家们的遗产不仅仅是他发现的关于数的一些非凡的定理,还有他发现的深刻而且往往是令人惊异的内在联系,以及涉及的证明的深刻性。甚至像狄利克雷这样的阐释者,通过舍弃二元形式而支持二次整数使高斯的理论更易理解,他们接受并且认可其重要性,因此《算术研究》开创了一个一直持续到今天的传统,它认为数论是数学中最深刻和最重要的分支之一。19 世纪早期的新人文主义者,像亚历山大·冯·洪堡,他们因为学问自身的原因而珍视它,而且信任自然随之而来的应用,在这件事上他与高斯的品位不谋而合。或许在 1995 年安德鲁·怀尔斯(Andrew Wiles)最终解决费马大定理时对现代大众的震动也不例外。

椭圆函数论

早至 1796 年 9 月 9 日,关于椭圆函数另一个大课题出现在日记中,椭圆函数可以认为是人们熟悉的三角函数的一个深远的推广。在接下来的 35 年,高斯时断时续地在单复变函数论,尤其是椭圆函数论上工作,但是他所发现的结论很少发表。取而代之的是,他留下了大量的笔记和草稿,这些被收录在高斯的《全集》中,其中它们被施莱辛格和其他人彻底地分析过。

在 1796 年 9 月,高斯考虑给出双纽线弧长的所谓的双纽线积分

$$z = \int_0^x \frac{dt}{\sqrt{1-t^4}}。$$

在 1797 年 1 月,他阅读欧拉去世后发表的关于椭圆积分的论文[1786],并且了解到,如果

$$A = \int_0^1 \frac{dx}{\sqrt{1-x^4}} \text{ 且 } B = \int_0^1 \frac{x^2 dx}{\sqrt{1-x^4}},$$

那么,$AB = \pi/4$。 高斯现在"开始彻底检查双纽线"。通过这个积分与反正弦的类比,他把上面这个积分认作是定义 x 作为 z 的一个函数,最终他称这个函数为 sl(双纽线正弦,sinus lemniscaticus)。他追寻与三角函数的这一类似,定义了余弦函数的类似物,对此他用 $cl(x)$ 表示,而且早就注意到以 $sl(x)$ 为项的 $sl(3x)$ 的等式是 9 次,而 $\sin 3x$ 作为 $\sin x$ 的一个函数仅是三次等式($\sin 3x = 3\sin x - 4\sin^3 x$)。在 3 月 19 日他在日记中记下"为何把双纽线分成 n 个部分导致次数为 n^2 的等式。"原因是根是复数。因此他把 sl 和 cl 看作是单复变函数。

他已经看到,作为一个实函数,sl 是周期为 $2\omega = 4A$ 的一个周期函数。从 sl 和 cl 的加法定律得出复函数 sl 有两个不同的周期 2ω 和 $2i\omega$ 且当 m 和 n 是不同的整数,$sl(x+(m+in)2\omega) = sl(x)$,第一次出现高斯整数 $m+in$。这一观察使高斯能写出 sl 或 cl 是零或无穷的所有点,并由此把它们写成两个无穷级数的商。高斯写出 $sl(x) = M(x)/N(x)$ 并做了一个刺激性的小规模求和。他计算 $N(\omega)$ 到十进制的 5 位及 $\log N(\omega)$ 到 4 位,并注意到这似乎等于 $\pi/2$。他写下"这个数的对数 $= 1.570\ 8 =$ 圆的 $\pi/2$?"[《全集》,第 X 卷第 1 部分,第 158 页]。在他的日记(1797 年 3 月 29 日,条目 63)中他验证这个重合到十进制的 6 位,并评论说这"是最为显著的,而且证明这个性质对分析学将有极大的提升"。

在 1798 年 7 月，M 和 N 的一个改进的表示让高斯返回到对 ω 的计算，而他在日记（7 月，条目 92）中评论："我们已经发现了最优美的东西，它们超过了所有的期望，而且通过这些方法为我们在前面打开了一个全新的领域。"不过，条目被延迟了一年，成功的途径由算术-几何平均揭示。这由两个实数 a 和 b 定义如下：设 $a_0 = a$ 和 $b_0 = b$，而且递归地

$$a_{n+1} = \frac{1}{2}(a_n + b_n) \text{ 和 } b_{n+1} = \sqrt{a_n b_n}。$$

然后，容易看出两个序列 (a_n) 和 (b_n) 收敛于相同的值，称为 a 和 b 的算术-几何平均，在这里可以写成 $M(a, b)$。1799 年 5 月 30 日，高斯在他的日记中写道（条目 98）："我们已经发现 1 和 $\sqrt{2}$ 之间的算术-几何平均是 π/ϖ 到 11 位，此事正被证明是在分析学中的一个一定会被打开的新领域。"①甚至到 1799 年 11 月高斯仍未找到证明，正如普法夫给高斯的一封信所表明的那样（《全集》，第 X 卷第 1 部分，第 232 页）。

在 1800 年的早些时候，高斯能证明

$$M(1, 1+x) = 1 + \frac{x}{2} - \frac{x^2}{16} + \frac{x^3}{32} - \frac{21x^4}{1\,024} + \cdots。$$

这提醒高斯对一个椭圆的弧长作为其离心率的函数的类似公式，因此他能把他的想法与计算这类事物的现存算法——拉格朗日已知的（椭圆弧长）和勒让德已知的（椭圆积分）——联系起来。不过，这一与算术-几何平均函数的联系是高斯原创的，而且被证明是极有启发性的。高斯不久就发现了这个惊人的幂级数：

$$\frac{1}{M(1+x, 1-x)} = 1 + \frac{x^2}{4} + \frac{9x^4}{64} + \frac{25x^6}{256} + \cdots。$$

从这级数他导出函数 $1/M(1+x, 1-x)$ 满足微分方程

---

① 原文把"1 和 $\sqrt{2}$"误为"1 和 2"。——译者注

$$Y''x(x^2-1)+Y'(3x^2-1)+xY=0,$$

并注意到这个微分方程的另一个独立积分是 $1/M(1,x)$。一系列巧妙的计算（考克斯[Cox,1984]对高斯的工作有一个精辟的描述，在几个方面值得反复考虑）使高斯得到了他长时间寻求的结果：$M(1,\sqrt{2})=\pi/\varpi$。

更多的结果随之而来，直到 5 月 6 日，他相信他已经把椭圆积分理论引向"普适性的高峰"（日记条目 105），只是到 5 月 22 日他认为这一理论"大大增加并统一了"，正变成"被最优美地联系在一起并且无限地增加"（条目 106）。高斯已经开始研究带一个实数模 k 的一般椭圆函数：

$$z=\int_0^x \frac{\mathrm{d}t}{\sqrt{(1-t^2)(1-k^2t^2)}}。$$

如同前面，高斯认为这个积分是定义 x 作为 z 的一个复变函数，如其他作者们后来所做的，而且他把这种方法与不参照积分将椭圆函数（有一个实周期和一个虚周期的复函数）直接作为整函数的商的方法结合起来。自然的猜想是这两种方法描述了相同的对象。对于高斯，证明经椭圆积分定义的一个函数确实是一个商，是双纽线情形的一个直接推广。要证明每个定义为商的双周期函数都是一个适当的椭圆积分的反函数要困难得多，但高斯利用他的算术-几何平均理论能够证明这一点。

当双周期函数允许有两个复周期（为了避免平凡的情形，这两个周期的商一定不是实数）时整个问题变得更为困难。现在，算术-几何平均变成复数，而复数有两个平方根，因此在过程中的每个阶段要做出一个选择。不过，高斯在 1800 年 6 月 3 日写道，无穷多个平均之间的联系已被完全弄清楚（日记条目 109）。两天之后他评论说"我们现在立刻把我们的理论用于超椭圆函数"（条目 110），这证实高斯通过将算术-几何平均转化为复函数而推广了他的椭圆函数论。不幸的是，从 1800 年之后，高斯的完全解是什么的材料没有留存。后来高斯在 19 世纪 20 年代的工作表明他不是从一个复数模 k 的椭圆积分开始，而是集中于运用复变数的幂级数。

高斯从他函数论的早期研究就明确了复域的重要性。正如他在写给贝塞尔的一封著名的信中(1811 年 12 月 18 日,《全集》,第 X 卷第 1 部分,第 366 页,但在邓宁顿的书中没有引用)他要任何想在分析学中引入一个新函数的人解释:

> 如果他仅使用实量,而出现辐角的虚值可以说只是作为衍生物,或者他可能赞成我的原则:虚量在量的范围必须享有与实量相等的权利。在这里不去争议实用,但对于我,分析学是一门独立的学问,由于对任何虚构的量的忽视,它的优美和完整性异常地失去了意义,在某一时刻所有的真理必定承担最繁重的限制,不然的话,一般情况下都是这样。

高斯确信复变量的一个切实可行的理论只需要复数作为在平面上的点的表示。在 1801 年的《算术研究》中,他已经用这种表示描述了他在数论中的发现,例如在他的正 17 边形尺规作图的可构作性的理论中。因此在他的心目中是复变函数的一个几何理论,而不是一个形式的或纯粹的代数理论。

邓宁顿没有批判高斯对阿贝尔在 19 世纪 20 年代的工作走了那条道路的大约三分之一的高傲评论。施莱辛格提出(高斯《全集》,第 X 卷第 2 部分,第 184 页)到 1828 年高斯大部分未发表的理论可方便地分为三部分:"第一个三分之一是源自[超几何级数]的一般函数论,第二个是算术-几何平均及模函数的理论,最后一个也是第三个,对此阿贝尔的发表早于高斯,是严格意义上的椭圆函数论。"由于分圆方程是代数可解的,高斯大概赏识阿贝尔的椭圆函数论,而通过圆规和直尺等分双纽线的研究会使他得到极大的启发,因为这项研究受到了他的《算术研究》中给出的提示。高斯的判断基于他观察到阿贝尔提出的只是一个实模的椭圆函数的描述。但是,假如高斯选择在一年之后评论雅可比的《新基础》(*Fundamenta Nova*),他会看到椭圆函数的一个一般的变换理论,这超过了他曾写下的任何东西。他将会发现与他的 θ 函数更相像的某些东西,但还只是在带实模的椭圆函数的背景下。他可能已经知道阿贝尔在他的论文[1828]中对同一个幂级数的描述。在这篇论文中,阿贝尔也允许模变为纯虚数,但在各个方面,他的复变量理论和雅可比的一样,完全是形式化的。

高斯和阿贝尔的工作的一个更公平的比较是,它们在相同的方向上进行,尽管阿贝尔的理论(和事实上雅可比的)缺乏写出新函数的一个好的方式,收敛性的一个严格理论和双周期性的一个解释。高斯(而不是阿贝尔)有一个模函数理论[它把模表示为周期的一个函数,$k=k(K/K')$]并且知道与微分方程(诸如勒让德的方程)的联系。变换理论是新的,而阿贝尔发展得比高斯更好[不是在他的《研究》(Recherches)而是他后来的《概要》(Précis)中]。

邓宁顿简要地提到高斯 1812 年发表的关于超几何级数[①]

$$F(\alpha, \beta, \gamma, x) = 1 + \left(\frac{\alpha \cdot \beta}{1 \cdot \gamma}\right)x + \left(\frac{\alpha(\alpha+1)\beta(\beta+1)}{(1 \cdot 2)\gamma(\gamma+1)}\right)x^2 + \cdots$$

的论文,高斯把它作为单复变量 x 的一个复函数处理,但依赖实参数 α, β, γ。应用高斯新发展的这个函数的理论,他给出了让他如此长时间感兴趣的公式 $A \cdot B = \pi/4$ 的一个直接的证明,但他没有揭示一点他的算术-几何平均和椭圆函数的理论。他还写了(但没有发表)超几何级数满足的微分方程的一个研究,它被称为超几何方程:

$$(x - x^2)\frac{d^2 F}{dx^2} + (\gamma - (\alpha + \beta + 1)x)\frac{dF}{dx} - \alpha\beta F = 0。$$

它的一个特殊情形,正如高斯所知道的,是勒让德微分方程($\alpha = \beta = 1/2$ 且 $\gamma = 1$)。

高斯对这个方程的分析非常清楚地表明他知道 F 作为一个函数和 F 作为一个无穷级数之间的区别。前者对除 0 和 1 之外的所有有限值有定义,同时后者当变量的绝对值小于 1 时有定义。但是这个级数一旦被定义,对变量的每一个值级数取唯一的一个值,而函数不是这样。高斯没有立论的另一个要点是他有强有力的理由研究超几何级数,因为尽管函数 $1/M(1+x, 1-x)$

---

① 对于其前史,见施莱辛格的论文,而且对于这个重要方程的后来的历史,见格雷(Gray)[2000]。

和 $M(1,x)$ 满足的方程不是超几何方程，做变换 $x^2=z$，这个微分方程变为

$$z(1-z)\frac{\mathrm{d}^2 y}{\mathrm{d}z^2}+(1-2z)\frac{\mathrm{d}y}{\mathrm{d}z}-\frac{y}{4}=0$$

这是 $\alpha=\beta=1/2, \gamma=1$ 的超几何方程（事实上，是勒让德方程）。[①] 这一特殊情形在高斯 1809 年未发表的注记中提到（见《全集》，第 X 卷第 1 部分，第 343 页）。

根据施莱辛格的说法，高斯关于复积分意义的想法与他对超几何级数的讨论有联系，尽管受到欧拉著作的启发，但高斯没有追随欧拉把级数作为一个积分的表示。施莱辛格把这与高斯早先拒绝用复数模求一般椭圆积分相联系，而且把它归之于一种意识，即复积分可能很好地定义了其上限点的一个多值函数。事实上，在上面已经引用过的高斯写给贝塞尔的信中，高斯观察到一个复积分的值依赖位于其上限点和下限点之间的路径，之后他写道：

> 积分 $\int \phi x \cdot \mathrm{d}x$ 沿两个不同的路径总有相同的值，如果在曲线表示的路径之间的空间永远没有 $\varphi x=\infty$ 的情形。这是一个优美的定理，它的不太困难的证明我将在合适的机会给出……在任何情形，这立刻清楚了对 x 的单个值为何源于积分 $\int \phi x \cdot \mathrm{d}x$ 的函数能有许多值，因为能围绕 $\varphi x=\infty$ 的点或者一次也没有，或者一次，或者许多次。例如，如果由 $\int \mathrm{d}x/x$ 定义 $\log x$，从 $x=1$ 开始，或者不围绕点 $x=0$，或者围绕它一次或几次，到达 $\log x$；每次代入常数 $+2\pi\mathrm{i}$ 或 $-2\pi\mathrm{i}$；因此任意一个数的对数的多值性是很清楚的。

这被普遍认为是复变函数积分的第一个重要洞察。

高斯和非欧几何学

代表高斯做出断言，他是非欧几何学的发现者之一，或发现者，是很难确

[①] 见高斯未发表的 1809 年的注记，《全集》，第 X 卷第 1 部分，第 343 页提到这一特殊情况。

定的，因为证据是如此的微弱。不过，它隐含在施特克尔（Stäckel）和东布罗夫斯基（Dombrowski）[1979]的出色的评论中，正如在赖夏特（Reichardt）的书[1976]中以及考克斯特（Coxeter）[1977]的更为广泛但更简短的综述中。这个观点的拥护者与邓宁顿一起，很高兴把写于19世纪20年代后期和30年代的文件与高斯对其早期成就做出的隐晦的断言，以及与从19世纪10年代起的同样难以捉摸的段落联系起来。事实上，证据指向另一个方向。它暗示高斯知道为了欧几里得的《几何原本》的严密性需要做的工作很多，而高斯认为物理空间的几何本性越来越像是一件经验之事，但是对此他的本能和洞察是一个科学家的，而不是一个数学家的。

当高斯向沃尔夫冈·鲍耶吐露他怀疑几何学的真理时，他22岁。他在其他人为平行公设辩护的论证中发现了太多的错误，以致对他们的结论不再有信心。1797年7月27日他在他的数学日记中含义隐晦地写下他"证明了一个平面的可能性"，而至少在两年前他已开始考虑几何学的根本假设。很容易将这一点与1828年至1832年的争论片段联系起来，其中高斯研究了垂直于并围绕固定线旋转的线的轨迹是否具有平面的所有属性，因为在1829年1月写给贝塞尔的一封著名的信中，高斯声称在将近40年时间里一直怀有这些想法，他写道："除了欧几里得几何中众所周知的缺口，据我所知，还有一个缺口是没人注意到的，而且绝不容易消除（尽管可能）：这是将平面定义为包含连接其任意两点的线的表面，这个定义包含了确定曲面所需的更多内容，并且隐含了一个必须先证明的定理……"人们从后来的几何学历史中知道，从帕施（Pasch）[1882]的评论来看最为清楚：试图确切地讲清楚初等欧氏几何学到底是关于什么的是极为困难的。

到1808年，高斯明白在假设的非欧几何学中相似的三角形是全等的，所以存在一个长度的绝对度量。但在这个阶段，根据舒马赫，高斯发现他的结论是荒谬的，所以持有这个事情仍不清楚的看法。正如他提出的："在平行线理论上我们没有比欧几里得走得更远。这是数学的耻辱的部分，这个部分早晚必定要呈现另一种形式。"显然，那时他对非欧几何学没有信心。到1816年，他改变了他的意见,以便容纳长度的绝对度量作为相悖的、但不是自相矛盾的看法(高斯致格尔林,1816年4月,载《全集》,第8卷,第168—169页),而且现在他认为如果欧氏几何学不真,这将是显著的,因为我们会有长度的先验度量,例如角为 $59°59'59.99999''$ 的一个等边三角形的边长。正如邓宁顿正确地观察到的,它是非凡的与它是迷人的是一致的。但现在仍没有高斯从这种新的几何学中导出任何特别的东西的证据。

在1816年,我们确实瞥见高斯知道什么,正如他以前的学生瓦赫特报告的。依据一个特定的(不特别指明的)假设,瓦赫特写信给高斯,说欧氏几何学的反面显然将为真,它会让我们涉及一个未定常数,但是无穷半径的球面缺乏平面的一些性质,而且使用的超三角学可能推广或支持球面三角学。高斯现在得到,正如他写给奥伯斯的信所说:"对我们的几何学的必要性不能被证明,至少不能用人类的理解证明的看法愈来愈多。也许在来生……但现在几何学必定成立——但不同于算术,它是纯粹先验的(a priori)——而是与力学一样。"(高斯致格尔林,1816年4月,载《全集》,第8卷,第177页。)

这个段落的被引用多于被理解。超越人类的理解之外的一个证明与没有超出人类理解的一个证明有何不同?它是某个论证,甚至强迫上帝使欧氏几何学成为空间的正确的几何学?算术似乎有无可置疑的地位,其真理的种类高于几何学的真理的种类,几何学降到力学的档次。但这一段没有说在某种逻辑层面有两种几何学,而且在它们之间选择必定经过实验。上面说缺乏这种知识。高斯没有宣称拥有一门新的几何学的知识,这无疑意味着即使他那时正与瓦赫特讨论想法,他也认为那是假设的,而且结果可能是假的。"超三角学"通常认为是与非欧几何学相适应的假设的三角学,但对任何解释很少有证据支持。因此,当高斯在1819年3月回复施魏卡特说,"一旦该常数给定",他能"做出星几何学的一切",我们不能确信高斯确切表述的是什么。在这个时期唯一能确定日期的是他对施魏卡特的答复,涉及用施魏卡特常数表示一个三角形的极大面积(一个等腰直角三角形的最大高度)。而且他与陶里努斯的所有通信表明,到1824年,高斯对新几何学的想法比任何时候都更有信心。

这并不是对平行线问题的彻底探索，1831年之前高斯关于几何学基础的大部分工作在风格上可严格地称为经典的。点、线、平面以及角被视为不可定义的原始术语，它们之间的一组关系可能是模糊的，这需要解释。高斯主要是按照这种意向研究平行线问题的，而贝塞尔1829年给高斯的信进一步鼓励高斯说出几何学有我们思想之外的实在性，我们不能完全先验地规定其定律。这与经典的表述完全一致。点、线、平面等概念的形成如同所有的科学概念那样，而数学家的任务是让它们在头脑中真正清楚。这可能涉及艰难地获得心照不宣的假设并且为它们提供证明，或者可能引起对到目前为止一种未知的几何学的新想法的详述，尽管如此，它仍然可能被证明是（对未知常数的某个值而言）空间的真正的几何学。这也是格尔林、克雷尔（Crelle）和德亚赫纳（Deahna）的途径［见佐尔姆巴拉（Zormbala，1996）］。

对经典公式的坚持否定了三角学方法的根本作用。而且事实上在1831年7月12日写给舒马赫的信之前，高斯对非欧几何学中的三角学的贡献没有什么证据，在这封信中高斯说一个半圆的周长是$\frac{1}{2}\pi k(\mathrm{e}^{r/k}-\mathrm{e}^{-r/k})$，这里$k$是一个非常大的常数，在欧氏几何学中它是无穷大。

尤其是，没有证据表明，高斯从他在19世纪20年代对微分几何学的深入研究中导出了相关的三角学公式。他在《曲面的一般研究》中所说的，被他认为是曲面理论最优美的定理之一："在凹-凹(concave-concave)曲面上由最短线构成的一个三角形的内角和对180°的超出，或凹-凸(concave-convex)曲面上由最短线构成的一个三角形的内角和对180°的亏缺，由通过法线方向与该三角形对应的球面部分的面积量度，如果设这个球面的面积等于720°的话。"

我们很容易假设高斯通过考虑常负高斯曲率的凹-凸曲面，把这个优美的定理与非欧几何学的研究相联系。即使我们这样做，我们一定要注意高斯没有发展常曲率（正的或负的）曲面上三角形的三角学，直到1840年之后，当他读了罗巴切夫斯基的《几何学研究》(Geometrische Untersuchungen)。此外，他没有举出常负曲率曲面的一个例子，有充分的理由认为明金(Minding)是发现一个常负曲率曲面的第一人。此外,明金的例子有许多拓扑性质,特别是自交的测地线以及在多于一个点相交的成对测地线排除了作为空间模型的可能性。

但即使(与希尔伯特后来关于常负曲率曲面的定理矛盾)高斯发现了空间中一个常负曲率曲面,它只能确立存在一个曲面其内蕴的几何学是非欧几里得的。因为空间是三维的,不能建立这个空间是非欧几里得的结论。没有任何迹象表明高斯曾有过表述在三维中的微分几何学理论所需要的概念。他也没有任何在三维或更高维中做微分几何学的基本数学机制,没有这种机制几乎就没有什么有用的东西可说。

这两个公式有何等的重要性?如果像陶里努斯做的那样,假设非欧几何学由双曲三角学的公式描述——这是一个足够自然的假设,它们就不难得到并利用。正如鲍耶和罗巴切夫斯基所发现的,为了在非欧几何学的研究中适当地引入双曲三角学,需要大量的艰巨的工作,这在高斯的著作中没有任何痕迹。更合理的设想是他作了这个假设,但没有从基本原理导出它。因此,也许到1816年,高斯相信这样的想法:

可能存在一门非欧几何学,其中的三角形的内角和小于π。

三角形的面积与它们的角亏成比例而且被一个有限量界定。

这门几何学的三角学公式是双曲三角学的公式,而且与球面几何学类似,三角学扩展了圆的周长和面积公式。

这样的一个见解不能令高斯而且也不能令我们满意,因为它单纯地而且仅仅与球面几何学类似。但在非欧几何学的情形下以一个球面开始的球面几何学不存在曲面。而且即使在三维欧几里得空间中的一个曲面上发现了非欧几何学,也不能得出三维空间是非欧几里得的,只能得出在三维空间中球面的存在性迫使得出这个空间是一个三维球面的结论。

很明显,一位信服非欧几何学的真理并试图说服他人的数学家,几乎是从寻找或创造非欧几里得三维空间开始,并从它导出一个丰富的非欧几里得二维空间理论——如鲍耶和罗巴切夫斯基所做的，但不是高斯。他探索非欧几里得三维空间的仅有的提示是瓦赫特所做的评论，但瓦赫特所说的并不令人鼓舞："现在麻烦在于，这个曲面的各部分仅仅是对称的，而不是像在平面上是全等的；或者，半径在一边是无穷的，在另一边是虚的"以及更多内容。这与狂热者说高斯领悟了非欧几何学的说法相去甚远：这个曲面是罗巴切夫斯基极限球面。罗巴切夫斯基极限球面是在非欧三维空间中的一个曲面，在它上面导出的几何学是欧几里得的。

形成对比的是，高斯拥有一个科学家信服非欧几何学存在的可能性，与施魏卡特或贝塞尔相比，不多也不少。他的信念的基础更广，但仍不具体，因为他几乎完全缺乏论证的实质主体，这个主体让鲍耶和罗巴切夫斯基真实可信地宣称他们是非欧几何学的发现者。

那么，作为一个科学家，高斯做了此事的经验检验吗？这是高斯和非欧几何学这整个主题被讨论得最多的问题之一。那些相信的人引用萨托里乌斯·冯·瓦尔特斯豪森的回忆，这在第81页，他说高斯确实对由布罗肯山、霍恩哈根和因塞尔斯贝格（BHI）构成的三角形的测量检验了欧氏几何学的真理，并且发现它接近是真的。这一说法近来被肖尔茨（Scholz）[1992]根据冯·瓦尔特斯豪森在其回忆中引用的一个数提出，即涉及这个三角形的测量和欧氏几何学的预测之间非常接近一致（一旦山顶作为一个球面上的3个点处理）。肖尔茨得出结论："再没有任何理由怀疑高斯本人执行了三角形内角和定理的检验。"（见[Scholz, 1992]，第644页。）

那些争辩称高斯做过这样一个检验的人认为这个问题吸引了高斯，而且在《曲面的一般研究》的结尾，地球是椭球形或球形的问题如此突出，以至于冯·瓦尔特斯豪森只是对高斯发现近似验证的假设感到困惑。这是米勒（Miller）[1972]的意见。

对这个问题最彻底的分析是布赖滕贝格尔（Breitenberger）[1984]做的。面对问题"如果冯·瓦尔特斯豪森没有在某种程度上感到困惑，他说了什么？"他给出了一个巧妙的回答。测量汉诺威给出了许多三角形和许多数（有时会提到100万的数字）。根据许多计算结果得出结论（并绘制地图），而且在每个阶段,实际结果和期望结果之间的差异位于预期误差范围内(高斯对误差的分析相当仔细)。不仅欧氏几何学从未引起怀疑,因为误差是期望中的,每次计算相当于对欧氏几何学的一次不言而喻的捍卫。但对 BHI 三角形的测量与此不同。它们表明,在实验的误差之内,空间由欧氏几何学描述。应该相信"作为单独一个例子它能证明的很少,但它被设计得如此显而易见,因此它会确切表明观点"。(见[Breitenberger,1984],第 288 页。)牛顿在谈到类似的目的和效果时随口说到了一个苹果。布赖滕贝格尔总结道,这个神话是 BHI 三角形作为欧氏几何学故意的检验而被测量的。但它确实附带地表明在当时最好的观测限度之内欧氏几何学是真的。抛开这不论,肖尔茨和布赖滕贝格尔之间的差距相当小。

高斯的《数学日记》①

在 1796 年和 1814 年间，高斯写下了他的数学发现的一个非正式的记录。在他去世之后，它一直为高斯的家族所拥有，直到 1898 年，高斯的一个孙子把它交给施特克尔，为了准备用在高斯《全集》后面几卷中。1903 年，它首次发表在《数学年刊》(*Mathematische Annalen*)（LVII）上，②带有克莱因的一个简要介绍和一些注记，克莱因是高斯《全集》的主编。之后它重新发表在《全集》（第 X 卷第一部分，1917，第 485—574 页），带有编辑团队补充的广泛的注记，日记本身以摹本的形式被印出作为一个补充。

1796 年

［1］分圆依赖的原理，以及圆按照几何学方法十七等分的可能性，

---

① 从原文来看，不能认为这个翻译是忠实的（reliable），必要的时候我们直接从原文翻译。——译者注

② 此说不确，高斯的日记首次发表在《庆祝格丁根皇家科学学会建立 150 周年纪念文集》(*Festschrift zur Feier des hundertfünfzigjährigen Bestehens der Königlichen Gesellschaft der Wissenschaften zu Göttingen*) 上。1956 年，高斯日记的法译本发表，其法文翻译和评注者是埃马尔(P. Eymard)和拉丰(J.P.Lafon)，题名《高斯的数学日记》(*Le journal matheamqique de Gauss*)，载《科学及其应用的历史杂志》(*Revue d'histoire des sciences et de leur applications*) 9 no.1 (Jan‑Mar): 21—51。1976 年，高斯日记的德译本及其评注以《数学日记 1796—1814》(*Mathematisches Tagebuch 1796—1814*)为题作为"奥斯特瓦尔德精密科学经典作家丛书"的第 256 号出版，德文译者是伊丽莎白·舒曼(Elisabeth Schuhmann)，库尔特·比尔曼(Kurt‑R. Biermann)写了导言，由汉斯·维辛做注。——译者注

等等。

[1796年]3月30日不伦瑞克。①

[2] 为在素数的情况下,小于它们的所有数不能都是二次剩余提供了一个证明。

4月8日同地。

[3] 圆周角因数的余弦公式不允许更一般的表达,除非分为两个周期。(或者,见约翰逊[Johnsen,1986],第168—169页:圆周角因数的余弦公式仅在用两个周期的情况下允许更一般的表达。)

4月12日同地。

[4] 对于剩余对剩余且不是素数的量的规则的一个推广。

4月29日格丁根。

[5] 可被不同地分成两个素数的数。

5月14日格丁根。

[6] 方程的系数容易作为其根的幂之和给出。

5月23日格丁根。

[7] 级数 $1-2+8-64+\cdots$ 变为连分数的变换:

$$\cfrac{1}{1+\cfrac{2}{1+\cfrac{2}{1+\cfrac{8}{1+\cfrac{12}{1+\cfrac{32}{1+\cfrac{56}{1+128\cdots}}}}}}}$$

$1-1+1\cdot 3-1\cdot 3\cdot 7+1\cdot 3\cdot 7\cdot 15+\cdots$

---

① 这一天恰好是高斯19岁生日前的一个月,他自己也很重视这一天。正如本书第十八章所说:"高斯发现圆分成17个相等的部分与拿破仑军队离开巴黎踏上去意大利的行程在同一天,显然他对这一事实附加了不寻常的重要性。他常常向他的朋友们提及这个事实。"——译者注

$$= \cfrac{1}{1+\cfrac{1}{1+\cfrac{2}{1+\cfrac{6}{1+\cfrac{12}{1+28\cdots}}}}}$$

以及其他。

5 月 24 日格丁根。

[8] 在级数中以各种方式重复出现的简单的模式①是该模式复合的一个二阶的类似函数。

5 月 26 日。

[9] 素数和合数中无穷大的一个比较。

5 月 31 日格丁根。

[10] 级数的项是任意多级数的项的乘积,甚至是这任意多级数的项的任意函数的模式。

6 月 3 日格丁根。

[11] 一个任意的合数的因子之和公式:一般项

$$\frac{a^{n+1}-1}{a-1}。$$

6 月 5 日格丁根。

[12] 当小于一个[特定的]模的所有的数作为元素,周期之和:一般项 $[(n+1)a-na]a^{n-1}$。

6 月 5 日格丁根。

[13] 分布律。

6 月 19 日格丁根。

---

① Scala 的拉丁文原意是台阶、梯子。——译者注

[14] 直至无穷的因子的和 $=\dfrac{\pi\pi}{6}$. 数的和。

6月20日格丁根。

[15] 我开始思考（二次形式的因子形式的）积性组合。

6月22日格丁根。

[16] 黄金定理①的一个新证明，从头做起，是不同的且很简洁。②

6月27日。

[17] 一个数 a 分拆为三个□，给出可分为三个□的一个形式。

7月3日。

[17a] 成连比例的三个平方数的和永远不能是一个素数：一个清楚的新例子似乎与此相符。大胆点！

7月9日。

[18] 我发现了！③ 数＝Δ＋Δ＋Δ。

7月10日格丁根。

[19] 欧拉对合数不止一次的形式的判定。

[7月格丁根。]

[20] 针对以各种方式重复出现的级数的合成模式的原理。

7月16日格丁根。

[21] 欧拉证明位于线段之下的矩形之间关系的方法用于所有的曲线，这些线段在圆锥截线上彼此相截。

7月31日格丁根。

[22] $a^{2^n \mp 1(p)} \equiv 1$ 总有解。

8月3日格丁根。

[23] 我已经确切地明白对黄金定理应被怎样更彻底地检验的根本原因而且

---

① 即二次互反律。——译者注
② 从拉丁文翻译是：黄金定理的一个与以前完全不同的新的证明，且很简洁。——译者注
③ 高斯写的是希腊文 EYPHKA! ——译者注

正为此准备,我已经准备好把我的努力扩展到二次方程之外。发现的公式总能被素数 $\sqrt[n]{1}$(数值的)整除。

8月13日同地。

[24] 正在展开 $(a+b\sqrt{-1})^{m+n\sqrt{-1}}$。

8月14日。

[25] 现在正在此事的智力巅峰。仍需要提供细节。

8月16日格丁根。

[26] $(a^p) \equiv (a) \bmod p$,一个方程的根 a 无论怎样是无理的。

[8月]18日。

[27] 如果 P、Q 是一个不定量的代数函数,它们是不可通约的。在代数学中给出 $tP+uQ=1$ 如同在数论中。

[8月]19日格丁根。

[28] 一个给定方程的根的幂之和通过用该方程的系数表示的一个非常简单的定律[以及在《练习》($Exercitiones$)中的其他几何学事项]。

[8月]21日格丁根。

[29] 无穷级数 $1+\dfrac{x^n}{1\cdots n}+\dfrac{x^{2n}}{1\cdots 2n}$ 等的和。

同[一天,8月21日。]

[30] 撇开几个特定的小的要点,我高兴地达到了目标,即,如果 $p^n \equiv 1 (\bmod \pi)$,那么 $x^\pi - 1$ 由次数不超过 n 的因子构成,所以是有条件可解的方程的和;由此我已导出了黄金定理的两个证明。

9月2日格丁根。

[31] 其分母不超过一个特定的界的不同分数的个数与其分子或分母不同且小于同一个界的所有分数个数相比,当取的界趋向无穷时是 $6:\pi^2$。

9月6日。

[32] 如果 $\int^{[x]} dt/\sqrt{(1-t^3)}$ 被表示为 $\prod:x=z$ 且 $x=\Phi:z$,则

$$\Phi : z = z - \frac{1}{8}z^4 + \frac{1}{112}z^7 - \frac{1}{1\,792}z^{10} + \frac{3}{1\,792 \cdot 52}z^{13}$$
$$- \frac{3 \cdot 185}{1\,792 \cdot 52 \cdot 14 \cdot 15 \cdot 16}z^{16}\cdots$$

9月9日。

[33] 如果 $\Phi : \int dt / \sqrt{(1-t^n)} = x$, 则

$$\Phi : z = z - \frac{1 \cdot z^n}{2 \cdot n+1}A + \frac{n-1 \cdot z^n}{4 \cdot 2n+1}B - \frac{nn-n-1[z^n]}{2 \cdot n+1 \cdot 3n+1}C\cdots$$

[34] 如果设

$$x^n + ax^{n-1} + bx^{n-2}\cdots = y,$$

从 x 的方程发现 y 的方程的一个容易的方法。

9月14日。

[35] 转换其分母包含(任何种类的?)一个无理量的分数为其他没有这种不便的分数。

9月16日。

[36] 用于消去法的辅助方程的系数被给定的方程的根确定。

同一天。

[37] 一个新方法,借助它可能研究,而且也许尝试发现方程的普遍的解。即是变换为另一个方程,其根为 $\alpha\rho' + \beta\rho'' + \gamma\rho''' + \cdots$, 这里 $\sqrt[n]{1} = \alpha$、β、γ, 等等,且数 n 表示该方程的次数。

9月17日。

[38] 在我看来,似乎一个方程 $x^n - 1[=0]$ 的根能从有公共根的方程得到,因此原则上人们应求解像有有理系数这样的方程。

9月29日不伦瑞克。

[39] 三次方程是这样的:

$$x^3 + xx - nx + \frac{nn - 3n - 1 - mp}{3} = 0,$$

这里 $3n+1=p$ 且 m 是一个忽略相似性的三次剩余。由此得到,如果 $n=3k$,那么 $m+1=3l$;如果 $n=3k\pm1$,那么 $m=3l$。或者 $z^3-3pz+pp-8p-9pm=0$。由此意即 m 被完全确定,$m+1$ 总是 $\square+3\square$。

10月1日不伦瑞克。

[40] 方程 $x^p-1=0$ 的根的整数倍之和不可能得到零。

⊙10月9日不伦瑞克。①

[41] 得到为了消去特定的项与方程的乘数有关的确定的事情,前景光明。

⊙10月16日不伦瑞克。

[42] 察觉到一个定律:而且当它被证明一个系统会达到完美。

10月18日不伦瑞克。

[43] 征服 GEGAN。

10月21日不伦瑞克。

[44] 一个优美的内插公式。　　　　　　　　　　11月25日格丁根。

[45] 我开始把表达式 $1-\dfrac{1}{2^\omega}+\dfrac{1}{3^\omega}$ 转换为其中 ω 增加的一个幂级数。

11月26日格丁根。

[46] 用级数表示的三角学公式。　　　　　　　　　　12月。

[47] 最普遍的微分。　　　　　　　　　　12月23日。

[48] 一条抛物线,在它上面给定了任意多的点,是能求积分的。

12月26日。

[49] 我发现了拉格朗日的一个定理的一个真正的证明。

12月27日。

---

① 这里⊙(天文学上表示太阳的符号)表示星期天。——译者注

1797 年

[50]
$$\int \sqrt{\sin x}\,\mathrm{d}x = 2\int \frac{yy\,\mathrm{d}y}{\sqrt{1-y^4}}$$
$$\int \sqrt{\tan x}\,\mathrm{d}x = 2\int \frac{\mathrm{d}y}{\sqrt[4]{1-y^4}}$$
$$\int \sqrt{\frac{1}{\sin x}}\,\mathrm{d}x = 2\int \frac{\mathrm{d}y}{\sqrt{1-y^4}}$$

$$yy = \genfrac{}{}{0pt}{}{\sin}{\cos} x.$$

1797 年 1 月 7 日。[①]

[51] 我开始彻底检查依赖 $\int \mathrm{d}x/\sqrt{(1-x^4)}$ 的双纽线。

1 月 8 日。

[52] 我自发地发现了欧拉准则的基础。

1 月 10 日。

[53] 我发现了化完全积分 $\int \mathrm{d}x/\sqrt[n]{1-x^n}$ 为圆的求积的一种方式。

1 月 12 日。

[54] 确定 $\int \dfrac{x^n\,\mathrm{d}x}{1+x^m}$ 的一个容易的方法。

[55] 我发现了多边形画法的一个出色的补充。即，如果 $a,b,c,d,\cdots$ 是素数 p 减去 1 的素因子，那么为了画一个 p 边的多边形所要求的只是：

1) 不定的弧被分为 $a,b,c,d,\cdots$ 部分；

2) 而且 $a,b,c,d,\cdots$ 边的多边形被画出。

1 月 19 日格丁根。

[56] 关于剩余 $-1,\mp 2$ 的定理被证明，所用方法与用于其余情形的类似。

2 月 4 日格丁根。

---

① 原书公式排印有误，按照高斯《全集》第 X 卷第一部分做了更正。——译者注

[57] 属于形式 $aa+bb+cc-bc-ac-ab$ 的因子与 $aa+3bb$ 这种形式的因子重合。

2月6日。

[58] 第1页上的命题的一个扩充,即

$$1-a+a^3-a^6+a^{10}\cdots = \cfrac{1}{1+\cfrac{a}{1+\cfrac{a^2-a}{1+\cfrac{a^3}{1+\cfrac{a^4-a^2}{1+\cfrac{a^5}{1+\cdots}}}}}}。$$

由此,二阶级数的指数形式容易被变换。

2月16日。

[59] 建立了形式 $\int e^{-t^a} dt$ 与 $\int du/\sqrt[\beta]{(1+u^\gamma)}$ 的积分之间的比较。

3月2日。①

[60] 为何把双纽线分成 n 个部分导致次数为 n^2 的方程。

3月19日。

[61] 积分 $\int_0^1 \dfrac{dx}{\sqrt{1-x^4}}$ 的幂依赖

$$\sum \left(\frac{mm+6mn+nn}{(mm+nn)^4}\right)^k。$$

[1797年3月。]

[62] 用几何学的方法②双纽线被分为五部分。

3月21日。

---

① 原书漏掉了这个日期。——译者注

② 此款的原文是 Leminscata geometrice in quinque partes dividitur。克莱因和施莱辛格对 "geometrice" 解释是用圆规和直尺。见高斯《全集》,第Ⅹ卷第一部分,第517页。——译者注

[63] 在我观察到的双纽线的其他许多性质中：

两倍弧的正弦的分子＝2·该单弧的正弦的分子分母×该单弧的余弦的分子分母。

事实上，分母＝(正弦的分子)^4＋(正弦的分母)^4。

现在，如果弧 π^l 的分母是 θ，那么弧 $k\pi^l$ 的正弦的分母＝θ^{kk}。

现在，$\theta=4.810480$，这个数的双曲对数＝1.570796，即 $\pi/2$，这是极为显著的，而且这个性质的一个证明很可能在分析学中其重要性有极大提高。

3月29日。

[64] 我发现了对形式 □—α，+1 与 —1，∓2 的联系的甚至更为优雅的证明。

6月17日格丁根。

[65] 我完善了关于多边形定理的第二个推导。

7月17日格丁根。

[66] 能用两种方法证明只有纯粹方程需要求解。

[67] 我们给出了10月1日由归纳法发现的结果的一个证明。

7月20日。

[68] 从模是素数的幂的同余式的解，我们非常高兴地成功克服了困扰我们如此长时间的同余式 $x^n-1=0$ 的解的奇异情形(当辅助的同余式有等根时是显然的)。

7月21日。

[69] 如果 $x^{\mu+\gamma}+ax^{\mu+\gamma-1}+bx^{\mu+\gamma-2}+\cdots+n$ (A)

能被

$$x^\mu+\alpha x^{\mu-1}+\beta x^{\mu-2}+\cdots+m \quad (B)$$

整除，而且在(A)中所有的系数 a、b、c 等等是整数而且在(B)中的所有系数确为有理数，那么这些有理数也是整数，最终的系数 m 是最终的系数 n 的一个因子。

7月23日。

[70] 也许 $a+b\rho+c\rho^2+d\rho^3+\cdots$ 的所有的乘积,这里 ρ 表示方程 $x^n=1$ 的所有的原根,能被化为形式 $(x-\rho y)(x-\rho^2 y)\cdots$。例如

$(a+b\rho+c\rho^2)\times(a+b\rho^2+c\rho)=(a-b)^2+(a-b)(c-a)+(c-a)^2$

$(a+b\rho+c\rho^2+d\rho^3)\times(a+b\rho^3+c\rho^2+d\rho)=(a-c)^2+(b-d)^2$

$(a+b\rho+c\rho^2+d\rho^3+e\rho^4+f\rho^5)\times=(a+b-d-e)^2$
$-(a+b-d-e)(a-c-d-f)+(a-c-d-f)^2=(a+b-d-e)^2$
$+(a+b-d-e)(b+c-e-f)+(b+c-e-f)^2$

见 2 月 4 日。

这不是真的。从这将得出形为 $(x-\rho y)$ 的两个数有相同形式的一个乘积,这易于反驳。

[7 月。]

[71] 证明了方程 $x^n=1$ 的根的一些周期不可能有相同的和。

7 月 27 日格丁根。

[72] 我证明了一个平面的可能性。

7 月 28 日格丁根。

[73] 我们在 7 月 27 日所写的涉及一个错误;但我们现在幸运地做出了更成功的一件事,因为我们能证明没有周期可以是有理数。 8 月 1 日。

[74] 在加倍周期的个数时应怎样添加符号。

[8 月。]

[75] 通过一个最简单的分析我发现了素函数①的个数。

8 月 26 日。

[76] 定理:如果 $1+ax+bxx+\cdots+mx^n$ 是相对于模 p 的一个素函数,那么相对于这个模, $d+x+x^p+x^{p^2}+\cdots+x^{p^{\mu-1}}$ 能被这个函数整除,等等,等等。

8 月 30 日。

---

① 高斯称有限域中的不可约多项式为素函数(functionum primarum)。用他自己的例子:$xx+x+1$ 模 5 是素的,因为 $xx+x+1\equiv(x-2)^2-3\pmod{5}$,3 是数 5 的二次非剩余。——译者注

[77] 证明,而且通过引入多重模为更多的结果铺路。   8月31日。

[78] 8月1日更一般地适应任意模。   9月4日。

[79] 我已经发现了一些原理,通过它们依照多重模的同余式的求解被化为相对于线性模的同余式。   9月9日。

[80] 通过一个有效的方法证明这些方程有虚根。

   不伦瑞克10月。

在1799年8月发表在我自己的博士论文中。

[81] 毕达哥拉斯定理的新证明。   不伦瑞克10月16日。

[82] 考虑级数

$$x - \frac{1}{2}x^2 + \frac{1}{12}x^3 - \frac{1}{144}x^4 + \cdots$$

的和,并证明如果

$$2\sqrt{x} + \frac{3}{16}\frac{1}{\sqrt{x}} - \frac{21}{1\,024}\frac{1}{\sqrt{.3x}}\cdots = \left(k + \frac{1}{4}\right)\pi,$$

则它=0。

   10月16日不伦瑞克。①

1798 年

[83] 设 $l(1+x) = \varphi'(x)$;$l(1+\varphi'(x)) = \varphi''(x)$;$l(1+\varphi''(x)) = \varphi'''(x)$,等等,

则 $\varphi^i(x) = \sqrt[3]{\dfrac{1}{\frac{3}{2}i}} + \cdots$。②   不伦瑞克4月。

---

① 原书漏掉了这个日期和地点。——译者注

② 原书误为 $\varphi'x = \sqrt[3]{\dfrac{1}{\frac{3}{2}i}}$,已改正。——译者注

[84] 类被以任意的阶给定,而且由此数由 3 个正方形数的可表示性被归结为可靠的理论。

不伦瑞克 4 月。①

[85] 我们已经发现了力的分解的真正的证明。

格丁根 5 月。

[86] 扩展拉格朗日关于函数变换的定理到任意个变数。

格丁根 5 月。

[87] 级数 $1+\dfrac{1}{4}+\left(\dfrac{1\cdot 1}{2\cdot 4}\right)^2+\left(\dfrac{1\cdot 1\cdot 3}{2\cdot 4\cdot 6}\right)^2+\cdots=\dfrac{4}{\pi}$ 与算术地增加的角的正弦和余弦级数的一般理论有联系。

6 月。②

[88] 概率的计算回击了拉普拉斯。

格丁根 6 月 17 日。

[89] 如此解决消去问题使得此外什么也不能期待。

格丁根 6 月。

[90] 关于球面的吸引有多种相当优美的结果。

6 月或 7 月。

[91a] $1+\dfrac{1}{9}\dfrac{1\cdot 3}{4\cdot 4}+\dfrac{1}{81}\dfrac{1\cdot 3\cdot 5\cdot 7}{4\cdot 4\cdot 8\cdot 8}+\dfrac{1}{729}\dfrac{1\cdot 3\cdot 5\cdot 7\cdot 9\cdot 11}{4\cdot 4\cdot 8\cdot 8\cdot 12\cdot 12}\cdots=1.022\,20$

$=\dfrac{1.311\,0\cdots}{3.141\,5\cdots}\sqrt{6}\left[=\dfrac{\varpi}{2}\dfrac{1}{\pi}\sqrt{6}\right]$。

7 月。

[91b] $\text{arc sin lemn sin }\phi-\text{arc sin lemn cos }\phi=\varpi-\dfrac{2\phi\,\varpi}{\pi}$

$\sin \text{lemnisc}[\phi]=0.955\,005\,98\sin[\phi]$
$\qquad\qquad\qquad-0.043\,049\,5\sin 3[\phi]$
$\qquad\qquad\qquad+0.001\,860\,5\sin 5[\phi]$

---

① 手稿上只有 4 月(Apr.),而没有原书上的 1 日。——译者注
② 原书上的公式有误,已更正。——译者注

$$-0.000\,080\,3\,\sin 7[\phi]$$

$$\sin^2\text{lemn}[\phi]=0.456\,947\,2$$

$$=\frac{\pi}{\varpi\varpi}-\cdots\cos 2[\phi]$$

$$\text{arc sin lemn sin}\,\phi=\frac{\varpi}{\pi}\phi+\left(\frac{\varpi}{\pi}-\frac{2}{\varpi}\right)\sin 2\phi$$

$$+\left(\frac{11}{2}\frac{\varpi}{\pi}-\frac{12}{\varpi}\right)\sin 4\phi+\cdots$$

$$\sin^5[\phi]=0.477\,503\,1\,\sin[\phi]$$

$$+0.03\cdots[\sin 3\phi]\cdots$$

[92] 关于双纽线,我们已经发现了最优美的东西,它们超过了所有的期望,而且通过这些方法为我们在前面打开了一个全新的领域。

格丁根 7 月。

[93] 弹道学中一个问题的解。   格丁根 7 月。

[94] 编辑完整的彗星理论。   格丁根 7 月。

[95] 分析学领域中的一些新东西向我们敞开,即一个函数的研究等。

10 月。

1799 年

[96] 我们开始考虑更高的形式。

不伦瑞克 2 月 14 日。

[97] 对于视差,我们已经发现了新的精确的公式。

不伦瑞克 4 月 8 日。

[98] 我们已经发现 1 和 $\sqrt{2}$ 之间的算术-几何平均是 π/ϖ 到 11 位,此事正被证明是在分析学中的一个必将被打开的新领域。

不伦瑞克 5 月 30 日。

[99] 我们已经在几何学的原理上取得了出色的进展。

不伦瑞克 9 月。

[100] 关于算术-几何中项我们完成了许多新的东西。

不伦瑞克 11 月。

[101] 很久以前我们已经发现算术-几何平均恰好可以表示为两个超越函数的商：现在我们发现这些函数中的第二个能化为积分的量。

黑尔姆施泰特 12 月 14 日。

[102] 算术-几何平均本身是一个积分的量。已证明了。

12 月 23 日。

1800 年

[103] 在确定三元形式理论的约化形式上取得成功。　　2 月 13 日。

[104] 如果 a, a', a'' 等等构成一个符号不改变的级数，它连续地收敛于 0，证明了级数 $a\cos A + a'\cos(A+\phi) + a''\cos(A+2\phi) + \cdots$ 导致一个极限。

不伦瑞克 4 月 27 日。

[105] 我们已把超越量

$$\int \frac{\mathrm{d}x}{\sqrt{(1-\alpha xx)(1-\beta xx)}}$$

的理论引向一个普遍性的高峰。　　　　　不伦瑞克 5 月 6 日。

[106] 5 月 22 日于不伦瑞克，在这一理论上取得了重大的进展，通过它所有以前得到的，不仅是算术-几何平均的理论，立刻被最优美地联系在一起并且无限地增加。　　　　　　　　　　　　　　[5 月 22 日。]

[107] 大约在这些天(5 月 16 日)我们最完美地解决了关于复活节的日期问题。1800 年 8 月发表在察赫的《通信月刊》(*Comm. Liter.*)①第 121 页、

---

① *Comm. Liter.* 是高斯自己对察赫编辑的 *Monatliche Correspondenz zur Beförderung der Erd- und Himmerskunde* 的简称。——译者注

223页上。

[1800年5月16日。]

[108] 在化(最普遍地解释的)双纽线正弦的分子和分母为积分的量上取得成功,从真正的原理立刻导出在能想到的双纽线的所有函数的无穷级数方面的进展;这是最优美的一个发明,它不亚于上面的任何一个。此外,在这些天,我们发现了一些原理,根据这些原理算术-几何级数一定能被内插,因此现在能通过代数方程显示对应于任意一个有理指数的一个给定的级数中的项。

5月底或6月2、3日。

[109] 在给定的两个数之间总存在无穷多算术-几何平均和调和-几何平均,我们幸运地完全澄清了它们的相互联系。

不伦瑞克6月3日。

[110] 我们现在立刻把我们的理论用于椭圆超越函数。 6月5日。

[111] 以三种不同的方式完成椭圆的求长。

6月10日。

[112] 我们发现了全新的数-指数计算。

6月12日。

[113] 我们解决了关于连分数的概率计算的问题,以前一度曾试图攻克它但没有成功。

10月25日。

[114] 11月30日。这是幸福的一天,在这一天确定二次形式的类数的3种方法被给出,即

1) 通过无穷的乘积;

2) 通过无穷的和;

3) 通过余切的有限的和或正弦的对数。

不伦瑞克。

[115] 12月3日。我们发现了第四个方法，对于负的行列式①它是所有的方法中最简单的，仅从数 ρ、ρ' 等等的个数导出，如果 $Ax+\rho$、$Ax+\rho'$ 等等是形式 $\square+D$ 的线性形式。

同地。

1801 年

[116] 证明将圆等分到一个低于我们理论所示的次数的方程是不可能的。

不伦瑞克[1801 年]4 月 6 日。

[117] 这些天我们学习通过一个新方法确定犹太教的复活节。

（4月1日。）②

[118] 通过在圆的等分中一个最优美的定理，发现了证明基本定理的第五种方法，以此

$$\sum {\sin \brace \cos} \frac{nn}{a} P = \begin{vmatrix} +\sqrt{a} & 0 \\ +\sqrt{a} & +\sqrt{a} \end{vmatrix} \begin{vmatrix} 0 & +\sqrt{a} \\ 0 & 0 \end{vmatrix}$$

依照 $a \equiv 0, 1, 2, 3 \pmod{4}$，对 n 代入从 1 到 $a-1$ 的所有的数。③

不伦瑞克 5 月中。

[119] 研究天体轨道的参数的一个最简单且最迅速的新方法。

不伦瑞克 9 月中。

[120] 我们正致力于月球运动的理论。　　　　　　　　　　8 月。

[121] 我们已经发现了许多在理论天文学中极为有用的新公式。

10 月。

---

① 在高斯的手稿上与这里的英译 determinants 对应的是简写 det，高斯《全集》第 X 卷第一部分的编辑克莱因和布赫曼（Buchmann）把这个词补足为 det[erminantibus]。——译者注

② 手稿中的日期写在括号里（Apr.1），英译者漏掉了 1 日。——译者注

③ 英译有误，此款从拉丁文翻译。这里 P 是圆周率。——译者注

1805 年

[122] 在接下来的 1802、1803、1804 年，天文学的工作占用了我的空余时间的绝大部分，首当其冲的是进行与新行星的理论有关的计算。由此在那些年发生了这个目录被忽视的事情。而且现在忘记了对数学可能有所添加的那些日子。

[123] 上面 1801 年 5 月记录的最迷人的定理的证明，有四年多我们用一切努力致力证明它，最终完美实现。《近期论文集刊》I。（*Commentationes recentiores*，I。）

1805 年 8 月 30 日。

[124] 我们进一步完成了插值理论。

1805 年 11 月。

1806 年

[125] 我们发现了一个新的和最完善的方法，它从以太阳为中心的两个位置确定围绕太阳运动的一个天体的参数。

1806 年 1 月。

[126] 我们把从以地球为中心的 3 个位置确定一颗行星的轨道的方法推进到极其完善的程度。

1806 年 5 月。

[127] 把椭圆和双曲线约化为抛物线的一个新方法。

1806 年 4 月。

[128] 大约在同时我们完成了把函数 $\dfrac{x^p-1}{x-1}$ 分解为它的 4 个因子。

1807 年

[129] 从一颗行星的以地球为中心的 4 个位置确定其轨道的一个新方法，其中最后两个位置是不完全的。

1807 年 1 月 21 日。

[130] 着手研究三次和四次剩余的理论。

1807年2月15日。

[131] 进一步研究并且完成。仍缺乏与之相关的证明。

[132] 这一理论的证明被用最优美的方法发现了,因此它是完善的而且不期待任何其他东西。同时这一理论非常好地说明了二次剩余和非剩余。

2月22日。

[133] 定理,它们为前面的理论附上极有价值的补充,提供了一个优美的证明(即对哪个原根 b 本身必须取正的并且哪个取负的,$aa+27bb=4p$; $aa+4bb=p$)。

2月24日。

[134] 基于完全初等的原理,我们发现了基本定理的一个全新的证明。

5月6日。

1808 年

[135] 划分为 3 个周期的理论(第 358 篇)约化为远为简单的原理。

1808年5月10日。

[136] 包含方程 $x^n-1=0$ 的所有原根的方程 $X-1=0$ 不能分解成带有理系数的因式。对 n 的合数值作了证明。 6月12日。

[137] 我致力于三次形式的理论,方程 $x^3+ny^3+n^2z^3-3nxyz=1$ 的解。

12月23日。

1809 年

[138] 三次剩余 3 的定理由简洁特别的方法证明,通过考虑 $\dfrac{x+1}{x}$ 的值,这个 3 总有值 α、$\alpha\varepsilon$、$\alpha\varepsilon\varepsilon$,但给出 ε、$\varepsilon\varepsilon$ 的两个值除外,但它们是积 $\equiv \dfrac{1}{3}$ 的

$$\dfrac{1}{\varepsilon-1}=\dfrac{\varepsilon\varepsilon-1}{3},\ \dfrac{1}{\varepsilon\varepsilon-1}=\dfrac{\varepsilon-1}{3}。$$

1809年1月6日。

[139] 进一步发展了涉及算术-几何平均的级数。

1809 年 6 月 20 日。

[140] 通过算术-几何平均我们完成了五等分。

1809 年 6 月 29 日。

1812 年

[141] 前面的目录被不公平的命运第二次打断，在 1812 年的年初重新开始。1811 年 11 月，在研究方程时，我们成功地给出了基本定理的一个纯分析学的证明，但因为这个证明一点也没有写在纸上，它的一个根本的部分被完全忘记了。不成功地寻找这个部分用了相当长的时间，不过我们幸运地重新发现了。

1812 年 2 月 29 日。

[142] 我们发现了点位于椭球外的吸引力的全新理论。

泽贝格(Seeberg)1812 年 9 月 26 日。

[143] 通过新的和特别简单的方法我们还解决了同一理论的其他部分。

10 月 15 日格丁根。

1813 年

[144] 我们以最大的努力经过几乎 7 年的总是不成功的寻找，最终在我的儿子出生的同一天我们幸运地发现了四次剩余的一般理论的基础。

1813 年 10 月 23 日格丁根。

[145] 这是我们在任何时间曾经完成的最巧妙的工作。提到涉及抛物线轨道计算的特定简化时不值得牵扯上它。

1814 年

[146] 通过归纳，我做出了最重要的观察结果：四次剩余的理论与双纽线函数之间最优美的联系。假设 $a+bi$ 是一个素数，$a-1+bi$ 被 $2+2i$ 整除，

同余式

$$1 \equiv xx + yy + xxyy \pmod{a+b\mathrm{i}}$$

包含 $x=\infty$,$y=\pm\mathrm{i}$;$x=\pm\mathrm{i}$,$y=\infty$ 的所有解的个数 $=(a-1)^2+bb$。

1814 年 7 月 9 日。[①]

[①] 这一款以"最后一款"(The Last Entry)知名,并且经过数学家们的详细研究。——译者注

对高斯的《数学日记》的评注

杰里米·格雷

1. 见导言。

2. 这个断言是平凡的,而且被认为是笔误。克莱因和巴赫曼(Bachmann)猜测高斯可能是断言对任何不小于 5 的每一个素数 p,存在一个素数 $q,q<p$,使得 p 不是模 q 的一个二次剩余。这个定理(对 $p=4n+1$)由高斯在他自己的一册《算术研究》(§130)上手写的一条注记中描述,由于是在 1796 年 4 月 8 日发现的,而且这是在通向高斯对二次互反律的第一个证明的路上至关重要的一步。

3. 约翰逊[Johnsen,1968]观察到,如果我们定义 $a_j := \cos 2j\pi/p$, $1 \leqslant j \leqslant (p-1)/2$,作为角的因子的余弦,并设 $r := \cos 2\pi/p + i \sin 2\pi/p$,那么高斯称 $d_1 := \sum_{(k/p)=1} r^k$ 和 $d_2 := \sum_{(k/p)=-1} r^k$ 为周期(《算术研究》§343),该款涉及 a_j 在有理数 $\mathbb{Q}$ 上是线性无关的,但可能在 $\mathbb{Q}(d_1)$ 上变成线性相关。这对分圆多项式的不可约性有影响。

4. 推广的二次互反律,见《算术研究》[D.A.] §133。

5. 与哥德巴赫猜想有关。

7. 级数和连分数都发散。欧拉在他的[1754/1755]开始了这些变换的研究。亦见第 58 款。

8. 如果 $G(x)$ 是次数至多为 $n-1$ 的一个多项式,而且 $G(x)(1+a_1x+a_2x^2+\cdots+a_nx^n)$ 被展开成为 x 的一个幂级数,比如说 $s_0+s_1x+s_2x^2+\cdots$,那么 $s_{n+k}=a_1s_{n+k-1}+a_2s_{n+k-2}+\cdots+a_ns_k$,$k=0,1,2,\cdots$,棣莫弗称 $a_1,a_2,\cdots,a_k$ 为该级数的指标(Index,或 Scala)[De Moivre,1730,22]。

9. 大概是高斯的研究正接近素数定理,后来在致恩克的一封信(《全集》第 Ⅱ 卷,第 444 页)中他说在 1792 年或 1793 年当他阅读兰贝特的数表时他猜测到了素数定理。

11. 如果一个整数 N 被写成素数的乘积,$N=\prod a_i^{n_i}$,那么

$$\sum_{d|N} d = \prod_{d|N} \frac{a^{n_{i+1}}-1}{a_i-1}。$$

12. 在《算术研究》§46 中周期定义如下,如果 p 是一个素数,不整除 N,而且 d 是 N 的指数[使得 $N^d \equiv 1 \pmod{p}$ 的最小正整数],那么周期是幂的集合 $1,N,\cdots,N^{d-1}\pmod{p}$。巴赫曼争辩说高斯其实是把

$$\sum_{d\delta=p-1} \phi(d)\delta = ((n+1)n-n)a^{n-1}$$

写成 $((n+1)n-n)$,而且这个表达式给出了周期的个数($=$Summa)的计数。

14. 高斯正确地断言,$\sum_{n \leqslant x} d(n)$ 渐近地等于 $\pi^2 x/6$,这里 $d(n)$ 表示 n 的因子的个数。

15. 在高斯的二元二次型的理论中(《算术研究》§287),x^2+Ay^2 的一个因子是一个素数 p 使得它的一个倍数 pm 对于某些互素的整数 x、y 等于 x^2+Ay^2,对满足 $q^2-pr=-A$ 的二次型 $px^2+2qxy+ry^2$ 也如此。

16. "黄金"定理的第二个证明。见他对《算术研究》§262 的旁注,在那里这个日期也被证实,印在《全集》,第 Ⅰ 卷,第 476 页。

17. 符号 □ 表示一个平方数,所考虑的形式无疑是二元二次型。见《算术研究》

§§ 279,280。

17a. 在日记中被划掉,而且几乎不可辨识;在《全集》版中被省略。如果

$$x : y : z = 1 : \frac{m}{n} : \frac{m^2}{n^2},$$

因此 x^2, y^2 和 z^2 成连比例,那么

$$m^4 + m^2 n^2 + n^4 = (m^2 + mn + n^2)(m^2 - mn + n^2)$$

它永远不会是素数,除非 $m = n = 1$,此时 $m^2 + mn + n^2 = 3$ 且 $m^2 - mn + n^2 = 1$。

18. 每个数是 3 个三角形数(三角形数是 $\sum_{1}^{N} n$)之和。费马猜想每个数是 3 个三角形数之和,4 个正方形数之和,5 个五边形数之和,等等,是首先被柯西在 1815 年证明的一个结果。

19. 欧拉研究[1752/1753]何时形为 $4n+1$ 的数是一个素数作为一个一般研究的一部分,其中他证明所有这样的素数是两个平方的和,不像形为 $4n+3$ 的那些数。

20. 见第 8 款。

21. 欧拉[1748.Ⅱ, §§ 92,93]给出了阿波罗尼奥斯的一个定理[《圆锥曲线论》(Conics),Ⅲ, §§ 17,19,22]——如果 AB 和 $A'B'$ 是一条圆锥曲线的两条相交于 O 的弦,那么比 $\dfrac{OA \cdot OB}{OA' \cdot OB'}$ 是与 O 的位置无关的一个常数——的一个简单证明。

22. 不明。

23. 细节在《剩余分析》(Analysis Residuorum)中处理,《全集》第Ⅱ卷,第 230—234 页。高斯已经看到二次方程与分圆方程之间的联系,对此他接着研究直到他在 9 月 2 日获得成功,当时它产生了黄金定理的另外两个证明。

25. 没有这里所说的事情的证据,此外像 22、23、26、27 款,它下面画了红色的

线,因此可能指同样的一组想法。

26. 见《全集》第 II 卷,第 224 页;(a)是有一个根为 $x=a$ 的一个多项式,(a^p) 是其根为 (a) 的根的 p 次方的一个多项式。

28. 《练习》(*Exercitiones*)发表在《全集》第 X 卷第一部分,第 138—143 页,带有施莱辛格(Schlesinger)的注记。

29. 这个级数满足带初始条件在 $x=0$,$\dfrac{\mathrm{d}y}{\mathrm{d}x}=0=\cdots=\dfrac{\mathrm{d}^{n-1}y}{\mathrm{d}x^{n-1}}$ 的微分方程 $\dfrac{\mathrm{d}^n y}{\mathrm{d}x^n}=y$。

30. 黄金定理的其他证明。"小的要点"在 68 款处理。亦见高斯的《剩余分析》,《全集》第 II 卷,第 230—234 页。

31. 如果 $A(n)$ 表示使得 $b \leqslant n$ 的最简分数 a/b 的个数,那么 $A(n)=\sum_{i=1}^{n}\phi(i)$,这里 ϕ 是欧拉 ϕ 函数。如果 $B(n)$ 表示满足 $1 \leqslant a \leqslant b \leqslant n$ 的分数 a/b 的个数,那么 $B(n)=n(n+1)/2$。高斯断言 $\lim_{n\to\infty}\dfrac{A(n)}{B(n)}=\dfrac{6}{\pi^2}$,这是由狄利克雷在 1849 年首先发表的一个结果。

32. 椭圆积分的反演第一次出现在该日记中。如他在他的日记中的习惯,高斯用 x 既表示积分的变量,而且又默认表示它的上限。

33. 这里 A 表示该级数的第一项(即 z),B 表示第二项 $\left(\text{即}\dfrac{1 \cdot z^n}{2(n+1)}\right)$,$C$ 表示第三项 $\left(\text{即}\dfrac{(n-1)z}{4(2n+1)} \cdot \dfrac{1 \cdot z^n}{2(n+1)}z\right)$,等等。这一公式的写法是牛顿在他的二项级数的研究中引入的[1676=《通信集》(*Correspondence*),第 II 卷,第 130—132 页]。

34. 奇恩豪森(Tschirnhausen)变换在一个方程 $x^n+ax^{n-1}+bx^{n-2}+\cdots=0$ 中用 y 代替 x,以简化它直至它变为可解为目的。

37. 一个多项式方程的拉格朗日结式。高斯希望用它求解任意的多项式方程。勒维(Loewy)注意到,1797 年高斯变得确信这是不可能的,这个观点隐含在他的博士论文和《算术研究》的 §359 中。

38. 高斯希望把 $x^n-1=0$ 的研究约化为方程 $x^{a_i^{n_i}}-1=0$ 的研究,这里 $n=\prod a_i^{n_i}$。

39. 这里 m 表示 $x^3-y^3\equiv 1 \pmod{p}$ 的解的个数。

40. 带素数幂的分圆多项式的不可约性。

43. 施莱辛格[高斯,《全集》,第 X 卷第二部分,第 291 页],比尔曼[Biermann,1963]和舒曼[Schuhmann,1976]都提供了猜想。在没有其他证据的情况下,它们中没有一个可以作为结论。

44. 勒维猜测可能意味着拉格朗日插值公式。

45. 已被欧拉考虑过,后来又被黎曼考虑。这个表达式等于 $(1-2^{1-\omega})\zeta(\omega)$,这里 ζ 是 Zeta 函数。

47. 可能是对任意指数的微分,但没有留下其他踪迹。

48. 抛物曲线是形为 $y=a_0x^n+a_1x^{n-1}+\cdots+a_n$ 的那些曲线。

50,51. 椭圆积分;"elasticam"在原稿中被划掉。

52. 关于形为 $\int x^m(a+bx^n)^{\mu/\nu}dx$ 的积分的欧拉(严格地说,牛顿的)准则。见牛顿《数学论文集》(*Mathematical Papers*),1670—1673,第 III 卷,第 375 页。

55. 如果 $p-1=abc\cdots$,那么一个正 p 边形的作图依赖一个给定的角分成 a,b,c,$\cdots$相等部分的可能性,因此依赖分圆方程 $x^a-1=0$, $x^b-1=0$, $\cdots$。

56. 见《算术研究》,§145。

57. 如果 $a^2+b^2+c^2-bc-ac-ab=\alpha$,那么 $(2a-b-c)^2+3(b-c)^2=4\alpha$。因此前者的每一个奇因子整除 x^2+3y^2。反之,如果 p 整除后者,那么存在一个奇数 A 使得 $A^2\equiv -3\pmod{p}$,而且,如果 $B=1$, $A^2+3B^2\equiv 0\pmod{p}$,因此,如果 $a=0$, $b=(A+B)/2$, $c=(A-B)/2$,那么 p 整除 $a^2+b^2+c^2-bc-ac-ab$。

59. 施莱辛格猜测这些定积分取自 0 到 ∞ 之间。事实上,正如他指出的,[53]

[54]和[59]都能轻易用B和Γ函数表示。

60. 双纽线分为 n 个相等的部分依赖一个次数为 n^2 的方程(与圆弧的等分不同);根中的 n^2-n 个是复数。高斯推断出双纽线函数是双周期的,这是一个真正的突破。

61. 一个笔误:$mm+6mn+nn$ 应为 $m^4-6m^2n^2+n^4$。

$$S_k = \sum_{m,n}{}' \left\{\frac{m^4-6m^2n^2+n^4}{(m^2+n^2)^4}\right\}^k = \frac{1}{2}\sum_{m,n}{}' \left\{\frac{1}{(m+n\mathrm{i})^4}+\frac{1}{(m-n\mathrm{i})^4}\right\}^k,$$

这里的和取遍不全为零的 m、n。每个 S_k 能被写成项 $s_k = \sum_{m,n}{}' \frac{1}{(m+n\mathrm{i})^{4k}}$ 的一个和且 s_k 依赖 $\Pi = \int_0^1 \frac{\mathrm{d}x}{\sqrt{1-x^4}}$。

现在级数 s_k 被称为艾森斯坦 s_k 级数,并被艾森斯坦[Eisenstein,1847]引入。它们在椭圆函数的魏尔斯特拉斯理论中起了一个关键的作用。在韦伊[Weil,1976]中解释了 s_k 和这些周期之间的联系。

62. "用几何学的方法",高斯意指用直尺和圆规。高斯在《算术研究》§335留下的提示给了阿贝尔在椭圆函数上的工作以很大的启发,见奥尔[Ore,1971],第16页。这也弄清楚了高斯几乎从一开始就一起考虑椭圆函数的"算术的"和"解析的"方面。

63. 因此,如果 $\sin \mathrm{lemn}\,\phi = \frac{\Pi(\phi)}{N(\phi)}$ 且 $\cos \mathrm{lemn}\,\phi = \frac{\mu(\phi)}{\nu(\phi)}$,那么

$$M(2\phi) = 2M(\phi)N(\phi)\mu(\phi)\nu(\phi),\, (2\phi) = M(\phi)^4 + N(\phi)^4。$$

高斯正朝向把椭圆函数作为(θ 函数的)商的一个表示而工作。

64. 这与在《算术研究》中的§§147-150中论 $x^2-\alpha$ 的一个因子怎样依赖 α,当 $\alpha = 4n\pm 1, 4n\pm 2$ 时。

65,66. 这个方法依赖拉格朗日结式的理论,亦见第37款。

67. 该证明出现在《算术研究》§358。

69. 《算术研究》,§42。

70. 克莱因和施莱辛格指出最后几行包含笔误而且部分应为

$$-(a+b-d-e)(a-c-d+f)+(a-c-d+f)^2$$
$$=-(a+b-d-e)(b+c-e-f)+(b+c-e-f)^2。$$

71. 见 73 款。71,73,75-78 款还是关于分圆的。

72. 这与高斯对欧几里得几何学的基础的兴趣有关。在 1832 年 3 月 6 日写给 W.鲍耶的一封信中[高斯,《全集》,第Ⅷ卷,第 224 页],高斯指出一个平面的通常定义假定得太多了。

73. 巴赫曼指出,对于高斯在 71 款犯的一个错误,很可能 n 应取作合数且周期在库默尔[Kummer,1856]和福克斯[Fuchs,1863]的意义下解释。

74. 带 f 项的 e 周期可以变换为带 $f/2$ 项的 $2e$ 周期,而且新周期的个数由一个二次方程从旧的周期确定。这与 n 阶和 $2n$ 阶的高斯和之间的关系有关,现在由哈塞-达文波特(Hasse-Davenport)定理处理,见伯恩特,埃文斯[Berndt,Evans,1981,第 122 页]。

78. 8 月 1 日应为 8 月 31 日(77 款)。

80. 高斯以他的代数学基本定理的 4 个证明中的第一个获得他的博士学位,[《全集》,第Ⅲ卷,第 1—30 页]。

81. 通过以斜边作为半径内接于一个半圆的相似三角形的证明在《全集》,第Ⅹ卷第一部分,第 524—525 页完整地给出。

82. 施莱辛格指出 $\sqrt{.3x}$ 应为 $\sqrt[3]{x}$。该级数是贝塞尔函数

$$\sum_{j=1}^{\infty} \frac{x^j(-1)^{j+1}}{j!(j-1)!},$$

参见沃森[Watson,1962].

83. 施莱辛格的长篇分析没有提示函数 l 应当是什么,但它既不是 $\log(1+x)$ 也不是高斯在别处用 l 表示的

$$l(1+x) = x - \frac{x^2}{4} + \frac{x^3}{8} - \frac{x^4}{112} + \cdots。$$

84. 克莱因和巴赫曼指出为了与《算术研究》§287 一致，classes 应为 genera。

85. 在《遗著》(Nachlass)中没有任何东西暗示这个证明可能是什么。

86. 施莱辛格以高斯写给兴登堡的一封信(1799 年 10 月 8 日,《全集》,第 X 卷第一部分,第 429 页)为基础猜测这一推广受到拉格朗日定理的拉普拉斯证明的启发。

87. 艾沃里[Ivory,1798]研究了级数 $(a^2+b^2-2ab\cos\theta)^n = \sum a_n \cos n\theta$。如果 x 表示一个长轴为 1 的椭圆的离心率，那么 $1-x^2\cos^2\phi = a^2+b^2-2ab\cos 2\phi$，这里

$$a = \frac{1+\sqrt{1-x^2}}{2}, b = \frac{1-\sqrt{1-x^2}}{2}, x^2 = \frac{4ab}{(a+b)^2},$$

因此 x 是 a 和 b 的几何平均与算术平均的比。如果 $n=1/2$，那么

$$\int_0^\pi (1-x^2\cos^2\phi)^{\frac{1}{2}} d\phi = a\pi \left(1+\left(\frac{1}{2}\right)^2\frac{b^2}{a^2}+\left(\frac{1\cdot 1}{2\cdot 4}\right)^2\frac{b^4}{a^4}+\left(\frac{1\cdot 1\cdot 3}{2\cdot 4\cdot 6}\right)^2\frac{b^6}{a^6}+\cdots\right),$$

当 $x=1$, $a=1/2=b$ 时它给出高斯的级数。①

88. 克莱因和施莱辛格注意到,在致奥伯斯的一封信中(1812 年 1 月 24 日,《全集》第 Ⅷ 卷,第 140 页),随之通过这一款确定他第一次研究最小二乘法的日期。拉普拉斯误差方法的描述在他的[1793]中。

91. a、b 这些款不完美地呈现在他的日记中,但它们表明高斯正累积导致 92 款的数值证据。

92. 高斯指他发现了函数 $P(\phi)$ 和 $Q(\phi)$ 的傅里叶级数展开[《全集》第 Ⅲ 卷,第 465 页],它们在他的椭圆函数理论中起到了 θ 函数的作用。

$$P(x) := 1+2x+2x^4+\cdots+2x^{n^2}+\cdots,$$
$$Q(x) := 1-2x+2x^4+\cdots+(-1)^n 2x^{n^2}+\cdots,$$
$$R(x) := 2x^{\frac{1}{4}}+2x^{\frac{9}{4}}+2x^{\frac{25}{4}}+\cdots+2x^{\frac{n^2}{4}}+\cdots,$$

---

① 原书积分号后面遗漏 dϕ,已更正。——译者注

而高斯观察到,在"关于新的超越函数的 100 个定理"之中,$P(x)^2$ 和 $Q(x)^2$ 的算术-几何平均总等于 1。这些最后的观察来自 1818 年,见格佩特[Geppert,1927]。克莱因和施莱辛格的长篇评论在这里及关于 95 款的评论特别值得注意。

94. 为了证明一颗行星对任意一个点施加的引力等于质量沿着其轨道的一个分布施加的吸引,轨道的密度与该行星穿过该轨道的每一部分所花的时间成比例,高斯应用了他的椭圆函数理论,见高斯[1818]。

95. 高斯寻找 $\log P$ 和 $\log Q$ 的三角展开,而且在数值计算的基础上猜想双纽线积分的周期和算术-几何平均之间的关系(见 98 款),正如克莱因和施莱辛格指出的。

97. 高斯对月球的视差非常感兴趣。

98. 正如克莱因和施莱辛格指出的,这款可能代表一个结论或一个猜想。欧拉[1768,§334]已经证明

$$\int_0^1 \frac{dx}{\sqrt{1-x^4}} \cdot \int_0^1 \frac{x^2 dx}{\sqrt{1-x^4}} = \frac{\pi}{4} \text{ 且 } \varpi = 2\int_0^1 \frac{dx}{\sqrt{1-x^4}}。$$

斯特林(Stirling[1730,57])曾经计算 ϖ 的值到 17 位,而且也曾在椭圆求长的计算中取 1 和 $\sqrt{2}$ 作为特别的值。高斯致普法夫的一封信(1799 年 11 月 24 日,《全集》,第 X 卷第一部分,第 232 页)弄清楚了高斯当时还没有 $M(\sqrt{2},1)=\pi/\varpi$ 的一个证明。

99. 施特克尔(Stäckel)把这一点与高斯关于三角形面积的研究相联系,这是对欧几里得平行公设研究有核心地位重要性的一个论题。关于此事高斯在 1799 年 12 月 16 日写信给贝塞尔,见《全集》,第 Ⅷ 卷,第 159 页。

100-102. 克莱因和施莱辛格猜想这些款与高斯对算术-几何平均的倒数是一个线性微分方程的一个解的发现有关。事实上,算术-几何平均满足勒让德方程且其反函数是高斯模函数。见格佩特[Geppert,第 40—42 页]。

104. 狄利克雷判别法的一个变形,只要 $\phi \neq 0$ 就成立。

105,106. 这些意味着高斯认识到算术-几何平均的重要性,不仅是对双纽线的情形,而且是对一般椭圆积分的。

107. 第一个给出确定复活节的算术法则的人是兰贝特[Lambert,1776]。高斯熟悉兰贝特的许多工作,但人们不能肯定他在这方面的影响。

108. 只有高斯后来的处理[《全集》,第Ⅲ卷,第 401,473 页]保存下来;它们的日期是从 1825 年到 1827 年。

109. 重数从允许算术-几何平均变成一个复变函数得出。

110. 超椭圆函数意味着第一类椭圆积分。

112. 克莱因和施莱辛格把这与 e 的幂的计算联系起来。

113. 这里的问题是,0 和 1 之间的 M 被给定,写成一个连分数

$$M = \cfrac{1}{a' + \cfrac{1}{a'' + \cdots}},$$

分数

$$\cfrac{1}{a^{(n+1)} + \cfrac{1}{a^{(n+2)} + \cdots}}$$

位于 0 和 x 之间的概率 $P(n,x)$ 是什么。在日期为 1812 年的一封信中,高斯与拉普拉斯讨论了这个问题。他发现 $P(1,x) = \Psi(x) - \Psi(0)$,这里 $\Psi(x) = \mathrm{d}/\mathrm{d}x \log \Pi(x)$ 且 $\Pi(x)$ 是高斯的阶乘函数。$\Pi(x) = \Gamma(x+1)$,而且

$$\lim_{n \to \infty} P(n,x) = \frac{\log(1+x)}{\log 2}。$$

见欣钦[Khinchin, § 15]。

114,115. 见《全集》,第Ⅱ卷,第 285、286 页。

116. 见《算术研究》§§ 365,366,这个断言在那里被重复,但仍然没有一个证

明。勒维在他的评论中提供了一个证明，仅用高斯使用的技术手段，即避免运用伽罗瓦理论。

118. 见 123 款。对高斯和的一个高质量的讨论见伯恩特和埃文斯[Berndt, Evans, 1981]。

119. 高斯处理了谷神星定位的问题，它在 1801 年 1 月首先被皮亚齐观察到，且在 42 天后当它运行得太靠近太阳时消失。高斯的成功求解发表在察赫编的 1801 年 12 月的《通信月刊》(Comm Liter)上，见《全集》第Ⅵ卷，1874，第 199—204 页。

120‑122. 行星轨道的理论，它们的观测，以及观测误差的处理很合高斯的口味，这些对于他似乎是有用的，而且为他的计算实力提供了很多的机会。

125. 见《运动的理论》§§ 88‑97。

126. 见《运动的理论》，Ⅱ，§§ 115‑163。

127. 见《运动的理论》§§ 33 及以下。

129. 见《运动的理论》，Ⅱ，§§ 164‑171。

130‑133. 高斯的四次剩余理论，1825 年的《初论》(Commentatio prima)，见《全集》第Ⅱ卷，第 65—92 页。

134. 黄金定理的第六个证明。

135. 《算术研究》的第 358 篇，正如在《关于纯方程研究的进一步发展》(Disquistionum circa aequationes puras ulterior evolutio)中的重新处理，《全集》，第Ⅱ卷，第 243 页。

137. 这被艾森斯坦[Eisenstein, 1844]在一篇长而且有趣的论文中处理了。

138. 量 ε 不是单位的一个立方根，而是同余式 $\varepsilon^2+\varepsilon+1=0 \pmod{p}$ 的一个有理根，这里 p 是一个形为 $3n+1$ 的素数。

146. 高斯把"≡"写成"="。这最后一款已变为最著名的一款。巴赫曼评论的双纽线函数和四次剩余理论之间的联系仍需要澄清。韦伊[A. Weil, 1974, 106]指出代换 $z=y(1-x^2)$ 化 $1=x^2+y^2+x^2y^2$ 为 $z^2=1-x^4$，这使它与双纽线函数的联系变得清楚。当取 mod p，它是关于四次剩余的问题,而且 $ax^4 - by^4 \equiv 1 \pmod{p}$ 的研究关系到高次高斯和。韦伊评论说,正是在研究高斯关于四次剩余的两篇论文时,这些论文把他引向最后提出的韦伊猜想。有趣的是,当曲线是 $z^2 y^2 = y^4 - x^4$ 时,高斯通过计入无穷大,已经从射影上思考该曲线了。如果有人写出 $\tilde{z}^2 = z$,射影曲线将是 $\tilde{z}^4 = y^4 - x^4$。 费马知道,而且确实对 $y^2 = z^4 + x^4$ 发表了一个证明 [1659],于是对 $\tilde{z}^4 = y^4 - x^4$ 亦不存在正整数解,因此这条曲线的重要性对数学确实是显著的。

注 释 书 目

分圆法,数论,代数学

高斯声称他 1799 年第一个得到了代数学基本定理的严格证明,最近的历史学家认为这是过分的(见 Gilain [1991] 和 Baltus [1998])。一方面,高斯自己的方法只是提出了关于代数曲线的一些未证明的主张,直到 1927 年奥斯特罗夫斯基(Ostrowski)进行了补救,定理才得以证明。另一方面,很容易运用现代技术完成达朗贝尔关于代数基本定理的一个证明。高斯声称达朗贝尔的证明只表明,如果一个多项式方程的根存在,则它们必须是 $a+b\sqrt{-1}$ 的形式,但并未说明根必定存在。一个在柯西工作的雏形中很熟悉、并由克罗内克明确提出的论点表明,人们可能总是将这种形式的数与包含给定多项式系数的域联系,以便分解为多项式。因此,高斯对他早期作品独创性的预计受到了双重质疑。

另一方面,没有人会质疑高斯在数论方面的能力和独创性。邓宁顿选择回避这一成就,毕竟了解它需要参考很多篇幅的文字。那么,最好是引用一些作品,从一个可以理解的高斯也会认识到这一点的现代观点来阐明这个主题,比如参考伯恩特(Berndt)和埃文斯(Evans)的文章[1981],伯恩特(Berndt)、埃文斯(Evans)和威廉斯(Williams)的书[1998],爱尔兰(Ireland)和罗森(Rosen)的书[1982]。卡斯顿·约翰森(Karsten Johnsen)已经论述了《高斯日记》中的几段难点,他的三篇论文被列在参考书目中。读者还将从沃特豪斯(Waterhouse)的论文中得到乐趣,其中一篇(Waterhouse[1994])是对热尔曼和高斯间互动的重建,这让他对她的一句话给出了一个惊人的反例。

几何学和拓扑学

特别值得一提的是埃普尔(Epple)在高斯的未发表的遗作中对一段文字的迷人解释,其中高斯在电磁理论的背景下引入了两条曲线的连接数。正如埃普尔所指出的,这只是19世纪物理学的根结理论的一个例证(亦见Nash[1999])。

统计学

邓宁顿的处理方式是无条件支持高斯,在这方面,他得到了统计史学家斯普罗特(Sprott)和杰出的统计学家费希尔(R.A.Fisher)的支持(如斯普罗特文章Sprott[1978]开头几页所述)。人们普遍认可高斯在发现最小二乘法方面的优先权,如果他声称自己是在1794年当他17岁时发现最小二乘法的话,很难找到好的例子并不意味着它是错的。杜特卡(Dutka[1996])证实高斯肯定是在几年后的1799年才使用这种方法的。

然而,正如斯蒂格勒(Stigler)所说(见他一本特别的书[1986],pp.141-143),最小二乘法也属于充满活力的法国传统研究项目,在勒让德和拉普拉斯的工作中都有例证,勒让德从未让高斯占据优先。斯蒂格勒接着指出,高斯于1809年首次发表的辩护理由存在严重缺陷,因为他在同一论点中结合了非因果关系和恶性循环,随后被高斯本人拒绝。因此,拉普拉斯(以及高斯确实在1821年)从中心极限定理得到的结果更好,而高斯对其普遍性的欣赏可能是由于他阅读了勒让德(Legendre[1805])。然而,沃特豪斯(Waterhouse[1990])再次审视了高斯的论点,发现它既不是循环论证,也没有被其推理中的漏洞所破坏,尽管高斯在讨论误差引起的"损失"的估计最合适(预期平方误差或预期绝对误差)时,确实改变了他的立场以回应拉普拉斯(Laplace[1811])。高斯和他的同时代人一样,将几个同样好的观测值的算术平均值作为真值的正确估计,并推断出相应的误差分布将是正态分布所描述的分布。他给这个分布赋予了与普遍存在的假设相同的"公理"地位,即算术平均值是正确的估计值,因为正态分布作为一个数学事实,遵循关于算术平均值的假设。

斯蒂格勒还声称,高斯方法的名声是由于它被拉普拉斯采纳,但这淡化了它在德意志天文学界的应用。正如达里戈尔(Darrigol [2000, p.44])所指出的,在这一时期,德意志人比法国人更致力于误差分析,而正如高斯自己的许多工作所表明的那样,天文学似乎是在这一时期确立最高精度标准的科学。

电报与磁学

加兰(Garland [1979])和达里戈尔(Darrigol [2000, pp.50 - 54])的叙述在数学上比邓宁顿的要彻底得多。从加兰的叙述中复制的两张照片(图 6a 和 6b, pp.16 - 17)给人留下了一个非常美好的印象,即高斯的地磁测量实际上有多好。达里戈尔还认为,正是高斯对绝对单位价值的坚持推动了韦伯的创新,"这意味着要有简单几何结构和高灵敏度的新型仪器,并且需要验证分析这些仪器所依据的定律。"(Darrigol [2000, p.74])。

Baltus, C. 1998 Lagrange and the fundamental theorem of algebra, *Proceedings of the Canadian Society for the History and Philosophy of Mathematics* **11**, 85 - 96.

Berndt, B.C. and Evans, R.J. 1981 The determination of Gauss sums, *Bulletin of the American Mathematical Society* **5.2**, 107 - 130.

Berndt, B.C., Evans, R.J. and Williams, K.S. 1998 *Gauss and Jacobi Sums*, Wiley-Interscience, New York.

Biermann, K.R. 1963 Zwei ungeklärte Schlüsselworte von C.F. Gauss, *Monatsberichte der Deutschen Akademie der Wissenschaften zu Berlin* **5**, 241 - 244.

Biermann, K.-R. 1970 Carl Friedrich Gauss in Autographenkatalogen. *Schriften zur Geschichte der Naturwissenschaften, Technik und Medizin* **7.1**, 60 - 65.

注释书目

Biermann, K-R 1971 Zu Dirichlets geplantem Nachruf auf Gauss, *NTM Schriften zur Geschichte der Naturwissenschaften Technik und Medizin* **8** (1), 9–12.

Biermann, K.-R. 1983 C. F. Gauss als Mathematik- und Astronomiehistoriker, *Historia Mathematica* **10.4**, 422–434. A survey, written by Gauss, of the previous 100 years.

Biermann, K-R. 1990 (ed.) Carl Friedrich Gauss, Der "Furst der Mathematiker" in *Briefen und Gesprächen*, Leipzig, Urania-Verlag.

Breitenberger, E. 1984 Gauss's Geodesy and the Axiom of Parallels, *Archive for History of Exact Sciences* **29**, 273–289.

Breitenberger, E. 1993 Gauss und Listing: Topologie und Freundschaft, *Mitteilungen der Gauss-Gesellschaft*, Göttingen **30**, 3–56.

Bühler, W.K. 1981 *Gauss: A Biographical Study*. New York, Springer-Verlag, (bibliography lists volumes of correspondence between Gauss and others, up to 1981).

Collison, M.J. 1977 The origins of the cubic and biquadratic reciprocity laws, *Archive for History of Exact Sciences* **17.1**, 63–69.

Cox, D.A. 1984 The arithmetic-geometric mean of Gauss, *Enseignement Mathématique* (2) **30**, 275–330.

Cox, D A. 1985 Gauss and the arithmetic-geometric mean, *Notices of the American Mathematical Society* **32** (2), 147–151.

Coxeter, H.S.M. 1977 Gauss as a geometer, *Historia Mathematica* **4.4**, 379–396.

Darrigol, O. 2000 *Electrodynamics from Ampère to Einstein*, Oxford University Press, Oxford.

De Moivre A. 1730 *Miscellanea analytica de seriebus et quadraturis*, London.

Dick, W. R. 1992 Otto Struve über Carl Friedrich Gauss. *Mitteilungen der Gauss-Gesellschaft*, Göttingen, **29**, 43–51.

Dick, W. R. 1993 Martin Bartels als Lehrer von Carl Friedrich Gauss, *Mitteilungen der Gauss-Gesellschaft*. Göttingen. **30**, 59–62.

Dieudonné, J. 1962 L'oeuvre mathématique de C. F. Gauss, Paris, Conférence du Palais de la Découverte D. 79.

Dieudonné, J. 1978 Carl Friedrich Gauss: a bicentenary, *Southeast Asian Bulletin of*

Mathematics **2.2**, 61–70.

Dombrowski, P. 1979 150 Years after Gauss' *Disquisitiones generales circa superficies curvas*, *astérisque*, **62** (with the original text of Gauss and an English translation by A. Hiltebeitel and J. Morehead).

Dutka, J. 1996 On Gauss' priority in the discovery of the method of least squares, *Archive for History of Exact Sciences* **49.4**, 355–370.

Eisenstein, G. 1844 Geometrischer Beweis des Fundamentaltheorems für die quadratischen Reste, *Journal für die reine und angewandte Mathematik* **28**, 246–248, in *Mathematische Werke*, 1975, **1**, 164–166.

Eisenstein, G. 1847 Genaue Untersuchungen der unendlichen Doppelproducte, *Journal für die reine und angewandte Mathematik* **35**, 153–247, in *Mathematische Werke*, 1975, **1**, 357–478.

Epple, M. 1999 Geometric aspects in the development of knot theory, I. M. James (ed.), *History of topology*, North-Holland, 301–357.

Euler, L. 1748 *Introductio in analysin infinitorum*, in *Opera Omnia*, series 1, vols. 8–10.

Euler, L. 1752/53 De numeris, qui sunt aggregata duorum quadratorum, *Novi Comm. Acad. Petrop.* **4**, 3–40 in *Opera Omnia*, series 1, **2**, 295–327.

Euler, L. 1768 Institutiones Calculi integralis, I, in *Opera Omnia*, series 1, **11**.

Fermat, P. 1659 Letter to Carcavi, *Oeuvres*, II, 431–436.

Festschrift zum 200. Geburtstag von Carl Friedrich Gauss, *Mitteilungen der Gauss-Gesellschaft*, *Göttingen* **14**. Göttingen, Verlag Erich Goltze, 1977.

Forbes, E. G. 1978 The astronomical work of Carl Friedrich Gauss (1777–1855), *Historia Mathematica* **5.2**, 167–181.

Fuchs, L. I. 1863 Über den Perioden, welche aus den Wurzeln der Gleichung $\omega^n = 1$ gebildet sind, wenn n eine zusammengesetze Zahl ist, *Journal für die reine und angewandte Mathematik* **61**, 374–386, in *Gesammelte Mathematische Werke*, **1**, 1904, 53–67.

Fuchs, W. 1972 Das arithmetisch-geometrische Mittel in den Untersuchungen von Carl Friedrich Gauss. *Mitteilungen der Gauss-Gesellschaft*, *Göttingen* **9**, 14–38.

Fuchs, W. 1978 Die Leiste-Notizen des jungen Gauss. *Mitteilungen der Gauss-Gesellschaft*, *Göttingen* **15**, 19–38.

Fuchs, W. 1980, 1981, 1982 Zur Lehre von den Kongruenzen bei C. F. Gauss I, II, III, *Mitteilungen der Gauss-Gesellschaft*, *Göttingen* **17**, 14–29; **18**, 49–62; **19**, 63–78.

Garland, G. D. 1979 The contributions of Carl Friedrich Gauss to geomagnetism, *Historia Mathematica* **6.1**, 5–29.

Geppert, H. 1927 *Bestimmung der Anziehung eines elliptischen Ringes: Nachlass zur Theorie des Arithmetischen-Geometrischen Mittels und der Modulfunktion von Carl Friedrich Gauss*, Ostwald Klassiker 225, Leipzig.

Gilain, C. 1991 Sur l'histoire du théorème fondamental de l'algèbre: théorie des équations et calcul intégral, *Archive for History of Exact Sciences* **42.2**, 91–136.

Goe, G. and van der Waerden, B. L. 1972 Comments on Miller's "The myth of Gauss's experiment on the Euclidean nature of physical space", *Isis* **63**, 345–348. With a reply by Arthur I. Miller, *Isis* **65** (1974), 83–87.

Gray, J. J. 1984 A commentary on Gauss's mathematical diary, 1796–1814, with an English translation, *Expositiones Mathematicae* **2**, 97–130 (reproduced with minor alterations in this volume).

Gray, J.J. 2000 *Linear differential equations and group theory from Riemann to Poincaré*, Birkhäuser, Boston and Basel, second edition with three new appendices and other additional material.

Hall, T. 1970 *Carl Friedrich Gauss A Biography*. Translated from the Swedish by Alfred Froderberg. Cambridge, MA, MIT Press.

Ireland, K. and Rosen, M. 1982 *A Classical Introduction to Modern Number Theory*, Springer Verlag, New York and Berlin.

Ivory, J. 1798 A new series for the rectification of the ellipsis; together with some observations on the evolution of the formula $(a^2 + b^2 - 2ab\cos\phi)^n$. *Trans Royal Soc. Edinburgh* **4**, part II, 177–190.

Johnsen, K. 1982 Bemerkungen zu einer Tagebuchnotiz von Carl Friedrich Gauss. *Historia Mathematica* **9.2**, 191–194.

Johnsen, K. 1984 Zum Beweis von C. F. Gauss für die Irreduzibilität des p-ten Kreisteilungspolynoms, *Historia Mathematica* **11.2**, 131 – 141.

Johnsen, K. 1986 Remarks to the third entry in Gauss' diary, *Historia Mathematica* **13.2**, 168 – 169.

Khinchin, A. Ya. 1964 *Continued Fractions*, tr. H. Eagle, University of Chicago Press, Chicago and London.

Kummer, E. E. 1856 Theorie der idealen Primfaktoren der complexen Zahlen, welche aus den Wurzeln der Gleichung $\omega^n = 1$ gebildet sind, wenn n eine zusammengesetze Zahl ist, *Abh. der Wissenschaften zu Berlin*, Math. Abt., 1 – 47 in *Coll. Papers*, I, 583 – 629.

Lambert, J. H. 1776 *Einige Anmerkungen über die Kirchenrechnung*, Astron, Jahrbuch für das Jahr 1778, Berlin, 210.

Laplace, P. S. 1793 Sur quelques points du Système du monde, *Mémoire de l'Académie royale des Sciences de Paris*, in *Oeuvres Complètes*, XI, 477 – 558.

Laubenbacher, R. and Pengelley, D. 1994 Eisenstein's misunderstood geometric proof of the quadratic reciprocity theorem, *College Mathematics Journal* **25**, 29 – 34.

May, K. O. 1972 Biography of Gauss in *Dictionary of Scientific Biography* (New York 1970 – 1990) vol.5, 298 – 315.

Merzbach, U. 1981 An early version of Gauss's *Disquisitiones Arithmeticae*, *Mathematical perspectives*, J. Dauben (ed.) 167 – 177, Academic Press, New York.

Merzbach, Uta 1984 C. *Carl Friedrich Gauss: a Bibliography*. Wilmington, DE: Scholarly Resources.

Miller, A. I. 1972 The myth of Gauss' experiment on the Euclidean nature of physical space, *Isis* **63**, 345 – 348.

Monna, A. F. (ed.) 1978 *Carl Friedrich Gauss 1777 –1855. Four Lectures on His Life and Work*. Utrecht, Rijksuniversiteit Utrecht, Mathematical Institute.

Müürsepp, P. 1977 Gauss' letter to Fuss of 4 April 1803, *Historia Mathematica* **4.1**, 37 – 41.

Müürsepp, P. 1978 Gauss and Tartu University, *Historia Mathematica* **5.4**, 455 – 459.

Nash, C. 1999 Topology and physics: a historical essay, I. M. James (ed.), *History of topology*, North-Holland, 359 – 415.

Neumann, O. 1981 ed. *Mathematisches Tagebuch*, 1796 – 1814. With a historical introduction by Kurt-R. Biermann, translated from the Latin by Elisabeth Schuhmann, with notes by Hans Wussing. Third edition. Ostwalds Klassiker der Exakten Wissenschaften, **256**. Leipzig, Akademische Verlagsgesellschaft Geest & Portig K.-G.

Newton, I. 1676 Epistola Prior in *The Correspondence of Isaac Newton*, II 32 – 41, Cambridge University Press, 1959.

O'Hara, J.G. 1983 Gauss and the Royal Society: the reception of his ideas on magnetism in Britain (1832 – 1842), *Notes and Records of the Royal Society of London* **38** (1), 17 – 78.

Ore, Ø. 1971 Abel, *Dictionary of Scientific Biography*, I, 11 – 18, Scribner's, New York.

Pasch, M. 1882 *Vorlesungen über neuere Geometrie*, Teubner, Leipzig.

Reich, K. 1977 *Carl Friedrich Gauss 1777/1977*. Munich, Moos.

Reich, K. 1998 Gauss' Theoria motus: Entstehung, Quellen, Rezeption. *Mitteilungen der Gauss-Gesellschaft*, Göttingen No.35, 3 – 15.

Reichardt, H. 1976 *Gauss und die nicht-euklidische Geometrie*, Teubner, Leipzig.

Reichardt, H. 1983 Gauss, in H. Wussing and W. Arnold (eds.), *Biographien bedeutender Mathematiker*, Berlin.

Reichardt, H. ed. 1957 C. F. Gauss Gedenkband anlässlich des 100. Todestages am 25. Februar 1955, Leipzig.

Rowe, D. E. 1988 Gauss, Dirichlet and the Law of Biquadratic Reciprocity, *The Mathematical Intelligencer* **10**, 13 – 26.

Rüdiger, T. 1994 Mathematics in Göttingen (1737 – 1866), *The Mathematical Intelligencer* **16.4**, 50 – 60.

Schaaf, W.L. 1964 *Carl Friedrich Gauss*, *Prince of Mathematicians*. Immortals of Science series. New York, Franklin Watts.

Schlesinger, L. 1917 Über Gauss's Arbeiten zur Funktionentheorie, Gauss's *Werke*, X.2.

Schneider, I. 1981a Carl Friedrich Gauß (1777 – 1855) Arbeiten im Rahmen der Wahrscheinlichkeitsrechnung: Methode der kleinsten Quadrate und Versicherungswesen, in Schneider (ed.) [1981], pp.143 – 172.

Schneider, I. 1981b Herausragende Einzelleistungen: Kreisteilungsgleichung, Fundamentalsatz der Algebra und Konvergenzfragen, pp.37 – 63 (see Schneider, [1981a]).

Schneider, I. 1990 Gauss' Contributions to Probability Theory, in: M. Behara (ed.), Symposia Gaussiana, Series A: Mathematics and Theoretical Physics, Vol. I, Berlin-Toronto-Sao Paulo, pp.72 – 84.

Schneider, Ivo (ed.) 1981 *Carl Friedrich Gauß (1777 – 1855) Sammelband von Beitragen zum 200. Geburtstag von C. F. Gauss*, Minerva Publikation, München.

Scholz, E. 1992 Gauss und die Begründung der "höheren" Geodäsie, S. S. Demidov, M. Folkerts, D. E. Rowe, C. J. Scriba, (eds.) *Amphora*, Birkhäuser Verlag, Basel, Boston and Berlin, 631 – 648.

Schuhmann, E. 1976 Vicimus GEGAN, Interpretationsvarianten zu einer Tagebuchnotiz von C.F. Gauss, *Naturwiss. Tech. Medezin.* **13.2**, 17 – 20.

Sheynin, O. 1994 C. F. Gauss and geodetic observations, *Archive for History of Exact Sciences* **46.3**, 253 – 283.

Sheynin, O. 1995 Helmert's work in the theory of errors, *Archive for History of Exact Sciences* **49.1**, 73 – 104.

Sheynin, O.B. 1979 C. F. Gauss and the theory of errors, *Archive for History of Exact Sciences*, **20.1**, 21 – 72.

Sprott, D.A. 1978 Gauss's contribution to statistics, *Historia Mathematica* **5.2**, 183 – 203.

Stäckel, P. 1917 Gauss als Geometer, in Gauss *Werke*, X.2, Abh. 4, separately paginated.

Stewart, G. W. 1995 Gauss, statistics, and Gaussian elimination, *J. Comput. Graph. Statist.* **4**(1), 1 – 11.

Stigler, S. M. 1977 An attack on Gauss, published by Legendre in 1820, *Historia Mathematica* **4.1**, 31 – 35.

Stigler, S.M. 1981 Gauss and the invention of least squares, *Annals of Statistics.* **9** (3), 465 – 474.

Stigler, S. M. 1986 *The History of Statistics. The Measurement of Uncertainty before*

1900, Cambridge, Mass.-London.

Stirling, J. 1730-57 *Methodus Differentialis*, etc. London.

Szénassy, B. 1980 Remarks on Gauss's work on non-Euclidean geometry (Hungarian), *Mat. Lapok* **28** 1-3, 133-140.

Waltershausen, W.S. von 1966 *Gauss, a Memorial* translated from the German by Helen W. Gauss (Colorado Springs, Colorado).

Waltershausen, W.S. von 2000 Gesprochen auf der Terrasse der Sternwarte an Gauss offenem Sarge (Feb.26, 1855). Transcribed by Stefan Kramer. *Mitteilungen der Gauss-Gesellschaft*, Göttingen No.37, 101-103.

Waterhouse, W.C. 1979 Gauss on infinity, *Historia Mathematica* **6.4**, 430-436.

Waterhouse, W.C. 1986 A neglected note showing Gauss at work, *Historia Mathematica* **13.2**, 147-156.

Waterhouse, W.C. 1990 Gauss's first argument for least squares, *Archive for History of Exact Sciences* **41.1**, 41-52.

Waterhouse, W.C. 1994 A counterexample for Germain, *American Mathematical Monthly* **101**, 140-150.

Watson, G.N. 1962 *Theory of Bessel Functions*, 2nd ed. Cambridge University Press, London.

Weil, A. 1974 Two lectures on number theory, past and present, *Enseignement Mathématique*, **20**, 87-110, in *Oeuvres scientifiques*, III, 279-303, Springer Verlag, New York.

Weil, A. 1976 Review of *Mathematische Werke* by Gotthold Eisenstein, Chelsea, New York, in *Bulletin of the American Mathematical Society* **82.5**, 658-663, in *Oeuvres scientifiques*, III, 398-403, Springer Verlag, New York.

Worbs, E. 1955 *Carl Friedrich Gauss Ein Lebensbild*. Leipzig, Koehler & Amelang.

Wussing, H. 1976 *Carl Friedrich Gauss*. (2nd ed.) Biographien Hervorragender *Naturwiss. Tech. Medezin.* **15**, Leipzig, Teubner.

Wussing, H. 1999 Implicit group theory in the domain of number theory, especially Gauss and the group theory in his *Disquisitiones arithmeticae* (1801), in Circe Mary Silva da Silva (ed), *III Seminário national de história da matemática*, Brasil, 114-125.

Zormbala, K. 1996 Gauss and the definition of the plane concept in Euclidean elementary geometry, *Historia Mathematica* **23.4**, 418-436.

索　　引

阿贝尔(Abel, Niels Henrick)　42,101,
　　190,196,228,232,249,250,436,437,
　　471
阿波罗尼奥斯(Apollonius)　468
阿德兰(Adrain, Robert)　16,17
阿恩斯瓦尔特(Arnswaldt, Karl Friedrich
　　Alexander von)　107,108,110,172,
　　178,327
阿尔贝(Halber)　380
阿尔贝斯(Albers, H.C.)　108
阿尔布雷希特(Albrecht, Wilhelm Eduard)
　　177—179,181,186
阿尔冈(Argand, Jean-Robert)　429
阿尔森(Alsen)　107
阿尔特维克林(Altewiekring)　7
阿尔滕堡(Altenburg)　244
阿尔托纳(Altona)　75,80,85,114,117,
　　119,122,123,136,260,262
阿亨瓦尔(Achenwall, Gottfried)　20
阿霍特(Ahort)　68
阿基米德(Archimedes)　24,62,190,197,
　　208,219,250,251,279
阿拉戈(Arago, Dominique Fransois Jean)
　　196,271
阿勒尔河(Aller)　125
阿廖斯托(Ariosto)　379
阿伦斯(Ahrens)　130
阿门森(Ammensen)　111
阿那克里翁(Anacreon)　217
阿佩尔(Apel)　264
阿彭森(Apensen)　119
阿斯特(Astor)　258
埃伯莱因(Eberlein, Gustav)　314
埃伯特(Ebert)　14,15
埃尔布赫厄(施廷特方)(Elbhöhe,或 Stintfang)
　　88
埃尔曼(Erman)　222
埃尔姆霍斯特(Elmhorst)　118
埃弗里特(Everett, Edward)　258
埃吉丁街(Aegidienstrasse)　80
埃克哈特(Eckhardt)　122
埃克曼(Eckermann, J.P.)　278
埃朗根(Erlangen)　19,245,246,266
埃勒曼(Ellermann)　120
埃内斯蒂(Ernesti)　14
埃帕伊(Epailly)　105,106,110
埃普尔(Epple)　479
埃森贝克(Esenbeck, Nees von)　289

索　引

埃森罗德(Essenrode)　2
埃申堡(Eschenburg, Arnold Wilhelm)　21,217,255,380,381
埃申堡(Eschenburg, August)　255
埃申堡(Eschenburg, Johann Joachim)　15,255
埃斯皮(Espy, James Pollard)　260
埃特尔(Ertel, Traugott Lebrecht)　98
埃瓦尔德(Ewald, Heinrich)　1,132,133,177—183,185,221,242,243,299,301,306,309,337,338,375
埃文斯(Evans R.J.)　432,472,476,478
艾恩贝克(Einbeck)　249
艾里(Airy, G.B.)　17,142,143,257
艾森斯坦(Eisenstein, Gotthold)　40,191,244,251,252,260,283,323,432,471,476
艾特魏因(Eytelwein, J.A.)　314
艾沃里(Ivory, Sir James)　17
艾希霍恩(Eichhorn, Johann Albrecht Friedrich)　22,29
爱奥尼亚(Ionian)　143
爱德华兹(Edwards)　430
爱尔福特(Erfurt)　72
爱尔兰(Ireland)　478
爱伦·坡(Allen Poe, Edgar)　271
爱默生(Emerson, Ralph Waldo)　258
爱默生(Emerson, William)　258
爱因斯坦(Einstein, Albert)　290,324
安德烈(Andrä)　17
安格尔罗特(Angelrodt)　303
安培(Ampère, André-Marie)　139,143,146
安斯巴赫(Ansbach)　246
昂斯托姆(Angstrom, Anders Jonas)　265
奥伯斯(Olbers, Heinrich Wilhelm Matthias)　25,45—51,54,55,61,62,65—70,77,79,80,82,84,85,101,103,105,116,118—122,134,139,159,162,174,179,181,184,192,193,195,199,204,208,212,213,228,230,233,234,239,258,264,267—271,279,284—286,293,294,333,336,340,346,373,394,395,431,440,473

奥得河(Oder)　267
奥尔(Ore)　471
奥尔巴尼(Albany)　261
奥尔登堡(Oldenburg)　245
奥尔施泰特(Auerstedt)　72,74
奥芬(Ofen)　98
奥格斯堡(Augsburg)　99
奥克尔河(Ocker)　9
奥克兰(Auckland)　88
奥里亚尼(Oriani)　44—47
奥斯纳布吕克(Osnabrück)　125
奥斯特(Oerstedt, Hans Christian)　139,142,315,326
奥斯特霍尔茨(Osterholz)　118,119,121
奥斯特霍夫(Osthoff, Johanna Elisabeth Rosina)　55,56,58,60
奥斯特利茨(Austerlitz)　26
奥斯特罗德(Osterode)　131,132
奥斯特罗夫斯基(Ostrowski)　478
奥斯特瓦尔德(Ostwald, Wilhelm)　61,140,428,445
奥滕森(Ottensen)　75
奥滕斯贝格(Ottensberg)　121
奥维德(Ovid)　217
奥伊肯(Eucken, Rudolf)　290

巴贝奇(Babbage, Charles)　257
巴德雷堡(Bad Rehburg)　68
巴尔(Barl)　119
巴尔博(Balbo, Prosper)　327
巴尔霍夫(Barlhof)　115
巴赫(Bach, Johann Sebastian)　19,207,

382

巴赫曼（Bachmann） 466,467,472,473,476

巴拉维尔（Balavil） 138

巴勒莫（Palermo） 44,327

巴特埃姆斯（Bad Ems） 93,338

巴特尔斯（Bartels, Johann Christian Martin） 11,12,15,36,169,170,231,267,371

柏拉图（Plato） 23,217,289

拜格尔（Beigle） 104

拜伦（Byron, George Gordon） 219,298

班伯格（Bamberg） 246

班克罗夫特（Bancroft, George） 258

班克斯（Banks, Joseph） 108

保罗（Paul, Jean） 59,206,215—218,282,283,333

鲍迪许（Bounditch, Nathaniel） 258—260,263

鲍曼（Baumann） 68,96,119

鲍姆（Baum, Wilhelm） 68,294—296,298,303

鲍耶（Bolyai, Wolfgang） 22—31,40,54,55,58,60,62,70,103,129,159—161,165,166,169,193,204,216,223,232,286,394,397,431,439,442,443,472

鲍耶（Bolyai, Johann） 25,157,160,161,165,166,168—170,194,442,443

卑尔根（Bergen） 115

贝多芬（Beethoven, Ludwig van） 322

贝尔方丹（Bellefontaine） 346

贝尔曼（Bellmann） 206

贝尔塞柳斯（Berzelius） 326

贝格曼（Bergmann） 172,173,178

贝克尔（Becker, August） 249

贝利（Bailly, Francis） 227,327

贝利多（Belidor） 379

贝内迪克特博伊伦（Benediktbeuern） 98,99

贝奇（Bache, Alexander Dallas） 259,264

贝塞尔（Bessel, Friedrich Wilhelm） 17,69,70,83,97,109,110,120,123,145,154,155,176,187,190—196,202,204,212,233,234,245,287,288,293,345,393,396,398,400,436,438,439,441,443,472,474

贝特朗（Bertrand, J.） 104,324

贝图切夫（Betúscheff） 215

贝希特斯加登（Berchtesgaden） 98,99

贝耶尔（Baeyer） 125

本策（Benze, Dorothea） 6—8

本策（Benze, Christoph） 6,7

本策（Benze, Johann Friedrich） 7

本岑贝格（Benzenberg, Johann Friedrich） 22,230

本费（Benfey, Theodor） 203

比尔克（Bilk） 265

比尔曼（Biermann） 470

比尔米勒（Biermiller） 186

比格（Bürg） 64,65,105

比克堡（Bückeburg） 214

比斯特（Biester） 119

比特纳（Büttner, J.G.） 10—12,371

彼得里（Petri, Phillipp） 298

毕奥（Biot, Jean Baptiste） 139

毕达哥拉斯（Pythagoras） 456

别列津纳（Beresina） 90

别内梅（Bienaymé） 17

波得（Bode, Georg Heinrich） 197

波得（Bode, Johann Elert） 44—46,50,51,380

波根多夫（Poggendorff） 140,179

波佩（Poppe） 224

波塞尔特（Posselt, Johannes Friedrich） 244

波森（Posen,波兹南旧称） 245

波特纳（Portner, Maria Josef） 329

索　引

伯岑多夫(Bäzendorf)　117
伯德(Bird)　87
伯恩特(Berndt, B.C.)　432,472,476,478
伯尔(Burr, Aaron)　257,258
伯尔舍(Bölsche, Carl)　173
伯尔施(Börsch)　104
伯默尔(Böhmer, Georg Ludwig)　19,222
伯努利(Bernoulli, Daniel)　145
伯努利(Bernoulli, Jacques)　24
伯特勒姆(Bertram)　113
伯泽(Böse)　284
泊松(Poisson, Simeon-Denis)　147
勃拉姆斯(Brahms, Johannes)　207
博德利(Bodley)　179
博尔达(Borda)　108
博尔斯托夫(Borstorf)　55,194
博尔希(Borch, Rudolf)　2,348
博根豪森(Bogenhausen)　246
博古斯拉夫斯基(Boguslawski, von)　194
博洛托夫(Bolotoff)　215
博嫩贝格尔(Bohnenberger, J.G.F.)　122, 128,129,148
博斯科维克(Boscovich)　16
博特尔(Bottel)　118,119
博尧(Bolya, Wolfgang Bolyai von)　亦见 "鲍耶",22
博因堡(Boineburg)　106
不来梅莱厄(Bremerlehe)　121
(不伦瑞克)公爵(Duke of Brunswick)　12, 13,18,21,28,30,31,36—40,52,53, 58,65,70—76,106,191,208,250,266, 371
布岑盖格(Buzengeiger)　246
布恩(Boone)　344
布尔克哈特(Burckhardt)　45,46
布盖(Bouguer)　113
布干维尔(Bougainville)　32
布格施泰门(Burgstemmen)　336

布赫(Buch, L. von)　269
布克斯特胡德(Buxtehude)　119
布拉克(Braak)　110
布赖特科普夫(Breitkopf)　229
布赖滕贝格尔(Breitenberger)　443,444
布兰德斯(Brandes, Ernst)　77,325
布兰德斯(Brandes, Heinrich Wilhelm)　22, 128
布兰克内泽(Blankenese)　117
布兰肯海因(Blankenhayn)　72
布朗(Brown, Robert)　138
布朗德(Brandes)　266
布劳巴赫(Braubach)　285
布勒贝格(Bullerberg)　117,118
布雷登坎普(Bredenkamp)　340
布雷霍恩(Breithorn)　115
布雷默(Brehmer, Friedrich)　296,314
布雷斯劳(Breslau)　22,61,88,142,194
布里加德(Brigard)　218,384
布里利特(Brillit)　118,119,121
布卢门巴赫(Blumenbach)　333
布鲁克林(Brooklyn)　5
布鲁内(Brune)　210,211
布鲁斯特(Brewster, David)　137,138,257
布伦德尔(Brendel, Martin)　312
布伦斯(Bruns)　31
布伦特(Blunt, Edward)　264
布罗岑(Broitzen)　104
布罗肯山(Brocken)　68,104—106,113, 117,314,443
布洛姆(Blohm)　116
布吕尔(Brühl)　267,268
布吕克曼(Brückmann, Urban Friedrich Benedict)　30
布吕诺(Brünnow, Franz Friedrich Ernst)　265
布吕滕多夫(Brüttendorf)　118,120,121
布吕歇尔(Blücher, Field Marshal von)　72

491

布舍(Busche, von der) 130
布瓦尔(Bouvard) 64
布瓦洛(Boileau) 218

采尔布斯特(Zerbst) 160
采文(Zeven) 118—121
蔡克(Zeyk, von) 165
策勒(Celle) 45,104,114,339,344
察哈里埃(Zachariä) 14,15
察赫(Zach, Franz Xavier G.von) 44—48, 53,63,64,66,68,69,75,89,104—106, 148,281,395,459,476
楚格峰(Zugspitze) 320
措普夫莱因(Zöpflein) 225

达德利(Dudley) 261
达尔贝格(Dalberg, Karl Theodor Anton Maria von) 79,84,333
达尔曼(Dahlmann, Friedrich C.) 176—179
达朗贝尔(d'Alembert, Jean le Rond) 32, 65,384,392,478
达雷斯特(D'Arrest, Heinrich Louis) 262,263
达里戈尔(Darrigol) 480
达默特(Dammert) 340
达文波特(Davenport) 472
大埃涅德(Nagy-Enyed) 22
大施维尔佩尔(Gross-Schwülper) 2
代斯特(Deister) 114—116
代特莫德(Detmold) 21,217,255,256
戴德金(Dedekind, Richard) 43,235,236, 244,299,376,431
丹戈斯(d'Angos, Chevalier) 230
丹加特(Dangart) 121
丹内布罗格(Dannebrog) 326,333
但丁(Alighieri, Dante) 298
当格勒泰尔(d'Angleterre) 325

当泽(Danzig) 162
道斯曼(Dousman, Hercules) 342
德·摩根(De Morgan) 17,227,231,270,327
德兰斯费尔德(Dransfeld) 111,314
德朗布尔(Delambre) 64,83,84,325
德勒泽克(Dräseke) 15
德里加尔斯基(Drygalski, Erich von) 315
德鲁德(Drude) 255
德罗比施(Drobisch, Moritz Wilhelm) 289
德吕克(de Luc) 380
德农(Denon) 62
德亚赫纳(Deahna) 441
狄利克雷(Dirichlet, Johann Peter Gustav Lejeune) 41,169,196,222,239,247, 251—253,278,298,316,322,432,469, 474
迪森(Dissen, Ludolf) 175,322
笛卡儿(Descartes, René) 25,40,148, 245,272,286,288
第欧根尼(Laertius, Diogenes) 217
蒂鲍特(Thibaut) 243,244
蒂宾根(Tübingen) 122,128,179,180, 185,242,246,338,346,375
蒂克纳(Ticknor) 258
蒂克森(Tychsen, Thomas Christian) 79
蒂罗尔(Tyrol) 99
蒂内(Thune) 120
蒂彭贝格(Timpenberg) 115,117
蒂特尔(Tittel, P) 64,98,99
棣莫弗(De Moivre) 25,467
丢番图(Diophantus) 40,43,321
东布罗夫斯基(Dombrowski) 439
东克尔(Duncker) 34
杜林(Dühring, Eugen) 228,249—251, 286
杜特卡(Dutka) 479
多弗(Dove, Richard Wilhelm) 321

索　引

多纳蒂(Donati)　262
多帕特(Dorpat)　11,85,266,267
多普迈尔(Dopmeyer, C.)　296

厄特林(Oentling)　205
恩德(Ende, von)　45,104,105
恩克(Encke, Johann Franz)　17,48,83,
　　100,101,107,113,120,142,153,187,
　　189,191,204,221,230,240,244,249,
　　251,260,262,279,323,373,467
恩内佩尔(Enneper, Alfred)　248
恩佩乌斯(Emperius, Johann Ferdinand
　　Friedrich)　15

法尔肯贝格(Falkenberg)　114—116,118
法拉第(Faraday, Michael)　139,147
法勒(Farrar, John)　258,326
法勒尔(Varel)　121
法勒施泰因(Fallenstein, Aletta Christiane
　　Luise)　344,345
范德蒙(Vandermonde, Alexandre Theophile)
　　25,199,200
范迪门地(Van Diemen's Land,塔斯马尼亚
　　岛旧称)　143
菲得洛斯(Phaedrus)　217
菲尔斯滕施泰因(Fürstenstein, von)　326
菲瑟尔赫沃德(Visselhövede)　118
菲斯(Fuss)　20
费迪南德(Ferdinand, Carl Wilhelm)　亦见
　　"不伦瑞克公爵",12,15,28,36,65,72,
　　73,105
费尔德贝格(Feldberg)　125
费尔普克(Velpke)　6,7,11,183
费格扎克(Vegesack)　118
费马(Fermat, Pierre de)　321,382,394,
　　432,468,477
费希尔(Fischer, Ronald A.)　479
费伊(Fay)　375

丰克(Funck)　377
丰切内(Foncenex, de)　32
夫琅禾费(Fraunhofer, Joseph)　88,89,
　　97,98,153,282
弗尔岛(Föhr)　244
弗尔克尔(Völker)　74
弗尔肯罗德(Völkenrode)　2—4
弗尔斯特(Förster, August)　298
弗拉姆斯蒂德(Flamsteed, John)　46,227
弗莱凯森(Fleckeisen, C.G.)　32
弗莱舍尔(Fleischer, Gerhard)　39
弗赖堡(Freiburg)　128
弗赖贝格(Freiberg)　142
弗赖塔格斯韦德(Freytagswerder)　105
弗兰岑斯巴德(Franzensbad)　338
弗朗科尼亚(Franconia)　105
弗劳恩贝格(Frauenberg)　125
弗雷门(Wremen)　81
弗里斯(Fries, Jacob Friedrich)　288—
　　290,327
弗里西亚(Frisia)　125
弗罗贝尼乌斯(Frobenius)　321
弗罗辛厄姆(Frothingham)　262
弗吕格尔(Flügel)　218
伏尔泰(Voltaire)　217
符腾堡(Württemberg)　2,122,214
福布斯(Forbes, David)　227
福格尔(Vogel)　237
福格特(Vogt, Karl)　277
福斯(Voss, Aurel Edmund)　232
福斯河湾(Firth of Forth)　138
福西特(Fawcett, Henrietta)　342
傅科(Foucault, Jean-Bernard-Léon)　204,
　　205
傅里叶(Fourier, Jean Baptiste Joseph)
　　473
富尔达河(Fulda)　105
富克斯(Fuchs, Konrad Heinrich)　298

富兰克林(Franklin, Benjamin) 257,259
富斯(Fuss, Nikolaus von) 51,52,265,266

盖斯马尔街(Geismarstrasse) 78,88,89,221
高斯(Gauss, Peter Samuel Marius Eugenius) 93,94,199,213,253,264,270,285,286,301－305,330,333,334,338－345,347,351,373,374
高斯(Gauss, Dorothea) 26,182,183,349
高斯(Gauss, Friederica Wilhelmine) 93,94,98,117,118,120,122,132,213,216
高斯(Gauss, Gebhard Dietrich) 3,5－8,13,54,80,348
高斯(Gauss, Henriette Wilhelmine Caroline Therese) 93,94,98,100,132,182,184,186,198,213,214,216,224,242,243,253,278,294,296,298,299,301,305,330－334,337,338,346,347,352,374
高斯(Gauss, Wilhelm August Carl Matthias) 93,94,142,176,182,183,213,264,305,330,333,334,336,344－347,351,373,375
高斯(Gauss, Johann Georg Heinrich) 5,6,12,13,295,349,376
高斯(Gauss, Johanna) 70,79,80,85,91,335,373
高斯(Gauss, Wilhelmine) 55,80,85,132,133,180－183,185,238,239,336－339,346,350,375
高斯[Gauss, (Carl) Joseph] 70,78,79,98,114－116,123－125,154,182,184,186,214,243,254,258,260,263,264,269,299,304,305,330－336,341,342,347,350
高斯山(Gaussberg) 312

高斯山(Gaussberg) 315
高廷(Gauting) 294
戈德施密特(Goldschmidt, C.W.B.) 124,144,150,204,236,261,262,265,295,374－376
戈德史密斯(Goldsmith) 218
戈尔萨(Golsar) 30,34
戈斯(Gooss, Hinrich) 2,3,7
戈斯(Gooss, Jürgen) 2－5
戈特马尔街(Gothmarstrasse) 20,78
哥白尼(Copernicus, Nicolaus) 240
哥达(Gotha) 32,44,53,55,59,68,71,82,88,96,98,99,104,105,122,148,269
哥德巴赫(Goldbach, Christian) 466
歌德(Goethe, Johann Wolfgang von) 1,216,219,244,278,292,397,399
格奥尔格普拉茨(Georgplatz) 105
格尔林(Gerling, C.L.) 17,83,117,122,125,128,129,131,151,154,158,162,163,167,175,193,194,204,210,211,224,244,249,252,253,257,264,291,373,439－441
格哈德(Gerhard, Paul) 283
格拉布(Grubb) 89
格拉斯曼(Grassmann, Hermann) 146,151
格赖夫斯瓦尔德(Greifswald) 213
格勒特(Gellert) 14
格雷(Gray) 437
格雷厄姆(Graham) 201
格雷夫斯(Graves, R.P.) 231
格雷西(Gresy, Chevalier Cisa) 63
格林(Green, George) 139,145
格林(Grimm, Jakob Ludwig Carl) 177－180
格林(Grimm, Wilhelm Carl) 177,179,180
格留斯(Gellius, Aulus) 217

索　引

格鲁蒂森（Gruithuisen, Franz von Paula） 230
格罗内（Grone） 133
格纳伦堡（Gnarrenburg） 118,121
格佩特（Geppert, Harald） 474
格申（Göschen, Johann Friedrich Ludwig） 174,175
格斯多夫（Gersdorf） 167,168
格斯纳（Gesner, Johann Matthias） 19,20
格特纳（Gärtner） 14
格维努斯（Gervinus, Georg Gottfried） 177—179
古尔德（Gould, Benjamin Apthorp） 260—263

哈博特（Harborth） 13
哈策（Hartzer, Ferdinand） 313
哈茨山（Harz） 124,159,198
哈迪（Hardy） 101,122
哈丁（Harding, Carl Ludwig） 45,48,50,68—71,77,78,85,87,88,96,101,105,124,269,338,374
哈尔科夫（Charkov） 163
哈尔科夫（Kharkov） 267
哈弗洛（Haverloh） 116
哈根（Hagen） 17
哈勒（Hall） 278,380,381
哈勒尔（Haller, Albrecht von） 19
哈勒姆（Harlem） 329
哈雷（Halle） 19,75,124,128,142,245
哈里奥特（Harriot） 69
哈里森堡（Harrisonburg） 342
哈里斯（Harris, Snow） 143
哈利法克斯（Halifax） 143
哈密顿（Hamilton, William Rowan） 231
哈姆（Hamm） 244
哈姆林（Hamlin） 85,184,221,336
哈普克（Harpke） 31

哈塞（Hasse, Hermut） 472
哈塞尔（Haassel） 115
哈塞尔奎斯特（Hasselquist） 378
哈斯勒（Hassler, Ferdinand Rudolph） 263,264
哈特曼（Hartmann, F.） 110,111,113,115,118,123,124
哈泽（Haase, Carl） 82
海德尔巴赫（Heidelbach） 101
海恩贝格（Hainberg） 89,100
海涅（Heyne, Christian Gottlob） 20
亥姆霍兹（Helmholtz, Hermann Ludwig Ferdinand von） 146,250,272,286,314,322
汉布格尔（Hamburger, M） 63
汉克尔（Hankel） 196
汉森（Hansen, Peter Andreas） 17,83,120,204,252,253
汉施泰因（Hanstein） 74,106
汉斯廷（Hansteen, Christopher） 142,239,249
汉泽尔曼（Hänselmann, Ludwig） 2,4,14
豪尔希尔特（Hauerschildt） 131,132
豪格维茨（Haugwitz） 71
豪克（Hauck, G.） 323
豪塞尔贝格（Hauselberg） 114,115
豪斯曼（Hausmann, J.F.L.） 229,240,241
贺拉斯（Horace） 217
赫巴特（Herbart） 230,281
赫尔普克（Gelpke, August Heinrich Christian） 76
赫费尔（Hoefer, Edmund Franz Andreas） 220
赫曼施塔特（Hermannstadt） 22
赫斯特（Hirst, Thomas Archer） 257
赫西俄德（Hesiod） 217
赫歇尔（Herschel, Caroline） 176
赫歇尔（Herschel, William） 87

赫歇尔(Herschel, John) 66,239
黑尔(Hell, Maximilian) 48,378
黑尔默特(Helmert) 17
黑尔姆施泰特(Helmstedt) 15,29—33,37,53,62,76,104,179,252,254,325,328,372,395,459
黑尔维希(Hellwig) 12,21,52,53
黑格尔(Hegel, Georg Wilhelm Friedrich) 288,289
黑伦(Heeren, Arnold Hermann Ludwig) 20,79,257,377
黑梅林(Hemeling) 10
黑塞尔(Hessel, J.F.C.) 151
黑森(Hessen) 110,117,122,125,328,332
黑特尔(Härtel) 229
黑泽曼(Hesemann, Christian Heinrich) 296,298,313
亨勒(Henle, Jacob) 298
亨泽尔(Hensel) 196
洪堡(Humboldt, Wilhelm) 81,94,268
洪堡(Humboldt, Alexander von) 80,81,124,132,139,142,173,175,176,180,196,204,225,226,228,240,243,249,251,255,258—260,268,269,292,293,298,322,337,374,432
胡特(Huth, Johann Sigismund) 267
华林(Waring, Edward) 379
怀尔斯(Wiles, Andrew) 432
惠更斯(Huygens, Christian) 35,200
霍恩哈根(Hohenhagen) 111,113,114,117,123,314,443
霍恩霍恩(Hohenhorn) 108
霍尔茨明登(Holzminden) 34
霍尔曼(Hollman) 20
霍尔曼斯埃格(Hollmannsegg) 52
霍尔斯特德(Halstead) 228
霍夫(Hof) 246
霍华德(Howard) 345

霍彭施泰特(Hoppenstedt, Georg Ernst Friedrich) 127,178
霍瓦尔特(Howaldt) 24
霍伊辛格(Heusinger, Conrad) 12

伽利略(Galilei, Galileo) 2
伽罗瓦(Galois, Évariste) 43,476
基尔(Kiel) 52,80,245
基尔霍夫(Kirchhoff, Gustav Robert) 145,146
基歇尔(Kircher) 34
吉本(Gibbon, Edward) 220
吉尔德迈斯特(Gildemeister) 45
吉尔德斯利夫(Gildersleeve, Basil Lanneau) 259
吉拉德(Girard) 259
吉利斯(Gilliss, James Melville) 260
吉夏尔(Guichard, Karl Gottlieb) 248
加尔施特(Garlste) 118,121
加兰(Garland) 480
加勒(Galle, Andreas) 49
加森(Garssen) 114,115
加特雷尔(Gatterer) 20
杰弗逊(Jefferson, Thomas) 263
金斯伯里(Kingsbury) 340
金尤西(Kingussie) 138
居维叶(Cuvier, Georges) 298
聚斯米尔希(Süssmilch) 285

喀山(Kasan) 11,142,166,167,169,170,254,328
卡尔贝拉(Kalberlah) 2
卡尔姆(Kalm) 378
卡罗克(Caroc) 108
卡罗琳(Carolyn) 6,11—15,18,21,36,51,52,76,93,124,176,236,242,255,257,281,328,346,371
卡尼奥利(Cagnoli, Octavius) 325

索 引

卡诺(Carnot, Lazare Nicolas Marguerite) 199, 325
卡彭特(Carpenter) 207
卡乔里(Cajori, Florian) 82
卡塞尔(Kassel) 294, 328, 376
卡特勒布拉(Quatre Bras) 14, 75
卡西尼(Cassini) 380
开尔文(Thomson, William) 137
开姆尼茨(Chemnitz) 206
开普勒(Kepler, Johannes) 2, 50, 76, 83, 190, 279
凯莱(Cayley, Arthur) 320
凯梅尼(Kemény, Simon) 22, 23
凯特尔(Quetelet, Lambert Adolphe Jacques) 17, 211
凯西(Casey) 83
恺撒(Caesar, Julius) 217
坎佩(Campe, Joachim Heinrich) 34
坎施塔特(Cannstadt) 220
康德(Kant, Immanuel) 288—292
康托尔(Cantor, Georg) 393
康托尔(Cantor, Moritz) 35, 234—237, 251, 324, 376
考克斯特(Coxeter) 439
柯克兰(Kirkland, John Thornton) 258, 326
柯尼斯堡(Königsberg) 69, 123, 154, 155, 178
柯西(Cauchy, Augustin Louis) 37, 249, 250, 317, 468, 478
科茨(Cotes) 25, 380
科尔伯恩(Colborn) 247
科尔多瓦(Cordova) 261
科格斯韦尔(Cogswell, Joseph Green) 258
科利森(Collison) 432
科洛涅(Cologne) 104
科普利(Copley) 182, 327, 333, 375

克拉布(Crabb, George) 218
克拉夫特(Kraft) 381
克拉科夫(Cracow) 142
克拉默(Kramer) 181
克莱罗(Clairaut, Alexis-Claude) 65, 381
克莱斯特(Kleist, von) 73
克莱因(Klein, Felix) 78, 157, 230, 231, 320, 321, 429, 445, 453, 460, 466, 472—475
克赖恩霍夫(Krayenhoff) 109, 122
克劳福德堡(Fort Crawford) 285, 340
克劳森(Clausen, Thomas) 119, 204
克劳森堡(Klausenburg) 22, 23
克劳斯塔尔(Clausthal) 26, 32, 159
克劳修斯(Clausius, Rudolf Julius Emanuel) 250, 286
克雷尔(Crelle, August Leopold) 40, 63, 167, 441
克里斯蒂(Christie) 143
克利夫(Cleve) 244
克林格尔(Klinger, von) 267
克林克尔菲斯(Klinkerfues, Wilhelm) 84, 201, 204, 266, 332, 376
克鲁克斯贝格(Kruksberg) 111
克罗夫顿(Crofton) 83
克罗内克(Kronecker, Leopold) 41, 195, 196, 321, 478
克洛普施托克(Klopstock) 75
克吕弗(Klüver) 116, 118, 119
克吕格尔(Krügel) 159
克内泽贝克(Knesebeck, von der) 130
克诺尔(Knorr, Ernst) 167
克斯特纳(Kästner, Abraham Gotthelf) 14, 20, 23, 25, 29, 48, 159, 272, 279
孔多塞(marquis de Condorcet, Marie Jean Antoine Nicolas de Caritat) 217
库尔策街(Kurzestrasse) 78
库兰(Courland) 326

497

库仑(Coulomb, Charles-Augustin de) 140,
　146,147
库伦坎普(Kuhlenkamp) 69
库默尔(Kummer, Ernst Eduard) 95,245,
　323,472
库珀(Cooper, James Fenimore) 218,
　262—264
库普费尔(Kupffer, Adolf Theodor) 238,
　239
库赞(Cousin) 379,381,384
奎德林堡(Quedlinburg) 240,241
奎尔费尔德(Querfeld) 119
昆西(Quincy, Josiah) 258,326

拉伯(Raabe, Wilhelm) 220
拉多维茨(Radowitz, Joseph Maria von)
　278,282
拉斐特(Lafayette) 346
拉费特(Laffert, Friedrich von) 180
拉格朗日(Lagrange, Joseph-Louis) 15,
　18,23,30,32,34,36—38,40,41,43,
　51,62,204,233,250,269,273,321,
　371,378,381,383,392,429,430,434,
　451,457,469—471,473
拉朗德(Lalande, Joseph Jérôme Lefrançois
　de) 44—46,62,67,84,326,377,379
拉蒙(Lamont, John von) 240
拉姆斯登(Ramsden) 96,101,108,110,
　114
拉普拉斯(Laplace, Pierre-Simon) 16,17,
　40,41,51,52,64,65,76,79,87,97,
　104,208,228,231,233,235,259,298,
　391,398,457,473,475,479,480
拉修斯(Lasius) 380
莱奥(Leo) 20
莱奥内利(Leonelli, Z) 102
莱布尼茨(Leibniz, Gottfried Wilhelm)
　200,209,279,285,334

莱恩(Lane, George Martin) 259
莱曼(Lehmann, J.W.H.) 160
莱斯克(Leisk) 377
莱文(Levern) 344
赖夫(Reiff, C.P.) 215
赖马鲁斯(Reimarus) 381
赖夏特(Reichardt) 439
赖谢瑙(Reichenau) 11
赖兴巴赫(Reichenbach, Georg von) 88,
　89,96—100,150,201,204
赖兴哈尔(Reichenhall) 99,100
赖因哈德(Reinhard, Franz Volkmar) 267,
　268
兰贝特(Lambert, Johann Heinrich) 16,
　84,158,160,269,377,379,467,475
兰茨胡特(Landshut) 100
兰德里(Landry, J.H.) 186
朗费罗(Longfellow) 258
朗格(Lange) 378
朗瓦尔登(Langwarden) 121
劳埃德(Lloyd, Humphrey) 143,239,257
劳恩堡(Lauenburg) 68,101,106,108,109
劳赫(Rauch) 296
劳默尔(Raumer, Karl von) 240
勒科克(Lecoq) 105
勒莱因(Löhlein) 381,382
勒让德(Legendre, Adrien-Marie) 16,36,
　38,41,43,62,103,150,159,228,315,
　316,321,371,372,375,434,437,438,
　474,479
勒萨热(Lesage) 217
勒萨日(Lesage) 378
勒威耶(Leverrier, Urbain) 263
勒维(Loewy) 469,470
勒文森(Löwenson) 379
雷堡(Rehburg) 69,105
雷贝格(Rehberg, A.W.) 77
雷根斯堡(Regensburg) 99,100

索　引

雷默(Remer)　11,15
雷纳尔(Raynal)　384
雷普佐尔德(Repsold, Johann Georg)　81,
　　88,97,100,101,108,113,119,120,152
雷滕(Rethen)　4
雷滕巴赫尔(Redtenbacher)　314
黎曼(Riemann, Bernhard)　95,147,157,
　　168,170,201,244,250,286,324,375,
　　470
李(Lie, Sophus)　150
李比希(Leibig, Justus von)　229,250,
　　286,314
李斯特(Liszt, Franz)　207
李维(Livy)　217
里宾特洛甫(Ribbentrop, Georg Julius)
　　198
里德尔(Riedl)　200
里特布伦嫩(Ritterbrunnen)　4
里特尔(Ritter, August)　235,237
里特尔(Ritter, Georg Karl)　54,55,60
理查森(Richardson)　218,377,378
利布赫尔(Liebherr)　98,101
利布纳(Liebner, Karl Theodor Albert)
　　172
利林塔尔(Lilienthal)　45,55,68,69,71,
　　76,88,97,120
利珀(Lippe)　255,256
利斯廷(Listing, Benedikt)　135,180,201,
　　234,239,240,298,332
利特贝格(Litberg)　119
利特罗(Littrow)　70
利翁(Lion, J.C.)　235
利希滕贝格(Lichtenberg, Georg Christoph)
　　22,23,29,70,279,377
利希滕山(Lichtenberg)　111,113,114,116
利亚格尔(Liagre)　17
林德(Lind, Jenny)　207
林德瑙(Lindenau, Bernhard August von)
　　47,98,105—107,122,148,204,269,
　　294,376
卢凯西尼(Lucchesini)　72
卢米斯(Loomis, Elias)　260
卢米斯(Loomis, S)　285,286,340
卢奇安(琉善,Lucian)　217,377,378
卢梭(Rousseau, Jean-Jacques)　59,217,
　　382
鲁德洛夫(Rudloff)　71
鲁夫斯(Rufus, Curtius)　217
伦普夫(Rumpf, Philipp)　101,113,114,
　　120
罗巴切夫斯基(Lobachevsky, Nikolai
　　Ivanovitch)　157,166—171,215,254,
　　441—443
罗伯逊(Robertson)　218,378
罗金厄姆(Rockingham)　342
罗默(Römer)　88
罗森(Rosen)　478
罗斯(Ross)　144
罗滕堡(Rothenburg)　117,118,120,245
罗滕基兴(Rotenkirchen)　178
罗滕克罗伊茨(Rotenkreuz, Geheimrat Feronçe
　　von)　13,371
洛采(Lotze, Rudolf Hermann)　292
洛克(Locke, Richard Adams)　270,271
洛克(Locke, John)　288
洛莱因(Lohlein)　207
洛伊厄(Leue, Friedrich Ludolph Karl)
　　264
吕布森(Lübsen, H.B.)　245,246
吕德尔(Lueder, August Ferdinand)　15,
　　21
吕迪格(Rüdiger, Christian Friedrich)　267
吕克(Luc, de)　217
吕讷堡(Lüneburg)　100,107,108,114,
　　117,124,199,235,236,247
吕肖(Lüchow)　247

吕歇尔（Rüchel） 72

马堡（Marburg） 122,128,131,151,163,179,253,257,326

马德拉斯（Madras） 143

马丁（Martineum） 21,55,76

马尔加里（Margary） 207,382

马尔姆斯滕（Malmsten, Maria） 247

马根迪斯（Magendies） 298

马克（Mack, Heinrich） 14

马克思（Marx, Karl） 221

马克斯（Marx, Karl Friedrich Heinrich） 181

马勒伯朗士（Malebranche, Nicolas） 288

马里（Marie, M.） 319

马吕（Malus） 156

马森巴赫（Massenbach, von） 72

马斯基林（Maskelyne） 51

马提雅尔（Martial） 217

马扎尔（Magyar） 22

迈尔（Mayer, Robert） 250

迈尔（Mayer, Tobias） 46,64,65,87,103,127,196,244,395

迈尔霍夫（Meyerhoff, Johann Heinrich Jakob） 12,34—36

迈尔施泰因（Meyerstein, Moritz） 142,249

迈讷（Meine） 2

迈宁根（Meiningen） 98,99

迈斯讷（Meissner） 125

麦考利（Macaulay） 220

麦克斯韦（Maxwell, James Clerk） 146,147

曼海姆（Mannheim） 101,122,125

毛罗什瓦沙尔海（Maros-Vásárhely，特尔古穆列什的旧称） 160

梅尔（Maier） 378

梅海什（Méhes, George） 22

梅克伦堡（Mecklenburg） 214

梅森（Mason） 64,65

梅尚（Mechain） 51

梅塔斯塔西奥（Metastasio） 381

梅特涅（Metternich） 193

梅特普洛斯（Metropulos, C.P.） 264

美因（Main） 79,247

门格斯（Menges, Chr） 235

蒙蒂克拉（Montucla, Jean-Étienne） 62

蒙蒂切利（Monticelli, Teodore） 326

蒙日（Monge, Gaspard） 150

蒙特勒（Montreux） 346

蒙田（Montaigne, Michel de） 217

孟德斯鸠（Montesquieu, Charles-Louis） 217

弥尔顿（Milton, John） 218

米尔豪森（Mühlhausen） 99

米夫林（Müffling, Friedrich Ferdinand Carl von） 105,106,110,269

米克尔（Miquel, Johann） 221

米勒（Müller, G.W.） 110,111,115,117—119,123,125

米勒（Müller, Karl Otfried） 203

米勒（Miller, William Hallows） 151,152,252

米切尔（Mitchel, Ormsby MacKnight） 260

米坦（Mitan） 326

米肖（Michaud） 319

米歇尔曼（Michelmann） 135

明登（Minden） 69,105

明登（Münden） 125

明金（Minding） 441

明斯特尔（Münster） 108,110,118,130,326,336

明希豪森（Münchhausen, Gerlach Adolph von） 19,20

莫尔（Morre） 218

莫尔魏德（Mollweide, Carl Brandon） 83

索 引

莫里(Maury, Matthew Fontaine) 260
莫姆森(Mommsen, Theodor) 320
莫佩尔蒂(Maupertuis, Pierre-Louis Moreau de) 217
莫特利(Motley) 258
莫扎特(Mozart, Wolfgang Amadeus) 322
墨卡托(Mercator, Gerardus) 106
默比乌斯(Möbius, August Ferdinand) 194,200,201,244,373,392
默茨(Merz) 89
默茨巴赫(Merzbach) 431
默伦多夫(Möllendorf, von) 73
默斯塔(Moesta, Carlos Guillelmo) 80
默滕斯(Mertens) 183
穆尔格塔尔(Murgtal) 122
穆尔哈德(Murhard, Friedrich Wilhelm August) 30
穆拉夫耶夫(Murawjeff) 29

拿破仑(Bonaparte, Napoléon) 26,40,58, 62,65,71,75,79,87,90,208,219,223, 228,235,268,273,325,446
纳图修斯(Nathusius) 206
奈波斯(Nepos, Cornelius) 217
内胡斯(Nehus, von) 123
尼布楚(Nertschinck) 142
尼古拉(Nicolai) 101,122,244,249,270,373
尼科莱(Jean-Nicolas Nicollet) 270,342
尼曼河(Niemen) 75
宁多夫(Niendorf) 117
牛顿(Newton, Isaac) 2,15,18,24,38,50, 51,62,76,83,101,146,157,190,204, 209,227,251,275,278,279,286,317, 371,383,443,469,470
诺德海姆(Nordheim) 30
诺伊贝特(Neubrt, C) 284
诺伊曼(Neumann, Franz) 146,151,152

欧几里得(Euclid) 24,25,38,158,159, 162—164,166,169—171,193,195, 208,250,439,442,472,474
欧拉(Euler, Leonhard) 15,16,18,20,23, 25,32,36,38,41,43,49,62,65,66,95, 150,152,199,200,207,266,269,313, 317,318,321,371,379—382,429,433, 438,448,452,466,468—470,474
欧里庇得斯(Euripdes) 217
欧姆(Ohm, Georg Simon) 139,145

帕格尼尼(Paganini, Niccolò) 207
帕拉纳塔(Paranatta) 143
帕拉赛尔苏斯(Paracelsus) 321
帕罗特(Parrot, Georg Friedrich) 266,267
帕彭(Papen, August) 123,335
帕施(Pasch) 439
帕斯卡(Pascal, Blaise) 286
帕瓦(Pava) 22
培根(Bacon, Francis) 288
佩尔内蒂(Pernety) 61,62
佩尔松(Persoon) 29
佩尔特斯(Perthes, Friedrich Christoph) 82,229,273
佩斯塔洛齐(Pestalozzi) 218
皮蒂斯库斯(Pitiscus) 381,382
皮尔堡(Fort Pierre) 342
皮尔蒙特(Pyrmont) 93
皮尔斯(Peirce, Benjamin) 260,263
皮桑(Puissant) 17
皮特(Pütter, Johann Stephan) 19
皮亚齐(Piazzi, Giuseppe) 44—47,50,51, 65,70,281,335,373,476
品达(Pindar) 217
普尔科瓦(Pulkowa) 80,167,186,333
普法夫(Pfaff, Johann Friedrich) 31,33, 41,76,95,159,231,266,372,395,434, 474

501

普凡库赫(Pfannkuche) 336
普拉纳(Plana) 65,204
普莱森堡(Pleissenburg) 267
普劳图斯(Plautus) 217,249
普勒斯尔(Plössl, Simon) 153
普雷尔(Praël) 296
普雷福斯特(Prevorst) 282
普雷里德欣(Prairie du Chien) 342
普希金(Pushkin, Alexander Sergeyevich) 215
蒲柏(Pope) 218

齐默尔曼(Zimmermann, Eberhard August Wilhelm) 12—15,21,24,28,34,36,51—53,258,266,281,380,381
奇洛德尼(Chladni) 62

热尔曼(Germain, Sophie) 61,62,84,173,479
热罗姆(Jérôme) 90,110,325
日德兰半岛(Jutland) 106

萨拜因(Sabine, Edward) 239,257
萨尔费尔德(Saalfeld) 73
萨尔斯泰特(Sahlstädt) 377
萨伐尔(Savart, Félix) 139
萨凯里(Saccheri, Giovanni) 160
萨卢斯特(Sallust) 217
萨托里乌斯(Sartorius) 亦见"瓦尔特斯豪森",1,24,84,140,186,219,231,278,294,296,297,301,306,309 443
塞贝格(Seeberg) 44,53,66,68,98,101,105—107,113,120,148,269
塞尔策(Seltzer) 293
塞雷(Serret) 43
塞涅卡(Seneca) 217,232
塞茹尔(Sejour) 378
赛费尔(Seyffer, Carl Felix) 22,25,26,29,159
桑德贝尔根(Sandbergen) 247
桑德街(Sandstrasse) 48
色诺芬(Xenophon) 217
沙恩霍斯特(Scharnhorst) 115,116
沙恩霍斯特(Scharnhorst, von) 73
沙里顿(Chariton) 330
沙佩尔(Schaper, Fritz) 312
莎士比亚(Shakespeare, William) 186,217,219,225,255
上奥赫(Ober Ohe) 115
尚特尔(Chantel) 61,62
绍恩西克(Sauensiek) 119
绍特马里(Szathmáry, Michael) 22
舍恩莱因(Schoenlein, Philipp) 265
舍克(Scherk, Heinrich Ferdinand) 245
舍林(Schering, Enrst) 68,231,247,376
舍普费尔(Schöpffer, Carl) 240,241
申克尔(Schinkel) 314
圣安德鲁斯(St. Andrews) 138
圣查尔斯(St. Charles) 184,253,330,342—345,375
圣地亚哥(Santiago) 80
圣赫勒拿岛(St. Helena) 143
圣卡塔琳妮(St. Katharine) 10,12,70,255,371
施莱登(Schleiden, M.J.) 290
施莱尔马赫(Schleiermacher, August) 242
施莱格尔(Schlegel, August Wilhelm) 265
施莱辛格(Schlesinger) 429,433,436—438,453,469,470,472—475
施勒策(Schlözer, A.L.von) 15,20
施勒特尔(Schröter, Johann Hieronymus) 55,68,88,97
施利普哈克(Schliephacke, Heinrich) 340
施密特(Schmidt, K.A.) 14,15
施奈德温(Schneidewin, Friedrich Wilhelm) 254

索　引

施尼莱因（Schnürlein，Ludwig Christoph） 201,246

施帕尔曼（Sparrmann） 378

施潘道（Spandau） 252

施佩尔（Spehr,Friedrich Wilhelm） 124

施皮特勒（Spittler） 20

施塔德（Stade） 176,184,186,335,336

施泰纳（Steiner） 222

施泰因（Stein,vom） 72

施泰因海尔（Steinheil,Karl August） 153,154,239

施泰因路（Steinweg） 60,75

施泰因山（Steinberg） 119

施陶特（Staudt,Karl Georg Christian） 245,246

施特恩（Stern,Moritz A.） 200,203,234,236,247,251,322

施特克尔（Stäckel） 439,445,474

施特拉伦海姆（Stralenheim,von） 172,173

施特鲁韦（Struve,Friedrich Georg Wilhelm） 167

施特鲁韦（Struve,Otto） 11,83,168—170,186

施特罗迈尔（Stromeyer,Friedrich） 79

施瓦布（Schwab） 193

施瓦茨（Schwarz） 27,68

施瓦茨（Schwarz,Hermann Amandus） 243

施韦尔德（Schwerd） 156

施魏格尔（Schweiger,Ludwig） 331,332

施魏卡特（Schweikart,F.C.） 163,169,170,440,443

史密斯（Smith,H.J.S.） 317

舒马赫（Schumacher,Heinrich Christian） 65,80,81,85,88,101,102,106—108,114—120,122,123,135,136,142,148,152—154,158,165,167,168,181,186—190,195—200,204,212,214,215,220,229,232,233,244,249,255,260,261,267,270,272,273,284,287—289,291,293,322,333,340,391—394,396,398,399,439,441

舒尔（Schur） 88

舒尔策（Schulze） 13

司各特（Scott,Walter） 219

斯宾诺莎（Spinoza,Baruch de） 220

斯蒂格勒（Stigler） 479,480

斯基亚帕雷利（Schiaparelli） 17

斯卡恩（Skagen） 106

斯科特（Scott,Winfield） 341

斯洛尼姆斯基（Slonimsky,Ch.Z） 63

斯摩莱特（Smollett,Tobias） 216,218

斯摩棱斯克（Smolensk） 90

斯内灵（Snelling） 341

斯帕齐耶（Spazier） 217

斯普罗特（Sprott） 479

斯坦福德（Stamford,Franz Karl von） 29

斯坦利（Stanley,Anthony Dumond） 264

斯陶费瑙（Staufenau,Constantin Wilhelm） 347

斯特拉萨文洛奇（Strathavon Lodge） 138

斯特林（Stirling） 474

斯陀（Stowe,Harriet Beecher） 218

斯威夫特（Swift,Jonathan） 218

苏埃托尼乌斯（Suetonius） 217

苏塞克斯（Sussex） 101,122

索灵山（Solling） 178

索绪尔（Saussure） 217,383

塔霍（Tajo） 84

塔克（Tucker,R.） 36

塔西佗（Tacitus） 128,217

泰勒（Taylor,Zachary） 341

泰伦提乌斯（Terence） 217

泰佩尔（Teipel,J.H.） 198,199

泰特(Tait，P.G.) 228,231
汤姆森(Thomson，James) 275
汤姆逊(Thomson，James) 218
陶伯河(Tauber) 245
陶里努斯(Taurinus，F.A.) 163,164,169,
　　440,442
特兰西瓦尼亚(Transylvania) 160,223
特劳顿(Troughton) 105
滕佩尔霍夫(Tempelhoff, von) 33
提奥弗拉斯图(Theophrastus) 217
提布鲁斯(Tibullus) 217
图林根(Thuringen) 98,110,347
图姆街(Turmstrasse) 78,87
托德亨特(Todhunter，Isaac) 320
托尔波利(Torporley) 69
托斯特里克(Torstrick，Ad) 265

瓦尔德克〔Waldeck，Minna（Fiederica
　　Wilhelmine）〕 91,92,373
瓦尔斯罗德(Walsrode) 120
瓦尔特斯豪森(Waltershausen，Wolfgang
　　Sartorius von) 亦见"萨托里乌斯"
瓦格纳(Wagner，G.) 223,235,277—285,
　　298,319
瓦格纳(Wagner，Richard) 1
瓦赫特(Wachter，Friedrich Ludwig) 162,
　　244,245,440,442
瓦莱特(Valett) 235
瓦伦西亚(Valentia) 261
瓦内克（Warnecke，Dorothea Emerenzia）
　　5
瓦瑟(Vassar) 260
旺格奥格(Wangeroog) 121
威尔克斯(Wilkes，Charles) 143
威拉河(Werra) 105
威廉大街(Wilhelmstrasse) 5,6,9,243
威廉斯(Williams) 478
威林顿(Wellington) 110

威斯特伐利亚(Westphalia) 20,77,79,87,
　　90,96,97,105,124,244,325,333,336
威悉(Weser) 48,81,118,124,125
韦伯(Weber，Carl Maria) 207
韦伯(Weber，Wilhelm) 7,124,127—130,
　　134,135,137—139,141—144,147,
　　175,177,179—181,221,234,240,243,
　　247,265,278,312—315,332,374,375,
　　397,480
韦伯大街(Weberstrasse) 7
韦尔特海姆(Wertheim) 22
韦尔特曼(Wehrtmann，Hinrich) 3
韦塞尔(Wessel) 429
韦斯特法尔（Westphal，Justus Georg）
　　201,247
韦伊(Weil，André) 432,471,476,477
维岑豪森(Witzenhausen) 178
维尔茨堡(Würzburg) 98,122,266
维尔默丁(Wilmerding) 5
维尔瑟德(Wilsede) 114—117,119
维尔特(Wildt，J.) 25,159
维吉尔(Virgil) 217
维莱尔(Villers，Charles F.D. de) 216
维默尔(Wimmer，R.) 312
维佩曼(Wippermann，C.W.) 328
维斯巴登(Wiesbaden) 107
维特施泰因(Wittstein，Theodor) 248
维滕贝格(Württemberg) 213
维维格(Vieweg，Friedrich) 34
魏尔斯特拉斯（Weierstrass，Karl Theodor
　　Wilhelm） 95,471
魏森豪斯(Waisenhaus) 347
温内克(Winnecke，Friedrich August Theodor)
　　248
文茨(Wends) 255
文德(Weende) 110,377
文德堡(Wendeburg) 2
文登格拉本(Wendengraben) 4,9,11

文登街(Wendenstrasse) 29
文登托尔(Wendenthor) 75
文斯(Vince) 378,379
沃尔鲍姆(Volbaum) 78,377
沃尔措根(Wolzogen, von) 399
沃尔芬比特尔(Wolfenbüttel) 71,104,341
沃尔夫(Wolff, Christian) 288,289
沃尔夫拉特(Wolffradt, von) 76
沃克(Walker, Sears) 261
沃佩(Worpe) 69
沃森(Watson) 472
沃特豪斯(Waterhouse) 479
沃韦(Vevey) 346
渥拉斯顿(Wollaston) 151
乌茨施奈德(Utzschneider, Joseph von) 98,99
乌尔辛(Ursin) 108
乌拉尔(Ural) 84
乌普萨拉(Uppsala) 142,265,327
乌斯拉(Uslar) 125
乌斯拉尔(Uslar, Lieutenant von) 235
乌伊伦布罗克(Uylenbrock) 200
伍德沃德(Woodward, R.S.) 17,18,140
伍尔威治(Woolwich) 108
武尔夫索德(Wulfsode) 114,115
武尔姆(Wurm) 122

西尔维斯特(Sylvester, James Joseph) 322
西里瑟夫(Western Reserve) 260
西利曼(Silliman, Benjamin) 260,264
西门子(Siemens) 314
西蒙(Simon, Heinrich) 95,104
西莫尼斯(Simonis) 29
西塞罗(Cicero) 24,35,217,378
希尔伯特(Hilbert, David) 442
希尔德布兰德(Hildebrand, L) 235
希尔德斯海姆(Hildesheim) 117,221,295,336
希尔斯(Hils) 111,113
希勒布兰德(Hillebrand, Karl) 321
希罗多德(Herodotus) 217
席勒(Schiller, Johann Christoph Friedrich von) 216,219,292,298,381
下萨克森(Nether-Saxony) 29,112,117,207,314
夏洛滕堡(Charlottenburg) 314
橡树林(Oak Grove) 344
肖尔茨(Scholz) 443,444
肖夫内(Chauvenet) 17
肖特(Schott) 17
小普林尼(Pliny) 217
谢尔顿(Shelton) 96,100
谢里丹(Sheridan) 218
谢林(Schelling) 230,288,289
辛普森(Simpson) 16
欣钦(Khinchin) 475
休厄尔(Whewell, William) 151,278—280
休奇厄斯(Hugenius) 382
修昔底德(Thucydides) 217
许廷格(Schütting) 108
薛定谔(Schrödinger, E.) 154

雅可比(Jacobi, Carl Gustav Jacob) 42,43,101,190,222,228,232,249,251—253,432,436,437
雅嫩施(Janensch, Gerhard) 314
亚琛(Aachen) 236
亚当斯(Adams, John Couch) 263
亚当斯(Adams, John Quincy) 258,326
亚里士多德(Aristotle) 217,289,318
延纳(Jenner) 21
延森(Jensen, Christian Albrecht) 186
耶弗尔(Jever) 121
耶拿(Jena) 23,71,244,290
伊德(Ide, Johann Joseph Anton) 15,21,22,26,29,52,53

伊尔费尔德(Ilfeld) 180
伊利格(Illiger, Johann Carl Wilhelm) 15,
　　52,53
伊西利于斯(Icilius, Ernst Wilhelm Gustav
　　von Quintus) 248
因塞尔斯贝格(Inselsberg) 113,114,117,
　　314,443
尤维纳利斯(Juvenal) 217
于贝(Huber, Daniel) 16
于登(Jüden) 129
于佩尔(Hupel) 384

约阿希姆(Joachim, Joseph) 207
约尔丹(Jordan) 17
泽贝尔(Seeber, L) 43,128,129
泽勒特(Zeulert) 380
扎尔尼希豪森(Sarnighausen) 301
扎姆(Sahm) 378
佐尔德纳(Soldner) 101
佐尔姆巴拉(Zormbala) 441
佐勒里希(Sollerich) 5
佐利舍尔(Sollicher) 5

译 后 记

> 人类的一切知识要么是经验，要么是数学。①
>
> ——尼采

美国数学家贝尔(Eric Temple Bell, 1883—1960)在他为高斯写的传记②中一开始就说："伟大的数学家中，阿基米德、牛顿和高斯这三个人自成一个等级，凡夫俗子们不要试图按照功绩为他们排序。"

我们先看一下"大名垂宇宙"的高斯是怎样进入中国的。

侯失勒(John Fredrick William Herschel, 1792—1871)的《谈天》(*Outlines of Astronomy*, 伦敦：朗曼和格林公司, 1849)，伟烈亚力(Alexander Wylie, 1815—1887)译，李善兰(1811—1882)笔述，1859年由墨海书馆活字版印行。书中第四卷《地理》列举"测地球弧线诸家"中有"阿诺威，高斯。"③ 1859年距高斯去世仅有四年，这可能是高斯的名字第一次出现在中文中，而且是以天文学家的身份出现的。

---

① 原话是 Alle menschliche Erkenntnis ist entweder Erfahrung oder Mathematik.

② 是他写的《数学家》(*Men of Mathematics*, 西蒙和舒斯特公司, 1937)一书中的一章。该书有中译本，《数学精英》，徐源译。北京：商务印书馆, 1991.

③ 当时高斯所在的格丁根天文台属于汉诺威王国，汉诺威在《谈天》中被译为阿诺威。

《代数术》(*Algebra*)是英国数学家华里司(William Wallace,1768—1843)为不列颠百科全书(*Encyclopædia Britannica*)撰写的条目。英国傅兰雅(John Fryer,1839—1928)口译,金匮华蘅芳(1833—1902)笔述,1874年由江南制造局印行。该书第二百八十一款(亦是最后一款):"兹款所论之法为求平圆容十七等边形,其法为算学士哥斯所设。今以勒禅德之书中节录其简要之理如左……如欲知其详,需观哥斯所著之书方明。"① 这里的哥斯即高斯,勒禅德即勒让德。勒禅德之书应该指的是勒让德的《数论》(*Théorie des nombres*,第三版,1825),该书包含正十七边形的高斯作图法。这里间接提到了高斯的《算术研究》。在《代数术》这本书中高斯是以数学家的身份出现的。

较早简略提到高斯事迹的是清末黄钟骏编的《畴人传四编》[他的序作于光绪戊戌年夏(1898)],其中对高斯的记载是:"高斯,德意志人,精于律算,曾创推行星轨道新法。殁后德人为之建祠立像于卜伦斯厄伟城。"建祠立像之事应指高斯诞辰一百周年,在他的家乡不伦瑞克为他建立的纪念雕像。

1915年由商务印书馆出版的著名工具书《词源》中,没有"高斯"这一词条。

1923年,赵缭编的《数学辞典》(订正第三版)由群益书社出版。其中有高斯的小传,他把 *Disquisitiones Arithmeticae* 译为《理论算术》(第801页)。后来李国鼎撰写《大算学家高士略传》虽把赵缭的《数学辞典》列为参考书,但未采用赵缭对 *Disquisitiones Arithmeticae* 的译名,而是直接采用原文,这是比较慎重的。

1927年,李国鼎的《大算学家高士略传》发表在《科学》第十二卷第九期,是为纪念高斯诞辰150周年而作,其引言写得很好,值得引述:"中华民国十六年(西历1927年)四月三十日,为德国大算学家高士(Gauss)诞辰百五十年纪念。盖自牛顿(Newton)以后,世界大算学家当首推高士,实近世德国算学之立础者。伊虽不能并驾于牛氏,然算学家恒以'算学界之王子'及'十九世纪之亚奇默德(Archimedes)'推崇之。至于氏道德之高尚,学问之渊博,与夫事业之伟

---

① 原文没有标点,这里的标点为本文作者所加。

大,皆足资吾人之矜式。爰撮其生平概略,藉资绍介,以为纪念。"

1929年,商务印书馆出版胡濬济(1885—?)的《整数论》,其中第七篇第19节为"稿史氏之引"(第122页),即高斯引理(Gauss's lemma),① 其内容为:"$p>2$,$p \nmid n$。设$\frac{1}{2}(p-1)$个数

$$n, 2n, \cdots, \frac{1}{2}(p-1)n \pmod{p}$$

之最小正余数中有m个大于$\frac{1}{2}p$,

$$\left(\frac{n}{p}\right)=(-1)^m。"②$$

证明二次互反律是高斯的伟大功绩之一。关于其证明,韦伊(André Weil, 1906—1998)说:"在某种意义上,像欧拉这样强大的数学家终其一生致力于证明它而未果,是令人惊讶的。"③ 而在高斯的一生中,他共给出二次互反律8个证明!

1931年,商务印书馆出版吴在渊(1884—1935)的《数论初步》,其中对同余的表示"$a \equiv b \pmod{.c}$"介绍说:"如此记法,首用之者为哥斯氏。"(第81页。)

1931年,商务印书馆出版徐守桢的《现代科学进化史》一书,在该书第二章"算学科学"中谈到"高斯(Karl Friedrich Gauss,1777—1855)对于此种新几何学复加研究,而名之为非<u>欧几里得</u>几何学(Non-Euclidean Geometry)。"(第49—50页。)还提到他在天文学中的工作:"高斯(Karl Friedrich Gauss,1777—1855)乃创计算椭圆轨道之新法,社稷星④之位置,因得预为测定。"(第61页。)

---

① 这个引理最早(1808年)作为定理出现在高斯的《算术定理的新证明》(*Theorematis arithmetici demonstratio nova*)中。
② 引自华罗庚《数论导引》(北京:科学出版社,1957)第40页。
③ A. Weil, *Two lectures on number theory, past and present. Collected Papers*, Vol.3, 297.
④ 当时对谷神星(Ceres)的译名。

1931年，卡约黎(Florian Cajori,1859—1930)的《初等算学史》(*A History of Elementary Mathematics*, London：Macmillan, 1896)由曹丹文(1886—1952)(其序作于1925年)翻译，商务印书馆出版。其中谈到高斯："……直至格丁根(Gottingen)之伟人，卡尔腓特烈高斯氏(1777年迄1855年，即清高宗乾隆四十二年迄清文宗咸丰五年)，始打破虚数之最后反对。彼利用虚数为1之一种独立单位纵坐标，并谓$a+ib$为'复数'。"(第204页。)在关于几何学的部分又说："作17等边形之法，初为卡尔腓特烈高斯氏所成就。时则1796年3月30日，彼仅为一十九岁之童子，求学于格丁根大学。当此之时，彼之取古文字，或算学而专攻之，尚未确定，一自此法之成功，遂决意专攻算学矣。"(第222页。)

1933年，曹丹文翻译史密斯(David Eugene Smith,1860—1944)的《近代数学史纲》(*History of Modern Mathematics*, 增订第四版,1906)由世界书局出版。其中说到高斯的同余理论："符合式论，可谓始于告士之算术论，彼引入$a \equiv b \pmod{c}$记号，对此一科，尽力探讨。"(第7页)这里把 *Disquisitiones Arithmeticae* 译为《算术论》。

1936年，潘念之(1902—1988)、金溟若(1905—1970)编的《世界人名大辞典》由世界书局印行。其中关于高斯的词条："Gauss, Karl Friedrich(高斯,1777,4/30—1855,2/23)德国数学家。生于勃龙斯维克(Brunswick)一贫苦的瓦匠家。因善数学，受Brunswick公之保护，得进格丁根大学读书(1795—1798)，数学之外，各学科亦均优良。19岁时绘成十七角形之几何图，以后遂专心于数学。学术时代既有不少创建，著名者最小自乘法，整数论之研究。其整数论之大著'Disquisitiones Arithmeticae'(1801)在24岁时发表，为少见之杰作。以后从事于星学，测地学，电气学等之研究，数学上研究曲面论，叙述论，方程式论，级数论等。30岁时任新设之格丁根天文台台长。他在数学上重视证明之严正，为十九世纪勃兴之理论数学之先导。虽造诣极高，学识伟大，但不喜交际，不善教导，未能奖进侯学者。其他在物理上发见有名之力学最小作用原理(1829),'高斯'定理等，地磁学上有著名之论文。与W.E. Weber共同

译 后 记

决定电磁气之绝对单位,在天体力学上亦有不少贡献。"(第 664 页。)

1936 年,邰光谟翻译鲍尔(W. W. Rouse Ball,1850—1925)的《算学史要》(*A Primer of the History of Mathematics*,1895)作为国立北洋工学院丛书之一由北洋工学院出版。关于高斯的数论著作只说:"1801 年他的'*Disquisitiones Arithmeticae*'一书出版,下当略述。"(第 92 页。)译者没有给出 *Disquisitiones Arithmeticae* 的中文译名。

1938 年,中德学会编译的《五十年来的德国学术》[*Aus fünfzig Jahren deutscher Wissenschaft*,德古意特出版社(De Gruyter),1930]由商务印书馆出版,其中关于数学部分的作者是著名数学家卡拉西奥道里(Constantin Carathéodery,1873—1950)和沃尔特·冯·戴克(Walther von Dyck,1856—1934),译者是曾师从前者的李仲珩(1905—1997)。李把 *Disquisitiones Arithmeticae* 译为《算术研究》(第 706 页),这一译名无疑是最恰当的。

国人对高斯的认识并非与时俱进,如 1940 年由中华书局出版的《世界人名辞典》中的高斯条目与 1936 年的《世界人名大辞典》的相同条目相比,是显著的退步。该条目如下:"高斯(Karl Friedrich Gauss,1777—1855)德国数学家。毕业哥丁根大学。年十九。发明依几何学原理十七等分圆周法。一八零七年。任哥丁根大学数学教授其研究范围极广。于磁电学尤多创建重要著作有数学论集,高等数学,解析法,几何学与最小方乘法,数学物理学,天文学等。"1807 年,高斯担任的是天文学教授。高斯担任正教授的日期是 1828 年。这里列举的著作,如果认为是书名的话,没有一个是正确的!

1943 年,俞子夷等著的《数学漫谈》由民国出版社印行。其中左严在《科学的女王》一文中说:"被誉为数学之王的高斯(Gauss),曾经说过这么一句话:'数学是科学的女王。'"(第 4 页。)

1947 年,中华书局出版的著名工具书《辞海》中关于高斯有三个条目,分别是高斯小传,作为磁场强度的"高斯"和与电场有关的"高斯定理"。高斯的词条是:"高斯(Karl Friedrich Gauss,1777—1855)德国数学家。学于哥丁根大学。年十九,发明依几何学原理十七等分圆周法。一八零七年任哥丁根大学数学教授。其研究范围极广。于磁电学尤多贡献。重要著作有数学论集,数学物理学,解析法等。"基本上是重复《世界人名辞典》中的高斯条目。

1956年,关娴译斯特洛伊克(Dirk J. Struik,1894—2000)的《数学简史》(*A Concise History of Mathematics*)由科学出版社出版。[1] 其中关于高斯工作的评述代表了当时数学史学界的认识。

1957年,许厚泽和王广运翻译 Г. В. 巴格拉图尼的《卡·弗·高斯》(Г.В. Багратуни, Карл Фридрих Гаусс, 1955)由测绘出版社出版。这本小册子还有一个副标题——大地测量简述,主要述及高斯在最小二乘法、大地测量学、天文学和物理学等方面的成就,也简略叙述了他在数学上的贡献。

1975年,王云五(1888—1979)主编的《中山自然科学大辞典》第一册《自然科学概论与其发展》由台湾商务印书馆出版,其中"数学发展史"中关于近代部分的作者是刘世超,仅仅讲述了微分几何和非欧几何,这两种几何学里面都有高斯的工作。但把数学列入自然科学,并用部分的几何学代替整个近代数学,显得有些不伦不类。

在中国,最流行的数学史作也许非《古今数学思想》(*Mathematical Thought from Ancient to Modern Times*, Oxford University Press, 1972)莫属,这部书由江泽涵(1902—1994)等著名数学家翻译,1979年至1981年由上海科学技术出版社首次出版。这部经典的篇幅比之前的那些大了许多,但就对高斯的介绍而言没有更多新内容,还包含一个瑕疵(尽管对了解数学思想来说并不重要):"一个新的纪元是从高斯的《算术研究》(*Disquisitiones Arithmeticae*)开始的,这部书是他二十岁时写的。这部伟大的著作曾在1800年寄到法国科学院而被拒绝,但高斯自己把它发表了[2]。"(中译本第三册第218页。现已加注更正。)其时高斯从来没有把他的这一著作寄到法国,专

---

[1] 该书另一译本:《数学简史》,吴定远译,台北:水牛出版社,1983。关娴之子胡滨翻译了该书的第四版,北京:高等教育出版社,2018。

[2] 原文是 A new era began with Gauss's *Disquisitiones Arithmeticae* which he composed at the age of twenty. This great work had been sent to the French Academy in 1800 and was rejected but Gauss published it on his own. (p.813)

译 后 记

门有人①在杂志上辟谣,但作者克莱因(Morris Kline,1908—1992)还是采信了。邓宁顿是从鲍尔《数学史述略》(*A Short Account of the History of Mathematics*, Macmillan And Co.,1888)第五版上的错误说起。其实这个(及其他)错误从第一版(1888)起就有,而且一直没有得到更正。前面提到鲍尔的 *A Primer of the History of Mathematics* 有中文译本,而他的这部《数学史述略》在 20 世纪 20 及 30 年代被中国大学数学系的数学史课程广泛采用作为教学参考书,《古今数学思想》中的许多章把它列为参考书,克莱因的错误很可能源于鲍尔。鲍尔从《数学史述略》的第一版就把高斯的出生日期弄错了(4 月 23 日),直到第四版(1908)这个错误依然如故。② 错误之易于发生,错误之易于传播,由此可见。像维辛(Hans Wußing,1927—2011)这样严谨的学者(在与维辛的通信中他曾纠正我的德语语法错误),在他的高斯传(*Carl Friedrich Gauß*, Leipzig: D.S.B. Teubner Verlagsgesellschaft,1973)中把高斯纪念章印倒了(第 87 页),到该书第五版(1989)仍未更正。③

1986 年,哈尔(Tord Hall)的《高斯:伟大数学家的一生》由田光复等译出,凡异出版社出版。原书 1965 年用瑞典文出版(T. Hall: *Gauss. Mathematikernas Konung*. Stockholm 1965),1970 年该书被译为英文出版(T. Hall: *Carl Friedrich Gauss*. Cambridge/London 1970)。哈尔的这部书注重高斯在数学方面的工作,是比较流行的高斯传记。

1995 年,吴文俊(1919—2017)主编的《世界著名数学家传记》由科学出版社出版,其中的"高斯"条目(第 749—773 页)是袁向东先生撰写的。相比条目"阿基米德"的 47 页和"刘徽"的 29 页,25 页的"高斯"条目有点单薄。

2001 年,在中国一部著名的工具书中对高斯的介绍(335 个字,不计标点)

---

① 此人正是本书的作者邓宁顿。他的论文《高斯,他的〈算术研究〉和他在法兰西学会的同时代人》(*Gauss, His Disquistitiones Arithmeticae, and His Contemporaries in the Institut de France*)发表在《国家数学杂志》(*National Mathematics Magazine*)第 9 卷第 7 期(1935 年 4 月)上。

② 我没见到该书的第五版,多佛出版公司(Dover Publications, Inc.)出的多佛版(The Dover Edition)是重印该书的第四版。

③ 2011 年,该书出了第六版,由此可见它在德语国家的流行程度。

中竟然至少有两处错误(缩印本,第650页):晚年写成了《天体运动论》……有《高斯全集》十一卷。高斯《运动的理论》(全名是《天体在围绕太阳的圆锥曲线上运动的理论》)发表于1809年,高斯时年32岁,相当年轻。而《高斯全集》是十二卷。

2011年,沈永欢先生撰写高斯的传记《高斯——数学王者 科学巨人》作为 *Disquisitiones Arithmeticae* 中译本的附录发表,在2015年又出了单行本。沈先生查阅了大量文献(本书当然是他的重要的参考著作之一)并搜集了许多图片,基本上反映了国内对高斯生平研究的水平。

与林林总总的牛顿传记相比,高斯的传记不仅少,而且篇幅也不够。本书是现有篇幅最大的高斯传记,也只有447+xxxi页,相当于霍尔(A. R. Hall,1920—2009)的牛顿传《伊萨克·牛顿》(*Isaac Newton*, Cambridge: Cambridge University Press,1996),该书有468+xvi页。而韦斯特福尔(Richard S. Westfall,1924—1996)的牛顿传《永不止息》(*Never at Rest: A Biography of Isaac Newton*, Cambridge: Cambridge University Press,1980)有908+xviii页。布儒斯特(David Brewster,1781—1868)的牛顿传——*Memoirs of the Life, Writings and Discoveries of Sir Isaac Newton*(Edinburgh: Thomas Constable and Co., MDCCCLV)更高达1042+xxiii页。贝尔推测描述高斯工作的书的篇幅要比关于牛顿的类似的专著大。① 但这样的专著尚未出现。

随着现代教育制度在中国的建立,高斯的学说也成为教育的内容。在20世纪20、30年代,一些大学数学系把数论作为必修课或选修课。如1931年武汉大学数学系数论课程中讲授Gauss氏之引(即高斯引理)及相反定律(即law of reciprocity)等。

高斯进入中国之后,我国的学者对他的成果从介绍走向研究,并且独立做出了引人注目的贡献。《算术研究》被称为"有七个封印的书",但狄利克雷在他的《数论讲义》(*Vorlesungen über Zahlen Theorie*)中解释了高斯这部深奥难

---

① *The World of Mathematics*. New York: Simon And Schuster,1956: 294.

懂的著作。20世纪中叶，在数学家华罗庚(1910—1985)先生回国之时，他在伊利诺伊大学指导的学生们购买旧版的《数论讲义》相赠，[①]这对高斯的学说在中国的传播是具有象征意义的。我们以高斯圆问题和他的《算术研究》中的一个问题为例。用 $A(x)$ 表示圆心在原点，半径为 $\sqrt{x}$ 的圆内的格点的数目，设 $P(x)=A(x)-\pi x$，高斯得到 $P(x)=O(\sqrt{x})$。[②]确定 $P(x)$ 的阶的问题被称为高斯圆问题。1942年，华罗庚得到 $P(x)=O(x^{\frac{13}{40}}(\log x)^{\frac{9}{8}})$。[③] 1963年，陈景润(1933—1996)得到 $P(x)=O(x^{\frac{12}{37}+\varepsilon})$。[④] 1963年，尹文霖(1928—1985)用另一种方法得到了与陈景润相同的结果。[⑤]在《算术研究》的§302，高斯给出判别式为 $-D$ 的正定型类数 $h(-D)$ 约等于

$$\gamma\sqrt{D-\delta},$$

高斯考虑：

$$\gamma(\sqrt{D}+\sqrt{(D+1)}+\cdots+\sqrt{(D+m-1)})-\delta m$$

它近似等于

$$\frac{2}{3}\gamma\left(\left(D+m-\frac{1}{2}\right)^{\frac{3}{2}}-\left(D-\frac{1}{2}\right)^{\frac{3}{2}}\right)-\delta m。$$

这里 $\gamma=\frac{2\pi}{7e}$，$e=1+\frac{1}{8}+\frac{1}{27}+\frac{1}{64}+\frac{1}{125}+\cdots$，$\delta=\frac{2}{\pi\pi}$。[⑥]用现在的表示：

$$\sum_{D=1}^{n}h(-D)=\frac{4\pi}{21\zeta(3)}n^{\frac{3}{2}}-\frac{2}{\pi^2}n+R(n),$$

---

① 王元，《华罗庚》，北京：开明出版社，1994年，第151页。
② 高斯《全集》第 Ⅱ 卷，第269—275页。
③ L.-K. Hua, The Lattice-points in a Circle, *Quarterly Journal of Mathematics*, Oxford Series 13: 18-29, 1942.
④ Chen Jingrun, The Lattice-points in a circle, *Scientia Sinica*, 1964, 13: 1547-1568.
⑤ 《陈景润文集》，南昌：江西教育出版社，1998，第66页。
⑥ 高斯《全集》第 Ⅰ 卷，第365—366页。

这里 $R(n)$ 是余项。1963 年,陈景润得到 $R(n)=O(x^{\frac{2}{3}+\varepsilon})$。①

高斯著作宏富,但在中国的翻译进行得比较晚。1998 年,李文林研究员主编的《数学珍宝》由科学出版社出版,其中包含高斯著作的翻译:《算术研究》(节译,§1-§12,朱尧辰译),高斯关于二次互反律的第三个证明(朱尧辰译),②代数基本定理的第一个证明(节译,§13-§22,李文林译),《关于曲面的一般研究》(摘要,成斌译)。③

1676 年 6 月 13 日,牛顿写信给伦敦皇家学会秘书奥尔登堡(Henry Oldenburg,1619? —1677),由他转致德意志数学家莱布尼茨,这就是微积分发明之争中重要的《前书》(Epistola Prior)。在信中牛顿以石破天惊之口宣称:"从这里能看到分析学的范围被无穷方程扩大到这种程度:我几乎可以说,事实上通过它们的帮助,分析学能用于所有的问题(丢番图的数值问题和类似的问题除外)。"④在整个数学史上,牛顿的话前无古人,后无来者!"沧海横流,方显出英雄本色。"125 年后,高斯的《算术研究》横空出世,在牛顿的分析学所不能及的地方做出了重大突破。这部奇书从被中国人提及到其完整地被翻译出版,整整经过了 137 年!

2011 年,哈尔滨工业大学出版社出版了潘承彪、张明尧先生翻译的《算术探索》,这是高斯的 *Disquisitiones Arithmeticae* 第一次全文译成中文,距原书问世已 210 年矣!译者没有说明翻译的底本,但参照了德、法、俄译本。⑤ 相比

---

① 在同一年,维诺格拉多夫得到更强的结果:$R(n) = O(x^{\frac{2}{3}}(\log n)^6)$。
② 这篇论文的题名是《算术定理的新证明》(*Theorematis arithmetici demonstratio nova*)原载《格丁根皇家科学学会文集》(*Commentationes societatis regiae scientiarum Gottingensis*)第 XVI 卷(1808)。
③ 这篇摘要载《格丁根学术通报》(*Göttingen gelherte Anzeigen*)第 177 期,第 1761—1768 页。原文为德文(1827)。
④ 牛顿的原文是 Ex his videre est quantum fines Analyseos per hujusmodi infinitas æquationes ampliantur: quippe quæ earum beneficio, ad omnia, pene dixerim, problemata (si numeralia Diophanti et similia excipias) sese extendit.
⑤ 我看了他们把 *De methodo per quam ill. Le Gendre theorema fundamentale tractavit* 译为"Legendre 讲述基本定理的方法",即明白他们不是从拉丁文翻译的。因为这个标题的意思是"论杰出的勒让德处理基本定理的方法"。

译 后 记

较而言，由普莱-德利赛（A.Ch.M. Poullet - Delise）翻译的法译本（*Recherches arithmétiques*）1807 年在巴黎出版，是《算术研究》最早的译本。由马泽尔（H. Maser）翻译的德译本《高等算术研究》（*Untersuchungen über höhere Arithmetik*）1889 年在柏林出版，其中包含 *Disquisitiones Arithmeticae* 的德译本（*Arithmetische Untersuchungen*）。由克拉克（A. Clarke）的英译本出现在 1966 年，但据说不很可靠。1959 年，苏联科学院组织翻译出版高斯的《数论著作集》（Труды по Теории Чисел），其中包括《算术研究》（Арифметические иссаледования）和高斯生前发表与数论有关的全部论文。① 翻译的阵容足够强大：主编是苏联科学院院士维诺格拉多夫（Академика, И. М. Виноградова, 1891—1983），他因在数论上的工作而举世闻名；评论者是苏联科学院通讯院士狄隆涅（Члена-корр. АН СССР, Б. Н. Делоне, 1890—1980）；译者是数学-物理学学位候选人德米雅诺娃（В. Б. Демьянова）。② 在这里我想提一下，牛顿《原理》的俄译者是苏联科学院院士克雷洛夫（А. Н. Крылов, 1863—1945）。

本欲多观一切与高斯有关的中文著述［人们常说，一个人知道的愈多就愈无知。庄子也说过："吾生也有涯，而知也无涯。以有涯随无涯，殆已！"（引自《庄子·养生主》。）但这些话经不起推敲，更经不起论证。因为它们都隐含一个前提：知识是无限的。人类已经创造的知识当然是有限的，而就其认知的特征来说，即使人类可以无限长时间地存在，但他们能创造的知识仍有可能是有限的。从某种意义上来说，无限是人类理智的最大发明。求索无限是人类文明的一个极其重要的方面。我们知道，古希腊人对于无限非常小心。如在欧几里得的《几何原本》中第Ⅸ卷命题 20 并不是说"素数有无穷多个"，如我们现在陈述的那样，而是说"素数多于任意指定数的数目"。］，但由于疫情的影响

---

① 在《1640—1940 年西方数学中里程碑式的著作》（*Landmark Writings in Western Mathematics* 1640—1940, Elsevier, 2005）中，诺依曼（O. Neumann）关于《算术研究》的俄译本的说明是不正确的。

② 这里的俄文是从该书书名上转录的，有的大写就不再改成小写了。

未能如愿。但就我见到的而言，我们对高斯这位伟大的思想家的介绍、研究不够，远远不够！

我第一次读到高斯的故事是在叶永烈编著的《科学家故事 100 个》（上海：少年儿童出版社，1982）时间大约是 1982 年或 1983 年。其中的第 38 个故事"墓碑上的正十七边形"的主人公是高斯。其中提到他发现二次互反律，证明代数学基本定理和发现椭圆函数。也记载了本书中认为是传言的高斯妻子快要去世时他的表现。

再次遇到高斯是在中科院数学研究所的图书馆见到他的《全集》（Werke）。书后写着"闵乃大出售｜全集 16 册｜共 7,000,000 元｜1953 年/10"。闵乃大（1911—2002）曾任中科院数学所研究员，是我国发展电子计算机的先驱者之一，他后来移居德国。这套高斯《全集》应该是他在德国留学期间购买的。1992 年 3 月，我从中科院数学研究所图书馆借到《全集》的第一册，即包含《算术研究》的那一册，当时它还保持着原始状态——书页未裁开。我裁开书页，复印了一本，并装订成两册，书脊烫金印上 *Disquisitiones Arithmeticae* 以示郑重。大约在 1998 年前后，我开始阅读该书，并以 Notes on Gauss's[①] *Disquisitiones Arithmeticae* 为名用英文记了笔记，如"Art.13 Th. p is prime, $0<a<p, 0<b<p \Rightarrow p \nmid ab$"，就是把《算术研究》§13 的内容用现代的符号表示一下。这个笔记只记到 §56。但从这本书和其他地方学到的数论知识在实际工作中发挥了作用。

2012 年，李文林等主持翻译《数学的世界》[*The World of Mathematics*，纽曼（James R. Newman，1907—1966）编]。5 月 11 日，我从李老师那里拿到牛顿的两篇传记和一篇评论以及高斯的传记。这篇高斯传的作者是美国数学家贝尔。[②]这是我第一次翻译高斯传。就是在这一年我去德国，购买了马尼亚（Hubert

---

① 我把 Gauss's 错误地写成 Gauss'。

② 是他的《数学家：从芝诺到庞加莱的伟大数学家的生平和成就》（*Men of Mathematics: The Lives and Achievements of the Great Mathematicians from Zeno to Poincaré*，Penguin Books，1937）中的第 14 章。该书有中译本，《数学精英》，徐源译，北京：商务印书馆，1991。

译 后 记

Mania)的传记《高斯》(*Gauß*)和莱格曼(Dieter Lelgemann)的《高斯和测量术》(*Gauß und die Messkunst*)。"书有自己的命运。"① 为了翻译邓宁顿的这部高斯传,当然也为了研究高斯的著作,我购买了一套高斯《全集》,其前四册原属英国数学家和天文学家格莱舍(James Whitbread Lee Glaisher,1848—1928),后入藏杜伦大学(University of Durham)图书馆。从书上所附的借阅单来看,最晚的借阅时间是1967年。2018年,它们从瑞士苏黎世被邮寄到德国的米尔海姆,又从米尔海姆被带到北京。在翻译过程中,我多次查阅这套全集,为翻译得准确,这套全集与有力焉。高斯《全集》从1863年开始编辑,到1933年出齐,历时70年,是最精心编辑的数学家的全集之一。其中第Ⅰ、Ⅱ、Ⅲ、Ⅳ、Ⅴ和Ⅶ卷进行过第二次印刷。最早介绍高斯《全集》的是李国鼎,在其《大算学家高士略传》中,他(用拉丁文和英文)列出了其前七卷的内容。1973年,希尔德斯海姆的奥尔姆斯出版社(Hildesheim:Georg Olms.)影印出版了高斯《全集》。现在,中国的高等教育出版社在整理一些经典书的数字资源时收录了高斯《全集》的电子版,并在网上发布。

我觉得这部高斯传所附的高斯日记特别重要。王元(1930—2021)院士得知我在翻译高斯的日记并准备出单行本时,他欣然题写了书名,表现了数学界一位德高望重的前辈对传播高斯思想的重视。

传记的作用是非常大的。卡莱尔(T. Carlyle,1795—1881)在他的《英雄和英雄崇拜》中说:"没有伟大人

图1　格莱舍的藏书票

---

① Habent sua fata libelli.

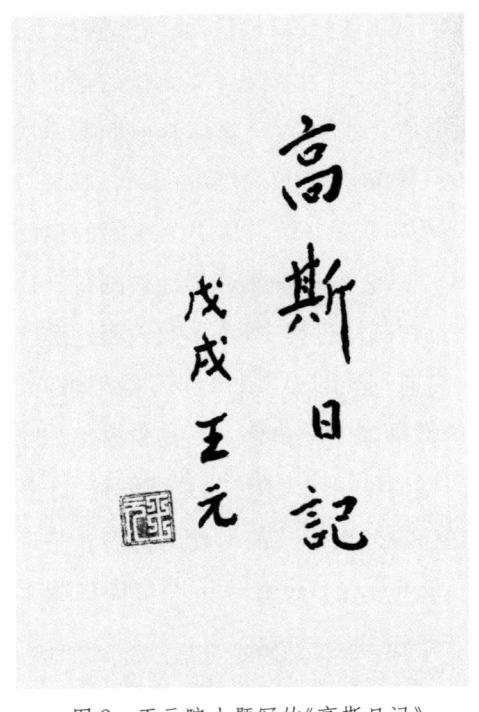

图 2　王元院士题写的《高斯日记》

物是无谓地活着。世界史就是伟人的传记。"爱默生(R. W. Emerson, 1803—1882)也说:"在正常情况下,没有历史只有传记。"这些话有些偏颇,但能反映出传记的重要作用。这是一部差不多合格的高斯传,但毕竟出版于 65 年前。它当然不可能包括后来的研究。比如苏联的 K. P. 比尔曼指出:"高斯绝对不是一个沉着稳健的英雄人物,而是一个多愁善感、情感脆弱的人,其镇静和坚强纯粹是表面的。这特别明显地表现在他和自己的同行(最初的友人)、婚神星的发现者哈丁的决裂上。"①在本书的第 18 章,我们读到"在发现上和气质上,与高斯最密切相关的数学家可能是牛顿。只对于牛顿本人他使用形容词最高的(summus)"。但这一表示敬意的形容词也同样用于欧拉。② 高斯还绘有欧拉的像(当然是临摹的),但本书没有提及高斯的绘画才能。关于天才人物的合格的传记,美国科学史家韦斯特福尔(Richard S. Westfall)很有发言权,他花费了二十年时间撰写牛顿的传记《永不止息》。由于他逐渐认识到自己与传主智力上的巨大差距,他发现写一本令人满意的牛顿传记几乎是不可能的事情,他在该书的序言中写道:"但另外的差距,我没有料到的我和我的主人公之间的鸿沟,是另一回事……就此无言,任何潜在的牛顿能摆脱同样的困境吗? 只有另一个牛顿有希望进入他自己的存在,人类事业的节俭原则使第二个牛顿

---

① K. P. 比尔曼,《关于高斯研究中的某些新成果》,载《科学史译丛》1984 年第 3 期。
② Karin Reich, *Gauß' geistige Väter: nicht nur "summus Newton, sondern auch" summus Euler*. In: *Göttinger Bibliotheksschriften* 30. S.105—117.

译 后 记

不会专注于写第一个牛顿的传记。"对于高斯的传记,我们面临的是同样的情景。

邓宁顿书中常提到的舒马赫、格尔林等人本可自立于天文学家之林,然因与高斯之谊而名益彰,此岂非太史公所谓"颜渊虽笃学,附骥尾而行益显"之谓欤?!

记得读《西方音乐史》(Donald Jay Grout, Claude V. Palisca, *A History of Western Music*, W.W.Norton & Company, Inc.1988)[①]时,看到大事年表上赫然出现:"1687 年 艾萨克·牛顿(1642—1727);《数学原理》。"(第 386 页)我很震惊。但细想,我们现在的世界是这个模样,科学确实起到了举足轻重的作用。其实,1896 年在梅尔兹(J.T. Merz,1840—1922)著的《十九世纪欧洲思想史》(*History of European Thought in the Nineteenth Century*,1896—1914)第一卷中提到"首先是《算术研究》以拉丁文在 1801 年出版……"[②]

1944 年 10 月,盟军的空袭摧毁了高斯在不伦瑞克的故居。在柏林-舍内贝格的波茨坦桥上的高斯雕像也同样毁于盟军 1944 年对柏林的空袭。1963 年,高斯塔由于人们在其基础附近开采玄武岩而倒塌。但高斯的工作写在《算术研究》上,写在《运动的理论》上,写在《曲面的一般研究上》……这些伟大业绩"虽与日月争光可也",高斯的英名永垂不朽!

"日月忽其不淹兮,春与秋其代序。"从 2017 年 10 月 7 日开始翻译此书,到 2020 年 8 月 16 日全部校订完毕。其间曲折、甘苦我自知之,不足为外人道也。在本书的翻译过程中,对作者的错误(尤其是数学方面的)已做了更正。对重要的铭文、题词,我查找了原文,并直接从原文译出。对于高斯这位包罗万象的思想家,他的传记涉及的面很广,译者学识浅薄,虽经努力,译文中一定有不少错误,望读者有以教我。就我自己的浅见,我觉得伟大数学家攀上数学高峰时的感觉,不是"一览众山小"的慷慨激昂,而是"雪满山中高士卧,月明林下美人来"的一种清澄之感。

---

① 汪启璋(1918—2010)等译,北京:人民音乐出版社,1996。
② 该书有中译本,《十九世纪欧洲思想史》,伍光建译,上海:商务印书馆,1931。

一如既往，本书的翻译得到了清华大学梅生伟教授的支持和帮助，谨此致谢！感谢朱惠霖先生悉心校阅。这部高斯的传记涉及的人名和地名众多，一些人是默默无闻的小人物，而一些小地方的名字在各种地名辞书中查不到。田廷彦先生在繁忙的工作之余，不辞辛劳，把这些人名和地名译为中文（其中不乏首次译为中文者）。美国密歇根大学数学系的季理真教授在读了本文的初稿后提出了宝贵的意见并提供了相关的资料，匡我于不逮。对各位的帮助，我一并致谢！

译者　2021 年 8 月
于北京百望山